MEYERS
TASCHEN
LEXIKON
Band 8

MEYERS
TASCHEN
LEXIKON

in 12 Bänden

Herausgegeben und bearbeitet
von Meyers Lexikonredaktion

Band 8: Mun–Phön

B.I.-Taschenbuchverlag
Mannheim · Leipzig · Wien · Zürich

Redaktionelle Leitung:
Dr. Joachim Weiß

Redaktion:
Sabine-Walburga Anders,
Dipl.-Geogr. Ellen Astor,
Ariane Braunbehrens, M. A.,
Ursula Butzek,
Dipl.-Humanbiol. Silke Garotti,
Dr. Dieter Geiß,
Jürgen Hotz, M. A.,
Dr. Erika Retzlaff,
Barbara Schuller,
Marianne Strzysch

Bildredaktion:
Gabriela Horlacher-Zeeb,
Ulla Schaub

Die Deutsche Bibliothek – CIP-Einheitsaufnahme
Meyers Taschenlexikon: in 12 Bänden / hrsg. und bearb. von
Meyers Lexikonredaktion. [Red. Leitung: Joachim Weiß.
Red.: Sabine-Walburga Anders ...]. – [Ausg. in 12 Bd.]. –
Mannheim; Leipzig; Wien; Zürich: BI-Taschenbuchverl.
ISBN 3-411-12201-3
NE: Weiß, Joachim [Red.]
[Ausg. in 12 Bd.]
Bd. 8. Mun–Phön. – 1996
ISBN 3-411-12281-1

Als Warenzeichen geschützte Namen sind durch
das Zeichen ® kenntlich gemacht. Etwaiges Fehlen dieses Zeichens
bietet keine Gewähr dafür, daß es sich um einen nicht geschützten
Namen handelt, der von jedermann benutzt werden darf.

Das Wort MEYER ist für Bücher aller Art für den Verlag
Bibliographisches Institut & F. A. Brockhaus AG
als Warenzeichen geschützt.

Alle Rechte vorbehalten
Nachdruck, auch auszugsweise, nicht gestattet
© Bibliographisches Institut & F. A. Brockhaus AG, Mannheim 1996
Satz: Grafoline T·B·I·S GmbH, L.-Echterdingen
Druck: Klambt-Druck GmbH, Speyer
Bindearbeit: Röck Großbuchbinderei GmbH, Weinsberg
Papier: 80 g/m², Eural Super Recyclingpapier matt gestrichen
der Papeterie Bourray, Frankreich
Printed in Germany
Gesamtwerk: ISBN 3-411-12201-3
Band 8: ISBN 3-411-12281-1

Munch

Munch, Edvard [norweg. muŋk], * Løten bei Hamar 12.12.1863, † Hof Ekely bei Oslo 23.1.1944, norweg. Maler und Graphiker. M., der 1885–1909 meist in Paris und Berlin lebte, wurde nach dem Studium der Werke V. van Goghs, P. Gauguins und der psychologisierenden Kunst der Symbolisten zu einem Wegbereiter des Expressionismus. In seinen Gemälden (»Der Schrei«, 1893; Oslo, Nationalgalerie) und Graphiken behandelte er das Thema der Weltangst, die er als Grunderfahrung menschl. Seins in symbolisch verdichteten Metaphern von Einsamkeit, Eifersucht, Liebe und Tod wiedergab.

München, Hauptstadt von Bayern, an der Isar, 1,23 Mio. E. Verwaltungssitz des Reg.-Bez. Oberbayern und des Landkreises München. Univ. (gegr. 1472 in Ingolstadt, 1826 nach M. verlegt), TU u. a. Hochschulen. Zahlr. Museen, u. a. Bayer. Staatsgemäldesammlungen in der Alten und Neuen Pinakothek, Bayer. Nationalmuseum, Städt. Galerie im Lenbachhaus, Glyptothek, Dt. Museum; Bayer. Staatsbibliothek; zahlr. Theater, u. a. Bayer. Staatsoper; botan. Garten, Tierpark Hellabrunn. M. ist eines der Wirtschafts- und Ind.-Zentren Deutschlands mit Ausstellungen, Messen und Börse; jährl. Oktoberfest auf der Theresienwiese. U- und S-Bahn, internat. ✈ M. II im Erdinger Moos.

Stadtbild: Wahrzeichen von M. ist die Frauenkirche (spätgot. Backsteinbau; 15. und 16. Jh.) mit ihren charakterist. Kuppelhauben. Weitere bed. Kirchen sind u. a. Sankt Peter (13. und 14. Jh.), die Salvatorkirche (1494), die Kreuzkirche (1478–85), die Jesuitenkirche Sankt Michael (16. Jh.), die ehem. Karmelitenklosterkirche (17. Jh.), Sankt Johann Nepomuk (auch Asamkirche gen.; 1733–46) und die Theatinerkirche (17. und 18. Jh.). Zu den Bauten der Residenz (14.–19. Jh.), die durch acht Höfe verbunden sind, gehört das Cuvilliés-Theater (Rokoko; 18. Jh.). Weitere Profanbauten sind das Alte Rathaus (1470 ff.), das Erzbischöfliche Palais (18. Jh.), die Propyläen (19. Jh.), die Feldherrnhalle sowie das Siegestor als Endpunkte der Ludwigstraße, die Ruhmeshalle mit der Bavaria, das Maximilianeum (alle 19. Jh.), das Neue Rathaus (1867–1909), der Olympiapark (1972) mit dem 290 m hohen Fernsehturm und dem Olympiastadion sowie die Neue Pinakothek (1980). Außerhalb des Stadtkerns liegen u. a. Schloß Nymphenburg (1663–1745), in dessen Park u. a. die Amalienburg (Rokoko; 18. Jh.) steht, und das Jagdschloß Blutenburg (1667). Bed. Parkanlagen sind der Englische Garten und der Hofgarten.

Geschichte: 1158 als *Munichen* (»bei den Mönchen«) erwähnt. Das nach 1180 bischöfl.-freising. M. war seit 1214/17 Stadt und fiel 1240 an die Wittelsbacher, die M. ab 1255 zeitweilig, später dauernd (bis 1918) zur Residenz machten. In Reformation und Gegenreformation war M. ein jesuitisch geprägtes Zentrum des Katholizismus in Deutschland. Sein Ruf als ein Zentrum der dt. und europ. Kunstpflege und der Wissenschaft wurde im 16. Jh. begründet, im 19. Jh. zur Blüte gebracht. – Als Folge der Ermordung K. Eisners wurde am 7. 4. 1919 in M. die (kurzlebige) Räterepublik ausgerufen. 1919 wurde in M. die »Dt. Arbeiterpartei« gegr., aus der die NSDAP hervorging (daher 1935 zur »Hauptstadt der Bewegung« deklariert). – 1972 Austragungsort der Olympischen Sommerspiele.

Münchener Abkommen, nach zwei Treffen Hitlers mit A. N. Chamberlain (Berchtesgaden 15. 9., Bad Godesberg

München
Stadtwappen

Edvard Munch. Sterbezimmer (1894/95; Oslo, Nasjonalgalleriet)

22.–24. 9. 1938) am 29. 9. 1938 in München zw. dem Dt. Reich, Großbrit., Italien und Frankreich abgeschlossener, am 30. 9. unterzeichneter Vertrag, durch den die Sudetenkrise beendet und die durch Hitlers ultimative Forderungen an die ČSR entstandene Kriegsgefahr zunächst beseitigt wurde. Das M. A. verfügte (ohne Beteiligung der ČSR) insbes., daß die überwiegend von Deutschen bewohnten Grenzgebiete Böhmens (Sudetengebiete) an das Dt. Reich abgetreten wurden (28 643 km^2 mit 3,63 Mio. E = $^1/_5$ der Gesamtfläche und $^1/_4$ der Bevölkerung der ČSR) und sah eine Garantie der Unterzeichnerstaaten für den Bestand und die Sicherheit der Rest-ČSR vor. Mit dem M. A. waren die territoriale Revision des Versailler Vertrags abgeschlossen und die großdt.-nationalstaatl. Forderungen vollständig erfüllt. – Abweichende staatsrechtl. Beurteilungen v. a. hinsichtlich der Nichtigkeit des M. A. sind bis zur Gegenwart nicht ausgeräumt und beeinträchtigten u. a. die dt.-tschechoslowak. Verträge von 1973 und 1990.

München und Freising, Erzbistum, 1818 mit den Suffraganen Augsburg, Regensburg und Passau gebildet.

Münchhausen, 1) Börries Frhr. von, Pseud. H. Albrecht, *Hildesheim 20. 3. 1874, † Schloß Windischleuba bei Altenburg 16. 3. 1945 (Selbstmord), dt. Dichter. Vertreter der neueren dt. Balladendichtung.

2) Karl Friedrich Hieronymus Freiherr von, genannt Lügenbaron, *Bodenwerder 11. 5. 1720, † ebd. 22. 2. 1797, deutscher Offizier. Nach einem abenteuerlichen Leben in fremden Ländern trug M. im Freundeskreis die unglaublichsten Kriegs-, Jagd- und Liebesabenteuer vor, die als Lügengeschichten oder Münchhausiaden bezeichnet wurden. G. A. Bürger gab den erstmals 1781 erschienenen Erzählungen ihre volkstüml. Form (»Wunderbare Reisen zu Wasser und zu Lande, Feldzüge und lustige Abenteuer des Freyherrn von Münchhausen«, 1786).

Münchner Dichterkreis, von König Maximilian II. von Bayern ab 1852 initiierter Kreis von Schriftstellern (u. a. E. Geibel, P. Heyse, F. Dahn, J. V. von Scheffel).

Mund (Os, Stoma), der meist durch Muskeln verschließbare und im allg. durch die Kiefer begrenzte Eingang zum Darmtrakt beim Tier und beim Menschen. Beim Menschen wird der M. durch die mit dem M.schließmuskel versehenen, die M.spalte *(Mundöffnung)* begrenzenden Lippen verschlossen. Der Raum zw. den Zähnen und der Rachenenge wird als *Mundhöhle* bezeichnet. Das M.höhlendach stellt der Gaumen dar, der zum Rachen überleitet.

Mundart (Dialekt), regional begrenzte, ursprüngl. und nicht an die Normen der Standardsprache (Hochsprache) gebundene Sprachform. M. ist im wesentl. gesprochene Sprache, schriftl. Aufzeichnung v. a. in der ↑Mundartdichtung. ↑deutsche Mundarten.

Mundartdichtung (Dialektdichtung), Dichtung in der Mundart einer bestimmten Landschaft. M. entstand in Deutschland etwa seit M. Luther. Von weitreichender Wirkung war das Wiener Volkstheater; in der Romantik entstanden zahlr. M., z. B. die »Alemann. Gedichte« (1803 und 1820) J. P. Hebels, im 19. Jh. die ep. Werke F. Reuters in mecklenburg. Dialekt. Auf eine ununterbrochene Tradition kann das mundartl. realist. (J. Stranitzky bis L. Anzengruber) und bayer. Volkstheater (J. Ruederer, L. Thoma) zurückblicken; das naturalist. Drama gebrauchte die Mundart zur Erzielung realist. Wirkungen (G. und C. Hauptmann), bis heute wirkte diese Tendenz fort (O. M. Graf, Ö. von Horváth, F. X. Kroetz).

Mundartwörterbuch, svw. ↑Idiotikon.

Mundasprachen, zu den austroasiat. Sprachen gehörende Sprachgruppe in Vorderindien. Die früher über ganz Indien verbreiteten M. wurden verdrängt, so daß mit Ausnahme des Chota-Nagpur-Plateaus nur noch isolierte Sprachinseln erhalten sind.

Mündel, der unter Vormundschaft stehende Minderjährige.

Mündelgeld, zum Vermögen des Mündels gehörendes Geld. Falls nicht anderw. benötigt, ist es vom Vormund verzinsl. und mündelsicher anzulegen. *Mündelsichere Anlageformen* sind u. a. Hypotheken, Grund- und Rentenschulden an inländ. Grundstücken, Staatspapiere, bestimmte Wertpapiere, Konten bei einer für mündelsicher erklärten Sparkasse.

Münden (früher Hannoversch Münden), Stadt am Zusammenfluß von Fulda und Werra, Ndsachs., 25 000 E. Metallverarbeitung. Got. Sankt-Blasius-Kirche (12. bis 15. Jh.); Rathaus mit Renaissancefassade, Schloß (16. Jh.); Werrabrücke mit fünf Bögen (1329).

Mundfäule (Stomatitis ulcerosa), nekrotisierende Entzündung der Mundschleimhaut infolge Infektion mit Bakterien.

Mundflora, die in der Mundhöhle vorkommende Hefe- und Bakterienflora, die teilweise eine Schutzfunktion ausübt.

Mundgliedmaßen, für den Nahrungserwerb und die Nahrungsaufnahme umgebildete Gliedmaßenpaare der Gliederfüßer, v. a. an den Kopfsegmenten. Die *M. der Insekten* sind je nach Art der Nahrung sehr unterschiedl. gebaut, sie gehen aber auf einen gemeinsamen Grundtypus zurück. Man unterscheidet *beißend-kauende, leckend-saugende* und *stechend-saugende* Mundgliedmaßen.

Mundharmonika, volkstüml. Musikinstrument mit durchschlagenden Zungen, die mit dem Mund angeblasen werden. Zwei Zungen in jedem der Tonkanäle sprechen auf Druck- oder Saugwind an.

Mündlichkeitsgrundsatz, Prozeßmaxime, nach der vor Gericht mündlich verhandelt werden muß und das Gericht nur das in der mündl. Verhandlung Vorgebrachte bei seiner Entscheidung berücksichtigen darf.

Mundorgel, asiat. Musikinstrument mit durchschlagenden Zungen, bestehend aus einer Windkammer mit Mundstück, in der zehn oder mehr Bambus- oder Holzröhren verschiedener Länge stehen.

Mundraub ↑Diebstahl.

Mundschenk ↑Schenk.

Mundt, Theodor, *Potsdam 19. 9. 1808, † Berlin 30. 11. 1861, dt. Schriftsteller. Vertreter des Jungen Deutschland und Kämpfer gegen die preuß. Zensur.

Mungo [engl., von tamil.] ↑Indischer Mungo.

Munition [lat.-frz.], Sammel-Bez. für das gesamte, aus Geschossen, Sprengladungen und deren Treibladungen, Zünd- und Leuchtsätzen bestehende Schießmaterial für Feuerwaffen zu militär., zu Sport- und Jagd- oder sonstigen Zwecken; i. w. S. auch Handgranaten, Bomben, Sprengladungen von Torpedos und Sprengbooten, Treib- und Sprengladungen von Raketen, Minen und pyrotechn. Signalmittel.

M. für militär. Zwecke: Man unterscheidet *Patronenmunition,* bei der das Geschoß und die die Treibladung enthaltende Patronenhülse fest zusammengesetzt sind, und *getrennte Munition,* bei der die Geschosse und die dazugehörige, in Kartuschen befindl. Treibladung jeweils für sich geladen werden. *Geschosse* werden aus Feuerwaffen mit gezogenen oder glatten Läufen oder Rohren verschossen, *Vollgeschosse* ohne Sprengladung meist aus kleinkalibrigen Läufen, Geschosse mit Sprengladung *(Granaten)* aus leichten, mittleren, schweren und überschweren Rohren. Maßgebend für die Größenangabe ist das Kaliber. – *Aufschlagzünder* bringen das Geschoß beim Auftreffen auf das Ziel zur Detonation. Soll das Geschoß erst im Innern des Ziels wirksam werden, wird in den Zünder eine Verzögerungseinrichtung eingebaut. *Zeitzünder* sprechen nach Ablauf einer bestimmten Geschoßflugzeit an. *Abstandszünder (Annäherungszünder)* haben eine elektron. Einrichtung, die anspricht, sobald das Geschoß eine bestimmte Nähe zum Ziel erreicht hat. *M. für Sportzwecke:* Beim Schießsport

Munition

Mundharmonika. Moderne Ausführungen gebräuchlicher Mundharmonikatypen. Oben: einchöriges Richter-Modell ♦ Mitte: zweichöriges Wiener Schwebetonmundharmonika ♦ Unten: sogenannte Banane, ein zweichöriges Modell in Oktavstimmung

Munizipium

werden aus meist kleinkalibrigen Gewehren und Pistolen Patronen *(Randfeuerpatronen,* wegen des am Rand der Patronen liegenden Zündstreifens) mit Bleikugeln vom Kaliber 5,6 mm, aus Luftgewehren und -pistolen mittels komprimierter Luft Bleigeschosse von etwa 4 bis 5 mm Durchmesser verschossen.

M. für Jagdzwecke: Je nach Jagdziel werden aus Flinten Schrotladungen *(Schrotpatronen)* oder aus Büchsen Kugeln *(Kugelpatronen)* verschossen.

Munizipium (lat. Municipium), in der Antike einstmals selbständige, dann in den röm. Staatsverband mit oder ohne Stimmrecht eingegliederte Gemeinde; war zur Übernahme staatl. Aufgaben verpflichtet.

Munk, Kaj Harald Leininger [dän. moŋg], *Maribo 13. 1. 1898, † Hørbylunde Skov 4. 1. 1944, dän. Schriftsteller. Pfarrer; von der Gestapo ermordet; v. a. von Kierkegaard beeinflußte Dramen mit philos., theolog. und polit. Thematik.

Munkácsy, Mihály von (seit 1878) [ungar. 'muŋka:tʃi], eigtl. Michael Lieb, *Munkács (heute Mukatschewo) 20. 2. 1844, † Endenich (heute zu Bonn) 1. 5. 1900, ungar. Maler. Bed. sind v. a. seine von der Schule von Barbizon beeinflußten Landschaftsbilder.

Münnerstadt, Stadt in der südl. Vorrhön, Bayern, 8 200 E. Stadtpfarrkirche (13. und 17. Jh.) mit spätgot. Glasmalereien und Werken von T. Riemenschneider sowie V. Stoß.

Mun-Sekte ↑Vereinigungskirche e. V.

Münsingen, Stadt aur der Schwäb. Alb, Bad.-Württ., 11 200 E. Maschinen- und Apparatebau; Truppenübungsplatz. Frühgot. Stadtkirche mit spätgot. Chor; Schloß (14., 15. und 17. Jh.).

Munster, Stadt in der südl. Lüneburger Heide, Ndsachs., 18 400 E. Truppenübungsplatz. Spätgot. Kirche mit Flügelaltar und Taufbecken (15. Jh.).

Münster, Sebastian, *Ingelheim am Rhein 20. 1. 1488, † Basel 26. 5. 1552, dt. reformator. Theologe. Hebraist und Kosmograph. Gab mit der »Biblia Hebraica« (1534/35) die erste christl. Ausgabe der hebr. Bibel heraus und beschrieb in der »Cosmographia« (1544) bes. die Länder und Städte Deutschlands.

Münster, 1) Stadt im Münsterland, NRW, 261 400 E. Verwaltungssitz des Reg.-Bez. Münster; Univ.; Stadttheater, Museen, botan. Garten, Zoo. Handels- und Verwaltungszentrum, kultureller Mittelpunkt Westfalens; Hafen am Dortmund-Ems-Kanal.

Stadtbild: Der stark zerstörte roman.-got. Dom (1225–63 anstelle eines otton. Vorgängerbaus) wurde wiederaufgebaut (1946–56), ebenso die Kirchen Sankt Ludgeri (um 1200), Sankt Lamberti (1375 bis um 1450) mit den Wiedertäuferkäfigen (1536; einer erneuert). Sankt Clemens (1745–53) ist ein barocker Zentralbau von J. C. Schlaun. Das Rathaus (14. Jh.) ist ein Hauptwerk des got. Profanbaus mit Giebelfront und Friedenssaal; Schloß (1767–87; wiederhergestellt), Krameramtshaus (1588), Erbdrostenhof (1753–57).

Geschichte: Die schon z. Zt. Karls d. Gr. bestehende Siedlung wurde Anfang des 9. Jh. Mittelpunkt eines Bistums; kodifiziertes Stadtrecht um 1214; ab 1246 Mgl. der rhein.-westfäl. Städtebündnisse; führendes Mgl. der Hanse (ab 1494 Vorort von Westfalen); 1534/35 unter Johann von Leiden »Tausendjähriges Reich« der Täufer; 1645–48 einer der beiden Konferenzorte der Verhandlungen über den Westfäl. Frieden; 1802/03 an Preußen.

2) ehem. (Fürst-)Bistum, 804 von Karl d. Gr. gegr.; es umfaßte das Gebiet zw. der Lippe und dem Oberlauf der Ems, dazu bis ins 16. Jh. Teile Frieslands. 1815 fiel das Oberstift (etwa der heutige Reg.-Bez. M.) größtenteils an Preußen, das Niederstift (Meppen, Cloppenburg, Vechta) an Hannover und Oldenburg. – 1821 als Suffragan von Köln wiedererrichtet, fiel 1958 ein Teil des Bistums an das neugegr. Bistum Essen.

Münster [ahd. von lat. monasterium »Kloster«], urspr. das gesamte Kloster, seit dem MA die Kirche eines Klosters oder Kapitels; auch eine große Pfarrkirche (Hauptkirche einer Stadt); im dt. Sprachgebiet neben »Dom« auch Bischofskirche.

Münsterland, der zw. dem Teutoburger Wald und der Lippe gelegene zentrale Teil der Westfäl. Bucht.

Münstermann, Ludwig, *Hamburg um 1580, † ebd. um 1638, dt. Bildhauer. Führender Meister in der Über-

Münster
Stadtwappen

Gabriele Münter. Staffelsee im Herbst (1923; Washington D.C National Museum of Women in the Arts)

gangszeit vom Manierismus zum Frühbarock in Norddeutschland (Kanzeln, Altäre und Taufbecken in Kirchen im Oldenburgischen).

Münstertal (rätoroman. Val Müstair), 18 km langes Tal im schweizer. Kt. Graubünden, vom Ofenpaß bis zur schweizer.-italien. Grenze beim Ort Münster (Benediktinerinnenkloster, berühmt ist die Ausmalung der Kirche um 800).

Munt, im german. Recht ein familienrechtl. Vertretungs- und Schutzverhältnis, das v. a. in der Hausgewalt (Vormundschaft) und Schutzfunktion des Sippen- bzw. Familienoberhaupts *(Muntwalt)* gegenüber Sippen- bzw. Familien-Mgl. bestand; auch Bez. für verschiedene Herrenrechte (mit gleichzeitigem Schutz).

Müntefering, Franz, *Neheim-Hüsten 16. 1. 1940, dt. Politiker (SPD). Kaufmänn. Angestellter; 1975–92 MdB; 1992–95 Min. für Arbeit, Gesundheit und Soziales in NRW; seit 1995 Bundesgeschäftsführer der SPD.

Münter, Gabriele, *Berlin 19. 2. 1877, † Murnau 19. 5. 1962, dt. Malerin. Mgl. des Blauen Reiters; nachhaltig vom Werk ihres langjährigen Lebensgefährten W. Kandinsky beeinflußt (Stilleben, Interieurs, Landschaften).

Munthe, Axel Martin Fredrik, *Oskarshamn 31. 10. 1857, † Stockholm 11. 2. 1949, schwed. Arzt und Schriftsteller. Schrieb u. a. »Das Buch von San Michele« (1931).

Müntzer (Münzer), Thomas, *Stolberg/Harz um 1490, † bei Mühlhausen 27. 5. 1525 (hingerichtet), dt. ev. Theologe. Urspr. Anhänger Luthers, geriet M. 1520/21 als Prediger in Zwickau in Kontakt mit sozialrevolutionären Tuchmachergesellen und entwickelte gesellschaftspolitisch radikale Vorstellungen. Nach seiner Flucht nach Böhmen legte er im »Prager Manifest« (1521) erstmals die Grundlage seiner Theologie nieder: die Vorstellung von der unmittelbaren Wirkung des göttl. Wortes durch den Hl. Geist und von der praktischen Realisierbarkeit des Evangeliums in einem Reich Gottes auf Erden. Seit 1523 Pfarrer in Allstedt, führte er den Gottesdienst in deutscher Sprache ein (»Dt. ev. Messe«, 1524) und gründete 1524 zu dessen Durchsetzung den »Bund getreul. und göttl. Willens«; nach der Weigerung der Fürsten, diesem beizutreten, gelangte M. – in Tuchfühlung mit den aufständischen Bauern in Oberdeutschland – 1525 nach Mühlhausen und setzte dort als Pfarrer eine radikaldemokratische Verfassung durch. An der Spitze eines Bauernheeres wurde M. nach dessen Niederlage bei Bad Frankenhausen im Mai 1525 verhaftet, gefoltert und hingerichtet.

Münzautomat

Münzautomat, Vorrichtung (Automat), die nach Einwerfen eines bestimmten Münzbetrages eine Ware ausgibt (*Waren-* und *Getränkeautomat*) bzw. Kleingeld *(Geldwechsler)* oder einen Spielablauf freigibt (*Unterhaltungsautomat* wie z. B. Musikbox, Spielautomat, Flipper).

Münzbuchstaben, Einzelbuchstaben auf Münzen zur Bez. der Münzstätte. In der BR Deutschland: A (Berlin), D (München), F (Stuttgart), G (Karlsruhe), J (Hamburg).

Münzdelikte, frühere Bez. für ↑Geld- und Wertzeichenfälschung.

Münze, ältere Bez. für ↑Münzstätte.

Münzen [lat.], geprägte, aus Münzmetall bestehende Zahlungsmittel, deren Gewicht, Güte und Nennwert vom Staat kraft Münzhoheit durch Bild oder Schrift garantiert wird. M. werden meist scheibenförmig und zweiseitig (Vorderseite bzw. Avers sowie Rückseite bzw. Revers) geprägt, mit Bild (sog. stumme bzw. anepigraph. M.) und/oder mit Schrift (sog. monepigraph. M.). Die *Münzprägung* geschieht in den eigens dazu eingerichteten Münzstätten. *Münzmetalle* als jeweils gesetzlich festgelegte Metallsorten zum Ausprägen von M. waren zunächst Gold, Silber und Elektron (Gold-Silber-Legierung); Kupfer und Bronze folgten seit dem 5. Jh. v. Chr., Nickel und Kupfernickellegierungen traten im 19. Jh. hinzu, im 20. Jh. auch Aluminiumbronze, Tombak, Leichtmetalle, Stahl, für Notgeld Zink, Neusilber oder Eisen.

Nach der Verkehrsbedeutung sind *Kurs-M.* (zu gewöhnl. Umlauf im Inland bestimmt M.), *Handels-M.* (Gepräge eines Staates für Zwecke des überterritorialen und internat. Handelsverkehrs) und *Denk-M.* (auch *Gedenk-M.;* offizielle Zahlungsmittel, deren Bilder bestimmte Ereignisse [z. B. eine Krönung] festhalten) zu unterscheiden, bei den Kursmünzen außerdem *Kurant-Münzen* (ursprünglich alls tatsächlich kursierende Münzgeld, seit dem 17. Jh. eingeengt auf die Silbermünzsorten als eigtl. Währungsmetall) und *Scheide-M.* (*Schiedgeld;* Münzen kleineren Nennwerts für den tägl. Kleinverkehr).

Geschichte: Die ältesten M. stammen aus Kleinasien (Lydien, 7. Jh. v. Chr.); sie dienten zunächst als Sonderform der Tauschware Edelmetall. Wichtigste Handelsmünze der griech. Antike war die Tetradrachme, der röm. Antike der silberne Denar (Rechnungseinheit jedoch der Sesterz). Im Byzantin. Reich wurde der Solidus geprägt. Im Fränk. Reich trat an seine Stelle dessen Drittelstück (Triens, Tremissis) aus Gold. Unter den Karolingern wurde im 8. Jh. der silberne Denar (Pfennig) zur dominierenden Münze und blieb in Europa bis in das 13. Jh. die einzige geprägte Münze. Der Grundtyp des Groschen entstand 1266 in Frankreich. Von Italien aus verbreitete sich im späten MA bed. Gold-M. (z. B. Dukat). 1500 begann die Massenprod. des Talers als Silberäquivalent des Guldens im sächs. und 1520 auch im böhm. Erzgebirge (Joachimstaler). Dieser wurde von den Staaten in Europa (Écu, Crown) und in der Neuen Welt (Dollar, Peso) übern. In Deutschland wurde der Taler 1874 durch die Mark verdrängt.

Münzenberg, Willi, *Erfurt 14. 8. 1889, † bei Saint-Marcellin bei Grenoble 1940, dt. Politiker und Publizist. 1919 Anschluß an den Spartakusbund bzw. die KPD; schuf 1921 die Internat. Arbeiterhilfe; seit 1924 MdR; ab 1927 Mgl. des ZK der KPD; emigrierte 1933 nach Frankreich; 1937 aus der KPD ausgeschlossen; kam auf der Flucht vor den dt. Truppen unter ungeklärten Umständen ums Leben (am 21. 10. 1940 tot aufgefunden).

Münzer, Thomas ↑Müntzer, Thomas.

Münzfuß, die gesetzl. Vorschriften über *Rauhgewicht* (auch *Münzgewicht,* das Bruttogewicht einer Münze [mit den Legierungszusätzen]), *Feingewicht* (das Gewicht des in einer Münze enthaltenen Edelmetallanteils) und *Feingehalt* (der Anteil eines Edelmetalls in einer Edelmetallegierung) einer Münze, früher meist ausgedrückt durch die Zahl der aus einer Gewichtseinheit (z. B. einer Mark) Münzmetall gleichmäßig auszuprägenden Exemplare einer Wertstufe (z. B. Dreißigtalerfuß); Abweichungen vom M. sind nur in gesetzlich festgelegten Grenzen zulässig.

Münzgewinn (Schlagschatz), der Reingewinn, sich in der Münzprägung aus der Differenz zw. den Münzkosten und dem (i. d. R. höheren) Kurswert der fertigen Münzen ergibt.

Iris Murdoch

Münzhoheit (Münzregal), Gesamtheit der auf das Münzwesen bezügl. Hoheitsrechte; insbes. das Recht, Gestalt, Gewicht, Material, Mischungsverhältnisse und Menge der umlaufenden Münzen zu bestimmen und sie zu prägen. Träger der M. *(Münzherr)* war urspr. nur der König, heute ist es i. d. R. der Staat (in der BR Deutschland der Bund).

Münzkunde, svw. ↑Numismatik.

Münzrecht, 1) die vom Inhaber der Münzhoheit persönlich wahrgenommene oder (z. B. durch Verleihung) übertragene Befugnis, Münzen prägen zu lassen.
2) die Summe der das Münzwesen regelnden rechtl. Bestimmungen eines Staates.

Münzregal ↑Münzhoheit.

Münzstätte (Münze, Prägeanstalt), Werkstatt bzw. Fabrik zur Münzprägung, früher vielfach unter einem Münzmeister; auf der Münze oft durch einen ↑Münzbuchstaben bezeichnet.

Mur, linker Nebenfluß der Drau, bildet im Unterlauf z. T. die österr.-slowen. Grenze, mündet bei Legrad (Kroatien), 454 km lang.

Murad (türk. Murat), Name osman. Sultane:
1) Murad I., *1326(?), † auf dem Amselfeld im Juni 1389 (ermordet), Sultan (seit 1359). Erster osman. Sultan; machte Byzanz und Bulgarien zu Vasallen, besiegte die Serben 1389 auf dem Amselfeld.
2) Murad II., *Amasya im Juni 1404, † Adrianopel (heute Edirne) 3. 2. 1451, Sultan (seit 1421). Siegte 1444 bei Warna und 1448 auf dem Amselfeld über die Ungarn.

Muränen (Muraenidae) [griech.-lat.], Fam. meist bis 1 m langer Knochenfische mit über 100 Arten, v. a. an Felsküsten der trop. und subtrop. Meere; räuber. lebende, aalförmige Fische mit großem Maul und giftigem Biß. Zu den M. gehören u. a. *Drachen-M., Pampan* (bis über 3 m lang) und die bis 1,5 m lange *Mittelmeermuräne*.

Murano, Stadtteil von Venedig auf einer Insel in der Lagune von Venedig; seit etwa dem 12./13. Jh.–17. Jh. Hauptsitz der venezian. Glasindustrie.

Murat, Joachim [frz. my'ra], *Labastide-Fortunière (heute Labastide-Murat bei Cahors) 25. 3. 1767, † Pizzo bei Catanzaro 13. 10. 1815, frz. Marschall (seit 1804), als *Joachim* Groß-Hzg. von Berg und Kleve (1806–08), König von Neapel (seit 1808). Wurde 1796 Adjutant Napoléon Bonapartes; ∞ seit 1800 mit Bonapartes jüngster Schwester Karoline (Marie-Annonciade, *1782, † 1839); geriet als König von Neapel in Gegensatz zu Napoleon; nach dessen Sturz standrechtlich erschossen.

Murayama Tomiichi, *Präfektur Oita 3. 3. 1924, jap. Politiker (SDP). Seit 1993 Vors. der SDP; 1994–96 (als erster Sozialdemokrat seit 1948) Ministerpräsident.

Murcia [span. 'murθia], **1)** spanische Prov.-Hauptstadt am unteren Segura, 309 500 E. Univ., Theaterhochschule. Zentrum der zweitgrößten Bewässerungsoase Spaniens. Die got. Kathedrale erhielt im 18. Jh. eine Barockfassade; Renaissance- und Barockbauten: San Esteban (1561–69), San Miguel (17. Jh.), San Bartolomé und Kapelle Ermita de Jesús (18. Jh.; jetzt Museum), Bischöfl. Palast (1695–1748). – 825 von den Arabern gegründet.
2) histor. Prov. (Region) in SO-Spanien, umfaßt im wesentlichen den NO der Betischen Kordillere, auch Randgebiete der Mancha. Weite Teile sind von Garigue und Steppenvegetation bedeckt; Bewässerungsfeldbau entlang der Flüsse; Seidenraupenzucht. Abbau von Bleierzen und Braunkohle.

Murdoch, Dame (seit 1987) Iris [engl. 'mɜːdɔk], *Dublin 15. 7. 1919, engl. Schriftstellerin ir. Herkunft. Schreibt realist. Romane, die von philosoph. und

Muränen. In den Gewässern Mikronesiens vorkommende Art

Murcia Stadtwappen

Mure

psycholog. Problemen durchzogen sind. – *Werke:* Unter dem Netz (R., 1954), Maskenspiel (R., 1961), Lauter feine Leute (R., 1968), Das Meer, das Meer (R., 1978), Das Buch und die Bruderschaft (R., 1987).

Mure, in Gebirgen nach Starkregen oder bei plötzlich einsetzender Schneeschmelze sich talwärts wälzender Strom aus einem Gemisch von Wasser, Erde und Gesteinsschutt mit oft verheerender Wirkung.

Murg, rechter Nebenfluß des Oberrheins, 70 km lang.

Muri (AG), schweizer. Bezirkshauptort im Kt. Aargau, 5400 E. Barocke Klosterkirche (17. und 18. Jh.); Habsburgergruft. – Das 1027 gegr. Benediktinerkloster Muri galt Ende des 17. Jh. als reichstes Kloster der Schweiz.

Joseph Edward Murray

Murillo, Bartolomé Esteban [span. muˈriʎo], eigtl. B. E. Pérez, ≈ Sevilla 1. 1. 1618, † ebd. 3. 4. 1682, span. Maler. Verarbeitete in seinen großformatigen religiösen Darstellungen, den mädchenhaften Madonnenbildern, den Porträts und Genreszenen (»Trauben- und Melonenesser«, 1645/46; München, Alte Pinakothek) Einflüsse der span. Nachfolge Caravaggios und fläm. Künstler.

Müritz, mit 116,8 km² größter See der Mecklenburg. Seenplatte.

Murmansk, russ. Gebietshauptstadt im N der Halbinsel Kola, 468000 E. Seefahrthochschule, Museen, Theater; fischverarbeitende Ind.; eisfreier Hafen.

Murmeltiere [lat.] (Marmota), Gatt. etwa 40–80 cm lange, gedrungener Erdhörnchen mit neun Arten, v. a. in Steppen, Hochsteppen und Wäldern Eurasiens und N-Amerikas; tagaktive, umfangreiche Erdbauten anlegende Bodenbewohner; halten einen ausgedehnten Winterschlaf. Zu den M. gehören u. a. *Alpen-M.* (bis 60 cm groß), *Steppen-M.* (Bobak) und *Waldmurmeltier.*

Murmeltiere. Alpenmurmeltier

Murnau, Friedrich Wilhelm, eigtl. F. W. Plumpe, *Bielefeld 28. 12. 1888, † Santa Barbara (Calif.) 11. 3. 1931 (Autounfall), dt. Filmregisseur. Einer der bedeutendsten Regisseure des expressionist. dt. Stummfilms der 1920er Jahre; u. a. »Schloß Vogelöd« (1921), »Nosferatu – eine Symphonie des Grauens« (1922), »Faust« (1926).

Murner, Thomas, *Oberehnheim (heute Obernai) bei Straßburg 24. 12. 1475, † ebd. vor dem 23. 8. 1537, elsäss. Volksprediger, Humanist und Dichter. Hielt in den Moralsatiren seiner Zeit einen schonungslosen Spiegel vor; bediente sich des von S. Brant aus dem Fastnachtsspiel übernommenen Narrenmotivs (»Narrenbeschwörung«, 1512; »Schelmenzunft« 1512); richtete gegen Luther die bissige Satire »Von dem großen Lutherischen Narren, wie ihn Dr. Murner beschworen hat« (1522).

Murphy, William Parry [engl. ˈməːfi], *Stoughton (Wis.) 6. 2. 1892, † Brookline (Mass.) 9. 10. 1987, amerikan. Mediziner. Bed. Forschungsarbeiten über die Insulinwirkung bei der Zuckerkrankheit und zur Behandlung der perniziösen Anämie durch Leberdiät; Nobelpreis für Physiologie oder Medizin 1934 (zus. mit G. R. Minot und G. H. Whipple).

Murray, Joseph Edward [engl. ˈmʌrɪ], *Milford (Mass.) 1. 4. 1919, amerikan. Mediziner. Erhielt für seine Arbeiten zur Überwindung der Immunabwehr bei Organ- und Zelltransplantationen 1990 (mit E. D. Thomas) den Nobelpreis für Physiologie oder Medizin.

Murray [engl. ˈmʌrɪ], Hauptfluß Australiens, 2560 km lang.

Mürren ↑Lauterbrunnen.

Murrhardter Wald, Teil der Schwäbisch-Fränk. Waldberge, südlich der Murr zw. Backnang und Murrhardt, bis 575 m hoch.

Murten, schweizer. Bezirkshauptort am Murtensee, Kt. Freiburg, 4600 E. Museum. Spätgot. (frz.) Katharinenkirche (1484); barocke (dt.) ref. Kirche (1710–13); Schloß (im 15./16. und 18. Jh. erneuert); Häuser mit Laubengängen (17./18. Jh.); fast vollständig erhaltene Stadtbefestigung (13.–15. Jh.). – 1476 widerstand M. der Belagerung Herzog Karls des Kühnen von Burgund bis zum Sieg der Eidgenossen in der *Schlacht von Murten* (22. 6.).

Murtensee, See im westl. Schweizer Mittelland, 23 km².

Mururoa [frz. myryrɔˈa], unbewohntes Atoll der sö. Tuamotuinseln, Frz.-Polynesien; frz. Testzentrum für Kernwaffen.

Musaios (lat. Musäus), griech. Dichter um 500 n. Chr. Verfaßte das erot. Kleinepos »Hero und Leander«.

Musenalmanach

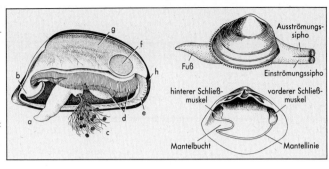

Muscheln. Links: Bau der Miesmuschel (linke Schalenhälfte entfernt); a Fuß, b Mundlappen, c Byssusfäden, d vordere und hintere Kieme, e Mantel, f durchschnittener Schließmuskel, g Eingeweidesack, h rechte Schalenklappe ♦ Rechts: Trog-M.; oben: Spisula elliptica mit Schale; unten: linke Schalenklappe von Spisula solida

Musäus, Johann Karl August, * Jena 29. 3. 1735, † Weimar 28. 10. 1787, dt. Schriftsteller. Schrieb den ersten dt. satir. Roman (»Grandison der Zweite, Oder Geschichte des Herrn N***, in Briefen entworfen«, 1760–62). Bekannter sind seine »Volksmärchen der Deutschen« (1782 bis 86).

Muschelkalk, mittlere Abteilung der german. Trias (↑Geologie).

Muschelkrebse (Ostracoda), Unterklasse etwa 0,25 mm bis wenige cm langer Krebse mit rd. 12 000 Arten in Meeres- und Süßgewässern; mit von einer zweiklappigen Schale völlig umschlossenem Körper.

Muscheln (Bivalvia, Lamellibranchiata, Acephala), seit dem Kambrium bekannte, heute mit rd. 8 000 Arten in Meeres- und Süßgewässern verbreitete Klasse der Weichtiere; Körper zweiseitig symmetrisch, meist mit muskulösem Fuß, von zweiklappiger Kalkschale umgeben. Die Schalen können durch zwei Schließmuskeln fest verschlossen werden. Der Nahrungserwerb geschieht durch Ausfiltern von Kleinlebewesen aus dem Wasser mit Hilfe der Kiemen. Ein eigentl. Kopf fehlt; Sinnesorgane sind meist sehr spärlich entwickelt. – Die Befruchtung der meist getrenntgeschlechtl. M. erfolgt entweder außerhalb (Eier und Spermien werden ins Wasser ausgestoßen) oder innerhalb der Tiere (Spermien werden von den weibl. Tieren mit dem Atemwasser eingestrudelt).

Muschelseide (Byssusseide, Seeseide), glatte, glänzende, 4–10 cm lange Fäden, die von verschiedenen Steckmuschelarten gebildet werden; hochwertiges Fasermaterial.

Muschelvergiftung (Mytilismus), durch v. a. in den Genitalorganen gebildetes Muschelgift, Giftalgen im Darmtrakt der Muschel oder (bakterielle) Fäulnisprodukte hervorgerufene, gelegentlich auch allergisch bedingte Vergiftung nach dem Genuß von Muscheln.

Muschg, Adolf, * Zollikon 13. 5. 1934, schweizer. Schriftsteller und Literaturwissenschaftler. Seit 1970 Prof. in Zürich; schreibt v. a. durch Ironie und schwarzen Humor bestimmte Romane und Erzählungen, die häufig Symptome der Entfremdung und Sprachlosigkeit darstellen, u. a. »Im Sommer des Hasen« (R., 1965), »Albissers Grund« (R., 1974), »Der Turmhahn« (En., 1987), »Der Rote Ritter. Eine Geschichte von Parzivâl«, 1993). 1994 Georg-Büchner-Preis.

Muschik [ˈmʊʃɪk, mʊˈʃɪk; russ.], veraltete Bez. für den russ. Bauern.

Musen, bei den Griechen die Schutzgöttinnen der Künste und des geistigen Lebens. Urspr. wohl drei, später neun Schwestern im Gefolge des Apollon: *Kalliope,* Muse der ep. Dichtung, *Melpomene,* Muse der trag. Dichtung, *Thalia,* Muse der kom. Dichtung, *Euterpe,* Muse der Lyrik, *Terpsichore,* Muse der Chorlyrik und des Tanzes, *Erato,* Muse der Liebesdichtung, *Polyhymnia,* Muse der Hymnendichtung, *Klio,* Muse der Geschichtsschreibung, *Urania,* Muse der Sternkunde.

Musenalmanach, seit Mitte des 18. bis ins 19. Jh. belletrist. Publikationsorgan; jährlich erscheinende Anthologie meist noch unveröffentlichter Dichtungen, vorwiegend Lyrik und andere poet. Kleinformen. Bed. u. a. der »Göttinger

Musenalmanach. Titelblatt des Göttinger M. für das Jahr 1770

Musette

M.« (1770–1802) und Schillers »M.« (1796–1800), in dem u. a. die »Xenien« (Jahrgang 1797) erschienen.

Musette [frz. my'zɛt], in Frankreich im 17./18. Jh. beliebte ↑Sackpfeife.

Museum [griech.-lat.], seit dem 18. Jh. Bez. sowohl für Sammlungen künstler. und wiss. Gegenstände als auch für die Bauten, in denen sie untergebracht werden. Museen dienen der Sammlung, Bewahrung, Erforschung und Wiederherstellung von Kulturgut, v. a. aber dessen sinnvoller Präsentation und Erläuterung. Das M. als öffentl. Institution wurde im 18. Jh. geschaffen, es ging aus den Sammlungen weltl. und geistl. fürstl. Kunstliebhaber hervor. Vereinzelt waren solche Sammlungen schon im 16./17. Jh. dem Publikum zugänglich gemacht worden, v. a. in Florenz (Uffizien 1580, Palazzo Pitti 1640); in Basel ging zum erstenmal eine private Sammlung in öffentl. Besitz über (1662). Als erste staatl. Gründung entstand das British Museum in London (1753), in Deutschland das Kasseler Museum Fridericianum (erbaut 1769–76). Eine Welle von M.gründungen erfolgte im 19. Jh., Vorläufer war die Öffnung des Louvre (1793) in Paris. Das M. wurde in der Folgezeit mehr und mehr spezialisiert auf Einzelgebiete, bes. wurden techn., natur-, volks- und völkerkundl., histor. und archäolog. Sammlungen abgetrennt und Freilichtmuseen eingerichtet.

Musical [engl. 'mju:zɪkəl], Kurzform für musical comedy (»musikal. Komödie«) oder musical play (»musikal. Spiel«), eine musikal.-theatral. Mischgattung aus Sprechstück, Operette, Revue und Varieté, bestehend aus Liedern, Songs, Tanz- und Unterhaltungsmusik, Jazzelementen und Ballett, die zu einer meist zweiaktigen Handlung zusammengefügt werden. Das M. entwickelte sich nach 1900 aus amerikan. und europ. Formen des leichten Unterhaltungstheaters und der Show und fand seine Heimat am New Yorker Broadway. Musikalisch zu einem eigenen Stil gelangte es bei G. Gershwin (»Porgy and Bess«, 1935), V. Youmans (»No, no, Nanette«, 1925), J. Kern (»Show boat«, 1927), C. Porter (»Anything goes«, 1934), R. Rodgers (»The boys from Syracuse«, 1938; »Oklahoma«, 1943). Bes. erfolgreich waren nach dem 2. Weltkrieg die M. von R. Rodgers (»South Pacific«, 1949), I. Berlin (»Annie get your gun«, 1946), C. Porter (»Kiss me, Kate«, 1948), F. Loewe (»My fair lady«, 1956), L. Bernstein (»West side story«, 1957), J. Herman (»Hello Dolly«, 1964), J. Bock (»The fiddler on the roof«, 1964, dt. »Anatevka«) und M. Hamlisch (»A chorus line«, 1975). Rock-M. mit Elementen der Rockmusik sind G. McDermots »Hair« (1968), A. Lloyd Webbers »Jesus Christ Superstar« (1970), »Evita« (1978) und »Cats« (1982) sowie B. Heymanns »Linie 1« (1986).

Musik [griech.], in der griech. Antike (»musikē«) urspr. als Einheit von Poesie, Tanz und M. die geist und Gemüt bildende Betätigung, aus der sich im 4. Jh. als Einengung des Begriffs M. die Tonkunst herauslöste; i. w. S. die absichtsvolle Organisation von Schallereignissen. Das akust. Material dieser Schallereignisse sind Töne (hervorgerufen durch period. Schallschwingungen) und Geräusche (nichtperiod. Schallschwingungen). Die im Bereich des Hörbaren

Musical.
Szene aus dem 1935 uraufgeführten Musical »Porgy and Bess« von George Gershwin in der Verfilmung von Otto Preminger (1959)

Musikinstrumente

vorhandenen, als »hoch« oder »tief« empfundenen und unterschiedenen Töne und gegebenenfalls Geräusche werden in eine Ordnung gebracht, die einerseits einer gewissen Eigengesetzmäßigkeit unterliegt (die sich z. B. aus der Obertonreihe ergibt) oder durch äußere Gegebenheiten bestimmt wird (z. B. durch den Bau von Musikinstrumenten mit festen Stimmungen), andererseits einem historisch sich wandelnden Formungswillen unterliegt. Töne treten in ihrer Eigenschaft als Intervalle zueinander in Beziehung; die Intervallordnung schlägt sich nieder im Tonsystem (Pentatonik, Heptatonik, Dur, Moll). Neben der Höhe sind weitere Grundeigenschaften des Tons seine Dauer, Lautstärke und Klangfarbe. Aus der zeitl. Aufeinanderfolge von Tönen und Geräuschen entsteht Rhythmus; aus der Aufeinanderfolge verschiedener Tonhöhen Melodie (Einstimmigkeit); aus dem gleichzeitigen Erklingen mehrerer Töne Harmonie (Akkord, Heterophonie, Mehrstimmigkeit). Das Hervorbringen mit unterschiedl. Schallwerkzeugen (Instrumente und Singstimme) bestimmt die Klangfarbe und unterscheidet die M. in Vokal- und Instrumentalmusik. Sowohl den Tonabständen (Intervalle) und den aus ihnen gebildeten Zusammenklängen als auch den Tondauern (Rhythmus) liegen in der abendländ. M. Zahlenproportionen zugrunde, die das rational-mathemat. Fundament der M. bestimmen und sie theoriefähig machen.

Musikakademie ↑Musikhochschule.

Musikalien [griech.-lat.], Handschriften und Drucke von Musikwerken.

Musikantenknochen [griech./dt.], volkstüml. Bez. für einen Knochenhöker am Ellbogen des Menschen, an dem der Ellennerv sehr oberflächlich liegt und der daher leicht unter Schmerzempfindung angestoßen werden kann.

Musikdirektor (Director musices), Abk. **MD**, urspr. Titel des leitenden Musikbeauftragten einer Stadt; seit dem 19. Jh. allg. verliehen an die Leiter musikal. Institutionen (Städt. M., Universitäts-, [ev.] Kirchenmusikdirektor); im 20. Jh. in größeren Städten vielfach als *Generalmusikdirektor* (GMD).

Musikdrama, musikal. Bühnenwerk, bei dem Singstimme wie Orchester allein in den Dienst des Ausdrucks eines dem Wortdrama nachgebildeten Textes gestellt werden. Die Bezeichnung wird v. a. auf die Werke R. Wagners angewendet.

Musikhochschule, staatl. Lehrinstitut für die musikal. Berufsausbildung (bisweilen auch *Musikakademie* genannt) mit den Studienzielen: Orchestermusiker, Instrumentalsolist, Dirigent, Komponist, Opern- und Konzertsänger, Tänzer; Privatmusiklehrer und Lehrer an Musikschulen; Schulmusiker, Kirchenmusiker.

Musikinstrumente, Geräte zum Hervorbringen musikalisch verwendbaren Schalls (Töne, Klänge, Geräusche). Sie werden in der Instrumentenkunde gegliedert in Idiophone, Membranophone, Chordophone, Aerophone und Elektrophone, in der musikal. Praxis

Musical.
Oben: Szene aus dem 1957 uraufgeführten Musical »West side story« von Leonard Bernstein in der Verfilmung von Robert Wise und Jerome Robbins, 1960 ◆ Unten: Szene aus dem 1981 uraufgeführten Musical »Cats« von Andrew Lloyd Webber in der Inszenierung des Hamburger Opernhauses, 1986

2315

Musiklehre

Muskatnußbaum. Echter Muskatnußbaum; von oben: Fruchtender Zweig; blühender Zweig; Muskatnuß (angeschnitten)

Robert Musil

ungenau in Saiteninstrumente, Blasinstrumente und Schlaginstrumente.

Musiklehre, Bez. für die musikal. Elementarlehre, in der die Grundbegriffe der Akustik, Notation, Melodie, Harmonik, Formen u. ä. behandelt werden.

Musikschulen, städt. oder private Institutionen für die musikal. Laienausbildung (v. a. von Jugendlichen) und mittlere Berufsausbildung (z. B. von Privatmusikerziehern, Chorleitern).

Musiktheater, Sammel-Bez. für eine Vielfalt musikal.-szen. Gestaltungsweisen des 20. Jh., die in der traditionellen Auffassung von ↑Oper nicht mehr aufgehen. Der Begriff M. umfaßt heute so unterschiedl. Formen wie Kammeroper, Singspiel, ep. Theater, szen. Oratorium, szen. Konzert, totales Theater und das sog. musikal. Theater.

Musikwissenschaft, Wiss. von der Musik, ihrem Wesen, ihrer Geschichte und ihren verschiedenen Erscheinungsformen. Traditionell unterscheidet man als Hauptzweige die histor. M. (Musikgeschichte), die systemat. M. (musikal. Akustik, Physiologie der Gehörswahrnehmung, Musikpsychologie, Musiksoziologie, Musikästhetik) und die Musikethnologie.

Musil, Robert, eigtl. Robert Edler von (seit 1917) M., * Klagenfurt 6. 11. 1880, † Genf 15. 4. 1942, österr. Schriftsteller. Ingenieur; studierte 1903–08 Psychologie, Philosophie und Mathematik in Berlin; lebte 1931–33 in Berlin, dann bis 1938 wieder in Wien; 1938 Emigration in die Schweiz. Sein während der Nat.-Soz. verbotenes Werk umfaßt Novellen, den Pubertätsroman »Die Verwirrungen des Zöglings Törleß« (1906), der seinen Ruf als psychologisch exakt analysierender Erzähler begründete, und den fragmentar. Roman »Der Mann ohne Eigenschaften« (1930–43 in Teilbänden erschienen): Die untergehende Donaumonarchie (»Kakanien«) nach der Jahrhundertwende wird dabei zum Spiegel für alle geistigen und kulturellen Strömungen dieser Zeit und des modernen Lebens. – *Weitere Werke:* Vereinigungen (Nov.n, 1911), Die Schwärmer (Dr., 1921), Vinzenz und die Freundin bedeutender Männer (Dr., 1924), Drei Frauen (Nov.n, 1924), Nachlaß zu Lebzeiten (Essays, 1936), Über die Dummheit (Rede, 1937).

Musivgold [griech.-lat./dt.] (Muschelgold), aus Zinnsulfid bestehendes, goldglänzendes Pulver; früher in der Malerei und zum Vergolden verwendet.

Muskarin (Muscarin) [lat., nach dem Fliegenpilz Amanita muscaria], sehr giftiges Alkaloid des Fliegenpilzes, das auf die postganglionären Rezeptoren des parasympathischen Nervensystems einwirkt; führt u. a. zu starken Erregungszuständen.

Muskat [lat.], 1) Bez. für das aus der geriebenen Muskatnuß gewonnene Gewürz.

2) ↑Muskatweine.

Muskateller [italien.], svw. ↑Muskatweine.

Muskatnußbaum, Gatt. der *Muskatnußgewächse* (Myristicaceae; 15 Gatt. mit insgesamt 250 Arten) mit rd. 100 Arten, v. a. auf den Molukken. Die wirtschaftl. bedeutendste Art ist der *Echte M.,* ein immergrüner, bis 15 m hoher Baum. Die Frucht ist eine fleischige Kapsel mit nur einem von der Mazis (Samenmantel) umhüllten Samen, der *Muskatnuß.* Diese wird getrocknet und gegen Insektenfraß in Kalkmilch getaucht. Verwendung als Gewürz.

Muskatweine (Muskat, Muskateller), Weine aus einer der ältesten Rebsorten mit zahlr. Varianten. M. haben eine harmon. Säure und feines Muskataroma.

Muskelatrophie (Muskelschwund), Schwund der Skelettmuskulatur als altersbedingte Erscheinung oder infolge Unterernährung, Inaktivität, Störung des Muskelstoffwechsels, Verfall der motor. Nerven.

Muskelkater, vorübergehende Muskelermüdung mit vorübergehender Schmerzhaftigkeit und Verhärtung der Muskulatur nach Überbeanspruchung. Als Ursache werden Ansammlung saurer Stoffwechselprodukte und feinste Risse im Muskelgefüge angenommen.

Muskelmagen, der starkwandige, muskulöse Magen verschiedener Tiere (z. B. Würmer, Vögel), durch dessen Muskelkontraktionen die Nahrung bes. intensiv durchgeknetet und auch zerkleinert wird.

Muskeln (Musculi, Einz. Musculus) [lat.], aus *M.gewebe* (Zellen, Fasern, Bindegewebe) bestehende Organe, die sich kontrahieren (d. h. chem. Energie in mechan. [Arbeit] umwandeln) können.

Muskelriß

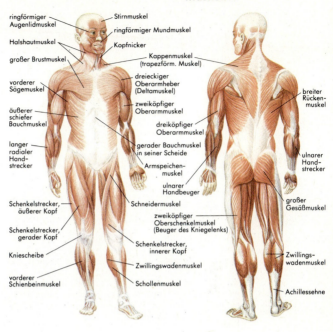

Muskeln. Oberflächliche Skelettmuskeln; links: Vorderansicht ◆ Rechts: Rückenansicht

Sie dienen der Fortbewegung sowie der Gestaltveränderung und der Bewegung von Gliedmaßen und Organen. Der einzelne M. wird an seiner Oberfläche von einer straffen, an den Bewegungen des M. nicht beteiligten M.scheide begrenzt. Nach ihrer Form unterscheidet man längl. M., runde M. und breite, flächenhafte M. Die Gesamtheit der M. eines Organismus bezeichnet man als *Muskulatur.* Nach ihren funktionellen Einheiten, den M.zellen bzw. -fasern unterscheidet man glatte M., quergestreifte M. und die Herzmuskulatur.

Glatte M.: Die nicht dem Willen unterworfenen glatten M. bestehen aus langgestreckten, spindelförmigen, räumlich-netzförmig angeordneten, locker gebündelten oder in Schichten gepackt liegenden M.zellen. Glatte M. arbeiten meist langsam und können die Kontraktion ohne großen Energieverbrauch oft längere Zeit aufrechterhalten (z. B. Schließ-M. der Muscheln). Vorkommen v. a. im Darm- und Urogenitalsystem, in den Luftwegen, Blut- und Lymphgefäßen, im Auge und in der Haut.

Quergestreifte M.: Grundelemente der willkürl. quergestreiften M., der Skelett-M., sind immer die quergestreiften M.-Fasern. Sie sind zylindrisch geformt und etwa 2–30 cm lang (längste Faser beim Menschen etwa 12 cm). Quergestreifte M. arbeiten sehr rasch und sind äußerst leistungsfähig. Eine Sonderform der quergestreiften M. ist der *Herzmuskel,* der nicht dem Willen unterliegt.

Alle M. beziehen ihre Energie aus den Nährstoffen, die mit dem Blut an sie herangeführt werden. M. können sich nur zusammenziehen, nicht jedoch selbständig aktiv dehnen. Die der Kontraktion entgegengesetzte Bewegung erfolgt deshalb durch einen als Gegenspieler fungierenden anderen M. (z. B. Beuger und Strecker des Oberarms), durch elast. Bänder oder durch Flüssigkeiten (bei den Blutgefäßen).

Muskelriß (Muskelruptur), v. a. durch zu rasche oder zu starke Kontraktion bedingte Zerreißung von Muskelbezirken

Muskelschwäche

mit plötzl. Schmerzen und Ausfall der betreffenden Muskelfunktion.

Muskelschwäche (Myasthenie), krankhaft verminderte Leistungsfähigkeit oder gesteigerte Ermüdbarkeit der Skelettmuskulatur.

Muskelschwund ↑Muskelatrophie.

Muskeltonus, die Grundspannung eines glatten Muskels.

Muskelzerrung, durch ruckartige Überdehnung eines Muskels entstehende Schädigung einzelner Muskelfasern.

Muskete [lat.-roman.], alte Handfeuerwaffe mit Gabelstütze.

Musketier [lat.-roman.], urspr. mit der Muskete ausgerüsteter Soldat; bis zum Ende des 1. Weltkriegs (neben Grenadier und Füsilier) v. a. Bez. für den einfachen Soldaten bei den Infanterieregimentern.

Alfred de Musset

Muskovit [nlat.] (Kali-Tonerdeglimmer), Mineral von Perlmutterglanz, farblos-durchscheinend, Schichtsilikat; chemisch $KAl_2[(OH,F)_2|AlSi_3O_{10}]$. Mohshärte 2–2,5; Dichte 2,78–2,88 g/cm³. Neben und zusammen mit Biotit der häufigste Glimmer. Verwendung als Isoliermaterial in der Elektrotechnik.

Muslim (Moslem, veraltet Muselmann) [arab.], Selbst-Bez. der Anhänger des Islam.

Muslimbruderschaft (Moslembruderschaft), islam. Erneuerungsbewegung und polit.-religiöse Organisation, gegr. 1928 in Ismailija mit dem Ziel, die traditionellen Ordnungsvorstellungen des Islams in Staat und Gesellschaft durchzusetzen und den westl. Einfluß zurückzudrängen. Nach einem Attentatsversuch auf Nasser 1954 wurde die M. endgültig aufgelöst. Die M. war auch in Syrien, Jordanien und Saudi-Arabien verbreitet, wurde aber fast überall verboten.

Muslimliga (Moslemliga), 1906 in Dhaka gegr. polit. Organisation ind. Muslime; forderte v. a. gleiche polit. Rechte für die muslim. Minderheit, einen autonomen muslim. Bundesstaat, seit 1940 die Teilung Indiens (Pakistan-Resolution); wurde nach der Gründung Pakistans dort Staatspartei, jedoch nach Abspaltungen seit 1970 ohne Einfluß.

Muspilli, ahd. Gedicht, im 9. Jh. entstanden; stellt in Stabreimen das Schicksal der Seele nach dem Tode, Weltuntergang (ahd. »Muspilli«) und Jüngstes Gericht dar.

Mussala, mit 2 925 m höchster Berg der Rila, Bulgariens und der Balkanhalbinsel.

Musselin [italien.-frz., nach der Stadt Mosul (Mossul)], leinwandbindiger Kleiderstoff aus schwach gedrehten, feinen Garnen.

Musset, Alfred de [frz. my'se], *Paris 11. 12. 1810, † ebd. 2. 5. 1857, frz. Dichter. Bed. Vertreter der frz. Romantik; 1833–35 unglückl. Liebesverhältnis mit George Sand (»Beichte eines Kindes seiner Zeit«, R., 1836); neben Gedichten, Verserzählungen und psycholog. Novellen auch Dramen. Den nihilist. Grundzug seines Werkes verbergen Sarkasmus und Frivolität.

Mussolini, Benito, *Predappio bei Forlì 29. 7. 1883, † Giulino di Mezzegra bei Como 28. 4. 1945 (erschossen), italien. Politiker. 1902–05 war M. als Volksschullehrer in der Schweiz tätig. 1909–12 leitete er die Wochenzeitung »Lotta di Classe« in Forlì und schuf sich als Prov.-Sekretär der Sozialist. Partei (PSI) eine eigene Machtbasis, 1912 wurde er Chefredakteur des Parteiorgans »Avanti!«. 1914 kam es zum Ausschluß aus der PSI, da M. den Eintritt Italiens in den 1. Weltkrieg forderte; M. wechselte ins nationalist. Lager und gründete zur Verbreitung seiner Ideen die Zeitung »Il Popolo d'Italia«. Nach seinem Kriegsdienst (1915–17) gründete M. am 23. 3. 1919 die »Fasci di combattimento«, eine antisozialistisch und antikapitalistisch orientierte Bewegung der »Frontkämpfer und Produzenten«, die im Nov. 1921 zur Partito Nazionale Fascista (PNF), umgewandelt wurde (↑Faschismus). M. gelangte ins Parlament, gleichzeitig verbreiteten seine Terrorgruppen in N-Italien Gewalt. In der Krise, in der sich Italien seit dem Ende des Kriegs befand, riß M. durch den »Marsch auf Rom« (28. 10. 1922), unterstützt von konservativen Führungsgruppen aus Wirtschaft, Heer, Verwaltung und Kirche, die Macht an sich; König Viktor Emmanuel III. ernannte ihn am 30. 10. 1922 zum Min.-Präs. eines Koalitionskabinetts, M. begann mit dem Aufbau einer Einparteiendiktatur und der Verwirklichung seiner Vorstellungen des »totalen Staates«. Die im ersten Jahrzehnt gewonnene, 1929 durch die Lateranverträge und die Aussöhnung mit dem Papsttum gekrönte Machtstellung erkor M. in der Weltöffentlichkeit zum Prototyp des neuzeitl., mit neuartigen Propaganda- und Organisationsmethoden Massenloyalität mobilisierenden Diktators. Als »Duce del Fascismo« (»Führer des Faschismus«), »Capo del governo« (»Haupt der Regierung«), Inhaber zahlr. Min.-Ämter, Kommandant der Miliz, Präs. des Faschist. Großrats und des Nationalrats der Korporationen nach außen hin als »absolut allmächtig« erscheinend, stieß das korporativ gegliederte Gesellschaftssystem und der Machtanspruch M. im Bereich der Krone (und dem von ihr ernannte Senat), der kath. Kirche, der Großindustrie sowie in weiten Kreisen der Verwaltung und Justiz jedoch an seine Grenzen. Auf außenpolit. Gebiet verfolgte M. nach der Eroberung Abessiniens 1935/36 und der Intervention im Span. Bürgerkrieg einen Kurs der Anlehnung an das nat.-soz. Deutschland (Achse Berlin–Rom, 1936; Stahlpakt, 1939; Dreimächtepakt, 1940). Der Kriegseintritt Italiens am 10. 6. 1940 fesselte M. an das Sieg- und Durchhaltekonzept Hitlers. Dessen Mißerfolge und innere Krisen führten am 25. 7. 1943 zum Mißtrauensvotum der Faschist. Großrats und zur Gefangennahme M. auf Befehl des Königs. Von dt. Fallschirmtrupen befreit, geriet M. in völlige Abhängigkeit von Hitler, in dessen italien. Machtbereich er die »Repubblica Sociale Italiana« in Salò (Gardasee) ausrief, deren »Staatschef« er bis zur Kapitulation der dt. Italienfront war. Bei dem Versuch, mit dt. Unterstützung in die Schweiz zu fliehen, wurde M. von italien. Partisanen ergriffen und erschossen.

Mussorgski, Modest Petrowitsch, *Karewo (Gebiet Twer) 21. 3. 1839, † Petersburg 28. 3. 1881, russ. Komponist. Gardeoffizier; autodidakt. Ausbildung in Komposition; griff über die folklorist. Tendenzen der nationalruss. Schule weit hinaus und verband in seinen Werken Elementar-Rituelles mit Realistisch-Hintergründigem, u. a. »Lieder und Tänze des Todes« (1874–77), Klavierwerk »Bilder einer Ausstellung« (1874, orchestriert von M. Ravel 1922), sowie von Rimski-Korsakow ergänzt und bearbeitet u. a. die Opern »Chowanschtschina« (1872–80) und »Boris Godunow« (nach Puschkin, 1871/72).

Mustafa (gen. Kara M., »der schwarze M.«), *Merzifon 1634, † Belgrad 25. 12. 1683 (ermordet), osman. Großwesir (seit 1676). Belagerte Wien vergeblich (Juli–Sept. 1683), verlor die Schlacht am Kahlenberge.

Mustafa II., *Adrianopel (heute Edirne) 5. 6. 1664, † Konstantinopel 31. 12. 1703 (ermordet), Sultan (seit 1695). Beendete den Krieg mit der Heiligen Liga (von 1684) mit dem Frieden von Karlowitz (1699).

Mustang [span.-engl.], Bez. für die im W der USA verwilderten und später von Indianern und Kolonisten eingefangenen und weitergezüchteten, zähen, genügsamen Nachkommen der 16./17. Jh. aus Europa eingeführten Hauspferde verschiedener Rassen.

Mustererkennung, in der *Datenverarbeitung* die Umwandlung als analoge Signale vorliegender Muster in digitale Signale. Anwendung bei der automat. Übersetzung von Texten, bei der Bildbeschreibung und -auswertung (Klassifizierung von Fingerabdrücken, Luftaufnahmen, Radarbilder u. a.) und in der Medizin bei der automat. Auswertung von Röntgenaufnahmen oder Elektrokardiogrammen.

Musterung, 1) *Seeschiffahrtsrecht:* die in Gegenwart des Kapitäns oder eines Bevollmächtigten des Kapitäns oder Reeders vor dem Seemannsamt stattfindende Verhandlung über die in der Musterrolle (Namensliste der Besatzung und an Bord tätigen Personen) einzutragenden Angaben.
2) *Wehrrecht:* Verfahren, in dem entschieden wird, welche ungedienten Wehrpflichtigen für den Wehrdienst zur Verfügung stehen. Die M. wird von den Kreiswehrersatzämtern durchgeführt.

Mutagene [lat./griech.], natürlich vorkommende und synthet. Substanzen (chem. M.) sowie Strahlung (physikal. M.), die Mutationen hervorrufen können; M. sind häufig zugleich karzinogen. Als *physikal. M.* wirken Röntgen-, Höhen-, Gamma- und Ultraviolettstrahlen. *Chem. M.* (Nitrite, Aflatoxine, Benzpyren, Bromuracil u. a.) verändern die DNS im Bereich der Nukleotidba-

Modest Petrowitsch Mussorgski
(Ausschnitt aus einem Gemälde von Ilja Jefimowitsch Repin; 1881)

Mutante

sen. – M. werden in der Chemotherapie des Krebses eingesetzt.

Mutante [lat.], Individuum, dessen Erbgut in mindestens einem Gen gegenüber dem häufigsten Genotyp, dem Wildtyp, verändert ist.

Mutation [lat.] (Erbänderung), plötzlich auftretende und dann konstant weitergegebene, also erbl. Veränderung in der Erbsubstanz (d. h. in der genet. Information der DNS). Eine M. kann spontan (ohne erkennbare Ursache) entstehen *(Spontan-M.)* oder durch Einwirkung von ↑Mutagenen induziert werden *(induzierte M.)*. Auf Grund molekularbiolog. Analysen kann man unterscheiden: *Genom-M.* verändern die Anzahl einzelner Chromosomen oder ganzer Chromosomensätze. *Chromosomen-M.* führen zu Umbauten im Chromosom (↑Chromosomenanomalien). *Gen-M.* oder *Punkt-M.* betreffen einzelne Gene; am DNS-Molekül werden nur wenige (oder nur ein) Basenpaare verändert. M. ohne sichtbare Folgen sind *Stille Mutationen*.

Mutationsrate (Mutationshäufigkeit), die Häufigkeit, mit der in einem bestimmten Gen innerhalb einer Population (bzw. pro Generation) eine Mutation auftritt. Die *spontane M.* schwankt zw. 10^{-4} (eine Mutation auf 10 000 Individuen) und weniger als 10^{-9}; die M. durch induzierte Mutationen liegt bei etwa 10^{-2}.

mutatis mutandis [lat.], Abk. **m. m.**, mit den nötigen Änderungen.

Hermann Muthesius. Entwurfszeichnung für die Gartenstadt Hellerau in Dresden (1913)

Muthesius, Hermann, *Großneuhausen (bei Sömmerda) 20. 4. 1861, † Berlin 26. 10. 1927, dt. Architekt und Kunstschriftsteller. Ausgehend vom Jugendstil und angeregt von engl. Vorbildern (»Das engl. Haus«, 1904/05); Mitbegründer des Dt. Werkbundes und der Gartenstadt Hellerau in Dresden.

Muti, Riccardo, *Neapel 28. 7. 1941, italien. Dirigent. 1974–83 Chefdirigent des New Philharmonia Orchestra in London, 1980–92 des Philadelphia Orchestra; seit 1986 auch musikal. Leiter der Mailänder Scala.

mutieren [lat.], eine erbl. Veränderung (↑Mutation) erfahren, sich im Erbgefüge ändern.

Muting [engl. 'mju:tɪŋ] (Stummabstimmung), bei Rundfunkempfängern (zuschaltbare) Unterdrückung störender Geräusche während des Sendersuchlaufs.

Mutismus [lat.], Bez. für Nichtsprechen bei völliger Intaktheit des Sprechapparates bzw. der Sprechmotorik, entweder als Folge von Taubheit *(Taubstummheit)* oder als neurot. Symptom (bes. bei sprechscheuen Kindern) und als psychot. Symptom (bei Depression, Halluzination, Schizophrenie u. a.; meist bei Erwachsenen).

Mutsuhito, *Kyōto 3. 11. 1852, † Tokio 30. 7. 1912, Eigenname des 122. Kaisers von Japan (Meiji Tennō; seit 1867/68). Wurde durch Abschaffung des Shogunats (1867) zum eigtl. polit. Herrscher; führte die Meiji-Reformen durch.

Mutter, Anne-Sophie, *Rheinfelden (Baden) 29. 6. 1963, dt. Violinistin. Seit 1977 internat. Konzertreisen; seit 1986 Lehrstuhl für Soloviline an der Königl. Musikakademie in London.

Mutter, 1) *allg.:* eine Frau, die geboren hat (im rechtl. Sinn auch die Adoptiv-M.); im übertragenen Sinn auch von Pflanzen und Tieren gesagt (M.tier, M.pflanze) sowie z. B. auch bei physikal. Phänomenen (M.substanz). – Die Verhaltensforschung nimmt mit der Geburt die Auslösung eines angeborenen Mutterinstinkts an, d. h. Pflegeverhalten bzw. Brutpflege und emotionale Zuwendung.

2) *Religionsgeschichte:* weit verbreiteter Typ einer weibl. Gottheit, bei der die Aspekte des Urtümlichen, des Erdhaften, der Geburt und der Vegetation im Vordergrund stehen. Die M.göttin wird meist als Beschützerin der kultivierten Erde verehrt. Die mütterl. Qualitäten stehen mit Fürsorge, Mitleid und Gnade in enger Verbindung. M.gottheiten können auch grausame Züge aufweisen. Die kult. Verehrung von M.gottheiten gewann in den Mysterien der Spätantike eine beherrschende Rolle.

3) *Werkzeug:* (Schrauben-M.) zu einer Schraube passende Hohlschraube mit Innengewinde; dient mit der zugehörigen Schraube als Befestigungsmittel oder als Verschiebeglied auf einer Gewindespindel. Die häufigste Form ist die *Sechskant-M.* mit sechs Schlüsselflächen zum Anziehen; daneben auch *Vierkant-M. Hut-M.* sind einseitig geschlossen. *Flügel-M.* und *Rändel-M.* können von Hand angezogen werden. *Selbstsichernde M.* mit gewindelosem Kunststoffring in einer Innenringnut ersetzen *Kronen-M.* mit Schlitzen zur Sicherung mit einem Splint.

Mutterboden, oberste, humusreiche Schicht des Bodens mit reicher Mikroflora und -fauna sowie hohem Humusgehalt; bedeutend für pflanzenbauliche Nutzung.

Müttergenesungswerk, Kurz-Bez. für Elly-Heuss-Knapp-Stiftung Dt. Mütter-Genesungswerk, 1950 von Elly Heuss-Knapp gegr. Stiftung, Sitz Stein (bei Nürnberg); Heime für erholungsbedürftige Mütter.

Mutterkorn. Reife Sklerotien

Mutter Gottes ↑Gottesmutterschaft.
Mutterhaus, 1) in der *ev. Diakonie* Ausbildungsstätte für Krankenschwestern und Diakonissen.
2) im *kath. Ordenswesen* ein Kloster, von dem aus andere gegründet wurden.

Mutterkorn, hartes, bis zu 2,5 cm großes, schwarzviolettes, hornartig aus der Ähre herausragendes Dauermyzelgeflecht des *M.-Pilzes* in Fruchtknoten bzw. im Korn des Getreides (bes. Roggen). Das M. enthält u. a. die pharmakologisch stark wirksamen *M.-Alkaloide.* Durch ins Mehl gelangtes M. traten früher schwere Vergiftungserkrankungen (*Ergotismus,* M.-Vergiftung, Kribbelkrankheit; mit Krämpfen, Gangränen, Absterben der Gliedmaßen) auf.

Mutterkuchen, svw. ↑Plazenta.
Muttermal (Nävus, Naevus), zusammenfassende Bez. für verschiedene angeborene fleckförmige Fehlbildungen der Haut von teils dunklem, bläulichrotem oder behaartem Erscheinungsbild.

Muttermilch (Frauenmilch), nach der Geburt in den weibl. Brustdrüsen auf Grund hormoneller Reize gebildetes Sekret für den Säugling. In den ersten vier bis fünf Tagen nach der Geburt wird das ↑Kolostrum gebildet. Nach der transitor. oder Zwischenmilch produziert die Brustdrüse von der zweiten bis dritten Woche an die reife M. (Menge der abgesonderten M. 8–10 Tage nach der Entbindung etwa rd. 500 cm^3 täglich). Die Proteine der M. wirken hemmend auf das Wachstum pathogener Darmbakterien (daher weniger Durchfallerkrankungen), Immunstoffe fördern die Abwehr gegen Infektionen.

Muttermund ↑Gebärmutter.
Mutterrecht, in der Völkerkunde Begriff zur Bez. der Abstammung und Erbfolge in Sozialverbänden, in denen die Kinder der Verwandtschaftsgruppe der Mutter zugerechnet werden und mit ihrem biolog. Vater als nicht verwandt gelten.

Mutterschaftsgeld, Leistungen der gesetzl. Krankenversicherung (nach § 200 RVO) an weibl. Versicherte während der Schutzfristen des ↑Mutterschutzes (anschließend ↑Erziehungsgeld). Sofern diese in der Zeit vom 10. bis zum Ende des 4. Monats vor der Entbindung mindestens zwölf Wochen pflichtversichert waren oder in einem Arbeitsverhältnis gestanden haben, erhalten sie einen Ausgleich in Höhe ihres durchschnittl. Nettoarbeitsentgelts; die mögl. Differenz zu dem von den Krankenkassen erstatteten Betrag (höchstens 750 DM im

Vierkantmutter

Sechskantmutter

Hutmutter

Kronenmutter mit Splint

Flügelmutter

Mutter. Verschiedene Typen von Schraubenmuttern

Mutterschaftsurlaub

Monat) trägt der Arbeitgeber. ↑Krankenversicherung.
Mutterschaftsurlaub, durch den Anspruch auf ↑Erziehungsurlaub abgelöster Freistellungsanpruch im Rahmen des 1979 erweiterten ↑Mutterschutzes.
Mutterschutz, Gesamtheit aller Maßnahmen zum Schutz der in einem Arbeitsverhältnis stehenden Frauen (einschließlich Heimarbeiterinnen) während der Schwangerschaft und nach der Entbindung; geregelt im *Mutterschutzgesetz* vom 24. 1. 1952 (i. d. F. vom 18. 4. 1968, geändert durch das *Gesetz zur Einführung des Mutterschaftsurlaubs* vom 25. 6. 1979). Die Beschäftigung von Frauen sechs Wochen vor und acht Wochen (bei Früh- und Mehrlingsgeburten zwölf Wochen) nach der Entbindung ist verboten. Das Arbeitsverhältnis kann während der Schwangerschaft und bis zum Ablauf von vier Monaten nach der Entbindung seitens des Arbeitgebers nicht gekündigt werden.
Muttersprache, Sprache, die jeder als Kind von den Eltern oder anderen Bezugspersonen gelernt hat und im primären Sprachgebrauch verwendet.
Muttertag, Festtag zu Ehren der Mütter am 2. Sonntag im Mai; in den USA seit 1907 auf Anregung von Ann Jarvis (* 1864, † 1948) begangener Brauch (dort seit 1914 Staatsfeiertag); in Deutschland erstmals 1923 gefeiert.
Mutual Balanced Forces Reductions [engl. ˈmjuːtʃʊəl ˈbælənst ˈfɔːsɪz rɪˈdʌkʃənz, »beiderseitige ausgewogene Truppenreduzierungen«] ↑MBFR.
Mutung, schriftl. Gesuch an das Oberbergamt, das Bergwerkseigentum an einem bestimmten Feld zu verleihen; **muten,** die Genehmigung zum Abbau beantragen.
Muzine (Mucine) [lat.-nlat.], Sammel-Bez. für die viskosen, von bes. Schleimzellen abgesonderten Schleimstoffe (Glykoproteide, Mukoproteine, Mukopolysaccharide); Schutzfunktion für die Schleimhäute, Gleitmittel (u. a. im Darmsaft und Speichel).

Abel Tendekayi Muzorewa

Muzorewa, Abel Tendekayi, * Old Umtali 1925, simbabw. Politiker. 1968–79 Bischof der Vereinigten Methodistenkirche Rhodesiens; seit 1974 Leiter des Afrikan. Nationalrats (ANC), nach dessen Spaltung 1975 Leiter des ausländ. Flügels, nach Rückkehr aus dem Exil 1976 des Vereinigten Afrikan. Nationalrats (UANC); Mai–Dez. 1979 Premier-Min. von Simbabwe-Rhodesien.
m. v., Abk. für ↑mezza voce.
MW, Einheitenzeichen für Megawatt; 1 MW = 1 000 000 Watt.
Mwanza, Regionshauptstadt in Tansania, am S-Ufer des Victoriasees, 110 600 E. Forschungsinstitut für Tropenkrankheiten; Handelszentrum, Eisenbahnendpunkt, Hafen; Eisenbahnfähre nach Kenia und Uganda; ✈.
MWD, Abk. für russ. Ministerstwo Wnutrennich Del [»Ministerium für Innere Angelegenheiten«], Ministerium der UdSSR; 1946 gebildet, führte die Aufgaben des NKWD weiter.
Mwerusee, See in Afrika, sw. des Tanganjikasees, beiderseits der Grenze zw. Zaire und Sambia, 4 920 km².
My [griech.], 13. Buchstabe des urspr., 12. des klass. griech. Alphabets mit dem Lautwert [m]: M, μ.
My (μ) [griech.] ↑Vorsatzzeichen.
my..., My... ↑myo..., Myo...
Myanmar, amtl. Name von ↑Birma.
Mycophyta [griech.], svw. ↑Pilze.
myelo..., Myelo... [griech.], Bestimmungswort in Zusammensetzungen mit der Bedeutung »Knochen-, Rückenmark«.
Mykale, antiker Name der Bergkette Samsun daği nördlich der Mäandermündung. In der *Schlacht bei M.* wurden Heer und Flotte der Perser von der griech. Flotte vernichtet (479 v. Chr.).
Mykene, Ruinenstätte 25 km südlich von Korinth, Griechenland. Bereits frühhelladisch besiedelt, um 1900 v. Chr. achäisch, seit um 1570 späthellad. Zeit, 1400–1250 Blütezeit (spätmyken. Zeit), um 1100 v. Chr. von Dorern zerstört. Ausgrabungen (u. a. H. Schliemann, 1874–76) legten gewaltige Stadtmauern (14. Jh. v. Chr.) in kyklop. Bauweise frei, innerhalb der Mauern sechs Schachtgräber (Goldarbeiten), Siedlung und Palast, Zwinger (13. Jh. v. Chr.), Löwentor (um 1250), außerhalb weitere Teile der Stadt, neun Kuppelgräber (15./14. Jh., u. a. sog. Schatzhaus des Atreus). M. war nach griech. Sage Sitz der Atridengeschlechts und des Agamemnon (16. Jh. v. Chr.).
mykenische Kultur, Spätphase der hellad. Kultur des griech. Festlandes, Zen-

Mykotoxine

tren: Argolis (Mykene, Tiryns) und westliche Peloponnes (Pylos), etwa 1570–1150 v. Chr. Schacht- und Kuppelgräber von Mykene mit reichen Funden; Felskammergräber und Streitwagen weisen auf Verbindung zum Orient. In spätmykenischer Zeit (etwa 1400 bis 1250) minoisch beeinflußte Paläste in Mykene, Tiryns, Theben, Orchomenos und Pylos, deren Zentrum aber wie in den älteren Palästen das Megaron bleibt; gewaltige Befestigungen, Kuppelgräber.

Mykerinos ([gräzisierte Namensform]; altägypt. Menkaure), altägypt. König der 4. Dynastie, um 2470 v. Chr. Erbauer der *Mykerinospyramide* bei Gise.

myko..., Myko... [griech.], Bestimmungswort in Zusammensetzungen mit der Bedeutung »Pilz«.

Mykologie, Pilzkunde.

Mykorrhiza [griech.] (Pilzwurzel), Symbiose zw. den Wurzeln höherer Pflanzen und Pilzen, hauptsächlich Ständerpilzen. Wesentlich für die M. ist der wechselseitige Stoffaustausch der beteiligten Partner. Die Pilze erhalten von den höheren Pflanzen Kohlenhydrate, während die höheren Pflanzen von ihnen mit Wasser und Mineralsalzen versorgt werden.

Mykosen (Einz. fachsprachl. Mycosis) [griech.], zusammenfassende Bez. für durch Pilze hervorgerufene Infektionskrankheiten bei Mensch und Tier. Die M. treten in Form lokaler Infektionen,

mykenische Kultur. Links: Detail des Löwentors in Mykene (um 1250 v. Chr.) ♦ Rechts: Teil eines Rhytons aus dem Schachtgrab IV in Mykene (16. Jh. v. Chr.; Athen, Archäologisches Nationalmuseum) ♦ Unten: Fragment eines Wandgemäldes aus dem Palast von Tiryns (13. Jh. v. Chr.; Athen, Archäologisches Nationalmuseum)

v. a. der Haut (einschließlich Schleimhäute und Nägel) auf, oder verursachen M.-Erkrankungen der inneren Organe.

Mykotoxine (Pilzgifte), von Pilzen ausgeschiedene, giftig wirkende sekundäre Stoffwechselprodukte (z. B. die Mutterkornalkaloide, das Amanitin sowie i. w. S. die meisten Antibiotika).

Mylady

Myrte
(Höhe bis 5 m)

Mylady [mi'le:di, engl. mı'leıdı], in Großbrit. gebrauchte Anrede (ohne Familiennamen) für eine adlige Frau (Lady).

Mylitta ↑Astarte.

Mylord [mi'lɔrt, engl. mı'lɔ:d], in Großbrit. Anrede (ohne Familiennamen) für adlige Männer (Lord).

myo..., Myo..., my..., My... [griech.], Bestimmungswort von Zusammensetzungen mit der Bedeutung »Muskel«.

Myokardinfarkt, svw. Herzinfarkt (↑Herzkrankheiten).

Myom [griech.] (Myoma, Muskelgeschwulst), von Muskelgewebe ausgehende gutartige Geschwulst.

Myon [griech.] (Müon, Mymeson, μ-Meson), instabiles ↑Elementarteilchen aus der Gruppe der Leptonen.

Myrdal, 1) Alva, * Uppsala 31. 1. 1902, † Stockholm 1. 2. 1986, schwed. Sozialreformerin und Politikerin (Sozialdemokratin). ∞ mit Gunnar M.; 1962–73 Chefdelegierte bei der Genfer Abrüstungskonferenz; erhielt 1970 (zus. mit ihrem Mann) den Friedenspreis des Börsenvereins des Dt. Buchhandels, 1982 (zus. mit A. García Robles) den Friedensnobelpreis.
2) Karl Gunnar, * Gustafs 6. 12. 1898, † Stockholm 17. 5. 1987, schwedischer Volkswirtschaftler und Politiker (Sozialdemokrat). ∞ mit Alva M.; 1947–57 Leiter der Europäischen Wirtschaftskommission der UN (ECE); Mitbegründer und ab 1966 Präsident des Stockholmer Internat. Instituts für Friedensforschung (SIPRI); erhielt 1970 (zus. mit seiner Frau) den Friedenspreis des Börsenvereins des Dt. Buchhandels, 1974 (zus. mit F. A. von Hayek) für seine Beiträge zur Geld- und Konjunkturtheorie den Nobelpreis für Wirtschaftswissenschaften.

Myriade [engl. myriad, von griech. myriás], 1) Anzahl von 10 000.
2) unzählig große Menge.

Myrmidonen, achäischer Volksstamm in Thessalien, in der »Ilias« Gefolgsleute des Achilleus.

Myron, att. Bildhauer des 5. Jh. v. Chr. aus Eleutherai. In röm. Kopien überliefert: Diskuswerfer, Athena und Marsyas von einer Gruppe.

Myrrhe [semit.-griech.], ein aus mehreren Myrrhenstraucharten gewonnenes Gummiharz.

Myrrhenstrauch, Gattung der Balsambaumgewächse mit rd. 100 Arten in den Trockengebieten des trop. Afrikas bis Indiens; kleine, mit Dornen besetzte Bäume oder Sträucher.

Myrte [semit.-griech.], Gatt. der Myrtengewächse mit rd. 100 Arten, v. a. im außertrop. S-Amerika, in Australien und Neuseeland; immergrüne Sträucher oder kleine Bäume; z. T. Zierpflanzen. Am bekanntesten ist die *Brautmyrte* aus dem Mittelmeergebiet.

Myrtengewächse (Myrtaceae), Pflanzen-Fam. mit rd. 3 000 fast ausschließlich trop. Arten.

Myrtenheide, Gatt. der Myrtengewächse mit über 100 Arten in Australien und Tasmanien; immergrüne Sträucher mit heidekrautähnl., aromatisch duftenden Blättern.

Mysien, histor. Landschaft in NW-Kleinasien, bildete im wesentlichen die röm. Prov. Asia.

Mysischer Olymp ↑Uludağ.

Mysore ['maızur], 1) Stadt im ind. Gliedstaat Karnataka, auf dem Dekhan, 480 000 E. Univ.; Zoo; Sandelholz- und Lackindustrie; zahlr. Parkanlagen und Paläste.
2) ehem. Name von ↑Karnataka.
3) ehem. südind. Fürstenstaat, Kernland des heutigen Gliedstaates Karnataka.

Mysterien [griech.-lat.], antike Geheimkulte, die im Röm. Reich, bes. zur Zeit des Hellenismus, vorrangige Bedeutung gewannen; in ihrem Mittelpunkt standen meist oriental. Götter. Bed. M. der Spätantike waren der orgiast. Kult der Göttin Kybele und der Kult des Mithras.

Mysterienspiel, geistl. Spiel des MA, das aus der kirchl. Liturgie abzuleiten ist und dessen Handlung auf bibl. Erzählungen basiert (z. B. Dreikönigsspiele). Begegnet seit dem 14. Jh. in Frankreich und England.

Mysterium [griech.-lat.], allg. svw. Geheimnis, meist im religiösen Bereich verwendet zur Kennzeichnung dessen, was als der rationalen Erkenntnis und Erfahrung grundsätzlich entzogen gilt.

Mystik [griech.], eine das alltägl. Bewußtsein und die verstandesmäßige Erkenntnis übersteigende unmittelbare Erfahrung einer göttl. Realität. Das Phänomen M. ist in unterschiedl. kulturellen Ausprägungen allen Religionen gemeinsam, kennzeichnend ist ein bestimmter Frömmigkeitstypus: Ziel des Mystikers ist die »Vereinigung« mit der Gottheit, die durch Kontemplation, Meditation, Askese u. a. erstrebt wird; dabei überwiegt die individuelle Erlebnissphäre gegenüber der kollektiven oder sozialen Manifestation von Religion. – In *Indien* unterscheidet sich die M. der Upanishaden (erlösende Erkenntnis der Identität von Einzelseele [Atman] und Universalseele [Brahman]) von einer theist. M., die die Vereinigung des Menschen mit der Gottheit erstrebt. Im *Buddhismus* führen vier Stufen der Versenkung zur Erlangung eines höheren Wissens, das die Erkenntnis des Nichtseienden, der völligen Leere zum Inhalt hat (heute v. a. im jap. Zen). – Im *Judentum* werden v. a. der Chassidismus, die Kabbala und der Sabbatianismus als M. bezeichnet. – Im *Islam* tritt M. in Gestalt des ↑Sufismus auf. – Im *Christentum* begegnet M. bereits im NT, v. a. als *Christusmystik,* deren Ziel die unmittelbare Einheit mit Jesus Christus ist. Die Christus-M. ist (seit dem MA oft in der Form der *Passionsmystik* als Mitleiden mit Jesus) in der gesamten christl. Frömmigkeitsgeschichte anzutreffen. Bes. Einfluß auf die (oft gnost.-neuplaton. gefärbte) M. hatten die Schriften des Pseudo-Dionysios (↑Dionysios Areopagita). Durch Bernhard von Clairvaux kam die religiöse Erotik (Beziehung der Seele zu ihrem Bräutigam Christus) in die M., das mit den anderen Elementen v. a. die Frömmigkeit in den Frauenklöstern und der *deutschen Mystik* des 13.–15. Jh. (z. B. Meister Eckhart, Johannes Tauler, Heinrich Seuse, Mechthild von Magdeburg) prägte.

Mystizịsmus [griech.-lat.], eine geistige Haltung, die bewußt irrational die Möglichkeit von Wunderbarem, Geheimnisvollem, Dunklem als höherwertig und wirklich betont.

Mythen ['mi:tən], Gebirgsstock nö. von Schwyz, Schweiz, bis 1899 m hoch.

Mythologie [griech.], urspr. Bez. für den Vortrag des ↑Mythos, die Erzählung vom Handeln der Götter; später für die Gesamtheit der myth. Überlieferungen eines Volkes sowie für die Erforschung von Mythen.

Mythos [griech.], i. e. S. Bez. für die Erzählung von Göttern, Heroen u. a. Gestalten und Geschehnissen aus vorgeschichtl. Zeit, auch Bez. für die sich darin aussprechende Weltdeutung eines frühen (myth.) Bewußtseins; i. w. S. das Resultat einer sich auch in der Moderne noch vollziehenden Mythisierung im Sinne einer Verklärung von Personen, Sachen, Ereignissen oder Ideen zu einem Faszinosum von bildhaftem Symbolcharakter. – Der Mythos ist meist ätiologisch und weist enge Bezüge zum Kult auf. Nach der Antwort, die er auf spezielle Fragen gibt, unterscheidet man verschiedene Typen des M.: den *theogon. M.* (Ursprung der Gottheiten), den *kosmogon. M.* (Entstehung der Welt), den *anthropogon. M.* (Erschaffung des Menschen), den *Urstands-M.* (Lebensbedingungen des Menschen), den *Transformations-M.* (Abbruch paradies. Urzeit, z. B. Sintflutsagen), den *soteriolog. M.* (Erlösung des Menschen) und den *eschatolog. M.* (endzeitliche Ereignisse). Im Gegensatz zur logischen Erkenntnis bildet der Mythos keine Urteile, sondern will Realitäten darstellen, für die er keine rationalen Beweise zu erbringen braucht.

Mytilene ↑Mitilini.

Myxödem [griech.], auf Unterfunktion der Schilddrüse beruhendes Krankheitsbild, das durch Weichteilschwellung im Gesicht und an den Händen sowie durch Verlangsamung der geistigen und körperl. Funktionsabläufe gekennzeichnet ist.

Myxomatose [griech.], seuchenhafte, unheilbare Viruskrankheit von Kaninchen und Hasen (eitrige Bindehautentzündung, Schwellungen an Kopf, Gliedmaßen und After); meldepflichtig.

Myxoviren [griech./lat.], komplex gebaute RNS-Viren. Zu den M. gehören u. a. Influenza-, Mumps- und Masernviren.

Myzel (Mycelium) [griech.], die Gesamtheit der Hyphen eines Pilzes; bildet das Pilzgeflecht oder den Thallus.

Mzab, Landschaft in der mittleren Sahara (Algerien), zentraler Ort Ghardaïa.

Mzabịten (Mozabiten), Berberstamm mit eigenem Dialekt im ↑Mzab; strenggläubige Muslime.

Alva Myrdal

Gunnar Myrdal

Nn

N, 1) 14. Buchstabe des dt. Alphabets (im Lat. der 13.), im Griech. v (Ny).
2) *Chemie:* Symbol für Stickstoff (nlat. Nitrogenium).
3) *Mathematik:* (N oder ℕ) Formelzeichen für die Menge der natürl. Zahlen.
4) *Physik:* Einheitenzeichen für die Krafteinheit ↑Newton.
n, 1) *Grammatik:* Abk. für ↑Neutrum.
2) *Meßwesen:* ↑Vorsatzzeichen.
3) *Physik:* Symbol für das ↑Neutron.
Na, chem. Symbol für ↑Natrium.
Naab, linker Nebenfluß der Donau in Bayern, 165 km lang.
Nabatäer, arab. Volksstamm der Antike, der seine Wohnsitze in sö. an Palästina angrenzenden Gebieten mit Petra als Hauptstadt hatte. Trajan wandelte das Königreich 106 n. Chr. zur röm. Provinz Arabia Petraea um.
Nabe, hülsenförmiger, die Speichen tragender Teil eines Speichenrades, einer rotierenden Scheibe oder anderer Drehkörper, der die Verbindung zu der durchgeschobenen Welle, Achse oder zu einem Zapfen herstellt.
Nabelbruch ↑Bruch (Medizin).
Nabel der Erde, mythisch begründete religionsgeograph. Mittelpunktsvorstellung, die viele Völker mit hl. Stätten, Kultorten oder Berggipfeln verbanden, z. B. der Omphalos (Nabel), ein Stein im Heiligtum von Delphi.
Nabelschnur (Nabelstrang), strangartige Verbindung zw. dem Embryo und dem Mutterorganismus beim Menschen und bei allen plazentalen Säugetieren. Die N. umhüllt Gefäße, die einerseits den Embryo mit sauerstoff- und nährstoffreichem Blut versorgen, andererseits sauerstoffarmes und schlackenbeladenes Blut abführen. Beim *Menschen* ist die N. zum Zeitpunkt der Geburt etwa 50–60 cm lang und bis 2 cm dick und meist spiralig gedreht. Nach Unterbrechung der Blutversorgung zw. Nachgeburt und Fetus und dem Abfallen der N. nach der Geburt bleibt an der Bauchseite des Neugeborenen eine narbig verwachsende Grube zurück, der *Nabel (Bauchnabel).*
Nabelschweine (Pekaris, Tayassuidae), Fam. nicht wiederkäuender, etwa 0,7 bis 1 m langer Paarhufer, v. a. in Wäldern und offenen Landschaften Mexikos, M- und S-Amerikas (mit Ausnahme des S und SW); eine Rückendrüse (»Nabel«) sondert ein stark riechendes Sekret ab. Man unterscheidet *Halsbandpekari* und *Weißbartpekari.*
Nabis [frz. na'bi; hebr. »Propheten«], Gruppe überwiegend frz. Maler in Paris (1888–1905): Paul Sérusier (* 1864, † 1927), M. Denis, P. Bonnard, Ker-Xavier Roussel (* 1867, † 1944), Paul Ranson (* 1861, † 1909) u. a.; Einflüsse von P. Gauguin und jap. Holzschnittkunst, Übergänge zum Jugendstil (Art nouveau).
Nablus, Stadt im Westjordanland, 70 000 E, an einem Paßübergang des Berglandes von Samaria.
Nabob [arab.-Hindi], seit dem 18. Jh. in Europa Bez. für den Angehörigen des in Indien reich gewordenen Geldadels; geht auf den Fürstentitel Nawab zurück; danach allg. reicher Mann.
Nabokov, Vladimir [engl. nə'bɔ:kəf], * Petersburg 23. 4. 1899, † Montreux 2. 7. 1977, russ.-amerikan. Schriftsteller. Emigrierte 1919 (ab 1940 in den USA); verfaßte v. a. stilistisch brillante psycholog. Romane, zunächst in russ., später in engl. Sprache, u. a. den erot. Roman »Lolita« (1955).
Nabopolassar, König von Babylon aus dem Stamm der Chaldäer (626–605). Begründete das neubabylon. Chaldäerreich; vernichtete die Assyrer (Fall von Ninive 612 v. Chr.).
Nabu (Nabium; im AT Nebo), babylon. Gott der Schreibkunst und Weisheit.
Nachahmung, 1) *allg.:* (Imitation) Verhalten, bei dem wahrgenommene Verhaltensweisen (Bewegungen, Lautäußerungen) von Mensch oder Tier von

Entwicklung des Buchstabens **N**

Ͷ	Semitisch	𝔑𝔫	Textur
Ν	Griechisch	Nn	Renaissance-Antiqua
N	Römische Kapitalschrift	𝔑𝔫	Fraktur
N	Unziale	Nn	Klassizistische Antiqua
n	Karolingische Minuskel		

Nachfolgestaaten

einem anderen Lebewesen mit angestrebter Ähnlichkeit hervorgebracht werden.
2) *Kunst* und *Ästhetik:* ↑Mimesis.
3) *Recht:* die [verbotene] Herstellung von künstler. Werken oder gewerbl. Gegenständen in einer solchen Weise, daß diese Produkte mit urheberrechtl. oder durch gewerbl. Schutzrechte geschützten Produkten verwechselt werden können.

Nachbarrecht, im *Zivilrecht* die Vorschriften, die das Verfügungsrecht des Eigentümers über sein Grundstück im Interesse benachbarter Grundstückseigentümer beschränken (z. B. Vorschriften über Grenzabstand, Geschoßzahl). Zur Durchsetzung des N. in Form der *Nachbarklage* steht der Zivil- bzw. Verwaltungsrechtsweg offen.

Nachbesserungspflicht, beim Werkvertrag die Pflicht des Unternehmers, gerügte Mängel innerhalb der gesetzten Frist zu beseitigen.

Nachbild, nach Aufhören eines opt. Reizes fortdauernde Gesichtswahrnehmung, meist in Kontrastfarben *(negatives Nachbild)*.

Nachbörse, Abschlüsse in Wertpapieren bzw. Kursschätzungen nach der offiziellen Börsenzeit.

Nachdruck, 1) unveränderter Neudruck eines Schriftwerks durch den berechtigten Verleger oder Neudruck (Reprint) eines urheberrechtsfreien Werkes.
2) widerrechtl. Nachdruck *(Raubdruck)*.

Nacherbschaft, diejenige Erbschaft, die dem *Nacherben* (der Erbe, der nach einem Vorerben Erbe wird) zufällt; sie entsteht nur durch letztwillige Verfügung (Testament, Erbvertrag). Den Zeitpunkt des Nacherbfalls bestimmt der Erblasser. Fehlt eine Zeitangabe, so tritt der Nacherbfall mit dem Tode des Vorerben ein.

Nachfolge Christi (Imitatio Christi), auf der Forderung Jesu an seine Jünger, ihm nachzufolgen und ihn nachzuahmen, gegr. Anliegen der Christusmystik und der christl. Ethik, Motivation für verschiedene Reform- und Armutsbewegungen. Die religiöse Erneuerungsbewegung der Devotio moderna fand ihren Ausdruck in dem 1427 entstandenen, weitverbreiteten christl. Erbauungsbuch »Über die Nachfolge Christi«. Die Autorschaft von ↑Thomas a Kempis ist umstritten.

Nachfolgestaaten (Sukzessionsstaaten), nach Völkerrecht Bez. für die auf dem Gebiet eines ehem. großen Staates entstandenen kleineren Staaten (z. B.

Nabelschweine. Halsbandpekari (Kopf-Rumpf-Länge bis 90 cm)

Vladimir Nabokov

Nabis.
Pierre Bonnard. »Die Kunstreiterin« (1897; Aix-les-Bains, Musée du Docteur Faure)

2327

Nachfrage

Österreich, Ungarn, Tschechoslowakei und Jugoslawien als N. Österreich-Ungarns).

Nachfrage, der Bedarf, der am Markt auftritt *(effektive N.)* und dem Angebot gegenübersteht.

Nachfrist, beim Schuldnerverzug die Voraussetzung für das Recht auf Rücktritt oder Schadenersatz wegen Nichterfüllung des ganzen Vertrages.

Nachgeburt ↑Geburt.

Nachgründung, Erwerb von Vermögensgegenständen durch eine AG in den ersten zwei Jahren seit ihrer Eintragung in das Handelsregister, wenn die Vergütung hierfür den zehnten Teil des Aktienkapitals übersteigt.

Nachhall, Schallreflexion, bei der im Ggs. zum ↑Echo der zurückgeworfene Schall nicht getrennt vom Originalschall wahrgenommen werden kann.

Nachkalkulation, der auf die Ermittlung der effektiv angefallenen Kosten je Kostenträger bezogene Teil der Kostenrechnung zum Zweck der Preisermittlung und der Kostenkontrolle (Ggs.: Vorkalkulation).

Nachlaß, 1) *Erbrecht:* svw. Erbschaft.
2) (nachgelassene Werke) die vor dem Tod eines Künstlers oder Wissenschaftlers nicht veröffentlichten Werke, Briefe u. a.; urheberrechtl. Sonderbestimmungen.

Nachlaßgericht, Amtsgericht des letzten Wohnsitzes des Erblassers; u. a. eröffnet es Verfügungen von Todes wegen, ermittelt die Erben und stellt Erbscheine aus.

Nachlaßkonkurs (Erbschaftskonkurs), bei Überschuldung des Nachlasses auf Antrag von Erben oder Gläubigern eröffneter Konkurs, der die Erbenhaftung beschränkt und die Befriedigung der Nachlaßgläubiger vor den Eigengläubigern sichert. Gemeinschuldner ist der Erbe.

Nachlaßverbindlichkeiten, ererbte (Erblasserschulden) und mit dem Erbfall entstandene Schulden (Erbfallschulden: Begräbniskosten, Erbschaftsteuer, Pflichtteil, Vermächtnis, Auflagen, Voraus) sowie Schulden aus der Nachlaßverwaltung.

Nachlaßverwaltung (Erbschaftsverwaltung), Abwicklung unübersichtl., nicht überschuldeter Nachlässe durch einen *Nachlaßverwalter,* der Erben und Gläubigern verantwortlich ist. N. wird auf Antrag des Erben oder eines Gläubigers durch das Nachlaßgericht angeordnet, sie beschränkt die Erbenhaftung auf den Nachlaß und sichert die Gläubigerbefriedigung.

Nachodka, russ. Hafenstadt am Jap. Meer, 165 000 E.

Nachrichtenagenturen (Nachrichtenbüros), publizist. Unternehmen, das aktuelle Nachrichten (auch Bilder) gegen Entgelt an Massenmedien, aber auch Unternehmen, Verbände, Regierungsstellen liefert.

Nachrichtendienste, staatl. Geheimdienste zur Beschaffung vorwiegend geheimer Informationen militär., polit., wirtschaftl. und wiss. Natur im Rahmen der Spionage, zur Sabotage sowie zur Spionage- und Sabotageabwehr. Es werden polit. und militär. N. unterschieden. Großbrit. besitzt den N. mit der ältesten Tradition (14. Jh.), den Secret Service; in Frankreich sind wichtig das Deuxième Bureau und die Sûreté Nationale, in den USA die Central Intelligence Agency (CIA), in der BR Deutschland der Bundesnachrichtendienst (BND), der Verfassungsschutz und der Militärische Abschirmdienst (MAD). Der N. der ehem. Sowjetunion war das ↑KGB.

Nachrichtensatelliten ↑Kommunikationssatelliten.

Nachrichtentechnik, Teilgebiet der Elektrotechnik, das sich mit der Umwandlung, Übertragung, Speicherung und Verarbeitung von Signalen (Fernsprech- bzw. Funktechnik) befaßt. Aufgabe der N. ist der zweckgebundene Entwurf von Nachrichtensystemen und deren techn. Realisierung. Die Anwendungsbereiche sowie techn. und wirtschaftl. Probleme werden unter dem Oberbegriff *Telekommunikation* zusammengefaßt.

Nachschlag, musikal. Verzierung, bei der eine oder zwei Noten an eine vorausgehende gebunden werden; auch verzierender Abschluß eines ↑Trillers.

Nachschußpflicht, bei der Gesellschaft des bürgerl. Rechts und der GmbH die Verpflichtung der Gesellschafter, über ihren Beitrag (ihre Einlage) hinaus noch weitere Beiträge (Einlagen) zu leisten, falls bestimmte Umstände dies erforderlich machen. Bei der *Genossenschaft* be-

Nachtigall 1)

steht eine N. nur im Falle des Konkurses.

Nachsilbe, svw. ↑Suffix.

Nachsorge, ärztl. und psychosoziale Betreuung eines Patienten nach einer Krankheit, einer Operation, v. a. bei Krebspatienten.

Nacht, die Zeit zw. Sonnenuntergang und -aufgang. Ihre Dauer hängt ab von der Jahreszeit und der geograph. Breite des Beobachtungsorts. Sie schwankt zw. der *Polarnacht* (24 Stunden) und der *Mittsommernacht* (0 Stunden).

Nachtarbeit, Arbeit während der Nachtstunden, i. d. R. zw. 22 und 6 Uhr, wenn diese Zeit nicht als regelmäßige normale Arbeitszeit gilt (z. B. bei Schichtarbeit); wird meist mit einem *N.zuschlag* entlohnt; für Frauen und Jugendliche verboten.

Nachtblindheit (Hemeralopie), allg. Bez. für die bei Dunkelheit herabgesetzte Fähigkeit des Auges zum Dämmerungssehen, z. B. infolge Vitamin-A-Mangels.

Nachtglas ↑Fernrohr.

Nachtigal, Gustav, *Eichstedt/Altmark 23. 2. 1834, † auf See vor Kap Palmas 20. 4. 1885, dt. Afrikaforscher. Arzt; bereiste 1869–74 u. a. den Tschadsee, Bagirmi, Wadai und Darfur; 1884 von Bismarck beauftragt, Togo und Kamerun unter die Schutzherrschaft des Dt. Reiches zu stellen.

Nachtigall, 1) etwa 17 cm langer, versteckt lebender bräunl. Singvogel mit rotbraunem Schwanz, in Laubwäldern und dichten Büschen S-, W- und M-Europas sowie NW-Afrikas und W-Asiens; berühmt wegen ihres auch nachts vorgetragenen Gesangs.

2) (Poln. N.) ↑Sprosser.

Nachtkerze, Gatt. der Nachtkerzengewächse mit rd. 200 Arten, v. a. im außertrop. Amerika; bekannt (auch als Zierpflanze) ist die zweijährige, gelbblühende *Gemeine Nachtkerze*.

Nachtkerzengewächse (Onagraceae, Oenotheraceae), Pflanzen-Fam. mit rd. 650 Arten hauptsächlich in den wärmeren und subtrop. Gebieten; meist Kräuter oder Stauden; u. a. Fuchsien und Weidenröschen.

Nachtnelke, Gatt. der Nelkengewächse mit rd. 80 Arten, v. a. in Eurasien; einheim. sind u. a. die *Abendlichtnelke* (Weiße N.; 0,5–1 m hoch, Blüten öffnen sich abends) und die *Taglichtnelke* (Rote Lichtnelke; 0,3–1 m hoch, mit am Tage offenen Blüten).

Nachtschatten (Solanum), Gatt. der Nachtschattengewächse mit rd. 1 500 weltweit verbreiteten Arten, v. a. in den Tropen und Subtropen S-Amerikas. Viele Arten enthalten ↑Solanin. Zur Gatt. N. gehören mehrere wichtige Kulturpflanzen (z. B. Kartoffel). In Deutschland heim. oder eingebürgert sind u. a. die Giftpflanzen *Bittersüß* (Halbstrauch, mit roten, giftigen Beeren) und *Schwarzer N.* (mit schwarzen, erbsengroßen giftigen Früchten).

Nachtschattengewächse (Solanaceae), Pflanzen-Fam. mit rd. 2 300 Arten, hauptsächlich in Amerika; meist Bäume, Sträucher und Kräuter.

Nachtschmetterlinge (Nachtfalter), volkstümlich für Schmetterlinge, die in der Dämmerung und Dunkelheit fliegen; z. B. Eulenfalter, Schwärmer, Spanner.

Nachtsichtgeräte, Beobachtungsgeräte mit Bildwandler und/oder -verstärker. Bei den *Infrarotfernrohren* entwirft das Objektiv ein Bild des mit einem Infrarotscheinwerfer angestrahlten und Infrarotstrahlen reflektierenden Objekts auf der Photokathode des Bildwandlers; das sichtbare Sekundärbild auf dem Leuchtschirm wird mit einer Lupe o. ä. betrachtet. Die *Nachtsehgeräte* enthalten statt des Infrarotbildwandlers einen oder mehrere Bildverstärker. Unter Ausnutzung des Nachthimmels- bzw. Restlichtes wird ein Bild auf den Photokathoden

Nachtschatten.
Bittersüß

Nachtkerze.
Gemeine Nachtkerze
(0,5 – 1 m)

der Bildverstärkerröhren entworfen und elektrisch verstärkt.

Nachtsichtigkeit (Nyktalopie, Tagblindheit), Herabsetzung des Sehvermögens bei hellem Licht; angeboren bei Albinismus und totaler Farbenblindheit; Begleitsymptom entzündl. Binde- und Netzhauterkrankungen oder bei grauem Star.

Nachtstück, 1) *Malerei:* Gemälde, das einen nächtl. Innen- oder Freiraum darstellt, mit überird. Lichtquelle (z. B. das Christuskind), mit verborgenen Lichtquellen (Caravaggio) oder Mondlicht (A. Elsheimer, C. D. Friedrich).
2) *Literatur:* literar. Gestaltung einer nächtl. Szene bzw. der »Nachtseiten« des menschl. Lebens (bes. Thema der Romantik).

Nachttiere (nachtaktive Tiere), Tiere, die ihre Lebens- und Verhaltensgewohnheiten hauptsächlich nachts entwickeln, dagegen tagsüber schlafen, z. B. Leuchtkäfer, Nachtschmetterlinge, Geckos, Schlangen, fast alle Eulenvögel, viele Insektenfresser, Flattertiere und Halbaffen. N. haben entweder sehr leistungsfähige (lichtstarke) oder sehr kleine Augen. Im letzteren Fall sind Geruchssinn und Ultraschall Orientierungshilfen.

Nachtviole (Hesperis), Gatt. der Kreuzblütler mit rd. 20 Arten, v. a. im östl. Mittelmeergebiet; bekannteste Art ist die *Gemeine N.*, als Zierpflanze in mehreren Sorten verbreitet.

Nachtwächterstaat, spöttische Bezeichnung für das Staatsideal des klass. Liberalismus (Beschränkung der staatl. Funktionen auf den Schutz von Person und Eigentum).

Nachtwandeln, svw. ↑Schlafwandeln.

Nachverbrennung, 1) *Luftfahrt:* bei Turboluftstrahltriebwerken die Verbrennung von zusätzl. Kraftstoff in einem dem Hauptbrenner nachgeschalteten *Nachbrenner* (Afterburner); dient der Schuberhöhung beim Start.
2) *Umwelttechnik:* (katalyt. N.) Beseitigung oder Verminderung von schädl. Substanzen aus Abgasen (z. B. die katalyt. Umsetzung des Kohlenmonoxids der Auspuffgase in Kohlendioxid).

Nacken, die rückwärts (dorsal) gelegene, gewölbte Halsseite der Wirbeltiere (einschließlich Mensch); auch svw. Genick.

Nachtviole. Gemeine Nachtviole (Höhe 30–80 cm)

Nachtsichtigkeit

Nacktamöben (Unbeschalte Amöben, Wechseltierchen, Amoebina), Ordnung der Amöben; stets ohne Gehäuse; von ständig sich verändernder Gestalt; leben entweder entoparasitisch oder frei in Meeres- und Süßgewässern sowie in feuchter Erde.

Nacktheit, 1) *Evolutionsgeschichte:* weitgehende Haarlosigkeit (mit Ausnahme v. a. des Kopfhaares) als eines der charakterist. Merkmale des Menschen. Im Verlauf der menschl. Entwicklung nahm die Körperbehaarung ab und die Zahl der Schweißdrüsen zu. Dadurch wurden ein Schutz vor Überhitzung und gleichzeitig vermehrter Abkühlung erreicht.
2) *Kulturgeschichte:* Unbekleidetheit als kulturelle, kult. oder mod. Erscheinung (z. B. ↑Freikörperkultur).
3) *Kunst:* ↑Akt.

Nacktkiemer (Nudibranchia), rd. 4500 Arten umfassende Ordnung meerbewohnender, oft sehr bunter Schnecken; Gehäuse, Mantelhöhle und Kammkiemen fehlen; Atmung durch die Haut oder mit Hilfe von Kiemenanhängen.

Nacktkultur, svw. ↑Freikörperkultur.

Nacktsamer (Nacktsamige Pflanzen, Gymnospermae), Unterabteilung der Samenpflanzen; ausschließlich Holzgewächse mit sekundärem Dickenwachstum, verschiedenartigen Blättern und getrenntgeschlechtigen, windbestäubten Blüten. Die Samenanlagen sitzen offen an den Fruchtblättern. Der Samen ist nicht in einen Fruchtknoten eingeschlossen. Durch Gewebswucherungen erscheinen manchmal fruchtähnl. Gebilde (z. B. bei der Steineibe).

Nacktschnecken, Bez. für Landlungenschnecken mit weitgehend rückgebildeter, vom Mantel vollkommen überwachsener, äußerlich nicht sichtbarer Schale. Am bekanntesten sind die *Egelschnecken* sowie die *Wegschnecken*.

NAD, Abk. für **N**ikotinsäureamid-**a**denin-**d**inukleotid, Koenzym wasserstoffübertragender Enzyme des Energiestoffwechsels z. B. der Atmungskette und der Glykolyse.

Nadelblatt (Nadel), in nadelförmige Blattspreite und Blattgrund gegliedertes Blatt der Nadelhölzer.

Nadelgeld, im älteren dt. Recht. vom Ehemann seiner Frau zugewendeter Geldbetrag für ihren persönl. Bedarf.

Nagel

Nadelhölzer. Schematische Darstellung des Habitus von: **1** Weißtanne; **2** Fichte (Rottanne); **3** Kiefer; **4** Europäische Lärche

Nadelhölzer (Koniferen, Coniferae, Pinidae), wichtigste und artenreichste, weltweit verbreitete Unterklasse der nadelblättrigen Nacktsamer, die v. a. auf der N-Halbkugel einen fast geschlossenen Waldgürtel bilden; reich verzweigte, oft harzreiche Bäume, mit meist starkem sekundärem Holzmantel, zahlr. kleinen, nadel- oder schuppenförmigen Blättern und getrenntgeschlechtigen Blüten in verschiedengestaltigen Zapfen, die ♀ Zapfen meist verholzend.
Nadelkap ↑Agulhas, Kap.
Nadir [arab.] (Fußpunkt), der Durchstoßpunkt des nach unten verlängerten Lotes durch die Himmelskugel; Gegenpunkt ↑Zenit.
Nadir, *bei Meschhed 22. 10. 1688, † Fathabad bei Firdaus (Khorasan) 20. 6. 1747, Schah von Persien (seit 1736). Eroberte 1739 große Teile des ind. Mogulreichs und brachte u. a. den Pfauenthron und den Diamanten Kohinoor nach Persien.
Nadjd ↑Nedjd.
NADP, Abk. für **N**ikotinsäure**a**mid-**a**denin-**d**inukleotid**p**hosphat, ein im Aufbau und Funktion dem ↑NAD entsprechendes Koenzym, das sich von diesem durch einen zusätzl. Phosphatsäurerest unterscheidet. Überträgt Wasserstoff z. B. in der Photosynthese.
Nadschaf ↑Nedjef.
Naevius, Gnaeus ['nɛ:viʊs], röm. Dramatiker und Epiker des 3. Jh. v. Chr. aus Kampanien. Verfaßte u. a. das erste nationale Epos Roms (»Bellum Poenicum«).
NAFTA, Abk. für engl. **N**orth **A**merican **F**ree **T**rade **A**greement, 1992 unterzeichnete Vereinbarung über eine Freihandelszone in Nordamerika zw. Kanada, Mexiko und den USA; trat am 1. 1. 1994 in Kraft.
Nagaland [engl. 'nɑ:gəlænd], ind. Gliedstaat an der Grenze gegen Birma, 16 579 km², 1,209 Mio. E, Hauptstadt Kohima.
Nagano, jap. Stadt auf Honshū, nw. von Tokio, 340 000 E. Entwickelte sich als Ortschaft »vor dem Tor« des buddhist. Tempels Zenkōji (642 gegr.), dessen Haupthalle (1707) zu den größten Holzbauten Japans gehört.
Nagasaki, jap. Hafenstadt an einer Bucht der NW-Küste von Kyūshū, 446 000 E. Univ.; u. a. Werften, Maschinen-, Motorenbau, Fischerei- und Handelshafen. Im Friedenspark die »Internat. Kulturhalle« (1955) und das Friedensdenkmal. – Der Abwurf der 2. Atombombe über Japan auf N. am 9. 8. 1945 tötete 74 000 Menschen.
Nagel, Otto, *Berlin 27. 9. 1894, † ebd. 12. 7. 1967, dt. Maler. Knüpfte als Autodidakt an H. Zille und Käthe Kollwitz an, v. a. Arbeiterporträts und Berliner Stadtansichten.
Nagel, 1) *Anatomie:* an den Endgliedern der Finger *(Finger-N.)* und Zehen *(Zehen-N., Fuß-N.)* ausgebildete, von der Kralle ableitbare, dauernd spitzenwärts wachsende Hornplatte *(N. platte)* bei manchen Halbaffen, den Affen und beim Menschen (das N.wachstum beträgt beim Menschen etwa 2 mm pro Monat). Die N.platte aus schuppenartigen, stark verhornten Epidermiszellen liegt dem *N. bett* auf, das am Rand in den *N.wulst (N.wall)* übergeht. Der hintere N.wall ist Teil der *N.tasche,* in der die weiche (beim Menschen etwa 5 mm lange) *N.wurzel* steckt; die untere Hälfte der N.tasche, der die N.wurzel aufliegt, ist die Bildungszone *(Matrix)* des Nagels.

Nagasaki
Stadtwappen

Nagel 1).
1 Fingerendglied mit halbseitig entfernter Nagelplatte; **2** Schnitt durch die Nagelwurzel (stark vergrößert; senkrecht zu Bild 1); a Nagelbett, b Nagelwall, c Nagelmöndchen, d Nagelplatte, e Nagelwurzel

2331

Nagelfluh

Imre Nagy

2) *Werkzeug:* runder oder mehrkantiger, am unteren Ende zugespitzter Stift, meist aus Metall, mit flachem oder abgerundetem Kopf; v. a. zum Befestigen und Verbinden von Holzteilen.

Nagelfluh ↑Konglomerat.

Nagellack, kosmet. Lack für Finger- und Zehennägel.

Nageln, Bez. für das Auftreten von harten Verbrennungsgeräuschen bei Dieselmotoren; v. a. bei kaltem Motor durch den hohen Zündverzug des Kraftstoffs.

Nagetiere (Nager, Rodentia), seit dem Paläozän bekannte, heute mit rd. 1 800 Arten weltweit verbreitete Ordnung etwa 5–100 cm langer Säugetiere; mit meist walzenförmigem Körper, relativ kurzen Beinen und stummelförmigem bis überkörperlangem Schwanz. Bes. kennzeichnend ist das Gebiß der N.: im Ober- und Unterkiefer je zwei Nagezähne; die Eckzähne fehlen stets. Die N. ernähren sich überwiegend von pflanzl. Stoffen. Ihre Sinnesorgane sind gut entwickelt (bes. Geruchs- und Gehörsinn). – Viele N. sind Schädlinge an Nutzpflanzen und Nahrungsvorräten, manche sind Krankheitsüberträger. Einige Arten liefern begehrtes Pelzwerk (z. B. Bisamratte, Nutria, Chinchilla). Unterordnungen: Hörnchenartige (mit der einzigen Fam. Hörnchen), Mäuseartige, Stachelschweinartige, Meerschweinchenartige.

Nagezähne, meißelförmige, mit je einem Paar tief im Ober- und Unterkiefer steckende Schneidezähne der Nagetiere und Hasenartigen; Wurzel fehlend oder klein und offen. N. wachsen ständig nach.

Nag Hammadi, ägypt. Ort am Nil, 23 400 E. Fundort einer gnost. Bibliothek des 4. Jh., bestehend aus 13 Papyrus-Codices in kopt. Sprache.

Nagib, Ali Mohammed, *Khartum 7. 7. 1902, †Kairo 28. 8. 1984, ägypt. Offizier. Führte 1952 den Staatsstreich gegen König Faruk I.; Min.-Präs. (1952 bis 1954) und Staats-Präs. bis zu seinem Sturz durch G. Abd-el Nasser (Juni 1953 bis Nov. 1954).

Nagold, Stadt im Nagoldtal, Bad.-Württ., 21 800 E. Spätgot. Friedhofskirche mit vermauerten röm. Halbsäulen, karoling. Teilen und Wandmalereien; Burgruine (nach 1250 ff.).

Nagorny Karabach ↑Bergkarabach.

Nagoya, jap. Hafenstadt auf Honshū, an der N-Küste der Isebucht, 2,12 Mio. E. Univ., Museen, Zoo. Eines der führenden Handels- und Ind.-Zentren Japans. Schloß (1610); buddhist. und shintoist. Tempel und Schreine.

Nagpur, ind. Stadt auf dem Dekhan, Gliedstaat Maharashtra, 1,22 Mio. E. Univ., Museen.

Nagy [ungar. nɔdj], 1) Ferenc, *Bisse bei Pécs 8. 10. 1903, †Fairfax (Va.) 12. 6. 1979, ungar. Politiker. Seit 1930 Generalsekretär der »Partei der Kleinen Landwirte«, 1939–42 Abg. im Reichstag; 1946 Min.-Präs., 1947 zur Emigration gezwungen.

2) Imre, *Kaposvár 7. 6. 1896, †Budapest 16. 6. 1958, ungar. Politiker. 1944 in das ZK und das Politbüro der ungar. KP gewählt; u. a. 1945/46 Innen-Min.; ab Juli 1953 Min.-Präs., im April 1955 aus allen Partei- und Staatsämtern entlassen; seit Okt. 1956 erneut Min.-Präs. und einer der Führer des niedergeschlagenen ungar. Volksaufstandes; durch sowjet. Truppen verschleppt, 1958 nach Ungarn zurückgebracht und nach einem Geheimverfahren hingerichtet; 1989 rehabilitiert.

Naha, jap. Hafenstadt, Hauptort von Okinawa, 310 000 E. Univ.; u. a. Herstellung von Tonwaren, Lack-, Perlmuttarbeiten und Panamahüten; ⚓. Entstand im MA als wichtiger Hafen; 1879 Präfekturhauptstadt von Okinawa.

Nahe, linker Nebenfluß des Mittelrheins, 116 km lang.

Naher Osten, polit.-geograph. Sammel-Bez. für die außereurop. Länder am östl. Mittelmeer, die Türkei, Zypern, Syrien, Libanon, Israel, Jordanien, Ägypten, Saudi-Arabien, Jemenit. Republik, Oman, die Vereinigten Arab. Emirate, Katar, Bahrain, Kuwait, Irak und Iran.

Nähmaschine, eine Maschine mit Hand-, Fuß- oder elektr. Antrieb zum Zusammennähen von Textilien, Leder u. a. Die Nähte können mit Hilfe eines Fadens (einfacher Kettenstich; *Kettenstich-N.*), zweier (Doppelsteppstich; *Doppelsteppstich-N.*) oder mehrerer Fäden gebildet werden. Sie ermöglichen neben Nutz- und Geradstichen u. a. zahlr. Zierstiche, Annähen von Knöpfen, Nähen von Knopflöchern.

Nahostkonflikt, Konflikt zw. ↑Israel und seinen arab. Nachbarstaaten bzw. der ↑Palästinensischen Befreiungsorganisation (PLO) um die staatl. Gestaltung des früheren brit. Mandatsgebiets ↑Palästina, verbunden mit regionalen und weltpolit. Interessenverflechtungen. Erste blutige Konflikte zw. arab. Palästinensern und der jüd. Bevölkerung entstanden mit der im Zeichen des ↑Zionismus zunehmenden Einwanderung von Juden in das zum Osman. Reich gehörende Palästina seit Anfang der 1880er Jahre und der gleichzeitigen Zunahme der ansässigen arab. Bevölkerung. Den Höhepunkt der Kämpfe nach der Bildung des brit. Mandatsgebiets Palästina (1920/22) bildete der »Arab. Aufstand« (1936–39). 1947 beschlossen die UN die Teilung des Mandatsgebiets in einen jüd. und einen arab.-palästinens. Staat. Über die Ablehnung dieses Teilungsplans und der 1948 erfolgten Gründung des Staates Israel kam es 1948–82 zu fünf ↑israelisch-arabischen Kriegen, in deren Verlauf Israel seine staatl. Existenz behaupten und (bes. im Sechstagekrieg 1967 mit der Besetzung des Gazastreifens, der Halbinsel Sinai [bis zum Suezkanal], Westjordaniens [einschließlich der Altstadt Jerusalems] sowie von Teilen Syriens [Golanhöhen]) arab. Territorien erobern konnte. Nach der Genfer Nahostkonferenz (1973) stellte 1977 die Reise des ägypt. Präs. A. as-Sadat zum israel. Min.-Präs. M. Begin nach Jerusalem einen ersten Durchbruch zu Friedensverhandlungen dar. Unter Vermittlung des amerikan. Präs. J. Carter verständigten sich beide auf der Konferenz von Camp David 1978 über Rahmenbedingungen zu einer Lösung des N. und eines ägypt.-israel. Friedensvertrags (am 26. 3. 1979 unterzeichnet; Verzicht Israels auf Sinai zugunsten Ägyptens). Die Erklärung ganz Jerusalems zur Hauptstadt, die Annexion von Teilen der Golanhöhen, die Besiedlung des Westjordanlandes und der Einmarsch israel. Truppen in den Libanon (1982) stieß auf wachsenden Widerstand der arab. Staaten und auf Kritik in der Weltöffentlichkeit. Am 9. 12. 1987 brach im Gazastreifen und im Westjordanland ein Aufstand (»Intifada«) palästinens. Araber aus. Am 15. 11. 1988 rief die PLO, die bei der Konfrontation mit Israel auch nicht vor zahlr. weltweiten Terroranschlägen zurückschreckte, in Algier einen unabhängigen Palästinenserstaat in den von Israel besetzten Gebieten aus. Nach dem Ende des Ost-West-Konfliktes und der Schwächung der PLO nach dem 2. Golfkrieg verstärkten sich seit 1991 die v. a. von den USA forcierten Bemühungen um eine Lösung des N. In mehreren Nahostfriedenskonferenzen fanden erstmals direkte Gespräche zw. Israel und arab. Staaten sowie Vertretern der PLO statt, in deren Verlauf sich die gegensätzl. Positionen annäherten, bestärkt v. a. durch eine kompromißbereitere Linie der seit Juli 1992 in Israel amtierenden Regierung Y. Rabin sowie durch einen Kurswechsel J. Arafats. Am 13. 9. 1993 kam es nach Vermittlung Norwegens in Washington zw. Israel und der PLO zur Unterzeichnung einer Grundsatzerklärung (»Gaza-Jericho-Abkommen«) über die Übergangsregelungen für die Teilautonomie der Palästinenser. Nach der Unterzeichnung des Abkommens über die Teilautonomie am 4. 5. 1994 in Kairo erfolgte die Bildung einer Selbstverwaltung der Palästinenser, der Vorstufe eines palästinens. Staates, im Gazastreifen und in Jericho (ausgeweitet auf das Westjordanland durch das in Taba vereinbarte Abkommen vom 28. 9. 1995). Aufgaben der israel. Militär- und Zivilverwaltung gingen auf eine Palästinens. Behörde über, die unter der Leitung von Arafat steht; Israel zog seine Truppen allmählich ab. Zur Annäherung zwischen Israel und Jordanien kam es nach der Unterzeichnung der »Washingtoner Erklärung« am 25. 7. 1994, die zu dem Friedensvertrag zwischen beiden Staaten vom 26. 10. 1994 führte.

Nährsalze, die für die pflanzl. Ernährung wichtigen ↑Mineralsalze.

Nahrungskette, eine Reihe von Organismen, die ernährungsbedingt voneinander abhängig sind und dadurch wie die Glieder einer Kette miteinander in Verbindung stehen. Die sich von anorgan. Stoffen selbständig ernährenden *grünen Pflanzen* bilden i. d. R. als Produzenten das erste Glied einer N.; es folgen die verschiedenen, in der Ernährung ganz oder teilweise auf die Körpersubstanz oder die Stoffwechselprodukte

Nährwert

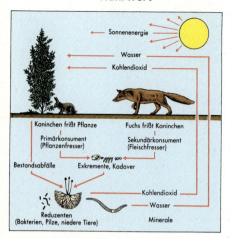

Nahrungskette. Beispiel einer Nahrungskette (schematische Darstellung)

anderer Organismen angewiesenen tier. Verzehrer als Konsumenten. An erster Stelle stehen die *Pflanzenfresser* als Primärkonsumenten. Dann folgen die *Fleischfresser* (Räuber) als Sekundärkonsumenten. Den Schluß der N. bilden die *abbauenden Tiere* und *Mikroorganismen* (Destruenten und Reduzenten), bodenwohnende Tiere, Bakterien und Pilze, die sich von toter Substanz ernähren.

Da ein Teil der Nahrung zur Energiegewinnung verbraucht wird, erfolgt eine Abnahme der Biomasse von den Produzenten bis zu den Endkonsumenten. Aus diesem Grund kann eine N. meist nur aus 3–5 Arten bestehen (z. B. Weizen–Maus–Katze; Alge–Wasserfloh–Friedfisch–Raubfisch–Mensch). – Der *Mensch* steht meist als *Endkonsument* am Ende der jeweiligen N.; dies erweist sich als gefährlich, wenn z. B. Schwermetalle, radioaktive Stoffe oder chlorierte Kohlenwasserstoffe über die N. bis hin zu schädl. Konzentrationen angereichert werden.

Nährwert (Nahrungswert), Wert der Nahrung für das Wachstum und die Aufrechterhaltung der Körperfunktionen. Der N. hängt vom physiolog. Brennwert und von der Zusammensetzung sowie der Bekömmlichkeit der Nährstoffe ab.

Nairobi Stadtwappen

Naht, 1) *allg.:* svw. Verbindung bzw. Verbindungslinie zweier zusammengefügter Teile.
2) *Chirurgie:* die operative Vereinigung von Gewebsrändern oder Organen mit dem Ziel einer festen Verbindung bzw. dauerhaften Fixierung.
Nahua [span. 'naua], größte Gruppe der mexikanischen Indianer; zu ihnen zählten bereits die Azteken. Die Sprache der Nahua, das *Nahuatl,* gehört zur uto-aztek. Sprachgruppe und umfaßt mehrere Dialekte.
Nahum, alttestamentl. Prophet und gleichnamiges Buch des AT, entstanden nach 626 v. Chr., zu den zwölf »kleinen« Propheten gerechnet.
Nah-Unendlich-Punkt ↑anallaktischer Punkt.
Nairobi, Hauptstadt von Kenia, im Hochland östlich des Ostafrikan. Grabens, 810 000 E. Univ., Forschungsinstitute, Nationalmuseum, anthropolog. Museum. Wichtigstes Wirtschaftszentrum des Landes mit Messen, Kaffeeauktionen, Nahrungsmittel-, Textil-Ind., Metallverarbeitung; internat. ⚐. – Wurde 1905 Regierungssitz.
naive Kunst, außerhalb der kunstgeschichtl. Stilrichtungen stehende Laienkunst, die in unmittelbarer Auseinandersetzung mit Lebenserfahrungen Umwelt, Kindheit, Wunsch- und Traumbilder darstellt. Im Unterschied zur ↑Volkskunst und der vom Kult getragenen Kunst der Naturvölker ist sie durch die Individualität des Künstlers geprägt, der sie ohne akadem. Vorbildung, z. T. auch ohne jede techn. Vorkenntnisse und Verbindungen zu zeitgenöss. oder vergangenem Kunstschaffen ausübt. N. K. ist detailfreudig exakt und harmonisch bunt. In den USA entstand sie innerhalb der puritan.-religiös geprägten Pionierkultur (E. Hicks u. a.), sehr bekannt wurde Grandma Moses. In Europa erhob H. Rousseau die n. K. zu einem gültigen Beitrag der modernen Kunst; außerdem traten in Frankreich Séraphine, L. Vivin, A. Bauchant und C. Bombois hervor. Zur ersten Generation in Deutschland zählt A. Trillhaase, später machten sich F. Gerlach, Paps, M. Raffler, Ramholz und H. Auer einen Namen.
Najaden [griech.] ↑Nymphen.
Najaf ↑Nedjef.

Namibia

Nakhon Pathom, thailänd. Stadt im Menamdelta, 45 700 E. Univ.; Wallfahrtsort mit 118 m hohem Stupa (Phra Pathom Chedi; urspr. 6. Jh., ab 1860 neu überbaut).

Nakuru, Lake [engl. leɪk nɑːˈkuːruː], See mit salzhaltigem Wasser im Ostafrikan. Graben, Kenia, 47 km²; sein westl. Ufergebiet bildet den *Lake Nakuru National Park,* eines der größten Vogelreservate der Erde.

Naltschik, Hauptstadt der Autonomen Republik Kabardino-Balkarien innerhalb Rußlands, in den nördl. Vorbergen des Großen Kaukasus, 231 000 E. Univ., Museen, drei Theater, Philharmonie.

Name, 1) *Datenverarbeitung:* eine Zeichenfolge zur Identifikation einer Adresse.
2) *Logik* und *Sprachwissenschaft:* bezeichnet als *Eigen-N.* eine einzelne, als Individuum oder individuelles Kollektiv gedachte Person oder Sache zum Zweck der eindeutigen Identifizierung, unabhängig von der evtl. Bedeutung des Wortes. Hingegen ist ein *Allgemein-N.* oder *Gattungs-N.* (↑Appellativ) ein unterscheidender und charakterisierender sprachl. Ausdruck. Die Abgrenzung zw. N. und Appellativa ist oft nicht eindeutig geklärt, z. B. bei N. von Jahreszeiten, Monaten und Festen. – Einteilung der N.: 1. ↑Personennamen (Anthroponyme); 2. geograph. N., dazu gehören Ortsnamen (Städte, Dörfer usw.), Ländernamen, Gewässernamen und die Flurnamen. Ortsnamen und Flurnamen werden als »topograph. N.« zusammengefaßt; 3. Pflanzen- und Tiernamen bezeichnen jeweils eine ganze Gattung.
In der *Religionsgeschichte* wird der N. häufig mit dem Wesen des Benannten aufs engste verbunden. Deshalb nehmen N.gebung (z. B. in Schöpfungsberichten) und N.wechsel (z. B. Papst-N. und Ordens-N.) eine vorrangige Stellung ein.
3) *Recht:* ständige, rechtl. geschützte Bez. einer natürl. oder jurist. Person zum Zweck der Unterscheidung von anderen.

Namensrecht, Befugnis eines Rechtsträgers, seinen Namen (auch sein Pseudonym oder seinen Decknamen) zu führen und andere vom unbefugten Gebrauch des Namens auszuschließen. Das N. bezieht sich auch auf Geschäftsnamen.

Namenstag, im kath. Bereich jährlich begangener Erinnerungstag an das Fest des Heiligen, dessen Namen man trägt.

Namib, subtrop. Wüste entlang der gesamten Küste von Namibia, etwa 1 300 km lang, 50–160 km breit. Im südl. Teil (Sperrgebiet) Diamantengewinnung.

Namibia, Staat im südl. Afrika, grenzt im W an den Atlantik, im N an Angola, im äußersten NO (Caprivizipfel) an Sambia, im O an Botswana, im S und südl. O an die Republik Südafrika.

naive Kunst.
Henri Rousseau. »Der hungrige Löwe zerfleischt eine Antilope« (1905; Basel, Öffentliche Kunstsammlung)

Namibia

Namibia

Staatsflagge

Staatswappen

Namibia

Fläche:	823 145 km²
Einwohner:	1,781 Mio.
Hauptstadt:	Windhuk
Amtssprache:	Englisch
Nationalfeiertag:	21.3.
Währung:	1 Rand (R) = 100 Cents (c)
Zeitzone:	MEZ + 1 Std.

1970 1992 1970 1992
Bevölkerung Bruttosozial-
(in Mio.)   produkt je E
            (in US-$)

Bevölkerungsverteilung 1992

Bruttoinlandsprodukt 1992

Staat und Recht: Präsidiale Republik; *Verfassung* von 1990. *Staatsoberhaupt* ist der Präs. (Amtszeit fünf Jahre. Er ist oberster Inhaber der *Exekutivgewalt*. *Legislative* ist das Zweikammerparlament (Nationalversammlung; 72 auf fünf Jahre gewählte und sechs vom Präs. ernannte Mgl.; Nationalrat: 26 Mgl., je zwei pro Region). *Parteien:* Südwestafrikan. Volksorganisation (SWAPO), Demokrat. Turnhallenallianz (DTA), Vereinigte Demokrat. Front (UDF).

Landesnatur: N. gliedert sich in drei küstenparallele Großräume: An der Küste liegt die Wüste Namib. Sie wird im O begrenzt durch die Große Randstufe, d. h. den Steilanstieg zu den zentralen Hochländern in 1 000–2 000 m Höhe, die von Bergländern überragt werden. Der O gehört zur abflußlosen Beckenlandschaft der Kalahari mit der Etoschapfanne. Die Winter sind trocken, die Sommer heiß. Charakteristisch sind Niederschlagsarmut und große tages- und jahreszeitliche Temperaturschwankungen. Dornstrauchsavanne überwiegt im O und im Zentrum.

Bevölkerung: Den größten Anteil haben die Bantuvölker – von ihnen sind die im N lebenden Ambo (Ovambo) mit 49,8% der Gesamtbevölkerung die stärkste Gruppe – daneben Herero, Tswana, Bergdama, Nama und Buschmänner. Im Raum Rehoboth leben Mischlinge (»Baster«). Die 6,4% Weißen gehören der kalvinist., luth. oder anglikan. Kirche bzw. christl. Sekten an.

Wirtschaft, Verkehr: Bedeutendster Wirtschaftszweig ist der Bergbau. Diamanten werden in der südl. Namib gewonnen, Uranerz bei Swakopmund. Die Mine von Tsumeb gilt als eine der reichsten der Erde (Kupfer, Blei, Zink, Silber, Cadmium, Germanium). Neben der Erzverhüttung ist die Viehzucht sowie die Fisch- und Fleischverarbeitung bedeutend. Das Eisenbahnnetz ist 2354 km lang, das Straßennetz 57 000 km (davon 3 033 km asphaltiert). Internat. ✈ bei Windhuk.

Geschichte: Ende des 15. Jh. Entdeckung durch Portugiesen, im 16. Jh. Einwanderung der Herero. Großbrit. annektierte 1878 die Walfischbai, 1883 erwarb der dt. Kaufmann F. A. Lüderitz den gesamten Küstenstreifen zw. Oranjemündung und 22° s. Br.; 1884 dt. Schutzgebiet (Dt.-Südwestafrika); 1903 bis 07 Aufstand der Herero und Nama gegen die dt. Kolonialmacht. 1920 erhielt die Südafrikan. Union das bis dahin dt. Gebiet vom Völkerbund als C-Mandat zugesprochen. 1966 entzog die UN-Vollversammlung Südafrika das Mandat, 1968 gab sie dem Land den Namen Namibia. Der Internat. Gerichtshof erklärte 1971 die fortgesetzte Präsenz Südafrikas in N. für illegal. Als nat. Befreiungsbewegung der mehrheitlich schwarzen Bevölkerung von N. wurde die South West African People's Organization (SWAPO) 1963 durch die OAU anerkannt, 1976 von der UN-Vollversammlung zur »einzigen und authent. Vertretung des namib. Volkes« erklärt.

Südafrika lockerte die Apartheidpolitik und stimmte einer Verfassungskonferenz aller elf ethn. Gruppen zu (nach ihrem Tagungslokal in Windhuk »Turnhallenkonferenz« gen.). Die SWAPO lehnte den von der Turnhallenkonferenz 1977 beschlossenen Verfassungsplan ab, beteiligte sich nicht an den im Dez. 1978 durchgeführten Wahlen zu einer verfassunggebenden Versammlung und verstärkte (unterstützt von kuban. Truppen) den bewaffneten Kampf. Die UN bemühten sich daraufhin vergeblich um eine Verfassungsordnung für N. mit politisch (nicht ethnisch) geprägter Repräsentation. Die von Südafrika eingesetzte Regierung konnte die angespannte Lage nicht unter Kontrolle bringen. Unter internat. Druck kam 1988 der Unabhängigkeitsprozeß wieder in Gang, nachdem dieser mit dem Abzug der kuban. Truppen aus Angola verknüpft werden konnte. Am 22. 12. 1988 vereinbarten die Rep. Südafrika, Angola und Kuba internat. überwachte freie Wahlen zu einer verfassunggebenden Versammlung. Diese fanden im Nov. 1989 statt; die SWAPO konnte dabei 57%, die DTA rd. 29% der Stimmen erringen. Am 21. 3. 1990 wurde N. als letztes afrikan. Land unabhängig, erster Präs. wurde S. Nujoma (SWAPO). Zum 1. 3. 1994 trat Südafrika seine Exklave Walfischbai an N. ab.

Namur [frz. na'my:r] (niederl. Namen), Hauptstadt der gleichnamigen belg. Prov. (3666 km², 423700 E), an der Mündung der Sambre in die Maas, 103900 E. Teil-Univ.; Metall-, Glas-, Porzellan-Ind.; Flußhafen. Klassizist. Kathedrale (1751–63) mit got. Turm des Vorgängerbaus; barocke ehem. Jesuitenkirche, Zitadelle (beide 17.Jh.).

Nanak ↑Sikhs.

Nanchang, Hauptstadt der chin. Prov. Jiangxi, am Gan Jiang, 1 Mio. E; heute Zentrum der Binnenschiffahrt; heute v. a. Ind.-Standort.

Nancy [frz. nã'si], frz. Stadt an der Meurthe, 102400 E. Verwaltungssitz des Dép. Meurthe-et-Moselle; zwei Univ.; Börse; u. a. Maschinen-, Elektromotorenbau; botan. Garten. Bed. Plätze im Rokokostil: An der Place Stanislas steht u. a. das Rathaus; der Triumphbogen leitete über zur Place de la Carrière (ehem. Turnierplatz). Bed. auch der spätgot. Herzogspalast (16.Jh.), die Kathedrale (18.Jh.), die Grabkirche der lothring. Hzg. (Église des Cordeliers; 15.Jh.) sowie das Stadttor Porte de la Craffe. – Seit 947 belegt; 13./14.Jh. bis 18.Jh. Residenz der Hzg. von Lothringen; wurde 1766 mit Lothringen französisch. – In der *Schlacht bei Nancy* wurde am 5. 1. 1477 Karl der Kühne von Burgund von den Eidgenossen, habsburgische Truppen und Herzog René II. von Lothringen besiegt und getötet.

NAND-Schaltglied ↑Logikelemente.

Nandus [indian.] (Rheidae), Fam. bis 1,7 m scheitelhoher, flugunfähiger, dreizehiger, straußenähnl. Laufvögel mit 2 Arten in S-Amerika.

Nanga Parbat, höchster Gipfel des westl. Himalaja, 8126 m hoch. Erstbesteigung durch H. Buhl (Österreich) 1953 im Rahmen einer dt. Expedition.

Nanismus [griech.-lat.] (Nanosomie), Zwergwuchs.

Nanking (Nanjing), Hauptstadt der chin. Prov. Jiangsu, am Jangtsekiang, mit Vorstädten 2 Mio. E. Univ., TU. U. a. verarbeitende Industrie; Hafen. Erhalten blieb im Stadtzentrum der »Trommelturm« Golou aus der Mingzeit (1368–1644); außerhalb der ehem. Stadtmauer u. a. die Grabanlage der ersten Mingkaiser (1381) und das Mausoleum Sun Yat-sens (1925). – N. war Chinas Hauptstadt unter mehreren frühen Dynastien (erstmals im 3. Jh. n.Chr.); ab 1368 zur »Südl. Hauptstadt« umgestaltet, blieb Metropole bis 1403 (Verlegung des Regierungssitzes nach Peking). In N. bildete Sun Yat-sen 1912 die erste republikan. Regierung. 1928 bis 1949 Reichshauptstadt.

Nanning, Hauptstadt der Autonomen Region Guongxi, China, am Yujiang, 700000 E. U. a. Chemiekombinat; Hafen.

Nannini, Gianna, *Siena 14. 6. 1956, italien. Rocksängerin. Zahlr. Hits mit

Nannini

Nancy
Stadtwappen

Gianna Nannini

Nanga Parbat

Nano...

engagiert-selbstbewußten Texten, u. a. »California« (1979) und »Latin Lover« (1982).

Nano... ↑Vorsatzzeichen.

Nansen, Fridtjof, * Gut Store Frøn (heute zu Oslo) 10. 10. 1861, † Lysaker bei Oslo 13. 5. 1930, norweg. Polarforscher und Diplomat. Durchquerte im Aug./Sept. 1888 erstmals das 3 000 m hohe Binneneis Grönlands von O nach W; ließ sich mit der seit dem 22. 9. 1893 vor den Neusibir. Inseln vom Eis eingeschlossenen »Fram« polwärts treiben und gelangte bis 86°14′ nördl. Breite. – Nach dem 1. Weltkrieg leitete er die Heimführung der Kriegsgefangenen aus Sowjetrußland und organisierte als Hochkommissar des Völkerbundes (*Nansenamt,* 1921–30) 1921–23 Hilfsaktionen für das hungernde Sowjetrußland. 1922 erhielt N. den Friedensnobelpreis, am 5. 7. wurde in Genf der auf seine Initiative geschaffene *Nansenpaß* (Paßersatz für Staatenlose) internat. anerkannt. – N. schrieb u. a. »Auf Schneeschuhen durch Grönland« (1891), »In Nacht und Eis« (2 Bde., 1897).

Nanshan, bis 6 346 m hohes Gebirge im äußersten NO des Hochlandes von Tibet.

Nanterre [frz. nã'tɛːr], frz. Stadt im nw. Vorortbereich von Paris, an der Seine, 88 600 E. Verwaltungssitz des Dép. Hauts-de-Seine; u. a. Kfz-, Flugzeugindustrie.

Nantes [frz. nãːt], frz. Ind.- und Hafenstadt an der Loire, 58 km oberhalb ihrer Mündung in den Golf von Biskaya, 251 000 E. Hauptstadt der Region Pays de la Loire und des Dép. Loire-Atlantique; Univ.; Museen; Theater. U. a. Schiff- und Maschinenbau. Kathedrale (1434–1893), ehem. herzogl. Schloß (15., 17. und 18. Jh.). – Anfang des 13. Jh. bis 1689 Hauptstadt der Bretagne, mit ihr 1515 zur frz. Krondomäne.

Nantes, Edikt von [frz. - - nãːt], vom frz. König Heinrich IV. am 13. 4. 1598 zur Beendigung der Hugenottenkriege erlassenes Edikt, das das kath. Bekenntnis als Staatsreligion bestätigte, aber den Hugenotten Gewissensfreiheit, örtlich begrenzte Kultfreiheit, volle Bürgerrechte sowie Sicherheitsplätze zusicherte; 1685 aufgehoben.

Napalm ®, Gemisch aus Aluminiumsalzen der **Na**phthensäuren und Fettsäuren (v. a. **Palm**itinsäure). Das pulverige Produkt bildet mit flüssigen Kohlenwasserstoffen (z. B. Benzin) zähe Gele, die zur Füllung von Brandbomben verwendet werden. N. führt zu eiternden Brandwunden.

Napfschnecken (Patellidae), in der Brandungszone der Meere weit verbreitete Familie der Schnecken mit napfförmiger Schale.

Naphthalin [pers.-griech.], $C_{10}H_8$, aromat. Kohlenwasserstoff mit zwei kondensierten Benzolringen; farblose, kristalline, phenolartig riechende Substanz; Ausgangsmaterial vieler chem. Produkte.

Naphthene [pers.-griech.], svw. ↑alicyclische Verbindungen.

Fridtjof Nansen

Napfschnecken.
Gemeine Napfschnecke (Größe bis etwa 5 cm) von oben (oben) und von der Seite (unten) gesehen

Nantes.
Rechts die Kathedrale, im Vordergrund Château Ducal

Naphthole [pers.-griech./arab.] (Hydroxynaphthaline), Hydroxylverbindungen des Naphthalins; farblose, kristalline, in Wasser schwer lösl. Substanzen; Zwischenprodukte bei der Herstellung von Farbstoffen.

Napier (Neper), John, Laird of Merchiston [engl. ˈneɪpɪə], *Merchiston Castle bei Edinburgh 1550, † ebd. 4. 4. 1617, schott. Mathematiker. Fand die natürl. Logarithmen.

Napoleon, Name frz. Herrscher:
1) Napoleon I. (Napoléon Bonaparte, eigtl. Napoleone Buonaparte), *Ajaccio (auf Korsika) 15. 8. 1769, † Longwood (Sankt Helena) 5. 5. 1821, Kaiser der Franzosen (1804–14/15). Sohn eines kors. Advokaten, wurde nach Besuch von Militärschulen Leutnant der Artillerie (Okt. 1785). 1793 schloß sich N. der Bergpartei an; 1794 Brigadegeneral; unterstützte das Direktorium bei der Niederschlagung des royalist. Aufstandes in Paris (Okt. 1795) und wurde zum Befehlshaber der Armee im Innern und am 2. 3. 1796 zum Oberbefehlshaber der Italienarmee ernannt; heiratete 1796 Joséphine de Beauharnais (∞ 1809). Mit dem Italienfeldzug 1796/1797 innerhalb des 1. Koalitionskrieges errang N. militär. Ruhm und bewies mit der territorialen und republikan. Umgestaltung Italiens polit. und administrative Begabung. Im Dez. 1797 übertrug ihm das Direktorium den Oberbefehl über die Englandarmee und gestand ihm die Durchführung der ägypt. Expedition (1798) zu. Nach dem Staatsstreich vom 18. Brumaire des Jahres VIII (9. 11. 1799) diktierte N. die Konsulatsverfassung vom 22. Frimaire VIII (13. 12. 1799).
In den Jahren 1800 bis 1804 sicherte N. als erster Konsul innenpolitisch eine stabile Ordnung und schuf die rechtl., administrativen und kulturellen Grundlagen für die Herrschaft des Bürgertums (straff zentralist. Verwaltungssystem, einheitl. Unterrichtswesen, Abhängigkeit des Klerus durch staatl. Besoldung, einheitl. Code civil). Die erfolgreiche Beendigung des 2. Koalitionskrieges ermöglichte N. eine Steigerung der persönl. Macht: Er machte sich 1802 zum Konsul auf Lebenszeit, krönte sich am 2. 12. 1804 zum erbl. Kaiser der Franzosen und am 26. 5. 1805 in Mailand zum König von (Ober-)Italien. – Im 3. Koalitionskrieg konnte N. im Frieden von Preßburg (1805) Österreich demütigen. Preußen wurde im 4. Koalitionskrieg 1806/07 in der Doppelschlacht von Jena und Auerstedt völlig niedergeworfen. Mit Errichtung des Rheinbundes 1806, durch das Bündnis mit Alexander I. von Rußland (1807) und die Dekretierung der Kontinentalsperre (1806) erreichte N. den Höhepunkt seiner Macht. – 1810 heiratete er die österr. Kaisertochter Marie Louise. Um die ↑Kontinentalsperre zu verschärfen, dehnte N. sein Imperium nach SO und an die Ostsee aus (1810 Annexion Hollands, der dt. Nordseeküste und Lübecks), bis die wachsenden Interessengegensätze zum Bruch mit Alexander I. führten. Der verlustreiche Rußlandfeldzug 1812 brachte den endgültigen Wendepunkt der Napoleon. Herrschaft (↑Napoleonische Kriege); in den Befreiungskriegen 1813–15 wurde seine Herrschaft über Europa beseitigt. Am 31. 3. 1814 besetzten die Verbündeten Paris; sie zwangen N. zur Abdankung (6. 4. 1814) und wiesen ihm als Souve-

Napoleon

Napoleon I., Kaiser der Franzosen (Gemälde von Jacques-Louis David, 1820; Washington, D. C., National Gallery of Art)

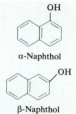

Naphthole

Nantes Stadtwappen

2339

Napoleonische Kriege

rän mit Kaisertitel die Insel Elba als Wohnsitz zu. – Das Intermezzo der ↑Hundert Tage (1815) endete mit der Niederlage bei Belle-Alliance (oder Waterloo) (↑Befreiungskriege). Großbrit. internierte N. auf Sankt Helena, wo er an Magenkrebs starb. Sein Leichnam wurde 1840 in den Pariser Invalidendom überführt.

Die *Bedeutung* Napoleons für die Umgestaltung Europas ist unumstritten. Er zerstörte das Europa des Ancien régime und verhalf zugleich in Italien und Deutschland dem modernen Staats- und Nationsgedanken zum Durchbruch. In Frankreich prägte er die Verwaltungs-, Finanz- und Rechtsorganisation z. T. bis heute.

2) Napoleon II. ↑Reichstadt, Napoléon Herzog von.

3) Napoleon III., eigtl. Charles Louis Napoléon Bonaparte, *Paris 20. 4. 1808, † Chislehurst (heute zu London) 9. 1. 1873, Kaiser der Franzosen. Neffe Napoleons I.; wurde bei den ersten (und letzten) Präsidentschaftswahlen der 2. Republik (10. 12. 1848) zum Präs. gewählt, ließ sich 1851 durch ein Plebiszit für zehn Jahre diktator. Befugnisse übertragen. Ein erneutes Plebiszit (21. 11. 1852) bestätigte ihn als erbl. Kaiser (Kaiserproklamation 2. 12. 1852, 1853 Heirat mit Eugénie). – Im Krimkrieg (1853/54–56) konnte er Frankreich zur Großmacht erheben, die Unterstützung der italien. Nationalbewegung 1859 brachte Nizza und Savoyen; den Ausbau der frz. Kolonien förderte er erfolgreich in N-Afrika und SO-Asien. Die span. Thronkandidatur eines Hohenzollernprinzen wurde für N. zur frz. Prestigefrage, die im Sommer 1870 den Krieg gegen Preußen politisch zwingend machte. Die Niederlage des frz. Feldheeres (Sedan) zerstörte auch die Legitimitätsbasis seiner Herrschaft: N. geriet am 2. 9. 1870 in preuß. Gefangenschaft und lebte ab 1871 im brit. Exil.

Napoleonische Kriege, die nach den ↑Koalitionskriegen (1792–1806/07) von Napoleon I. zur Behauptung seiner imperialen Hegemonialpolitik in Europa geführten Kriege 1807/08–12. Den *spanischen Unabhängigkeitskrieg* (1808–14) konnte Napoleon nicht siegreich beenden. Die *Erhebung Österreichs* (1809) begann zugleich mit dem Tiroler Freiheitskampf am 9. 4. mit einem österr. Vorstoß auf Bayern. Bei Aspern und Eßling (21./22. 5.) erlitt Napoleon seine erste Niederlage, die er aber bei Wagram (5./6. 7.) ausgleichen konnte. Im Frieden von Schönbrunn (14. 10.) erlitt Österreich erhebl. Territorialverluste und wurde eine von Frankreich abhängige Macht. Im *Rußlandfeldzug* (1812) suchte Napoleon die Entscheidung über seine Kontinentalherrschaft. Napoleon überschritt am 24. 6. 1812 mit der Grande Armée den Njemen und nahm am 14. 9. Moskau ein. Aus dem durch den Brand von Moskau und durch den Einbruch des Winters erzwungenen Rückzug (seit 19. 10.) und aus dem partisanenähnl. Widerstand in dem von Alexander I. verkündeten Vaterländ. Krieg erwuchs der Untergang der Grande Armée (Verlust von 96% der Truppen). Die preuß.-russ. Konvention von Tauroggen (30. 12.) leitete die ↑Befreiungskriege ein.

Nappaleder [nach der kaliforn. Stadt Napa], bes. feines und weiches Leder.

Nara, jap. Stadt auf Honshū, 327 700 E. Univ.; Pendlerwohngemeinde von Ōsaka. 36 m hohe Ostpagode des Jakushiji (gegr. 680; wiedererrichtet um 718–20), Nebenbauten des Tōdaiji (745–752), einer einst bedeutenden Tempelanlage. – 710 als Hauptstadt Japans gegründet (bis 784 Regierungssitz).

Narbe, 1) *Botanik:* (Stigma) Teil des Fruchtknotens der Blütenpflanzen, an dem das Pollenkorn hängenbleibt und den Pollenschlauch bildet.
2) *Medizin:* (Cicatrix) das bei der Heilung eines Gewebsdefektes aus Granulationsgewebe entstehende gefäßarme Bindegewebe.

Narbonensis (Gallia N.), röm. Prov., ↑Gallien.

Narbonne [frz. nar'bɔn], frz. Stadt in der Küstenebene des Languedoc, Dép. Aude, 41 600 E. Museen; bed. Weinhandelszentrum, chem. Industrie. 14 km östlich von N. Seebad *N.-Plage.* Got. Chor (1272 bis 1310) der unvollendeten ehem. Kathedrale; ehem. erzbischöfl. Palais (10.–14. und 19. Jh.). – Aus den von den Römern gegr. Kolonien *Narbo Martius* (118/117) und *Colonia Iulia Paterna Claudia Decumanorum*

Narbonne
Stadtwappen

Nasenbären

entstand die Hauptstadt der röm. Prov. Narbonensis. N. kam 1507 an die frz. Krondomäne.

Narkose [griech.] ↑Anästhesie.

Narkotika [griech.], Mittel zur Erzeugung einer Narkose (↑Anästhesie); svw. ↑Betäubungsmittel.

Narodnaja, mit 1894 m höchster Berg des Ural, mit kleinen Gletschern.

Narodniki [russ. »Volkstümler«], Anhänger einer in Rußland zw. 1860 und 1900 weitverbreiteten literar. und polit. Richtung; sie forderten eine Gesellschaftsordnung aus der Tradition des Landvolkes auf agrarsozialist. Grundlage.

Narr, (früher) Spaßmacher, Possenreißer (an Fürstenhöfen, im Theater), meist in bunter Kleidung, mit Schellen und Narrenkappe auftretend.

Narses, *in Armenien um 480, † Rom 574, Feldherr Kaiser Justinians I. Schlug die ostgot. Könige Totila und Teja (552) und reorganisierte bis zu seiner Abberufung durch Justinus II. (567) die Verwaltung Italiens.

Narvik, norweg. Hafenstadt am Ofotenfjord, 19 000 E. Eisfreier Exporthafen für das aus Kiruna (Schweden) mit der Erzbahn herantransportierte Eisenerz. – 1940 von dt. Truppen besetzt und stark zerstört.

Narwa, Stadt 14 km vor der Mündung der Narwa in den Finn. Meerbusen, Estland, 74 000 E. Histor. Museum; u. a. Baumwollkombinat. – Mitte des 13. Jh. gegründet.

Narwal [skandinav.] ↑Gründelwale.

Narziß, Gestalt der griechischen Mythologie. Ein schöner Jäger, der die Liebe der Nymphe Echo verschmäht und von Aphrodite derart bestraft wird, daß er sich in sein Spiegelbild verliebt, bis die Verwandlung in die Blume gleichen Namens seinen Qualen ein Ende macht.

Narzisse (Narcissus) [griech.], Gatt. der Amaryllisgewächse mit rd. 20 Arten in M-Europa und im Mittelmeergebiet; beliebte Zier- und Schnittblumen, u. a. die *Dichter-N.* mit weißen Blütenhüllblättern und die 20–40 cm hohe, gelb blühende *Osterglocke*.

Narzißmus, starke Selbstliebe, Ichbezogenheit.

NASA [engl. 'næsə], Abk. für ↑**N**ational **A**eronautics and **S**pace **A**dministration.

Nasal [lat.] (Nasallaut, Nasenlaut), Konsonant oder Vokal, bei dessen Aussprache die Luft in den Nasenraum gelangen kann. Man unterscheidet Nasalkonsonanten, z. B. [m, n, ɲ, ŋ], und Nasenvokale (nasalierte Vokale), z. B. frz. pain [pɛ̃] »Brot«.

Nase (Nasus) [lat.], Geruchsorgan vorn am Kopf der Wirbeltiere, bei den luftatmenden Landwirbeltieren auch Teil des Atmungsweges. Bei den meisten Wirbeltieren und auch beim Menschen besteht eine Verbindung zw. den beiden äußeren N.öffnungen (Nasenlöcher) und der Mund- bzw. Rachenhöhle. Die N. des *Menschen* gliedert sich in die *äußere N.* und in die *N.höhle*. Die äußere N. wird im Bereich der N.wurzel v. a. vom paarigen, schmalen *Nasenbein* gebildet. Daran anschließend formen nach vorn zu verschiedene Knorpelstücke als *knorpeliges N.skelett* die nachgiebige, für den Menschen typ. (äußere) Nase. Die knorpelige *Nasenscheidewand* (N.septum) trennt die N.höhlen voneinander; ihr oberer Rand biegt nach beiden Seiten um und bestimmt so zusammen mit dem N.bein die Form des N.rückens. Bis auf das Riechepithel sind die N.höhlen von Schleimhaut mit Flimmerepithel ausgekleidet, das eingedrungene Staubpartikel rachenwärts transportiert. Von der Außenwand ragen bis fast zur N.scheidewand drei übereinanderliegende *N.muscheln* in die N.höhle vor, die dadurch drei überdachte *N.gänge* erhält. In den unteren N.gang mündet der Abflußkanal der Tränendrüsen, in den mittleren fast alle Nebenhöhlen. Vor der oberen N.muschel liegt das Riechepithel mit den Geruchssinneszellen (als *Riechkegel* und *Riechhärchen*). ↑Geruchssinn.

Nasenbären (Rüsselbären), Gatt. etwa 35–70 cm langer (einschließl. des buschigen Schwanzes bis 1,4 m messender) Kleinbären mit vier Arten, v. a. in Wäldern und Grassteppen des südl.

Nasenbären. Südamerikanischer Nasenbär (Kopf-Rumpf-Länge 43 bis 68 cm, Schwanzlänge 42–68 cm)

Narzisse. Osterglocke

Nasenbluten

John F. Nash

N-Amerika bis S-Brasilien; Allesfresser mit langer, bewegl., rüsselartiger Nase.

Nasenbluten (Epistaxis), Blutung aus der Nase infolge spontaner oder nach Schlageinwirkung erfolgter Zerreißung von Blutgefäßen in der Nase, blutender Tumoren oder Polypen, Nasenbein- oder Schädelbasisbrüchen; häufig auch bei Infektions-, Gefäß- und Kreislauferkrankungen.

Nasennebenhöhlen (Nebenhöhlen), von der Nasenhöhle aus in die angrenzenden Knochen hinein ausgedehnte, von Schleimhaut ausgekleidete Lufträume der Nase *(Kieferhöhle, Stirnhöhle, Keilbeinhöhle).* Die N. beeinflussen als Resonatoren die Klangfarbe der Stimme.

Nash, John F. [engl. næʃ], *Bluefield (W. Va.) 13. 6. 1928, amerikan. Wirtschaftswissenschaftler. Erhielt 1994 für die Analyse des Gleichgewichts in nicht-kooperativer Spieltheorie zus. mit J. C. Harsanyi und R. Selten den Nobelpreis für Wirtschaftswissenschaften.

Nashörner. Spitzmaulnashorn

Nashörner (Rhinozerosse, Rhinocerotidae), seit dem Eozän bekannte Fam. tonnenförmiger, fast haarloser, dreizeihiger Unpaarhufer mit fünf Arten in den Savannen und Graslländern Afrikas und Asiens; laub- und grasfressende Tiere mit panzerartiger Haut, kurzen, säulenartigen Beinen und ein bis zwei hornförmigen Bildungen auf Nase bzw. Nasenbein *(Nasenhörner);* Gesichtssinn schlecht, Geruchssinn dagegen sehr gut ausgebildet. Noch lebende Arten sind (z. T. von Ausrottung bedroht): Breitmaul-N. (Weißes N.), 3,5–4 m lang, in den Steppen Z- und S-Afrikas; Spitzmaul-N. (Schwarzes N.), 3–3,75 m lang, in Z-, O- und S-Afrika; Sumatra-N., 2,5–2,8 m lang, in SO-Asien, auf Sumatra und Borneo. Die beiden Arten der Gatt. Panzer-N. (Rhinoceros) haben nur ein Horn: Java-N., bis etwa 3 m lang, nur noch vereinzelt in W-Java; Panzer-N. *(Indisches N.),* bis über 4 m lang, in N-Indien und Nepal. – Bis zur Eiszeit auch in Europa weit verbreitet waren z. B. Merck-N. (Wald-N.), Steppen-N. und das dichtbehaarte *Wollnashorn.*

Nashornkäfer (Riesenkäfer, Dynastinae), Unter-Fam. etwa 2–15 cm langer Blatthornkäfer, v. a. in den Tropen und Subtropen Amerikas und Eurasiens; Männchen mit je einem langen Horn auf dem Kopf.

Nashornvögel (Bucerotidae), Fam. elster- bis putengroßer Rackenvögel mit rd. 50 Arten im trop. Regenwald sowie in Steppen und Savannen Afrikas und S-Asiens mit einem großen, gekrümmten, an der Oberschnabelbasis oft einen Aufsatz (»Horn«) tragenden Schnabel.

Nashville-Davidson [engl. ˈnæʃvɪl ˈdeɪvɪdsn] (bis 1963 Nashville), Hauptstadt des Staates Tennessee, USA, am Cumberland River, 473 700 E. Drei Univ.; Konsumgüter-Ind.; eines der Musikzentren der USA (Country and western). – Hauptstadt von Tennessee seit 1843.

Nasi-goreng. [indones.], indones. Gericht aus Reis, Gemüse, Fleisch, Krabben.

Nasir ad-Din at-Tusi (Abu Djafar Mohammed ibn al-Hasan), *Tus (Khorasan) 18. 2. 1201, †Bagdad 26. 6. 1274, pers. Universalgelehrter. Begründete die Trigonometrie als selbständige Wissenschaft.

Nasreddin Hoca (N. Hodja) [türk. -ˈhɔdʒa], sprichwörtl. Held der türk. Volksliteratur aus dem 13. oder 14. Jh.; bekannt sind über 500 zeitsatir. Anekdoten (zu vergleichen mit dem dt. »Eulenspiegel«).

Nasriden, arab. Dynastie, herrschte 1231 bis 1492 in Granada.

Nasrin, Taslima, *1962 (?), Schriftstellerin aus Bangladesh. Ärztin; krit., u. a. in ihrem Buch »Laija« (1993), den Umgang der muslim. Männergesellschaft mit den Frauen und die starren Verhaltensregeln der Islamisten; emigrierte, von muslim. Fundamentalisten mit dem Tod bedroht, 1994 nach Schweden.

Nation

Nassau, seit dem 11. Jh. im Unterlahngebiet bezeugtes Grafengeschlecht, seit 1160 nach der um 1125 erbauten Burg Nassau (Rhein-Lahn-Kreis) ben. 1255 wurde die Gft. Nassau zw. Otto I. († 1289/90), der das Gebiet nördlich der Lahn mit Siegen und Dillenburg erhielt, und Walram II. († um 1276), an den die südl. Gebiete mit Wiesbaden, Idstein und Weilburg fielen, geteilt. Die *otton. Linie* teilte sich 1303 in die Linien Hadamar (ältere Linie bis 1394) Siegen und Dillenburg; letztere fiel an Siegen, nach erneuter Teilung entstanden N.-Dillenburg und N.-Beilstein (ältere Linie bis 1561); Wilhelm I. von N.-Dillenburg begründete das Haus Oranien-Nassau, das den niederl. Thron innehat (seit 1815). 1890 erlosch die otton. Hauptlinie im Mannesstamm. – Aus der *walram. Linie* stammten der Röm. König Adolf von N. (⚭ 1292–98) und im 14./15. Jh. vier Mainzer Erzbischöfe; sie starb 1912 im Mannesstamm aus. – 1806 wurde Nassau zu einem unteilbaren Hzgt. erklärt; 1866/68 wurde es als Prov. Hessen-Nassau Preußen angeschlossen.

Nassau, 1) Stadt und Luftkurort an der unteren Lahn, Rheinl.-Pf., 4600 E. Schloß der Frhr. vom Stein (17.–19. Jh.). **2)** [engl. 'næsɔ:], Hauptstadt der Bahamas, an der NO-Küste von New Providence Island, 135 400 E. Teil der University of the West Indies, Handels- und Bankenzentrum; Hafen, internat. ✈.

Nasser, Gamal Abd-el (Abd an-Nasir, Gamal), * Bani Murr (Gouvernement Asjut) 15. 1. 1918, † Kairo 28. 9. 1970, ägypt. Offizier und Politiker. 1952 maßgeblich beteiligt am Sturz König Faruks I.; danach Oberbefehlshaber der Streitkräfte; seit April 1954 Min.-Präs. seit Nov. 1954 auch Staats-Präs. (1956 durch Wahl bestätigt); stand 1958–61 an der Spitze der ↑Vereinigten Arabischen Republik. Innenpolitisch festigte N. seine Position durch die Proklamation eines arab. Sozialismus mit dem Ziel einer Bodenreform, der Industrialisierung und dem Bau des Assuan-Staudammes. Die Verstaatlichung des Suezkanals 1956 und der erfolgreiche Widerstand gegen die frz.-brit.-israel. Intervention sicherten ihm eine führende Stellung innerhalb der arab. Welt. N. galt neben Nehru und Tito als Wortführer der blockfreien Staaten.

Nassersee ↑Assuan.

Nastie [griech.], Krümmungsbewegung von Pflanzenorganen, ausgelöst durch einen Reiz, z. B. Hapto-N. (durch Berührungsreiz), Photo-N. (durch Lichtreiz).

Natal, 1) [brasilian. na'tal], Hauptstadt des brasilian. Gliedstaates Rio Grande do Norte, an der Küste, 512 200 E. Univ.; Textilindustrie, Salzgewinnung, Zuckerfabriken, Verarbeitung von Häuten und Fellen. – Gegr. 1597 von den Portugiesen; internat. ✈. **2)** ↑Kwazulu/Natal.

Nathan, Prophet Israels zur Zeit Davids, v. a. bekannt durch seine Verheißung des Königtums an David (*N. weissagung;* 2. Sam. 7).

Nathans, Daniel [engl. 'neɪθənz], * Wilmington (Del.) 30. 10. 1928, amerikan. Mikrobiologe. Grundlegende Arbeiten zur Molekulargenetik; 1978 (zus. mit W. Arber und H. O. Smith) Nobelpreis für Physiologie oder Medizin.

Nation [lat.], polit. Gemeinschaft bzw. soziale Großgruppe, die durch die Gemeinsamkeit von Abstammung, Wohngebiet, Sprache, Religion, Welt- und Gesellschaftsvorstellungen, Rechts- und Staatsordnung, Kultur und Geschichte gekennzeichnet ist. Entscheidend ist, daß die Angehörigen einer N. von deren Anders- und Besonderssein im Vergleich zu allen anderen N. überzeugt sind. – Seit dem 18. Jh. entwickelte sich die N. zu einem Kernbegriff des polit. Denkens. Die westeurop. (frz.) Auffassung begreift seitdem N. als eine historisch geformte Willensgemeinschaft, die in der Einheit des Staatswesens hervortritt *(Staatsnation).* Die dt. Denker der klass. und romant. Epoche (J. G. Herder, J. G. Fichte) betonten angesichts der staatl. Zersplitterung Deutschlands im frühen 19. Jh. die volkhaft-kulturelle, vorstaatl. N. *(Kulturnation).* Das *Nationalstaatsprinzip* beruht auf der Verbindung der Idee mit den seit der Frz. Revolution lebendig gebliebenen Grundsätzen der Volkssouveränität und Selbstbestimmung: Der Staat ist nicht mehr das Ergebnis einer Territorialpolitik, sondern er wird nur durch die in ihm sich organisierende N. legitimiert *(Nationalstaat).* Dieses Prinzip ist seit dem frühen 19. Jh. ein wirkungsvolles polit. Postulat, das als

Gamal Abd el-Nasser

Taslima Nasrin

National Aeronautics and Space Administration

Rechtfertigung für die Gründung neuer Staaten diente (z. B. Deutschland, Italien, Wiederherstellung Polens). Mit der Ausbildung der modernen N., die ihren Ursprung im Bürgertum hat, jedoch alle Schichten integriert, gewann auch das Bewußtsein, einer polit. und sozialen Gemeinschaft anzugehören, die eine staatlich organisierte N. bildet oder bilden will *(Nationalbewußtsein),* an Bedeutung; es findet sich verstärkt im ↑Nationalismus.

National Aeronautics and Space Administration [engl. 'næʃənəl ɛərə'nɔ:tɪks ənd 'speɪs ədmɪnɪs'treɪʃən »nat. Raumfahrt- und Weltraumbehörde«], Abk. **NASA**, zivile nat. Luft- und Raumfahrtbehörde der USA, gegr. 1958, Sitz Washington.

National Broadcasting Company [engl. 'næʃənəl 'brɔ:dka:stɪŋ 'kʌmpənɪ »nat. Rundfunkgesellschaft«], Abk. **NBC**, private Rundfunkgesellschaft in den USA auf kommerzieller Basis; gegr. 1926 in New York.

Nationale Front der DDR, 1949 gegr. (bis 1973 unter der Bez. *Nationale Front des Demokratischen Deutschland*), bis 1989 bestehender [Aktions]zusammenschluß aller polit. Parteien und Massenorganisationen der ehemaligen DDR unter Führung der SED; koordinierte das Parteiensystem, bereitete u. a. Wahlen ideologisch vor und stellte die Listen der Wahlkandidaten auf.

Nationales Olympisches Komitee. Emblem des Nationalen Olympischen Komitees für Deutschland

Nationales Olympisches Komitee, Abk. **NOK,** nat. Organisation der einzelnen Staaten zur Förderung des olymp. Gedankens und zur Vorbereitung der Olymp. Spiele.

Nationale Volksarmee, Abk. **NVA**, Bez. für die Streitkräfte der ehemaligen DDR; 1956 aus den Verbänden der seit 1952 bestehenden *Kasernierten Volkspolizei* (KVP) und der seit 1950 getarnt aufgebauten See- und Luftstreitkräfte aufgestellt. Die NVA unterstand dem Oberbefehl des Warschauer Pakts. Mit dem Beitritt der DDR zur BR Deutschland wurde die NVA der Bundeswehr eingegliedert.

Nationalgarde, 1) (frz. Garde nationale) in Frankreich 1789–1871 (mit Unterbrechungen) im Bedarfsfall aufgebotene Bürgerwehr.

2) (engl. National Guard) den Gouverneuren der einzelnen Staaten in den USA unterstehende Miliz, die bei inneren Unruhen vom Präs. eingesetzt werden kann; seit 1933 eine Reserve der regulären Streitkräfte.

Nationalhymnen, im Gefolge der Frz. Revolution seit der 1. Hälfte des 19. Jh. sich ausbreitende patriot. Gesänge, die bei feierl. polit. und sportl. Anlässen gespielt werden bzw. zum Protokoll gehören.

Nationalismus [lat.], auf den Begriff der ↑Nation und den souveränen Nationalstaat als zentrale Werte bezogene Ideologie. Nationalbewußtsein und N. sind geeignet, soziale Großgruppen zu integrieren und sie durch nat. Identifikation gegen die andersstaatl. Umwelt abzugrenzen. Als polit. Ideologie gewann der N. seit der Frz. Revolution durch die Verbindung mit den demokrat. Ideen der Selbstbestimmung und der Volkssouveränität überragende Bedeutung. Der nach außen wie nach innen militant auftretende aggressive Nationalismus, der die eigene Nation als höchsten Wert setzt (↑Chauvinismus) und damit die Existenz anderer Nationen bedroht, trat bes. vor und nach dem 1. Weltkrieg hervor.

Nationalität [lat.-frz.], im innerstaatl. Recht svw. Volks- bzw. Staatszugehörigkeit; im Völkerrecht Bez. für eine ethn. Minderheit innerhalb eines Staates.

Nationalitätenstaat (Vielvölkerstaat), Staat, dessen Bevölkerung ethnisch nicht homogen ist, z. B. das ehem. Österreich-Ungarn, die frühere Sowjetunion. – Ggs.: Nationalstaat.

Nationalkirche, eine kirchenrechtlich selbständige (autokephale) Kirche, die eine Nation im staatl. oder ethn. Sinn umfaßt oder von ihr als N. anerkannt wird, z. B. die orth. Kirchen des Ostens (oriental. Nationalkirchen).

Nationalkomitee Freies Deutschland, führende Organisation der während des 2. Weltkrieges in der UdSSR entstandenen Bewegung »Freies Deutschland«, gegr. mit sowjet. Unterstützung 1943 in Krasnogorsk bei Moskau von dt. Kriegsgefangenen und kommunist. Emigranten mit dem Ziel, durch Sturz des Hitlerregimes den Krieg zu beenden. Der ↑Bund Deutscher Offiziere arbeitete mit dem N. F. D. eng zusammen; im Nov. 1945 aufgelöst.

Nationalsozialismus

Nationalkonvent, 1) Verfassunggebende Versammlung (20. 9. 1792 bis 26. 10. 1795) in der Frz. Revolution; proklamierte (22. 9. 1792) die Frz. Republik.
2) in den USA Bez. für den alle vier Jahre stattfindenden Kongreß der Parteien, dessen Delegierte den Präsidentschaftskandidaten und seinen Stellvertreter wählen und das Wahlprogramm verabschieden.

Nationalliberale Partei, 1867 gebildete rechtsliberale Partei v. a. des gebildeten und besitzenden Bürgertums; unterstützte Bismarcks Politik bis 1879 und galt als »Reichsgründungspartei«; unter J. Miquel Regierungspartei.

Nationalökonomie, svw. ↑Volkswirtschaftslehre.

Nationalpark, Gebiet von nat. Bedeutung, das i. d. R. im Besitz des Staates ist und durch diesen finanziert und verwaltet wird; steht unter Naturschutz mit weitgehenden Nutzungsverboten, jedoch sind geeignete Erholungseinrichtungen zugelassen. In Deutschland gibt es die N. »Bayerischer Wald« (1970), »Berchtesgaden« (1978), Schleswig-Holstein. Wattenmeer (1985), Niedersächs. Wattenmeer (1986), Hamburg. Wattenmeer (1990), Sächs. Schweiz (1990), Hochharz (Sa.-Anh., 1990), Jasmund (Meckl.-Vorp., 1990), Müritz-N. (Meckl.-Vorp., 1990), Vorpommersche Boddenlandschaft (1990), Oberharz (Ndsachs., 1994), Unteres Odertal (Brandenburg, 1995 beschlossen).

Nationalrat, 1. in *Österreich* 1. Kammer der Legislative; 2. in der *Schweiz* die 1. Kammer der Bundesversammlung; 3. unkorrekte Bezeichnung für die Mgl. der entsprechenden parlamentar. Gremien.

Nationalsozialismus, nach dem 1. Weltkrieg in Deutschland aufgekommene völkisch-antisemitisch-national-revolutionäre Bewegung, die sich 1920 als sog. ↑Nationalsozialistische Deutsche Arbeiterpartei (NSDAP) organisierte und unter der Führung von A. Hitler in Deutschland eine Diktatur errichtete (1933–45). In der Ideologie des N. flossen geistige und soziale Strömungen zusammen, die, z. T. gemeineuropäisch, z. T. in dt. Sonderentwicklung begründet, bereits während des Übergangs zur modernen industriellen Massengesellschaft im dt. Kaiserreich und in der Donaumonarchie verbreitet waren: aggressiver Nationalismus, der eine Weltmachtstellung für ein Mitteleuropa beherrschendes Deutschland forderte; Bestrebungen, die Nation durch innere soziale Versöhnung des dt. Volkes über die Klassengegensätze hinweg unter Ablehnung des internat. »marxist.« Sozialismus zur Machtpolitik nach außen zu befähigen; auf fragwürdigen Volkstums- und Rassentheorien gründende antisemit. Feindbilder, die bei sozial verunsicherten kleinbürgerl. und bäuerl. Bevölkerungsgruppen polit. Rückhalt fanden. Die tiefgreifenden Erschütterungen, die der 1. Weltkrieg bewirkte, verliehen diesem zunächst noch wenig zielgerichteten Ideenkonglomerat in der ungefestigten, durch Umsturz, wirtschaftl. Not, Versailler »Friedensdiktat« und mangelnde demokrat. Erfahrung und Substanz vorbelasteten Republik erhebl. Sprengwirkung. In den »Sündenböcken« KPD und SPD hatte man konkrete Feindgestalten. Bes. der Antisemitismus bot ein Erklärungsmuster für Niederlage und Umsturz, das von Gruppen, die den alten Machteliten nahestanden (Alldeutsche, DNVP) oder sozialen Abstieg befürchteten, propagandistisch gezielt verbreitet wurde. Sie behaupteten, daß hinter den Geschehnissen das Weltmachtstreben »des« Judentums mit seinen Werkzeugen im Ausland und im Inland wirke, v. a. in den marxist. Parteien, aber auch im »internat. Kapitalismus«.

Nationalsozialismus. Reichsparteitag der NSDAP 1935 in Nürnberg

Nationalsozialismus

Eine der auf diesem Boden emporwuchernden Protestgruppen war die Nationalsozialist. Dt. Arbeiterpartei. Ihr 25-Punkte-Programm vom 24. 2. 1920 war ein Querschnitt durch den »antikapitalist.« Teil des völk. Ideengemenges mit einem Akzent auf den Interessen des unteren Mittelstandes, aus dem der Großteil der ersten Anhänger stammte. In der Grundposition, daß sich das dt. Volk gegen den konzentrierten Angriff des Judentums wehren und zu neuer, seinem Elitecharakter angemessener Großmachtstärke aufsteigen müsse, besaßen Hitler und die Propaganda des N. ein auf ein eingängiges Freund-Feind-Muster reduziertes polit. Erklärungsmodell und Fernziel. Hitler wollte die Willenskräfte und die irrationale Tatbereitschaft der Massen dazu schüren, eines Tages gewaltsam die Träger der 1918 offen über Deutschland hereingebrochenen »Judenherrschaft« (den inneren Feind) zu beseitigen und dadurch mit Hilfe des zu gewinnenden Militärs, der Bürokratie und der Wirtschaft den Weg freizumachen für eine »Regierung der Macht und Autorität«. Ihr Zugriff würde eine den Klassenkampf beendende »Volksgemeinschaft« schaffen, die Energie der geeinten Nation nach außen wenden und durch psycholog., wirtschaftl. und militär. Rüstung das tragfähige Fundament legen für die Erlangung außenpolit. Handlungsfreiheit, die Durchsetzung und Absicherung der Weltmachtstellung Deutschlands, v. a. durch die Gewinnung von »Lebensraum« in Osteuropa und dessen Germanisierung. Der Anspruch der NSDAP, eine »Volkspartei« zu sein, war insgesamt nicht unzutreffend. Das Hauptreservoir lag im alten und neuen Mittelstand; die 1928 einsetzende Agrarkrise hatte erhöhte Resonanz des N. unter der ländl. Bevölkerung zur Folge; der Anteil der Arbeiter unter den Mgl. stieg nach 1930 auf bis zu 30% an.

Die Ernennung Hitlers zum Reichskanzler am 30. 1. 1933 leitete den 18monatigen Prozeß der nat.-soz. »Machtergreifung« ein (↑deutsche Geschichte). Gestützt auf die weitgehende Loyalität von Bürokratie und Militär geschah der Machtwechsel durch die Eroberung machtpolitisch entscheidend wichtiger Positionen (Eindringen der Gauleiter in die regionalen staatl. Führungsämter, Geheime Staatspolizei), durch die zwangsweise, z. T. offen terrorist. Ausschaltung polit. Gegner und ihrer Organisationen (Einrichtung von KZ), durch die Beseitigung rechtsstaatl. Sicherungen und die Gleichschaltung und Lähmung politischer und gesellschaftlicher Institutionen (Parlamente, Länder, Presse, Berufsverbände, Kirchen) sowie durch die Einschüchterung potentiellen Widerstands, mit dem Ergebnis, daß nach Hindenburgs Tod und der Vereinigung von Reichspräsidenten- und Kanzleramt im Führer der NSDAP am 2. 8. 1934 die Führung von Staat und Partei in der Hand eines Mannes lag. Es entstand jedoch kein klares Verhältnis und keine eindeutige Aufgabenverteilung zw. staatl. und Parteiinstanzen auf den Ebenen unterhalb Hitlers. Auch nach dem Abschluß der Machtergreifungsphase rangen daher mehrere Instanzen im Spannungsfeld von Parteidienststellen und Staatsapparat miteinander, Fraktionen innerhalb derselben Organisation (auch in dem zunehmend mächtiger werdenden Abwehr- und »Überwachungsorden« SS) befehdeten einander und führten im Konkurrieren um die Gunst der obersten Entscheidungsinstanz oft erst die Radikalisierung von Maßnahmen herbei.

Den Anspruch auf die Überwindung des überkommenen Wirtschafts- und Sozialsystems hat der N. nie aufgegeben. In den Jahren der nat.-soz. Herrschaft zeichneten sich neue Wege des Aufstiegs und der Elitebildung weitgehend unabhängig von sozialer Herkunft und materieller Lage ab und ließen Deutschland trotz geistiger und polit. Unfreiheit für viele als eine sozial offenere Gesellschaft als zuvor erscheinen. Die relative Stabilität des Systems und die Gefolgschaft, die es bis weit in den 2. Weltkrieg hinein fand, beruhten darauf, daß es ihm auch gelang, sich Zustimmung aus allen sozialen Schichten zu sichern. Darin bestand auch eine der Hauptschwierigkeiten, vor denen die Widerstandsbewegung gegen das Regime stand. Für den sozialen Wandel der dt. Gesellschaft waren die mit der Aufrüstungspolitik eingeschlagenen Modernisierungstendenzen erheblich wirksamer als die in die vorindustrielle Welt zurückschauenden sozial- und agrarromant., großstadtfeindl. Vorstellungen (»Blut und Boden«), die in der Propaganda, in der Kulturpolitik und in der Tätigkeit verschiedener NS-Organisationen überwogen.

Zum Nachkriegsprogramm der Mächte der Anti-Hitler-Koalition wie auch der dt. Widerstandsbewegung gehörte die Forderung nach Beseitigung aller nat.-soz. Organisationen und des nat.-soz. Geistes als Voraussetzung für die Entstehung eines demokrat. Staatswesens in Deutschland (↑Entnazifizierung).

Nationalsozialistische Deutsche Arbeiterpartei, Abk. **NSDAP,** von 1919/20 bis 1945 bestehende nationalistisch-antisemitische Partei. Sie war am 5. 1. 1919 als *Deutsche Arbeiterpartei* gegründet worden, wurde einer größeren Öffentlichkeit aber erst nach der Gewinnung des berufslosen Gefreiten A. Hitler (Sept. 1919) bekannt. Am 24. 2. 1920 gab die in NSDAP umbenannte Partei ihr vom Gründer A. Drexler und Hitler zusammengestelltes 25-Punkte-Programm bekannt (↑Nationalsozialismus). Hitler wurde im Juli 1921 Vors. der Partei. – Nach einem Putschversuch (8./9. 11. 1923) aufgelöst, organisierte sich die am 27. 2. 1925 neu ins Leben gerufene NSDAP sogleich auf Reichsebene, die offizielle Untergliederung beschränkte sich (bis zur zusätzl. Einführung von Kreisen, Zellen und Blocks 1932) auf Reichsleitung (München), Gaue (1925 bis 1937 zw. 30 und 36, nach Eingliederung weiterer Territorien in das Reich bis zu 43) und Ortsgruppen. 1926 wurde als Jugendabteilung der nat.-soz. Kampfverbände der Bund dt. Arbeiterjugend, die spätere Hitlerjugend, gegründet. In den folgenden Jahren blieben die polit. Erfolge der NSDAP beschränkt (Reichstagswahl 20. 5. 1928: 0,8 Mio. Stimmen, 2,6%, 12 Abg.). Die Phase des Neuaufbaus und der langsamen Stabilisierung dauerte bis 1929 und ging dann unter Auswirkungen der weltwirtschaftl. polit. und sozialen Krise über in die Phase des Massenzustroms, der die Partei und ihren Führer seit der Reichstagswahl vom 14. 9. 1930 (6,4 Mio. Stimmen, 18,3%, 107 Abg.) trotz innerparteil. Krisen zu einem erstrangigen polit. Machtfaktor werden ließ (Reichstagswahl vom 31. 7. 1932: 13,7 Mio. Stimmen, 37,3%, 230 Abg.). Die Zahl der Partei-Mgl. stieg von 27 000 (Ende 1925) über 150 000 (Sept. 1929) auf 1,4 Mio. (Jan. 1933). Von den tatsächl. Mgl. am 1. 1. 1935 waren 5,2% vor dem 14. 9. 1930, weitere 28,8% vor dem 30. 1. 1933 eingetreten. 1945 hatte die NSDAP rd. 8,5 Mio. Mitglieder. Nach der bedingungslosen Kapitulation und der militär. Besetzung Deutschlands wurde die NSDAP mit allen Gliederungen auf Grund des Gesetzes Nr. 2 des Alliierten Kontrollrats vom 10. 10. 1945 aufgelöst und verboten.

Nationalstaat ↑Nation.

Nationalversammlung, die zur Beratung oder Beschlußfassung der Grundfragen einer Nation und ihres staatl. Gemeinwesens, v. a. der Verfassunggebung, gewählte Volksvertretung.

Nativismus [lat.], **1)** *Ethnologie, Religionssoziologie:* Bez. für das betonte Festhalten an oder das Wiederbeleben von bestimmten Elementen der eigenen Kultur infolge ihrer Bedrohung durch eine überlegene Fremdkultur.
2) *Psychologie:* Theorie, nach der bestimmte Vorstellungen (z. B. über Raum, Zeit) angeboren sind.

NATO, Abk. für engl. **N**orth **A**tlantic **T**reaty **O**rganization, Nordatlantikpakt (auch Nordatlantische Allianz), am 4. 4. 1949 von Belgien, Dänemark, Frankreich, Großbrit., Island, Italien, Kanada, Luxemburg, den Niederlanden, Norwegen, Portugal und den USA abgeschlossener Beistandsvertrag zur gemeinsamen Verteidigung. Vor dem Hintergrund des nach 1945 verschärften Ost-West-Konflikts (Berlin-Blockade) sollte der Pakt der als Bedrohung empfundenen militär. Präsenz der Sowjetunion in Europa ein Gegengewicht entgegensetzen. Im Febr. 1952 traten Griechenland und die Türkei, am 5. 5. 1955 die BR Deutschland, im Mai 1982 Spanien bei. 1966 zog sich Frankreich aus der integrierten Militärstruktur zurück, blieb jedoch Mgl. der Allianz; 1974–80 zog sich Griechenland aus der integrierten Militärstruktur zurück.

Die Signatarmächte verpflichteten sich zum gegenseitigen militär. Beistand; allerdings entscheidet jedes Land autonom, mit welchen Mitteln es seiner Beistandspflicht nachkommt. Jeder bewaffnete Fremdangriff gegen einen Mgl.-

NATO
Flagge

Natorp

Paul Natorp

Giulio Natta

staat, gegen dessen in Europa stationierte Truppen sowie gegen die einer der Parteien unterstehenden Inseln, Streitkräfte, Schiffe und Flugplätze im Mittelmeer oder Nordatlantik nördlich des nördl. Wendekreises gilt als Bündnisfall. Auch nach inzwischen eingeleiteter Entspannung der Ost-West-Beziehungen durch die SALT-Abkommen, nach den Verhandlungen über beiderseitige Truppenreduzierung (MBFR) und der Konferenz über Sicherheit und Zusammenarbeit in Europa (KSZE, heute OSZE) stützt sich die Verteidigungskonzeption der NATO auf das atomare Abschreckungspotential und die militär. Präsenz der USA in Europa. Mit den durch M. Gorbatschow ausgelösten Veränderungen in der UdSSR und in O-Europa begann ab 1989 ein Umdenken, das zum Angebot zur Kooperation (»Partnerschaft für den Frieden«, 1994) v. a. an die Staaten des ehem. Warschauer Paktes führte. 1993 übernahm die NATO gemäß dem UN-Auftrag zur Durchsetzung des Flugverbotes über Bosnien und Herzegowina die Aufsicht über den bosn. Luftraum und trat damit den ersten Kampfeinsatz seit ihrem Bestehen an; die 1995 aufgestellte internat. Friedenstruppe in Bosnien und Herzegowina (IFOR) stand unter Führung der NATO.

Oberstes Organ ist der Nordatlantikrat (NATO-Rat), in dem alle Mgl.länder vertreten sind. Er tritt unter Vorsitz des Generalsekretärs auf Botschafterebene oder als Min.treffen zu Konsultationen über polit. Entscheidungen der Allianz zusammen. Oberste militär. Instanz ist der Militärausschuß, dem die Stabschefs der an der militär. Struktur beteiligten Länder (für die BR Deutschland der Generalinspekteur der Bundeswehr) angehören; ihm untersteht der Internat. Militärstab (IMS). Das Bündnisgebiet ist in zwei Kommandobereiche eingeteilt mit je einem alliierten Oberbefehlshaber: Europa (SACEUR mit Hauptquartier SHAPE in Casteau [Belgien]) und Atlantik (SACLANT, Norfolk, USA). Die Streitkräfte der Mgl.staaten sind teils der NATO bereits unterstellt (dem operativen Oberbefehl eines NATO-Befehlshabers zugeteilt), teils für die NATO vorgesehen, teils verbleiben sie unter nat. Oberbefehl.

Natorp, Paul, *Düsseldorf 24. 1. 1854, †Marburg 17. 8. 1924, dt. Philosoph. Einer der Hauptvertreter des ↑Neukantianismus.

Natrium [ägypt.-arab.], chem. Element, Symbol **Na**, der I. Hauptgruppe des Periodensystems; Ordnungszahl 11; relative Atommasse 22,9898; Dichte 0,97 g/cm^3; Schmelztemperatur 97,81 °C; Siedetemperatur 882,9 °C; sehr weiches, sehr reaktionsfähiges Alkalimetall, an der Luft selbstentzündlich (Aufbewahrung in Petroleum), bildet einwertige Verbindungen, verbrennt mit typ. gelber Flamme. Mit Wasser reagiert N. sehr heftig unter Bildung von Natronlauge (↑Natriumhydroxid) und Wasserstoff. Natürl. Vorkommen v. a. in Form von Silicaten, als Chlorid (im Stein- und Meersalz), als Carbonat (↑Soda), Nitrat und Sulfat. Technisch wird N. durch Schmelzflußelektrolyse von N.chlorid oder N.hydroxid gewonnen.

Natriumcarbonat, svw. ↑Soda.

Natriumchlorid, NaCl, das Natriumsalz der Salzsäure; farblose oder weiße, in Würfeln kristallisierende, gut wasserlösliche Substanz, die in der Natur im Meerwasser und als Hauptbestandteil des Steinsalzes vorkommt. ↑Kochsalz.

Natriumdampflampe ↑Metalldampflampen.

Natriumhydrogencarbonat (Natron, Natriumbicarbonat, doppelt kohlensaures Natron), NaHCO$_3$, das Mononatriumsalz der Kohlensäure; spaltet unter Säureeinwirkung Kohlendioxid ab; verwendet zum Abstumpfen von Säuren, als Zusatz zu Back- und Brausepulvern.

Natriumhydroxid (Ätznatron), NaOH, eine weiße, hygroskop. Verbindung, die sich in Wasser unter starker Wärmeentwicklung löst und die stark bas., ätzende *Natronlauge* bildet.

Natriumhypochlorit, Salz der hypochlorigen Säure (↑Chlorsauerstoffsäuren), dessen wäßrige, stark oxidierend wirkende Lösung *(Natronbleichlauge)* als Bleich- und Desinfektionsmittel benutzt wird.

Natriumnitrat (Natronsalpeter), das Natriumsalz der Salpetersäure; farblose, sehr hygroskop. Verbindung; als Düngemittel, in der Glas- und Email-Ind. sowie bei der Sprengstoffherstellung verwendet.

naturidentische Aromastoffe

Natriumsilicate, in der Natur als Bestandteile der Feldspäte auftretende Salze der Kieselsäure.

Natron, svw. ↑Natriumhydrogencarbonat.

Natron, Lake [engl. 'leɪk 'neɪtrən], abflußloser Salzsee im Ostafrikan. Graben, Tansania, 270 km^2; Natronvorkommen; zahlr. Flamingos.

Natronbleichlauge ↑Natriumhypochlorit.

Natronkalk, Gemisch aus Natriumhydroxid und Calciumoxid, das der Absorption von Kohlendioxid aus Gasen dient.

Natronlauge ↑Natriumhydroxid.

Natronsalpeter, svw. ↑Natriumnitrat.

Natta, Giulio, *Imperia 26. 2. 1903, †Bergamo 2. 5. 1979, italien. Chemiker. Mit Hilfe der Ziegler-Natta-Katalysatoren gelang ihm durch stereospezif. Polymerisation die Herstellung von isotakt. Polymeren (bei ihnen sind sämtl. Seitenketten regelmäßig und in einer Ebene verteilt). 1963 erhielt er hierfür gemeinsam mit K. Ziegler den Nobelpreis für Chemie.

Nattern (Colubridae), mit mehreren hundert Arten weltweit verbreitete, artenreichste Fam. meist schlanker, ziemlich langschwänziger Schlangen in fast allen Biotopen; ungiftige, z. T. auch giftige (Trugnattern) Reptilien mit meist deutlich vom Hals abgesetztem Kopf und weit dehnbarem Maul.

Natternkopf (Natterkopf), Gatt. der Rauhblattgewächse mit ufg. 40 Arten in M-Europa bis Vorderasien; Kräuter oder Sträucher mit meist blauen, violetten oder roten Blüten in Ähren.

Natternzunge (Natterzunge, Natterfarn), Gatt. der Natternzungengewächse mit fast 50 epiphyt. und terrestr. Arten in den wärmeren südl. und nördl. Gebieten der Erde; ausdauernde, blaßgrüne Farne; einheim. ist die *Gemeine Natternzunge.*

Natur [lat.], allg. der Teil der Welt, dessen Zustandekommen und gesetzmäßige Erscheinungsform unabhängig von Eingriffen des Menschen sind bzw. gedacht werden können. – In der bildungs- und umgangssprachl. Verwendung von »Natur« und Redewesien wie »N. des Menschen«, »N. der Sache« wird an antike Unterscheidungen (N. als Wesen) angeknüpft, die in christl. Traditionen von Philosophie und Theologie festgehalten wurden.

Naturalismus [lat.], **1)** *bildende Kunst* ↑Realismus.

2) *Literatur:* Strömung (etwa 1870 bis 1900), in der die genaue und ganzheitl. Beschreibung der Natur als sinnlich erfahrbare Erscheinung zum ästhet. Prinzip erhoben wird. Orientiert an den Erkenntnissen der Natur-Wiss. sowie v. a. an der Milieutheorie H. Taines wurden v. a. im frz. Gesellschaftsroman (E. und J. Goncourt; E. Zola, »Die Rougon-Macquart«, 20teiliger Romanzyklus 1871–93) in genauen Detailbeschreibungen gesellschaftlich tabuisierte Themen sowie die schwächsten, verelendeten Schichten dargestellt; neben Zola, der mit seiner Ästhetik (»Der Experimentalroman«, 1880) zum Programmatiker des N. wurde, stehen G. de Maupassant (Novellen) und Henry François Becque (*1837, †1899; Dramen); im psychol. Roman gab die russ. Literatur Impulse (F. Dostojewski, L. Tolstoi), im Drama die skandinav. Literatur (H. Ibsen, A. Strindberg). Zentren des dt. N. waren Berlin (Friedrichshagener Dichterkreis, H. und J. Hart u. a.) und München. Von bes. Bedeutung ist das dramat. Werk G. Hauptmanns (u. a. »Die Weber«, 1892; »Der Biberpelz«, 1893); A. Holz und J. Schlaf, M. Halbe und Hermann Sudermann (*1857, †1928) sind als weitere Vertreter des dt. naturalist. Dramas zu nennen.

3) *Philosophie:* Sammel-Bez. für Positionen, in denen Geltungsansprüche auf sog. natürl. Entstehungsbedingungen oder natürl. Einsichten gestützt werden.

Naturallohn (Sachlohn), Arbeitsentgelt, das in Sachgütern (oder Dienstleistungen) besteht.

Naturfasern, Sammel-Bez. für alle Fasern natürl. Herkunft wie *tier. N.* (z. B. Seide, Wolle), *pflanzl. N.* (Baumwolle, Flachsfasern, Sisal) und *mineral. N.* (Asbest).

Naturheilkunde, Heilkunde, die eine Behandlung möglichst nur mit diätet. und physikal. Mitteln vertritt, bes. Wert auf naturgem. Lebensweise legt und auf Arzneimittel (weitgehend) verzichtet.

naturidentische Aromastoffe, Bez. für künstl. hergestellte Aromastoffe, die den natürl. Ausgangsstoffen chemisch gleich sind, z. B. Menthol, Eukalyptol.

Natternkopf. Gemeiner Natternkopf (Höhe bis 1 m)

Natternzunge. Gemeine Natternzunge (Höhe 10 bis 30 cm)

Naturismus

Naturismus [lat.], svw. †Freikörperkultur.

Naturkautschuk, aus dem Milchsaft (Latex) des Parakautschukbaums (Hevea brasiliensis) gewonnenes elastomeres Produkt. Der durch Anschneiden der Rinde gewonnene Latex besteht aus einer wäßrigen Dispersion von Polyisopren, das durch Hitze oder Säure zum Gerinnen gebracht wird (Rohkautschuk). Die Isopreneinheiten sind in 1,4-Stellung miteinander verknüpft. Roher N. ist eine plast. Masse, die durch Vulkanisation in Gummi überführt wird. Durch Chlorieren oder Sulfonieren erhält man weitere N.produkte, die zu Klebstoffen, Lackrohstoffen oder Verpackungsfolien verarbeitet werden.

Naturkonstanten, in den mathemat. Formulierungen der physikal. Naturgesetze auftretende Konstanten.

natürliche Person, von der Rechtsordnung als rechtsfähig anerkannte Einzelperson im Ggs. zur jurist. Person.

natürliche Zahlen, Bez. für die positiven ganzen Zahlen 1, 2, 3, 4, ...; meist wird auch die Null dazugerechnet.

Naturpark, in sich geschlossener, größerer Landschaftsbereich, der sich durch natürl. Eigenart, Schönheit und Erholungswert auszeichnet und in seinem gegenwärtigen Zustand erhalten werden soll. Als noch einigermaßen intakte Naturräume und bestimmende Faktoren für Klima, Wasserhaushalt und Landeskultur stehen N. unter gesetzl. Schutz.

Naturphilosophie, philosoph. Disziplin, deren Gegenstand die Natur und die Bedingungen sind, unter denen Natur erkannt wird.

Naturrecht, das im Wesen bzw. der Vernunft des Menschen begründete und daher unwandelbare Recht, das als höchstrangige Rechtsquelle zur Legitimierung des positiven Rechts dient. – Die Überlegungen zum N. begannen in der ion. *Naturphilosophie,* die die Natur als urspr., absolut und normsetzend dem menschl. Gesetz gegenüberstellt, dessen Gültigkeit auf bloßer Konvention beruhe. Die *Stoa* unterscheidet das für den gesamten Kosmos absolut gültige ewige Weltgesetz und das auf der vernünftigen Natur des Menschen beruhende N., das den Beurteilungsmaßstab für das konventionelle Recht bildet. – Das (christl.) MA setzt an die Stelle des unpersönl. Weltgesetzes den Schöpfergott als Urheber der Weltordnung. Das N. wird als Reflex des Schöpfungsplans im Bewußtsein des Menschen betrachtet. Aus der Übereinstimmung von N. und positivem Recht ergibt sich dessen Verbindlichkeit. Im *Nominalismus* erscheint erstmals (Wilhelm von Ockham) die Dreiheit der »natürl. Rechte«: Leben, Freiheit, Eigentum, die bei J. Locke als säkularisierter N.begriff zum Zentralstück der frühbürgerl. Staatstheorie wird. Die vom Nominalismus beeinflußte Entscheidung zugunsten des voluntaristisch orientierten N. führt unter dem Einfluß der Reformation und des Deismus zu einer Lösung des N. vom ewigen Weltgesetz. – Die *Aufklärung* greift den vernunftorientierten N.begriff erneut auf, emanzipiert ihn jedoch von der Theologie, wobei sich gleichzeitig der Naturbegriff der Stoa in den Gesetzesbegriff der neuzeitl. Natur-Wiss. verwandelt. Man versucht (v. a. C. Thomasius, C. Wolff), ein alle Rechtsgebiete umfassendes System von absolut gültigen Gesetzen abzuleiten. Erst die Betonung der Relativität auch des N. durch Montesquieu führt zu einer histor. Betrachtungsweise, die in der histor. Schule den Rechtspositivismus einleitet, der das N. weitgehend ablöst. Jedoch führten die Erfahrung des Faschismus und die Unfähigkeit des Rechtspositivismus, dem legalen Unrecht entgegenzutreten, nach dem 2. Weltkrieg zur Wiederaufnahme der naturrechtl. Diskussion, die allerdings keine wirkliche Wiederbelebung der N.lehre brachte.

Naturreligionen, Begriff, der die Glaubensvorstellungen der »Naturvölker« bezeichnet; auch Religionen, in denen die Naturerscheinungen religiös verehrt werden.

Naturschutz, Gesamtheit der Maßnahmen zur Erhaltung und Pflege von Natur- oder naturnahen Kulturlandschaften und Naturdenkmälern, auch von seltenen und in ihrem Bestand gefährdeten Pflanzen und Tierarten sowie deren Lebensräumen und ihr Schutz vor Zivilisationsschäden. Wichtigste N.maßnahmen sind: Einrichtung und Erhaltung von N.gebieten, Landschaftsschutzgebieten und Naturparks, Schutz und Pflege von Naturdenkmälern sowie der Artenschutz. Eigentümer, Besitzer oder Nutzungsberechtigte haben Schutz- und Erhaltungsmaßnahmen zu dulden und sind an auferlegte Nutzungsbeschränkungen gebunden. Nach Umfang des Schutzes unterscheidet man: 1. *Vollnaturschutzgebiete:* Eingriffe und Nutzungen sind nur zur Erhaltung des natürl. Zustandes erlaubt, das Betreten ist verboten; 2. *Teilnaturschutzgebiete:* Gebiete mit speziellen Schutzzielen und den dazu notwendigen Nutzungsbeschränkungen (z. B. Nationalparks); hierzu gehören auch Pflanzenschutzgebiete und Tierschutzgebiete (z. B. Vogelschutzgebiete); 3. *Landschaftsschutzgebiete:* naturnahe Flächen, die zur Erhaltung ihrer ökolog. Vielfalt sowie eines ausgeglichenen Naturhaushaltes und ihres Erholungswertes gegen Veränderungen (Abholzung, Aufforstung, Überbauung, Industrialisierung) geschützt werden (↑Umweltschutz). – Gesetzliche Grundlage ist das (Bundes-)Gesetz über N. und Landschaftspflege von 1987 (Rahmengesetz); die Einhaltung der gesetzl. N.bestimmungen wird durch N.behörden der Länder und private Naturschutzverbände überwacht.

Naturstoffe, technisch verwertbare Rohstoffe, des Pflanzen-, Tier- und Mineralreichs; z. B. Harze, Elfenbein, Gesteine, Mineralien.

Naturwissenschaft, Oberbegriff für die einzelnen Wiss., die sich mit der systemat. Erforschung der Natur (bzw. eines Teils von ihr) und dem Erkennen der für sie geltenden Naturgesetze befassen. Man trennt die N. auch heute noch vielfach in die physikal. und mathemat. erfaßbaren *exakten* N. (u. a. Physik, Chemie, Astronomie, Geologie sowie ihre verschiedenen Teildisziplinen) und in die *biolog.* N. (u. a. Biologie, Anthropologie, Physiologie, Genetik, Molekularbiologie, Ökologie). Hauptaufgaben der N. sind Ergründung, Beschreibung und Erklärung von Erscheinungen und Vorgängen in der Natur sowie (als *angewandte* N.) auch die prakt. Nutzanwendung der Erkenntnisse z. B. für die Landwirtschaft oder die Medizin. Die Methoden der N. bzw. naturwiss. Forschung sind neben dem ↑Experiment die Verallgemeinerung von Beobachtungen an einzelnen Experimenten.

Naumann, Friedrich, *Störmthal bei Leipzig 25. 3. 1860, † Travemünde 24. 8. 1919, dt. Politiker. Pfarrer; gründete als parteiähnl. Gruppe den letztlich erfolglos für ein soziales und demokrat. Kaisertum eintretenden *Nationalsozialen Verein* (1896; 1903 aufgelöst). 1895 Gründung der Zeitschrift »Die Hilfe«; 1907–12 und 1913–18 MdR (bis 1910 für die Freisinnige Vereinigung, danach für die Fortschrittl. Volkspartei); 1919 in die Weimarer Nat.versammlung gewählt. 1919 Vors. der neugebildeten DDP.

Naumburger Meister, dt. Bildhauer des 13. Jh. Benannt nach den Bildwerken am Westchor (Stifterfiguren) und Westlettner (Passionsszenen) des Naumburger Doms (um 1250). – *Weitere Werke:* Westlettner des Mainzer Doms (vor 1239, fragmentarisch erhalten), Bassenheimer Reiter (um 1240).

Naumburg/Saale, Kreisstadt an der Mündung der Unstrut in die Saale, Sa.-Anh., 29 600 E. Neben dem Dom (begonnen vor 1213, doppelchörige Basilika, mit bed. Plastik des ↑Naumburger Meisters) sind bed. die spätgot. Stadtkirche Sankt Wenzel (v. a. 16. Jh.; mit Hildebrand-Orgel), das spätgotische

Naumburger Meister. Eckehard und Uta (um 1248; Naumburger Dom)

Naupaktos

Rathaus (16. Jh.) und das Marientor (1446). – Wurde zw. 1028/30 Sitz des Bistums Zeitz.

Naupaktos (neugriech. Navpaktos, italien. ↑Lepanto), griech. Hafenstadt am Golf von Korinth, 9000 E. – Spielte seit dem 4. Jh. v. Chr. eine wichtige Rolle im Ätol. Bund.

Nauplion (neugriechisch Navplion), griech. Stadt auf der Peloponnes, 10 600 E. Hauptort des Verw.-Geb. Argolis; Hafen. Sophienkirche (um 1400); aus venezian. Zeit sind u. a. die Festung Palamidi, die Nikolaos- und die Spiridonkirche (1702) erhalten. – In der Antike *Nauplia;* 1829–34 Hauptstadt des befreiten Griechenland.

Nauplius [griech.], erstes Larvenstadium der Krebstiere; Kennzeichen: *Naupliusauge* (Mittelauge), ein einfaches, im allg. aus drei Pigmentbecherzellen zusammengesetztes Auge.

Nauru

Staatsflagge

Staatswappen

Nauru

Fläche:	21 km²
Einwohner:	10 000
Hauptstadt:	Yaren
Amtssprachen:	Englisch, Nauruisch
National-	
feiertag:	31. 1.
Währung:	1 Austral. Dollar ($A) = 100 Cents (c)
Zeitzone:	MEZ + 10 Std.

Nauru, Staat im westl. Pazifik. Die Insel N. liegt rd. 3000 km nö. von Australien.
Staat und Recht: Parlamentar. Republik im Commonwealth; *Verfassung* von 1968. *Staatsoberhaupt* und oberster Inhaber der *Exekutivgewalt* ist der aus dem Parlament gewählte Staatspräsident. *Legislative* ist der Gesetzgebende Rat (18 Mgl. für 3 Jahre gewählt).
Landesnatur: N. ist eine von Riffen gesäumte Koralleninsel, bestehend aus einem von mächtigen Phosphatablagerungen (Guano) bedeckten, maximal 65 m hohen Plateau. N. hat trop. Klima.
Bevölkerung: Die christl. Bewohner sind eine Mischrasse aus Polynesiern, Mikronesiern und Melanesiern.
Wirtschaft, Verkehr: Phosphatabbau ist der einzige Wirtschaftszweig. Einnahmen fließen N. auch durch den Briefmarkenverkauf zu. Eine Küstenstraße führt rund um die Insel. Die 5,2 km lange Eisenbahnlinie dient ausschließlich dem Phosphattransport. N. besitzt keinen Tiefwasserhafen. ✈.
Geschichte: 1798 entdeckt. 1888 von Deutschland annektiert, 1914 von Australien besetzt; 1919 Völkerbundsmandat (C-Mandat) und der gemeinsamen Verwaltung von Großbrit., Neuseeland und Australien unterstellt, 1943 von Japan besetzt, ab 1947 UN-Treuhandgebiet unter der früheren Verwaltung, seit 31. 1. 1968 unabhängig.

Nautik [griech.], Schiffahrtskunde; die zur Schiffahrt gehörenden Wissensgebiete, insbes. die Navigation sowie die Schiffsführung betreffenden Bereiche.
nautische Meile, svw. ↑Seemeile.
Navajo [span. naˈβaxo, engl. ˈnævəhəʊ] (Navaho), Indianerstamm in Arizona, New Mexico und Utah, USA, der als einziger in großem Umfang Viehzucht von den Europäern übernommen hat. Bed. Kunsthandwerk. Ihre Sprache, Navajo (Schriftsprache mit reicher Literatur), gehört zum südl. Zweig des Athapaskischen.
Navarino, Seeschlacht von N., ↑Pilos.
Navarra [span. naˈβarra], span. Region an der span.-frz. Grenze, 10 421 km², 512 700 E, Hauptstadt Pamplona; umfaßt Teile der Pyrenäen, des Bask. Berglandes und greift im S auf das Ebrobekken über.

Geschichte: 711 von den Arabern besetzt; wurde 905 bask. Kgr.; 1484 übernahm das Haus Albret die Herrschaft; 1512 eroberte Ferdinand II. von Aragonien N. südl. der Pyrenäen, das nördl. N. gelangte 1589 an Frankreich. 1982 eigenes Autonomiestatut.
Navigation [lat.], i. w. S. das Führen eines Wasser-, Luft- oder Raumfahrzeugs von einem Ausgangsort auf bestimmten Wege zu einem Zielort, einschließl. der dazu erforderl. Meß- und Rechenvorgänge. I. e. S. die Planung und Überwa-

Neapel

chung der Fahrzeugbewegung in möglichst optimaler Weise.
Navigationsakte, Bez. für engl. Gesetze, die zur Förderung der nat. Schifffahrt erlassen worden sind. Die 1651 bis 1849/50 gültige, gegen die Niederlande gerichtete N. bestimmte, daß ausländ. Waren nur auf engl. Schiffen oder Schiffen des Ursprungslandes nach England eingeführt werden durften.
Naxçıvan [naxtʃa'an] (Nachitschewan), autonome Republik im Hochland von Armenien, zu Aserbaidschan gehörend, aber Exklave im Gebiet Armeniens, 5500 km², 306 000 E (rund 95% Aserbaidschaner), Hauptstadt Naxçıvan. 75% des Gebietes liegen in Höhen von 1000 bis 3900 m ü. M.; Kontinentalklima.
Naxos, 1) älteste griech. Siedlung auf Sizilien, 735 v. Chr. von Chalkis aus unterhalb des heutigen Taormina gegr.; 403 v. Chr. durch Dionysios I. zerstört. **2)** mit 428 km² größte Insel der Kykladen, Griechenland, bis 1004 m hoch, Hauptort Naxos. – Errang um 550 v. Chr. eine bed. Machtstellung in der Ägäis; 490 von den Persern erobert und verwüstet; diente in röm. Kaiserzeit als Verbannungsort.
Nayarit, Staat im westl. Mexiko, am Pazifik, 27621 km², 795 000 E, Hauptstadt Tepic.
Nazarener, Beiname Jesu (»von Nazareth«) und gelegentlich seiner Anhänger.
Nazarener, Spottname für die Künstler des nach dem Vorbild mittelalterl. Bruderschaften gegr. »Lukasbundes« mit dem Ziel der Wiedererweckung altdt. und italien. Renaissancemalerei (1809 in Wien, 1810 in Rom): J. F. Overbeck, F. Pforr sowie später P. von Cornelius, W. Schadow, J. Schnorr von Carolsfeld. Fresken in der Casa Bartholdy (1816–18; heute Berlin, Museumsinsel) und im Casino Massimo, Rom (1818 bis 1829).
Nazareth, Stadt in N-Israel, 47100 E. Als Vaterstadt Jesu, Wohnort seiner Eltern und Ort seiner Kindheit hl. Stätte des Christentums; die 1957 gegr. israel. Siedlung *Nazerat Illit* (20 000 E) liegt auf den Höhen unmittelbar östlich. Terra-Sancta-Museum; zahlr. Kirchen, Klöster und kirchl. Anstalten. Handelszentrum und Wallfahrtsort, Verkündigungskirche (20. Jh.) an der Stelle zweier Vorgängerbauten.
Nazca [span. 'naska], peruan. Stadt am Río Nazca, 14 000 E. Archäolog. Museum. – Die nach N. ben. städt. *Nazcakultur* breitete sich in den Tälern des Río Nazca, des Río Ica und des Río Pisco aus; folgte um 200 n. Chr. der Paracaskultur; mehrfarbige Tongefäße; gehämmerter Goldschmuck; auf dem steinübersäten Wüstenboden Bilder von 18 Kondoren (bis 122 m ⌀) sowie kilometerlange Liniensysteme.
Nb, chem. Symbol für ↑Niob.
NBC [engl. 'enbi:'si:], Abk. für ↑National Broadcasting Company.
n. Chr., Abk. für nach Christus (Christi Geburt).
Nd, chem. Symbol für ↑Neodym.
N'Djamena [frz. ndʒame'na] (früher Fort-Lamy), Hauptstadt der Republik Tschad, am Schari, 594 000 E. Univ., Nationalmuseum. Wichtigste Ind.-Stadt des Landes; Verkehrsknotenpunkt, internat. ✈.
Ndola, Prov.-Hauptstadt in Sambia, im SO des Kupfergürtels, 418 100 E. Jährl. internat. Handelsmesse; u. a. Kupfer- und Kobalthütte, Erdölraffinerie; internat. ✈.
Ne, chem. Symbol für ↑Neon.
Neandertal [ben. nach dem ref. Theologen Joachim Neander, *1650, †1680], Teil des Düsseltals, sw. von Mettmann, NRW. Zahlr. Höhlen wurden durch Steinbruchbetrieb zerstört, u. a. die *Feldhofer Grotte,* Fundort (1856) des Neandertalers.
Neandertaler ↑Mensch.
Neapel, 1) (italien. Napoli) italien. Stadt am Golf von N., 1,2 Mio. E. Hauptstadt der Region Kampanien und der Prov. Napoli; Univ. (gegr. 1224), Handelshochschule, Meerwasseraquarium, Erdbebenwarte, Musikhochschule; Archäolog. Nationalmuseum u. a. Museen, Theater. Eisen- und Stahl-Ind., Raffinerien, Werften; Hafen; ✈.
Stadtbild: Dom San Gennaro (v. a. 13. Jh.) u. a. bed. Kirchen wie San Gennaro extra moenia (z. T. 5. Jh.; mehrfach umgebaut), San Lorenzo Maggiore (um 1270–1330; barockisiert), San Martino (14. Jh., heute Museum). Auf einer Insel liegt Castel dell' Ovo (12., 13., v. a. 16. Jh.). Castel Nuovo war königl. Resi-

Nazca. Bemaltes Baumwollgewebe; Ausschnitt (München, Staatliches Museum für Völkerkunde)

Neapel Stadtwappen

neapolitanische Schule

denz bis zum Bau des Palazzo Reale (1600 begonnen, v. a. 19. Jh.; jetzt Bibliothek und Museum). Im Park von Capodimonte Schloß (18./19. Jh.).
Geschichte: Ging aus einer im 8./7. Jh. von Griechen gegr. Kolonie und einer benachbarten Neugründung des 5. Jh. v. Chr. (*Neapolis* »Neustadt«) hervor; 326 v. Chr. Bündnis mit Rom; 553 byzantin., 1139 normann.; seitdem teilte es die Geschicke des Kgr. Sizilien (bzw. Neapel).

2) ehem. Kgr., bestand aus Süditalien und (zeitweise) Sizilien. Die normann. Gft. Sizilien wurde 1130 unter Roger II. (⚭ 1101–54) Kgr.; kam durch Heirat des späteren Kaisers Heinrich VI. mit Rogers Erbtochter Konstanze 1194 an die Staufer und erlebte unter Friedrich II. eine hohe Blüte; unter der Herrschaft der Anjou (seit 1265) Verlust Siziliens (↑Sizilianische Vesper 1282) an Peter von Aragonien. 1442 wurden N. und Sizilien unter dem Haus Aragonien wieder vereinigt, ab 1458 aber von verschiedenen Linien regiert. 1495–1504 war N. frz., 1504–1713 unter span. Vizekönigen, kam dann an die österr. Habsburger (Sizilien 1720), 1735 an die span. Bourbonen. 1799 unter frz. Schutz Ausrufung der *Parthenopeischen Republik;* nach der frz. Herrschaft (1806–15) Kgr. beider Sizilien, 1861 Teil des neuen Kgr. Italien.

neapolitanische Schule, Komponisten, die, von Neapel ausgehend, im 17./18. Jh. die Geschichte der Oper maßgeblich bestimmten. Führende Gattung war zunächst die *Opera seria* mit ihrer festgefügten musikal. Abfolge von Rezitativ und Da-capo-Arie und der stets dreiteiligen Sinfonia als Ouvertüre. Wichtige Komponisten waren A. Scarlatti, N. Porpora, L. Vinci, F. Feo, L. Leo, J. A. Hasse, N. Jommelli und T. Traetta. Als zweite wichtige Gattung der n. S. entstand im 18. Jh. die *Opera buffa* (u. a. N. Piccinni, G. Paisiello, D. Cimarosa, G. P. Pergolesi).

Nebel, 1) Gerhard, *Dessau 26. 9. 1903, † Stuttgart 23. 9. 1974, dt. Schriftsteller. Schrieb v. a. dokumentar. Kriegstagebücher und Essays.
2) Rudolf, *Weißenburg i. Bay. 21. 3. 1894, † Düsseldorf 18. 9. 1978, dt. Ingenieur. Stellte 1930 sein erstes Raketentriebwerk vor; wichtige Vorarbeiten für die V-Waffen (»Nebelwerfer«).

Nebel, 1) *allg.:* ein Aerosol, das flüssige Schwebeteilchen (Tröpfchen) enthält; i. e. S. kondensierter Wasserdampf in bodennahen Luftschichten. In der Meteorologie wird von N. gesprochen, sobald die Sicht unter 1 km zurückgeht. N. entsteht, wenn sich feuchte Luft in Anwesenheit von Kondensationskernen unter den Taupunkt abkühlt. *Strahlungs-N.* tritt in klaren, windstillen Nächten auf als Folge starker Wärmeausstrahlung der Erdoberfläche bei wolkenlosem Himmel. Über feuchten Niederungen und über Seen ist er als flacher, dem Erdboden aufliegender *Boden-N.* zu beobachten. Durch Ausstrahlung an der Dunstobergrenze einer Inversion bildet sich *Hoch-N.* in Form einer Schichtwolke.
2) *Astronomie:* schwach leuchtende, nebelartig und verwaschen aussehende kosm. Objekte: offene Sternhaufen, Kugelsternhaufen, ellipt. und Spiral-N., interstellare Materie, Reflexions-, Gas- und Dunkel-N. oder Dunkelwolken.
Nebelhöhle ↑Höhlen (Übersicht).
Nebelhorn, Gipfel in den Allgäuer Alpen, bei Oberstdorf, 2224 m hoch.

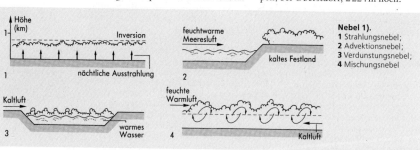

Nebel 1).
1 Strahlungsnebel;
2 Advektionsnebel;
3 Verdunstungsnebel;
4 Mischungsnebel

Nebraska

Nebelkammer (Wilson-Kammer), physikal. Gerät zur Sichtbarmachung der Bahnen ionisierender Teilchen. Die längs der Bahn eines Teilchens an den von ihm erzeugten Ionen sich bildenden Flüssigkeitströpfchen in übersättigten Dämpfen zeigen die Teilchenbahn kurzzeitig als dünnen, weißen Nebelstreifen. Befindet sich die N. im homogenen Magnetfeld, so lassen sich aus der Bahnkrümmung Impuls bzw. Energie und Vorzeichen der Ladung des Teilchens bestimmen. Heute von *Blasen-* und *Streamerkammern* verdrängt.

Nebenbeschäftigung (versicherungsfreie N.), die neben der eigtl. Berufstätigkeit ausgeübte, sozialversicherungsfreie Beschäftigung, wenn die jährl. Arbeitsdauer 50 Arbeitstage nicht überschreitet.

Nebenfolgen, Rechtsfolgen einer Straftat ohne ausdrückl. Strafcharakter, z. B. Verlust der Amtsfähigkeit, der Wählbarkeit und des Stimmrechts.

Nebenhoden, Teil der abführenden ♂ Geschlechtswege der Wirbeltiere. Aus dem Hoden treten die ausführenden (ableitenden) Samenkanälchen zum N. über, durchziehen ihn, vereinigen sich im *N.gang,* der als Speicher für die Spermien dient und in den Harn-Samen-Leiter bzw. Samenleiter überleitet.

Nebenklage, Beteiligung einer Privatperson (des *Nebenklägers,* mit den Rechten des Privatklägers) an einem öffentl. Strafverfahren neben dem Staatsanwalt.

Nebenniere, endokrines Organ der Wirbeltiere, das bei Säugetieren (einschließlich Mensch) kappenförmig jeder der beiden Nieren aufsitzt (ohne irgendwelche Beziehung zu diesen) und aus dem *N.mark* und der *N.rinde* besteht. Durch ihre Hormonproduktion ist die N. ein lebenswichtiges Organ. Die Zellen der Rinde produzieren die Nebennierenrindenhormone, das Gewebe des Marks Adrenalin und Noradrenalin.

Nebennierenrindenhormone (Kortikosteroide, Corticosteroide), die von der Nebennierenrinde erzeugten Hormongruppen, u. a.: 1. *Androgene* (↑Geschlechtshormone); 2. die *Glucokortikoide,* die v. a. den Kohlenhydrat-, Fett- und Eiweißstoffwechsel beeinflussen. Bei Streß nimmt die Glucokortikoidsekretion zu, wodurch der Blutzuckerspiegel als schnell verfügbarer Energielieferant angehoben wird. Die Glucokortikoide unterdrücken außerdem allerg. und entzündl. Reaktionen, vermindern die Antikörperbildung und in lymphat. Geweben auch die RNS-Synthese. Natürl. Glucokortikoide sind: Hydrokortison (Kortisol), Kortison und Kortikosteron; 3. die *Mineralokortikoide* mit überwiegender Wirkung auf die Elektrolytkonzentration und -zusammensetzung in den Körperflüssigkeiten; v. a. Aldosteron und Desoxykortikosteron.

Nebensatz (Gliedsatz), abhängiger Satz in einem Satzgefüge.

Nebenschilddrüse (Epithelkörperchen), aus Epithelknospen der Kiementaschen entstehende, kleine, gelblich bis bräunliche Drüsen der vierfüßigen Wirbeltiere (einschließl. Mensch); meist in ein oder zwei Paaren neben der Schilddrüse oder in deren randnahes Gewebe eingebettet; bei Säugetieren (einschließlich Mensch) Erzeugung des lebenswichtigen, den Calciumstoffwechsel regulierenden Parathormons. Eine häufige Erkrankung der N. ist die *N.-Überfunktion,* mit Kalkablagerungen in verschiedenen Organen und Geweben (bes. frühzeitig Nierensteine), Muskelschwäche, Bauchspeicheldrüsenentzündungen. Bei der *N.-Insuffizienz* besteht Mangel an Parathormon.

Nebenschluß (Shunt), einem elektr. Leiter (dem sog. *Hauptschluß*) parallelgeschalteter Leiterzweig; bei Strommeßgeräten zur Vergrößerung des Meßbereichs.

Nebenstrafen, strafrechtl. Sanktionen, die nicht allein, sondern nur neben Hauptstrafen verhängt werden können (z. B. das Fahrverbot in der BR Deutschland).

ne bis in idem [lat. »nicht zweimal gegen dasselbe«], lat. Maxime des Strafprozeßrechts im Verfassungsrang (Art. 103 Abs. 3 GG), nach der niemand wegen derselben Tat auf Grund der allg. Strafgesetze mehrmals verurteilt werden darf.

Nebraska [ne'braska, engl. ni'bræskə], Staat im westl. zentralen Teil der USA, 200 350 km², 1,6 Mio. E, Hauptstadt Lincoln.

Geschichte: Das Gebiet des heutigen N. wurde 1682 für Frankreich in Besitz genommen und kam als Teil von Loui-

Nebraska
Flagge

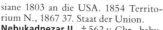
Nebukadnezar II.

Louis Eugène Félix Néel

siane 1803 an die USA. 1854 Territorium N., 1867 37. Staat der Union.
Nebukadnezar II., † 562 v. Chr., babylon. König (seit 605). Sohn Nabopolassars; schlug den ägypt. König Necho II. bei Karkemisch (an der Stelle des heutigen Djerablus, Syrien), unterwarf Syrien und Palästina, eroberte 597 Jerusalem, zerstörte es 587 und führte die Juden das Babylon. Exil; baute Babylon wieder auf und vollendete den Babylon. Turm.
Nechbet, ägypt. Göttin in Gestalt eines Geiers oder einer Frau mit Geierhaube, Schutzgöttin des oberägypt. Königtums.
Necho II., ägypt. König (610–595) der 26. Dynastie. Sohn Psammetichs I.; 605 Niederlage bei Karkemisch (heute Karkamış) gegen Nebukadnezar II.; Baubeginn des *Nechokanals* zw. Nil und Rotem Meer (heute Ismailijakanal), erste Umsegelung Afrikas.
Neckar, rechter Nebenfluß des Oberrheins, mündet in Mannheim, 367 km lang, z. T. kanalisiert.
Neckarsulm [...'zulm], große Kreisstadt im Kreis Heilbronn, am mittleren Neckar oberhalb der Sulmmündung, Bad.-Württ., 22 200 E. Automobilind., Werft. Spätgot. Deutschordensschloß (16. Jh.; heute Dt. Zweiradmuseum).

Jacques Necker

Necker, Jacques ['nɛkər, frz. nɛ'kɛ:r], * Genf 30. 9. 1732, † Coppet bei Genf 9. 4. 1804, frz. Politiker. Seit 1777 Generaldirektor der Finanzen; versuchte die zerrütteten Staatsfinanzen zu ordnen, wurde aber nach seiner berühmten Budgetveröffentlichung 1781 entlassen. 1788 zurückgerufen, erreichte er für das Bürgertum eine Verdoppelung der Vertretung des Dritten Standes in den Generalständen von 1789.
Neckermann, Josef, * Würzburg 5. 6. 1912, † Dreieich–Götzenhain 13. 1. 1992, dt. Unternehmer. Gründete 1948 die spätere Neckermann Versand AG, Frankfurt am Main (1984 in die Karstadt AG eingegliedert); als Dressurreiter u. a. 1964 und 1968 Mannschafts-Olympiasieger; 1967–89 Vors. der Stiftung Dt. Sporthilfe.
Nedjd [nɛdʒd; arab.] (Nedschd, Nadjd), die Landschaften Z-Arabiens, die mit der Hauptstadt Riad die Stammlande des wahhabit. Königreichs Saudi-Arabien bilden; etwa 1 000 m hoch.

Josef Neckermann

Nedjef ['nɛdʒef] (Nedschef, Najaf, Nadschaf), Stadt im Irak, am Rand der Syr. Wüste, 243 000 E. Die Moschee (wahrscheinlich Ende 10. Jh.) ist einer der bedeutendsten schiit. Wallfahrtsorte.
Néel, Louis Eugène Félix [frz. ne'ɛl], * Lyon 22. 12. 1904, frz. Physiker. Postulierte die Existenz des Antiferromagnetismus und erklärte den Ferromagnetismus und dessen Temperaturverhalten; Nobelpreis für Physik 1970 (zus. mit H. Alfvén).
Neffe, Sohn des Bruders oder der Schwester.
Negation [lat.], 1) *Sprachwissenschaft:* Verneinung einer Aussage; *negieren,* ablehnen, verneinen.
2) *Schaltkreistechnik:* Bezeichnung für das NICHT-Glied (↑Logikelemente).
negativ [lat.], verneinend, ablehnend; ungünstig, schlecht; nicht wünschenswert; in der *Mathematik* svw. kleiner als Null.
Negeri Sembilan, Gliedstaat Malaysias im SW der Halbinsel Malakka, 6 643 km², 618 000 E, Hauptstadt Seremban.
Negev, Wüste im S von Israel, umfaßt etwa 60 % des israel. Staatsgebietes; größtes städt. Zentrum ist Beer Sheva.
Negrelli, Alois, Ritter von Moldelbe, * Primör (heute Fiera di Primiero) 23. 1. 1799, † Wien 1. 10. 1858, österr. Ingenieur. Projektierte den schleusenlosen Suezkanal, der von F. de Lesseps verwirklicht wurde.
Negri, Pola, eigtl. Barbara Apolonia Chałupiec, * Lipno 3. 1. 1897, † San Antonio (Tex.) 1. 8. 1987, poln.-amerikan. Schauspielerin. Star der Ufa in Stummfilmen, u. a. »Die Augen der Mumie Ma« (1918); 1923 folgte sie E. Lubitsch nach Hollywood, wo sie der erste Star europ. Herkunft war.
Negride [lat.-span.] ↑Menschenrassen.
Négritude [frz. negri'tyd], kulturphilosoph. und literar. Bewegung in Afrika, die Mitte der 1930er Jahre von A. Césaire, L.-G. Damas und L. S. Senghor (als Studenten) in Paris initiiert wurde und v. a. mit der Forderung nach kultureller und polit. Eigenständigkeit der Länder Afrikas verbunden war.
Negro, Rio [brasilian. 'rriu 'negru] (im Oberlauf *Río Guainía*), linker Hauptzufluß des Amazonas, entspringt im ostkolumbian. Andenvorland, steht durch

den Río Casiquiare mit dem Orinoko in Verbindung, mündet unterhalb von Manaus, Brasilien, etwa 2000 km lang.
Negroponte ↑Euböa.
Negros, mit 12705 km² viertgrößte Insel der Philippinen, bis 2465 m hoch.
Negro Spiritual [engl. 'ni:grəʊ 'spɪrɪtjʊəl], geistl. Gesang der Afroamerikaner; in den USA die religiöse Folklore der schwarzen Bevölkerung. Während die formale und harmon. Struktur des N. S. deutl. Bezüge zur europ. geistl. und Volksmusik aufweist, ist sein Rhythmus sowie sein melod. Duktus durch spezif. afroamerikan. Elemente wie ↑Off-Beat und Blue notes (↑Blues) geprägt. Die Texte der N. S. enthalten häufig Anspielungen auf die soziale Situation der Negersklaven im 18. und 19. Jh. Das N. S. wurde urspr. einstimmig mit rhythm. Akzentuierung durch Fußstampfen und Händeklatschen gesungen.
Nehemia (Nehemias), Gestalt des AT; 445–425 Statthalter der pers. Prov. Juda; erstrebte eine polit. und religiöse Neuordnung. Über seine Amtszeit berichtet das *Buch N.* (am Ende des chronist. Geschichtswerks).
Neher, Erwin, *Landsberg/Lech 20. 3. 1944, dt. Physiker. Forschte mit B. Sakmann über zelluläre Ionenkanäle und die Messung kleinster Ströme in ihnen, wofür beide 1991 den Nobelpreis für Physiologie oder Medizin erhielten.
Nehm, Kay, *Flensburg 4. 5. 1941, dt. Jurist. Seit 1994 Generalbundesanwalt.
Nehru, Jawaharlal, gen. Pandit N., *Allahabad 14. 11. 1889, † Delhi 27. 5. 1964, ind. Politiker. Kämpfte ab 1916 mit Gandhi für die Unabhängigkeit Indiens; 1929–36 Präs. des Indian National Congress; ab 1947 Premier-Min.; vertrat innenpolitisch einen demokrat. Sozialismus, außenpolitisch Blockfreiheit und friedl. Koexistenz; einer der Wortführer der dritten Welt. Wegen der Grenzkonflikte mit China (1959 und 1962) und der ind. Niederlage 1962 scharf kritisiert.
Nehrung ↑Küste.
Neidhart von Reuental, mhd. Minnesänger aus der 1. Hälfte des 13. Jh. Hauptvertreter des nichthöf. Minneliedes; in seinen »Winterliedern« und »Sommerliedern« transponiert er, verbunden mit Zeit- und Ständesatire, den Minnesang in eine bäuerl. Umgebung.
Neigung, svw. ↑Gefälle.
Neill, Alexander Sutherland [engl. ni:l], *Forfar bei Dundee 17. 10. 1883, † Aldeburgh bei Ipswich 23. 9. 1973, brit. Pädagoge. 1924 gründete er die Internatsschule »Summerhill« (seit 1927 in Leiston [bei Ipswich]); entwickelte eine Form repressionsfreier (»antiautoritärer«) Erziehung.
Neiße ↑Glatzer Neiße, ↑Lausitzer Neiße.
Neisse (poln. Nysa), Stadt an der mittleren Glatzer Neiße, Polen, 45800 E. Bau von Industrieanlagen. 1945 zu 75% zerstört; wiederhergestellt sind u. a. die spätgot. Kollegiatskirche Sankt Jakob (1423 ff.) und die Stadtwaage im Renaissancestil (1604).
nekr..., Nekr... ↑nekro..., Nekro...
Nekrassow [russ. nɪ'krasɛf], **1)** Nikolai Alexejewitsch, *Nemirow (Gebiet Winniza) 10. 12. 1821, † Sankt Petersburg 8. 1. 1878, russ. Dichter. Mit volksliedhafter Lyrik, satir. Verserzählungen und dem unvollendeten Epos »Wer lebt glücklich in Rußland?« (1866–81) einer der bedeutendsten Vertreter der radikaltendenziösen russ. Dichtung.
2) Wiktor Platonowitsch, *Kiew 17. 6. 1911, † Paris 3. 9. 1987, russ. Schriftsteller. Bed. Erzähler (u. a. »In den Schützengräben von Stalingrad«, R., 1946; »Zu beiden Seiten der Mauer«, Prosa, dt. 1980), bes. bekannt wurde »Ein Mann kehrt zurück« (E., 1954); lebte ab 1974 im Exil in Paris.
nekro..., Nekro..., nekr..., Nekr... [griech.], Bestimmungswort von Zusammensetzungen mit der Bedeutung »tot, [ab]sterbend, Leiche«.
Nekrolog [griech.], biograph. Nachruf auf einen Verstorbenen.
Nekrophilie [griech.], i. w. S. Vorliebe für totes Material, auch für Vergangenes, Hinwendung zu Toten; i. e. S. Neigung zu geschlechtl. Verkehr mit Leichen als Folge schwerer sexueller Fehlentwicklung.
Nekropole [griech.], Gräberfeld, z. T. mit oberird. Bauten.
Nekrose [griech.] (Gewebstod), das Absterben von Gewebe; *nekrotisch,* abgestorben, brandig.
Nektar [griech.], pflanzl. Drüsensekret, das aus den meist in der Blüte liegenden

Erwin Neher

Jawaharlal Nehru

Nektarine

Nektarvögel. Königsnektarvogel

Nektarien (Honigdrüsen) ausgeschieden und blütenbesuchenden Insekten als »Lockspeise« geboten wird; wässerige Flüssigkeit mit hohem Gehalt an Trauben-, Frucht- und Rohrzucker sowie an verschiedenen organ. Säuren, Duft- und Mineralstoffen.

Nektarine [griech.] ↑Pfirsichbaum.

Nektarvögel (Honigsauger, Nectariniidae), Fam. etwa 10–25 cm großer, den Kolibris äußerlich ähnelnder Singvögel mit mehr als 100 Arten in der trop. Alten Welt; mit langem, dünnem, röhrenförmigem, meist abwärts gebogenem Schnabel und vorstreckbarer, an der Spitze zweiröhriger Zunge zur Aufnahme von Kerbtieren und Nektar.

Nekton [griech.], zusammenfassende Bez. für die im Wasser aktiv schwimmenden Lebewesen.

Nelke 1). Kartäusernelke

Nelke, 1) *Botanik:* (Dianthus) Gatt. der Nelkengewächse mit rd. 300 Arten, v. a. im Mittelmeergebiet, aber auch in anderen Erdteilen; fast ausschließl. Stauden; in Deutschland nur wenige Arten: u. a. *Alpen-N.,* 2–20 cm hoch, purpurrot blühend; *Kart[h]äuser-N.,* bis 60 cm hoch, Blüten blutrot; *Pfingst-N.,* bis 30 cm hoch, mit rosaroten Einzelblüten; *Pracht-N.,* 30–60 cm hoch, mit blaßlilafarbenen fransigen Blüten; *Heide-N.,* 15–30 cm hoch, purpurrote, innen weiß punktierte und dunkel gestreifte Blüten; *Stein-N.* (Wald-N.), 5–40 cm hoch, rosafarbene Blüten.
2) *Gewürz* ↑Gewürznelke.

Nelkengewächse (Caryophyllaceae), Pflanzen-Fam. mit rd. 2000 Arten, v. a. in der gemäßigten Zone der N-Hemisphäre.

Nelkenwurz, Gatt. der Rosengewächse mit mehr als 50 Arten, v. a. in der nördl. gemäßigten Zone; einheim. u. a. die gelbblühende *Echte N.* und die rötlichgelb blühende *Bachnelkenwurz.*

Nell-Breuning, Oswald von, *Trier 8. 3. 1890, † Frankfurt am Main 21. 8. 1991, dt. kath. Theologe und Soziologe. Jesuit; führender Vertreter der modernen kath. Soziallehre.

Nelson, Horatio Viscount (seit 1801) [engl. nelsn], *Burnham Thorpe bei Fakenham 29. 9. 1758, ⚔ bei Trafalgar 21. 10. 1805, brit. Admiral. In den Koalitionskriegen Oberbefehlshaber im Mittelmeer, vernichtete er 1798 die frz. Flotte bei Abukir; 1799 verhalf er – begleitet von seiner Geliebten Lady Emma Hamilton – dem von den Franzosen aus Neapel vertriebenen Ferdinand IV. zur Rückkehr. N. schlug 1805 die vereinigte frz.-span. Flotte bei Trafalgar.

Nematocera [griech./lat.], svw. ↑Mücken.

Nemeïscher Löwe ↑Herakles.

Nemesis, in der Antike bei den Griechen Begriff und vergöttlichte Personifikation des sittl. Rechtsgefühls.

NE-Metalle, Kurz-Bez. für **N**icht**e**isenmetalle (↑Metalle).

Nemeter, german. Volk, überschritt 71 v. Chr. mit dem Swebenkönig Ariovist den Rhein; Hauptort war das heutige Speyer.

Németh, László [ungar. 'nɛːmɛt], *Baia Mare 18. 4. 1901, † Budapest 3. 3. 1975, ungar. Schriftsteller. Schrieb außer zahlr. Essays (15 Bde., u. a. »Die Revolution der Qualität«, 1940) v. a. Romane, u. a. »Wie der Stein fällt« (1947).

NEMP [Abk. für **n**uklearer **e**lektro**m**agnet. **P**uls (kurz EMP, Abk. für **e**lektro**m**agnet. **P**uls)], kurzzeitig auftretende, äußerst starke elektr. Felder bei Kernwaffenexplosionen in oder über der Atmosphäre; gefährdet v. a. elektron. Geräte und Anlagen (z. B. Computer, Radaranlagen) sowie den Funkverkehr.

Nemrut dağı [türk. nɛmˈrut daːˈï], Berg im Äußeren Osttaurus, Türkei, 2300 m hoch, mit Steinpyramide, Grab- und Kultstätte des Herrschers Antiochos I.

Neoplasie

von Kommagene (um 69 bis nach 38 v. Chr.). Auf der O-Terrasse Reste von Kolossalstatuen.

Nenner ↑Bruch (Mathematik).

Nennform, svw. ↑Infinitiv.

Nennleistung, diejenige Leistung, für die eine Maschine oder ein Gerät ausgelegt ist; festgelegt durch *Nenngrößen* oder *-daten* wie Nennspannung, -strom, -drehzahl, -förderhöhe, -förderstrom.

Nennwert (Nennbetrag, Nominalwert, Nominal), der auf Münzen, Banknoten, Wertpapieren u. a. in Worten und/oder Zahlen angegebene Wert.

Nenzen (früher Samojeden), Volk in drei nat. Kreisen im N Rußlands.

neo..., Neo... [griech.], Bestimmungswort von Zusammensetzungen mit der Bedeutung »neu, jung, erneuert«.

neoafrikanische Literatur ↑schwarzafrikanische Literatur.

Neodym [griech.], chem. Element, Symbol Nd, aus der Reihe der Lanthanoide; Ordnungszahl 60; relative Atommasse 144,24; Schmelztemperatur 1021°C; Siedetemperatur 3068°C. N. kommt als Begleiter von Cer u. a. in Allanit und Monazit vor, Verwendung als Färbemittel für Email und Porzellan sowie als Dotierungsmaterial für N.-Laser.

Neofaschismus, i. e. S. von Anhängern des Faschismus getragene polit. Bewegung in Italien nach Mussolinis Sturz (*Movimento Sociale Italiano*); i. w. S. allg. Bez. für auch in anderen Ländern bestehende rechtsradikale Bewegungen, die in ihrer Zielsetzung und Ideologie an die Epoche des Faschismus bzw. des Nationalsozialismus *(Neonazismus)* anknüpfen.

Neoklassizismus (Neuklassizismus), Bez. für formalist. und historisierende Tendenzen in der Architektur des 20. Jh., v. a. kolossale Säulenordnungen.

Neokolonialismus, von marxist. Theoretikern geprägte Bez. für die Politik entwickelter Industrienationen, durch die die im Verlauf der Entkolonisation unabhängig gewordenen jungen Staaten Afrikas, Asiens und Lateinamerikas weiterhin wirtschaftlich, technisch und (indirekt) politisch abhängig gehalten würden.

Neoliberalismus, ökonom. Theorie, die eine Wirtschaftsordnung fordert, die durch die Steuerung der ökonom. Prozesse über den Markt, d. h. v. a. den freien Wettbewerb, gekennzeichnet ist. Aufgabe des Staates in einer solchen Wirtschaftsordnung ist die Schaffung bzw. Erhaltung der Rahmenbedingungen für diesen freien Wettbewerb.

Neolithikum [griech.] (Jüngere Steinzeit, Jungsteinzeit), jüngste Hauptperiode der Steinzeit. Die »archäolog.« Definition des N. durch geschliffene Steinwerkzeuge (bes. Beil, Axt, Keule), Keramik, Bogen, größere dörfl. Siedlungsgemeinschaften mit mehrjährig bewohnten Häusern wurde durch die »ökonom.« Definition überlagert (Beginn des N. mit Anbau von Kulturpflanzen und Haltung von Haustieren). In Afrika südl. der Sahara und in großen Teilen S-Asiens wird meistens von »später Steinzeit« (»Later Stone Age«) gesprochen, die dort unmittelbar in die Eisenzeit übergeht. – Die Anfänge des N. gehen bis ins 9. Jt. v. Chr. zurück. Älteste Zeugnisse stammen aus O-Kleinasien, N-Mesopotamien und der Levante. Bed. frühneolith. (Groß-) Siedlungen sind Çatal Hüyük und Jericho (Anfänge der Hochkultur). Für lokale Kulturen war bes. die Keramik typisch (z. B. bandkeram. Kultur, schnurkeram. Kultur, Trichterbecherkultur), daneben Steinwerkzeuge und Grabformen (Megalithkulturen).

Neon [griech.], chem. Element, Symbol Ne, der VIII. Hauptgruppe des Periodensystems; Ordnungszahl 10; relative Atommasse 20,179; Dichte (bei 0°C und Normaldruck) 0,8999 g/l; Schmelztemperatur -248,67°C, Siedetemperatur -246,048°C. Das Edelgas N. ist farb- und geruchlos und äußerst reaktionsträge; Füllgas für Gasentladungslampen und Leuchtröhren als Helium-N.-Gemisch für Gaslaser.

Neonazismus ↑Neofaschismus.

Neonfische (Neons), Name dreier sehr ähnlich gefärbter Arten bis 4 cm langer Salmler im Amazonas und Orinoko; Rücken grünlichbraun, von der leuchtend roten Bauchseite durch ein grünlichblaues Längsband getrennt: *Roter Neon* und *Falscher Neon,* beide mit völlig roter Bauchseite; ferner *Echter Neon,* nur die hintere Hälfte ist rot gefärbt; beliebte Warmwasseraquarienfische.

Neoplasie [griech.], die Gewebsneubildung.

Oswald von Nell-Breuning

Horatio Nelson

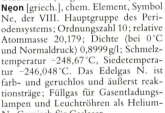

Neonfische. Roter Neonfisch (Länge bis 5 cm)

Neopositivismus

Neopositivịsmus (Neuposivitismus), hauptsächlich vom ↑Wiener Kreis ausgehende Richtung der *Erkenntnistheorie,* die v. a. Einflüsse der mathemat. Logik und theoret. Physik verarbeitete; in enger Verbindung zur analyt. Philosophie stehend.

Neorealịsmus (Neorealismo, Neoverismo), v. a. von E. Vittorini, C. Pavese, V. Pratolini, C. Levi vertretene Darstellungsweise der italien. Literatur (Einbeziehung von Umgangssprache und Dialekten) um die Mitte des 20. Jh., die sich unter dem Eindruck der Ereignisse der 1940er Jahre (Faschismus, Krieg, Partisanenkampf) v. a. auf die Konflikte der unterprivilegierten Schichten konzentrierte; der Neorealismus wurde v. a. auch produktiv für die Produktionen des italien. Films (R. Rossellini, V. De Sica, L. Visconti u. a.) der 1940er und 1950er Jahre.

neotropische Region ↑tiergeographische Regionen.

neotropisches Florenreich (Neotropis), Vegetationsgebiet der trop. und großer Teile der subtrop. Zonen der Neuen Welt; umfaßt M- und S-Amerika (mit Ausnahme der südl. Anden).

Neozọikum [griech.], svw. Erdneuzeit, ↑Geologie (Übersicht Erdzeitalter).

NEP, Abk. für **N**owaja **e**konomitscheskaja **p**olitika, ↑Neue Ökonomische Politik.

Nepal

Staatsflagge

Staatswappen

1970 1992 1970 1992
Bevölkerung Bruttosozialprodukt je E
(in Mio.) (in US-$)

20,6   170
11,2   92

Stadt ☐   Land ☐

12%
88%

Bevölkerungsverteilung 1992

■ Industrie
■ Landwirtschaft
■ Dienstleistung

18%   30%
52%

Bruttoinlandsprodukt 1992

Nepal

Fläche:	147 181 km²
Einwohner:	20,577 Mio.
Hauptstadt:	Katmandu
Amtssprache:	Nepali
Nationalfeiertag:	28. 12.
Währung:	1 Nepales. Rupie (NR) = 100 Paisa (P.)
Zeitzone:	MEZ + 4 Std.

Nepal, Staat in Asien, grenzt im N an China, im O, S und W an Indien.
Staat und Recht: Konstitutionelle Monarchie; *Verfassung* von 1990. *Staatsoberhaupt* ist der König, er bildet gemeinsam mit dem Kabinett die *Exekutive.* Als *Legislativorgan* fungiert ein Zweikammerparlament (Repräsentantenhaus, 205 Mgl., auf 5 Jahre gewählt; Nationalrat, 60 Mgl. auf 6 Jahre ernannt). *Parteien:* Nepales. Kongreßpartei (NCP), Vereinigte Nepales. Kommunist. Partei (UNCP) bzw. Vereinigte Marxist.-Leninist. Partei (UML).

Landesnatur: Im S hat N. Anteil an der Gangesebene, dann folgt die Siwalikkette, die zu einer Gebirgszone in 2 000–4 000 m Höhe überleitet; nach N schließt sich die stark vergletscherte Himalayahauptkette (mit Mount Everest, 8 842 m) an. N. steht unter dem Einfluß des sommerlichen SO-Monsuns und des trockenen winterlichen NW-Monsuns. Laubwälder, Bambusgehölze, Rhododendron und Nadelwälder bestimmen in der jeweiligen Höhenlage das Landschaftsbild. Die klimat. Schneegrenze liegt bei 5 000–5 800 m Höhe.

Bevölkerung: Rd. 73% gehören indonepalesischen und indischen Volksgruppen an, rd. 26% altnepalesischen Gruppen, der Rest sind tibetische Minderheiten. 90% sind Hindus.

Wirtschaft, Verkehr: Angebaut werden Reis, Weizen, Jute, Zuckerrohr und Tabak. Bis 4 000 m Höhe gedeihen Buchweizen, Kartoffeln und Gerste. Es werden Wasserbüffel, Schafe, Ziegen und Jaks gehalten. Nachgewiesene Bodenschätze wie Gold, Erze, Kohle und Schwefel werden noch nicht ausgebeutet. Eine zunehmend wichtige Rolle spielt der Fremdenverkehr. Nur im Grenzgebiet nach Indien gibt es Stichbahnen mit 54 km Länge. Das Straßennetz ist 5 925 km lang. Internat. ⚓ ist Katmandu.

Geschichte: Das 1482 in die Kgr. Katmandu, Patan und Bhaktapur geteilte Land wurde bis 1768 von den Gurkha erobert; Entmachtung der Herrscher zugunsten adliger Familien, v. a. der Rana. 1816 Freundschaftspakt mit Großbrit.; 1846 wurden die Rana Alleinherrscher mit erbl. Ministerpräsidentenamt (bis 1951). Die unter König Tribhuwan Bir Bikram Schah (

Nepal. Terrassenfeldbau in der Mittelgebirgszone

1911–55) und seinem Sohn, König Mahendra Bir Bikram Schah (⚭ 1955–72), vollzogenen konstitutionell-parlamentar. Reformen wurden 1961 weitgehend rückgängig gemacht. 1972 folgte Birendra Bir Bikram Schah seinem Vater auf dem Thron. Nach gewalttätigen Unruhen im Frühjahr 1990 stimmte König Birendra im Mai 1990 der Abschaffung des ständisch geprägten Panchayat-Systems und der Einführung eines Mehrparteiensystems zu. Am 9. 11. 1990 wurde die neue Verfassung verkündet, die ersten freien Parlamentswahlen vom Mai 1991 konnte die Nepales. Kongreßpartei gewinnen.

nephr..., Nephr... ↑nephro..., Nephro...

Nephritis [griech.], svw. Nierenentzündung (↑Nierenerkrankungen).

nephro..., Nephro..., nephr..., Nephr... [griech.], Bestimmungswort von Zusammensetzungen mit der Bedeutung »Niere(n)«.

Nephros [griech.] ↑Niere.

Nephthys, ägypt. Göttin (↑ägyptische Religion).

Nepos, Cornelius, *um 100, †um 25 v. Chr., röm. Geschichtsschreiber. Schrieb einen chronolog. Abriß der Weltgeschichte und 16 Bücher Lebensbeschreibungen röm. und griech. Persönlichkeiten.

Nepotismus [lat.], Bevorzugung der eigenen Verwandten (Nepoten) bei der Vergabe von Ämtern und Würden durch Machthaber.

Neptun, röm. Gott der Gewässer, mit dem griech. ↑Poseidon gleichgesetzt. Sein Fest (Neptunalia) gehörte zu den ältesten und populärsten des röm. Festkalenders.

Neptun [lat., nach dem röm. Gott], astronom. Zeichen ♆, der (von der Sonne aus gezählt) achte Planet des Sonnensystems (charakterist. Daten des N. ↑Planeten [Übersicht]). – Der Planet N. wurde im Jahre 1846 von Johann Gottfried Galle (*1812, †1910) entdeckt, nachdem seine Existenz auf Grund der Störung, die er auf die Bahn von Uranus ausübt, von Urbain Le Verrier (*1811, †1877) vorhergesagt worden war. Die von der Raumsonde Voyager 2 beim Vorbeiflug am N. im Juli 1989 gelieferten Aufnahmen erbrachten den Nachweis, daß N. neben Triton und Nereid über weitere sechs Monde sowie ein Ringsystem verfügt.

Neptunium [lat., nach dem Planeten Neptun], chem. Element, Symbol Np, radioaktives, metall., sehr reaktionsfähiges Actinoid; Ordnungszahl 93; Massenzahl des stabilsten bekanntesten Isotops 237,0482; Schmelztemperatur $640 \pm 1\,°C$; Siedetemperatur $3902\,°C$; Dichte $20,25\,g/cm^3$ (drei Modifikationen). Von den bisher bekannten 15 Isotopen besitzt Np 237 mit $2,14 \cdot 10^6$ Jahren die längste Halbwertszeit. N.

Neptuniumreihe

Neresheim.
Im Vordergrund die Benediktinerabtei mit der von Balthasar Neumann erbauten Klosterkirche

entsteht als Nebenprodukt bei der Plutoniumproduktion.
Neptuniumreihe ↑Zerfallsreihen.
Nereïden, Töchter des ↑Nereus.
Neresheim, Stadt auf der Schwäb. Alb, Bad.-Württ., 7000 E. Spätbarocke Abteikirche (1745–64). – Entstand unterhalb des 1095 gegr. Klosters.
Nereus, göttl. Meergreis der griech. Mythologie. Vater der fünfzig *Nereiden,* hilfreicher anmutiger Meerjungfrauen aus dem Gefolge des Poseidon.
Neri, Filippo, hl., * Florenz 21. 7. 1515, † Rom 26. 5. 1595, italien. kath. Theologe. Begründer der ↑Oratorianer. – Fest: 26. Mai.
Nerja, Cueva de [span. ku'eβa ðə 'nɛrxa] ↑Höhlen (Übersicht).
Nernst, Walther, * Briesen (heute Wąbrzeźno bei Thorn) 25. 6. 1864, † Gut Ober-Zibelle bei Bad Muskau 18. 11. 1941, dt. Physiker. Einer der Begründer der physikal. Chemie. Entdeckung des *Nernstschen Theorems* (3. Hauptsatz der Wärmelehre); Messung spezif. Wärmen bei tiefen Temperaturen; 1920 Nobelpreis für Chemie.
Nernst-Effekt [nach W. Nernst], Bez. für die Erscheinung, daß sich beim Durchgang eines elektr. Stromes durch einen in einem transversalen Magnetfeld befindl. Elektronenleiter in Stromrichtung ein Temperaturgefälle ausbildet.

Nero (Nero Claudius Drusus Germanicus Caesar), eigtl. Lucius Domitius Ahenobarbus, * Antium (heute Anzio) 15. 12. 37, † bei Rom 9. 6. 68, röm. Kaiser (seit 54). Sohn Agrippinas d. J., 50 von Claudius adoptiert, 53 ∞ mit dessen Tochter Octavia. Nach fünf Jahren maßvoller Regierung steigerte sich seine persönl. Zügellosigkeit zur Despotie: Ermordung der Mutter (59), Scheidung von Octavia und deren Ermordung (62), Schuld am Tod (65) seiner 2. Frau Poppäa Sabina, ab 64 öffentl. Auftreten als Sänger, Schauspieler und Wagenlenker. Der Brand von Rom (18./19. 7. 64) löste, von N. den Christen zur Last gelegt, um den wohl unbegründet gegen ihn gerichteten Verdacht abzulenken, die erste systemat. Christenverfolgung aus. Nach der Niederschlagung der »Pison. Verschwörung« führten Aufstände in Gallien und Spanien, der Abfall der Prätorianer und die Ächtung durch den Senat schließlich zu Absetzung und Selbstmord Neros.
Neruda [span. ne'ruða, tschech. 'nɛruda], **1)** Jan, * Prag 9. 7. 1834, † ebd. 22. 8. 1891, tschech. Schriftsteller. Bed. Feuilletonist; in seinen Novellen (»Kleinseiter Geschichten«, 1878) zeichnete er humorvolle Skizzen des Prager Milieus; auch Lyrik.
2) Pablo, eigtl. Neftalí Ricardo Reyes Basoalto, * Parral 12. 7. 1904, † San-

Nervensystem

tiago de Chile 23. 9. 1973, chilen. Lyriker. Im diplomat. Dienst; 1948–52 Emigration; 1970 Präsidentschaftskandidat der chilen. KP; 1971–73 Botschafter in Paris; soziale und polit. Lyrik in bildreicher Sprache und surrealist. Gestaltungsweise (Hauptwerk: »Der große Gesang. Canto general«, 1950); 1971 Nobelpreis für Literatur. – *Weitere Werke:* Aufenthalt auf Erden (1933), Elementare Oden (1954–57), Ich bekenne, ich habe gelebt (Autobiographie, hg. 1974).

Nerv ↑Nervenzelle.

Nerva, Marcus Cocceius, * Narnia (heute Narni bei Terni) 8. 11. 30, † Rom 25. 1. 98, röm. Kaiser (seit 96). Seine Adoption Trajans (97) eröffnet die Reihe der sog. ↑Adoptivkaiser.

nerval [lat.], das Nervensystem bzw. die Nerventätigkeit betreffend oder durch die Nervenfunktion bewirkt.

Nerval, Gérard de, eigtl. Gérard Labrunie, * Paris 22. 5. 1808, † ebd. 25. oder 26. 1. 1855 (Selbstmord), frz. Dichter. Schrieb, v. a. Lyrik. Die Sonette »Les chimères« (1854) zeigen den Romantiker N. als Vorläufer C. Baudelaires, S. Mallarmés und des Surrealismus.

Nervatur [lat.] (Aderung), die Aderung der Pflanzenblätter.

Nerven ↑Nervenfaser, ↑Nervenzelle.

Nervenentzündung (Neuritis), entzündl. Erkrankung eines oder mehrerer Gehirn- bzw. Körpernerven mit anatom. nachweisbaren Veränderungen des Nervengewebes; man unterscheidet *Mono-* (N. eines Nervs) bzw. *Polyneuritis* (Befall mehrerer Nerven).

Nervenfaser (Axon, Neurit) ↑Nervenzelle.

Nervengewebe, aus dem Ektoderm stammende Gewebe vielzelliger Tiere, das der Erregungsleitung und -verarbeitung dient und in Form des Nervensystems das Zusammenspiel der Teile des Körpers gewährleistet.

Nervengifte (Neurotoxine), chem. bzw. pharmakolog. Substanzen, die in bestimmter Dosierung eine in erster Linie am Nervensystem ansetzende giftige Wirkung entfalten, z. B. betäubende Mittel (Narkotika), Krampfgifte (Alkaloide). Als N. wirken auch die als sog. *Nervengase* oder *nervenschädigende Kampfstoffe* bekanntgewordenen Substanzen aus der Reihe der Phosphorsäureester.

Nervenknoten, svw. ↑Ganglion.

Nervenkrankheiten, Sammel-Bez. für alle Krankheiten des Nervensystems, i. w. S. auch für die sog. Geisteskrankheiten (↑Psychosen) sowie ↑Neurosen.

Nervenschmerz, svw. ↑Neuralgie.

Nervenschwäche, ↑Neurasthenie.

Nervensystem, Gesamtheit des Nervengewebes als Funktionseinheit, die in Zusammenarbeit mit ↑Rezeptoren und ↑Effektoren Reize aufnimmt, verarbeitet, teilweise speichert, koordiniert und beantwortet. In den Rezeptoren werden die aufgenommenen Signale in Erregungen (elektrische Potentiale) umgeformt und kodiert (Rhythmus elektr. Potentialänderungen). Besondere zuführende Nerven leiten die empfangenen Reize zu den zentralen Sammelstellen Gehirn und Rückenmark. Dort werden sie verarbeitet. Die Befehle dieser Zentren gelangen auf den ableitenden Nervenfasern zu den Organen der Körperperipherie, wo sie entsprechende Reaktionen auslösen.

Stammesgeschichtliche Entwicklung: Die urspr. Art der Nachrichtenübermittlung findet sich bei den *Einzellern,* wo die gesamte Körperoberfläche die Reize aus der Umwelt aufnimmt und das gesamte Plasma die Erregungsleitung übernimmt. Die nächste Höherentwicklung zeigt sich bei den *Strudelwürmern.* Hier konzentrieren sich die Nervenzellen in der Körpermitte entlang einer Längsachse. Mit der Herausbildung eines Kopfes mit seinen Sinnesorganen konzentrieren sich immer mehr Neuronen in diesem Gebiet. Bei den *Gliedertieren* befindet sich urspr. in jedem Körpersegment auf der Bauchseite ein Ganglienpaar. Durch die Längs- und Querverbindungen zw. diesen Ganglien kommt es zur Ausbildung eines sog. *Strickleiternervensystems. Die Gliederfüßer* schließlich haben neben dem Bauchmark in der Kopfregion noch ein Oberschlundganglion. Dieses »Gehirn« verarbeitet und koordiniert alle Erregungen, die von den Komplex- und Stirnaugen, den Fühlern und den anderen Sinnesorganen des Kopfs eintreffen. – Bei den *Weichtieren* sind die Nervenzellen auf wenige Ganglien konzentriert, die paarigen Fuß-, Wand-, Seiten- und Gehirnganglien.

Eine ganz andere Ausbildung hat das N. der *Wirbeltiere* einschließlich des *Men-*

Walther Nernst

Pablo Neruda

2363

Nervenzelle

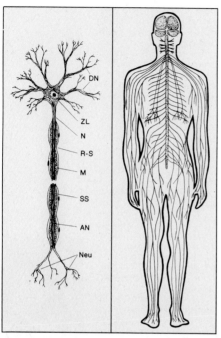

Nervensystem. Links: Nervenzelle; Neuron mit markhaltigem Neuriten (DN Dendriten mit Neurofibrillen, ZL Zelleib mit Kern, N Neurit, R – S Ranvier-Schnürring, M Markscheide, SS Schwann-Scheide, AN Achsenzylinder mit Neurofibrillen, Neu Neurodendrium) ● Rechts: zentralisiertes Nervensystem des Menschen (grau: Zentralnervensystem; schwarz: peripheres Nervensystem)

Nervenzelle (Neuron, Ganglienzelle), Bauelement des Nervengewebes. In den N. entstehen die nervösen Erregungen, die dann über einen unterschiedlich langen Fortsatz, die *Nervenfaser* (Axon, Neurit), weitergeleitet werden; diese ist von einer bes. Isolierschicht, der *Schwann-Scheide* umgeben. Die Nervenfaser verzweigt sich am Ende und bildet ↑Synapsen aus. Dort wird die Erregung zur nächsten Nervenzelle weitergegeben. Eine der zahlr. zuführenden Fortsätze *(Dendriten)* leitet die Erregung zum Zellkörper weiter.

Häufig schließen sich Nervenfasern zu parallel verlaufenden, oft von einer gemeinsamen Bindegewebshülle umschlossenen *Nervenbündeln (Nervensträngen)* zusammen, die dann als *Nerven* bezeichnet werden. Makroskopisch sichtbare Nerven bestehen wiederum aus einer verschieden großen Anzahl von Nervenfaserbündeln. Innerhalb des Zentralnervensystems bezeichnet man die Faserbündel als *Nervenbahnen.* Angehäuft zusammenliegende Nervenzellkörper bilden die Ganglien.

Die Fortleitung einer Erregung spielt sich in den Axonen ab. Sie beruht auf einer kurzfristigen elektr. Spannungsänderung der Zellmembran, die eine andauernde elektr. Spannung der Membran voraussetzt. – Der Erregungsvorgang besteht im wesentlichen aus einer vorübergehenden Änderung der an der Zellmembran liegenden Potentialdifferenz. Dabei erfolgt zuerst eine Spannungsabnahme, dann eine kurzfristige Umpolung der Membran. Ursache der Umpolung der Membran im Augenblick der Erregung ist eine plötzlich kurzfristige sehr viel stärkere Durchlässigkeit für Natriumionen, die nun stärker nach innen streben können als die Kaliumionen nach außen und so der Membraninnenseite ihre positive Ladung aufzwingen. Die Fortpflanzung des Aktionspotentials als Bedingung für die Weiterleitung des Nervenreizes erfolgt dadurch, daß das Aktionspotential die Spannungsabnahmewelle vor sich »herschiebt« und so für die eigene Weiterleitung sorgt.

schen erfahren. Bei ihnen konzentriert sich in der Embryonalentwicklung die Masse des Nervengewebes im Medullarrohr am Rücken, das dann im Kopfbereich das Gehirn, im Rumpfbereich das Rückenmark formt. Diesem Zentralnervensystem mit Nerven- und Gliazellen steht im übrigen Körper das periphere N. gegenüber. Neben willkürmotor. (Bewegungsnerven) und sensiblen Nerven und Ganglien enthält es ein spezielles vegetatives, ideotropes N. *(Eingeweidenervensystem),* das über Sympathikus und Parasympathikus die Funktion der Eingeweide steuert und kontrolliert.

Nervenzusammenbruch, umgangssprachl. Bez. für allg. nervale Erschöpfung; Versagenreaktion auf körperl., seel. oder geistige Überbeanspruchung.

Nesselsucht

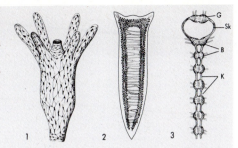

Nervensystem.
1 Nervennetz eines Süßwasserpolypen;
2 Nervensystem eines Strudelwurms mit Marksträngen;
3 Bauchganglienkette eines Ringelwurms (B Bauchganglien, G Gehirn, K Konnektive, Sk Schlundkonnektiv)

Nervi, Pier Luigi, * Sondrio 21. 6. 1891, † Rom 9. 1. 1979, italien. Architekt. Hervorragender Konstrukteur der Stahlbetonbauweise. – *Bauten:* Stadion von Florenz (1930–32), Flugzeughallen (Orbetello, 1936–40), Ausstellungshallen (Turin 1948, 1950 und 1961), UNESCO-Gebäude in Paris (1953–58, mit M. L. Breuer und B. Zehrfuß), Pirelli-Hochhaus in Mailand (1955–58, mit G. Ponti), Sportpaläste in Rom (1956/57 und 1960).

Nervier, bedeutendster Stamm der Belgen german. Herkunft, zw. Ardennen, Maas und Schelde; 57 v. Chr. von Cäsar an der Sambre besiegt.

Nervosität [lat.-frz.], Zustand psych. Spannung und erhöhter Reizbarkeit.

Nerze [slaw.], Untergatt. 30–53 cm langer (einschließl. des buschig behaarten Schwanzes bis 75 cm langer) Marder, v. a. in wasser- und deckungsreichen Landschaften Eurasiens und N-Amerikas; die dämmerungs- und nachtaktiven Tiere schwimmen und tauchen sehr gut. Sie ernähren sich von Nagetieren, daneben von Fischen, Krebsen, Vögeln. Man unterscheidet zwei sehr ähnl. Arten: *Amerikan. Nerz* (↑Mink) und *Europ. Nerz (Nörz, Sumpf-* oder *Krebsotter, Wasserwiesel, Steinhund)* in Eurasien; Körper bis 40 cm (einschließl. Schwanz bis 55 cm) lang. N. werden als Pelztiere heute in sog. Nerzfarmen gezüchtet.

Nesin, Aziz [türk. neˈsin], eigtl. Mehmet Nusret, * Istanbul 20. 12. 1915, † Çeşme (Prov. İzmir) 6. 7. 1995, türk. Schriftsteller. Als satir. Erzähler, Dramatiker und Kritiker (wegen seiner Werke mehrmals inhaftiert) einer der einflußreichsten Autoren der türk. Literatur; in dt. Übers. u. a. »Der einzige Weg« (R., 1978), »Wir leben im 20. Jh.« (Satiren, 1983).

Nessel, Bez. für nesselähnl., aber nicht zu den Nesselgewächsen gehörende Pflanzen; z. B. Taubnessel.

Nesselfieber, fieberhafte ↑Nesselsucht.

Nesselgewächse (Urticaceae), Pflanzen-Fam. mit mehr als 700 weltweit verbreiteten Arten; z. B. Brennnessel).

Nesselhaare, svw. ↑Brennhaare.

Nerze. Europäischer Nerz (Körperlänge etwa 40 cm)

Nesselkapseln (Knidozysten, Kniden), in den Nesselzellen der Nesseltiere liegende hochspezialisierte Gebilde, die der Feindabwehr und dem Beutefang dienen. Durch mechan. oder chem. Reizung eines aus der Nesselzelle herausragenden Fortsatzes explodiert die unter Druck stehende Kapsel und stülpt einen Nesselfaden aus. Dieser dringt in die Beute ein und entleert ein Giftsekret. – Abb. S. 2366.

Nesselsucht (Knidose, Nesselkrankheit, Nesselausschlag, Urtikaria), u. U. mit Fieber einhergehende Hauterscheinungen in Form erheblich juckender und gelegentlich zu großen Flächen zusammenfließender Quaddeln als Anzeichen einer Allergie gegenüber bestimmten Stoffen.

Nesseltiere

Nesselkapseln.
Nesselorgane: **1** vor, **2** während, **3** nach der Entladung; a Nesselzelle, b Nesselkapsel, c Deckel, d Halsteil, e Nesselschlauch (schematisch)

Johann Nepomuk Nestroy
(Ausschnitt aus einer Lithographie)

Nesseltiere (Knidarier, Cnidaria), Stamm 0,5 mm bis 2,2 m langer Hohltiere mit rd. 10 000 Arten, v. a. in Meeren (einige Arten auch in Süßgewässern); mit Nesselkapseln und mundnahem Tentakelkranz; treten v. a. als Polypen und Medusen auf.

Nest, meist gegen Feinde, Kälte oder Nässe besonders geschützter, oft schwer zugänglicher Aufenthaltsort für viele Tiere, der dem Nächtigen (z. B. *Schlafnester* der Menschenaffen) oder dem Überdauern ungünstiger Witterungsverhältnisse wie Trockenheits-, Hitze- oder Kälteperioden (z. B. *Winternester* für Winterschläfer) dient. Am weitesten verbreitet sind jedoch die Nester, die der Aufnahme der Eier bzw. der frisch geborenen Jungen sowie dem Erbrüten und/oder der Aufzucht der Nachkommen dienen.

Nestflüchter, in weit entwickeltem Zustand zur Welt kommende, schnell den Geburtsort bzw. das Nest verlassende Jungtiere.

Nesthocker, Jungtiere verschiedener Vogel- und Säugetierarten, die in einem noch unvollkommenen postembryonalen Entwicklungsstadium geboren werden. Sie kommen nackt und »blind« zur Welt und bedürfen bes. Pflege und bes. Schutzes durch die Eltern.

Nestlé AG [ˈnɛstlə], führendes schweizer. Unternehmen der Nahrungs- und Genußmittel-Ind., Sitz Cham und Vevey (Schweiz); entstanden 1905 durch Fusion.

Nestor, Gestalt der griech. Mythologie. König von Pylos in Messenien; im hohen Alter erfahrener Ratgeber der Griechen vor Troja.

Nestorchronik, anonyme, vermutlich durch den Kiewer Mönch *Nestor* um 1113 redigierte russ. Chronik.

Nestorianismus, die Lehre des Nestorius (*um 381, †451), Patriarch von Konstantinopel. Hauptthesen: strenge Zwei-Naturen-Lehre (der göttl. Logos und die Menschennatur Jesu sind eng verbunden, aber unvermischt); Maria hat nicht Gott geboren, sondern den mit Gott vereinten Christus; Christus hat sich durch sein sittl. Vorbild die Würde des Mittlers zw. Gott und den Menschen erworben. Die Lehre wurde 431 auf dem Konzil von Ephesus zus. mit Nestorius verurteilt. – Die Anhänger des N. *(Nestorianer)* wanderten daraufhin in das Sassanidenreich aus und trennten sich 483 von der Reichskirche; Ausbreitung nach Indien (Thomaschristen) und Z-Asien (Blüte im 13./14. Jh.). Durch den Einfall Timurs (1380) wurde die nestorian. Kirche zerschlagen. Ein Teil gelangte 1553 mit Rom zum Ausgleich (chaldäische Kirche); von den weiterhin von Rom Getrennten (assyr. Kirche) traten viele zur russ.-orth. Kirche über.

Nestroy, Johann Nepomuk [ˈnɛstrɔy], *Wien 7. 12. 1801, † Graz 25. 5. 1862, österr. Dramatiker und Schauspieler. Machte als Satiriker und Virtuose der grotesken Ironie das ↑Wiener Volkstheater (in der Nachfolge F. Raimunds) zum Inbegriff des deutschsprach. kom. Theaters, u. a. »Der böse Geist Lumpazivagabundus« (1833), »Einen Jux will er sich machen« (1842), »Freiheit in Krähwinkel« (1848), »Häuptling Abendwind« (1862).

Nestwurz (Nestorchis), saprophyt. Orchideen-Gatt. mit rd. zehn Arten, verbreitet von Europa bis O-Asien. Am bekanntesten ist die einheim. *Vogelnestwurz.*

Nettetal, Stadt im Niederrhein. Tiefland, NRW, 39 100 E. Umfaßt die [ehem.] Städte Kaldenkirchen und Lobberich sowie weitere Orte.

netto [italien.], rein, nach Abzug, ohne Verpackung, z. B. Nettogewicht.

Nettoinlandsprodukt ↑Sozialprodukt.

Nettoraumzahl ↑Registertonne.

Netz, 1) *allg.:* ein aus Fäden, Zwirnen, Chemiefasern, Schnüren u. a. geknüpftes, bei Verwendung von Drähten, Stahlseilen u. a. auch geflochtenes Maschenwerk.

2) *Versorgungs- und Energietechnik:* die Gesamtheit der Verteilungsleitungen und Einrichtungen eines Versorgungssystems für Wasser, Gas, Dampf, Öl, elektr. Energie bzw. einer Kanalisation.

3) *Verkehrswesen:* ein System von Linien oder Strecken, z. B. das N. der Eisenbahnlinien, Straßenbahnlinien, Straßen, Wasserstraßen oder Flugstrecken.

4) *Geodäsie und Kartographie:* ein System sich schneidender Linien, z. B. jedes Kartennetz.

5) ↑Sternbilder (Übersicht).

Netze (poln. Noteć), rechter Nebenfluß der Warthe, 388 km lang.

Nest.
Von links nach rechts: Lehmnest (Wespe); Kugelnest (Zwergmaus); Pfahlbaunest (Drosselrohrsänger); Beutelnest (Beutelmeise)

Netzebene (Gitterebene), Ebene in einem Kristallgitter, in der die Kristallbausteine (Atome, Ionen) nach bestimmten Gesetzmäßigkeiten angeordnet sind.

Netzflügler (Neuropteroidea, Neuropteria), mit rd. 7300 Arten weltweit verbreitete Ordnung (auch Überordnung) etwa 2–16 cm spannender Insekten; mit vier großen, meist netzartig geäderten, in Ruhe dachförmig über dem Hinterleib zusammengelegten Flügeln, meist durchsichtig, seltener bunt.

Netzfrequenz, die Frequenz von Wechselstrom oder -spannung in einem Elektrizitätsnetz; in Europa 50 Hz (in den USA 60 Hz), bei der Dt. Bahn AG $16\,^2/_3$ Hz.

Netzgerät (Netz[anschluß]teil), Stromversorgungseinheit elektronischer Geräte; bestehend aus Netztransformator, Gleichrichter, häufig mit Spannungsstabilisierung.

Netzhaut ↑Auge.

Netzhautablösung, Augenerkrankung, bei der sich die Netzhaut von der ihr nur angelagerten, nicht mit ihr verwachsenen Aderhaut abhebt. Ursachen sind u. a. degenerative Veränderungen der Netzhaut, z. B. durch Dehnungsprozesse bei starker Kurzsichtigkeit, Blutungen (Zuckerkrankheit) und Tumoren.

Netzhautentzündung (Retinitis), Entzündung der Netzhaut des Auges, meist mit lokalen Blutungen und degenerativen Prozessen einhergehend; z. B. bei essentiellem Bluthochdruck (↑Blutdruck).

Netzmagen ↑Magen.

Netzmittel (Benetzungsmittel), Stoffe, die die Oberflächen- bzw. Grenzflächenspannung von Flüssigkeiten herabsetzen und die Benetzung sowie die Durchdringung der mit den Flüssigkeiten in Berührung kommenden Materialien erleichtern (↑grenzflächenaktive Stoffe). Synthet. N. sind z. B. Seifen und Detergenzien, natürl. N. sind Saponine und Gallensäuren.

Netzplantechnik, Verfahrenstechnik des ↑Operations-research zur Analyse, zeitl. Planung und kostenmäßigen Erfassung von komplexen Abläufen (z. B. Arbeitsabläufe, Transportmitteleinsätze). Die einzelnen Vorgänge des Ablaufs werden in einem *Netzplan* in Form von Kreisen (sog. *Knoten*) und Pfeilen (sog. *Bögen*) dargestellt, die mit Angaben über maximale und minimale (Puffer-)Zeiten bzw. Kösten sowie über die notwendigen Einsatzmittel beschriftet sind. Der Weg minimaler Kosten bzw. Zeit wird *krit. Weg* genannt.

Netzwerk, *Datenverarbeitung* ein Datenkommunikationssystem, das durch Übermittlung und Übertragung von Signalen den Austausch von Daten zw. mehreren unabhängigen Geräten ermöglicht.

Neuamsterdam, urspr. Name der Stadt ↑New York.

Neuapostolische Gemeinde (Neuapostol. Kirche), christl. Religionsgemeinschaft, nach 1860 aus den Kath.-Apostol. Gemeinden hervorgegangen; zentralistisch geleitet von einem »Stammapostel«, der absolute Glaubensautorität besitzt und als Gesandter Christi gilt; neben Taufe und Abendmahl als drittes Sakrament die »Versiegelung« (Empfang des Hl. Geistes).

Neuauflage, die Wiederauflage eines [vergriffenen] Buches, das im Unterschied zum *Nachdruck* inhaltl. und/oder ausstattungsmäßig verändert wurde.

Nestwurz.
Vogelnestwurz (Höhe 20–40 cm)

Neuber

Friederike Caroline Neuber (anonymer Kupferstich; 1744)

Neuber, Friederike Caroline, geb. Weißenborn, gen. »die Neuberin«, * Reichenbach/Vogtl. 9. 3. 1697, † Laubegast (heute zu Dresden) 30. 11. 1760, dt. Schauspielerin und Theaterprinzipalin. Leitete seit 1725 eine Theatergruppe; versuchte in Zusammenarbeit mit Gottsched (bis 1741), anstelle der derben Hanswurstiaden das dt. Drama zu literarisieren.

Neubrandenburg, Stadt in Meckl.-Vorp., am NO-Rand der Mecklenburgischen Seenplatte, 88 600 E. Reuter-Museum. Vollständig erhaltener Mauerring (13. Jh.) mit vier Stadttoren.

Neubraunschweig, kanad. Prov., ↑New Brunswick.

Neubritannien, Insel des ↑Bismarckarchipels.

Neuburg a. d. Donau, bayr. Stadt am rechten Donauufer, 25 600 E. Verwaltungssitz des Landkreises Neuburg-Schrobenhausen. Renaissanceschloß (16. und 17. Jh.); barock sind die ehem. Hofkirche und die Pfarrkirche Sankt Peter (17. Jh.). – Wurde 1505 Residenz des Ft. Pfalz-Neuburg.

Neuchâtel [frz. nøʃaˈtɛl] ↑Neuenburg.

Neu-Delhi [...ˈdelɪ], südl. Stadtteil von ↑Delhi.

Neue Deutsche Biographie ↑Allgemeine Deutsche Biographie.

Neue Hebriden, den Staat ↑Vanuatu bildende Inselgruppe im sw. Pazifik.

Neue-Heimat-Gruppe, bis zu seiner Liquidation größter westeurop. Wohnungs- und Städtebaukonzern mit Sitz in Hamburg. Vorläufer war die gemeinnützige Kleinwohnungsbaugesellschaft Groß-Hamburg des Allg. Dt. Gewerkschaftsbundes. Nach der Enteignung 1933 erfolgte mit der Rückgabe des Eigentums an den DGB 1950 die Neugründung, danach die Aufnahme aller anderen gewerkschaftseigenen Wohnungsgesellschaften. Der Konzern, der 1950–80 rund 470 000 Wohnungen errichtete und 13% des gemeinnützigen Wohnungsbestandes in der BR Deutschland verwaltete, geriet Anfang der 80er Jahre durch langjährige Mißwirtschaft und persönl. Verfehlungen des Managements in wirtschaftl. Schwierigkeiten, die schließlich zur weitgehenden Entäußerung des Wohnungsbestandes bis 1990 führten. Die Vorgänge um die N. H. und das Verhalten des DGB führten zu einer heftigen inner- wie außergewerkschaftl. Diskussion über die Gemeinwirtschaft und die Verfassung des DGB.

neue Linke, Bez. für in den 1960er Jahren entstandene polit.-soziale Bewegung, bes. in den hochindustrialisierten westl. Demokratien, v. a. getragen von Studenten und Intellektuellen. Gemeinsam ist ihnen eine radikale Kritik an der marktwirtschaftlich orientierten Welt (Leistungszwang, Konsumzwang, Establishment). Die verschiedenen Strömungen der n. L. verarbeiteten neomarxist. Gedankengut (H. Marcuse, T. W. Adorno, J. Habermas, M. Horkheimer), revolutionäre Theorien aus Entwicklungsländern (F. Castro Ruz, »Che« Guevara, Mao Zedong) sowie auch anarchist. Ideen (M. Bakunin). – Die Anfänge der n. L. lagen 1959 bei den Märschen für Frieden und gegen die Atombombenversuche. In den USA führte eine student. Linke neue, zunächst gewaltlose Techniken in die ↑Bürgerrechtsbewegung ein. Der Protest gegen den Vietnam-Krieg und die bestehende Gesellschaft allgemein griff bald auf Europa über (1967/68 Höhepunkt der Bewegung, u. a. in Paris, Berlin); in der BR Deutschland trat er zunächst innerhalb der ↑außerparlamentarischen Opposition auf. Seit etwa 1969/70 wandten sich Vertreter der n. L. meist maoistisch orientierten Parteien zu; zahlr. andere suchten im Rahmen polit. Gruppierungen eine polit. Plattform, eine Minderheit organisierte sich in terrorist. Vereinigungen. Vorstellungen der n. L. fanden Eingang in die ↑alternative Bewegung und in die programmat. Entwicklung der Grünen.

neue Medien, Sammel-Bez. für auf neuen Technologien beruhende Verfahren und Mittel der Informationserfassung, -verarbeitung und -übermittlung. Dazu gehören neue Techniken wie die Glasfasertechnik, neue Nutzungsformen bereits bekannter Verfahren wie das ↑Kabelfernsehen und neue elektron. Textverfahren wie ↑Bildschirmtext und Videotext sowie das diensteintegrierende digitale Nachrichtennetz (↑ISDN).

Neue Musik, die Musik seit 1908, die sich von den traditionsgebundenen Werken unterscheidet. Gegen den

Neuer Realismus

Zwang des Dur-Moll-Systems entstand seit etwa 1910 die atonale Musik bes. in der ↑Zwölftonmusik (A. Schönberg, A. Berg, A. Webern). Daneben zeigten sich Tendenzen, die auf frühe Formen der Musik zurückgriffen. Die Anwendung von Zahlenreihen führte zur ↑seriellen Musik (P. Boulez, L. Nono, K. Stockhausen). Eine bed. Erweiterung der Geräuschskala brachte die ↑konkrete Musik; auf elektr. Klangerzeugung greift die ↑elektronische Musik zurück; v. a. auch Einflüsse außereurop. Musik und des ↑Jazz. In der aleatorischen Musik bleibt das klangl. Ergebnis der musikal. Präsentation oft bewußt dem Zufall überlassen.

Neuenburg (frz. Neuchâtel), **1)** Hauptstadt des schweizer. Kt. und Bezirks N., am NW-Ufer des Neuenburger Sees, 33 600 E. Univ. kunstgeschichtl., ethnograph. Museum; Uhren-Ind., Schokoladenfabrikation. Über der Stadt die roman.-got. Kollegiatkirche und das Schloß (erweitert 15.–18. Jh.). Bed. Bauten sind u. a. Haus Marval (1609), das Hôtel du Peyrou (18. Jh.) und das klassizist. Rathaus (1784–90). – 1011 burgund. Königssitz, erhielt 1214 Stadtrecht; 1707 mit dem Kt. N. an Preußen (bis 1805, erneut 1814–48/57).
2) Kt. in der W-Schweiz, 717 km², 162 600 E, Verwaltungssitz Neuenburg. Am Juraabfall Wein- und Obstanbau, im Gebirge Holz- und Viehwirtschaft; bed. Uhrenindustrie.
Geschichte: Im 13./14. Jh. im Besitz der Grafen von N.; 1707 wählten die drei Stände den König von Preußen zum Herrn. 1805 tauschte Preußen mit Frankreich N. und Kleve gegen Hannover. 1814 wurde N. als 21. Kanton in die Eidgenossenschaft aufgenommen, blieb aber Preußen in Personalunion verbunden (bis 1857).

Neuenburger See, größter der Seen am O-Rand des schweizer. Jura, 217,9 km². Zahlr. neolith. und bronzezeitl. Pfahlbauten. Am Ausfluß des Zihlkanals liegt die vorgeschichtl. Fundstätte von La Tène (↑La-Tène-Kultur).

Neuengland, Region im NO der USA, umfaßt Maine, New Hampshire, Vermont, Massachusetts, Rhode Island und Connecticut.
Geschichte: 1620 Landung der Pilgerväter in Plymouth, 1630 der Puritaner an der Massachusetts Bay; Eingriffe des Mutterlandes in die Freiheit von Handel und Schiffahrt ließen N. zum Zentrum der amerikan. Revolution werden; hier begann 1775 der Unabhängigkeitskrieg.

Neue Ökonomische Politik, Abk. NÖP, NEP, Bez. für eine Periode der sowjet. Wirtschafts- und Innenpolitik 1921–28, verbunden mit teilweiser Rückkehr zu marktwirtschaftl. Gepflogenheiten.

Neue Philosophen (frz. nouveaux philosophes), lockere Gruppierung frz. Intellektueller, die ihre negativen Erfahrungen als Marxisten in einer vehementen Totalitarismuskritik verarbeiteten. Von den Exponenten der N. P., die ab 1977 an die Öffentlichkeit traten (heute als Gruppierung nicht mehr existent), sind in Deutschland v. a. A. Glucksmann und Bernard-Henri Lévy (* 1948; »Der Teufel im Kopf«, R., 1984) bekannt.

Neue Preußische Zeitung, dt. konservative Tageszeitung; 1848 in Berlin gegr., 1939 eingestellt; nach der Vignette des Eisernen Kreuzes im Zeitungskopf auch als »Kreuzzeitung« bezeichnet.

Neuer Bund, 1) svw. Neues Testament (↑Bibel).
2) ↑Bund.

Neue Rheinische Zeitung, dt. sozialrevolutionäre republikan. Tageszeitung; erschien vom 31. 5. 1848 bis 19. 5. 1849 in Köln unter der Leitung von K. Marx.

Neuer Realismus, zusammenfassende Bez. verschiedener Kunstströmungen seit den 1960er Jahren. Der *Photorealismus* (Hyperrealismus), v. a. eine amerikan. Erscheinung, zeigt eine erstarrte Alltagswelt (C. Close, R. Goings, H. Kanowitz; als Plastiker D. Hanson; F. Gertsch [Schweiz] u. a.). Auch der *figurative Realismus* zeigt stillebenhafte, z. T. ornamentale Erstarrung. Während sich die Gruppe Zebra (D. Asmus, P. Nagel, N. Störtenbecker, D. Ullrich) v. a. auf Handlungsmomente konzentriert, stellen L. Braun, H. P. Reuter und L. von Monkiewitsch, J. Stever und D. Krieg leere Räume, Architekturelemente oder vereinzelte Gegenstände dar. Vorläufer sind P. Pearlstein, G. Segal, D. Gnoli und G. Richter. Zum N. R. kann auch der ↑Nouveau réalisme gerechnet werden.

Neuenburg
Kantonswappen

Neuenburg
Stadtwappen

neuer Stil

neuer Stil ↑Zeitrechnung.

Neue Sachlichkeit, von Gustav Friedrich Hartlaub (* 1884, † 1963) 1925 geprägter Begriff für die dt. verist. Malerei der 1920er Jahre, die im Ggs. zum Expressionismus Realität detailliert und sachlich wiedergeben wollte. Die starke Betonung der Gegenständlichkeit macht den Eindruck eines Beschwörens der Dinge in ihrer Vereinzelung (*magischer Realismus,* 1924 von F. Roh geprägt). Vertreter der N. S. waren v. a. A. Kanoldt, G. Schrimpf, K. Hubbuch, Anton Räderscheidt (* 1892, † 1973), Heinrich Davringhausen (* 1894, † 1970), C. Schad, Oskar Nerlinger (* 1893, † 1969).

Neue Sachlichkeit. Alexander Kanoldt. »Stilleben« (1925; Mannheim, Städtische Kunsthalle)

Neues China, chin. Nachrichtenagentur.
Neues Deutschland, Abk. ND, Tageszeitung in Berlin (Ost), gegr. 1946, bis Ende 1989 Organ des ZK der SED.
Neues Forum, Abk. NF, am 9. 9. 1989 in Grünheide (bei Berlin) u. a. von Bärbel Bohley (* 1945) und J. Reich gegr. Bürgerbewegung, die sich zur stärksten Oppositionsbewegung entwickelte und wesentlich zur friedl. Revolution in der DDR beitrug. Am 7. 2. 1990 schloß sich das NF mit anderen Bürgerbewegungen zum Bündnis 90 zusammen, das sich als Wahlbündnis Bündnis 90/Grüne an den Bundestagswahlen 1990 beteiligte. Das NF ging 1991 in dem sich als gesamtdt. Partei konstituierenden ↑Bündnis 90 auf.
Neues Testament ↑Bibel.
Neue Welt, Bez. für Amerika, im Ggs. zur ↑Alten Welt.
Neue Wilde (Junge Wilde), Bez. für Maler, die seit Ende der 1970er Jahre mit einer betont expressiven Malerei in Erscheinung getreten sind. Themen, Motive (meist figürl.) und Stile (v. a. Fauvismus und Expressionismus) werden spielerisch benutzt. Zentren dieser Richtung bildeten sich in Berlin (u. a. die Gruppe der »heftigen Malerei«), Hamburg und Köln. Vergleichbare Tendenzen gibt es in Italien (»Arte cifra« oder »Transavanguardia«), in den USA (»New image painting«) und in Frankreich (»figuration libre«).
Neue Zürcher Zeitung, Abk. NZZ, liberale schweizer. Tageszeitung, gegr. 1780.
Neufundland ↑Newfoundland.
Neufundlandbecken, Tiefseebecken im Nordatlantik, bis 5 819 m tief.
Neufundländer, erstmals in Neufundland gezüchteter starker Schutz- und Begleithund (Schulterhöhe bis 75 cm).
Neugotik, durch das Wiederaufleben der got. Formensprache gekennzeichnete Bauweise des 18. und 19.Jh., deren geistesgeschichtl. Hintergrund die Romantik ist; ausgehend von England *(Gothic revival).* 1830–40 setzte sich die N. voll durch (London, Parlamentsgebäude, 1840ff.; J. Soane, C. Barry), daneben trat die Malerei der ↑Präraffaeliten. In Deutschland vertraten die N. u. a. K. F. Schinkel, F. Weinbrenner, G. Semper und K. W. Hase.
neugriechische Literatur, die Literatur in neugriech. Sprache. – Während auf Kreta im 17.Jh. v. a. eine bed. Theaterliteratur entstand, entwickelte sich in Griechenland selbst die n. L. als Sprache des griech. Freiheitskampfes Anfang des 19.Jh.; als griech. Nationaldichter gilt Dionysios Solomos (* 1798, † 1857), der mit seinem lyr. Werk (u. a. Hymnen an die Freiheit, Ode auf den Tod Lord Byrons) die neugriech. Sprache zur Literatursprache werden ließ. Um K. Palamas wuchs dann eine Schriftstellergeneration, durch die die n. L. Anschluß an die Weltliteratur fand. Als Erzähler bzw. Romanciers sind neben N. Kasandsakis v. a. Alexandros Papadiamandis (* 1851, † 1911), Elli Alexiu (* 1894, † 1988; »Die dritte Mädchenschule«, 1940), Elias Venesis (* 1904, † 1973; »Äol. Erde«, 1943), Pandelis Prevelakis (* 1909, † 1986; »Der Engel im Brunnen«, 1970), Antonis Samarakis (* 1919; »Der Paß«, 1973) und, aus der jüngeren

Generation, v. a. V. Vassilikos zu nennen. Nach Konstantinos Kavafis (*1863, †1933) fand die Lyrik ihre herausragenden Vertreter in J. Seferis, O. Elitis und J. Ritsos. Das weniger bekannte neugriech. Theater wird durch D. Taxiarchis (*1919) und V. Katsansis (*1935) vertreten.

neugriechische Musik, die Volksmusik ist geprägt von byzantin. Traditionen, überformt durch Einflüsse infolge der osman. Herrschaft. Die oft kirchentonalen, reich melismatischen Melodien gehen bis ins 15. Jh. zurück; metrisch sehr differenziert sind die Volkstänze (u. a. *Sirtos*). Volksinstrumente sind Laute, *Lyra*, Schalmei, Trommel und Dudelsack; *Busukia* (Ensembles persisch-türk. Lauteninstrumente) prägen die Populärmusik seit 1945. Auf der Volksmusik und der Kirchenmusik basiert die nationale griech. Kunstmusik, zu deren wichtigsten Vertretern u. a. M. Kalomiris (*1883, †1962), N. Skalkotas (*1904, †1949) gehören; Komponisten der internat. avantgardist. Musik sind u. a. T. Antoniou (*1935), I. Christu (*1926, †1970), A. Logothetis (*1921), N. Mamangakis (*1929), D. Tersakis (*1938), J. Xenakis (*1922).

neugriechische Sprache †Griechisch.

Neuguinea [...gi'ne:a], zweitgrößte Insel der Erde, nördl. von Australien, 771 900 km², etwa 4 Mio. E, v. a. Papua. Höchster Berg ist mit 5030 m der Puncak Jaya.

Geschichte: 1526 entdeckt; die Westhälfte war ab 1818 in niederländischem Besitz, seit 1969 als Irian Jaya indones. Provinz. Der NO-Teil war 1884–1919 Teil des dt. Schutzgebietes Kaiser-Wilhelm-Land und ab 1921 austral. Treuhandgebiet. Der SO-Teil wurde 1884 brit. Protektorat, ab 1906 von Australien verwaltet; aus beiden Gebieten entstand 1973 Papua-Neuguinea.

Neuhannover, Insel des †Bismarckarchipels.

Neuhochdeutsch, Epoche der dt. Sprachgeschichte, etwa seit der Mitte des 17. Jh. (†deutsche Sprache).

Neuhumanismus, Erneuerung der humanist. Bewegung ab etwa 1750; der Kunst als zentr. Moment der Kultur wurde grundl. Bedeutung zugemessen. Hauptvertreter: J. J. Winckelmann, Herder, Goethe, Schiller, W. von Humboldt.

Neuilly-sur-Seine [frz. nœjisyr'sɛn], frz. Stadt im westl. Vorortbereich von Paris, Dép. Hauts-de-Seine, 64 200 E. – Der *Friede von Neuilly* (27. 11. 1919) beendete den Kriegszustand zw. Bulgarien und den Alliierten.

Neuirland, Insel des †Bismarckarchipels.

Neukaledonien (frz. Nouvelle-Calédonie), frz. Überseeterritorium in sw. Pazifik, umfaßt die rd. 1500 km östl. von Australien gelegene Insel Neukaledonien (16 750 km², bis 1628 m hoch) sowie zahlr. kleinere Inseln, zus. 19 058 km², 153 700 E, Hauptstadt Nouméa; Nickelerzbergbau. – 1774 durch J. Cook entdeckt; kam 1853 in frz. Besitz, 1864–96 Strafkolonie; seit 1946 Überseeterritorium. Die von den einheim. Kanaken geforderte Unabhängigkeit wird von den französischstämmigen Bewohnern abgelehnt.

Neukantianismus, etwa zw. 1870 und 1920 auf den Grundgedanken der theoret. Philosophie Kants entwickelte Erkenntnistheorie, deren Interesse sich v. a. auf eine Logik und Methodologie der Wiss. richtete; gilt u. a. als Vorläufer der Grundlagenforschung; wurde im wesentlichen durch zwei Schulen vertreten: Die *Marburger Schule* (H. Cohen, P. Natorp, E. Cassirer, K. Vorländer) zielte auf eine Grundlegung jegl. Erkenntnis, insbes. der der Natur-Wiss., durch begriffl. und mathemat. Bestimmungen. Die *südwestdt.* oder *bad. Schule* (W. Windelband, H. Rickert, E. Lask) arbeitete mit kulturpolit. Schwerpunkt an einer Theorie der Geschichts- und Geisteswissenschaft.

Neukastilien, histor. Prov. (Region) in Z-Spanien, umfaßt große Teile der Südmeseta mit dem Tajobecken und Teilen der Mancha sowie Teile des Montes de Toledo und Randbereiche des Iber. Randgebirges. – Im 11. Jh. muslim. Kgr. Toledo, 1085 Eroberung durch König Alfons VI. von Kastilien.

Neumann, 1) Alfred, *Lautenburg 15. 10. 1895, †Lugano 3. 10. 1952, dt. Schriftsteller. 1933 Emigration; lebte ab 1949 in Florenz; setzte sich in seinen Romanen (u. a. »Der Teufel«, 1926, dafür Kleist-Preis 1926) und Erzählungen (u. a. »Viele heißen Kain«, 1950) v. a. mit dem Phänomen der Macht auseinander; auch Lyrik und Dramen.

Neumark

Johann Balthasar Neumann. Hofkirche der Würzburger Residenz (1732–34)

Robert Neumann

tron. Datenverarbeitung beschrieb er Aufbau und Funktion eines Rechners (die Architektur eines klass. Computers wird deshalb auch als *von-Neumann-Architektur* bezeichnet).

4) Robert, *Wien 22. 5. 1897, †München 3. 1. 1975, österr. Schriftsteller. Nach 1933 Emigration nach England (naturalisiert); schrieb in dt. und engl. Sprache, lebte im Tessin; bes. bekannt durch seine Parodien (»Mit fremden Federn«, 1927, 1955 erweitert; »2 × 2 = 5«, 1974); schrieb auch zahlr. Romane (u. a. »Die Kinder von Wien«, 1946, »Ein unmöglicher Sohn«, 1972) und Novellen.

5) Václav [tschech. 'najman], *Prag 29. 9. 1920, †Wien 2. 9. 1995, tschechoslowak. Dirigent. 1968–90 Chefdirigent der Tschech. Philharmonie, 1970–72 auch Generalmusikdirektor der Württemberg. Staatsoper Stuttgart.

Neumark, histor. Landschaft östl. der Oder und nördl. der unteren Warthe; um 1250 brandenburg.; 1815 (ohne den NO) Teil der preuß. Prov. Brandenburg; seit 1945 polnisch.

Neumarkt i. d. OPf., Kreisstadt in der Oberpfalz, Bayern, 36 000 E. Got. Pfarrkirche (14./15. Jh.), spätgot. Hofkirche (15. Jh.) mit barockisiertem Langhaus.

2) Johann Balthasar, ≈ Eger 30. 1. 1687, † Würzburg 19. 8. 1753, dt. Baumeister. Begann 1720 mit dem Bau der Würzburger Residenz (bis 1744). Das Treppenhaus (1735–53, Deckenfresko von Tiepolo) ist ein Höhepunkt barocker Raumgestaltung, einzigartig sind auch die Treppenhäuser von Schloß Bruchsal (1731–33; wiederhergestellt) und Brühl bei Köln (1743–48). Auch seine Sakralbauten zeugen von einer Raumphantasie, die in der Wallfahrtskirche Vierzehnheiligen (1743–72) in einer Folge verschieden großer Ovale, in der Abteikirche von Neresheim (1745–64) bis zum Eindruck der Schwerelosigkeit gesteigert ist.

3) John von (Johann Baron von), *Budapest 28. 12. 1903, †Washington 8. 2. 1957, amerikan. Mathematiker österr.-ungar. Herkunft. Wirkte in Berlin, Hamburg und ab 1930 in Princeton (N.J.). Zusammen mit O. Morgenstern begründete er die Spieltheorie und die Wirtschaftsmathematik. Für die elek-

Neumeier, John, *Milwaukee (Wis.) 24. 2. 1942, amerikan. Tänzer, Choreograph und Ballettdirektor. Seit 1973 Ballettdirektor der Hamburg. Staatsoper; choreographierte u. a. »Romeo und Julia« (1971), »Don Juan« (1972), »West Side Story« (1978), »Kameliendame« (1978, 1987 verfilmt) sowie J. S. Bachs »Matthäus-Passion« (1981) und Mozarts »Requiem« (1991).

Neumen [griech.], Notenzeichen des MA, die nur den allg. Verlauf der Melodien anzeigen, als solche waren sie Gedächtnisstützen bei der Ausführung der aus mündl. Überlieferung bekannten Gesänge (erst im 11./12. Jh. erfolgte die Aufzeichnung auf Linien). Auch der Rhythmus der Melodien blieb in dieser Notierung unberücksichtigt. Im 12. Jh. entstand durch Verdickung der Zeichen die quadrat. ↑Choralnotation.

Neumond, eine Phase im Lichtwechsel des Mondes. Bei N. ist die der Erde zugewandte Seite des Mondes, da er zw. Sonne und Erde steht, nicht beleuchtet.

Neumen.
Linienlose Neumen in der »Carmina-Burana«-Handschrift; (um 1230; München, Bayerische Staatsbibliothek)

Neumünster, Stadt auf der Holstein. Vorgeest, Schlesw.-Holst., 80900 E. U. a. Textil-, metallverarbeitende, elektrotechn. Industrie. Klassizist. Vicelinkirche (19. Jh.) mit Tonrelief von B. Thorvaldsen.

Neunaugen (Petromyzones), mit rd. 25 Arten in Süß- und Meeresgewässern der kalten und gemäßigten Regionen der Nordhalbkugel verbreitete Unterklasse etwa 12–100 cm langer fischähnl., meist in erwachsenem Zustand an Fischen blutsaugender Wirbeltiere mit (beiderseits) sieben Kiemenöffnungen (einschl. Nasenöffnung und Auge also »neun Augen«). Bekannt sind v. a.: *Bach-N.* (12–20 cm lang), *Fluß-N.* (Pricke; 30–50 cm lang) und *Meer-N.* (Lamprete, *N.könig,* bis 1 m lang).

Neunkirchen/Saar, saarländ. Kreisstadt im Tal der oberen Blies, 51700 E. Metallverarbeitende Ind., zoolog. Garten. Mittelpunkt des östl. Saarlandes; Steinkohlebergbau seit dem 15. Jh., Eisenerzverhüttung seit dem 16. Jh.

Neuntöter ↑Würger.

Neupersisch ↑iranische Sprachen.

Neuplatonismus, philosoph. Richtung der griech. Spätantike (3.–6. Jh.) mit dem Ziel der Wiederaufnahme der Philosophie Platons in Verbindung mit aristotel. und stoischen Motiven. Der N. beginnt mit Ammonios Sakkas (*um 175, † um 242) und hat seinen Höhepunkt in umfassenden Stufensystem der Welt ↑Plotins. Einfluß auf die christl. Mystik und die Scholastik.

Neupositivismus, svw. ↑Neopositivismus.

neur..., neuri..., neuro... [von griech. neuron »Nerv«], nerven...

Neuralgie [griech.] (Nervenschmerz), anfallsweiser Nervenschmerz ohne anatom. Veränderung und Funktionsausfälle des Nervs.

Neurasthenie (Nervenschwäche), allg. nervöse und vegetative Übererregbarkeit und Labilität meist als Folge geistigemotionaler Überforderung oder nach schwerer körperl. Erkrankung mit der Unfähigkeit zur Entspannung (auch veget. Dystonie genannt).

Neurath, Konstantin Freiherr von, *Kleinglattbach (heute zu Vaihingen an der Enz) 2. 2. 1873, † Leinfelder Hof bei Enzweihingen (heute zu Vaihingen an der Enz) 14. 8. 1956, deutscher Politiker. 1932–38 Reichsaußen-Min., ab März 1939 Reichsprotektor von Böhmen und Mähren (beurlaubt 1941, Rücktritt 1943); 1946 im Nürnberger Hauptkriegsverbrecherprozeß zu 15 Jahren Haft verurteilt, 1954 entlassen.

Václav Neumann

John Neumeier

Neunaugen.
Meerneunaugen (Länge etwa 90 cm)

Neurit

Neurit [griech.], svw. Nervenfortsatz ↑Nervenzelle.
Neuritis [griech.], svw. ↑Nervenentzündung.
Neuroblasten [griech.], Zellen des embryonalen Nervengewebes, aus denen die Nervenzellen entstehen.
Neurochirurgie, Spezialgebiet der Medizin, das operative Eingriffe am zentralen und peripheren Nervensystem umfaßt.
Neurodermitis, chron.-entzündl. Hauterkrankung die auf eine angeborene allerg. Überempfindlichkeit unter psycho-vegetat. Einfluß zurückzuführen ist. Auftreten des ekzemartigen Hautbildes v. a. an Gesicht, Hals, Gelenkbeugen und Händen.
Neuroleptika [griech.] (Tranquilizer), antipsychot., beruhigende und psychomotor. dämpfende Psychopharmaka.
Neurologie, Lehre von den Vorgängen im zentralen und peripheren Nervensystem und dessen Erkrankungen.
Neuromantik, literar. Strömung, die in Abkehr vom Naturalismus um 1890 entstand. Neben der wiss. Aufarbeitung der Romantik (R. Huch, »Blütezeit der Romantik«, 1899) und der Edition von Neuausgaben und Anthologien waren für die literar. Werke (u. a. des George-Kreises) v. a. die kunsttheoret. Anregungen des Impressionismus, der Dekadenzdichtung (L'art pour l'art) und bes. des Symbolismus entscheidend.
Neuron [griech.] ↑Nervenzelle.
neuronale Netze, Rechnerarchitekturen, deren Struktur und Funktion sich an den Nervennetzen lebender Organismen orientiert. Das Ziel solcher künstl. Netzwerke ist es, die Leistungsfähigkeit der elektron. Datenverarbeitung an die natürl. Systeme anzugleichen, bes. bei Problemstellungen wie Mustererkennung, Steuerung und Lernfähigkeit (»lernende Automaten«), insbesondere am Vorbild des Gehirns. In Analogie zu den aus Neuronen bestehenden Nervennetzen sind die parallel arbeitenden Prozessoren in (log.) Schichten angeordnet und innerhalb derer sowie über das gesamte Netz hinweg miteinander verbunden. Jeder Verbindung zw. zwei Knoten ist ein sog. »Gewicht« zugeordnet, das der synapt. Effizienz entspricht. Eine solche Struktur ist in der Lage, über geeignete Rückkopplungen Lernprozesse selbst zu organisieren und damit komplizierte (gerichtete) Relationen zw. Ein- und Ausgabe darzustellen. ↑künstliche Intelligenz.
Neurose, Sammelbegriff für eine Vielzahl von psych. Störungen mit unterschiedl. Erscheinungsformen und Ur-

Neuschwanstein. Erbaut 1868–86 von Eduard Riedel

Neuseeland

sachen. Allg. versteht man unter N. störende, länger andauernde psych. Einstellungen oder Verhaltensgewohnheiten (z. B. Hemmung, Furcht, Unsicherheit, Depression) ohne nachweisbare organ. Ursache, die im Verlauf der menschl. Entwicklung durch bestimmte Erfahrungen (länger anhaltende Lernprozesse oder einschneidende Erlebnisse) entstehen, den Betroffenen *(Neurotikern)* unverständlich bleiben und von ihnen nicht ausreichend kontrolliert werden können. Im Ggs. zur ↑Psychose haben die Betroffenen jedoch ein (zumindest vages) Bewußtsein ihrer Störung. Ein Zerfall psych. Funktionen (etwa des Wahrnehmens oder Denkens) tritt nicht auf. Man unterscheidet i. d. R. die *Organ-N.* bzw. psychosomat. Störungen mit ihren körperl. Symptomen von den *Psycho-N.*, die entweder bestimmte auffällige Leidenszeichen aufweisen wie Phobien, Hysterie, Zwangs-N., sich jedoch lediglich in unbestimmten charakterl. Veränderungen (z. B. Kontaktstörungen, Selbstunsicherheit, depressive Verstimmung) bemerkbar machen können. – Die Behandlung von N. im Sinn der analyt. Psychotherapie zielt auf die Erkennung und Bewußtmachung der Ursachen.

Ne̱urula [griech.], auf die Gastrula folgendes Stadium der Embryonalentwicklung der Chordatiere, das die Ausbildung der Körpergrundgestalt einleitet.

Neurupp<u>i</u>n, Kreisstadt am Ruppiner See, Brandenburg, 26 800 E.

Neuscholastik, das philosoph. und theolog. Bemühen um eine Erneuerung des Gedankenguts der Scholastik seit der Mitte des 19. Jh., v. a. im Anschluß an Thomas von Aquin *(Neuthomismus).*

Neuschw<u>a</u>nstein, Schloß bei Schwangau (Bayern), in neuroman. Stil 1868 bis 86 von E. Riedel für König Ludwig II. von Bayern erbaut.

Neuse̱eland (englisch New Zealand, Maori Aotearoa) Staat im sw. Pazifik, umfaßt die etwa 1 600 km sö. von Australien gelegenen Hauptinseln Nordinsel und Südinsel sowie mehrere bewohnte und unbewohnte Inseln.

Staat und Recht: Unabhängige parlamentar. Monarchie im Commonwealth; keine geschriebene *Verfassung.* *Staatsoberhaupt* ist die brit. Königin, vertreten durch einen Generalgouverneur. Die *Exekutive* bilden Generalgouverneur und Exekutivrat (Premier-Min. und Min.). Die *Legislative* bildet das Repräsentantenhaus (97 für 3 Jahre gewählte Abg., darunter mindestens vier Vertreter der Maori). *Parteien:* v. a. Labour Party und National Party.

Landesnatur: Nord- und Südinsel werden durch die etwa 35 km breite Cookstraße voneinander getrennt. Den Kern der Nordinsel bildet ein vulkan. Hochland mit aktiven Vulkanen. Höchster Vulkan ist der Ruapehu (2 797 m). Das Rückgrat der Südinsel bilden die Neuseeländ. Alpen, die im Mount Cook 3 764 m erreichen. Nach O fällt das Gebirge in weite Ebenen ab. N. liegt im Bereich der gemäßigten Breiten und hat hochozean. Klima. Grasfluren herrschen vor, nur etwa 20 % des Landes sind mit Wald bedeckt. In der urspr. Tierwelt fehlten Landsäugetiere völlig. Rind, Schaf, Kaninchen und Rothirsch sind von Europäern eingeführt worden.

Bevölkerung: 85,5 % der überwiegend christl. Bevölkerung sind europ. Abstammung, 9 % Maori; daneben gibt es chin., ind. und polynes. Minderheiten.

Wirtschaft, Verkehr: Bed. ist die stark spezialisierte und mechanisierte Landwirtschaft. An erster Stelle steht die Schaf- und Rinderzucht. Angebaut

Neuseeland

Fläche:	270 986 km²
Einwohner:	3,455 Mio.
Hauptstadt:	Wellington
Amtssprache:	Englisch
Nationalfeiertag:	6. 2.
Währung:	1 Neuseeland-Dollar (NZ$) = 100 Cents (c)
Zeitzone:	MEZ + 11 Std.

Neuseeland

Staatsflagge

Staatswappen

1970 1992   1970 1992
Bevölkerung   Bruttosozial-
(in Mio.)   produkt je E
             (in US-$)

Bevölkerungsverteilung 1992

Bruttoinlandsprodukt 1992

Neusiedler See

Neuseeland. Weideland auf der Nordinsel; im Hintergrund der Vulkan Ruapehu

werden Getreide, Kartoffeln, Gemüse und Obst. An Bodenschätzen werden Braun- und Steinkohlen, Eisensande und Gold abgebaut sowie Erdgas gefördert. Nach dem Zweiten Weltkrieg wurde die Ind. aufgebaut: Nahrungsmittel-Ind., Flugzeugbau, Metall- und Elektroindustrie. Das Eisenbahnnetz hat eine Länge von 4273 km, das Straßennetz von 93130 km. Wichtigste Häfen sind Auckland, Wellington und Lyttelton, internat. ✈ Auckland, Wellington und Christchurch.

Geschichte: J. Cook vermittelte mit einem Reisebericht (1777) genauere Kenntnisse von N. und den dort lebenden Maori. 1840 wurde die brit. Souveränität über die Nordinsel kraft Abtretung und über die Südinsel kraft Erstentdeckung proklamiert. 1907 wurde N. Dominion, 1931 unabhängig. 1919 erhielt es vom Völkerbund das Mandat über W-Samoa (1962 unabhängig). Bis 1935 wurde N. abwechselnd von den Liberalen und der Reformpartei regiert, die sich 1931 zur National Party vereinigten. Die National Party stellte 1949–57, 1960–72, 1975–84 und seit 1990 (unter J. Bolger) den Premier-Min., die Labour Party 1940–49, 1957 bis 1960, 1972–75 und 1984–90.

Neusiedler See, abflußloser, leicht salzhaltiger See im Kleinen Ungar. Tiefland (Österreich, S-Ende in Ungarn), 35 km lang, 7–15 km breit, 1–2 m tief, von einem breiten Schilfgürtel umgeben.

Neusilber (veraltet: Alpaka), silberähnlich aussehende Legierung aus 45 bis 67% Kupfer, 10 bis 26% Nickel und 12 bis 45% Zink.

Neuspanien, 1535–1822 bestehendes span. Vize-Kgr.; umfaßte während seiner größten Ausdehnung Mexiko, den S der heutigen USA, Mittelamerika sowie in S-Amerika bis 1717 das heutige Venezuela.

Neuseeland. Milford Sound im Fjordland National Park auf der Südinsel

Neuss, Wolfgang, *Breslau 3. 12. 1923, †Berlin (West) 5. 5. 1989, dt. Kabarettist und Schauspieler. N., »der Mann mit der Pauke«, wurde bes. bekannt durch sein polit. Nachtkabarett »Das jüngste Gerücht« (1963 ff.); Zusammenarbeit v. a. mit Wolfgang Müller (*1922, †1960), u. a. in dem Film »Das Wirtshaus im Spessart« (1958); weitere Filme u. a. »Wir Wunderkinder« (1958), »Wir Kellerkinder« (1960). – Abb. S. 2378.

Neuss, Kreisstadt am Rhein, gegenüber von Düsseldorf, NRW, 147 200 E. Landestheater; u. a. Metallindustrie; Rheinhafen. Wiederhergestellt wurden u. a. die ehem. Stiftskirche Sankt Quirin (13. Jh.) und die Pfarrkirche Hl. Dreikönige (1909–11).

Neustadt am Rübenberge, Stadt an der unteren Leine, Ndsachs., 39 900 E; chem. Ind.; got. Kirche des ehem. Zisterzienserinnenklosters Mariensee (13. Jh.).

Neustadt an der Weinstraße, Stadt am Fuß der Haardt, Rheinl.-Pf., 52 200 E. Verwaltungssitz des Reg.-Bez. Rheinhessen-Pfalz; Weinbau. Ehem. Stiftskirche Unserer Lieben Frau (14./15. Jh.); barockes ehem. Jesuitenkolleg (1729/30; jetzt Rathaus).

Neustrelitz, Kreisstadt am Zierker See, Mecklenburg-Vorpommern, 25 900 E. Barocker Stadtkern; Orangerie (1755).

Neustrien, W-Teil des Merowingerreiches.

Neuthomismus ↑Neuscholastik.

Neutra, Richard Joseph, *Wien 8. 4. 1892, †Wuppertal 16. 4. 1970, amerikan. Architekt österr. Herkunft. Vertreter des Funktionalismus; programmat. seine Schrift »Wenn wir weiterleben wollen« (1954).

neutral [lat.], **1)** *allg.:* zu allem passend. **2)** *Völkerrecht:* ↑Neutralität. **3)** *Physik:* (elektr. neutral) gleich viele positive und negative elektr. Ladungsträger aufweisend, nicht elektr. geladen. **4)** *Chemie:* ↑Neutralisation.

neutrales Element ↑Gruppe.

Neutralisation [lat.-frz.], in der *Chemie* die Reaktion zw. äquivalenten Mengen einer Säure und einer Base unter Bildung von Salz und Wasser, das durch die Umsetzung der H_3O^+-Ionen der Säure mit den OH^--Ionen der Base entsteht. Bei der N. starker Säuren und Basen ist der *Äquivalenzpunkt* erreicht, wenn die Konzentration der H_3O^+-Ionen gleich der Konzentration der OH^--Ionen ist, d. h. beim pH-Wert 7 *(Neutralpunkt).*

Neutralität [lat.], allg. svw. unparteiische Haltung, Nichteinmischung. – Im *Völkerrecht* geregelter Zustand der Nichtteilnahme eines Staates an einem Krieg zw. anderen Staaten bzw. an einem Bürgerkrieg zw. anerkannten kriegführenden Parteien. Die N. kann auf völkerrechtl. Vereinbarung, einseitiger Erklärung des Neutralen oder fakt. Nichtteilnahme an den Kriegshandlungen beruhen. Zu unterscheiden ist zw. dauernder N. (z. B. Schweiz, Österreich) und N. in einer bestimmten Situation.

Neutrino [italien.], physikal. Zeichen ν; stabiles, ungeladenes ↑Elementarteilchen aus der Gruppe der Leptonen mit dem Spin 1/2, das in 3 Arten, *Elektron-N.* (e-N, ν_e), *Myon-N.* (μ-N, ν_μ) und *Tau-N.* (τ-N, ν_τ) und deren Antiteilchen, den *Anti-N.* ($\bar{\nu}_e, \bar{\nu}_\mu, \bar{\nu}_\tau$), vorkommt. N. werden künstlich in Kernreaktoren und mit Hilfe von Teilchenbeschleunigern erzeugt und entstehen auf natürl. Weise in kosm. Prozessen. N. haben eine geringe Wechselwirkung mit anderen Teilchen (N. können mit 99,99 %iger Wahrscheinlichkeit die Erde ungehindert durchdringen). Bedeutsam ist die Frage nach der Ruhe-

Neuss. Die romanische Emporenbasilika Sankt Quirin; 1. Hälfte des 13. Jh.

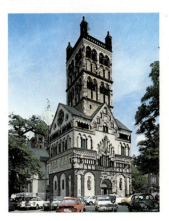

Wolfgang Neuss

Neutrinoastronomie

masse der N., insbesondere für die ↑Kosmologie. Verschwindet die Ruhemasse der N. nicht, könnten sie Träger eines Teils der bislang nicht entdeckten (»dunklen« oder »fehlenden«) Materie des Weltalls sein.

Neutrinoastronomie, astrophysikalische Forschungsrichtung, die durch Messung der Neutrinostrahlung der Sonne versucht, Rückschlüsse auf Kernreaktionen im Sonneninnern zu ermöglichen.

Neutron [lat.-engl.], physikal. Zeichen n; elektr. neutrales, nur in gebundenem Zustand stabiles Elementarteilchen aus der Gruppe der Baryonen. Sein Antiteilchen ist das *Anti-Neutron*. Die N. sind zus. mit den Protonen die Bausteine der Atomkerne (↑Kern). *Freie N.* sind instabil (Halbwertszeit 10,6 min) und zerfallen in je ein Proton, Elektron und Anti-Neutron. – Große Bedeutung haben die N. im Kernreaktor durch die Einleitung und Aufrechterhaltung von Kernkettenreaktionen. Die bei der Kernspaltung entstehenden hochenerget., d. h. schnellen N. werden als *Spalt-Neutronen* bezeichnet (Energie rd. 2 ↑MeV, Geschwindigkeit rd. 10 000 km/s). Sie werden durch Stöße mit den Atomen des Moderators (Graphit, schweres Wasser) auf therm. Energie abgebremst (sog. *thermische N.*; Energie 25 meV, Geschwindigkeit rd. 2 200 m/s) und können so erst weitere Kernspaltungen auslösen.

Neutronenabsorption, svw. Neutroneneinfang (↑Einfangprozeß).

Neutronenbombe ↑ABC-Waffen.

Neutronensonde, mit einer Neutronenquelle sowie einem Gammaspektrometer und/oder einem Detektor für langsame Neutronen ausgestattetes Meßgerät; Anwendung z. B. bei der geolog. Erkundung von Erzen und bei der Exploration auf Erdöl und Erdgas. Neutronen der z. B. in ein Bohrloch hinabgelassenen N. lösen materialspezif. Kernreaktionen aus, deren Gammastrahlung registriert wird *(Neutronen-Gamma-Methode),* oder sie werden z. B. bei Vorhandensein von erdölhaltigen Schichten verlangsamt und als langsame Neutronen nachgewiesen *(Neutronen-Neutronen-Methode).*

Neutronenstern, ein vorwiegend aus Neutronen bestehender Stern extrem hoher Massendichte (etwa 10^{14} bis 10^{15} g/cm^3), dessen Masse ungefähr gleich der Sonnenmasse ist, mit einem Durchmesser von 10–20 km. N. sind ein mögl. Endstadium der Sternentwicklung.

Neutronenstrahler, Nuklide, deren Kerne beim radioaktiven Zerfall Neutronen emittieren.

Neutronenzahl ↑Kern (Atomkern).

Neutrum [lat. »keines von beiden«], Abk. n., Neutr.; sächl. Geschlecht (Genus).

Neu-Ulm, Kreisstadt an der Donau, Bayern, gegenüber von Ulm, 46 500 E.

Neuwelthirsche (Amerikahirsche), Gattungsgruppe hasengroßer bis rothirschgroßer, schlanker, großohriger Trughirsche. Zu den Neuwelthirschen gehören u. a.: *Andenhirsche,* etwa rehgroß; *Maultierhirsch* (Großohrhirsch), bis 2 m lang und bis etwa 1 m schulterhoch; *Pampashirsch* (Kamphirsch), bis 1,3 m lang und 75 cm schulterhoch; *Pudus,* bis 90 cm lang und 40 cm schulterhoch; *Spießhirsche* (Mazamas), 135 cm lang und 80 cm schulterhoch; *Virginiahirsch* (Weißwedelhirsch), 80–200 cm lang und 55–110 cm schulterhoch.

Neuwerk, vor der Elbmündung im Wattenmeer gelegene Marschinsel, Exklave der Freien und Hansestadt Hamburg, 3 km^2.

Neuwertversicherung, Versicherungsform der Sachversicherung, bei der im Ggs. zur Zeitwertversicherung vom Versicherer im Schadenfall der Wiederbeschaffungspreis im Neuzustand (Neuwert) ersetzt wird.

Neuwied, Kreisstadt 15 km nw. von Koblenz, Rheinl.-Pf., 62 600 E; metallverarbeitende, Bimsstein- und Zementindustrie. Barockschloß. – 1653 für Glaubensflüchtlinge aller Art gegr. (1662 Stadtrecht). – Im Ortsteil *Gönnersdorf* wird seit 1968 eine Siedlungsstelle des Magdalénien ausgegraben.

Neuwieder Becken, tiefster Teil des Mittelrhein. Beckens, beiderseits des Rheins zw. Koblenz und Andernach.

Neuzeit, in der europ. Geschichte Begriff, der in Unterscheidung zum Altertum und Mittelalter das Zeitalter von etwa 1500 (Entdeckung Amerikas, Bildung von Nationalstaaten, Renaissance, Humanismus, Reformation) bis zur Gegenwart bezeichnet; in der Geschichtswiss. ist es üblich, eine Zäsur zwischen der *frühen N.* (bis 1648) und der *jüngeren N.* zu setzen; umstritten ist die Abgliederung der sog. neuesten Zeit (seit 1789) bzw. der ↑Zeitgeschichte (1917).

Nevada [engl. nɛˈvaːdə], Staat im W der USA, zum größten Teil im Great Basin, 286 352 km², 1,32 Mio. E, Hauptstadt Carson City.

Geschichte: Das heutige N. kam 1848 von Mexiko in den Besitz der USA. Das 1861 geschaffene Territorium wurde 1864 36. Staat der Union.

Nevada, Sierra [span. ˈsi̯erra neˈβaða], Teil der mex. Cordillera Volcánica, im Popocatépetl 5 452 m hoch.

Nevers [frz. nəˈvɛːr], frz. Stadt an der oberen Loire, 43 000 E. Verwaltungssitz des Dép. Nièvre; archäolog., städt. Fayencemuseum. Roman.-got. Kathedrale (11.–16. Jh.), Herzogspalast (15. und 16. Jh.). – N. ist das kelt. *Noviodunum.*

New Age [nju: eidʒ], seit den 1980er Jahren von den USA ausgehende weltanschauliche Bewegung, verknüpft bestehende Heilserwartungen und sieht die Gegenwart als kosm. Wendezeit, erwartet die Umgestaltung der Welt zu einer überkonfessionellen, spirituellen Einheit mit neuen Lebens- und Technologieformen in einem neuen Zeitalter; auch *Wassermannzeit* genannt.

Newark [engl. ˈnjuːək], Stadt in New Jersey, USA, 25 km wnw. von New York, 275 000 E. Univ., naturwiss., Kunst-, Industriemuseum. N. liegt im Zentrum eines der bed. Wirtschaftsgebiete der USA; Überseehafen, ✈.

New Brunswick [engl. nju: ˈbrʌnzwɪk] (dt. Neubraunschweig), kanad. Prov. am Atlantik, 72 919 km², 724 000 E, Hauptstadt Fredericton.

Geschichte: 1534 frz.; gehörte zu Akadien, zw. Frankreich und Großbrit. umstritten; 1763 brit.; 1784 Teilung der brit. Akadien in N. B. und Nova Scotia; 1867 eine der vier Gründungs-Prov. des Dominions Kanada.

Newcastle [engl. ˈnjuːkaːsl], austral. Stadt in New South Wales, am Pazifik, 419 100 E. Univ.; Hafen.

Newcastle upon Tyne [engl. ˈnjuːkaːsl əˈpɔn ˈtaɪn], Stadt in NO-England, Metropolitan County Tyne und Wear, 192 500 E. Univ.; archäolog. Museum. Größtes engl. Schiffsreparaturzentrum; Fährverkehr mit Esbjerg (Dänemark).

Anglikan. Kathedrale (v. a. 14. Jh.); röm.-kath. Kathedrale (vollendet 1844); Guildhall (17. Jh.); Burg (12. Jh.).

New Deal [engl. ˈnjuː ˈdiːl »neue Handlungsweise, neue Politik«], Bez. für die staatsinterventionist. Reformen, mit denen Präs. F. D. Roosevelt ab 1933 die Folgen der Weltwirtschaftskrise in den USA zu überwinden suchte: u. a. Arbeitsbeschaffungsprogramme, Drosselung der Überproduktion in Ind. und Landwirtschaft, Gesetze für eine Stärkung der Stellung der Gewerkschaften und eine Alters-, Unfall- und Arbeitslosenversicherung.

Newfoundland [engl. njuːfəndˈlænd] (dt. Neufundland), kanad. Prov., besteht aus der Insel Neufundland und Teilen von Labrador, 405 604 km², 568 000 E, Hauptstadt Saint John's.

Geschichte: 1497 engl.; nach engl.-frz. Auseinandersetzungen endgültig 1713 an Großbrit.; 1854 volle Selbstregierung; 1949 10. Prov. im Kanad. Bund.

New Hampshire [engl. nju: ˈhæmpʃə], Staat im NO der USA, 24 032 km², 1,11 Mio. E, Hauptstadt Concord.

Geschichte: Wurde 1679 englische Kronkolonie; stimmte 1788 als 9. und damit entscheidender Staat der Verfassung der USA zu.

New Haven [engl. nju: ˈheɪvn], Stadt in Connecticut, USA, am Long Island Sound, 126 100 E. Yale University; Handels- und Ind.-Zentrum. – 1701 bis 1875 mit Hartford Hauptstadt von Connecticut.

Ne Win, eigtl. Maung Shu Maung, * Paungdale (Bezirk Prome) 24. 5. 1911, birman. General und Politiker. 1962 als Vors. des Revolutionsrates zugleich Min.-Präs. und Staatsoberhaupt (bis 1974); dann bis 1981 als Vors. des Staatsrats Staatspräsident.

New Jersey [engl. nju: ˈdʒəːzɪ], Staat im O der USA, 20 169 km², 7,78 Mio. E, Hauptstadt Trenton.

Geschichte: Bis 1664 Teil der niederl. Kolonie Neuniederlande, danach Eigentümerkolonie. 1702 ging die Regierungsgewalt an die engl. Krone über. 1787 nahm N. J. als 3. Staat die Verfassung der USA an.

Newman [engl. ˈnjuːmən], **1)** Barnett, * New York 29. 1. 1905, † ebd. 4. 7. 1970, amerikan. Maler (Farbfeldmalerei).

Nevada
Flagge

Nevers
Stadtwappen

New Hampshire
Flagge

New Jersey
Flagge

Newcastle
Stadtwappen

New Mexico

Paul Newman

New Mexico
Flagge

New Orleans.
Typisches Haus im französischen Stadtbezirk

2) John Henry, *London 21. 2. 1801, † Birmingham 11. 8. 1890, engl. anglikan., später kath. Theologe und Schriftsteller. Begründete 1833 die ↑Oxfordbewegung; konvertierte 1845 zur kath. Kirche; 1879 zum Kardinal ernannt; Kopf der römisch-kath. Kirche in Großbrit.; forderte »eine freie Wiss. unter einem Dach mit der Theologie« gegen die päpstl. Vorbehalte gegenüber den staatl. Universitäten. Seine Leistung liegt in der Verbindung einer »Theologie der Existenz« mit der »objektiven Vermittlung durch die Kirche«; schrieb neben Lyrik und Essays den Roman »Kallista, eine Erzählung aus dem 3. Jh.« (1856).

3) Paul, *Cleveland (Ohio) 26. 1. 1924, amerikan. Schauspieler und Regisseur. Spielte u. a. in den Filmen »Die Katze auf dem heißen Blechdach« (1958), »Man nannte ihn Hombre« (1967), »Der Clou« (1973), »Die Farbe des Geldes« (1986).

New Mexico [engl. nju: 'meksɪkəʊ], Staat im S der USA, grenzt an Mexiko, 314 925 km², 1,58 Mio. E, Hauptstadt Santa Fe.
Geschichte: Die span. Kolonisation begann 1598; 1680–92 großer Indianeraufstand. 1846 annektierten die USA New Mexiko widerstandslos; 1850 Schaffung des Territoriums N. M. (bis 1863 zus. mit Arizona). 1912 47. Staat der Union.

New Orleans [engl. nju: 'ɔ:lɪɛnz, nju: ɔ:'li:nz], Stadt im Deltagebiet des Mississippi, Louisiana, USA, 497 000 E. Fünf Univ.; bed. Handelsplatz und Ind.-Standort. Seehafen; Endpunkt der Schiffahrt auf dem Mississippi, internat. ⚒.
Stadtbild: Im Mittelpunkt des ältesten, frz. Stadtbezirkes die Saint Louis Cathedral (1792–94), der Cabildo (1795; ehem. Regierungssitz, jetzt Museum) und das Presbytère (1791; ehem. Pfarrhaus, jetzt Museum). Sportstadion »Louisiana Superdome« (1975; größte freitragend überdachte Halle der Erd).
Geschichte: Frz. Gründung (1718); ab 1722 Hauptstadt der frz. Kolonie Louisiane; 1762–1803 span.; 1803 an die USA, 1812–49 Hauptstadt von Louisiana.

New-Orleans-Jazz [engl. nju:'ɔ:lɪənz-'dʒæz] (New-Orleans-Stil), die Musik, die sich um 1890 in den Tanzlokalen von New Orleans zum Jazz entwickelte. Charakterist. Besetzung in der *Melodiegruppe:* Kornett, Klarinette und Posaune, in der *Rhythmusgruppe:* Banjo, Tuba und Schlagzeug; später kam das Klavier hinzu, die Tuba wurde durch den Kontrabaß ersetzt. Hauptvertreter B. Bolden, J. »King« Oliver, L. Armstrong, J. R. Morton. Eine Variante war der von Kreolen gespielte *Creole Jazz* (S. Bechet, A. Nicholas, A. Picon, K. Ory).

Newport [engl. 'nju:pɔ:t], **1)** engl. Stadt auf Wight, 23 600 E. Verwaltungssitz der Gft. Isle of Wight, ihr Haupthafen und wichtigstes Marktzentrum.
2) Stadt in SO-Wales, 105 400 E. Verwaltungssitz der Gft. Gwent; Zentrum der südwalis. Eisen- und Stahl-Ind.; Hafen. Kathedrale (im Kern normann., erweitert im 13. und 15. Jh.).

New Providence Island [engl. nju: 'prɒvɪdəns 'aɪlənd], Bahamainsel, 215 km², einziger Ort ist Nassau, die Hauptstadt von Bahamas.

New South Wales [nju: saʊθ 'weɪlz] (Neusüdwales), Gliedstaat des Austral. Bundes im SO des Kontinents, 801 600 km², 5,57 Mio. E, Hauptstadt Sydney.

Newsweek [engl. 'nju:z.wi:k »Nachrichten der Woche«], amerikan. Nachrichtenmagazin; gegr. 1933.

Newton, Sir (seit 1705) Isaac [engl. nju:tn], *Woolsthorpe bei Grantham

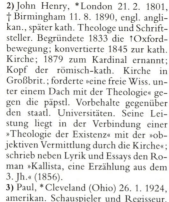

4. 1. 1643, † Kensington (heute zu London) 31. 3. 1727, engl. Mathematiker, Physiker und Astronom. 1669–1701 Prof. in Cambridge, wurde 1699 königl. Münzmeister in London, 1703 Präs. der Royal Society in London. Sein Ruhm als Begründer der klass. theoret. Physik geht v. a. auf sein 1687 erschienenes Hauptwerk »Philosophiae naturalis principia mathematica« (Mathemat. Prinzipien der Naturlehre) zurück, in dem er die drei Bewegungsgesetze der Mechanik (↑Newtonsche Axiome) und sein bereits 1666 gefundenes Gravitationsgesetz (↑Gravitation) formulierte. N. erklärte damit die Bewegung der Planeten um die Sonne, die Erscheinungen von Ebbe und Flut und berechnete die Massen des Mondes und der Planeten. N. wies die Zusammensetzung des weißen Lichtes aus den Spektralfarben nach und stellte die Emissionstheorie des Lichtes auf; er untersuchte Farberscheinungen dünner Blättchen und anderer Beugungserscheinungen (Newtonsche Interferenzringe), begründete die Akustik und bestimmte Frequenzen von Schwingungsvorgängen. Er entwickelte unabhängig von Leibniz die von ihm Fluxionsrechnung gen. Differential- und Integralrechnung.

Newton [engl. nju:tn; nach Sir I. Newton], Einheitenzeichen N, SI-Einheit der Kraft; Festlegung: 1 N ist gleich der Kraft, die einem Körper der Masse 1 kg die Beschleunigung 1 m/s² erteilt: $1\,\text{N} = 1\,\text{kg m/s}^2$.

Newtonmeter [engl. nju:tn...; nach Sir I. Newton], Einheitenzeichen Nm, ↑Joule.

Newtonsche Axiome [engl. nju:tn... -], von Sir I. Newton zusammengestellte Grundgesetze der Mechanik: 1. Jeder Körper verharrt im Zustand der Ruhe oder der gleichförmigen, geradlinigen Bewegung, solange keine Kräfte auf ihn einwirken *(Trägheitsgesetz)*. 2. Die Beschleunigung eines Körpers ist der einwirkenden Kraft proportional und gleichgerichtet *(dynam. Grundgesetz)*. 3. Übt ein Körper A auf einen Körper B eine Kraft F_1 aus, so übt stets auch der Körper B auf den Körper A eine Kraft F_2 aus, die von gleichem Betrage, aber entgegengesetzter Richtung ist (»Actio gleich Reactio«), $F_1 = -F_2$ *(Newtonsches Wechselwirkungsgesetz)*.

Newtonsche Ringe [engl. nju:tn... –; nach Sir I. Newton], svw. Interferenzringe (↑Interferenz).

Newtonsches Gravitationsgesetz [engl. nju:tn... –; nach Sir I. Newton] ↑Gravitation.

New Wave [engl. 'nju: 'weɪv »neue Welle«], Mitte der 1970er Jahre entstandene Variante (Mischung von Punkrock und Beatmusik) der Rockmusik, die sich im Ggs. zu den artifiziellen Strömungen der 1970er Jahre am klass. Rock 'n' Roll orientiert. Bekannte Vertreter waren Patti Smith (* 1946) und Elvis Costello (* 1955), in Deutschland während der sog. *Neuen deutschen Welle* u. a. »Nena«, »Trio« und »Ideal«.

New York [engl. nju: 'jɔːk], größte Stadt des Staates New York und der USA, auf Inseln und am linken Ufer des Hudson River, der hier in den Atlantik mündet. Greater N. Y. umfaßt die Bezirke Bronx, Brooklyn, Manhattan, Queens, Staten Island mit zus. 816 km² und 7,07 Mio. E. N. Y. ist das kulturelle und wirtschaftl. Zentrum der USA: sechs Univ., zahlr. Museen, u. a. Metropolitan Museum of Art, Guggenheim-Museum (moderne Kunst), Museum of Modern Art, Museum of Indian Art, Naturkundemuseum, Brooklyn Museum; Bibliotheken, Philharmon. Orchester, Metropolitan Opera, zahlr. Theater, v. a. am Broadway; botan. Garten, zwei zoolog. Gärten. Die Bevölkerung setzt sich aus Menschen aller Nationalitäten zusammen; es entstanden Stadtviertel mit typ. Gepräge, u. a. Harlem (Schwarze), Little Italy (Italiener) und Chinatown. N. Y. ist einer der größten Ind.-Standorte der USA, das bedeutendste Handels- und Finanzzentrum der Erde, Zentrum der Buch- und Zeitungsverlage der USA, Hauptquartier der UN. Große Bedeutung hat der Hafen. Das Streckennetz der U-Bahn ist über 900 km lang, zwölf Eisenbahnlinien schneiden sich in N. Y.; mehrere ✈, u. a. Kennedy International Airport.

Stadtbild: Berühmt ist die Freiheitsstatue (1866) in der Hafeneinfahrt. Zahlr. Wolkenkratzer: Empire State Building (1931), Rockefeller Center (1931–40), der Gebäudekomplex der Vereinten Nationen am East River (1953; 38 Stockwerke), das Union Carbide Building (1960; 52 Stockwerke), das Gebäude

New York. Stadtwappen

Isaac Newton

New York

New York.
Flagge

New York.
Oben: Skyline von Manhattan ◆ Rechts: der Central Park in Manhattan

der Pan Am (1963; 59 Stockwerke, Hubschrauberlandeplatz), der Zwillingswolkenkratzer des World Trade Center (1973; 110 Stockwerke) und die vier Türme des Financial Center (1988). Ältere Bauten: Fraunces' Tavern (1719, rekonstruiert), Saint Paul's Chapel (1764), Trinity Church (1846), City Hall (1812), Carnegie Hall (1891), Saint Patrick's Cathedral (1910). N. Y. verfügt über zahlr. Grünanlagen, u. a. den 4 km langen, 800 m breiten Central Park in Manhattan.
Geschichte: 1626 als niederl. Handelsstation *Neu-Amsterdam* an der Spitze der Granitinsel Manhattan gegr. und zur Hauptstadt der Kolonie Neuniederlande gemacht; 1664 von engl. Kolonisten erobert und in N. Y. umbenannt. Von März 1789 bis Aug. 1790 war N. Y. Sitz der Unionsregierung, bis 1797 Hauptstadt des Staates New York. Im 19. Jh. entwickelte sich New York zur führenden Industrie- und Verwaltungsstadt der USA. 1898 Gründung des Verw.-Bez. Greater N. Y. (heute N. Y. City).
New York [engl. nju:'jɔ:k], Staat im NO der USA, 127 190 km², 18,12 Mio. E, davon 85% in New York City; Hauptstadt Albany.
Geschichte: Gehörte 1623–64 zur niederl. Kolonie Neuniederlande, danach engl. Kolonie. (1685 Kronkolonie). 1777 gab sich der Staat N. Y. seine erste Verfassung, 1788 nahm er die Verfassung der USA als 11. Staat an.
New York Philharmonic Orchestra [engl. 'nju: 'jɔ:k fɪlɑ:'mɔnɪk 'ɔ:kɪstrə] (New Yorker Philharmoniker), 1842 gegr. internat. Spitzenorchester; Leiter: u. a. G. Mahler, A. Toscanini, E. Kleiber, B. Walter, L. Bernstein, P. Boulez, Z. Mehta.

Nicaragua

New York Times, The [engl. ðə 'nju:'jɔːk 'taɪmz], amerikan. Tageszeitung, gegründet 1851.

Ney [nai, frz. nɛ], Michel, Hzg. von Elchingen (seit 1808), Fürst von der Moskwa (seit 1813), *Saarlouis 10. 1. 1769, † Paris 7. 12. 1815, frz. Marschall (seit 1804) dt. Herkunft. Trat 1814 von Napoleon I. zu Ludwig XVIII. über und wurde zum Pair ernannt, schloß sich 1815 erneut Napoleon an; nach der Rückkehr der Bourbonen als Hochverräter erschossen.

NF, Abk. für ↑Niederfrequenz.

Ngô Đinh Diêm [vietnames. ŋo dịŋ ziẹm], *Quang Binh 3. 1. 1901, † Saigon 2. 11. 1963, vietnames. Politiker. Seit 1954 Min.-Präs. von Süd-Vietnam, das er im Okt. 1955 als Republik proklamierte; regierte als Staats-Präs., gestützt von Katholiken und Amerikaner, mit diktator. Mitteln; im Verlauf eines Militärputsches ermordet.

Ngorongorokrater, Caldera im Hochland der Riesenkrater, in N-Tansania; 22 km Durchmesser, Kraterrand 2400 m ü. M., Kraterboden 1700 m hoch.

Nguyên Văn Thiêu [vietnames. ŋuiən vain θiẹu], *Phan Rang (Prov. Ninh Thuân) 5. 4. 1923, südvietnames. General und Politiker. 1965 als Präs. des Direktoriums Staatsoberhaupt; seit 1967 Staats-Präs.; hintertrieb die im Pariser Waffenstillstandsabkommen (1973) vorgesehene polit. Lösung des Vietnamkonflikts bis zu seinem Rücktritt (21. 4. 1975); lebt in den USA.

Ni, chem. Symbol für ↑Nickel.

Niacin [Kw.], svw. Nikotinsäure (↑Vitamine).

Niagarafälle, Wasserfälle des Niagara River zwischen Erie- und Ontariosee: Goat Island trennt die American Falls (51 m hoch, 350 m breit) von den Canadian (Horseshoe) Falls (49 m hoch, 790 m breit).

Niagara Falls [engl. naɪ'ægərə 'fɔːlz], 1) kanad. Stadt unterhalb der Niagarafälle, 69 000 E. Bed. Fremdenverkehr.
2) Stadt an den Niagarafällen, N. Y., USA, 71 300 E. Touristenzentrum.

Niamey [frz. nja'mɛ], Hauptstadt der Republik Niger, am linken Ufer des Niger, 570 000 E. Univ., Nationalmuseum mit ethnolog. Freilichtmuseum; Wirtschaftszentrum des Landes; Brücke über den Niger, Hafen, internat. ✈.

Niaux [frz. njo], Ort in den Pyrenäen, südl. von Foix, Frankreich, 230 E; nahebei die Grotte de N. (↑Höhlen [Übersicht]).

Nibble ↑Tetrade.

Nibelung, in der german. Heldensage König der *Nibelungen,* Besitzer des *Nibelungenhorts;* nach der Eroberung dieses Schatzes durch Siegfried wird der Name auf ihn und die Burgunden übertragen.

Nibelungenlied, mhd. Heldenepos eines namentl. nicht bekannten Dichters um 1200 im Donaugebiet; 39 »Aventiuren« von Siegfrieds Werbung um Kriemhild, seiner Vermählung mit ihr, seiner Ermordung durch Hagen und von Kriemhilds Rache.

Nicäa ↑Nizäa.

Nicaeno-Constantinopolitanum [ni-'tsɛːno...] ↑Nizänokonstantinopolitanum.

Staatsflagge

Staatswappen

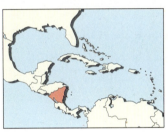

Nicaragua

Fläche:	120 254 km²
Einwohner:	3,955 Mio.
Hauptstadt:	Managua
Amtssprache:	Spanisch
Nationalfeiertag:	15. 9.
Währung:	1 Cordoba (C$) = 100 Centavos
Zeitzone:	MEZ – 7 Std.

Nicaragua (auch Nikaragua), Staat in Mittelamerika, grenzt im N an Honduras, im O an das Karib. Meer, im S an Costa Rica, im W an den Pazifik.
Staat und Recht: Republik; *Verfassung* von 1995. *Staatsoberhaupt* und oberster Inhaber der *Exekutivgewalt* ist der Präs. (für 6 Jahre direkt gewählt). *Legislative* ist die Nationalversammlung (92 Abg., für 6 Jahre gewählt). *Parteien:* Frente Sandinista de Liberación Nacional (FSLN), Unión Nacional Opositora (UNO).

Nicaragua

Landesnatur: Aus der etwa 80 km breiten karibischen Küstenebene erhebt sich allmählich ein Bergland, das bis 2 100 m Höhe erreicht. Nach W bricht es steil zu einer Seenzone (Lago de Managua, Nicaraguasee) ab. Westlich der Seenzone liegt eine Kette von Vulkanen. Das Klima ist tropisch mit geringen jahreszeitlichen Temperaturschwankungen. Über 50% von N. sind mit tropischem Regenwald bedeckt. Im westlichen Küstenbereich finden sich Savannen.

Bevölkerung: Die überwiegend kath. Bevölkerung setzt sich zus. aus 70% Mestizen, 14% Weißen, 10% Schwarzen, 4% Indianern, daneben Mulatten und Zambos.

Wirtschaft, Verkehr: Im pazif. Küstenland werden Baumwolle, Zuckerrohr und Bananen, im Hochland Kaffeesträucher angebaut. An der karib. Küste wurden Reis-, Bananen-, Zuckerrohr- und Kakaopflanzungen angelegt. Von den reichen Bodenschätzen werden Gold, Silber und Kupfererze abgebaut. Es gibt Leder-, Textil-, Metallwaren- und Arzneimittelherstellung. Banken, Fisch- und Holz-Ind. sind verstaatlicht. Das Eisenbahnnetz hat eine Länge von 334 km, das Straßennetz von 25 000 km. Wichtigste Häfen sind Corinto, San Juan del Sur, El Bluff, Puerto Sandino und Puerto Cabezas. Internat. ✈ bei Managua.

Geschichte: Die aus dem N kommenden Nicarao siedelten seit dem 15. Jh. um den Lago de Managua. Kolumbus entdeckte 1502 die atlant. Küste Nicaraguas. Ab 1528 in die span. Kolonialverwaltung eingegliedert, löste sich N. 1821 im Verband des Generalkapitanats Guatemala von Spanien und schloß sich Mexiko, 1823 der Zentralamerikan. Föderation an; 1838 wurde N. selbständige Republik. Seit der Unabhängigkeit befehdeten sich Konservative und Liberale. Hinzu kam der seit dem 18. Jh. schwelende Konflikt zw. Spaniern und Misquito-Indianern sowie Auseinandersetzungen mit den Nachbarrepubliken, zu Beginn des 20. Jh. Revolution und Bürgerkrieg, in den 1912 die USA eingriffen und bis 1933 in Nicaragua blieben. In der Folge gewann der Befehlshaber der von den USA aufgestellten Nat.garde, A. Somoza García, rasch an Einfluß; seine Familie baute sich eine wirtschaftlich und politisch beherrschende Stellung in N. auf. Auf Somoza García (diktator. Staats-Präs. 1937–47 und 1950–56) folgten seine Söhne L. A. Somoza Debayle (Präs. 1956–63) und A. Somoza Debayle (fakt. Machthaber 1963–67, Präs. 1967–72 und 1974–79). Wachsender Widerstand v. a. der 1962 gegr. linksgerichteten Sandinist. Befreiungsfront (FSLN) und der kath. Kirche entlud sich 1978 in einem blutigen Bürgerkrieg. 1979 mußte A. Somoza Debayle N. verlassen. Zus. mit anderen Oppositionsgruppen übernahm die FSLN unter D. Ortega Saavedra (formal Staatsoberhaupt, Regierungschef und Oberbefehlshaber) in der »Junta des nat. Wiederaufbaus« die Regierung, in der sie sich ein Übergewicht sicherte und sozialist. Kurs (u. a. Verstaatlichungen, Agrarreform) einschlug. Ab 1981 organisierte sich von Honduras aus eine bewaffnete rechtsgerichtete Opposition, die von den USA unterstützten und ausgerüsteten »Contras«. Aus den Präsidentschafts- und Parlamentswahlen 1984 gingen Ortega Saavedra und die FSLN als Sieger hervor. Der Bürgerkrieg zw. Regierungstruppen und Contras sowie wachsende wirtschaftl. Schwierigkeiten (Handelsembargo der USA) zwangen Ortega Saavedra nach internat. Vermittlung zu Zugeständnissen und zur Einleitung eines Demokratisierungs- und Versöhnungsprozesses. Nachdem sich die fünf mittelamerikan. Staaten 1989 verpflichtet hatten, die freiwillige Rückkehr der Contras zu unterstützen und deren Stützpunkte aufzulösen, bot die nicaraguan. Regierung eine weitgehende Amnestie an und zog die für 1991 vorgesehenen Wahlen auf Febr. 1990 vor. Diese brachten der UNO und ihrer Präsidentschaftskandidatin Violeta Barrios de Chamorro einen überraschenden Wahlerfolg. Im Juni 1990 wurde die Entwaffnung der Contras abgeschlossen, die innenpolit. Situation blieb jedoch durch wieder ausbrechende Konflikte zw. Recompas (ehemalige sandinist. Soldaten) und Recontras (ehemalige Contra-Rebellen) gespannt. Durch den Zerfall des Regierungsbündnisses wurde die FSLN Anfang 1993 faktisch wieder Regierungspartei.

Nickel

Nicholson [engl. 'nɪkəlsn], **1)** Ben, *Denham bei London 10. 4. 1894, † London 6. 2. 1982, engl. Maler. Kühle, klare Kompositionen (abstrakte weiße Reliefbilder, Stilleben, Architekturansichten).
2) Jack, amerikan. Filmschauspieler, *Neptune (N.J.) 22. 4. 1944. Internat. Star in Filmen wie »Easy Rider« (1969), »Chinatown« (1974), »Einer flog über das Kuckucksnest« (1976), »Shining« (1980), »Wenn der Postmann zweimal klingelt« (1980), »Die Hexen von Eastwick« (1987), »Batman« (1989), »Eine Frage der Ehre« (1992), »Jimmy Hoffa« (1993).

Nichtangriffspakt, Vertrag, in dem sich die Vertragspartner zusichern, bei der Lösung von Konflikten auf die Anwendung von Gewalt zu verzichten oder im Falle eines Krieges mit anderen Staaten im Verhältnis zueinander neutral zu bleiben.

Nichte [niederdt.], Tochter des Bruders oder der Schwester.

nichteheliche Kinder (außerehel. Kinder), Kinder einer unverheirateten Frau, in einer Nichtehe geborene Kinder, Kinder, deren Ehelichkeit wirksam angefochten worden ist sowie Kinder aus aufgelösten Ehen, wenn sie später als 302 Tage nach der Eheauflösung geboren sind. Grundsätzlich haben n. K. die gleichen Rechte wie ehel. Kinder. Sie stehen unter der elterl. Sorge der Mutter, erhalten deren Familiennamen und haben das Jugendamt als Pfleger zur Geltendmachung der Vaterschaft, des Unterhalts und zur Regelung des Erbrechts gegenüber dem Vater. Im Verhältnis zur Mutter und deren Verwandten haben n. K. grundsätzlich die Stellung von ehel. Kindern. Die Vaterschaft wird durch Anerkennung oder gerichtl. Entscheidung festgestellt. Vater und Kind sind miteinander verwandt. Der Vater kann dem Kind mit dessen und der Mutter Einwilligung seinen Namen erteilen, jedoch hat er keine elterl. Sorge, nur die Befugnis zum persönl. Verkehr. Bis zur Erlangung einer selbständigen Lebensstellung hat er dem Kind unter Berücksichtigung der Verhältnisse beider Eltern Unterhalt zu leisten, bis zur Volljährigkeit jedoch mindestens den gesetzl. Regelunterhalt. Das Kind beerbt den Vater nach allg. Recht, erhält aber statt des Erbteils nur einen †Erbersatzanspruch. N. K. werden ehelich, wenn ihre Eltern heiraten (Legitimation). Nach der Rechtsprechung des Bundesverfassungsgerichts hat das volljährige n. K. einen Anspruch auf Kenntnis seines leibl. Vater.

Nichteisenmetalle (NE-Metalle) †Metalle.

Nichtigkeit, die rechtl. Unwirksamkeit von privaten wie auch von öffentl. Rechtsakten auf Grund schwerwiegender formaler oder inhaltl. Fehler oder Mängel, z. B. bei Verstoß gegen ein gesetzl. Verbot, gegen die guten Sitten, bei Geschäftsunfähigkeit des Handelnden.

Nichtigkeitsklage, 1) Klage zur Wiederaufnahme rechtskräftig abgeschlossener Zivil- oder Verwaltungsprozesse, die an schweren formellen Mängeln leiden.
2) Klage eines Gatten oder des Staatsanwalts zur Nichtigerklärung der Ehe wegen schwerer Mängel des Eheschlusses (z. B. Bigamie).

Nichtleiter (Isolator), Material mit einem spezif. elektr. Widerstand größer als 1 Mio. Ohm.

Nichtmetalle, chem. Elemente, die keine metall. Eigenschaften aufweisen (Glanz, Duktilität, elektr. und therm. Leitfähigkeit), z. B. Halogene, Edelgase, Kohlenstoff, Stickstoff, Sauerstoff, Phosphor und Schwefel. Ihre Oxide bilden mit Wasser oft Säuren.

Nichts, Begriff der (absoluten oder relativen) Verneinung des Seins, der in Mythos (z. B. als Chaos), Theologie (»Schöpfung aus dem N.«) und Philosophie, v. a. der Existenzphilosophie (der Mensch muß sich aus dem N. seine Existenz geben), eine wichtige Rolle spielt.

NICHT-Schaltglied †Logikelemente.

Nichtseßhafte, im *Sozialhilferecht* Personen, die ohne gesicherte wirtschaftl. Lebensgrundlage umherziehen oder sich in Einrichtungen zur Wiedereingliederung aufhalten. N. haben Anspruch auf Sozial- und Wiedereingliederungshilfe.

Nickel, chemisches Element, Symbol Ni, der VIII. Nebengruppe des Periodensystems; Ordnungszahl 28; relative Atommasse 58,69; Dichte 8,902 g/cm³; Schmelztemperatur 1453 °C; Siedetemperatur 2732 °C. N. ist ein silberweißes, gut verformbares Schwermetall, das sehr

Jack Nicholson

2385

Nickel-Cadmium-Akkumulator

resistent gegenüber Sauerstoff, Wasser, nichtoxidierenden Säuren und Alkalien ist und in seinen Verbindungen meist zwei-, seltener ein-, drei- oder vierwertig auftritt. Die wichtigsten N.erze sind Garnierit und Pentlandit. N. wird als Legierungsmetall zur Herstellung nichtrostender Stähle verwendet. Weitere wichtige N.legierungen sind Konstantan ®, Monel, Neusilber und Invar ®.

Nickel-Cadmium-Akkumulator, Akkumulator mit Nickelhydroxid als Anode, Kalilauge als Elektrolyt und Cadmium als Kathode; Spannung etwa 1,25 Volt pro Zelle.

Nickhaut, drittes Augenlid vieler Wirbeltiere (immer bei Reptilien und Vögeln), das als häufig durchsichtige Bindehautfalte meist im inneren Augenwinkel entspringt und über den Augapfel ausgebreitet werden kann; dient der Reinigung der Hornhaut.

Niclas Hagnower [-ˈhaːgnɔvər] (Nikolaus [Niklaus] von Hagenau, Nikolaus Hagenauer), * um 1445, † vermutlich Straßburg vor 1538, oberrhein. Bildhauer. Schuf für das Straßburger Münster 1501 den geschnitzten Fronaltar (Beweinung Christi [Straßburg, Sankt Stephan], zwei Prophetenbüsten [ebd., Frauenhausmuseum] und ein Engel erhalten). N. H. gilt als Schöpfer der Schreinfiguren des Isenheimer Altars (neuerdings bestritten) und des Nördlinger Altars.

Nicolai [nikoˈlai, ˈnɪkolaɪ], 1) Friedrich, * Berlin 18. 3. 1733, † ebd. 8. 1. 1811, dt. Schriftsteller und Verleger. Begründer und Hg. der »Allg. Dt. Bibliothek« (107 Bde., 10 Bde. Register, 1765 bis 1805).
2) Otto, * Königsberg 9. 6. 1810, † Berlin 11. 5. 1849, dt. Komponist. Bekannt durch seine kom. Oper »Die lustigen Weiber von Windsor« (1849).

Nicolle, Charles [Jules Henri] [frz. niˈkɔl], * Rouen 21. 9. 1866, † Tunis 28. 2. 1936, frz. Bakteriologe. Klärte 1909 experimentell die Übertragungsform des Fleckfiebers und erhielt hierfür 1928 den Nobelpreis für Physiologie oder Medizin.

Nicolsches Prisma [engl. ˈnɪkəl... -; nach dem brit. Physiker William Nicol, * um 1768, † 1851], Kombination zweier geeignet geschliffener Prismen des optischen einachsigen Kalkspats, die mit Kanadabalsam verkittet sind. Beim Eintritt in das N. P. wird ein Lichtstrahl in zwei Teilstrahlen (*ordentlicher* und *außerordentlicher* Strahl) zerlegt (↑Doppelbrechung). Während der ordentl. Strahl an der Kanadabalsamschicht total reflektiert wird, verläßt der außerordentl. Strahl das N. P. in urspr. Richtung. Das N. P. dient v. a. zur Erzeugung (Polarisator) und zum Nachweis (Analysator) linear polarisierten Lichts.

Nidaros ↑Trondheim.

Nidation [lat.] Einnistung der befruchteten Eizelle in die Gebärmutterschleimhaut.

Nidau, Bezirkshauptort im schweizer. Kt. Bern, an Biel angrenzend, 8000 E. Schloß (v. a. 1630), barockes Rathaus (18.Jh.).

Nidda, 1) hess. Stadt am S-Rand des Vogelsbergs, 16400 E. Kurbetrieb im Ortsteil *Bad Salzhausen.*
2) rechter Nebenfluß des unteren Mains, 98 km lang.

Nidwalden, Kurzform für ↑Unterwalden nid dem Wald.

Niebuhr, 1) Barthold Georg, * Kopenhagen 27. 8. 1776, † Bonn 2. 1. 1831, dt. Historiker. 1806–10 im preuß. Staatsdienst. Begründete die histor. Quellenkritik (»Röm. Geschichte«, 5 Bde., 1812–45). Ab 1823 Prof. in Bonn; beeinflußte stark L. von Ranke und T. Mommsen.
2) Reinhold, * Wright City (Mo.) 21. 6. 1892, † Stockbridge (Mass.) 1. 6. 1971, amerikan. ev. Theologe. Prof. für christl. Ethik in New York; entwickelte eine christl. Philosophie der Geschichte.

Niederaltaich, bayr. Ort am linken Ufer der Donau, 1800 E. – Bed. Klosterkirche (14. und 18.Jh.).

Niederdeutsch, Sammel-Bez. für die dt. Dialekte nördl. der ↑Benrather Linie, die die 2. Lautverschiebung nicht mitgemacht haben. Die schriftl. Überlieferung beginnt mit dem frühen 9.Jh., das *Altsächsische* war der dominierende Dialekt. Seit der polit. Eingliederung ins Frankenreich unter Karl d. Gr. geriet es immer mehr unter althochdt. Einfluß. Ein Neuansatz zeigte sich um 1200, angeregt v. a. durch die Werke Eike von Repgows. Dies ist der Beginn der *mittelniederdt. Epoche;* ihre Blüte (um 1350–1500) war eng mit dem Aufstieg der Hanse und der Stadt Lübeck

Charles Nicolle

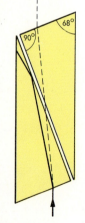

Nicolsches Prisma.
—— ordentlicher,
----- außerordentlicher Strahl

2386

verbunden, das Mittelniederdt. wurde überregionale nordeurop. Verkehrssprache. Als Umgangssprache und in der Mundartdichtung hält sich das N. bis heute.

niedere Gerichtsbarkeit (Niedergericht), im MA bis ins 19. Jh. die mit minderen Rechtsstreitigkeiten (Klagen um Schulden) und leichteren Straftaten befaßte Gerichtsbarkeit.

niedere Tiere, svw. ↑Wirbellose.

Niederfrequenz, Abk. NF, i. a. der Tonfrequenzbereich von 16 Hz bis 20 kHz; eine allgemeingültige Abgrenzung gibt es jedoch nicht.

Niederjagd (weidmänn. kleines Weidwerk), Jagd auf ↑Niederwild.

Niederkalifornien, zu Mexiko gehörende Halbinsel an der SW-Küste von Nordamerika, durch den Golf von Kalifornien vom Festland getrennt, 1 200 km lang, 50–240 km breit, bis 3 078 m hoch.

Niederlande (niederländisch Nederland), Staat in Europa, grenzt im W und N an die Nordsee, im O an die BR Deutschland, im S an Belgien.

Staat und Recht: Konstitutionelle Erbmonarchie, basierend auf dem *Grundgesetz* von 1815 und der *Verfassung* vom Febr. 1983. *Staatsoberhaupt* ist die Königin (seit 1980 Beatrix). Sie nimmt auch exekutive wie legislative Aufgaben wahr und ist Präs. des Staatsrats (höchstens 20 Mgl., beratende Funktion). Zur Bildung einer Regierung, die die *Exekutive* auf gesamtstaatl. Ebene ausübt, beruft die Königin einen »Formateur«. Das Parlament, dem v. a. die Aufgabe der *Legislative* zukommt, besteht aus zwei Kammern (Generalstaaten). Die 1. Kammer (75 Abg.) wird indirekt auf 6 Jahre, die 2. Kammer (150 Abg.) direkt auf 4 Jahre gewählt. Die größten *Partei*gruppierungen sind die sozialdemokrat. Partij van de Arbeid (PvdA), die rechts von der Mitte stehende Sammelpartei Christen Democratisch Appèl (CDA), die rechtsliberale Volkspartij voor Vrijheid en Democratie (VVD) und die linksliberale Demokraten '66.

Landesnatur: Die N. sind ein Tiefland im Mündungsgebiet der Flüsse Rhein, Maas und Schelde. Der tiefste Punkt liegt mit 6,6 m u. M. bei Rotterdam, der höchste im südl. Limburg mit 322 m ü. M. Im N sind die Westfries. Inseln der

Niederlande

Niederlande

Fläche:	41 864 km²
Einwohner:	5,158 Mio.
Hauptstadt:	Amsterdam
Regierungssitz:	Den Haag
Amtssprache:	Niederländisch
Nationalfeiertag:	30. 4.
Währung:	1 Holländ. Gulden (hfl) = 100 Cent
Zeitzone:	MEZ

Küste vorgelagert. Das Klima ist ozeanisch. Die urspr. Vegetation (Eichen-Birkenwälder) ist vernichtet. Auf den Geestflächen finden sich Heiden.

Bevölkerung: Neben den Niederländern finden sich Gruppen von Indonesiern, Surinamern und Antillianern. 40% gehören der röm.-kath. Kirche, 33% den ref. Kirchen an.

Wirtschaft, Verkehr: Der wichtigste Zweig der Landwirtschaft ist die Viehhaltung (Rinder, Schweine und Geflügel). Bed. Erwerbsgartenbau: In Freilandkulturen werden Gemüse, Kern-, Stein- und Beerenobst sowie Blumenzwiebeln und Blumen gezüchtet. Sonderkulturen werden in Gewächshäusern gezogen (Tomaten, Gurken, Salat, Paprika, Hanf). Zuckerrüben, Hülsen- und Ölfrüchte werden im O und NO der N. angebaut. Die N. verfügen über große Erdgasvorkommen. Führend ist die Nahrungs- und Genußmittel-Ind., gefolgt von chem. und Metallindustrie. Bed. sind auch Schiff-, Auto- und Maschinenbau sowie elektrotechn., Textil-, Lederwaren- und Keramik-Ind. und Diamantenschleifereien. Das Eisenbahnnetz hat eine Länge von 2 809 km, das Straßennetz von 54 525 km. Die Binnenwasserstraßen sind 4 831 km

Niederlande

Staatsflagge

Staatswappen

1970 1992 1970 1992
Bevölkerung (in Mill.) Bruttosozialprodukt je E (in US-$)

Bevölkerungsverteilung 1992

Bruttoinlandsprodukt 1992

2387

Niederlande

lang. Wichtigste Häfen sind Rotterdam und Amsterdam. Internat. ✈ in Amsterdam (Schiphol) und Rotterdam (Zestienhoven).

Geschichte: Für das Gebiet um Schelde, Maas und Niederrhein kam im 11. Jh. die geograph. Bez. N. auf. Die sich in diesem Raum konsolidierenden Territorien kamen im 14. und 15. Jh. größtenteils an die aufsteigenden Hzg. von Burgund, 1477 durch Maria von Burgund an das Haus Österreich. Die seit dem Spät-MA kulturell und wirtschaftlich blühenden Territorien, die ihre Ständeversammlungen (Staaten und Generalstaaten) behielten, unterstanden Provinzialstatthaltern unter einem Generalstatthalter. Nach der Teilung der habsburg. Gebiete unter Karl V. waren die N. mit Spanien verbunden. Die religiöse Repression und die Mißachtung der ständ. Freiheiten durch Philipp II. trieben Adel und Städte zum Aufstand, der sich nach der Entsendung des span. Hzg. Alba (Hinrichtung von Egmond und Horne) 1568 zum Freiheitskampf ausweitete (sog. Achtzigjähriger Krieg). Dieser wurde seit 1572 von Wilhelm von Oranien angeführt, der sich v. a. auf die Geusen stützte. 1576 schlossen sich die gesamten N. zu einem Friedens- und Freundschaftsbund zusammen (Genter Pazifikation). Die span. Politik beschwor jedoch eine Radikalisierung der Protestanten (v. a. in Holland und Seeland) herauf und führte zu einer Polarisierung der Konfessionen, so daß sich 1579 unter dem Einfluß des neuen Statthalters Alexander von Parma die südl. Prov. wieder dem span. König zu Gehorsam verpflichteten (Union und Friede von Arras), während die nördl. Prov. den Kampf weiterführten (Union von Utrecht). Sie sagten sich 1581 ganz von den Habsburgern los und gründeten 1587 die *Republik der Vereinigten N.* (nach der Vertretung der Prov. auch *Generalstaaten* genannt). Während die südl. N. 1713 an die österr. Habsburger kamen, erreichte die Republik im Westfäl. Frieden (1648) die Anerkennung ihrer Unabhängigkeit. Die sieben Prov. bildeten einen Staatenbund, in dem die Souveränität bei den Prov. lag; tonangebend war die Prov. Holland. Das Amt des Provinzialstatthalters blieb erhalten; das Haus Oranien-Nassau, im 17./18. Jh. sogar erbl. Träger dieses Amtes, vermochte seine Machtstellung auszubauen. – Im 17. Jh. zunächst führende europ. See-, Handels- und Kolonialmacht und kulturell in hoher Blüte, verloren die N. bald ihre Vormachtstellung auf See an England (↑englisch-niederländische Seekriege), konnten sich jedoch in vier Kriegen (1667–1714) gegen Frankreich behaupten. Im 1. Koalitionskrieg 1795 frz. besetzt, wurden die Ver-

Niederlande. Hafen von Zierikzee auf der Insel Schouwen-Duiveland im Rhein-Maas-Delta

niederländische Kunst

einigten N. zunächst zur *Batav. Republik* erklärt, von Napoleon I. 1806 in das *Kgr. Holland* unter seinem Bruder Ludwig umgewandelt und 1810 Frankreich eingegliedert. 1814/15 wurde die ehem. Republik mit den südl. N. und dem Fürstbistum Lüttich als *Kgr. der Vereinigten N.* unter dem Oranier Wilhelm I. (⚭ 1814–40) zusammengefügt; der S wurde jedoch nach einem Aufstand 1831 als Kgr. ↑Belgien vom *Kgr. der N.* getrennt. – Unter Wilhelm II. (⚭ 1840 bis 49) kam es im Sinne des liberalen Führers J. R. Thorbecke zu Reformen (u. a. Verfassungsreform von 1848), die unter Wilhelm III. (⚭ 1849–90) fortgesetzt wurden (u. a. Sozialgesetzgebung). Im 1. wie im 2. Weltkrieg betrieben die N. eine strenge Neutralitätspolitik. Trotzdem wurden sie am 10. 5. 1940 von dt. Truppen überfallen; Königin Wilhelmina (⚭ 1890–1948) und das Kabinett wichen nach Großbrit. aus, bis die N. zw. Sept. 1944 und April 1945 durch die Alliierten befreit wurden. An die Stelle der Neutralitätspolitik traten die Öffnung der N. zum Westen und das Bemühen um eine europ. Einigung. 1948 dankte Königin Wilhelmina zugunsten ihrer Tochter Juliana ab. Das zunächst gespannte Verhältnis zur BR Deutschland wurde mit zwei Verträgen 1960 und 1963 geregelt. Das Bemühen um eine Wirtschaftsunion mit Belgien und Luxemburg führte 1958 zur Beneluxunion (↑Benelux). Nach der Abdankung Königin Julianas bestieg 1980 ihre Tochter Beatrix den Thron. Die Regierungen der Nachkriegszeit waren Koalitionskabinette; bei den Parlamentswahlen 1994 verlor die Regierungskoalition zw. Christdemokraten (CDA) und Sozialdemokraten (PvDA) unter R. Lubbers ihre absolute Mehrheit; Min.-Präs. wurde W. Kok.

Niederländisch (Holländisch), zur westl. Gruppe der german. Sprachen gehörende Sprache, die in den Niederlanden und N-Belgien *(Flämisch)* gesprochen wird. Tochtersprache ist das ↑Afrikaans.
Man unterscheidet folgende Epochen: Alt-N. (9.–12. Jh.), Mittel-N. (13. bis 16. Jh.) und Neuniederländisch. Im 17. Jh. wurde die gesprochene Sprachform der Amsterdamer und Haager Oberschicht als vorbildl. angesehen. Nach der Trennung der nördl. von den südl. Niederlanden hatte die fortschreitende Französisierung der Oberschicht im S zur Folge, daß bei der gesprochenen und der geschriebenen Sprache eine andere Entwicklung eintrat als im Norden.

Niederländische Antillen, autonomer Teil der Niederlande im Bereich der Westind. Inseln, umfaßt zwei etwa 880 km voneinander entfernte Gruppen von Inseln: Curaçao und Bonaire sowie Sint Maarten (S-Teil), Sint Eustatius und Saba, 800 km², 235 700 E, Hauptstadt Willemstad (auf Curaçao). Die Insel *Aruba* erhielt 1986 Teilunabhängigkeit.

niederländische Kolonien, die ehem. Besitzungen der Niederlande. Die niederl. Handelskompanien (Vereinigte Ostind. Kompanie, gegr. 1602; 1. Westind. Kompanie, gegr. 1621) errichteten Handelsniederlassungen an der Goldküste, auf Ceylon, Malakka, Taiwan und dem Malaiischen Archipel und Stützpunkte an der arab., pers. und ind. Küste sowie im NO der heutigen USA. Während die meisten Kolonien in Afrika und Indien an Großbrit. verlorengingen, endete die niederl. Kolonialherrschaft über den größten Teil der Sundainseln, die Molukken und W-Neuguinea (Niederl.-Indien) erst 1949 bis 63; die Niederl. Antillen und Surinam erhielten 1954 innerhalb des Kgr. der Niederlande die Autonomie; 1975 erhielt Surinam die volle Unabhängigkeit.

niederländische Kunst, die Kunst im Gebiet der heutigen Niederlande *(holländische Kunst)* und der ehemals spanisch-österr. Niederlande *(flämische Kunst)* bis zur Unabhängigkeitserklärung von 1830 (danach ↑belgische Kunst). Ihre höchsten Leistungen sind v. a. Werke der Malerei, deren Blütezeiten das 15. Jh. und das 17. Jh. waren.

Romanik: Johanneskirche in Lüttich (980 geweiht); Kathedrale von Tournai (um 1130 begonnen, mit imposanter Querhausturmgruppe). – Hoch entwickelt im Maastal: Metallguß (Taufbecken in St. Barthélmy zu Lüttich von Reiner von Huy, vollendet 1118), Goldschmiede- und Schmelzkunst (Hauptmeister: Nikolaus von Verdun).

Gotik: St. Michel (früher St. Gudule) in Brüssel (seit etwa 1220; Doppelturm-

Niederländische Antillen

Staatswappen

niederländische Kunst

niederländische Kunst. Kathedrale von Tournai (um 1130 ff.)

fassade; 14./15. Jh.), Chor der Kathedrale von Tournai (1242), Kathedrale von Antwerpen (1352–1533); klare Formen bes. in Holland: St. Peter in Leiden (seit 1339). Profanbauten: Rathäuser (Brügge, Löwen, Brüssel, Oudenaarde), Tuchhallen (Ypern), Belfriede. – Von got. Plastik ist wenig erhalten; herausragender Bildhauer um 1400 war Claus Sluter am burgund. Hof in Dijon (Mosesbrunnen, Kirchenportalfiguren in der Kartause); die Antwerpener Schnitzaltäre der Spätgotik waren überwiegend für den Export bestimmt.

15. Jahrhundert: Blütezeit der altniederländ. Malerei; wichtigste Voraussetzung für die Kunst der Brüder van Eyck (Genter Altar, vollendet 1432 [?]) war der in den Miniaturen der Brüder Limburg lebendig gewordene fläm. Wirklichkeitssinn. Die Malerei im S wurde begründet von R. Campin, fortgebildet von R. van der Weyden und D. Bouts. Bed. Meister in der 2. Hälfte des 15. Jh. war H. van der Goes (Portinari-Altar, um 1475/78; Florenz, Uffizien); H. Memling und G. David setzten das Überlieferte fort; H. Bosch signalisiert den Umbruch der Zeiten.

16. Jahrhundert: Die Baukunst übernahm italien. Renaissanceformen; u. a. Antwerpener Rathaus (1561–65) von C. Floris, einflußreich auch als Bildhauer und Ornamentzeichner (Floris-Stil). Als niederländ. Meister der manierist. Plastik wirkten Giovanni da Bologna in Italien sowie H. Gerhard und A. de Vries in Deutschland. – In der Malerei Entwicklung zur äußersten Verfeinerung durch Qu. Massys. Italien. Einflüsse wurden wichtig für die Vertreter des †Romanismus: J. Gossaert, Bernaert van Orley (*um 1488, † 1542), Lucas van Leyden (bed. bes. als Kupferstecher), J. van Scorel u. a.; genialer Gegner des Romanismus: P. Bruegel d. Ä. (Bauern- und Landschaftsbilder).

17.–19. Jahrhundert: Das Grabmal Wilhelms I. von Oranien in Delft (Nieuwe Kerk, 1614–22, von H. de Keyser, vollendet von seinem Sohn Pieter [*1595, † 1664]) und das Mauritshuis in Den Haag (1633–44, von J. van Campen und Pieter Jansz. Post ([≈1608, † 1669]) sind Prototypen der niederländ. Barockbaukunst. Das 17. Jh. ist das »goldene« Jh. niederländ. Malerei. Der herausragende Maler des fläm. Barock, P. P. Rubens, verschmolz in seinen Altarbildern, mytholog. Tafelbildern und Porträts italien. und fläm. Impulse zur authent. Einheit. Sein Schüler, A. van Dyck, ging nach England; in den Niederlanden verarbeitete v. a. J. Jordaens seinen Einfluß. Einen Gegenentwurf zur repräsentativen offiziellen Kunst stellt das Werk A. Brouwers dar. Bed. Spezialisten sind auch D. Teniers d. J. (bäuerl. Genre) und Frans Snijders (≈1579, † 1657; Stilleben). In der holländ. Schule vollzieht sich die Loslösung von Manierismus und Romanismus als Ausdruck eines selbstbewußten Bürgertums. Abgesehen von der Sondererscheinung der Utrechter Caravaggisten (Hendrick Terbrugghen [*1588, □ 1629], Gerard van Honthorst [*1590, † 1656]) sind es F. Hals in Haarlem mit Porträts und Gruppenbildern von lärmender Lebenslust, in Delft P. de Hooch und v. a. Vermeer van Delft mit seinen von Tageshelligkeit erfüllten Interieurs, der Landschaftsmaler Jan van Goyen (*1596, † 1656) und v. a. Rembrandt (ab 1631 in Amsterdam) mit Historienbildern und Porträts, die der holländ. Malerei eine eigene Sprache gaben. Von Bedeutung sind auch die Stilleben von P. Claesz, Willem Claesz

niederländische Literatur

Heda (* 1593 oder 1594, ▭ 1680), Jan Davidsz. de Heem (* 1606, † 1683 oder 1684), Willem Kalf (* 1619, † 1693) sowie die Architekturbilder von Pieter Saenredam (* 1597, ▭ 1665), Gerard Houckgeest (* um 1600, † 1661), Emanuel de Witte (* um 1617, † 1692). – Während es im 18. Jh. keine Leistungen von internationaler Bed. gab, entstand im 19. Jh. neben den Werken von Jozef Israëls (* 1824, † 1911), den Brüdern Maris (Jakob [* 1837, † 1899], Matthijs [* 1839, † 1917], Willem [* 1844, † 1910]) und Anton Mauves (* 1838, † 1888) das Werk van Goghs, der nach Frankreich ging.

20. Jahrhundert: Dieses Jh. ist durch die Jugendstilmaler J. Thorn Prikker und Jan Toorop (* 1858, † 1928) vertreten. Mit der ↑Stijl-Gruppe entstand eine dem Bauhaus in Deutschland und dem russ. Konstruktivismus und Suprematismus verwandte Kunst. Nach dem 2. Weltkrieg wurde Amsterdam ein Zentrum des abstrakten Expressionismus (u. a. Corneille [* 1922], Gruppe ↑Cobra); Konstruktivismus und opt. Kalkül (M. C. Escher; Jan J. Schoonhoven [* 1914] als Vertreter der Op-art mit der Gruppe »Nul«), geometr. Abstraktion (Ad Dekkers [* 1938, † 1974]), Land-art (Ger Dekkers [* 1929]) und Konzeptkunst (Jan Dibbets [* 1941]) sind in der jüngeren n. K. produktiv vertreten.

niederländische Literatur, die Literatur in niederl. Sprache, d. h. die volkssprachl. Literatur in den Niederlanden und in Flandern. Die belg. Literatur hat eine frz.-sprachige und eine niederl.-sprachige *(flämische)* Tradition.

Mittelniederländisch: Aus dem 13. Jh. sind Handschriften erhalten, die i. d. R. auf ältere Vorlagen zurückgehen, als wichtigster Vertreter gilt ↑Heinrich von Veldeke. Aus der Zeit zw. dem 13. und 15. Jh. ist eine reiche *geistl. Epik* überliefert; außerdem *Ritterepik* mit karoling. Erzählungen (»Karel ende Elegast«), antiken Romanen, Artusromanen (»Walewein«) und oriental. Geschichten. Ihren Höhepunkt erreichte die Erzähldichtung in der *Tierepik* (Reinaert); myst. Minnelieder schrieb die Lyrikerin Hadewych (1. Hälfte des 13. Jh.). Die *Abele Spelen* des 14. Jh. repräsentieren das älteste weltl. Theater. Sehr reich ist die *didakt. Literatur,* zu der neben den myst. Traktaten des Jan van Ruusbroec zahlr. weltl. Dichtungen gehören, z. B. die Jacob van Maerlants (* um 1235, † nach 1291). Im 15. und 16. Jh. widmeten sich die ↑Rederijkers der Lyrik sowie dem Theater. Zur Zeit der Reformation verherrlichen die »Geusenlieder« den Aufstand gegen Spanien.

niederländische Kunst.
Vincent van Gogh. »Die Rhonebarken« (1888; Essen, Museum Folkwang)

Renaissance, Barock, Klassizismus: Die Frührenaissance (2. Hälfte des 16. Jh.) stand unter dem Einfluß der frz. Pléiade (Lyrik des Jan Baptista van der Noot [* um 1540, † um 1595]). Lag der Schwerpunkt der n. L. bis dahin in Flandern und Brabant, so wurde er im Gefolge der Spaltung der Niederlande (1585) nach Holland verlagert, wo die Renaissanceliteratur in den ersten Jahrzehnten des 17. Jh. einen Höhepunkt erreichte (»Goldenes Jh.«). Bekannteste Dichter waren P. C. Hooft, Gerbrand Adriansz. Bredero (*1585, †1618), J. van den Vondel, Jacob Cats (*1577, †1660) und C. Huygens. Seit der 2. Hälfte des 17. Jh. wurde für Drama, Komödie und Lyrik der frz. Klassizismus immer mehr zum Vorbild (Dramen von L. Rotgans, Komödien von Pieter Langendijk [*1683, †1756], Lyrik von Hubert Kornelisz. von Poot [*1689, †1733]). Aufklärer. Auffassungen fanden seit etwa 1720 in moral. Wochenschriften nach engl. Modell Verbreitung.

Die *romantische Literatur* setzte etwa 1770 ein; bedeutendste Vertreter sind Rhijnvis Feith (*1753, †1824) und Willem Bilderdijk (*1756, †1831). Produktiv war die *volkssprachl. Literatur,* u. a. vertreten durch Jan Frans Willems (*1793, †1846) und H. Conscience, *histor. Romane* verfaßten J. van Lennep, A. L. G. Borboom-Toussaint; Everhardus Johannes Potgieter (*1808, †1875) gehört zu den bedeutendsten Literaturkritikern seiner Zeit. Bed. Autoren des 19. Jh. sind E. Douwes Dekker (Pseud. Multatuli) und der fläm. Priester G. P. Gezelle.

Hauptvertreter der †Tachtigers waren W. Kloos, Herman Gorter (*1864, †1927), A. Verwey und Frederik Willem van Eeden (*1860, †1932). Die Romane von L. Couperus (*1863, †1923) artikulieren eine Fin-de-siècle-Stimmung. *Naturalist. Dramen* verfaßte Herman Heijermans (*1864, †1924).

20. Jahrhundert: Die 1. Hälfte bot eine Fülle von Strömungen; Vertreter der Lyrik waren Pieter Nicolaas van Eyck (*1887, †1954), A. Roland Holst, Jacobus Cornelis Bloem (*1887, †1966), Martinus Nijhoff (*1894, †1953), für die Erzählprosa sind Arthur van Schendel (*1874, †1946), F. Timmermans, E. Claes und Willem Elsschot (*1882, †1960) zu nennen. Um den 1. Weltkrieg dominierte der Expressionismus, hpts. vertreten durch den Lyriker Paul André van Ostaijen (*1896, †1928), die Dichtung Hendrik Marsmans' (*1899, †1940) sowie den Romanautor Ferdinand Bordewijk (*1884, †1965). Die 1930er und 1940er Jahre gelten als die Zeit des psycholog., autobiograph. Erzählens (Gerard Walschap [*1898]), Simon Vestdijk [*1898, †1971], Marnix Gijsen [*1898], J. Daisne, Louis Paul Albert Boon [*1912, †1979]). Hauptvertreter einer um 1950 wirksam werdenden Generation sind Lubertus Jacobus Swaanswijk (*1924; Pseudonym Lucebert), Hugo Maurice Julien Claus (*1929), Willem Frederik Hermans (*1921, †1995), H. Mulisch und C. Nooteboom. Für die Generation der Nachkriegszeit stehen die Lyriker Patrick Conrad (*1945) und Leo Bruyninx (*1948).

niederländische Musik, die Werke niederl., fläm. und burgund. Komponisten des 15./16. Jh. – Die erste Epoche ist mit dem burgund. Hof Philipps des Guten (⚭ 1419–67) und Karls des Kühnen (⚭ 1467–77) verbunden, daher auch *burgund. Musik* genannt; ihre bedeutendsten Vertreter waren G. Dufay und G. Binchois. Die Folgezeit, die Zeit der *franco-fläm. Schule* mit Zentren in Cambrai und Antwerpen, bestimmte das europ. Musikleben bis in das ausgehende 16. Jh. Bedeutendste Vertreter des oft als *Vokalpolyphonie* charakterisierten Stils waren J. Ockeghem, Josquin Desprez, J. Obrecht, H. Isaac, A. Willaert (Begründer der †venezianischen Schule), J. Clemens non Papa, de C. Rore; v. a. als Theoretiker wurde J. Tinctoris bekannt. Ihre Vollendung erfuhr die Vokalpolyphonie bei Orlando di Lasso und G. P. Palestrina. Als letzter großer Niederländer gilt J. P. Sweelinck (v. a. Orgelmusik).

Niederländisch-Französischer Krieg (Holländ. Krieg), 2. Eroberungszug Ludwigs XIV. von Frankreich gegen die Republik der Vereinigten Niederlande (1672–78/79). Durch das Eingreifen Kaiser Leopolds I., Spaniens, Brandenburgs, Englands zum europ. Konflikt ausgeweitet; durch die Friedensschlüsse von Nimwegen beendet.

Niederlassung, Ort, an dem ein Gewerbebetrieb dauernd betrieben wird. Beim Betrieb eines Handelsgewerbes spricht man von *Handelsniederlassung,* bei Gesellschaften von *Sitz.*

Niederlassungsfreiheit, als Bestandteil der ↑Freizügigkeit Grundrecht jedes Deutschen, sich an jedem beliebigen Ort in Dtl. niederzulassen, Grundeigentum zu erwerben, ein Gewerbe zu betreiben oder einer sonstigen Tätigkeit nachzugehen (Art. 11, 12 GG).

Niederlausitz, Landschaft beiderseits der unteren Spree und der Lausitzer Neiße.

Geschichte: Kern der späteren N. waren die Wohngaue der sorb. Lusizen (hielten sich z. T. bis in die Gegenwart) um Cottbus, Guben und Sorau; kam endgültig 1136 an die Wettiner, 1367 an Böhmen. 1445/55 fiel der (damalige) Kreis Cottbus an Brandenburg, 1526 die übrige N. an Österreich; 1623/35 erhielt Kursachsen beide Lausitzen; 1657–1738 zum albertin. Sekundogenitur-Ft. Sachsen-Merseburg; preuß. ab 1815.

Niederösterreich, österr. Bundesland an der tschechoslowak. Grenze, 19 174 km², 1,47 Mio. E, Verwaltungssitz Wien. Nördl. der Donau, die N. zentral durchfließt, liegt das Wald- und Weinviertel, südl. von ihr hat N. Anteil am Alpenvorland und an den Nördl. Kalkalpen. Die größte Siedlungsdichte tritt um Wien auf, das als Enklave vollständig von N. umgeben ist. Die Land- und Forstwirtschaft spielt eine bed. Rolle; außerdem Weinbau in der Wachau, im Weinviertel und am O-Rand des Wienerwalds. Wichtigste Bodenschätze sind Erdöl und Erdgas; bed. Fremdenverkehr.

Geschichte: N. war das führende Erbland der Habsburger. Durch den Zerfall der Donaumonarchie 1918/19 wurde es Grenzland. Seit 1920 sind Wien und N. zwei selbständige Bundesländer.

Niederrheinische Bucht, von N in das Rhein. Schiefergebirge eingreifendes Tiefland, eine abgesunkene Scholle, aus der die Ville herausragt, die die Kölner Bucht von Jülicher und Zülpicher Börde trennt.

Niedersachsen, Bundesland im N der BR Deutschland, 47 364 km², 7,47 Mio. E, Hauptstadt Hannover. N. hat Anteil am Harz, am Niedersächs. Bergland, das aus weitgespannten Aufwölbungen (Weserbergland), Schichtstufen (Leinebergland) und Schichtkämmen (Weser- und Wiehengebirge) besteht und vom Leinegraben durchzogen wird sowie am von eiszeitl. Ablagerungen bedeckten Norddt. Tiefland. An Bodenschätzen kommen Stein- und Kalisalz vor sowie Erdöl und Erdgas, Braunkohle, Eisenerze und Kieselgur. 65% der Bevölkerung sind ev., 19% katholisch. N. verfügt über sechs Univ. und zwei TU. Etwa 64% der Landesfläche werden landwirtschaftlich genutzt. An der Küste v. a. Schiffbau und -ausrüstungsbetriebe, Fisch- und Importgüterverarbeitung, im Raum Wolfsburg Kfz-Ind. (VW). In einigen Gebieten ist der Fremdenverkehr die Haupterwerbsquelle (Nordseeküste, Ostfries. Inseln, Lüneburger Heide, Harz, Solling sowie Mineral-, Moorbäder und Kneippkurorte).

Geschichte: Die unter brit. Besatzung neugebildeten Länder Braunschweig, Oldenburg und Schaumburg-Lippe sowie die Prov. Hannover wurden von der brit. Militärregierung am 1. 11. 1946 zum Land N. zusammengefaßt. Min.-Präs. waren 1946–55 und 1959–61 H. W. Kopf (SPD), 1955–59 H. Hellwege (DP), 1961–70 G. Diederichs (SPD), 1970–76 A. Kubel (SPD), 1976–90 E. Albrecht (CDU), seit 1990 G. Schröder (SPD).

Niedersächsisch, niederdt. Mundartgruppe, ↑deutsche Mundarten.

Niedersächsisches Bergland, Teil der dt. Mittelgebirgsschwelle zw. Harz im O und Weser bzw. Diemel im Westen.

Niederschlag, 1) *Meteorologie:* Bez. für jede Ausscheidung von Wasser in flüssigem oder festem Zustand aus der Atmosphäre (z. B. Regen, Nieseln, Schnee, Hagel, Graupeln, Griesel, Reif, Tau, nässender Nebel u. a.). Die N.*menge* wird mit genormten Gefäßen *(Niederschlagsmesser)* gemessen und i. d. R. als Höhe in Millimetern angegeben, d. h. als die Höhe, bis zu der die Erdoberfläche an der Meßstelle mit N.wasser bedeckt wäre. Eine N.höhe von 1 mm entspricht einer Wassermenge von 1 Liter pro Quadratmeter.
2) *Kernphysik:* (radioaktiver N.) ↑Fallout.

Niedersachsen
Landeswappen

Niederösterreich
Wappen

Niederschlagung

Niederschlagung, bei *Abgaben* die Entscheidung der Finanzbehörden, Steuern oder sonstige Geldleistungen vorläufig nicht einzuziehen (↑Amnestie).

Niederspannung, elektr. Spannung mit einem Effektivwert von max. 1 kV.

Niederwild, in der *Jägersprache* Sammel-Bez. für das Wild, das nicht zum Hochwild gehört, z. B. Reh, Hase, Fuchs, fast alles Flugwild.

Niehans, Paul, *Bern 21. 11. 1882, † Montreux 1. 9. 1971, schweizer. Arzt. Entwickelte die sog. Zellentherapie *(N.-Therapie),* und zwar zunächst die Frischzellentherapie, danach auch die Trockenzellentherapie.

Niekisch, Ernst, *Trebnitz (heute Trzebnica, Polen) 23. 5. 1889, † Berlin (West) 23. 5. 1967, dt. Politiker und Publizist. Mgl. der SPD (1919–22 der USPD); 1927–34 Hg. der Zeitschrift »Der Widerstand«, in der er für einen »Nationalbolschewismus« eintrat; als Gegner des Nat.-Soz. 1937 verhaftet, 1939 zu lebenslänglich Zuchthaus verurteilt; nach 1945 Mgl. der KPD bzw. SED; übte heftige Kritik an den Mißständen, die zum 17. Juni 1953 führten, legte 1954 sämtl. Ämter nieder, danach Umzug nach Berlin (West).

Niello [lat.-italien.], Ziertechnik der Goldschmiedekunst (eingravierte und mit einer Bleilegierung ausgefüllte dunkle Zeichnung).

Nielsbohrium [nach N. Bohr], chem. Symbol Ns, von der Darmstädter Gesellschaft für Schwerionenforschung (GSI) vorgeschlagener Name für das chem. Element ↑Bohrium.

Nielsen ['ni:lzən, dän. 'nelsən], **1)** Asta, *Kopenhagen 11. 9. 1881, † Frederiksberg 25. 5. 1972, dän. Schauspielerin, Produzentin. Star des Stummfilms.

2) Carl August, *Nørre-Lyndelse bei Odense 9. 6. 1865, † Kopenhagen 2. 10. 1931, dän. Komponist. U. a. Opern, Sinfonien, Kammer- und Klaviermusik.

Niemöller, Martin, *Lippstadt 14. 1. 1892, † Wiesbaden 6. 3. 1984, dt. ev. Theologe. Trug 1933 durch die Gründung des Pfarrernotbundes zur Konstituierung der Bekennenden Kirche bei; entschiedener Gegner der Kirchenpolitik des Nat.-Soz.; 1938–45 in verschiedenen KZ; 1947–64 Kirchen-Präs. der Ev. Kirche in Hessen und Nassau. N. war überzeugter Pazifist und setzte sich vehement für eine Verständigung zw. den Machtblöcken ein.

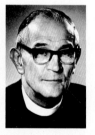

Martin Niemöller

Nienburg (Weser), Kreisstadt an der mittleren Weser, Ndsachs., 30 600 E. Spätgot. Pfarrkirche (1441 geweiht); Renaissancerathaus (16. Jh.).

Niepce, Joseph Nicéphore [frz. njɛps], *Chalon-sur-Saône 7. 3. 1765, † Gras bei Chalon-sur-Saône 5. 7. 1833, frz. Erfinder. Bildete ab 1822 die mit einer Camera obscura aufgenommenen Bilder auf lichtempfindl. Bitumenschichten ab *(Niepcotypie).* 1826 photographierte er mit dieser Kamera zum ersten Mal nach der Natur.

Niere (Ren, Nephros), paariges Exkretionsorgan der Wirbeltiere. Die *N. des Menschen* sind zwei bohnenförmige, dunkelrote, je 120–200 g schwere, etwa 11 cm lange, 5 cm breite und 3 cm dicke Organe, die links und rechts der Wirbelsäule in Höhe der untersten Brust- und oberen Lendenwirbel an der Hinterwand des Bauchraums liegen. Jede N. ist von einer derben, bindegewebigen *N. kapsel* und zudem von einer sog. *Fettkapsel* umhüllt. Die N. besteht innen aus dem *N. mark,* das außen konzentr. von der *N. rinde* umschlossen wird.

Die Funktionseinheit der N. sind die in der N. rinde lokalisierten *N. körperchen* (Malpighi-Körperchen). Jedes N. körperchen enthält einen Knäuel *(Glomerulus)* aus zahlr. Blutkapillarschlingen, der von einer Kapsel *(Bowman-Kapsel)* umgeben ist. Von dieser führt ein N. kanälchen *(N. tubulus)* in den Bereich des N. marks und bildet eine U-förmige Schleife *(Henle-Schleife).* N. körperchen und N. tubulus bilden zus. das *Nephron* (über 1 Mio. Nephronen in der menschl. Niere). Die N. kanälchen kommen in einheitl. Sammelrohr der *N. papille* zusammen. Funktionell wird im N. körperchen durch einen Filtervorgang aus dem Blut der Primärharn bereitet. Im Primärharn finden sich alle Blutplasmaanteile mit Ausnahme der hochmolekularen Proteine. Viele wichtige Salze und Nährstoffe (z. B. Glucose) sowie Wasser werden dann im N. tubulus wieder rückresorbiert. Beim Menschen passieren tägl. etwa 170 l Flüssigkeit die N. körperchen, die ausgeschiedene Tagesharnmenge beträgt nur 1–2 l. – In der N. wird das Hormon Renin freigesetzt.

Nierenerkrankungen

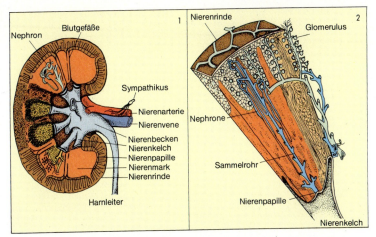

Niere. 1 Längsschnitt durch die Niere des Menschen; **2** Längsschnitt durch eine Nierenpapille

Nierenbaum (Acajoubaum, Cashewbaum, Marañonbaum), immergrünes Anakardiengewächs aus dem trop. S-Amerika; heute in allen Tropen, v. a. in Indien, kultivierter Obstbaum mit nierenförm. Steinfrüchten *(Cashewnuß, Acajounuß, Kaschunuß)*; Schale giftig, Samen eßbar (21% Eiweiß, 45% Öl).

Nierenbecken, Harnsammelbecken der Niere; nimmt den im Bereich der Nierenpapillen in den Nierenkelch austretenden Harn auf und leitet ihn in den Harnleiter weiter.

Nierenerkrankungen, in der Niere entstandene oder auf dem Blutweg bzw. aus der Nachbarschaft fortgeleitete akute und chron., entzündl. und nichtentzündl. Krankheiten der Niere und des Nierenbeckens. – Die *Nierenbeckenentzündung* (Pyelitis) ist eine bakterielle Infektion des Nierenbeckens, die auf dem Blut- bzw. Lymphweg oder (häufiger) aufsteigend über die Harnblase zustande kommt. Symptome sind u. a. Schüttelfrost, hohes Fieber und heftige, kolikartige Schmerzen in der Nierengegend. Das häufige Wasserlassen ist von brennenden Schmerzen begleitet. – *Nierenentzündung* i. w. S. umfaßt alle Entzündungen des Nierengewebes; i. e. S. die *Glomerulonephritis*. Letztere ist eine Entzündung der Nierenkörperchen. Haupterscheinungen sind Ödeme, Blutdrucksteigerung sowie Ausscheidung von Eiweiß und roten Blutkörperchen im Harn. – Zur *Nierenschrumpfung* kommt es nach Untergang bzw. narbiger Umbildung von Nierengewebe als Folgeerscheinung verschiedener Nierenerkrankungen. – Die *chron. Niereninsuffizienz* (langsames Nierenversagen) kann die Folge sehr verschiedener N. sein, die meist zu einer gewissen Zerstörung des Nierengewebes führen. Häufigste Ursachen sind Nieren- und Nierenbeckenentzündungen, aber auch ein seit Jahren bestehender Diabetes mellitus. – Das *akute Nierenversagen* ist ein meist plötzl. auftretendes Erliegen der Ausscheidungsfunktion beider Nieren. Ursachen: 1. Unzureichende Nierendurchblutung. Ein solcher sog. *Nierenschock* kommt nach großen Flüssigkeitsverlusten, nach Blutungen, Verletzungen und Blutgruppenunverträglichkeit vor. 2. Das Nierengewebe kann durch Gifte oder Entzündungen geschädigt sein. 3. Die ableitenden Harnwege können durch eine gutartige Wucherung der Prostata, doppelseitige Nierensteine oder Tumore verlegt sein. – Durch in der Niere und/oder im Nierenbecken gebildete (bzw. eingeklemmte) *Nierensteine* (entstehen durch Ausfällung von Mineralsalzen, die sonst im Harn gelöst sind)

Nieswurz.
Von oben: Schwarze Nieswurz (Höhe 10 bis 30 cm); Grüne Nieswurz (Höhe 10 bis 30 cm); Stinkende Nieswurz (Höhe 30 bis 60 cm)

Nierentransplantation

kommt es zum *Nierensteinleiden* (Nephrolithiasis). Steckengebliebene und größere Steine führen durch Schleimhautreizung, Harnstau und Krampf der glatten Muskulatur zu heftigen, meist einseitig auftretenden Schmerzanfällen, den sog. *Nieren[stein]koliken.* – Der *Nierenkrebs*, eine bösartige Geschwulst des Nierenparenchyms, tritt bei Männern häufiger auf als bei Frauen. Hauptsymptom ist ein schmerzloses, plötzlich einsetzendes massives Blutharnen. Die Behandlung erfolgt durch operative Entfernung der betroffenen Niere.

Nierentransplantation, die operative Übertragung einer Spenderniere auf einen Empfänger. Wesentl. Vorteile gegenüber der chron. Hämodialyse (↑künstliche Niere) sind die Unabhängigkeit des Patienten vom apparativen Aufwand sowie das statist. nachgewiesene seltenere Auftreten von Zweiterkrankungen des Gefäßsystems.

Nießbrauch, das persönl., nicht vererbbare dingl. Recht an einem fremden Gegenstand, die Nutzungen aus ihm zu ziehen *(Nutznießung).* N. kann bestellt werden an bewegl. Sachen, an Grundstücken und an Rechten. Der Nießbraucher hat kein Verfügungsrecht über den Gegenstand, er darf ihn und seine Nutzungsart nicht ändern.

Nieswurz, Gatt. der Hahnenfußgewächse mit rd. 25 giftigen Arten in Europa und Zentralasien; einheim. u. a.: *Christrose* (Schneerose, Schwarze N.), *Grüne N.*, 30–50 cm hohe Staude, und *Stinkende N.*, 30–80 cm hohe Staude.

Niet, Bolzen aus leichtverformbarem Material (weicher Stahl, Leichtmetall, Kupfer usw.) zum unlösbaren Verbinden von Werkstücken. Zum Nieten wird das freie Ende des Schaftes durch Druck- oder Schlagwirkung direkt oder mit Hilfe eines Kopfstempels (Döpper) gestaucht, d. h. zum Schließkopf verformt. *Hohlniete* lassen sich bes. leicht stauchen und werden deshalb zum Verbinden von Metall mit Kunststoff verwendet. Bei nur einseitig zugängl. Bauteilen werden *Blindniete* verwendet. Ein durch den hülsenförmigen N. hindurchgesteckter nadelförmiger Zugdorn staucht beim Ziehen (mittels N.zange) die Hülse und bildet so den Schließkopf; der Dorn reißt an der Sollbruchstelle.

Nietzsche, Friedrich, *Röcken bei Lützen 15. 10. 1844, †Weimar 25. 8. 1900, dt. Philosoph und klass. Philologe. Aus pietist. Pfarrhaus; 1864–68 Studium der Altphilologie in Bonn und Leipzig; 1869 Prof. für griech. Sprache und Literatur in Basel; dort Bekanntschaft u. a. mit J. Burckhardt und v. a. mit R. Wagner; 1878 Bruch mit Wagner; 1879 aus Gesundheitsgründen Aufgabe der Professur in Basel; 1889 in Turin psych. Zusammenbruch (progressive Paralyse). – Im Anschluß an Schopenhauer lehnt N. die theoret. Philosophie ab und betont, daß Sinngebungen allein auf menschl. Setzungen, auf dem Willen, beruhen; menschl. Freiheit geschehe in der Synthese des Apollinisch-Dionysischen (↑apollinisch, ↑dionysisch), die in der griech. Tragödie und im Musikdrama R. Wagners gelungen sei (»Geburt der Tragödie aus dem Geiste der Musik« [1872]). Seit seinem Bruch mit Wagner sieht er Freiheit nicht mehr durch die Ästhetisierung des Lebens erreicht, sondern durch die radikale Kritik an den platonisch-christl. Wertvorstellungen und -systemen, die eine nachträgl. Rationalisierung psychosomat. Bedürfnisse zur Überdeckung von Schwächen gegenüber dem Leben seien (»Sklavenmoral«). Dagegen wird in einer »Umwertung aller Werte« der ungebundene »Übermensch« (die Götter müssen sich in Zukunft um sich selbst kümmern) als der sich selbst und seine Sinnsetzungen überwindende Mensch, der Mensch der Zukunft, hervorgehoben. – N. gilt vielfach als Wegbereiter der Existenzphilosophie; er wurde vom Nat.-Soz. völlig entstellt beansprucht: seine entschiedene Ablehnung des dt. Nationalismus, des Antisemitismus und Biologismus wurde (teilweise mit Wirkung bis heute) grundsätzlich ignoriert. Sein Einfluß auf Philosophie, Wiss. und Kunst ist bis heute wirksam. Die Symbolik der Gleichnisreden sowie die expressive Zeichenhaftigkeit seines Denkens wurden v. a. für die Lyrik produktiv. – *Weitere Werke:* Unzeitgemäße Betrachtungen (1873–76), Menschliches, Allzumenschliches (1878/79), Morgenröte (1881), Die fröhliche Wissenschaft (1882), Also sprach Zarathustra (1883–85), Jenseits von Gut und Böse (1886), Zur Genealogie der Moral

Nigeria

(1887), Der Fall Wagner (1888), Götzendämmerung (1888), Der Antichrist (1895), Nietzsche contra Wagner (1895), Der Wille zur Macht (hg. 1901 und 1906, aus dem Nachlaß), Ecce homo (hg. 1908). – Abb. S. 1399.

Niger, mit 4160 km drittgrößter Fluß Afrikas, entspringt in S-Guinea, fließt in die westl. Sahara und bildet zw. Ségou und Timbuktu (in Mali) ein großes Binnendelta, wendet sich mit dem *N.knie* nach SO zum Golf von Guinea, in den er mit einem Delta mündet. Bei Hochwasser ist der N. auf weiten Strecken schiffbar.

Niger [ˈniːɡər, frz. niˈʒɛːr], Staat in Afrika, grenzt im N an Algerien und Libyen, im O an Tschad, im S an Nigeria, im SW an Benin, im W an Burkina Faso und Mali.

Staat und Recht: Präsidiale Republik; *Verfassung* von 1992. *Staatsoberhaupt* und oberster Inhaber der *Exekutivgewalt* ist der Präs., er ist zugleich Vors. des Obersten Rats der Nat. Orientierung; seine Amtszeit beträgt 5 Jahre. *Legislative* ist das Parlament (83 Abg., für 5 Jahre gewählt); Mehrparteiensystem.

Landesnatur: N. liegt in der Sahara und im Sahel. Das Landschaftsbild wird durch weite Ebenen bestimmt, aus denen sich in der Sahara das Gebirge Aïr (bis 2310 m) erhebt. Im SO hat N. Anteil am Tschad-, im SW am Nigerbekken. Es herrscht extrem trockenes Klima mit Trocken- und Dornstrauchsavannen und Halbwüsten.

Bevölkerung: Die bedeutendsten ethn. Gruppen sind die Haussa, Dyerma, Fulbe und Manga. 85% sind Muslime.

Wirtschaft, Verkehr: Die Landwirtschaft beschränkt sich auf den S des Landes. Angebaut werden Hirse, Mais, Weizen, Hülsenfrüchte. Wichtig für den Export ist der Erdnußanbau. Fischfang im Niger und Tschadsee. Abgebaut werden Uran-, Wolfram- und Eisenerze. Es gibt keine Eisenbahn. Das Straßennetz ist 19137 km lang. Internat. ✈ ist Niamey.

Geschichte: Der W des heutigen N. gehörte bis 1590 zum Reich der Songhai, der O zum Bereich der Haussastaaten. Das Gebiet zw. Niger und Tschadsee wurde erst in der 2. Hälfte des 19. Jh. erforscht und von Frankreich 1896–1900 militärisch besetzt; 1922 wurde N. Kolonie, 1957 erhielt es Selbstverwaltung. Am 18.12.1958 wurde die Republik N. innerhalb der Frz. Gemeinschaft gebildet, am 3.8.1960 die Unabhängigkeit proklamiert. Präs. war 1960–74 H. Diori (durch Armeeputsch gestürzt). N. litt schwer unter der Dürrekatastrophe, die zu Beginn der 1970er Jahre die Sahelzone heimsuchte. Ab 1974 herrschte ein Militärregime, seit 1987 unter A. Saibou. Im Dez. 1992 wurde eine neue Verf. verabschiedet, gemäß der im März 1993 Präsidentenwahlen stattfanden, die der Oppositionspolitiker M. Ousmane für sich entscheiden konnte. Im Aug. 1992 verhängte die Regierung über den N des Landes wegen des Konfliktes zw. Armee und aufständischen Tuareg das Kriegsrecht; im März 1993 wurde ein Waffenruhe erreicht.

Nigeria, Staat in Afrika, grenzt im N an Niger, im O an Kamerun, im S an den Golf von Guinea, im W an Benin.

Staat und Recht: Präsidiale Bundesrepublik; *Verfassung* von 1983 mehrfach geändert (seit 1993 außer Kraft). *Staatsoberhaupt* ist der für 6 Jahre direkt gewählte Präs., er ist zugleich oberster Inhaber der *Exekutivgewalt*. Als *Legislative* fungierte bis zu seiner Auflösung 1993 das Zweikammerparlament (Repräsentantenhaus, 589 Abg.; Senat, 91 Mgl.); seither fungiert als höchstes legislatives und exekutives Gremium ein Provisor.

Niger

Fläche:	1 267 000 km²
Einwohner:	8,252 Mio.
Hauptstadt:	Niamey
Amtssprache:	Französisch
Nationalfeiertag:	18.12.
Währung:	1 CFA-Franc = 100 Centimes
Zeitzone:	MEZ

Niger

Staatsflagge

Staatswappen

1970 1992   1970 1992
Bevölkerung (in Mio.)   Bruttosozialprodukt je E (in US-$)

     4,0   8,3   221   280

□ Stadt   Land □

21% / 79%

Bevölkerungsverteilung 1992

□ Industrie
□ Landwirtschaft
□ Dienstleistung

17% / 37% / 46%

Bruttoinlandsprodukt 1992

2397

Nigeria

Nigeria

Staatsflagge

Staatswappen

1970 1991 1970 1992
Bevölkerung (in Mio.) Bruttosozialprodukt je E (in US-$)

Bevölkerungsverteilung 1992

Bruttoinlandsprodukt 1992

Nigeria

Fläche:	923 768 km²
Einwohner:	88,515 Mio.
Hauptstadt:	Abuja
Amtssprache:	Englisch
Nationalfeiertag:	1. 10.
Währung:	1 Naira (N) = 100 Kobo (K)
Zeitzone:	MEZ

Regierungsrat. *Parteien* wurden 1995 wieder zugelassen.

Landesnatur: An die Küstenebene schließen sich zunächst Plateauflächen, dann Hügelländer bis 600 m an. Nach N folgt eine 80–160 km breite Senkungszone, der die Flüsse Niger und Benue folgen. Es schließt sich die nordnigerian. Plateaulandschaft an, die im Bautschiplateau 1780 m Höhe erreicht. Im NW und NO finden sich ausgedehnte Ebenen. Die höchste Erhebung des Landes ist der Vogel Peak mit 2042 m an der Grenze gegen Kamerun. N. hat trop. Klima mit Mangroven an der Küste. Landeinwärts folgen trop. Regenwald, Feucht-, Trocken- und Dornstrauchsavanne.

Bevölkerung: Die größten ethn. Gruppen sind die Haussa, Ibo, Yoruba und Fulbe. Etwa 48% sind Muslime, 34% Christen.

Wirtschaft, Verkehr: Es besteht exportorientierter Anbau von Kakao, Erdnüssen, Ölpalmen. Hauptnahrungsmittel sind Jams, Maniok und Hirse. N., der größte Erdölproduzent Afrikas, ist reich an Bodenschätzen; seit den 1970er Jahren ist die Volkswirtschaft sehr stark vom Erdölsektor abhängig. Die Ind. verarbeitet landwirtschaftl. Erzeugnisse und stellt Baustahl und Aluminiumbleche her. Das Eisenbahnnetz hat eine Länge von 3 505 km, das Straßennetz von 108 000 km. Wichtigste Häfen sind Lagos und Port Harcourt. Internat. ✈ bei Lagos, Kano, Port Harcourt und Abuja.

Geschichte: Die ältesten Staaten im N Nigerias waren Kanem-Bornu und die Haussastaaten. Im S entstanden etwa im 15. Jh. die ersten Yoruba-Kgr., Oyo und Benin, mit dem kulturellen Mittelpunkt Ife. Der Gründung zahlr. Handelsstützpunkte durch Briten, Deutsche und Franzosen folgte ab 1880 die Errichtung der brit. Herrschaft (1914 Kolonie). 1960 erhielt N. die Unabhängigkeit (1963 Republik N.). Die Geschichte des unabhängigen N. ist geprägt durch den Konflikt zwischen den islam. Völkern des N und den christl. Völkern des S. Im Jan. 1966 revoltierte die Armee, im Juli 1966 folgte ein zweiter Militärputsch, der General Y. Gowon an die Macht brachte. Ab Mitte 1967 wurde N. durch einen Bürgerkrieg erschüttert, den die Sezession der Ostregion, (↑Biafra) unter Führung des Generals C. O. Ojukwu auslöste. Durch die militär. Unterwerfung erzwang Gowon 1970 die Rückkehr Biafras in die Föderation. Nach innenpolit. Beruhigung und wirtschaftl. Stabilisierung des Landes, u. a. durch Erdölexporte, wurde Gowon 1975 gestürzt. Die 1978 unter Präs. O. Obasanjo verabschiedete neue Verfassung ermöglichte 1979 Wahlen, die S. Shagari gewann, der sich um eine Konsolidierung der Demokratie bemühte. Nach Putschen im Dez. 1983 und Aug. 1985 gelangte I. Babangida in das Amt des Präs., das er für eine erneute vorsichtige Demokratisierung nutzte (u. a. Zulassung polit. Parteien). Im Juni 1993 fanden Präsidentenwahlen statt, die den Übergang zu einer zivilen Reg. einleiten sollten; im Juli ließ jedoch Babangida die Wahlen annullieren und übergab die Macht im Aug. nicht an den Wahlsieger, M. Abiola, sondern an E. Shonekan, der seinerseits im Nov. 1993 durch General S. Abacha abgelöst wurde. Dieser sagte Neuwahlen ab und beseitigte alle demokrat. Institutionen. Den daraufhin ausbrechenden Streiks und Unruhen begegnete das Militärregime um Abacha mit einer Mischung aus wirtschaftspolit. Zugeständnissen und Härte; zahlr. Oppositionspolitiker wurden verhaftet, z. T. auch hingerichtet (u. a. 1995 der

Nikolaus

Schriftsteller und Bürgerrechtler K. Saro-Wiwa).

Nightingale, Florence [engl. 'naɪtɪŋgeɪl], *Florenz 12. 5. 1820, † London 13. 8. 1910, brit. Krankenpflegerin. Organisierte im Krimkrieg in der Türkei und auf der Krim Verwundeten- und Krankenpflege.

Nihilismus [lat.], allg. jedes Denken, das auf der Leugnung einer Erkenntnis-, Seins-, Wert- oder Gesellschaftsordnung gründet. Der philosoph. N. besteht in der Verneinung der Erkenntnismöglichkeit oder der Gegenstände des Erkennens im Bereich der Ontologie, Metaphysik oder Ethik. – In der Novelle »Väter und Söhne« (1862) von I. Turgenjew ist der Nihilist eine Figur, die »sich vor keiner Autorität beugt« bzw. »kein Prinzip annimmt«; Dostojewski thematisiert in seinen Romanen den Zusammenhang zw. N., Atheismus, Verbrechen und Selbstzerstörung. Eine philosoph. Reflexion über den N. (»Umwertung aller Werte«) findet sich erstmals bei F. Nietzsche.

nihil obstat [lat. »es steht nichts im Wege«], im kath. Kirchenrecht die Unbedenklichkeitsformel für die Erteilung der Druckerlaubnis.

Niigata, jap. Stadt auf Honshū, 467 000 E. Univ.; wichtigster jap. Hafen am Jap. Meer.

Niihau ↑Hawaii.

Nijinska, Bronislava [ni'ʒɪnska, frz. niʒin'ska], eigtl. Bronislawa Fomowna Nischinskaja, *Minsk 8. 1. 1891, † Pacific Palisades (Calif.) 21. 2. 1972, russ. Tänzerin. Schwester von W. Nijinski; verließ Rußland 1921; eine der bedeutendsten Choreographinnen von S. Diaghilews »Ballets Russes«.

Nijinski, Waslaw [ni'ʒɪnski, frz. niʒin'ski], eigtl. Wazlaw Fomitsch Nischinski, *Kiew 12. 3. 1889, † London 8. 4. 1950, russ. Tänzer. War 1909–13 der Star der »Ballets Russes« unter S. Diaghilew; trat mit eigenem Ensemble u. a. in Nord- und Südamerika auf (bis 1919); wegweisend als Choreograph der Ballette Strawinskis und Debussys; ab 1919 unheilbarer geistiger Zusammenbruch.

Nike, in der griech. Mythologie vergöttlichte Personifikation des »Sieges«.

Nikephoros II. Phokas, *in Kappadokien 912, † Konstantinopel 10. oder 11. 12. 969 (ermordet), byzantin. Kaiser (seit 963). Bed. Feldherr unter Romanos II. (Kämpfe gegen die Araber); nach dessen Tod zum Kaiser ausgerufen und ∞ mit dessen Witwe Theophanu.

Nikias, um 470, † Syrakus 413, athen. Feldherr und Politiker. Anhänger des Perikles; vermittelte 421 den Frieden mit Sparta *(Nikiasfrieden).* Einer der Führer des erfolglosen sizilian. Feldzugs; nach der Kapitulation hingerichtet.

Nikisch, Arthur, *Lébényé bei Fertöd 12. 10. 1855, † Leipzig 23. 1. 1922, dt. Dirigent. Gilt als bedeutendster Dirigent seiner Zeit; 1889–93 Dirigent in Boston, 1893–95 Operndirektor in Budapest, ab 1895 Leiter des ↑Gewandhausorchesters.

Niklaus von Hagenau ['niːklaʊs, 'nɪklaʊs] ↑Niclas Hagnower.

Nikobaren, Inselgruppe im Golf von Bengalen (Ind. Ozean), Teil des ind. Unionsterritoriums Andaman and Nicobar Islands.

Nikodemus (Nicodemus), Gestalt des NT, pharisäischer Schriftgelehrter, Mgl. des Synedriums, der Jesus verteidigte und begrub.

Nikolajew [russ. nika'lajɪf], ukrain. Geb.-Hauptstadt, am Dnjepr-Bug-Liman, 503 000 E. Schiffbauhochschule, Theater; Hafen.

Nikolaus (N. von Myra), hl., 1. Hälfte des 4. Jh., wahrscheinlich Bischof von Myra. Gesicherte histor. Zeugnisse fehlen; seit dem 6. Jh. Ausbreitung der N.verehrung; erreichte ihre Blüte im späten MA; N. wird zu den 14 Nothelfern gezählt. – Fest: 6. Dez. Die mit dem *N.fest* am 6. Dez. verbundenen Bräuche gehen darauf zurück, daß in den mittelalterl. [geistl.] Schulen das Kinderbischofsspiel am 6. Dez. gefeiert wurde, mit dem Umzüge verbunden waren. Im weltl. Bereich traten andere Gestalten hinzu: Knecht Ruprecht, Krampus, Gangerl u. a.

Nikolaus, Name von russ. Herrschern:
1) Nikolaus I. Pawlowitsch [russ. 'pavlevɪtʃ], *Zarskoje Selo (heute Puschkin) 6. 7. 1796, † Sankt Petersburg 2. 3. 1855, Kaiser (seit 1825). Errichtete ein bürokrat. Polizeiregime; Vorkämpfer gegen alle nat. Freiheitsbewegungen. Nach dem poln. Aufstand 1830/1831 gliederte er Polen als Prov. dem

Friedrich Nietzsche

Florence Nightingale

Arthur Nikisch

Nikolaus

Nikolaus I. Pawlowitsch, Kaiser von Rußland

Nikolaus II. Alexandrowitsch, Kaiser von Rußland

Russ. Reich ein. Seine lange Zeit erfolgreiche Orientpolitik scheiterte im Krimkrieg.
2) Nikolaus II. Alexandrowitsch [russ. alık'sandrɛvitʃ], *Zarskoje Selo (heute Puschkin) 18. 5. 1868, † Jekaterinburg (heute Swerdlowsk) 16. 7. 1918 (ermordet), Kaiser (1894–1917). Hielt starr am autokrat. Prinzip fest und nahm die während der Revolution von 1905 gegebenen konstitutionellen Versprechen 1906 weitgehend zurück. Beim Ausbruch der Februarrevolution 1917 dankte er ab, wurde interniert, nach Sibirien verbannt und mit seiner Familie von den Bolschewiki ermordet.

Nikolaus, Name von Päpsten:
1) Nikolaus II., † Florenz 27.·7. 1061, vorher Gerhard von Florenz, Papst (seit 24. 1. 1059). Sein schroffer Reformkurs und die Verbindung des Reformpapsttums mit der Mailänder Pataria und den süditalien. Normannen leiteten den Bruch mit dem dt. Hof ein.
2) Nikolaus V., *Sarzana 15. 11. 1397, † Rom 24. 3. 1455, vorher Tommaso Parentucelli, Papst (seit 6. 3. 1447). 1448 Abschluß des Wiener Konkordats mit Friedrich III., den er 1452 zum Kaiser krönte (letzte Kaiserkrönung in Rom); Begründer der Vatikan. Bibliothek.

Nikolaus von [der] Flüe [- - - 'fly:(ə)], hl., gen. Bruder Klaus, *auf der Flüe bei Sachseln 1417, † ebd. (im Ranft) 1487, schweizer. Mystiker und Einsiedler. Seit 1467 Einsiedler in der Ranftschlucht; vielbesuchter polit. Ratgeber und Vermittler. – Fest: 25. September.

Nikolaus von Hagenau ↑Niclas Hagnower.

Nikolaus von Kues [- - ku:s], latin. Nicolaus Cusanus, Nicolaus de Cusa, eigtl. N. Chrypffs oder Krebs, *Kues (heute Bernkastel-Kues) 1401, † Todi 11. 8. 1464, dt. Kirchenrechtler und Philosoph. Ab 1432 Bevollmächtigter des Trierer Erzbischofs auf dem Basler Konzil. Seine Bemühungen, im Auftrag des Papstes eine Einigung mit den dt. Fürsten herbeizuführen, endeten mit dem Wiener Konkordat und der Ernennung zum Kardinal (1448). 1450–58 Fürstbischof von Brixen. – N. gilt als einer der herausragenden universalist. Denker des 15. Jh.; er vertrat eine Philosophie des Unendlichen (»De docta ignorantia«, 1440): Gott ist »coincidentia oppositorum« (das Zusammenfallen der Gegensätze), das Unendliche und die Wahrheit selbst; in seinem erkenntnistheoret. Hauptwerk »Idiota« (der Laie; 1450) entwickelt N. in Dialogform eine Erkenntnistheorie, nach der das menschl. Wissen auf Vergleichen und Messen beruht. – Als einer der bedeutendsten Mathematiker seiner Zeit sah er in der Mathematik auch den Schlüssel für die Erkenntnis der Natur.

Nikolaus von Myra ↑Nikolaus, hl.

Nikolaus von Oresme [frz. - - ɔ'rɛm] (Nicole Oresme), latin. Oresmius, *in der Normandie nach 1320, † Lisieux 11. 7. 1382, frz. Gelehrter. Erzieher Karls V., des Weisen, von Frankreich; 1377 Bischof von Lisieux; einer der Wegbereiter der neuzeitl. Naturwiss.; fand die Gesetzmäßigkeiten der gleichmäßig beschleunigten Bewegung.

Nikolaus von Verdun [frz. - - vɛr'dœ], lothring. Goldschmied und Emailleur (nachweisbar zw. 1181 und 1205). Vollendete in Klosterneuburg bei Wien den sog. Verduner Altar (45 Emailplatten, urspr. Verkleidung eines Ambos, 1181), in der Kathedrale von Tournai Marienschrein (1205), im Kölner Dom ↑Dreikönigsschrein.

Nikolsburg, Friede von, zwei in Nikolsburg (heute Mikulov, Tschech. Republik) unterzeichnete Friedensschlüsse: 1. Friede vom 6. 1. 1622 zw. Kaiser Ferdinand II. und Gabriel Bethlen von Iktár, der auf den ungar. Königstitel verzichtete und dafür Reichsfürst wurde; 2. Der Vorfriede vom 26. 7. 1866 beendete den Dt. Krieg 1866 und wurde Grundlage des Friedens von Prag.

Nikon [russ. 'nikɛn], eigtl. Nikita Minow, *Weldemanowo (Gebiet Gorki) 1605, † Jaroslawl 27. 8. 1681, Patriarch von Moskau. Begann ein Reformwerk, das auf Widerstand stieß; Abfall der ↑Raskolniki von der Staatskirche; 1666 vom Zaren amtsenthoben; 1681 rehabilitiert.

Nikopolis, mittelalterl. Stadt (heute Nikopol) nö. von Plewen (Bulgarien). – Bei N. schlugen die Osmanen 1396 das abendländ. Kreuzfahrerheer.

Nikosia [niko'si:a, ni'ko:zia] (griech. Lefkosia, Leukosia, türk. Lefkoşa), Hauptstadt von Zypern, im Zentrum der Messaria, 147 000 E. Zypr. Landesmuseum; Sitz eines orthodoxen Erzbischofs, theolog. Seminar; Handelszentrum der Insel; internat. ⚓. Die Altstadt ist von der venezian. Stadtmauer (1567) umgeben. Die gotische Kathedrale Hagia Sophia (1208–14. Jh.) ist heute Hauptmoschee. – Durch N. verläuft die De-facto-Grenze zw. dem türk. und griech. Teil Zyperns.

Nikotin [frz., nach dem frz. Gelehrten Jean Nicot, *1530, †1600], Hauptalkaloid der Tabakpflanze; farblose, ölige Flüssigkeit; eines der stärksten Pflanzengifte (tödl. Dosis für den Menschen etwa 0,05 g). Kleine Dosen erhöhen die Adrenalin- und Noradrenalinsekretion (Steigerung von Blutdruck, Darmperistaltik, Schweiß- und Speichelsekretion).

Nikotinsäure ↑Vitamine.

Nil, Fluß in NO-Afrika, entsteht bei Khartum aus dem Zusammenfluß von Blauem und Weißem Nil, durchbricht in weitem Bogen die Tafel des Nubischen Sandsteins (sechs Katarakte) und bildet dabei im Wüstengebiet Oberägyptens eine z. T. tief eingeschnittene, 5–20 km breite Flußoase; unterhalb von Kairo fächert der N. zu einem großen Delta auf. Von der Quelle des Luvironza über Ruvubu, Kagera, Victoria-N., Albert-N. und Weißen N. ist er mit 6671 km der längste Fluß Afrikas. Zur Regulierung der unterschiedlichen Wasserführung wurde 1960–70 der Assuan-Staudamm erbaut. Durch die zurückgehaltenen Schwebstoffe läßt die Fruchtbarkeit der Felder nach, und das Delta wird nicht mehr weiter ins Meer vorgeschoben, sondern abgetragen.

Geschichte: Von den alten Ägyptern wurde der N. als Bringer der Fruchtbarkeit verehrt. Die wissenschaftliche Erforschung des N. setzte im Zeitalter der Entdeckungen ein. 1770 entdeckte James Bruce (*1730, †1794) die Quellen des Blauen N., 1821/22 drang u. a. Frédéric Cailliaud (*1787, †1869) zum Zusammenfluß des Weißen und Blauen N. vor. Erst 1892 stellte Oskar Baumann (*1864, †1899) den Kagera als Hauptzufluß des Victoriasees und damit indirekt als Hauptquellfluß des Weißen N. fest.

nilohamitische Sprachen ↑nilotische Sprachen.

Nilosaharanisch, Bez. für eine der vier Hauptfamilien der afrikan. Sprachen; das Sprachgebiet umfaßt u. a. den größten Teil der östl. Sahara, das obere Niltal und das Gebiet nö., östl. und sö. des Victoriasees.

Niloten, im Obernilgebiet und in den Savannen Ostafrikas lebende Stämme.

nilotische Sprachen, zur Gruppe der östl. Sudansprachen innerhalb der Schari-Nil-Sprachen gehörende Sprachen in O-Afrika. Verbreitet in Sudan, Kenia, Tansania. Auf Grund typolog. Unterschiede wurde früher nur die westl. Gruppe als nilot., die östl. und die südl. Gruppe wurden als *nilohamitische Sprachen* bezeichnet.

Nilpferd ↑Flußpferde.

Nimbostratus ↑Wolken.

Nimbus [lat.], 1) ↑Heiligenschein. 2) svw. glanzvoller Ruhm.

Nîmes [frz. nim], frz. Stadt 45 km nö. von Montpellier, 129 900 E. Verwaltungssitz des Dép. Gard. Bed. Baudenkmäler aus röm. Zeit sind u. a. das Amphitheater (wohl Anfang des 1. Jh. n. Chr.), die Maison Carrée, ein Podiumstempel (20–12 v. Chr.; heute Antikenmuseum), der Dianatempel (Rest eines Nymphäums aus dem 1.Jh. n. Chr.) und die Tour Magne (vermutl. 1. Jh. v. Chr.). – Das kelt. *Nemausus* wurde 121 v. Chr. röm. (16 v. Chr. Kolonie), um 149 n. Chr. Hauptstadt der Prov. Gallia Narbonensis, Ende des 4.Jh. Bischofssitz; gehörte ab 1229 zur frz. Krondomäne.

Nimmersatte, zusammenfassende Bez. für Vertreter der Gatt. *Ibis* und *Mycteria*;

Nîmes
Stadtwappen

Nimmersatte.
Afrika-Nimmersatt
(Größe 1 m)

Nimrod

etwa 1 m lange, vorwiegend weiß gefiederte Störche mit 4 Arten v. a. an Gewässern Afrikas, Asiens und Amerikas.

Nimrod, Gestalt des AT, 1. Mos. 10, 8–12, sagenhafter Gewaltherrscher und Jäger.

Nimrud, Ruinenstätte in N-Irak, das altorientel. ↑Kalach.

Nimwegen (niederl. Nijmegen), niederl. Stadt an der Waal, 145 800 E. Kath. Univ.; Museen; Theater; Handelszentrum und bed. Ind.-Standort; Hafen. – Zahlr. histor. Bauten wurden 1944 und 1945 zerstört; wiederhergestellt das Renaissancerathaus (1553). Erhalten sind u. a. die Kirche Sint-Steven (um 1272 bis 15. Jh.) und die ehem. Stadtwaage (1612). Reste eines röm. Amphitheaters (150 n. Chr.) und der von Karl d. Gr. gegr., 1155 durch Friedrich I. Barbarossa wiederhergestellten Pfalz »Valkhof«. – Nach 69/70 röm. Zivilsiedlung *Batavodurum,* ab etwa 104 *(Ulpia) Noviomagus.* Karoling. Pfalz; 1230 Reichsstadt, 1247 an Geldern verpfändet; 1402 Hansestadt; bis 1878 Festung. – Die *Friedensschlüsse von Nimwegen* (1678/79) beendeten den Niederl.-Frz. Krieg: Frankreich gewann die Franche-Comté und 15 Grenzfestungen in den span. Niederlanden sowie Freiburg im Breisgau und die elsäss. Städte.

Nin, Anaïs, *Neuilly-sur-Seine 21. 2. 1903, † Los Angeles 14. 1. 1977, amerikanische Schriftstellerin. Traumhafte, als Chroniken des Unbewußten gedeutete Romane und Erzählungen; auch bed. Tagebücher und Schriften.

Ningxia, Autonomes Gebiet in China, am Mittellauf des Hwangho, 66 000 km², 4,66 Mio. E, Hauptstadt Yinchuan. – Entstand 1958.

Ninive (assyr. Ninua), altorientel. Stadt (Besiedlung seit dem 5. Jt.) am linken Tigrisufer gegenüber Mosul (Irak); Hauptstadt des Assyrerreichs von 704 bis 612 v. Chr. – Freigelegt der Königspalast Sanheribs, Teile des Palastes Asarhaddons und der Palast Assurbanipals (mit Bibliothek, etwa 5 000 Keilschrifttafeln, u. a. »Gilgamesch-Epos«; v. a. in London, Brit. Museum), bed. Wandreliefs in Paris (Louvre).

Niob (Niobium), chem. Element, Symbol Nb, der V. Nebengruppe des Periodensystems; Ordnungszahl 41; relative Atommasse 92,9064; Dichte 8,57 g/cm³; Schmelztemperatur 2 468 °C; Siedetemperatur 4 742 °C. N. ist ein silberweißes, gut verformbares, in Säuren nicht lösl. Metall, das meist fünfwertig auftritt. Die wichtigsten N.erze sind ↑Niobit und ↑Pyrochlor; Legierungskomponente.

Niobe [...be:], Gestalt der griech. Mythologie. Tochter des Tantalus, Schwester des Pelops, Gemahlin des theban. Königs Amphion. Vermessen wie ihr Vater, wagt sie es, vor Leto, die nur zwei Kinder geboren hat, mit ihren sechs Söhnen und sechs Töchtern zu prahlen. Apollon und Artemis töten daraufhin alle zwölf Kinder (Niobiden). N. versteinert zu einem Felsen, aus dem seither ihre Tränen quellen.

Niobit [griech.], schwarzglänzendes Mineral, das nur in Mischkristallen zusammen mit Tantalit vorkommt (Kolumbitgruppe). Chem. (Fe,Mn) Nb$_2$O$_6$; Mohshärte 6, Dichte 5,3 g/cm³.

Niort [frz. njɔːr], frz. Stadt im Poitou, 58 200 E. Verwaltungssitz des Dép. Deux-Sèvres. Donjon (Haupt- und Wohnturm einer frz. Burg; 12./13. Jh.).

Nipperdey [...daɪ], 1) Hans Carl, *Bad Berka 21. 1. 1895, † Köln 21. 11. 1968, dt. Jurist. Präs. des Bundesarbeitsgerichts 1954–63; beeinflußte maßgebend die Entwicklung des modernen Arbeitsrechts.

2) Thomas, *Köln 27. 10. 1927, † München 14. 6. 1992, dt. Historiker. Sohn von Hans Carl N.; bed. v. a. seine Darstellung der »Deutschen Geschichte« zw. 1800 und 1918 (3 Bde., 1983–92).

Nippes ['nɪpəs, nɪps, nɪp; frz.] (Nippsachen), kleine Ziergegenstände, meist aus Porzellan.

Nippon, jap. Bez. für Japan.

Nipptide [niederdt.] ↑Gezeiten.

Nippur, altorientel. Stadt, heute Ruinenhügel Nuffar (Niffer) im mittleren Irak. Ruinen des sumer. Enlilheiligtums mit Tempelturm; zahlr. Keilschrifttafeln (heute in Philadelphia, Jena, Istanbul).

Nirenberg, Marshall Warren [engl. 'naɪrnbə:g], *New York 10. 4. 1927, amerikan. Biochemiker. Leistete Pionierarbeiten zur Entzifferung des genet. Codes, wofür er 1968 (zus. mit R. W. Holley und H. G. Khorana) den Nobelpreis für Physiologie oder Medizin erhielt.

Marshall Warren Nirenberg

Nivellement

Nirvana [Sanskrit »Erlöschen, Verwehen«] (Nirwana), Begriff, den Buddha zur Kennzeichnung des Heilsziels seiner Religion gebrauchte: das Verlöschen der Lebensbegierde und des Wahns, im Dasein eine Realität zu erkennen. Durch den Eintritt ins N. ist der Mensch dem Kreislauf der Wiedergeburten entzogen.

Niš [serbokroat. niːʃ] (Nisch), jugoslaw. Stadt nahe der Mündung des Nišava in die Südl. Morava, 230 700 E. Wirtschaftl. und kulturelles Zentrum des südl. Serbien; Univ.; Flugzeugbau, Elektro- u. a. Industrie. 1690–1732 ausgebaute Festung; sog. Schädelturm (1809); röm. Ausgrabungen (Mosaike). – In der Antike *Naissus*.

Nisan [hebr.], 7. Monat des jüd. Jahres mit 30 Tagen (März/April/Mai). Am 14./15. bis zum 21. N. wird Passah gefeiert.

Nischni Nowgorod, russ. Geb.-Hauptstadt an der Mündung der Oka in die Wolga, 1,4 Mio. E. Univ., neun Hochschulen, Museen, fünf Theater. Bed. Industriestadt: u. a. Werft, Autowerk, Erdölraffinerie; bed. Hafen. – 1221 gegr.; 1500–19 Errichtung eines Kremls (2 km lange Mauern mit Türmen). Mitte des 17. Jh. Gründung eines bed. Klosters und mehrerer Kirchen. N. N. hieß 1932–90 *Gorki*.

Nissen, Bez. für die Eier der Läuse.

Nithard, † 844, fränk. Geschichtsschreiber. Enkel Karls d. Gr.; überlieferte die Straßburger Eide.

Nithart, dt. Maler, ↑Grünewald, Matthias.

Nitra [slowak. 'njitra], Stadt an der Neutra, Slowak. Rep., 85 000 E. PH, landwirtschaftl. Hochschule; Nahrungsmittel-Ind., Maschinenbau. – Burg (11.–17. Jh.), Kathedrale (barock umgestaltet).

Nitrate [ägypt.-griech.], die Salze der Salpetersäure; gut wasserlösl. Verbindungen.

Nitride, Verbindungen des Stickstoffs, v. a. mit Metallen.

Nitrile, sehr reaktionsfähige organ. Verbindungen mit einer Dreifachbindung; z. B. Acrylnitril.

Nitrite, die Salze der salpetrigen Säure.

Nitrobenzol (Mononitrobenzol, Mirbanöl), einfachste aromat. Nitroverbindung; farblose bis gelbl., nach bitteren Mandeln riechende Flüssigkeit, die Zwischenprodukt bei der Herstellung von Anilin ist. N. ist ein starkes Blut- und Nervengift.

Nitrogelatine, svw. Sprenggelatine (↑Sprengstoffe).

Nitrogenium, svw. ↑Stickstoff.

Nitroglycerin (Glycerintrinitrat), farblose bis bräunl., geruchlose Flüssigkeit, die bei gewöhnl. Temperatur beständig ist, bei Stoß und Schlag jedoch heftig explodiert (Verwendung als Sprengstoff); medizin. Anwendung bei Angina pectoris.

Nitrolacke (Nitrozelluloselacke), Gruppe von Lacken, bestehend aus Cellulosenitrat (Nitrozellulose) in einem Lösungsmittel[gemisch] aus Aceton, verschiedenen Estern, Methanol, Spiritus, Benzol und Glykolderivaten. Lösungsmittel und *Nitroverdünnung (Nitroverdünner)* haben übereinstimmende Zusammensetzung.

Nitrosamine [Kw.], organ. Verbindungen, die aus der Reaktion sekundärer Amine mit salpetriger Säure hervorgehen; hochgiftige, z. T. krebserzeugende Substanzen.

Nitrotoluole, Derivate des Toluols mit einer, zwei oder drei Nitrogruppen am Benzolring; das gelbe, kristalline 2,4,6-Trinitrotoluol (Trotyl, Tritol), Abk. TNT, hat als Sprengstoff Bedeutung.

Nitrozellulose (Nitrozellstoff, Zellulosenitrat), Salpetersäureester der Cellulose, die beim Entzünden sehr rasch verbrennt. Ein niedrig verestertes N.produkt ist die Kollodiumwolle, hochveresterte N. ist die Schießbaumwolle.

Niue [engl. niːˈuːɛɪ], Koralleninsel im südl. Pazifik, östl. der Tongainseln, 259 km², 2 190 E, Hauptort Alofi. – Seit 1974 volle Selbstregierung in freier Assoziation mit Neuseeland.

nival [lat.], von Schnee oder Eis geprägt.

Niveau [niˈvoː, frz.] (N.fläche), eine Fläche, die einem bestimmten Wert (z. B. auf einer Höhenskala) zugeordnet ist; Bezugsfläche, Bezugsebene. – In übertragenem Sinn Stufe der Wertschätzung (im Hinblick auf den intellektuellen, kulturellen o. ä. Anspruch).

Nivellement [nivɛl(ə)ˈmãː, frz.] »das Abmessen (mit der Wasserwaage)«], Verfahren zur Bestimmung des Höhenun-

Niven

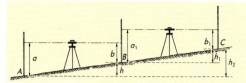

Nivellement. Bestimmung des Höhenunterschiedes zwischen zwei entfernten Punkten durch je eine Messung zwischen Anfangspunkt A bzw. Endpunkt C und dem dazwischen liegenden Punkt B; die bei der ersten Messung auf den Nivellierlatten abgelesenen Werte sind a (Punkt A) und b (Punkt B), bei der zweiten Messung a_1 (Punkt B) und b_1 (Punkt C); die entsprechenden Höhenunterschiede sind $h = a - b$ und $h_1 = a_1 - b_1$; der Höhenunterschied zwischen A und C ist demnach $h_2 = h + h_1$

terschiedes von Punkten durch horizontales Zielen nach lotrecht gestellten Skalen *(Nivellierlatten)* mit Hilfe des *Nivellier[gerät]s* (Zielfernrohr, das mittels Dosenlibelle oder automatisch exakt horizontal einstellbar ist).

Niven, David, * Kirriemuir bei Dundee 1. 3. 1910, † Château-d'Oex (Kanton Waadt) 29. 7. 1983, brit. Schauspieler. Charakterdarsteller mit Vorliebe für unaufdringl. Komik; Filme: u. a. »In 80 Tagen um die Welt« (1956), »Bonjour Tristesse« (1957).

Nixdorf Computer AG [- kɔmˈpjuːtər -], dt. Unternehmen der Elektronik-Ind., gegr. 1952, Sitz Paderborn; 1990 Übernahme der Aktienmehrheit durch die Siemens AG und Gründung der Siemens Nixdorf Informationssysteme AG.

Nixen, Name german. ↑Wassergeister; oftm. Tier- und/oder Menschengestalt.

Nixon, Richard Milhous [engl. nıksn], * Yorba Linda (Calif.) 9. 1. 1913, † New York 22. 4. 1994, 37. Präs. der USA (1969–74). Republikaner; 1950–53 Senator für Kalifornien; 1953–60 Vize-Präs. unter Eisenhower; bei den Präsidentschaftswahlen 1960 von J. F. Kennedy knapp geschlagen, siegte aber 1968 über den Demokraten H. H. Humphrey; setzte, beraten von H. A. Kissinger, die Entspannungspolitik fort, leitete die Normalisierung der Beziehungen zur VR China ein (Pekingbesuch 1972) und beendete das direkte militär. Engagement der USA in Vietnam (Waffenstillstandsabkommen 1973). Die ↑Watergate-Affäre führte zum Sturz von N., der als erster amerikan. Präs. sein Amt niederlegte (9. 8. 1974), um einer Amtsenthebung (Impeachment) zuvorzukommen.

Nizäa (Nicäa, Nicaea, griech. Nikaia), Kreuzfahrerstaat (Kaiserreich) mit der Hauptstadt N. (heute İznik); bestand 1204–61.

Nizäa, Konzile von, das erste Konzil (1. ökumen. Konzil), 325 von Kaiser Konstantin I., d. Gr., aus Anlaß der Auseinandersetzung um Arius und über das Osterdatum berufen, verurteilte den ↑Arianismus und formulierte das erste offizielle christl. Glaubensbekenntnis (↑Nizänum). – Das zweite Konzil (7. ökumen. Konzil) wurde von Kaiserin Irene 787 berufen; es entschied im Bilderstreit zugunsten der Bilderverehrung.

Nizänokonstantinopolitanum (Symbolum Nicaeno-Constantinopolitanum, nizänokonstantinopolitan. Symbol), altkirchl. ökumen. Glaubensbekenntnis, 381 auf der ökumen. Synode von Konstantinopel auf der Grundlage des ↑Nizänum formuliert, 451 auf dem Konzil von Chalkedon proklamiert; setzte sich in der westl. Kirche als Bekenntnis durch.

Nizänum (Symbolum Nicaenum, nizän. Symbol), altchristl. ökumen. Bekenntnis, auf dem Konzil von Nizäa 325 formuliert; entstanden vor dem Hintergrund der arian. Lehrstreitigkeiten.

Nizza (frz. Nice), frz. Stadt am Mittelmeer, 345 600 E. Verwaltungssitz des Dép. Alpes-Maritimes; Univ.; Museen, u. a. Chagall-, Matisse-Museum; Theater; Seebad, Karnevals-, internat. Folklorefestspiele; Hafen, ✈. In der Altstadt barocke Kathedrale Sainte-Réparate (1650), ehem. Palais Lascaris (17. Jh.); Promenade des Anglais. Im Stadtteil Cimiez Reste aus röm. Zeit, Fundamente einer frühchristl. Kathedrale (5. Jh.). – Seit 314 Bischofssitz; gehörte seit 970 zur Gft. Provence; Stadt und Gft. waren seit dem 16. Jh. zw. Frankreich und Savoyen umkämpft, 1793 frz., 1814 an Savoyen, 1860 nach einer Volksabstimmung endgültig französisch.

Nizza
Stadtwappen

Njassaland ↑Malawi (Geschichte).

Njassasee (Malawisee), mit 30 800 km² drittgrößter See Afrikas, im *Njassagraben,* dem südlichsten Teil des Ostafri-

Richard Milhous Nixon

Nobelpreis

kan. Grabensystems (Malawi, Moçambique und Tansania).

Njazidja (früher Grande Comore), mit 1 148 km² größte Insel der Komoren.

Nkomo, Joshua, *Semokwe (Distrikt Matope) 19. 6. 1917, simbabw. Politiker. Ab 1957 Präs. des African National Council (ANC), nach dessen Verbot 1959/60 im Exil; gründete 1961 die ZAPU (Zimbabwe African People's Union); 1964–74 in Haft bzw. Verbannung; gründete 1976 mit R. G. Mugabe die Patriotic Front; seit 1990 Vizepräs. Simbabwes.

Nkrumah, Kwame, *Nkroful (bei Axim) 21. 9. 1909, †Bukarest 27. 4. 1972, ghanaischer Politiker. 1951 erster Min.-Präs. der Goldküste (ab 1957 des unabhängigen Ghana); wurde 1960 Staats-Präs. der Republik Ghana. N. war geistiger Führer des Panafrikanismus und des afrikan. Sozialismus; 1966 durch Armeeputsch gestürzt.

NKWD, Abk. für russ. **N**arodny **K**omissariat **W**nutrennich **D**el (»Volkskommissariat für Innere Angelegenheiten«), 1934 gebildetes sowjet. Unionsministerium, dem als wichtigstes Ressort die ↑GPU eingegliedert war; zuständig für polit. Überwachung, Nachrichtendienst, polit. Strafjustiz u. a., 1946 in ↑MWD umbenannt.

nm, Einheitenzeichen für Nanometer: 1 nm = 10^{-9} m = 1 1000 000 m.

Nm, Einheitenzeichen für Newtonmeter: 1 Nm = 1 Joule = 1 m² · kg/s².

NMR-Spektroskopie [Kurz-Bez. für engl. **n**uclear **m**agnetic **r**esonance] ([magnet.] Kernresonanzspektroskopie, kernmagnet. Resonanzspektroskopie), Untersuchungsverfahren zur Strukturaufklärung chem. Substanzen: Die in einem homogenen Magnetfeld sich in bestimmten Richtungen einstellenden magnet. Kernmomente bestimmter Atomkerne in den Molekülen einer Probe klappen bei Einwirkung eines Hochfrequenzfeldes bei bestimmten, für den Bindungszustand der Atome charakterist. Frequenzen um. Mit der Methode der N. kann auch lebendes Gewebe untersucht werden. Die ↑Kernspintomographie ist in der Medizin die prakt. Anwendung der NMR-Spektroskopie.

NN (N. N.), Abk. für ↑Normalnull.

N. N., Abk. für lat. **n**omen **n**escio (»den Namen weiß ich nicht«), der Name ist unbekannt, bzw. für lat. **n**omen **n**ominandum (»der [noch] zu nennende Name«).

No, chem. Symbol für ↑Nobelium.

Noa, polynes. Begriff, der das Profane und frei zu Gebrauchende bezeichnet (Ggs. ↑Tabu).

Noack, Barbara, *Berlin 28. 9. 1924, dt. Schriftstellerin. Schreibt gewitzte Unterhaltungsromane, u. a. »Die Zürcher Verlobung« (1955; verfilmt 1957 von H. Käutner), »Der Bastian« (1974).

Noah, Gestalt des AT; überlebt mit seinen Söhnen Sem, Ham und Japhet in einer Arche die Sintflut.

Alfred Nobel

Nobel, Alfred, *Stockholm 21. 10. 1833, †San Remo 10. 12. 1896, schwed. Chemiker und Industrieller. Erfand 1867 das Dynamit, 1877 die Sprenggelatine, 1887 ein rauchschwaches Pulver, das Ballistit; hinterließ sein Vermögen einer Stiftung *(Nobelstiftung),* aus der seit 1901 die Nobelpreise finanziert werden.

Nobelium [nach A. Nobel] (Flerovium), chem. Element, Symbol No, Actinoid mit der Ordnungszahl 102; künstlich durch Kernreaktionen hergestelltes, radioaktives Element, dessen Isotop No 259 mit 58 Minuten die längste Halbwertszeit hat.

Nobelpreis, hochangesehene, internat. Auszeichnung für bes. (wiss.) Leistungen, jährlich finanziert durch die *Nobelstiftung* mit dem Jahreszins ihres Vermögens. A. Nobel bestimmte, daß die Preisträger für *Physik und Chemie* von der Schwed. Akademie der Wiss., die der *Physiologie oder Medizin* vom Karolinska Medikokirurgiska Institutet in Stockholm und die der *Literatur* von der Schwed. Akademie (der schönen Künste) in Stockholm und die *Friedens*preisträger durch einen fünfköpfigen Ausschuß des norweg. Parlaments ausgewählt werden sollen. In der Regel wird der Friedens-N. vom norweg. König in Oslo, die anderen werden vom schwed. König in Stockholm überreicht. Die Höhe eines (ungeteilten) Preises betrug 1991 rd. 1,6 Mio. DM. Der Fonds für den N. für Wirtschaftswissenschaften *(Preis für Ökonom. Wiss. in Erinnerung an Alfred Nobel)* ist von der Schwed. Reichsbank 1968 gestiftet worden (vergeben von der Schwed. Akademie der Wiss.). – Übersicht S. 2406–2409.

Nobelpreisträger (Übersicht)

Physik
- 1901 W. C. Röntgen D
- 1902 H. A. Lorentz NL
  P. Zeeman NL
- 1903 A. H. Becquerel F
  P. Curie F
  M. Curie F
- 1904 J. W. Strutt
  Lord Rayleigh GB
- 1905 P. Lenard D
- 1906 J. J. Thomson GB
- 1907 A. A. Michelson USA
- 1908 G. Lippmann F
- 1909 G. Marchese Marconi I
  K. F. Braun D
- 1910 J. D. van der Waals NL
- 1911 W. Wien D
- 1912 N. G. Dalén S
- 1913 H. Kamerlingh-Onnes NL
- 1914 M. von Laue D
- 1915 W. H. Bragg GB
  W. L. Bragg GB
- 1917 C. G. Barkla GB
- 1918 M. Planck D
- 1919 J. Stark D
- 1920 C. É. Guillaume F
- 1921 A. Einstein D
- 1922 N. Bohr D
- 1923 R. A. Milikan USA
- 1924 K. M. G. Siegbahn S
- 1925 J. Franck D
  G. Hertz D
- 1926 J. B. Perrin F
- 1927 A. H. Compton USA
  C. T. R. Wilson GB
- 1928 O. W. Richardson GB
- 1929 L. de Broglie F
- 1930 Sir C. V. Raman Indien
- 1932 W. Heisenberg D
- 1933 E. Schrödinger A
  P. A. M. Dirac GB
- 1935 J. Chadwick GB
- 1936 V. F. Hess A
  C. D. Anderson USA
- 1937 C. J. Davisson USA
  G. P. Thomson GB
- 1938 E. Fermi I
- 1939 E. O. Lawrence USA
- 1943 O. Stern USA
- 1944 I. I. Rabi USA
- 1945 W. Pauli A
- 1946 P. W. Bridgman USA
- 1947 Sir E. V. Appleton GB
- 1948 P. M. S. Lord Blackett of Chelsea GB
- 1949 H. Yukawa Japan
- 1950 C. F. Powell GB
- 1951 Sir J. D. Cockcroft GB
  E. T. S. Walton Irland
- 1952 F. Bloch USA
  E. M. Purcell USA
- 1953 F. Zernike NL
- 1954 M. Born GB
  W. Bothe D
- 1955 W. E. Lamb USA
  P. Kusch USA
- 1956 W. Shockley USA
  J. H. Bardeen USA
  W. H. Brattain USA
- 1957 C. N. Yang USA
  T. D. Lee USA
- 1958 P. A. Tscherenkow UdSSR
  I. M. Frank UdSSR
  I. J. Tamm UdSSR
- 1959 E. Segrè USA
  O. Chamberlain USA
- 1960 D. A. Glaser USA
- 1961 R. Hofstadter USA
  R. L. Mössbauer D
- 1962 L. D. Landau UdSSR
- 1963 J. H. D. Jensen D
  E. P. Wigner USA
  M. Goeppert-Mayer USA
- 1964 N. G. Bassow UdSSR
  C. H. Townes USA
  A. M. Prochorow UdSSR
- 1965 S. Tomonaga Japan
  J. Schwinger USA
  R. P. Feynman USA
- 1966 A. Kastler F
- 1967 H. A. Bethe USA
- 1968 L. W. Alvarez USA
- 1969 M. Gell-Mann USA
- 1970 H. Alfvén S
  L. E. F. Néel F
- 1971 D. Gabor GB
- 1972 J. Bardeen USA
  L. N. Cooper USA
  J. R. Schrieffer USA
- 1973 L. Esaki Japan
  I. Giaever GB
  B. D. Josephson GB
- 1974 Sir M. Ryle GB
  A. Hewish GB
- 1975 A. N. Bohr DK
  B. R. Mottelson DK
  L. J. Rainwater USA
- 1976 B. Richter USA
  S. C. C. Ting USA
- 1977 P. W. Anderson USA
  Sir N. F. Mott GB
  J. H. Van Vleck USA
- 1978 P. L. Kapiza UdSSR
  A. A. Penzias USA
  R. W. Wilson USA
- 1979 S. Glashow USA
  A. Salam P
  S. Weinberg USA
- 1980 J. W. Cronin USA
  V. L. Fitch USA
- 1981 N. Bloembergen USA
  A. L. Schawlow USA
  K. M. Siegbahn S
- 1982 K. G. Wilson USA
- 1983 S. Chandrasekhar USA
  W. A. Fowler USA
- 1984 C. Rubbia I
  S. van der Meer NL
- 1985 K. von Klitzing D
- 1986 E. Ruska D
  G. Binnig CH
  H. Rohrer CH
- 1987 J. G. Bednorz CH
  K. A. Müller CH
- 1988 L. M. Lederman USA
  M. Schwartz USA
  J. Steinberger USA
- 1989 N. F. Ramsay USA
  H. G. Dehmelt USA
  W. Paul D
- 1990 J. I. Friedman USA
  H. W. Kendall USA
  R. Taylor CAN
- 1991 P.-G. de Gennes F
- 1992 G. Charpak F
- 1993 R. A. Hulse USA
  J. H. Taylor USA
- 1994 B. N. Brockhouse CAN
  C. G. Shull USA
- 1995 M. L. Perl USA
  F. Reines USA

Chemie
- 1901 J. H. van't Hoff NL
- 1902 E. H. Fischer D
- 1903 S. A. Arrhenius S
- 1904 Sir W. Ramsay GB
- 1905 A. Ritter von Baeyer D
- 1906 H. Moissan F
- 1907 E. Buchner D
- 1908 E. Rutherford GB
- 1909 W. Ostwald D
- 1910 O. Wallach D
- 1911 M. Curie F
- 1912 V. Grignard F
  P. Sabatier F
- 1913 A. Werner CH
- 1914 T. W. Richards USA
- 1915 R. M. Willstätter D
- 1918 F. Haber D
- 1920 W. H. Nernst D
- 1921 F. Soddy D
- 1922 F. W. Aston GB
- 1923 F. Pregl A
- 1925 R. A. Zsigmondy D
- 1926 T. Svedberg S
- 1927 H. O. Wieland D
- 1928 A. O. R. Windaus D

Dem Namen des Preisträgers folgt eine Angabe über den Staat, in dem er z. Z. seiner Ehrung lebte und arbeitete; für europ. Länder den Nationalitätskennzeichen für Kfz entsprechend; andere Abkürzungen: ČSR (bis 1968 Tschechoslowakei), UdSSR, USA. – Fehlstellen in der chronolog. Abfolge besagen, daß der Preis zu dieser Zeit nicht vergeben wurde.

Nobelpreisträger (Fortsetzung)

1929 A. Harden GB
　　　H. K. A. S. von
　　　　Euler-Chelpin S
1930 H. Fischer D
1931 C. Bosch D
　　　F. Bergius D
1932 I. Langmuir USA
1934 H. C. Urey USA
1935 J. F. Joliot-Curie F
　　　I. Joliot-Curie F
1936 P. J. W. Debye NL
1937 W. N. Haworth GB
　　　P. Karrer CH
1938 R. Kuhn D
1939 A. F. J. Butenandt D
　　　L. Ružička CH
1943 G. de Hevesy S
1944 O. Hahn D
1945 A. I. Virtanen
　　　Finnland
1946 J. B. Sumner USA
　　　J. H. Northrop USA
　　　W. M. Stanley USA
1947 Sir R. Robinson GB
1948 A. W. K. Tiselius S
1949 W. F. Giauque USA
1950 O. P. H. Diels D
　　　K. Alder D
1951 E. M. McMillan USA
　　　G. T. Seaborg USA
1952 A. J. P. Martin GB
　　　R. L. M. Synge GB
1953 H. Staudinger D
1954 L. C. Pauling USA
1955 V. du Vigneaud
　　　USA
1956 Sir C. N. Hinshelwood GB
　　　N. N. Semjonow
　　　UdSSR
1957 Sir A. R. Todd GB
1958 F. Sanger GB
1959 J. Heyrovský ČSR
1960 W. F. Libby USA
1961 M. Calvin USA
1962 M. F. Perutz GB
　　　J. C. Kendrew GB
1963 K. Ziegler D
　　　G. Natta I
1964 D. (Crowfoot)
　　　Hodgkin GB
1965 R. B. Woodward USA
1966 R. S. Mulliken USA
1967 M. Eigen D
　　　R. G. W. Norrish GB
　　　G. Porter GB
1968 L. Onsager USA
1969 D. H. R. Barton GB
　　　O. Hassel N
1970 L. F. Leloir Argentinien
1971 G. Herzberg CAN
1972 C. B. Anfinsen USA
　　　S. Moore USA
　　　W. H. Stein USA
1973 E. O. Fischer D
　　　G. Wilkinson GB
1974 P. J. Flory USA
1975 J. W. Cornforth GB
　　　V. Prelogh CH
1976 W. N. Lipscomb USA
1977 I. Prigogine B
1978 P. Mitchell GB
1979 H. C. Brown USA
　　　G. Wittig D
1980 P. Berg USA
　　　W. Gilbert USA
　　　F. Sanger GB
1981 K. Fukui Japan
　　　R. Hoffmann USA
1982 A. Klug GB
1983 H. Taube USA
1984 R. B. Merrifield USA
1985 H. A. Hauptmann USA
　　　J. Karle USA
1986 D. R. Herschbach USA
　　　Y. T. Lee USA
　　　J. C. Polanyi USA
1987 D. J. Cram USA
　　　J.-M. Lehn F
　　　C. J. Pedersen USA
1988 R. Huber D
　　　J. Deisenhofer D
　　　H. Michel D
1989 S. Altman USA
　　　T. R. Cech USA
1990 E. J. Corey USA
1991 R. Ernst CH
1992 R. A. Marcus USA
1993 M. Smith CAN
　　　K. B. Mullis USA
1994 G. A. Olah USA
1995 P. Crutzen NL
　　　M. J. Molina Mexiko
　　　F. S. Rowland USA

Physiologie oder Medizin
1901 E. A. von Behring D
1902 R. Ross GB
1903 N. R. Finsen DK
1904 I. P. Pawlow
　　　Rußland
1905 R. Koch D
1906 C. Golgi I
　　　S. Ramon y Cajal E
1907 C. L. A. Laveran F
1908 I. I. Metschnikow
　　　Rußland
　　　P. Ehrlich D
1909 E. T. Kocher CH
1910 A. Kossel D
1911 A. Gullstrand S
1912 A. Carrel USA
1913 C. R. Richet F
1914 R. Bárány A
1919 J. Bordet B
1920 S. A. S. Krogh DK
1922 A. V. Hill GB
　　　O. F. Meyerhof D
1923 F. G. Banting CAN
　　　J. J. R. Macleod CAN
1924 W. Einthoven NL
1926 J. A. G. Fibiger DK
1927 J. Ritter Wagner v.
　　　Jauregg A
1928 C. J. H. Nicolle F
1929 C. Eijkman NL
　　　Sir F. G. Hopkins GB
1930 K. Landsteiner A
1931 O. H. Warburg D
1932 Sir C. S. Sherrington GB
　　　E. D. Lord Adrian GB
1933 T. H. Morgan USA
1934 G. H. Whipple USA
　　　G. R. Minot USA
　　　W. P. Murphy USA
1935 H. Spemann D
1936 Sir H. H. Dale GB
　　　O. Loewi USA
1937 A. Szent-Györgyi von
　　　Nagyrapolt H
1938 C. J. F. Heymans B
1939 G. Domagk D
1943 H. C. P. Dam DK
　　　E. A. Doisy USA
1944 J. Erlanger USA
　　　H. S. Gasser USA
1945 Sir A. Fleming GB
　　　E. B. Chain GB
　　　H. W. Florey GB
1946 H. J. Muller USA
1947 C. F. Cori USA
　　　G. T. Cori USA
　　　B. A. Houssay
　　　Argentinien
1948 P. H. Müller CH
1949 W. R. Hess CH
　　　A. C. Moniz P
1950 E. C. Kendall USA
　　　T. Reichstein CH
　　　P. S. Hench USA
1951 M. Theiler Südafrika
1952 S. A. Waksman USA
1953 H. A. Krebs GB
　　　F. A. Lipmann USA
1954 J. F. Enders USA
　　　T. H. Weller USA
　　　F. C. Robbins USA
1955 A. H. T. Theorell S
1956 A. F. Cournand USA
　　　W. T. O. Forßmann D
　　　D. W. Richards USA
1957 D. Bovet I
1958 G. W. Beadle USA
　　　E. L. Tatum USA
　　　J. Lederberg USA
1959 S. Ochoa USA
　　　A. Kornberg USA
1960 Sir F. M. Burnet
　　　Australien
　　　P. B. Medawar GB
1961 G. von Békésy USA
1962 F. H. C. Crick GB
　　　J. D. Watson USA
　　　M. H. F. Wilkins GB
1963 Sir J. C. Eccles
　　　Australien
　　　A. L. Hodgkin GB
　　　A. F. Huxley GB
1964 K. Bloch USA
　　　F. F. K. Lynen D
1965 F. Jacob F
　　　A. Lwoff F
　　　J. Monod F

Nobelpreisträger (Fortsetzung)

1966 F. P. Rous USA
C. B. Huggins USA
1967 R. A. Granit S
H. H. Hartline USA
G. Wald USA
1968 R. W. Holley USA
H. G. Khorana USA
M. W. Nirenberg USA
1969 M. Delbrück USA
A. D. Hershey USA
S. E. Luria USA
1970 B. Katz GB
U. S. von Euler S
J. Axelrod USA
1971 E. W. Sutherland USA
1972 G. M. Edelman USA
R. R. Porter GB
1973 K. Ritter von Frisch D
K. Lorenz A
N. Tinbergen GB
1974 A. Claude B
C. R. de Duve USA
G. E. Palade USA
1975 D. Baltimore USA
R. Dulbecco USA
H. M. Temin USA
1976 B. S. Blumberg USA
D. C. Gajdusek USA
1977 R. L. Guillemin USA
A. V. Schally USA
R. S. Yalow USA
1978 W. Arber CH
D. Nathans USA
H. O. Smith USA
1979 A. M. Cormack USA
G. N. Hounsfield GB
1980 B. Benacerraf USA
J. B. G. Dausset F
G. D. Snell USA
1981 R. W. Sperry USA
D. H. Hubel USA
T. N. Wiesel USA
1982 S. K. Bergström S
B. I. Samuelsson S
J. R. Vane GB
1983 B. McClintock USA
1984 N. K Jerne F
G. J. F. Köhler CH
C. Milstein GB

1985 M. S. Brown USA
J. L. Goldstein USA
1986 R. Levi-Montalcini I
S. Cohen USA
1987 S. Tonegawa USA
1988 Sir J. W. Black GB
G. B. Elion USA
G. H. Hitchings USA
1989 M. J. Bishop USA
H. E. Varmus USA
1990 J. E. Murray USA
E. D. Thomas USA
1991 E. Neher D
B. Sakmann D
1992 E. H. Fischer USA
E. G. Krebs USA
1993 P. A. Sharp USA
R. J. Roberts GB
1994 A. G. Gilman USA
M. Rodbell USA
1995 C. Nüsslein-Volhard D
E. B. Lewis USA
E. F. Wieschaus USA

Literatur

1901 Sully Prudhomme F
1902 T. Mommsen D
1903 B. Bjørnson N
1904 F. Mistral F
J. Echegaray y Eizaguirre E
1905 H. Sienkiewicz PL
1906 G. Carducci I
1907 J. R. Kipling GB
1908 R. C. Eucken D
1909 S. Lagerlöf S
1910 P. von Heyse D
1911 M. Maeterlinck B
1912 G. Hauptmann D
1913 R. Tagore Indien
1915 R. Rolland F
1916 V. von Heidenstam S
1917 K. A. Gjellerup DK
H. Pontoppidan DK
1919 C. Spitteler CH
1920 K. Hamsun N
1921 A. France F
1922 J. Benavente E
1923 W. B. Yeats Irland
1924 W. S. Reymont PL
1925 G. B. Shaw GB

1926 G. Deledda I
1927 H. Bergson F
1928 S. Undset N
1929 T. Mann D
1930 S. Lewis USA
1931 E. A. Karlfeldt S
1932 J. Galsworthy GB
1933 I. A. Bunin F
1934 L. Pirandello I
1936 E. O'Neill USA
1937 R. Martin du Gard F
1938 P. S. Buck USA
1939 F. E. Sillanpää Finnland
1944 J. V. Jensen DK
1945 G. Mistral Chile
1946 H. Hesse CH
1947 A. Gide F
1948 T. S. Eliot GB
1949 W. Faulkner USA
1950 B. A. W. Earl Russell GB
1951 P. F. Lagerkvist S
1952 F. Mauriac F
1953 Sir W. L. Spencer Churchill GB
1954 E. Hemingway USA
1955 H. K. Laxness IS
1956 J. R. Jiménez E
1957 A. Camus F
1958 B. L. Pasternak UdSSR (mußte den Preis ablehnen)
1959 S. Quasimodo I
1960 Saint-John Perse F
1961 I. Andrić YU
1962 J. Steinbeck USA
1963 G. Seferis GR
1964 J.-P. Sartre F (abgelehnt)
1965 M. A. Scholochow UdSSR
1966 S. J. Agnon Israel
N. Sachs S
1967 M. Á. Asturias Guatemala
1968 Y. Kawabata Japan
1969 S. Beckett Irland
1970 A. I. Solschenizyn UdSSR
1971 P. Neruda Chile
1972 H. Böll D
1973 P. White Australien

1974 E. Johnson S
H. Martinson S
1975 E. Montale I
1976 S. Bellow USA
1977 V. Aleixandre E
1978 I. B. Singer USA
1979 O. Elitis GR
1980 C. Miłosz USA
1981 E. Canetti GB
1982 G. García Márquez Kolumbien
1983 W. G. Golding GB
1984 J. Seifert Tschechoslowakei
1985 C. Simon F
1986 W. Soyinka Nigeria
1987 I. A. Brodski USA
1988 N. Mahfus Ägypten
1989 C. J. Cela E
1990 O. Paz Mexiko
1991 N. Gordimer Südafrika
1992 D. A. Walcott Saint Lucia
1993 T. Morrison USA
1994 Ōe Kenzaburō Japan
1995 S. Heaney Irland

Erhaltung des Friedens

1901 H. Dunant CH
F. Passy F
1902 É. Ducommun CH
C. A. Gobat CH
1903 W. R. Cremer GB
1904 Institut de droit international, Gent
1905 B. Freifrau von Suttner A
1906 T. Roosevelt USA
1907 E. T. Moneta I
L. Renault F
1908 K. P. Arnoldson S
F. Bajer DK
1909 A. M. F. Beernaert B
P. B. Baron de Constant de Rebecque d'Estournelles F
1910 Bureau international permanent de la Paix, Bern
1911 T. M. C. Asser NL
A. H. Fried A

noblesse oblige

Nobelpreisträger (Fortsetzung)

1912 E. Root USA	The American Friend's Service Committee, Washington	1978 M. A. As Sadat Ägypten	**Wirtschaftswissenschaften**
1913 H. La Fontaine B		M. Begin Israel	1969 R. Frisch N
1917 Internationales Komitee vom Roten Kreuz, Genf		1979 Mutter Theresa (Agnes Gonxha Bojaxhio) Indien	J. Tinbergen NL
	1949 J. Lord Boyd-Orr of Brechin Mearns GB		1970 P. A. Samuelson USA
1919 T. W. Wilson USA	1950 R. J. Bunche USA	1980 A. Pérez Esquivel Argentinien	1971 S. S. Kuznets USA
1920 L. V. A. Bourgeois F	1951 L. Jouhaux F		1972 Sir J. R. Hicks GB
1921 H. Branting S	1952 A. Schweitzer F	1981 Office de l'UNHCR (UN-Hochkommissariat für Flüchtlinge) Genf	K. J. Arrow USA
C. Lange N	1953 G. C. Marshall USA		1973 W. Leontief USA
1922 F. Nansen N	1954 Office de l'UNHCR (UN-Hochkommissariat für Flüchtlinge), Genf		1974 K. G. Myrdal S
1925 Sir J. A. Chamberlain GB		1982 A. Myrdal S A. García Robles Mexiko	F. A. von Hayek GB
C. G. Dawes USA			1975 L. Kantorowitsch UdSSR
1926 A. Briand F			T. C. Koopmans USA
G. Stresemann D	1957 L. B. Pearson CAN	1983 L. Wałesa Polen	
1927 F. Buisson F	1958 D. G. Pire B	1984 D. Tutu Südafrika	1976 M. Friedman USA
L. Quidde D	1959 P. Noel-Baker GB	1985 Internationale Ärzte zur Verhinderung des Atomkriegs Boston (B. Lawn und J. Tschasow)	1977 B. G. Ohlin S
1929 F. B. Kellog USA	1960 A. J. Luthuli Südafrika		J. E. Meade GB
1930 N. Söderblom S			1978 H. A. Simon USA
1931 J. Addams USA	1961 D. Hammarskjöld S		1979 T. W. Schultz USA
N. M. Butler USA	1962 L. C. Pauling USA		Sir W. A. Lewis USA
1933 Sir N. L. Angell GB	1963 Internationales Komitee vom Roten Kreuz, Genf	1986 E. Wiesel USA	1980 L. R. Klein USA
		1987 O. Arias Sánchez Costa Rica	1981 J. Tobin USA
1934 A. Henderson GB	1964 M. L. King USA		1982 G. J. Stigler USA
1935 C. von Ossietzky D (Hitler reagierte mit Annahmeverbot für Reichsdeutsche)	1965 UNICEF, New York	1988 Friedenstruppe der UN	1983 G. Debreu USA
	1968 R. Cassin F		1984 Sir R. Stone GB
	1969 Internationale Arbeitsorganisation, Genf	1989 Dalai Lama Indien	1985 F. Modigliani USA
		1990 M. S. Gorbatschow UdSSR	1986 J. M. Buchanan USA
1936 C. Saavedra Lamas Argentinien			1987 R. M. Solow USA
1937 E. A. R. Lord Cecil of Chelwood GB	1970 N. E. Borlaug USA	1991 Aung San Suu Kyi Birma	1988 M. Allais F
	1971 W. Brandt D		1989 T. Haavelmo N
1938 Office international Nansen pour les réfugiés, Genf	1973 H. A. Kissinger USA Le Duc Tho Vietnam (hat den Preis abgelehnt)	1992 R. Menchú Guatemala	1990 H. M. Markowitz USA
			M. H. Miller USA
		1993 F. W. de Klerk Südafrika N. Mandela Südafrika	W. F. Sharpe USA
1944 Internationales Komitee vom Roten Kreuz, Genf	1974 S. MacBride Irland Saō Eisaku Japan		1991 R. Coase GB
			1992 G. S. Becker USA
1945 C. Hull USA	1975 A. D. Sacharow UdSSR		1993 R. W. Fogel USA
1946 E. G. Balch USA		1994 J. Arafat Israel S. Peres Israel Y. Rabin Israel	D. C. North USA
J. R. Mott USA	1976 B. Williams GB M. Corrigan GB		1994 J. C. Harsanyi USA
1947 The Quakers: The Friend's Service Council, London			J. F. Nash USA
	1977 Amnesty International, London	1995 Pugwash-Bewegung (J. Rotblat)	R. Selten D
			1995 R. E. Lucas USA

Nobile, Umberto, *Lauro bei Avellino 21. 1. 1885, † Rom 30. 7. 1978, italien. General (1926–29) und Luftschiffkonstrukteur. Überflog im Mai 1926 mit R. Amundsen und L. Ellsworth im Luftschiff »Norge« den Nordpol; leitete 1928 die mißglückte Polarexpedition mit dem Luftschiff »Italia«.

Nobilität [lat.], der nach Beendigung des Ständekampfes im 3. Jh. v. Chr. aus Patriziern und Plebejern entstandene republikan. Amtsadel in Rom.

Nobilitierung [lat.] (Standeserhöhung), Erhebung in den Adelsstand.

noblesse oblige [frz. nɔblɛsɔˈbliːʒ], Adel verpflichtet.

Nofretete. Modellbüste der Königin aus bemaltem Kalkstein (um 1360 v. Chr.; Berlin, Ägyptisches Museum)

Nocken, Erhebung (Vorsprung) an einer rotierenden Welle *(N.welle)* oder Scheibe *(N.scheibe).*

Nocturne [frz. nɔk'tyrn] ↑Notturno.

Nodium [lat.], Blattknoten, Ansatzstelle eines Blattes bzw. deren Achselknospe.

Noel-Baker, Philip John [engl. 'nəʊəl 'beɪkə], Baron of the City of Derby (seit 1977), *London 1. 11. 1889, † ebd. 8. 10. 1982, brit. Politiker (Labour Party). 1945–51 mehrfach Min.; trat für internat. Abrüstung ein; erhielt 1959 den Friedensnobelpreis.

Noelle-Neumann, Elisabeth ['nœlə...], *Berlin 19. 12. 1916, dt. Publizistikwissenschaftlerin. 1947 Mitbegründerin und Leiterin des Instituts für Demoskopie Allensbach.

Nofretete [altägypt. »die Schöne ist gekommen«], ägypt. Königin des 14. Jh. v. Chr. (18. Dynastie). Gemahlin Echnatons; ihre Büste wurde 1912 in Amarna gefunden (heute Berlin, Ägypt. Mus.).

Noiret, Philippe [nwa'rɛ], *Lille 1. 10. 1930, frz. Schauspieler. Herausragender Charakterdarsteller der Pariser Bühne sowie des französischen und internat. Films. – *Filme:* Die Tat der Thérèse D. (1962), Der Saustall (1982), Die Bestechlichen (1984), Brille mit Goldrand (1987), Das Leben und nichts anderes (1989), Uranus (1991).

Emil Nolde. Steigende Wolken (Hagen, Karl-Ernst-Osthaus-Museum)

NOK, Abk. für ↑Nationales Olympisches Komitee.

Nolde, Emil, eigtl. E. Hansen, *Nolde bei Tondern 7. 8. 1867, † Seebüll (heute zu Neukirchen, Nordfriesland) 15. 4. 1956, dt. Maler und Graphiker. Gehört zu den Hauptvertretern des Expressionismus; 1906/07 Mgl. der ↑Brücke; lebte v. a. in Berlin und auf seinem Hof Seebüll, wo er trotz Malverbot (1941) neben Ölbildern zahlr. Aquarelle schuf; auch bed. Holzschnitte und Radierungen.

Nolimetangere [lat. »rühre mich nicht an!«], Darstellung des Maria Magdalena erscheinenden Christus (Joh. 20, 14 ff.); bed. Thema der Malerei, u. a. bei Giotto, Tizian.

Nolte, Claudia, *Rostock 7. 2. 1966, dt. Politikerin (CDU). Ingenieurin; seit 1990 MdB; seit 1994 Bundes-Min. für Familie, Senioren, Frauen und Jugend.

Nomadismus [griech.-lat.], **1)** *Ethnologie:* verbreitete Wirtschafts- und Gesellschaftsform, die auf Viehwirtschaft beruht und die mit nichtseßhafter Lebensweise verbunden ist. Die Viehzüchter *(Nomaden)* begleiten das Vieh im geschlossenen Familienverband auf ständiger oder period. Wanderung, den klimat. Gegebenheiten entsprechend. Unter *Halbnomadismus* versteht man eine Wirtschaftsform, bei der der Ackerbau ständig ausgeübt wird und nur Teile der Familie wandern.
2) *Zoologie:* das ständige oder fast ständige weiträumige Umherstreifen von Tieren ohne festen Wohnplatz (z. B. Gazellen, Gnus und Rentiere).

Nomen [lat. »Name«] (Nennwort, Namenwort; Mrz. Nomina), zusammenfassende Bez. für Substantiv, Adjektiv und Zahlwort, also für die deklinierbaren Wortarten; i. e. S. nur das Substantiv.

Nomenklatur [lat. »Namenverzeichnis«], die Gesamtheit der Namen und Fachausdrücke einer Wiss. oder Kunst, ferner das Verzeichnis der in einem bestimmten Fachgebiet gültigen Benennungen.

Nomenklatura, in kommunistisch regierten Staaten Rangordnung bzw. Verzeichnis der wichtigsten Führungspositionen; Oberschicht.

nominal [lat.], das ↑Nomen betreffend; mit einem Nomen gebildet.

Nominaleinkommen, einzel- wie gesamtwirtschaftlich das in Währungseinheiten ohne Berücksichtigung der Kaufkraft angegebene Einkommen.

Nonproliferation

Nominalform, svw. ↑infinite Form.

Nominalismus [lat.-nlat.], in der *Philosophie* Lehre, nach der Allgemeinbegriffe nur im Denken existieren und keine [unmittelbaren] Entsprechungen in der Realität haben. Der N. wurde im ↑Universalienstreit des MA Gegenposition zum ↑Realismus.

Nominalkapital (Nennkapital), das ausgewiesene Grundkapital einer AG bzw. Stammkapital einer GmbH.

Nominalsatz, Satz ohne Verb, z. B.: *Ein Mann, ein Wort; Unsinn!*

Nominalwert, svw. ↑Nennwert.

Nominalzins, der auf den Nennwert bezogene Ertrag eines Wertpapiers, im Ggs. zum *Real-* oder *Effektivzins,* der auf den Kurswert bezogen ist.

Nominativ [lat.], erster Fall in der Deklination, Werfall; dient der Angabe des grammat. Subjektes eines Satzes und gegebenenfalls damit kongruierender Satzglieder; bezeichnet auch das Wort, das im N. steht.

nominell [lat.], [nur] dem Namen nach, vorgeblich; auch svw. ↑nominal.

Nomos [griech.], in der (antiken) *Philosophie* das von Menschen gesetzte Recht (im Unterschied zum Naturrecht, göttl. Recht).

Non (None) [lat.] ↑Stundengebet.

Nonchalance [frz. nõʃa'lã:s], Lässigkeit.

Non-co-operation [engl. 'nɔnkəʊɔpə'reɪʃən »Nichtzusammenarbeit«], polit. Kampfesweise M. K. Gandhis: die Verweigerung der Zusammenarbeit mit den brit. Behörden.

None [lat.], 1) *Musik:* ein Intervall von neun diaton. Stufen (die Sekunde über der Oktave). *Nonenakkord* heißt ein aus vier Terzen aufgebauter Akkord; tritt v. a. als Dominantnonenakkord auf; mit ausgelassenem Grundton und kleiner None als »verminderter Septakkord« bekannt.
2) *kath. Kirche:* svw. Non (↑Stundengebet).

Nonen [lat.], im altröm. Kalender der 9. Tag vor den Iden (diese mitgezählt), also der 5. bzw. im März, Mai, Juli und Oktober der 7. Monatstag.

Nonius [nach dem latinisierten Namen von P. Vernier], Hilfsmaßstab, der im Zusammenwirken mit einem Hauptmaßstab mit gleichabständiger Teilung das Ablesen von Bruchteilen der Einheiten des Hauptmaßstabs erlaubt.

Nonkonformismus [lat.-engl.], Haltung, Denkweise, die unabhängig ist von (fremdverfügten) Vorstellungen, Normen oder Mechanismen, die (im Laufe der Zeit) allg. üblich geworden sind.

Nonkonformisten [lat.-engl.], i. e. S. Bez. für ↑Dissenters; i. w. S. Bezeichnung für Vertreter des ↑Nonkonformismus.

Nonne 2) (Spannweite 35–60 mm)

Nonne, 1) *kath. Kirche:* Klosterfrau.
2) *Zoologie:* [nach der an Nonnentracht erinnernden Farbe], bis 5 cm spannender, dämmerungs- und nachtaktiver Schmetterling in Europa; Raupen können durch Blatt- bzw. Nadelfraß an Laub- und Nadelbäumen (bes. Fichten) schädlich werden.

Nono, Luigi, *Venedig 29. 1. 1924, † ebd. 8. 5. 1990, italien. Komponist. Gehört zu den herausragenden Komponisten der zeitgenöss. Musik; hatte bed. Anteil an der Entwicklung der ↑seriellen Musik; arbeitet v. a. auch mit den Mitteln der ↑elektronischen Musik; sein umfangreiches Werk umfaßt neben Instrumentalem (u. a. »Con Luigi Dallapiccola« für sechs Schlagzeuger, drei Ringmodulatoren und drei Frequenzgeneratoren, 1979) v. a. Chorwerke (u. a. eine Komposition für sieben Chöre über das Filmwerk von A. A. Tarkowski, 1989); auch Opern (»Intolleranza«, 1961, Neufassung 1970).

Luigi Nono

non olet [lat. »es (das Geld) stinkt nicht«], sinngemäß wiedergegebener Ausspruch des röm. Kaisers Vespasian auf einen Vorwurf wegen der Abortbesteuerung.

Nonplusultra [lat. »nichts darüber hinaus«], svw. Unübertreffbares.

Nonproliferation [engl. 'nɔnprəlɪfə'reɪʃən »Nichtweitergabe«], angloamerikan. Bez. für die Nichtverbreitung von Kernwaffen und der zu ihrer Herstellung erforderlichen Produktionsmittel durch die Atommächte.

Nonsensverse

Nonsensverse, Genre des komischen Gedichts, das mit paradoxen, absurden Wort- und Klangspielen die Vieldeutigkeit von Wahrnehmung und Wirklichkeit darstellt. Bedeutende Vertreter: E. Lear, L. Carroll, C. Morgenstern, J. Ringelnatz und P. Scheerbart; auch Verbindungen zu ↑Dada, Surrealismus und ↑experimenteller Dichtung.

Nooteboom, Cees, eigtl. Cornelius Johannes Jacobus Maria N., *31.7. 1933, niederl. Schriftsteller. Neben Romanen (»Das Paradies ist nebenan«, 1964; »In den niederländischen Bergen«, 1987; »Rituale«, 1993) und Erzählungen (»Mokusei! Eine Liebesgeschichte«, 1990) entstanden zahlr. Gedichtbände und Liedtexte (vertont v. a. von H. van Veen). Bes. Bed. erlangten seine »poetischen Reisebeschreibungen« (»Berliner Notizen«). Grundthemen, die seinem Werk oft einen melanchol. Ton verleihen, sind das Erleben der Zeit, der Tod und der Prozeß des Schreibens als eine Möglichkeit zum Entwurf gleichsam neben der Realität gültiger Wirklichkeiten.

Cees Nooteboom

NOP, in der Datenverarbeitung Abk. für Nonoperation (↑Nulloperation).

Noradrenalin [nor-a...] (Norepinephrin), im Nebennierenmark, Teilen des Stammhirns und v. a. in den Synapsen postganglionärer, sympath. Nervenfasern gebildetes Hormon, das gefäßverengend und blutdrucksteigernd wirkt; als Antagonist des ↑Adrenalins vermindert es die Herzfrequenz.

Norbert von Xanten, hl., *Xanten 1082(?) als Edler von Gennep, † Magdeburg 6. 6. 1134, dt. Ordensstifter. Gründete 1120 im Tal von Prémontré bei Laon den Prämonstratenserorden (nach der Augustinerregel). Kaiser Lothar III. ernannte N. zum Kanzler für Italien. – Fest: 6. Juni.

Nordalbingien [...i-ən], Gebiet nördl. der Niederelbe, im frühen MA Wohnsitz der Dithmarscher, Holsten und Stormarn.

Nordamerika, mit 23,5 Mio. km² drittgrößter Erdteil, umfaßt den N des Doppelkontinents Amerika einschließlich Grönland und Mexiko (das kulturell zu Lateinamerika gehört), im S über die Landenge von Tehuantepec mit Mittelamerika verbunden. Die N–S-Erstreckung beträgt fast 7000 km, die von O nach W über 4600 km. Die Atlantikküste ist stark gegliedert (Hudsonbai, Mündung des Sankt-Lorenz-Stroms, Haffs und Buchten im SO sowie am Golf von Mexiko). Die Pazifikküste ist im S gegliedert durch die Halbinsel Niederkalifornien, im N durch die Fjorde zwischen Vancouver Island und Alexanderarchipel.

Gliederung: Im W liegt das Gebirgssystem der Kordilleren mit parallel verlaufenden Ketten und dazwischenliegenden Becken. Die östlichste Kette, die Rocky Mountains, fällt steil ab zu den Great Plains (Große Ebenen), deren Grenze zum Zentralen Tiefland z. T. undeutlich ausgebildet, z. T. durch Schichtstufen markiert ist. Die Großen Seen bilden die größte zusammenhängende Süßwasserfläche der Erde. Mit einer Stufe erheben sich die Appalachen aus der Mississippiniederung. Der Kanad. Schild, der sich halbkreisförmig um die Hudsonbai legt, ist mit zahllosen Seen eine von der Eiszeit geprägte Landschaft. Östl. der Hudsonbai liegt die Halbinsel Labrador, im N der Kanad.-Arkt. Archipel. Der Mississippi und seine Nebenflüsse bilden das größte nordamerikan. Flußsystem. Die Hauptwasserscheide verläuft im W der Rocky Mountains.

Klima: N. hat Anteil an allen Klimabereichen von der Arktis bis zu den Tropen. Auf Grund der meridionalen Anordnung der Großräume kommt es zu Vorstößen schwülwarmer Golfluft aus dem S sowie extremer Kaltluft aus dem N (Blizzards). Die größten Niederschlagsmengen fallen an der pazif. Küste; bereits zw. den Küstengebirgen und den Rocky Mountains ist es sehr trocken, im S sogar wüstenhaft. Vom Atlantik her erreichen trop. Wirbelstürme (Hurrikans) den Erdteil.

Vegetation: Auf Eis- und Kältewüsten im hohen N folgt Tundra, an die sich nach S borealer Nadelwald anschließt. Laubwald leitet über zur Prärie- und Trockensteppen. In SO-Kalifornien und S-Arizona gibt es Wüsten. In Mexiko finden sich Vegetationsformen von der Kakteenwüste bis zum Tieflandregenwald, in Florida Tropen- und Sumpfpflanzen.

Tierwelt: Sie ist nah verwandt mit der Fauna N-Asiens und N-Europas. Au-

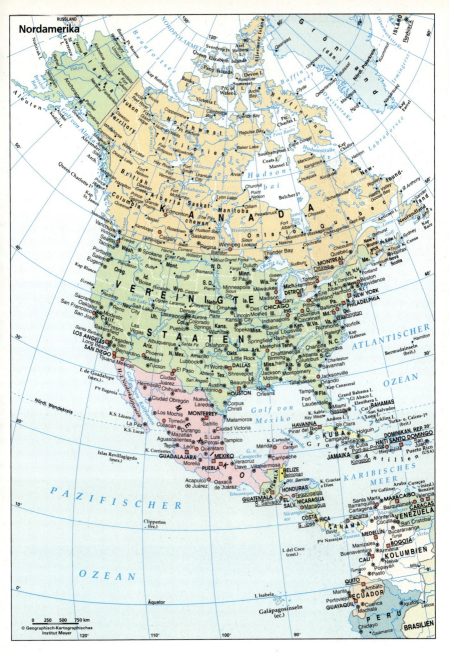

Nordamerika

Nordamerika. Staatliche Gliederung (Stand 1992)				
Land	km²	E (in 1000)	E/km²	Hauptstadt
Kanada	9 976 139	27 367	3	Ottawa
Mexiko	1 958 201	88 153	45	Mexiko
USA	9 529 063	255 159	27	Washington
abhängige Gebiete				
von Dänemark				
Grönland	2 175 600			
davon eisfrei	341 700	57	0,17	Nuuk (Godthåb)
von Frankreich				
Saint-Pierre-et-Miquelon	242	6	25	Saint-Pierre

ßerdem kommen südamerikan. Arten (Puma, Opossum, Klapperschlange u. a.) vor. Die fast ausgerotteten Bisons und Moschustiere konnten sich in Schutzgebieten wieder vermehren. Auf N. beschränkt sind u. a. Mississippialligator, Ringelschleiche, Grizzly- und Alaskabär, Katzenfrett, Stummelschwanzhörnchen, Wapiti, Maultierhirsch, Gabelbock und Karibu.

Bevölkerung: Ureinwohner sind die Eskimo und Indianer, bei denen sich verschiedene Kulturstufen herausgebildet hatten: Jäger und Sammler, Feldbauern, Fluß- und Hochseefischer sowie in Mexiko Hochkulturen. N. war, außer Mexiko, z. Z. der europ. Landnahme dünn besiedelt; die Indianer wurden fast überall nach und nach aus ihren Stammesgebieten vertrieben und z. T. in Reservate eingewiesen (USA, Kanada). Von 1619–1808 wurden Schwarze als Sklaven nach N. verschleppt. Außer Europäern wanderten zahlr. Asiaten ein.

Geschichte: *Vorgeschichte:* Die erste Einwanderung von Menschen vollzog sich nach heutiger Ansicht um 40 000 v. Chr. über die damals bestehende Landverbindung zw. NO-Sibirien und Alaska; der Vorgang wiederholte sich mehrfach zw. 25 000 und 8000 v. Chr. Die frühesten Funde in N. werden zw. 35 000 und 11 000 v. Chr. datiert. Ab 9500 v. Chr., mit dem ersten Auftreten von Projektilspitzen, beginnt man, bestimmte Kulturgruppen zu unterscheiden, u. a. Cloviskomplex (9500–8500) im SW der

Nordamerika. Ellesmere Island im Kanadisch-Arktischen Archipel; in der Bildmitte ein Zungengletscher mit Endmoränen

Nordamerika

Nordamerika. Rocky Mountains im Gebiet des Glacier National Park, Montana

USA und in den Prärien, Lindenmeiertradition (9000–8000; Bisonjagd), Planokulturen der Prärie (8000–4000), Altkordillerenkultur im W. – Im O begann man um 4000 v. Chr., das am Oberen See anstehende reine Kupfer durch kaltes und warmes Aushämmern zu Projektilspitzen, Messern, Beilen u. a. zu formen (Old-Copper-Kultur). Künstl. Erdhügel (Mounds), Bodenbau und Keramik sind Kennzeichen der Waldlandtradition (etwa ab 1000 v. Chr., Kerngebiet mittleres Ohiotal) mit Hopewellkultur (300 v. Chr.–400 n. Chr.) und Mississippikultur (700 bis 1550). – In den trockenen Gebieten des Great Basin entwickelte sich um 8000 v. Chr. die Desert Culture, ausgerichtet auf saisonales Wandern und das Sammeln von Samen und Knollen. Sie bestimmte auch den SW (hier als Cochisekultur bezeichnet). Während ihrer Endphase (2000–200 v. Chr.) kamen erste Kulturpflanzen (Mais, Kürbisse, Bohnen) aus Mexiko in den SW. Die Anasazitradition (ab 100 v. Chr. in den Plateaugebieten des nördl. New Mexico, nördl. Arizona, sö. Utah und sw. Colorado) sog im Laufe der Zeit die anderen Kulturen auf. Ihre größte Ausdehnung erreichte sie zw. 1100 und 1300. Danach wurden viele der stadtähnl. Siedlungen (Pueblos) im N aufgegeben.

Entdeckungsgeschichte: Die ersten Entdecker Amerikas waren Wikinger. Ausgehend von Island, fand Erich der Rote 982 Grönland; sein Sohn Leif Eriksson segelte um das Jahr 1000 bis nach Neufundland. Die nordamerikan. Festlandküste erreichte dann erstmals G. Caboto 1497. Sichere Kenntnisse vom Verlauf der O-Küste N. erbrachten die Fahrten der portugies. Brüder Gaspar (*1450, †1501?) und Miguel (†1502?) Cortereal (1500/01) und des Spaniers Juan Ponce de León (*um 1460, †1521), der 1513 Florida entdeckte. Mit den Fahrten des Franzosen J. Cartier (1534–41) war die O-Küste von N. erkundet. Die Eroberung des Aztekenreiches durch H. Cortés (1519–21) leitete die Inbesitznahme des nordamerikan. Kontinents durch die Europäer ein. 1513 hatte V. Núñez de Balboa den Isthmus von Panama überschritten und damit den Pazifik entdeckt und für Spanien in Besitz genommen; 1576–78 erreichte Sir Martin Frobisher (*1535, †1594) die S-Küste von Baffinland, 1610 entdeckte H. Hudson die nach ihm ben. Bai. 1732–1820 erkundeten russ. Seefahrer die W-Küste von Alaska bis San Francisco. An der Kolonisation von N. waren neben Spanien, Großbrit. und Frankreich auch die Niederlande, Schweden und Rußland beteiligt.

Span. Kolonialgeschichte: Neben Mexiko waren Florida und der SW span. Kolonialgebiete. 1565 wurde Florida in Besitz genommen, 1696 Pensacola gegrün-

nordamerikanische Kunst

det. Zu einer Besiedlung des SW kam es erst ab 1596 (1610 Gründung von Santa Fe, 1690 Inbesitznahme von Texas). Einen weiteren Vorstoß unternahmen die Spanier an der pazif. Küste: 1769 wurde San Diego gegr., 1776 San Francisco, 1781 Los Angeles. – Nach dem Ende des brit.-frz. Kolonialkrieges erhielt Spanien 1762 in einem Geheimvertrag das westl. Louisiane, d. h. alle Gebiete westl. des Mississippi einschließlich New Orleans und Saint Louis.

Frz. Kolonialgeschichte: Mit der Gründung der Niederlassung Quebec am Sankt-Lorenz-Strom leitete S. de Champlain 1609 die frz. Inbesitznahme und Besiedlung von Neufrankreich ein. Wohl schon in den 1630er Jahren war die Green Bay am O-Ufer des Michigansees erreicht. Als der Einsatz frz. Truppen 1665/66 die feindl. Irokesen zum Rückzug zwang und den Weg nach W öffnete, stand den Franzosen der Weg zum Mississippi offen.

Engl./brit. Kolonialgeschichte: England begann als letzte der westeurop. Nationen mit dem Aufbau eines eigenen Kolonialreiches in N.; dabei wandte es sich fast ausschließlich den Küsten des östl. N. zu. 1607 wurde die Siedlung Jamestown gegr., die Keimzelle von Virginia. Ende 1620 landeten die Pilgerväter mit der »Mayflower« an der Stelle des heutigen Plymouth/Massachusetts; für die weitere Entwicklung in Neuengland wurde jedoch die 1623 gegr. Kolonie der Puritaner an der Massachusetts Bay bestimmend; 1636 wanderten von dort unzufriedene Puritaner aus und gründeten die Kolonie Providence-Rhode Island, die erste amerikan. Kolonie, in der religiöse Toleranz oberstes Gesetz war. Andere gründeten 1635 Connecticut und 1638 New Haven. Weitere Kolonien entstanden durch lebenslängl. Landvergabe an einzelne oder mehrere Adlige (z. B. Maryland, Georgia). – Während in Neuengland Schiffbau, Handel und Ackerbau florierten, gingen die südl. Kolonien bald zum Import von schwarzen Sklaven über, um große Gebiete urbar machen zu können; die Haltung von Sklaven begünstigte dann die Entstehung großer Plantagen. – Zw. 1660 und 1760 fand eine ständige Bewegung der Kolonisten nach W statt. – Eine Reihe von Rebellionen im 17. und 18. Jh. nahm die brit. Reg. zum Anlaß, Sonderrechte der Kolonien zu beseitigen: Bis auf Maryland, Pennsylvania, Rhode Island und Connecticut konnte Großbrit. bis 1763 alle Kolonien zu königl. Prov. machen.

Der brit.-frz. Kolonialkonflikt: Im Norden N. kam es zur ersten großen, direkten Konfrontation beider Länder, die 1713 mit dem Frieden von Utrecht endete: Frankreich bestätigte den Besitz der Hudson's Bay Company und trat Teile von Akadien (Neufundland) an Großbrit. ab. 1754 begannen Kolonialtruppen aus Virginia unter der Führung von G. Washington in das Tal des Ohio einzudringen. Der sich entwickelnde Krieg zw. Frankr. und Großbrit. wurde Teil des ↑Siebenjährigen Kriegs in Europa. Im Verlauf der Auseinandersetzung in N. errang Großbrit. die Herrschaft über die Mündung des Sankt-Lorenz-Stromes und konnte nun Neufrankreich von seiner direkten Verbindung zum Mutterland abschneiden. Über diesen Strom drang 1759 die brit. Flotte vor und führte den entscheidenden Angriff auf Quebec. 1763 bestätigte Frankreich im Frieden von Paris den Verlust seiner Territorien in N.: Die Gebiete östlich des Mississippi trat es an Großbrit., die Gebiete westlich des Mississippi an Spanien ab. – Zur weiteren nordamerikan. Geschichte ↑Kanada (Geschichte), ↑Mexiko (Geschichte), ↑Vereinigte Staaten von Amerika (Geschichte).

nordamerikanische Kunst, Bez. für die Kunst in den Vereinigten Staaten von Amerika, für die die europ. Kunst die Voraussetzung bildete. Seit Mitte des 20. Jh. gingen von der amerikan. Kunstszene jedoch auch bed. Rückwirkungen auf Europa aus.

Architektur: Der Wohn- und Repräsentationsbau in den USA wurzelt in den Kolonialstilen. Indian. Elemente, z. B. Lehmziegel (Adobe), abgerundete Ecken und fensterlose Fassaden, gehen in die span. Kolonialarchitektur ein, z. B. beim Palace of the Governors (1610–14, heute Museum of New Mexico) in Santa Fe. Der Kolonialstil an der O-Küste ist vom engl. und niederl. Klassizismus (Palladianismus) geprägt, es entstanden v. a. Holzhäuser, z. T. mit Backsteinfassaden. Wohnhäuser des 18. Jh. sind u. a. in Salem (Mass.) und in

nordamerikanische Kunst

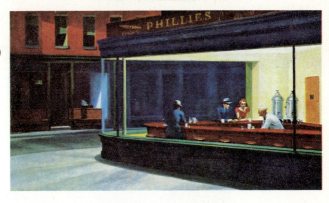

nordamerikanische Kunst. Edward Hopper. »Nighthawks« (1942; Chicago, Art Institute)

Philadelphia erhalten. Den »Georgian style« zeigen bes. das Pennsylvania State House (1732, die spätere Independence Hall) sowie Landhäuser in Virginia und Carolina (Backsteinbauten mit hellen Fenster- und Türrahmen). Die New Yorker Wohnhäuser waren vierstöckig, meist mit Außentreppen (niederl. Einfluß). Neben den öffentl. Gebäuden in klassizist. Repräsentationsstil (Kapitol in Washington, 1793 ff.) entstanden im 19. Jh. Kirchen in neugot. Stil (»gothic revival«). Der amerikan. Wolkenkratzer entstand mit den Verwaltungshochhäusern der Schule von Chicago (John Wellborn Root [* 1850, † 1891], L. H. Sullivan) in den 1880er und 1890er Jahren. An den Landhausstil knüpfte der moderne Villenstil von F. L. Wright an. Großen Einfluß auf alle Gattungen der Architektur gewannen die europ. Vertreter funktionalen Bauens (W. Gropius, L. Mies van der Rohe, R. J. Neutra, Le Corbusier, A. Aalto) im und v. a. nach dem 2. Weltkrieg. Zu den bekanntesten Architekturbüros zählt Skidmore, Owing & Merrill, für die Gordon Bunshaft (* 1909, † 1990) tätig war. Louis Isidore Kahn (* 1901, † 1974), E. Saarinen, Paul Marvin Rudolph (* 1918), Ieoh Ming Pei (* 1917) und Philip Cortelyon Johnson (* 1906) erhielten zahlr. Aufträge. In jüngerer Zeit gewann die Trivialarchitektur (Las Vegas) an Bedeutung mit Robert Venturi (* 1925) und Charles Willard Moore (* 1925, † 1993).

Plastik: Neoklassizist. Stiltendenzen bestimmen die Marmorfiguren und -porträts des 19. Jh., Ende des Jh. realist. Bronzeplastik, u. a. Augustus Saint-Gaudens (* 1848, † 1907), Frederic Remington (* 1861, † 1909; Western art). Im 20. Jh. wirkten starke Einflüsse der europ. Avantgarde: Kubismus (J. Lipchitz), Konstruktivismus (N. Gabo, I. Moholy-Nagy); A. Calder (Mobiles) wurzelte ebenfalls in europ. (frz.) Kunst. Mittelbar war auch David Smith (* 1906, † 1965) von ihr beeinflußt; er gab im Unterschied zu Isamu Noguchi (* 1904, † 1988) die organ. zugunsten einer streng geometrisch-kub. Formenwelt auf. Die *Minimal art* wirkte ihrerseits nach Europa, ebenso wie das *Environment* der Pop-art (G. Segal, D. Hanson).

In der *Malerei* entfaltete sich ab Mitte des 17. Jh. eine naive Porträtkunst, die sich zunehmend an europ. Geschmack ausrichtete; die bedeutendsten Porträt- und Historienmaler des 18. Jh. (J. S. Copley, B. West) gingen nach England. Das 19. Jh. war Blütezeit der naiven Malerei sowie einer von der dt. Romantik beeinflußten Landschaftsmalerei; schulbildend war v. a. Thomas Cole (* 1801, † 1848; Hudson River School). Romant. Abenteuergeist prägte die Western art, wachsendes Geschichtsbewußtsein das Historienbild (S. Morse, Emanuel Leutze [* 1816, † 1868]). Als Begründer des amerikan. Stillebens gilt Raphaelle Peale (* 1774, † 1825). Von der frz. Freilichtmalerei sind William Morris Hunt (* 1824, † 1879), George Inness (* 1825, † 1894) und William

nordamerikanische Literatur

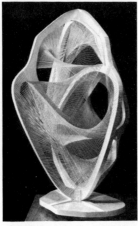

nordamerikanische Kunst. Naum Gabo. »Lineare Konstruktion 4« (1959; Privatbesitz)

Page (*1811, † 1885) beeinflußt. Hauptvertreter einer realistischen Konzeption (Landschaft, Genre) ist Winslow Homer (*1836, † 1910). Realistische Porträts schufen Thomas Eakins (*1844, † 1916) und John Singer Sargent (*1856, † 1925). Die erste Begegnung mit moderner Kunst des 20. Jh. vermittelte 1913 die ↑Armory Show. Nach dem 2. Weltkrieg setzte sich allgemein ein Regionalismus durch, der bei Peter Blume (*1906, † 1992), Ivan Albright (*1897, † 1983) und A. Wyeth magische Qualitäten erreichte. Edward Hopper (*1882, † 1967) und Ben Shan (*1898, † 1969) erhoben die Großstadt zum Thema. New York wurde in den 1940er Jahren ein Zentrum des Surrealismus, neben den Immigranten ist v. a. Arshile Gorky (*1905, † 1948) zu nennen. Von hier gingen seit den 1950er Jahren zahlreiche avantgardistische Strömungen aus und prägten auch die europäische Kunstentwicklung: abstrakter Expressionismus (Action painting: W. de Kooning, J. Pollock), Happening, Farbfeldmalerei und Hardedge-Malerei (Frank Stella [*1936]), Pop-art (A. Warhol, R. Lichtenstein), Konzeptkunst und Land-art sowie der Photorealismus. Neben New York etablierte sich eine bed. Kunstszene in Los Angeles.

nordamerikanische Literatur, Bez. für die Literatur in den Vereinigten Staaten von Amerika.

Koloniale Phase (1607–1763): Literarisch von Bedeutung sind die Schriften der Puritaner der Massachusetts Bay Colony (gegr. 1630 von John Winthrop [*1606, † 1676]) um Boston. Die Religiosität förderte sowohl persönl. Literaturformen wie Tagebuch und Autobiographie (Thomas Shepard [*1605, † 1649], John Woolman [*1720, † 1772]) als auch Traktate und Predigten. Cotton Mathers (*1663, † 1728) Schriften, v. a. seine im Stil eines christl. Epos gehaltene Kirchengeschichte Neuenglands »Magnalia Christi Americana« (1702), geben das beste Bild dieser Zeit.

Nationale Konstitutionsphase (1763 bis 1850): Benjamin Franklins Autobiographie (4 Tle., 1771–90) dokumentiert den Übergang zur pragmat. Haltung eines neuen Bürgertums. Die Pamphlete T. Paines sowie die polit. Schriften T. Jeffersons und J. Adams hatten Einfluß auf die demokrat. Staatsform der Vereinigten Staaten. Michel Guillaume Jean de Crèvecœurs (*1735, † 1813) Beschreibungen und die Abenteuergeschichten aus der Pionierzeit J. F. Coopers prägten das romant. Amerikabild der Europäer. Eine eigenständige nat. Literatur wurde zuerst von der akadem. Dichterschule *Hartfort wits* angestrebt; Charles Brockden Brown (*1771, † 1810) ist als erster bed. amerikan. Romancier (»Wieland oder die Verwandlung«, 1798) und Philip Morin Freneau (*1752, † 1832) als erster amerikan. Lyriker von Rang zu nennen. Auch die Bewegung des neuengl. *Transzendentalismus* (1836–60) betonte das amerikan. Wagnis einer demokrat. Nation. In Anknüpfung an die Transzendentalphilosophie I. Kants stellte diese intellektuelle Bewegung eine bed. Spielart der amerikan. *Romantik* dar, die u. a. von Margaret Fuller (*1810, † 1850), George Ripley (*1802, † 1880) und v. a. R. W. Emerson und Henry David Thoreau (*1817, † 1862) vertreten wurde.

Prämoderne (1850–1917): Im *Roman* griff Nathaniel Hawthorne auf die (zur Verbannung Andersdenkender neigende) puritan. Geschichte zurück, um

nordamerikanische Literatur

symbolisch die Verschuldung des Menschen sowie der Nation zu zeigen. H. Melville schuf mit »Moby Dick« (1851) eine Art Nationalepos für E. A. Poes *Short stories* begründeten eine eigenständige Literaturgattung. Das Werk W. Whitmans war für die (amerikan.) Lyrik des 20. Jh. wegweisend.

Auf Grund der rücksichtslosen wirtschaftl. Expansion waren die gesellschaftl. Konflikte vorprogrammiert, die in der lebensnahen Wiedergabe der Situation der Schwarzen (H. Beecher Stowe), der kaliforn. Goldgräbersiedlungen (Brett Harte [*1836, †1902]) und dem Auftreten regionaler Aspekte (u. a. Harold Frederic [*1856, †1898]) Eingang in den *realist. Roman* fanden. William Dean Howells (*1837, †1920) und Mark Twain machten die Beschreibung menschl. Schwächen zur Grundlage einer an moral. Kriterien orientierten Gesellschaftskritik. *Naturalist. Einflüsse* zeigen sich bei A. G. Bierce, S. Crane, J. London und Frank Norris (*1870, †1902). Bed. Lyrik verfaßte E. Dickinson; zu den ersten Dramatikern der USA gehören James A. Herne (*1839, †1901) und David Belasco (*1859, †1931). Wegweisend für die Moderne war der kosmopolit. Romancier H. James mit seinem psychologisch-analyt. Romanwerk (sog. Bewußtseinsromane).

Moderne (1917–1950): Nach dem 1. Weltkrieg erfolgte ein intensiver Kulturaustausch mit Europa (u. a. E. Pound, T. S. Eliot, G. Stein). Im *Roman* wurde die sozialkrit. Komponente durch die Darstellung grotesker Gestalten (S. Anderson) oder die satir. Spiegelung der Gesellschaft (S. Lewis) variiert. In den 1920er Jahren setzte eine Konzentration auf die existentielle Befindlichkeit des Menschen ein, die F. S. Fitzgerald am »Jazz age«, E. Hemingway an der Desillusionierung der Nachkriegszeit, W. Faulkner an der Desintegration der Südstaatenkultur, T. Wolfe an der Sehnsucht nach Alleinheit und H. Miller an der Sexualität festmachte. Die Komplexität moderner Existenz fand ihre Entsprechung in der Überlagerung verschiedener Zeitebenen (Faulkner) sowie in der Collage- und Montagetechnik (J. Dos Passos). Für die Radikalisierung der Sozialproblematik in den 1930er Jahren stehen stellvertretend die entwurzelten Menschen bei J. Steinbeck, E. Caldwell und R. Wright. Eine Zuspitzung der grotesken und absurden Weltsicht zeigte sich in der Pervertierung des »American dream« (Nathanael West [*1902, †1940]), in den Kriegsromanen von J. Jones und N. Mailer sowie in den zur grotesken Welt verkommenen Bildern der Südstaatenkultur (C. McCullers, Flannery O'Connor [*1925, †1964], R. P. Warren) und der schwarzen Existenz (Ralph Waldo Ellison [*1914, †1994]). Zu den internat. bekannten Schriftstellerinnen dieser Zeit gehören Djuna Barnes (*1892, †1982), J. C. Oates, D. Parker, A. Nin, M. McCarthy, M. Mitchell und P. S. Buck.

In der *Lyrik* begann die Moderne mit E. Pounds 1912 begründeter Bewegung des ↑Imagismus, die H. Crane und Wallace Stevens (*1879, †1955) durch symbolist. Entwürfe ergänzten. Traditionelle Formen wählten V. Lindsay, C. Sandburg, R. L. Frost und E. A. Robinson. Mit radikalen Sprach- und Formelementen experimentierten E. E. Cummings, W. C. Williams und L. Zukofsky. Auf dem Gebiet des Dramas begann eine Neuorientierung mit der Rezeption des europ. expressionist. und symbolist. Dramas an der Harvard University, an der Talente wie E. O'Neill gefördert wurden. In seiner amerikan. Version des ep. Theaters unterstreicht T. Wilder den Gedanken der Lösung des menschl. Dilemmas durch die Demokratie. T. Williams bereitete mit seiner Konzeption des »plastic theatre« den postmodernen Theaterexperimenten den Weg. E. Albee schuf mit seinen Stücken eine amerikan. Version des absurden Theaters, zu dessen bed. Vertretern auch Arthur Kopit (*1937) zählt. L. Hughes, R. Wright und J. Baldwin erlangten als Vertreter des afroamerikan. Theaters Bedeutung.

Postmoderne (seit 1950): In der *Lyrik* zeigt sich der Übergang zum postmodernen Spiel bei den als Avantgarde begriffenen Vertretern der drei Zentren der 1950er und 1960er Jahre: New York (Frank O'Hara [*1926, †1966], Kenneth Koch [*1925] und John Ashbery [*1927]), Black Mountain (Charles Olson [*1910, †1970], Robert Duncan

nordamerikanische Musik

[*1919, †1988]), San Francisco (A. Ginsberg, Kenneth Rexroth [*1905, †1982], John Wieners [*1934]). Die Stellung der Frau in der Gesellschaft ist dominantes Thema bei den Schriftstellerinnen Sylvia Plath (*1932, †1963) und Adrienne Rich (*1929).

Im *Drama* verlief die Entwicklung zu den Visionen eines poet. Theaters, das von privaten Kleinbühnen (Off-Broadway) realisiert wurde. Von bes. produktiver Wirkung für die Gegenwartsdramatik ist das Bildertheater *(Theatre of Images)* im Sinne eines multimedialen Gesamtkunstwerks von R. Wilson und das Werk von S. Shepard.

Der *Roman* nutzt sowohl traditionelle Erzählweisen als auch deren parodist. Infragestellung. Autoren wie S. Bellow, I. B. Singer, B. Malamud und P. Roth konzentrieren sich auf die Darstellung existentiell-humanist. Anliegen, andere auf die des deformierten amerikan. Alltags (M. McCarthy, Walker Percy [*1916, †1989], J. D. Salinger, K. Vonnegut, G. Vidal, E. L. Doctorow [*1931], J. Updike, Tom Robbins [*1936], J. C. Oates, J. Irving). Bei den Afroamerikanern Ishmael Reed (*1938) und Clarence Major (*1936), den Indianern Navarre Scott Momaday (*1934) und Leslie Marmon Silko (*1948) verbindet sich das Thema der Identitätssuche mit phantast. Elementen. Die parodist. Auseinandersetzung mit Krieg, Gewalt, Drogen und Sex als universellen Phänomenen (J. Kerouac, W. S. Burroughs, V. Nabokov, John Hawkes [*1925], J. Heller, William Styron [*1925], Jerzy Nikodem Kosinski [*1933], Thomas Pynchon [*1937]) wird zus. mit der oft autobiograph. Thematisierung der eigenen Schriftstellersituation sowie der Unmöglichkeit des Erzählens angesichts des Verlusts von log. Handlungszusammenhängen (John Barth [*1930], Donald Barthelme [*1931], William Gaddis [*1923], William Howard Gass [*1924], Raimond Federman [*1928], Steve Katz [*1935], S. Sontag) zu den beherrschenden Themen der postmodernen Fiktion. Die Erneuerung realist. Prosa als Lust am Erzählen (J. Hawkes, N. Mailer) oder als narrative Affirmation des Lebens, die den schon im »New journalism« (T. Capote, T. Wolfe) problematisierten fiktionalen Charakter der Realität nicht verkennt (J. Barth, John Gardner Jr. [*1933, †1982]), bestimmt den Roman Anfang der 1980er Jahre. Gleichzeitig bildete sich in den 1970er und 1980er Jahren eine (teilweise feminist.) Schreibweise heraus, die traditionelle Kulturwerte mit phantast. Elementen zur Lösung der Mann-Frau-Beziehung verbindet (so die Afroamerikanerinnen T. Morrison und Alice Walker [*1944], die Jüdin Cynthia Ozick [*1926]), polit. Engagement und Kulturkritik zur Verbesserung von Gegenwartsproblemen einsetzt (Renata Adler [*1938], Joan Didion [*1934]) sowie radikale utop. Visionen zur Veränderung der bestehenden Rollenverhältnisse in allen Bereichen der Gesellschaft entwirft (Ursula Le Guin [*1929], Marge Piercy [*1936], Joanna Russ [*1937]).

nordamerikanische Musik, die Musik und Musikpflege in den Vereinigten Staaten von Amerika. Die Musik der puritan. Siedler in Neuengland beschränkte sich auf metr. Psalmengesänge; in den Städten entfaltete sich nach engl. und dt. Muster ein gehobenes bürgerl. Musikleben. Nach 1800 wurden unter starker dt. Beteiligung Musikgesellschaften, Chöre und Orchester gegründet. Seit etwa 1800 bildete sich das ↑Negro Spiritual und die Minstrel show (↑Minstrel) als eine spezif. US-amerikan. Form heraus. Ein bed. Komponist dieser Sphäre war Stephen Collins Foster (*1826, †1864). An klass.-romant. Traditionen orientierten sich die »Bostoner Klassizisten« (u. a. George Whitefield Chadwick [*1854, †1931]). Nach dem Vorbild der nat. europ. Schulen bezogen dagegen die »Amerikanisten« folklorist. Elemente ein, so A. Copland und E. Bloch, die zur neuen Musik überleiteten. Stärker spätromant. Traditionen verpflichtet sind u. a. W. Piston und S. Barber. Zur sehr verbreiteten gemäßigten Moderne zählen u. a. Roger Huntington Sessions (*1896, †1985), Virgil Thomson (*1916, †1989), William Howard Schuman (*1910, †1992) und L. Bernstein. Der bisher bedeutendste Komponist ist der universale C. Ives; ebenfalls eine Sonderstellung hat G. Gershwin, mit »Porgy and Bess« (1935) Schöpfer der US-amerikan. »Volksoper«. – Als spezifische Form des populären Musiktheaters entwickelte sich in den 1920er Jahren das †Musical. – Die durch den Nationalsozialismus seit 1933 ausgelöste Einwanderung europ. Komponisten wie A. Schönberg, H. Eisler, P. Hindemith, I. Strawinsky, B. Bartók bestärkte bereits bestehende avantgardist. Bestrebungen: u. a. bei Henry Dixon Cowell (*1897, †1965), G. Antheil und E. Varèse. Den stärksten Einfluß hatten der Neoklassizismus und Schönbergs Zwölftontechnik, u. a. bei Milton Byron Babbitt (*1916). Eine Verschmelzung von Jazz und sinfon. Musik strebt u. a. G. Schuller an. Seit Mitte der 1950er Jahre wirkt J. Cage entscheidend auf die europ. Avantgarde; stark unter seinem Einfluß stehen u. a. Lejaren Hiller (*1924), Earle Brown (*1926), Morton Feldman (*1926), Christian Wolff (*1934) und S. Reich.

Abgesehen vom †Jazz mit seiner relativ eigenständigen Entwicklung zeigte der afroamerikan. Blues bes. Folgewirkungen; städtische Weiterbildungen (†Rhythm and Blues) setzten sich seit den 1940er Jahren in wachsendem Maß als Teil der populären Musik durch. Wie in den Rock'n'Roll seit Mitte der 1950er Jahre gehen auch in die neuere Rockmusik (†Rock) neben der †Country-music v. a. des Mittelwestens und Südens immer wieder Elemente afroamerikan. städt. Folklore (†Gospel, †Soul) ein. In letzter Zeit wird auch die Musik anderer farbiger Minderheiten (Salsa der Puertorikaner) oder exot. Folklore verwertet.

Nordamerikanischer Unabhängigkeitskrieg (Amerikan. Revolution), Krieg zw. Großbrit. und seinen 13 nordamerikan. Kolonien 1775–83. Anlaß waren brit. Handelsbeschränkungen und Steuergesetze für die Kolonien. Die Kolonisten reagierten zunächst v. a. mit der Forderung nach parlamentar. Mitsprache und schließlich mit Gewaltakten (†Boston Tea Party, 16. 12. 1773). Die Kolonisten erklärten am 4. 7. 1776 ihre Unabhängigkeit. Nach für die amerikan. Truppen verlustreichen Kämpfen nahm der Krieg durch die Niederlage der Briten in Saratoga (17. 10. 1777) eine Wende. Kriegsentscheidend war das frz.-amerikan. Bündnis vom 6. 2. 1778, dem 1779/80 der Kriegseintritt Spaniens und der Niederlande gegen Großbrit. folgte. Im Pariser Frieden (3. 9. 1783) erkannte Großbrit. die Unabhängigkeit der USA an.

Nordatlantikpakt †NATO.

Nordbrabant (niederl. Noord-Brabant), niederl. Provinz, 4 949 km², 2,209 Mio. E, Hauptstadt Herzogenbusch.

Norddeich, Ortsteil von †Norden.

Norddeutscher Bund, Bundesstaat von 22 Mittel- und Kleinstaaten nördlich der Mainlinie, der 1866 entstand und rd. 415 000 km² mit 30 Mio. E umfaßte. Wirtschaftlich und militärisch stand er unter preuß. Vorherrschaft. Über Zollparlament und Zollbundesrat (Dt. Zollverein) waren auch die süddt. Staaten mit dem N. B. verbunden. Zu Beginn des Dt.-Frz. Krieges 1870/71 schlossen sich die süddt. Staaten dem N. B. an, der im Dez. 1870 den Namen Dt. Reich annahm.

Norddeutsches Tiefland, Teil des mitteleurop. Tieflands nördlich der Mittelgebirge, im Bereich von Deutschland und Polen, gegliedert in Niederrheinisches Tiefland, die Geest zw. Ems und Weser, die Marschen zw. Weser und Elbe, die Lüneburger Heide, Altmark, Fläming, die Grundmoränenplatten und Urstromtäler in Schlesw.-Holst., Mecklenburg und Brandenburg, das Platten- und Hügelland in N-Brandenburg, Pommern und Ostpreußen sowie das Küstengebiet der Ostsee. Das N. T. wird fast vollständig von Ablagerungen pleistozäner Inlandvereisungen bedeckt. Es ist v. a. ein Agrargebiet. An Bodenschätzen werden seit dem MA Solequellen genutzt (Lüneburg, Halle/Saale); im 19. Jh. begann die Gewinnung des Kalisalzes in Bergwerken. Erdöl- und Erdgasfelder gibt es im mittleren Emsland, O-Holstein, im Gebiet zw. Leine und Lüneburger Heide und bei Salzwedel, Braunkohle in der Niederlausitz.

Nordelbische evangelisch-lutherische Kirche, seit 1. 1. 1977 bestehende Kirchenföderation der ev.-luth. Landeskirchen von Eutin, Hamburg, Hannover (für ihren Kirchenkreis Harburg), Lübeck und Schleswig-Holstein; Gliedkirche der EKD.

Norden, Stadt nördlich von Emden, Ndsachs., 24 200 E. Der Stadtteil *Norddeich* ist Eisenbahnendpunkt mit Hafen; Küstenfunkstelle. Roman.-got. Ludge-

Nordenham

rikirche (13.–15. Jh.) mit Orgel (17. Jh.) von A. Schnitger.

Nordenham, Stadt an der Weser, kurz vor ihrer Mündung, Ndsachs., 28 900 E. Theater; u. a. Werften, Phosphatgewinnung, Erzverhüttung; Hafen.

Nordenskiöld, Adolf Erik Frhr. von (seit 1880) [schwed. ˌnuːrdənʃœld], *Helsinki 18. 11. 1832, †Dalbyö (Södermanland) 12. 8. 1901, schwed. Polarforscher. Forschungsreisen nach Spitzbergen 1858 bis 1873, W-Grönland 1870 und durch die Karasee zum Jenissei 1875/76; Durchquerung der Nordostpassage (1878–80) und Umschiffung Asiens.

Norderney [...ˈnaɪ], eine der Ostfries. Inseln, 26 km², bis 25 m hoch. Die Stadt N. (8 100 E) im W der Insel ist das älteste dt. Nordseeheilbad (seit 1797). ⚓; Spielbank; Natur- und Vogelschutzgebiet.

Nordfriesische Inseln, Inselgruppe im Wattenmeer vor der W-Küste von Schlesw.-Holst. (Deutschland) und Nordschleswig (Dänemark).

Nordfriesland, Marschenlandschaft in nw. Schlesw.-Holst. (Deutschland) und sw. Nordschleswig (Dänemark). Zw. dem 7./8. und dem 12. Jh. von Süd- und Ostfriesland aus besiedelt.

Nordhausen, Kreisstadt im südl. Harzvorland, Thüringen, 46 200 E. Theater. Got. Dom (14. Jh.), spätgot. Pfarrkirche Sankt Blasii (15. Jh.), Renaissancerathaus (17. Jh.) mit Roland (1717). – 927 erstmals erwähnt.

Nordholland (niederl. Noord-Holland), niederl. Prov., 2 667 km², 2,397 Mio. E, Hauptstadt Haarlem.

Nordhorn, Kreisstadt im südl. Emsland, Ndsachs., 49 600 E. Textilindustrie. – 1379 Stadtrecht. Spätgot. Pfarrkirche.

Nordirland (engl. Northern Ireland), Landesteil von ↑Großbritannien und Nordirland, umfaßt den NO-Teil der Insel ↑Irland.

Geschichte: 1920 wurden die sechs mehrheitlich prot. Gft. der Prov. Ulster vom übrigen, mehrheitlich kath. Irland getrennt. Im Rahmen einer Union mit Großbrit. erhielt N. Autonomie mit eigenem Parlament (Stormont) und eigener Regierung. Schwere soziale und religiöse Spannungen zw. der prot. Mehrheit und der kath. Minderheit führten seit 1969 zu bürgerkriegsähnlichen Unruhen. Dem Terror der kath. ↑Irisch-Republikanischen Armee (IRA) begegnete die prot. Ulster Defence Association (UDA) mit Gegenterror. 1969 verlegte Großbrit. Truppen nach N., 1972/73 und erneut ab 1974 übernahm die brit. Regierung die direkte Verwaltung in N. (Ernennung eines N.-Min.). Trotz der Ausweitung der Attentats- und Sabotageakte der Terrorgruppen unternahmen die brit. und ir. Regierungen seit den 1980er Jahren verstärkte Versuche zur polit. Lösung des N.-Konflikts (u. a. 1985 Unterzeichnung eines brit.-ir. Abkommens, das der Reg. der Rep. Irland eine begrenzte Mitsprache bei der Verwaltung N. einräumte). Hoffnungen auf eine friedliche Beilegung der Bürgerkriegssituation verknüpften sich mit den Gewaltverzichtserklärungen, die die kath. und prot. Untergrundorganisationen 1994 abgaben.

nordische Kombination, Skisportwettbewerb für Männer, der aus einem *Sprunglauf* auf der Normalschanze und einem *Langlauf* über 15 km besteht.

Nordischer Krieg, Bez. für zwei schwed. Hegemonialkriege: *1. Nordischer Krieg* (1655–60, Schwed.-Poln.-Russ.-Dän. Krieg): Zur Abwehr der Ansprüche Johanns II. Kasimir von Polen auf den schwed. Thron fiel Karl X. Gustav (zunächst verbündet mit Brandenburg und Rußland) in Polen ein, das von Dänemark und Kaiser Leopold I. unterstützt wurde. Im Frieden von Oliva (1660) konnte Schweden seine Stellung im Baltikum halten.

2. Nordischer Krieg (1700–21, Großer Nord. Krieg): Als 1699 ein Bündnis Rußlands, Dänemarks und Polen-Sachsens die schwed. Vormachtstellung im Ostseeraum gefährdete, zwang Karl XII. die in Schleswig-Holstein eingefallenen Dänen zum Frieden von Traventhal (28. 8. 1700) und schlug die Russen bei Narwa (30. 11. 1700). Dann wandte er sich gegen den in Livland eingedrungenen August II. von Polen-Sachsen, der im Frieden von Altranstädt (1706) auf die poln. Krone verzichten mußte. Zar Peter I. besiegte 1709 den in die Ukraine eingefallenen Karl bei Poltawa, verhalf August zur Rückkehr auf den poln. Thron, eroberte Livland und Estland und 1713 Finnland. Die osman. Intervention zugunsten Schwedens war

Nordrhein-Westfalen

wenig erfolgreich. 1715 Beitritt Hannovers und Preußens zur antischwed. Koalition; Schweden verlor seine balt. und norddt. Besitzungen (1719–21 Friedensschlüsse von Stockholm, Frederiksborg und Nystad).

Nordischer Rat, seit Juni 1952 bestehendes Organ der nordeurop. Staaten für die polit., wirtschaftl. und kulturelle Zusammenarbeit, Sitz: Kopenhagen.

nordische Sprachen, svw. ↑skandinavische Sprachen.

Nordistik, svw. ↑Skandinavistik.

Nordkap, 1) Felsvorsprung im N der norweg. Insel Magerøy, mit Steilabfall zum Europ. Nordmeer, fälschlich für die Nordspitze Europas gehalten.
2) Prov. der Rep. Südafrika, 361 800 km², 721 000 E, Hauptstadt Kimberley. – N. entstand im Zuge der Neugliederung Südafrikas 1994 aus den nördlichen Teilen der früheren ↑Kapprovinz.

Nord-Korea ↑Korea, Demokratische Volksrepublik.

Nördliche Kalkalpen, Teil der Ostalpen, gegliedert in: Rätikon, Allgäuer und Lechtaler Alpen, Tirol-Bayer., Salzburg.-Oberösterr. und Steir.-Niederösterr. Kalkalpen.

Nördliche Krone ↑Sternbilder (Übersicht).

Nördliches Eismeer ↑Nordpolarmeer.

Nordlicht ↑Polarlicht.

Nördlingen, Kreisstadt im Ries, Bayern, 18 300 E. Mittelalterl. Stadtbild mit kreisrunder Stadtummauerung und fünf Toren (14.–17. Jh.); Pfarrkirche Sankt Georg (1427–1505) mit fast 90 m hohem Turm (»Daniel«); spätgot. Rathaus (14.–16. Jh.) mit Freitreppe von 1618. – 898 zuerst, 1290 als Stadt erwähnt; wurde im 13. Jh. reichsfrei; fiel 1803 an Bayern. – Im Dreißigjährigen Krieg wurden in der *Schlacht bei Nördlingen* (6. 9. 1634) die Schweden von den Kaiserlichen, in der *Schlacht bei Alerheim* östlich von N. (3. 8. 1645) die Kaiserlichen von den Franzosen besiegt.

Nordmark (sächs. Mark), umfaßte urspr. neben der ↑Altmark das Land zw. mittlerer Elbe und Oder; auf die N. übertrug sich der Name Mark Brandenburg.

Nordmeseta, nördl. Teil der zentralen Hochfläche Spaniens, durch das Kastil. Scheidegebirge von der Südmeseta getrennt, im N vom Kantabr. Gebirge, im O vom Iber. Randgebirge begrenzt, im W greift die N. auf das östl. Hochportugal über.

Nordossetien, autonome Republik innerhalb Rußlands, am N-Abhang des Großen Kaukasus, 8 000 km², 643 000 E, Hauptstadt Wladikawkas. – Seit dem 7. Jh. v. Chr. besiedelt (Skythen, Sarmaten, Alanen); 1774 an Rußland.

Nordostpassage [...pasaːʒə] (Nordöstl. Durchfahrt), Seeweg zw. Atlantik und Pazifik längs der N-Küste Eurasiens, rd. 6 500 km lang. – Wichtige Erkenntnisse über die N. lieferten W. Barentsz, V. J. Bering, D. J. Laptew, H. Hudson; 1878–80 gelang es A. E. Frhr. von Nordenskiöld, über Karasee und Ostsibir. See zur Beringstraße vorzustoßen.

Nord-Ostsee-Kanal, internat. Schifffahrtskanal, der Nord- und Ostsee verbindet, Endpunkte Brunsbüttel und Kiel-Holtenau, 98,7 km lang, bis 102,5 m Wasserspiegelbreite, bis 11 m tief.

Nordpazifischer Strom, warme, ostwärts gerichtete Meeresströmung im nördl. Pazifik.

Nordpfälzer Bergland ↑Saar-Nahe-Bergland.

Nordpol ↑Pol.

Nordpolargebiet ↑Arktis.

Nordpolarmeer (Nördl. Eismeer), Nebenmeer des Atlantiks, umfaßt das Meeresgebiet im Bereich des Nordpolarbeckens und als Randmeere Tschuktschensee, Ostsibir. See, Laptewsee, Karasee, Barentssee, die Meeresstraßen des Kanad.-Arkt. Archipels und die Beaufortsee, 12,26 Mio. km², bis 5 449 m tief, im Winter von Pack- und Treibeis bedeckt.

Nordrhein-Westfalen, Bundesland im W Deutschlands, 34 071 km², 17,51 Mio. E, Hauptstadt Düsseldorf. N.-W. hat Anteil an den zwei Großlandschaften Norddt. Tiefland und dt. Mittelgebirgsschwelle, die sich in weitere Naturräume gliedern lassen: Niederrhein. Tiefland, Niederrhein. Bucht mit der Ville und Westfälische Bucht. Die beiden letzteren greifen tief in das vom Rhein durchflossene Mittelgebirge ein. Linksrhein. liegen Teile der Eifel und des Vennvorlandes (Raum Aachen), rechtsrhein. umfaßt N.-W. das Bergische Land, Sauerland, das Rothaargebirge und Siegerland, das Siebengebirge

Nordrhein-Westfalen
Landeswappen

Nordrhodesien

und einen Teil des Westerwalds sowie Teile des Weserberglandes. N.-W. ist auf Grund der Entwicklung seiner Ind.reviere das bevölkerungsreichste dt. Bundesland. Histor. bedingt ist auch die Konfessionszugehörigkeit: Die E der Reg.-Bez. Köln und Münster sind vorwiegend kath., die der Reg.-Bez. Detmold und Arnsberg evangelisch. N.-W. verfügt über 49 Hochschulen. Die stadtnahe Landwirtschaft hat sich auf die Versorgung der Ballungsräume eingestellt, außerdem findet sich je nach Bodengüte und Klima Grünland und Viehzucht, Anbau von Getreide, Kartoffeln und Zuckerrüben. Die Nutzung von Bodenschätzen (Erze, Wasser) hat schon in vorgeschichtl. Zeit im Siegerland eingesetzt, führte im MA zu einer blühenden Kleineisen-Ind. v. a. im Bergischen Land und ließ seit Mitte des 19. Jh. mit dem Ausbau des Steinkohlen- und des heute vollmechanisierten Braunkohleabbaus N.-W. zum Zentrum der dt. Schwer-Ind. werden (Ruhrgebiet, Aachener Revier), zu dem sich nach 1960 in der »Rheinschiene« u. a. Großbetriebe der Petrochemie gesellten. Auch die Textil-Ind. hat traditionelle Wurzeln im Münsterland, in Bielefeld, Wuppertal, Krefeld und anderen Städten. Dank bed. Heilbäder, Waldreichtum und zahlr. Stauseen spielt der Fremdenverkehr eine bed. Rolle.

Geschichte: Das Land N.-W. wurde durch Verordnung der brit. Militärregierung am 23. 8. 1946 aus der preuß. Prov. Westfalen und dem nördl. Teil der preuß. Rhein-Prov. gebildet; am 21. 1. 1947 trat ihm das Land Lippe bei. 1947–58 regierten wechselnde Koalitionen unter K. Arnold (CDU, 1947–56) und F. Steinhoff (SPD, 1956–58), 1958–62 eine CDU-Alleinregierung, 1962–66 eine Regierungskoalition zw. CDU und FDP unter F. Meyers (CDU). Nach der Koalitionsregierung zw. SPD und FDP (1966–80) unter H. Kühn (1966–78; SPD) und J. Rau (Min.-Präs. seit 1978; SPD) bildete die SPD 1980–95 eine Alleinregierung; nach dem Verlust der absoluten Mehrheit bei den Landtagswahlen von 1995 ging sie eine Koalition mit Bündnis 90/Die Grünen ein.

Nordrhodesien, bis 23. 10. 1964 Name des heutigen ↑Sambia.

Nordschleswig, Gebiet auf Jütland, Dänemark, umfaßt den nördl. Teil des ehem. Hzgt. Schleswig; kam 1866 an Preußen, 1920 an Dänemark.

Nordsee, Randmeer des Atlantiks, zw. den Brit. Inseln im W, den Küsten Belgiens, der Niederlande und Deutschlands im S und SO, Dänemarks und Norwegens im O und NO, offen nach SW zum Kanal, nach O zur Ostsee und nach N zum Atlantik, rd. 580 000 km², mittlere Tiefe 93 m. In der mittleren N. ragt die Doggerbank bis auf 13 m u. M. auf, vor der norweg. Küste verläuft eine bis 725 m tiefe Rinne. Der mittlere Tidenhub an der dt. Küste beträgt bis zu 4 m, an den Brit. Inseln über 6 m. Die N. ist ein wichtiges Fischfanggebiet. Wegen bed. Erdgas- und Erdölvorkommen wurde der Festlandssockel unter den Anrainern aufgeteilt (1965, 1969). Großbrit. und Norwegen wurden zu erdölexportierenden Ländern. Die S-, SW- und SO-Küsten der N., die Inseln im Wattenmeer und Helgoland sind Zentren des Fremdenverkehrs. Im Bereich des dt. Wattenmeers wurden seit 1986 drei zusammenhängende ↑Nationalparks geschaffen.

Nordstrand, eingedeichte Marscheninsel im Wattenmeer vor Husum, 50 km².

Nord-Süd-Konflikt, Bez. für die Gegensätze, die sich aus dem wirtschaftlich-sozialen und politisch-kulturellen Entwicklungsgefälle zw. den Ind.-Staaten der nördl. Erdhalbkugel einerseits und dem Süden der Erde zugerechneten Entwicklungsländern Afrikas, Asiens und Lateinamerikas andererseits (*Nord-Süd-Gefälle*) nach dem 2. Weltkrieg speziell im Gefolge der Entkolonisation und v. a. als Konsequenz von Bevölkerungsexplosion, Nahrungsmittelknappheit und unzureichender Industrialisierung sowie mangelnder Einbindung der »dritten Welt« in die internat. Arbeitsteilung, der Ausbeutung ihrer wirtschaftl. Ressourcen durch die Ind.staaten und der ungerechten Handelsbeziehungen ergaben.

Die seit den 1960er Jahren in verschiedenen Organisationen (blockfreie Bewegung, Gruppe der 77, OPEC) zusammengeschlossenen Entwicklungsländer forderten in den 1970er Jahren im Rahmen des auf Ebene der UN bzw. auf zahlr. Konferenzen geführten *Nord-Süd-*

Norm

Dialogs eine neue Weltwirtschaftsordnung. Trotz erster Ansätze, den außenwirtschaftl. Beziehungen eine neue Qualität zu geben (Konventionen von ↑Lomé), bleibt der N.-S.-K. ein globales Problem mit einer Vielzahl von Einzelkonflikten (Verschärfung der Schuldenkrise, armutsbedingte Umweltzerstörung, Verknappung der natürl. Ressourcen, Anwachsen der Flüchtlingsströme).

Nord-Transvaal, Prov. der Rep. Südafrika, 123 280 km², 4,70 Mio. E, Hauptstadt Pietersburg. – N. entstand bei der Neugliederung Südafrikas 1994 durch Vereinigung der nördl. Teile der ehem. Prov. ↑Transvaal mit den Homelands Venda, Gazankulu und Lebowa.

Nordwesten, Prov. der Rep. Südafrika, 116 190 km², 3,25 Mio. E., Hauptstadt Mmabatho. – N. entstand im Zuge der Neugliederung Südafrikas 1994 durch Vereinigung der nordöstl. Teile der ehem. ↑Kapprovinz, der westl. Teile der ehemaligen Provinz ↑Transvaal und dem größten Teil des Homelands Bophuthatswana.

Nordwestpassage [...pasaːʒə], Durchfahrt vom Atlantik zum Pazifik nördl. des nordamerikan. Festlandes durch den Kanad.-Arkt. Archipel. – Bis zum 18. Jh. vergebl. Suche nach der sagenhaften eisfreien *Straße von Anian;* danach Durchfahrten von Sir R. J. Le M. McClure (1850–53), R. Amundsen (1903–06) und H. Larsen (1940–42 und 1944/45).

Norfolk [engl. 'nɔːfək], engl. Hzg.-Titel; erstmals 1397 an Thomas Mowbray (* 1366, † 1399) verliehen; später Titel der Familie Howard. – Bed. Vertreter: **1)** Thomas Howard, Hzg. von N., * 1473, † Kenninghall (Norfolk) 25. 8. 1554, Staatsmann. Gewann durch seine Nichten Anna Boleyn und Catherine Howard zeitweilig großen Einfluß auf Heinrich VIII.; wirkte mit am Sturz T. Wolseys und T. Cromwells.

2) Thomas Howard, Hzg. von N., * 10. 3. 1536, † London 2. 6. 1572, Adliger. Wegen seines Planes einer Heirat mit der gefangenen Maria Stuart verhaftet und hingerichtet.

Norfolk [engl. 'nɔːfək], Stadt in SO-Virginia, USA, 267 000 E. Kriegshafen; Küstenschiffahrts- und Überseehafen; u. a. Schiffbau. – Gegr. 1682.

Norfolk Island [engl. 'nɔːfək 'aɪlənd], austral. Insel im südl. Korallenmeer, 34,5 km², bis 318 m hoch, Hauptort Kingston. – 1774 von J. Cook entdeckt, 1788–1851 Verbrecherkolonie.

NOR-Funktion [aus engl. **n**ot–**or** »nicht–oder«], svw. ↑Peirce-Funktion.

Noria (Noira) [arab.-span.], **1)** von strömendem Wasser angetriebenes Wasserschöpfrad, eine Kombination von einem Wasserheberad mit einem unterschlächtigen Wasserrad; v. a. an Flüssen in Vorderasien.

2) auf der Iber. Halbinsel und im westl. Nordafrika durch Göpel (»Tretmühle«) angetriebene Wasserschöpfanlagen.

Noricum, röm. Prov. in den Ostalpen zw. Rätien, Pannonien und Italien, bewohnt von den urspr. illyr., später keltisierten *Norikern,* Hauptstadt Noreia. Von Rom um 15/10 v. Chr. friedl. besetzt und um 45 n. Chr. zur prokurator. Prov. (bed. Städte: Iuvavum [heute Salzburg], Lauriacum [heute Lorch]) gemacht.

Noriker 2) (Stockmaß zwischen 155 und 160 cm)

Noriker (nach der Prov. Noricum), **1)** die Bewohner der röm. Prov. Noricum. **2)** bis 165 cm hohes Kaltblutpferd; meist braun oder gescheckt; wird v. a. in der Forstwirtschaft eingesetzt.

Norm [lat.], **1)** *allg.:* anerkannte, als verbindlich geltende Regel (für das Zusammenleben der Menschen); vorgegebener Maßstab, Durchschnittswert; übl., den Erwartungen entsprechende Beschaffenheit.

2) *Rechtswissenschaft:* Rechtssätze, in denen der Gesetzgeber seinen Willen

Jessye Norman

Norrköping Stadtwappen

Normalbenzine

durch Gebote und Verbote ausdrückt. 3) *Technik:* ↑Normung.

Normalbenzine ↑Vergaserkraftstoffe.

Normale [lat.], **1)** *Geometrie:* eine Gerade, die in einem vorgegebenen Punkt einer Kurve *(Kurven-N.)* bzw. Fläche *(Flächen-N.)* senkrecht zur Tangente bzw. Tangentialebene in diesem Punkt steht. **2)** *Meßwesen:* zur Darstellung einer bestimmten Einheit im Meßwesen oder zu Eichzwecken verwendete Körper oder Apparate. N. werden auch als *Urmaß* oder *Prototypen* bezeichnet (z. B. Urmeter und Urkilogramm).

Normalelement, eine konstante Spannung lieferndes elektrochem. Element zum Eichen von Meßgeräten (z. B. das Weston-Element).

Normalgewicht ↑Körpergewicht.

Normaljahr, im Westfälischen Frieden 1648 auf 1624 (1.1.) festgesetzter Termin, entsprechend dem der Besitzstand geistlicher Güter und die konfessionellen Verhältnisse wiederhergestellt bzw. in ihrem Fortbestand garantiert wurden.

Normallösung, bei Maßanalysen verwendete, meist wäßrige Lösung einer Substanz (Reagenz), die in einem Liter eine der ↑Äquivalentmasse der Substanz in Gramm entsprechende Menge, d. h. ein Grammäquivalent, enthält (1 N-Lösung).

Normalnull, Abk. **NN** oder **N.N.,** in der Geodäsie Bez. für eine bestimmte Niveaufläche, die in einem Land als einheitl. Bezugsfläche bei Angabe der Vertikalabstände beliebiger Punkte der Erdoberfläche vom mittleren Meeresniveau dient. Die dt. N.fläche für Höhenmessungen und -angaben (als *Meereshöhe* oder *Höhe über* bzw. *unter N.;* angegeben in m ü. NN bzw. m u. NN) ist vom Nullpunkt des *Amsterdamer Pegels,* d. h. vom mittleren Wasserstand der Nordsee bei Amsterdam, abgeleitet. In Österreich beziehen sich die Höhenangaben auf eine Höhenmarke am Triester Pegel, in der Schweiz auf eine Höhenmarke an einem Felsblock im Genfer See.

Normaluhr, sehr genau gehende Uhr (z. B. Cäsium-Atomuhr), deren Zeitanzeige maßgebend für die Zeitanzeige anderer Uhren ist, z. B. die astronom. Hauptuhr in Sternwarten, die Mutteruhr in elektr. Uhrenanlagen.

Norman, Jessye [engl. 'nɔ:mən], *Augusta (Ga.) 15. 9. 1945, amerikan. Sängerin (Sopran). Engagements an den großen Opernbühnen der Welt; u. a. Mgl. der Dt. Oper Berlin; auch bed. Konzertsängerin.

Normandie [nɔrman'di:, frz. nɔrmɑ̃'di], histor. Geb. in NW-Frankreich von der Kanalküste bis ins Pariser Becken, umfaßt die Regionen Basse-N. und Haute-N.

Geschichte: Nach den Normannen ben., die im 9. Jh. Teile des Landes eroberten und damit 911 vom westfränk. König belehnt wurden. Der normann. Staat an der unteren Seine um Rouen und Évreux, seit Ende des 10. Jh. Hzgt., konnte bis 933 seine Besitzungen um Bayeux, Coutances und die Halbinsel Cotentin erweitern. 1066 wurde der normann. Hzg. Wilhelm II. König von England. 1202/04 verlor der engl. König Johann ohne Land seine frz. Besitzungen an Philipp II. August von Frankreich.

Normannen (Nordmannen, Nordleute), i. w. S. alle ↑Wikinger, die vom 8.–11. Jh. von Skandinavien aus fremde Länder heimsuchten, i. e. S. Bez. für diejenigen Wikinger, die sich in N-Frankreich niederließen und von dort nach England und S-Italien übergriffen. Die N. wurden 911 als Vasallen des frz. Königs in der Normandie ansässig. Unter ihrem Hzg. Wilhelm II. eroberten sie 1066 England (↑Wilhelm I., der Eroberer). Die ab 1016 in Unteritalien zuerst als Söldner, dann als Eroberer auftretenden N. unterwarfen 1057–85 unter Robert Guiscard die Reste des byzantin. Besitzes sowie die langobard. Ft.; Roberts Bruder Roger I. vertrieb 1061–91 die Sarazenen aus Sizilien. Roger II. vereinigte 1130 beide Herrschaftsbereiche zum Kgr. Sizilien, einem straff organisierten Beamtenstaat, der 1194 an die Staufer überging.

Normannisch, französische Mundart, gesprochen in der Normandie. In der französischen Literatur erscheint das Normannisch als Sprache der Bauern. Mit der Eroberung Englands durch die Normannen (1066) kam das Normannisch nach England und entwickelte sich zum Anglonormannischen, das bis ins 15. Jh. Sprache des Hofes und der Oberschicht blieb.

normannischer Baustil, in der Normandie ausgeprägter roman. Kirchenbau, der die Elemente des frz. got. Kathedralbaus vorprägte (Abteikirche von Jumièges, 1040–67, heute Ruine, Saint-Étienne, 1065–81, und Sainte-Trinité, 1059 ff., in Caen), auch in England (Abteikirche in Saint Albans, 1077–88, Kathedralen von Ely, 1090 ff., Durham, 1093 ff., und Peterborough, 1118 ff.) sowie in Italien in Apulien und Sizilien (Dom von Cefalù, 1131 ff.).

Normenkontrolle, Prüfung und Entscheidung in einem *Normenkontrollverfahren,* ob eine Rechtsnorm (z. B. Gesetz) mit einer höherrangigen Norm (z. B. der Verfassung) übereinstimmt; die N. kann durch ein Gericht, die Verfassungsgerichte der Länder oder das Bundesverfassungsgericht durchgeführt werden.

Normung [lat.], Bez. für eine Vereinheitlichung bzw. Festlegung einer (möglichst eindeutigen, sinnvoll abgestimmten) rationellen Ordnung durch Normen, wobei jede *Norm* eine optimale Lösung gleichartiger Aufgaben darstellt. Bei Anwendung von Normen (z. B. DIN-Normen) werden die mögl. Spielarten eines Erzeugnisses vermindert, so daß eine rationelle Massenfertigung mögl. wird (»Typenbeschränkung«).

Normzustand (Normalzustand), der Zustand eines festen, flüssigen oder gasförmigen Körpers bei bestimmten, allg. festgelegten physikal. Bedingungen. I. d. R. wird der N. durch eine bestimmte Temperatur *(Normtemperatur)* und einen bestimmten Druck *(Normdruck)* gekennzeichnet. Als *physikal. N.* bezeichnet man den Zustand eines Körpers bei einer Temperatur von 0°C und einem Druck von 101 325 Pa (= 1 atm = 1,01325 bar). Das Volumen eines Gases im physikal. N. wird als *Normvolumen* bezeichnet.

Nornen [altnord.], die drei Schicksalsschwestern *Urd, Werdandi* und *Skuld* der german. Mythologie, die bei der Geburt des Menschen dessen Schicksal und Lebensende bestimmen.

Norodom Sihanuk (N. Sihanouk), * Phnom Penh 31. 10. 1922, kambodschan. Politiker. 1941–55 kambodschan. König; dankte 1955 zugunsten seines Vaters Norodom Suramarit

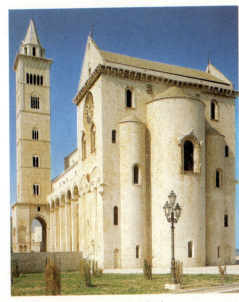

normannischer Baustil. Kathedrale in Trani (1094 ff.)

(* 1896, † 1960) ab; gründete 1955 die »Volkssozialist. Partei« und wurde Min.-Präs., 1960 Staats-Präs.; 1970 gestürzt; danach als Staatsoberhaupt im Exil in Peking; nach dem Sieg der Roten Khmer 1975 Rückkehr als Staatschef (1976 Rücktritt); wurde 1982 Präs. einer Exilregierung in Kuala Lumpur gegen die provietnames. Reg. in Kambodscha; ab 1991 Präs. des Obersten Nationalrats von Kambodscha (Bestätigung als Staatsoberhaupt im Nov. 1991 mit seiner Rückkehr nach Kambodscha); 1993 zum König gewählt.

Norrish, Ronald [engl. ˈnɔrɪʃ], * Cambridge 9. 11. 1897, † ebd. 7. 6. 1978, brit. Physikochemiker. Entwickelte spektroskop. Untersuchungsverfahren für schnell ablaufende Reaktionen; 1967 erhielt er mit M. Eigen und G. Porter den Nobelpreis für Chemie.

Norrköping [schwed. ˌnɔrtçøːpiŋ], Ind.-Stadt in M-Schweden, an der Mündung des Motalaström in die Ostsee, 119 000 E. Zentraler Ort für weite Teile Östergötlands, Hafen, internat.

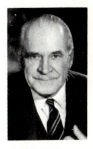

Ronald Norrish

Norrland

Douglas Cecil North

Norrland, histor. Bez. für Nordschweden.
NOR-Schaltglied ↑Logikelemente.
North, Douglas Cecil [engl. 'nɔ:θ], * Cambridge (Mass.) 5. 11. 1920, amerikan. Volkswirtschaftler und Wirtschaftshistoriker. Erhielt 1993 zus. mit R. W. Fogel den Nobelpreis für Wirtschaftswissenschaften für seine Beiträge zur Erneuerung der wirtschaftswissenschaftl. Forschung (Betonung der Rolle von Institutionen und Konventionen für gesellschaftl. Wandel und wirtschaftl. Wachstum.
Northampton [engl. nɔː'θæmptən], Stadt in den East Midlands, England, 156 800 E. Verwaltungssitz der Gft. Northamptonshire. Textil-, Flugzeug-, Elektronik-Ind., Brauereien, Druckereien. Kirchen Saint Sepulchre's (11. Jh.; Rundbau), Saint Peter's (1160) und Saint Giles's (z. T. 12. Jh.).
North Atlantic Treaty Organization [engl. 'nɔ:θ ət'læntɪk 'tri:tɪ ɔ:gənaɪ'zeɪʃən] ↑NATO.

North Carolina
Flagge

North Carolina [engl. 'nɔ:θ kærə'laɪnə], Staat im O der USA, erstreckt sich vom Atlantik bis in die Appalachen, 136 413 km², 6,84 Mio. E, Hauptstadt Raleigh.
Geschichte: 1524 von Spaniern entdeckt, im 17. Jh. durch Engländer besiedelt; 1689 Teilung in South Carolina und N. C.; 1866 entschied sich N. C. für die Sezession, 1868 Wiederaufnahme in die Union.
Northcliffe, Alfred Charles William Harmsworth, Viscount (seit 1917) [engl. 'nɔ:θklɪf], * Chapelizod bei Dublin 15. 7. 1865, † London 14. 8. 1922, brit. Verleger. Baute einen Zeitungskonzern auf, u. a. »Daily Mail«, »Daily Mirror«, »The Observer« (1905–11) und »The Times« (1908–22).
North Dakota [engl. 'nɔ:θ də'kəʊtə], Staat im N der USA, im Zentralen Tiefland und den Great Plains, 183 119 km², 636 000 E, Hauptstadt Bismarck.
Geschichte: Kam als Teil von Louisiane 1803 in den Besitz der USA, 1889 als 39. Staat in die Union aufgenommen.
Northeim, Kreisstadt oberhalb der Rhumemündung in die Leine, Niedersachsen, 31 400 E. U. a. Gummi-Ind., Fahrzeugbau. Spätgot. Sankt-Sixti-Kirche (1464 bis 1519).
Northern Territory [engl. 'nɔ:θən 'terɪtərɪ] (dt. Nordterritorium), vom Austral. Bund unmittelbar verwaltetes Territorium im N des Kontinents, 1 346 200 km², 168 000 E, Verwaltungssitz Darwin. – im 17./18. Jh. durch Niederländer erforscht.
North Platte River [engl. 'nɔ:θ 'plæt 'rɪvə], linker Quellfluß des Platte River, im nördl. Colorado, 1094 km lang.
Northrop, John Howard [engl. 'nɔ:θrəp], * Yonkers (N. Y.) 5. 7. 1891, † Wickenberg (Ariz.) 27. 5. 1987, amerikan. Chemiker. Arbeiten über Enzyme und ihre Reinstdarstellung; konnte 1941 den ersten Antikörper kristallin darstellen und erhielt 1946 mit W. M. Stanley und J. B. Sumner den Nobelpreis für Chemie.
Northumberland [engl. nɔː'θʌmbələnd], engl. Earl- und Hzg.-Titel, 1377–1670 im Besitz der Fam. Percy.
Northumbria [engl. nɔː'θʌmbrɪə] (Northumbrien), angelsächs. Königreich zw. Humber und Firth of Forth, seit dem späten 9. Jh. unter dän. Oberherrschaft.
Northwest Territories [engl. 'nɔ:θwest 'terɪtərɪz] (dt. Nordwestterritorien), nordkanad. Territorium 3 426 320 km², 58 000 E, Hauptstadt Yellowknife.
Geschichte: 1869 trat die Hudson's Bay Company ihre bisherigen Besitzungen in Brit.-Nordamerika an die kanad. Regierung ab, die sie 1870 zu den N. T. vereinigte; bis 1912 Ausgliederung der Prov. Manitoba, Saskatchewan, Alberta; Gebietsabtretungen an die Prov. Ontario und Quebec sowie 1898 Abspaltung des Yukon Territory.
Northwest Territory [engl. 'nɔ:θwest 'terɪtərɪ] (dt. Nordwest-Territorium), erstes nat. Territorium der USA, zw. Ohio, Mississippi und den Großen Seen gelegen, im Frieden von Paris (1783) den USA zugesprochen; aus ihm entstanden die amerikan. Staaten Indiana, Illinois, Michigan und Wisconsin.
Norwegen (norwegisch Norge), Staat in N-Europa, grenzt im W und N an das Europ. Nordmeer, im NO an Finnland und Rußland, im O an Schweden, im S an das Skagerrak, im SW an die Nordsee.
Staat und Recht: Konstitutionelle Erbmonarchie; *Verfassung* von 1814. *Staatsoberhaupt* ist der Monarch; er ist zugleich oberster Inhaber der *Exekutivgewalt*, die er durch den Staatsrat (Regierung) unter Vors. des Min.-Präs. ausübt. Die

North Dakota
Flagge

Norwegen

Staatsflagge

Staatswappen

Norwegen

Fläche:	323 895 km²
Einwohner:	4,288 Mio.
Hauptstadt:	Oslo
Amtssprache:	Norwegisch
Nationalfeiertag:	17.5.
Währung:	1 Norweg. Krone (nkr) = 100 Øre (Ø)
Zeitzone:	MEZ

Bruttoinlandsprodukt 1992

Regierung ist dem Parlament unmittelbar verantwortlich. *Legislativorgan* ist das Parlament (Storting), dessen 165 Abgeordnete für 4 Jahre gewählt werden. Ein Viertel der Abg. des Parlaments werden in das Lagting gewählt, die übrigen bilden das Odelsting, in dem jedes Gesetz zuerst vorgeschlagen werden muß. *Parteien:* U. a. Arbeiterpartei (Arbeiderpartiet), Konservative Partei (Høyre), Zentrumspartei (Senterpartiet), Fortschrittspartei (Fremskrittspartiet), Christl. Volkspartei (Kristelig Folkeparti), Sozialist. Linkspartei, Liberale (Venstre).

Landesnatur: N. hat eine N–S-Ausdehnung von 1752 km und eine größte W–O-Ausdehnung von 430 km. $\frac{1}{3}$ des Staatsgebietes liegt nördlich des Polarkreises. Im Landesinneren weite Hochflächen. Im W liegt das zentralnorweg. Gebirge, das nach W steil, nach O schwach abfällt und Höhen von über 2 000 m erreicht. Die Küsten sind durch Fjorde gegliedert. Das Klima wird durch seine geograph. Breite und den Einfluß des Golfstroms bestimmt. Auf die südl. Laubwaldzone folgen Nadelwald- und Birkengürtel.

Bevölkerung: Neben den Norwegern gibt es als Minderheiten Samen und Finnen. 90% der E gehören der ev.-luth. Staatskirche an.

Wirtschaft, Verkehr: Roggen, Gerste und Kartoffeln sind die wichtigsten landwirtschaftl. Anbauprodukte. Neben der Viehwirtschaft sind v. a. Holzwirtschaft und Fischerei wichtige Wirtschaftsfaktoren. An Bodenschätzen werden Eisen- und Kupfererze, Titanoxid, Molybdän sowie Kohle (Spitzbergen) abgebaut. Bedeutend sind die Erdöl- und Erdgasvorkommen in der Nordsee. N. ist autark in der Energieversorgung. Wichtige Ind.-Zweige sind elektrochem. und metallurg. Ind., Schiffbau, Holzveredelung und Fischverarbeitung. Das Eisenbahnnetz hat eine Länge von 4 218 km, das Straßennetz von 86 805 km. Wichtige Häfen sind Narvik, Tønsberg, Oslo, Stavanger, Kirkenes, Bergen und Trondheim. Internat. ✈ bei Oslo.

Geschichte: Harald I. Hårfagre (⚭ 860–933) überwand in N. erstmals das herrschende Kleinkönigtum; in dieser Zeit Auswanderung von rd. einem Drittel der Bevölkerung, u. a. Besiedelung von Island (seit 875); Olaf I. Tryggvesson (⚭ 995–1000) setzte um die Jahrtausendwende die Christianisierung mit Hilfe engl. Missionare durch, Olaf II. Haraldsson (⚭ 1015–28) unterstellte die Kirche dem Erzbischof von Bremen. Diese Abhängigkeit endete mit der Errichtung des Erzbistums Lund (1104) für ganz Skandinavien. Das 1236 gegr. Handelskontor der Hanse in Bergen beherrschte den norweg. Außenhandel im Spätmittelalter. Nach dem Erlöschen des norweg. Königtums im Mannesstamm (1319) trugen 1380/87 bis Anfang 1814 die dän. und von Ende 1814 bis 1905 die schwed. Könige die norweg. Krone. Die Witwe König Håkons VI. Magnusson von N. und Schweden und Tochter des dän. Königs, Margarete (⚭ 1387/89–1412), verhalf ihrem Großneffen Erich (Erich VII.; König von Dänemark, N. und Schweden) auf den Thron der drei skandinav. Reiche (1397 Krönung in Kalmar; Kalmarer Union). 1523 erklärte Gustav I. Wasa Schwedens Austritt aus der Kalmarer Union. – N., das durch die Union von Bergen (1450) enger mit Dänemark verbunden war als Schweden, wurde 1536 zu einem Teil Dänemarks erklärt. Als histor. und soziale Einheit blieb N. jedoch erhalten.

2429

Norwegen

Norwegen.
Landschaft bei Gaular, nördlich des Sognefjords

Europas Seehandelsinteressen richteten sich durch die Verlagerung des Schwerpunkts der Außenpolitik nach dem europ. W auf den Atlantik. Im Kieler Frieden (Jan. 1814) zwang der gewählte schwed. Thronfolger Karl (XIV.) Johann Dänemark zum Verzicht auf N. – mit Ausnahme der ehem. norweg. Besitzungen Island, Grönland und Färöer – zugunsten Schwedens; die im Mai 1814 auf der Grundlage der Gewaltenteilung (Storting, Kabinett) beschlossene norweg. Verfassung blieb während der Union mit Schweden gültig. Während der Zeit der *schwed.-norweg. Union* standen Bemühungen um größere Selbständigkeit im Zentrum der norweg. Politik. 1884 errang die Linke (Venstre) die große Mehrheit im Storting und bildete die Regierung; diese erreichte 1898 das allg. Wahlrecht für Männer (1913 wurde es auch den Frauen zuerkannt). Nachdem eine Volksabstimmung (13. 8. 1905) eine Mehrheit von fast 100% für die Auflösung der Union erbracht hatte, stimmte Schweden zu. Am 18. 11. 1905 wurde der dän. Prinz Karl aus dem Haus Glücksburg zum König von N. gewählt (als Håkon VII. König von Norwegen). Im 1. Weltkrieg bewahrte N. trotz brit. Drucks und trotz der Eröffnung des uneingeschränkten U-Boot-Kriegs durch Deutschland (1917) die Neutralität. Inflation und Arbeitslosigkeit führten in den 1920er Jahren zu einer Radikalisierung der 1887 gegr. Arbeiterpartei, die sich 1927 mit den Sozialdemokraten zusammenschloß. Hitler machte im 2. Weltkrieg das norweg. Bemühen um Beibehaltung der Neutralität mit dem Einmarsch dt. Truppen in N. (9. 4. 1940) zunichte; 1942 bildete V. A. L. Quisling eine von Reichskommissar J. Terboven abhängige Regierung. Die Wahlen vom Okt. 1945 brachten der Arbeiterpartei die absolute Mehrheit. Min.-Präs. E. Gerhardsen (1945–51, 1955–65) führte die norweg. Innenpolitik auf dem vom schwed. Sozialismus beeinflußten Weg weiter. Außenpolitisch gab N. seine Neutralität auf und trat 1949 der NATO bei; 1960 schloß sich N. der EFTA an. Nachdem ein EG-Beitritt im Sept. 1972 in einer Volksabstimmung abgelehnt worden war, schloß N. 1973 einen Freihandelsvertrag mit der EG. Nach der Wahl von 1973 führte T. M. Bratteli ein Minderheitskabinett der Arbeiterpartei; 1976 löste ihn O. Nordli ab, Jan.–Okt. 1981 war G. Harlem Brundtland Regierungschefin. Die nach den Parlamentswahlen von 1981 gebildete Minderheitsregie-

2430

rung der Konservativen Partei unter Min.-Präs. K. Willoch scheiterte im Mai 1986 an einem vorgelegten Sparprogramm. Die nachfolgende Regierung der Arbeiterpartei unter G. Harlem Brundtland setzte ein scharfes Sparprogramm durch. Nach den Wahlen 1989 übernahm eine Minderheitsregierung unter Min.-Präs. J. P. Syse (Konservative Partei) die Regierung. Nach deren Scheitern auf Grund der gegensätzl. Auffassungen in der Europapolitik folgte 1990 eine Minderheitsregierung unter G. Harlem Brundtland. Nach dem Tod von König Olaf V. bestieg Harald V. 1991 den Thron. Bei den Parlamentswahlen 1993 konnten die Arbeiterpartei und die Zentrumspartei Stimmenzuwächse erzielen. Der 1993 gestellte Antrag N. auf Aufnahme in die EU wurde in einer Volksabstimmung im November 1994 abgelehnt.

Norwegensee ↑Europäisches Nordmeer.

Norwegisch, Oberbegriff für die beiden offiziell zugelassenen Schriftsprachen in Norwegen, *Bokmål* (früherer Name: *Riksmål*) und *Nynorsk* (früher: *Landsmål*). – N. gehört zur nord. Gruppe der german. Sprachen; Anfänge um die Mitte des 11. Jh., als innerhalb der westl. Gruppe des Nord. (Altwestnord.) sondersprachl. Entwicklungen eintraten.

In die *altnorweg. Epoche* (etwa 1050 bis 1370) fallen die Einführung des Christentums und der Schriftkultur. In die *mittelnorweg. Epoche* (etwa 1370–1530) fällt die polit. Union mit Schweden bzw. Dänemark; Dänisch wird Schul-, Kirchen- und Verwaltungssprache. Die *neunorweg. Epoche* (seit 1530) zeigt einen bed. Einschnitt zu Beginn des 19. Jh.: 1814 suchten Erneuerer dem N. unter Hinwendung zur Volkssprache (v. a. den Dialekten) und zur Volkspoesie zum Durchbruch zu verhelfen. Eine Linie zielte dabei auf »Norwegisierung« des in Norwegen gesprochenen Dänisch (u. a. Henrik Arnold Wergeland, *1808, † 1845). Diese Riksmål genannte Form der n. S. wurde auch von Dichter wie H. Ibsen, B. Bjørnson, A. L. Kielland und J. Lie unterstützt. Eine andere Richtung, vertreten durch Ivar Aasen (*1813, †1896), trat für eine Erneuerung des N. auf der Grundlage altertüml. Dialekte (bes. des Westlandes) ein; diese Landsmål genannte Form wurde 1907 als zweite Schriftsprache staatlich anerkannt.

norwegische Literatur. Im MA bildete die altnorweg. Literatur mit der altisländ. Literatur die ↑altnordische Literatur.

Auf Grund der polit. Union mit Dänemark (seit 1397) wurde das Norwegische aus den Städten in abgelegene Landbezirke verdrängt, wo es in Dialekten mündlich weiterlebte. Erst seit der Lösung des Landes von Dänemark (1814) konnte sich eine Nationalliteratur entwickeln. Hauptvertreter war Henrik Arnold Wergeland (*1808, † 1845), der sich im »norweg. Kulturstreit« mit seinem dänisch gesinnten Rivalen Johan Sebastian Welhaven (*1807, † 1873) auf die Eigenständigkeit der n. L. berief. Die kulturelle Vergangenheit wurde reflektiert in der »Nationalromantik« (Aasmund Olafsson Vinje, *1818, † 1870). Exponenten der n. L. (des 19. Jh.) sind H. Ibsen und B. Bjørnson, sie schufen v. a. eine zeitgenöss. (naturalist.) Dramatik; während Ibsen mit seinen Gesellschaftsstücken an den dt. Bühnen als zeitweilig meistgespielter Autor große Erfolge erzielte, wurde Bjørnson die Leitfigur in den polit., moral. und kulturellen Fragen der Nation. Den Typus der bis ins 20. Jh. stilbildenden Bauernerzählung Bjørnsons führten die großen realist. Erzähler J. Lie und A. L. Kielland ins bürgerl. Milieu, während A. Garborg diese Thematik dem Naturalismus erschloß.

Bei K. Hamsun, dem bekanntesten norweg. Erzähler der 1. Hälfte des 20. Jh., wirkten antizivilisator. und antidemokrat. Tendenzen; Hauptthema verschiedener Romanautoren wie Hans Ernst Kinck (*1865, † 1926), S. Undset, Olav Duun (*1876, † 1939) ist der Antagonismus zw. alter Bauernkultur und moderner bürgerl. Zivilisation; die Lyrik hat gegenüber anderen Ländern einen höheren Stellenwert im kulturellen Leben und wird von allen Schichten rezipiert.

Themen und Techniken der experimentierfreudigen europ. Literatur fanden in den 1930er und 1940er Jahren Eingang, z. B. in den Romanen von Sigurd Hoel (*1890, † 1980), begleitet

Norwich

von der Sozialdebatte und der Faschismuskritik. Nach der literar. Bewältigung des »nat.-soz. Traumas« und den epochemachenden experimentellen Arbeiten der »Profil«-Gruppe Ende der 1960er Jahre begann ab 1970 eine vorübergehend starke Politisierung der norweg. Literatur.

Norwich [engl. ˈnɔrɪdʒ], engl. Stadt am Zusammenfluß von Wensum und Yare, 122 300 E. Verwaltungssitz der Gft. Norfolk; Univ., Museen, Theater; Handels- und Ind.-Stadt; Flußhafen. Burg (12. Jh.), Kathedrale im normann. Stil (1101 geweiht) mit Kreuzgang (13.–15. Jh.).

Nosemaseuche (Nosemakrankheit) [zu griech. nósēma »Krankheit«], Bez. für zwei tödlich verlaufende Insektenkrankheiten, bedeutend v. a. bei Honigbienen *(Darmseuche)* und Seidenspinnerlarven.

Noske, Gustav, * Brandenburg/Havel 9. 7. 1868, † Hannover 30. 11. 1946, dt. Politiker. 1906–18 MdR (SPD); unterdrückte im Auftrag der Reichsregierung im Dez. 1918 den Matrosenaufstand in Kiel, als Reichswehr-Min. (ab Febr. 1919) im Frühjahr 1919 revolutionäre Erhebungen; mußte nach dem Kapp-Putsch (1920) zurücktreten.

Nō-Spiel [jap./dt.], lyr. Gattung des klass. jap. Theaters, entstanden im 14. Jahrhundert. †japanisches Theater.

Nossack, Hans Erich, * Hamburg 30. 1. 1901, † ebd. 2. 11. 1977, dt. Schriftsteller. 1933 Publikationsverbot; schrieb dem Existentialismus nahestehende Dramen (u. a. »Die Rotte Kain«, 1949), Erzählungen, Romane (u. a. »Spätestens im November«, 1955; »Dem unbekannten Sieger«, 1969) und Essays.

Nostalgie [griech.-nlat.], Rückwendung zu früheren, in der Vorstellung verklärten Zeiten.

Nöstlinger, Christine, * Wien 13. 10. 1936, österr. Schriftstellerin. Verfasserin von Kinder- und Jugendbüchern, u. a. »Wir pfeifen auf den Gurkenkönig« (1972).

Nostradamus, eigtl. Michel de No[s]tredame, * Saint-Rémy-de-Provence 14. 10. 1503, † Salon-de-Provence 2. 7. 1566, frz. Mathematiker und Astrologe; stellte Horoskope und prophezeite auf Grund angeblich göttl. Offenbarungen.

Hans Erich Nossack

Christine Nöstlinger

Nostradamus

Notar, [lat.], unabhängiger Träger eines öffentl. Amtes (des *Notariats*), der zur Beurkundung von Rechtsvorgängen und zu anderen Aufgaben auf dem Gebiet der vorsorgenden Rechtspflege innerhalb der freiwilligen Gerichtsbarkeit von der Landesjustizverwaltung berufen ist. Der N. muß die Befähigung zum Richteramt haben; er ist zuständig u. a. für die Beurkundung von Rechtsgeschäften, Beglaubigungen über Unterschriften, Handzeichen und Abschriften, zur Entgegennahme von Auflassungserklärungen über ein Grundstück und zur Ausstellung von Teilhypotheken- und Teilgrundschuldbriefen. Bei der Ausübung seines Amtes ist der N. unparteiischer Betreuer der Beteiligten.

Notation [lat.], in der *Datenverarbeitung* die Festlegung der Schreibweise einer Programmiersprache durch ein System von Zeichen und Regeln; z. B. die klammerfreie N. *(polnische N.).*

Note, 1) *Musik:* ↑Noten.
2) *Bildungswesen:* Beurteilung einer Leistung, bes. in der Schule (Zensur), auch im Sport.
3) *Völkerrecht:* eine amtl. Mitteilung im Verkehr zw. Staaten oder anderen Völkerrechtssubjekten. Die Übergabe erfolgt meist durch die diplomat. Vertretung an das Außenministerium. Neben der förml. N. (mit Unterschrift) gibt es die *Verbal-N.* (schriftl. Mitteilung in der dritten Person, ohne Unterschrift) und die *Aufzeichnung* (Memorandum, Mémoire; unpersönl., ohne Unterschrift).

Notebook [engl. ˈnəʊtbʊk »Notizbuch«], Personalcomputer in Buchformatgröße, kleiner als ein Laptop.

Noten, Zeichen zur schriftl. Festlegung musikal. Töne. Sie geben den rhythm. Wert eines Tones an, während die Tonhöhe durch die Stellung im Liniensystem, durch Schlüssel und Vorzeichen bestimmt wird. Eine Note besteht aus N.kopf, N.hals und Fähnchen; jeder Note entspricht eine Pause: Die abendländ. *Notenschrift* (Notation) geht auf die aus dem MA entwickelte Choralnotation zurück, aus der sich im 12. Jh. die Modalnotation, im 13. Jh. die Mensuralnotation entwickelte. Seit 1950 entwickelten viele Komponisten eigene Schriften. – Der Notendruck kam fast gleichzeitig mit dem Buchdruck im 15. Jh. auf.

Notenbank, Bank, die das Recht der Notenausgabe hat; als Zentralbank auch Träger der Währungspolitik.

Notenschlüssel ↑Schlüssel.

Notgeld, Münzen oder Geldscheine, die bei Mangel an Zahlungsmitteln, bes. in Kriegszeiten, ersatzweise vom Staat selbst oder von nicht münzberechtigten Auftraggebern (Städten, Banken, Firmen usw.) ausgegeben werden.

Nothelfer, in der kath. Kirche (14) Heilige, die in bes. Nöten um Hilfe angerufen werden (seit dem 14. Jh.): Dionysius von Paris, Erasmus, Blasius von Sebaste, Barbara, Margaretha von Antiochia, Katharina von Alexandria, Georg, Achatius, Eustachius, Pantaleon, Ägidius, Cyriakus von Rom, Vitus, Christophorus.

Notierung (Notiz) [lat.], Feststellung der amtl. Börsenkurse.

Nötigung, das rechtswidrige Zwingen eines anderen zu einem von ihm nicht gewollten Verhalten mit Hilfe von Gewalt oder durch Drohung mit einem empfindl. Übel; wird mit Freiheitsstrafe bis zu drei Jahren oder Geldstrafe bestraft.

Notke, Bernt, *vermutlich Lassahn am Schaalsee (westl. von Schwerin) um 1440 (1430?), † Lübeck 1509, dt. Bildschnitzer und Maler. Ab 1467 in Lübeck nachweisbar, ging 1483 nach Stockholm, wo er ab 1498 wieder in Lübeck bezeugt. Als Hauptwerk gilt die Sankt-Georgs-Gruppe (1489; Stockholm, Nikolaikirche); Gemälde: Altar des Doms in Århus (1478/79), Flügel des Johannesaltars (um 1483; Lübeck, Sankt-Annen-Museum).

Notker Balbulus [»N. der Stammler«], sel., *Jonschwil bei Sankt Gallen um 840, † Sankt Gallen 6. 4. 912, Benediktiner und mlat. Dichter. Seine lat. Dichtung, v. a. seine etwa 40 Sequenzen, hatte großen Einfluß auf die mittelalterl. dt. Dichtung.

Notker Labeo [»N. der Großlippige«] (Notker Teutonicus, Notker der Deutsche), *um 950, † Sankt Gallen 29. 6. 1022, Benediktiner und frühscholast. Theologe. Seine kommentierten Übersetzungen lat. Schultexte waren für die Entwicklung der dt. Sprache von großer Bedeutung.

Notparlament ↑Gemeinsamer Ausschuß.

Notre-Dame de Paris [frz. nɔtrəˈdam dəpaˈri] (Unsere Liebe Frau von Paris), Name der Kathedrale von Paris, ein Höhepunkt got. Baukunst, 1163 ff. Fünfschiffige Basilika mit doppeltem Chorumgang und Kapellenkranz (dieser erst nach 1300), fast quadrat., doppeltürmige Westfassade.

Notgeld. Notklippe aus der Zeit der Belagerung von Jülich, 1610, hergestellt aus dem silbernen Tafelgeschirr Moritz' von Oranien, dessen Wappen sich auf der Rückseite (rechts) befindet; der Wert von neun Talern wird durch die Punzen V+IIII ausgedrückt

Notsignale, akust., opt. oder Funksignale, die u. a. von Schiffen und Luftfahrzeugen in Notsituationen gegeben werden. *Seenotsignale* sind Dauerton mit Schiffssirene oder Nebelhorn, das Flaggensignal »N« über »C«, eine viereckige Flagge über oder unter einem Signalball, rote Flammensignale, orangefarbene Rauchsignale, das mit Lampen oder Spiegeln nach dem Morsecode gegebene »SOS« und das Heben und Senken der ausgestreckten Arme, ferner die auf einer Notfrequenz ausgestrahlten *Funk-N.* »SOS« und »Mayday«, die auch in der *Luftfahrt* verwendet werden. *Alpines Notsignal:* innerhalb einer Minute sechsmal in Abständen von je 10 Sek. gegebenes hör- oder sichtbares Signal (Pfeife, Taschenlampe, Rauch, Rufen u. a.); Pause von einer Minute; Wiederholen des Signals, bis Antwort erfolgt. Diese wird durch innerhalb einer Minute dreimal in regelmäßigen Abständen von 20 Sek. erfolgendes Signal gegeben.

Notstand, Kollisionslage zw. rechtlich geschützten Interessen, bei der die einen nur durch Verletzung der anderen gerettet werden können.
Im *Strafrecht* liegt ein *rechtfertigender N.* (bis 1975 übergesetzl. N. genannt) vor, wenn zur Abwendung einer gegenwär-

Nottingham

Nottingham Stadtwappen

tigen, nicht anders abwendbaren Gefahr von sich oder einem anderen für ein beliebig schützenswertes Rechtsgut (z. B. Leben, Freiheit, Eigentum) ein anderes Rechtsgut verletzt wird. Eine Güterabwägung ist erforderlich. Keine Güterabwägung setzt der *entschuldigende N.* voraus. Danach handelt zwar rechtswidrig, aber entschuldigt, wer in einer gegenwärtigen, nicht anders abwendbaren Gefahr für Leben, Leib oder Freiheit eine rechtswidrige Tat begeht, um die Gefahr von sich, einem Angehörigen oder einer ihm nahestehenden Person abzuwenden. Nimmt der Täter irrig Umstände eines N. an *(Putativ-N.),* ist er nach den Grundsätzen über den Verbotsirrtum zu bestrafen. Kein Notstand im eigtl. Sinne (aber ebenfalls ein Entschuldigungsgrund) ist das Handeln auf Grund eines rechtswidrigen, aber verbindlichen Befehls, dessen Rechtswidrigkeit nicht erkannt wird *(Befehls-N.).*
Im *Staatsrecht* ist N. eine Notlage für den Bestand, die Sicherheit oder die bestehende Ordnung eines Staates. Dieses N. erwehrt sich der Staat durch außerordentl. Maßnahmen, die ihm entweder auf Grund ungeschriebener oder in der Verfassung vorgesehener Ermächtigung zustehen. Der N. kann durch Bedrohung von außen (äußerer N.) oder durch Vorgänge im Innern (innerer N., z. B. durch Aufruhr, Revolution, Katastrophen) verursacht werden. In der BR Deutschland ist durch N.gesetze und N.verfassung Vorsorge für den äußeren und inneren N. getroffen worden. *Notstandsgesetze* sind die Gesamtheit des einfachgesetzl. Bundesrechts, das zus. mit der N.verfassung zur Bewältigung eines äußeren oder inneren Not- oder Ausnahmezustandes dient. Sie gliedern sich in Gesetze, die lebenswichtige Leistungen sicherstellen (Sicherstellungsgesetze), insbes. die Versorgung der Zivilbevölkerung und der Streitkräfte ermöglichen sollen, sowie in solche, die sich dem zivilen Bevölkerungsschutz widmen. Unter *Notstandsverfassung* wird die Gesamtheit der verfassungsrechtl. Regelungen des GG zur Bekämpfung des äußeren und des inneren N. verstanden; sie wurde 1968 nach z. T. heftigen Protesten aus Gewerkschaftskreisen und v. a. der Studentenbewegung in das GG eingefügt. Sie sieht im einzelnen Kompetenzänderungen im staatl. Organisationsrecht, bes. Befugnisse hinsichtlich des Einsatzes der Streitkräfte sowie die Einschränkung bestimmter Grundrechte (Berufsfreiheit, Freizügigkeit) vor.

Nottingham [engl. ˈnɔtɪŋəm], engl. Stadt am Trent, 271 100 E. Verwaltungssitz der Gft. Nottinghamshire; Univ., Theater; u. a. Strickwarenindustrie; Binnenhafen.

Notturno [italien.], im 18. und 19. Jh. mehrsätziges Instrumentalstück (das zur Nachtzeit im Freien aufgeführt wurde). Die frz. Bez. *Nocturne* gilt heute für Klavierkompositionen träumer. Charakters.

Notverordnungen (Notgesetz, Notstandsverordnungen), gesetzesvertretende Verordnungen, mit denen die Regierung die Scheidung von Gesetz und Verordnung überbrücken und (in Fällen bes. Dringlichkeit oder bei akuten Notsituationen) dem Gebiet der Gesetzgebung vorbehaltene Materien ohne vorherige Mitwirkung des Parlaments regeln kann. – Bes. Bedeutung erlangten N. in der Anfangs- und Endphase der Weimarer Republik. Die Weimarer Verfassung von 1919 bot die Möglichkeit zu N. auf Grund von Ermächtigungsgesetzen (v. a. 1923/24 zur Überwindung der Inflation genutzt) bzw. gemäß Art. 48 (Diktaturparagraph mit großer Ermessensfreiheit für den Reichs-Präs. bzw. eine Regierung seines Vertrauens). Seit 1930 wurden N. unter Aufhebung der Gewaltenteilung zum eigtl. Regierungsinstrument. – Die Verfassung der BR Deutschland sieht kein vergleichbares Recht zum Erlaß von N. vor.

Notwehr, die zur Abwendung eines gegenwärtigen, rechtswidrigen, nicht aber unbedingt schuldhaften Angriffs notwendige Verteidigung. Der Angriff kann gegen ein beliebiges Rechtsgut des Abwehrenden oder eines Dritten (dann Fall der *Nothilfe*) gerichtet sein; er muß von einem Menschen ausgehen. Die N. findet allerdings ihre Grenzen am Rechtsmißbrauch.

Nouakchott [frz. nwakˈʃɔt], Hauptstadt von Mauretanien, 4 km vom Atlantik entfernt, 500 000 E. Univ.; Zuckerraffinerie; Hafen, internat. ✈.

Novara Stadtwappen

Nougat (Nugat) ['nu:gat, frz. nu'ga], Süßware aus gerösteten und zerkleinerten Nüssen oder Mandeln, Zucker und Kakao.

Nouméa [frz. nume'a], Hauptstadt des frz. Überseeterritoriums Neukaledonien, an der SW-Küste der Insel Neukaledonien, 60 100 E. Hütten-Ind., Hafen, internat.

Nous [nu:s; griech.], svw. ↑Nus.

Nouveau réalisme [frz. nuvorea'lismə], Erneuerung der Dadabewegung (Neo-Dada) als Objekt- und Aktionskunst; vertreten u. a. von Arman, Y. Klein, D. Spoerri, J. Tinguely, César und Christo.

Nouveau roman [frz. nuvorɔ'mã »neuer Roman«] (Dingroman, gegenstandsloser Roman), 1955 geprägter Begriff, der den experimentellen frz. Roman bezeichnet; N. Sarrautes 1939 erschienener Roman »Tropismen« gilt als erster N. r., weitere Vertreter: A. Robbe-Grillet, M. Butor, F. Ponge, C. Simon, R. Pinget, M. Duras.

Nova [lat. »neuer (Stern)«] (Mrz. Novae), Bez. für einen durch einen plötzl. Helligkeitsausbruch bis zum 100 000fachen des urspr. Werts charakterisierten veränderl. Stern.

Novalis, eigtl. Georg Philipp Friedrich Freiherr von Hardenberg, * Oberwiederstedt (heute zu Wiederstedt bei Hettstedt) 2. 5. 1772, † Weißenfels 25. 3. 1801, dt. Dichter. 1790–94 Studium der Jurisprudenz, Mathematik und Philosophie in Jena, Leipzig und Wittenberg, 1797–99 Studium der Bergwiss. in Freiberg, 1799 Salinenassessor, Berghauptmann in Weißenfels; gehört zu den bedeutendsten Vertretern der Romantik (»Hymnen an die Nacht«, 1800; »Die Lehrlinge zu Sais«, R.[-Fragment], hg. 1802; »Heinrich von Ofterdingen«, R.[-Fragment], hg. 1802 [↑blaue Blume]; »Die Christenheit oder Europa«, Essay, 1799); entwickelte zus. mit F. Schlegel die ästhet. Theorie der »Universalpoesie« (»Fragmente«, teilweise u. d. T. »Blüthenstaub« in der Zeitschrift »Athenäum«, 1798), die als Idee von der Universalität bzw. des Absoluten in der Kunst u. a. von den Symbolisten (S. Mallarmé) wieder aufgenommen wurde.

Novara, italien. Prov.-Hauptstadt in Piemont, in der Poebene, 103 000 E; Bischofssitz. Museen; u. a. Baumwoll- und Seidenverarbeitung, Nahrungsmittel-, chem. Industrie. Neben dem Dom (1865–69) ein achteckiges Baptisterium (5., 12. und 17. Jh.).

Nova Scotia [engl. 'nəʊvə 'skəʊʃə] (dt. Neuschottland), kanad. Prov. auf einer Halbinsel am Atlantik, 55 490 km², 900 000 E, Hauptstadt Halifax. – Kam 1713 in brit. Besitz; schloß sich 1867 dem neugeschaffenen Dominion Kanada an.

Novelle, 1) [italien., eigtl. »(kleine) Neuigkeit«], *Literatur:* Begriff, der eine kürzere dramat. Erzählung bezeichnet; die pointiert erzählte N. stützt sich auf einen zentralen Konflikt, der eine überraschende Wendung erfährt. – Novellenähnl. Erzählungen finden sich in oriental. Sammelwerken (z. B. »1001 Nacht«). Bewußt gestaltet erscheint die N. erstmals im »Decamerone« (1348 bis 53) G. Boccaccios, der die zykl. und zugleich zeitbezogene Rahmenform einführte. Cervantes verzichtete in seinen »Exemplar. Novellen« (1613) auf die Rahmenform. Im 19. Jh. wurde die N. bzw. der N.zyklus in vielen europ. Literaturen zu der wichtigsten ep. Gattungen, in Deutschland u. a. E. T. A. Hoffmanns »Serapionsbrüder« (1819–21) oder G. Kellers »Sinngedicht« (1882); in der engl. und amerikan. Literatur ist die N. eng verwandt mit der Short story.

2) [lat.] *Politik:* die Änderung eines Gesetzes in Teilen. Die völlige Neubearbeitung eines Gesetzes nennt man *Neufassung.*

Novalis (Stahlstich von Eduard Eichens; 1845)

Nouveau réalisme. Raymond Hains. »OAS, fusillez les plastiqueurs« (um 1961; Privatbesitz)

November

November [lat., zu novem »neun«], der 11. Monat des Jahres, mit 30 Tagen; der 9. Monat der röm. Jahresordnung.

Novemberrevolution, Revolution im Dt. Reich und in Österreich(-Ungarn) ab Nov. 1918, die die Monarchien stürzte und zur Errichtung parlamentar. Republiken führte. Im *Dt. Reich* ging die N. von meuternden Matrosen der Hochseeflotte aus (29. 10. 1918 Wilhelmshaven, 3./4. 11. Kiel). Von der Küste griff die Meuterei auf die großen Städte des Binnenlandes über, wo am 7. 11. mit den Wittelsbachern in Bayern die erste Dynastie gestürzt wurde. In Berlin verkündete am 9. 11. Reichskanzler Prinz Max von Baden eigenmächtig die Abdankung Wilhelms II., am gleichen Tag rief P. Scheidemann (SPD) gegen den Willen des Parteiführers F. Ebert die dt. Republik aus. Träger der N. waren Arbeiter- und Soldaten-Räte, deren radikale Minderheit das Ziel eines Rätesystems verfocht, während die Mehrheitssozialisten (SPD) die Errichtung einer parlamentar. Demokratie durch die Einberufung einer Nationalversammlung sicherten (19. 1. 1919). Nach der Niederschlagung des Spartakusaufstandes im Jan. 1919 schloß die Wahl F. Eberts zum Reichs-Präs. und die Bildung einer parlamentar. Reichsregierung aus SPD, Zentrum und DDP (Weimarer Koalition) am 13. 2. die N. ab.

Novemberrevolution. Mitglieder des Arbeiter- und Soldatenrates übernehmen die Kaserne des 2. Gardeulanenregiments in der Invalidenstraße in Berlin

In *Österreich* konstituierte sich auf der Grundlage des kaiserl. Manifests vom 16. 10. 1918 am 21. 10. aus Mgl. aller Parteien des bisherigen Wiener Reichsrates eine Provisor. Nationalversammlung, die am 12. 11. 1918 Deutschösterreich zur demokrat. Republik und zum Bestandteil der dt. Republik proklamierte.

Novi Sad (dt. Neusatz), Prov.-Hauptstadt in Serbien, an der Donau, 257 000 E. Univ., Museen, Theater; u. a. Flugzeugfabrik. – 1690 von serb. Flüchtlingen gegr.; entwickelte sich zum Zentrum des Serbentums innerhalb der Habsburgermonarchie. – 1945 Eingemeindung der Festungsstadt *Petrovaradin* (Peterwardein); bei Peterwardein schlug Prinz Eugen am 5. 8. 1716 das osman. Hauptheer.

Noviziat [lat.], nach kath. Kirchenrecht die mindestens einjährige Vorbereitungszeit für Klosterleute vor Ablegung der öffentl. Gelübde *(Novizen).*

Nowaja Semlja, russ. Inselgruppe im Nordpolarmeer, zw. Barents- und Karasee, besteht aus den Hauptinseln *Nordinsel* (z. T. von Inlandeis bedeckt) und *Südinsel* (kleine Gletscher) sowie mehreren kleinen Inseln (insgesamt etwa 1 000 km²).

Nowakowski, Tadeusz, *Allenstein 8. 11. 1920, poln. Schriftsteller. Lebte ab 1947 in London, ab 1953 in den USA und seit 1958 in der BR Deutschland; schreibt v. a. Romane und Erzählungen mit satir. Zügen, u. a. »Polonaise Allerheiligen« (R., 1957), »Picknick der Freiheit« (E., 1959).

Nowgorod [ˈnɔfgɔrɔt, russ. ˈnɔvgərət], russ. Geb.-Hauptstadt, unmittelbar nördlich des Ilmensees, 224 000 E. Hochschulen, Museen, Theater; elektron., chem., holzverarbeitende u. a. Industrie. – Bed. Kirchen, u. a. die Sophienkirche (Kreuzkuppelkirche; 1045 bis 52) mit roman. Bronzetür, die Kirche der Geburt Mariä im ehem. Antoniuskloster (1117–19), die Georgskirche im ehem. Jurjewkloster (1119–30) sowie die Fjodor-Stratilat- und die Erlöserkirche (beide 14. Jh.). Im Kreml u. a. der »Facettenpalast« (1433) und die Glockenwand (15.–17. Jh.). – Eine der ältesten Städte Rußlands, als *Holmgard* vom Waräger Rurik 862 gegründet; bereits Ende des 10. Jh. bedeutendstes kulturelles Zentrum nach Kiew und größte Gewerbe- und Handelsstadt Rußlands; beherrschte im 12. Jh. ein großes Territorium, das sich bis zum Ural erstreckte; wurde im 12. Jh. Republik mit weitreichenden Handelsbeziehungen.

Nowokusnezk [russ. nvvɛkuzˈnjɛtsk], russ. Stadt im Kusbass, 602 000 E. Hochschule für Metallurgie; Steinkohlenbergwerken; v. a. Hüttenindustrie.

Nowosibirsk [russ. nvvɛsiˈbirsk], russ. Geb.-Hauptstadt am Ob, 1,46 Mio. E. Univ., mehrere Hochschulen, Theater. Der ausschließl. als Arbeits- und Wohnort der Wissenschaftler 1957–66 erbaute Stadtteil *Akademgorodok* mit der Univ. und Instituten der Akademie der Wiss. liegt am *Nowosibirsker Stausee* (200 km lang, bis 17 km breit); u. a. Hüttenwerke, Instrumentenbau; Flußhafen, Bahnknotenpunkt an der Transsib, ⚓.

Nowotscherkassk [russ. nvvɛtʃirˈkassk], russ. Stadt am Don, 187 000 E. Forschungsinstitute, Donkosakenmuseum, Theater; u. a. Bau von elektr. Lokomotiven; Weinkellerei.

Nowyj, Alewis Frjasin, eigtl. Alovisio Nuovo, italien.-russ. Architekt des 15./16. Jh.; seit 1504 in Rußland nachweisbar, wo er das Formengut der italien. Frührenaissance verbreitete. Sein Hauptwerk ist die Erzengel-Michael-Kathedrale (1505–08) des Moskauer Kreml.

Nowyj Mir [russ. »neue Welt«], monatlich erscheinende russ. Literaturzeitschrift; gegr. 1925.

Nowy Sącz [poln. ˈnɔvɨ ˈsɔntʃ], poln. Stadt in den Beskiden, 71 900 E. Sankt-Margarets-Pfarrkirche (15. und 18. Jh.), Jesuitenkirche (15. Jh.; umgebaut).

Noxe [zu lat. noxa »Schaden«], svw. Schädlichkeit; Stoff oder Umstand, der eine schädigende Wirkung auf den Organismus ausübt.

Noyon [frz. nwaˈjõ], frz. Stadt nö. von Compiègne, Dép. Oise, 14 000 E. Frühgot. Kathedrale, 768 wurde hier Karl d. Gr. zum fränk. König gekrönt. Rathaus (15. Jh.).

Np, chem. Symbol für ↑Neptunium.

Nr., Abk. für Nummer (Nrn. = Nummern).

NRZ, Abk. für Nettoraumzahl (↑Registertonne).

NS, Abk. für nationalsozialistisch (z. B. NSDAP, NS-Staat).

NSDAP, Abk. für ↑Nationalsozialistische Deutsche Arbeiterpartei.

NT (N. T.), Abk. für Neues Testament (↑Bibel).

NTC-Widerstand [engl. ˈɛntiːsiː...; Kurz-Bez. für engl. **n**egative **t**emperature **c**oefficient] ↑Heißleiter.

NTSC-System ↑Fernsehen.

Nuance [nyˈãːsə; frz.], feiner gradueller Unterschied; bes. fein gestaltete Einzelheit.

Nuba, Volk der Sudaniden im S der Republik Sudan. Die N. treiben Feldbau sowie Viehzucht.

Nubien [...i-ɛn], von Tafelbergen überragtes und von Trockentälern zerschnittenes Savannen- und Wüstengebiet beiderseits des Nil in N-Sudan und S-Ägypten.

Geschichte: In der 1. Hälfte des 2. Jt. v. Chr. bestand in N. das Reich von *Kusch,* seit 920 v. Chr. mit der Hauptstadt Napata (von hier aus seit etwa 740 v. Chr. Eroberung von Ägypten, dort 712–664 v. Chr. nub. Könige als »äthiop.« 25. Dynastie), 530 v. Chr. bis 4. Jh. n. Chr. mit der Hauptstadt ↑Meroe (»Reich von Meroe«). Seit dem 4./5. Jh. bestanden drei christl. nub. Reiche, eine der Residenzen war Pachoras; seit dem 12. Jh. wurde N. islamisiert.

nubische Sprachen (Nuba), im Niltal an der ägypt.-sudanes. Grenze, in den nö. Nubabergen und weiter östl. in Dafur gesprochene Sprachen.

Nubische Wüste, Wüste im NO der Republik Sudan.

Nuclear Energy Agency [engl. ˈnjuːkliə ˈɛnədʒɪ ˈeɪdʒənsɪ], Abk. **NEA,** Kernenergie-Agentur, Nachfolgeorganisa-

Nuclear Energy Agency

Nowosibirsk. Die Oper am Leninplatz

tion der Europäische Kernenergie-Agentur (engl. European Nuclear Energy Agency, Abk. ENEA), Organ der OECD, gegr. 1957. Aufgabe ist die Entwicklung und Förderung der Erzeugung und Verwendung der Kernenergie für friedl. Zwecke.

Nudismus ↑Freikörperkultur.

Nuevo Laredo [span. 'nueβo la'reðo], mex. Stadt am Rio Grande, gegenüber von Laredo (Texas), 203 300 E. Endpunkt der Carretera Panamericana.

Nugat, svw. ↑Nougat.

Nugget ['nagɪt; engl.], natürl. Metall-, insbes. Goldklumpen.

Nujoma, Sam [engl. nuːdʒʊːmɑː], *Ongandjera 12. 5. 1929, namib. Politiker. Gründete 1960 im Exil (1960–89) die SWAPO und wurde deren Präs.; führte den Guerillakrieg gegen die südafrikan. Anwesenheit in Namibia; seit 1990 erster Staatspräs. des unabhängigen Namibia.

nuklear [zu lat. nucleus »Fruchtkern, Kern«], den Atomkern betreffend, auf Vorgängen im Atomkern beruhend.

Nuklearantrieb, Fahrzeugantrieb mit Hilfe eines Kernreaktors. Beim *nukleartherm. Antrieb (Fissionsantrieb)* wird die freigesetzte Wärmeenergie zur Aufheizung einer Stützmasse (Wasserdampf beim Schiffsantrieb; Wasserstoff beim Raketenantrieb) genutzt und durch Entspannung dieser Stützmasse in einer Düse in mechan. Energie umgewandelt. Nur der nukleare Schiffsantrieb ist bisher praktisch verwirklicht.

Nuklearbatterie, svw. ↑Isotopenbatterie.

nuklearer elektromagnetischer Puls ↑NEMP.

Nuklearmedizin, medizin. Fachrichtung, die sich in Forschung, Lehre, Diagnose und Therapie mit der Anwendung radioaktiver Stoffe befaßt.

Nuklearwaffen, svw. Kernwaffen, Atomwaffen (↑ABC-Waffen).

Nukleasen (Nucleasen) [lat.], Sammel-Bez. für die zu den Hydrolasen zählenden, Nukleinsäuren spaltenden Enzyme (Phosphodiesterasen). Man unterscheidet die DNS spaltenden *Desoxyribo-N.,* die RNS abbauenden *Ribo N.,* die von den Enden her angreifenden *Exo-N.* und die auf der ganzen Länge der Nukleinsäuremoleküle einwirkenden *Endonukleasen.*

Nukleinsäurebasen (Nucleinsäurebasen) [lat./dt./griech.], als Bestandteile der Nukleinsäuren vorkommende stickstoffhaltige Basen; ↑Zytosin, ↑Thymin, ↑Uracil, ↑Adenin und ↑Guanin.

Nukleinsäuren [lat./dt.] (Nucleinsäuren), in den Zellen aller Lebewesen (v. a. im Zellkern, den Mitochondrien und Chloroplasten sowie den Ribosomen) vorkommende hochpolymere Substanzen; man unterscheidet ↑DNS (Desoxyribo-N.) und ↑RNS (Ribo-N.). Beide bestehen aus Ketten (die DNS meist aus Doppelketten) von *Nukleotiden,* die jeweils aus einer Nukleinsäurebase, einem Monosaccharid (Pentose) und einem Phosphorsäurerest zusammengesetzt sind. Auf der bes. Reihenfolge der Basen im N.molekül beruht die ↑genetische Information.

Nukleonen ↑Elementarteilchen.

Nukleonenzahl (Massenzahl) ↑Atom.

Nukleoside [lat./griech.], Verbindungen aus einer Nukleinsäurebase und einer Pentose (Ribose oder Desoxyribose); Bestandteile der Nukleotide.

Nukleotide [lat./griech.], i. e. S. die Phosphorsäuremonoester der Nukleoside, i. w. S. auch die Phosphordi- und -trisäureester. Bausteine der Nukleinsäuren. Die höherphosphorylierten freien N., bes. das *ATP* (↑Adenosinphosphate), sind wichtige Energieüberträger und -speicher.

Nukleus [...kle-ʊs; lat.] (Nucleus, Zellkern, Kern, Karyon, Karyoplast), etwa 5–25 μm großes, meist kugeliges Organell in den Zellen der Eukaryonten. Der N. ist von einer Kernmembran umgeben, die zahlreiche Poren enthält, durch die der Austausch von Makromolekülen mit dem Zytoplasma möglich ist. Oft steht die Größe des N. zur Zelle in einem bestimmten Verhältnis (Kern-Plasma-Relation). In den Zellkernen ist fast das gesamte genet. Material eines Lebewesens in Form der chromosomalen ↑DNS (Hauptanteil des Kernplasmas) eingeschlossen. Im Zellkern wird die genet. Information, die in der DNS gespeichert ist, als RNS kopiert und dann in das Zytoplasma geschleust. Dort findet die ↑Proteinbiosynthese statt. Die Vermehrung des N. erfolgt im allg. durch Mitose.

Nuklide [lat./griech.], Gesamtheit aller Atomarten. N. werden durch das chem.

numerische Mathematik

Elementsymbol und die Massenzahl (Nukleonenzahl) beschrieben. Die gegenwärtig bekannten 1 500 N. verteilen sich auf 109 chem. Elemente; rd. 1 200 N. sind radioaktiv *(Radionuklide)*.

Nukualofa, Hauptstadt des Kgr. Tonga, auf Tongatapu, 28 900 E. Hafen; internat. ⚓.

Nukus, Hauptstadt der Autonomen Republik Karakalpakien in Usbekistan, am Amudarja, 146 000 E.

Null [zu italien. nulla figura »nichts« (von lat. nullus »keiner«)], diejenige Zahl (Zahlzeichen 0), die, zu einer beliebigen Zahl a addiert, diese Zahl unverändert läßt, d. h., es gilt stets $a + 0 = a$. Die N. stellt also das neutrale Element bezügl. der Addition dar. Für beliebige Zahlen a gilt ferner $a \cdot 0 = 0$ und $a^0 = 1$. Die Division durch N. ist nicht definiert, d. h., durch N. darf nicht dividiert werden.

Nullarborebene [engl. nʌˈlɑːbə... »kein Baum«], wasserlose, verkarstete, zur Küste schwach abfallende Kalktafel in Südaustralien mit spärl. Vegetation.

Nulleiter, geerdeter [Mittelpunkts]leiter eines elektr. Übertragungssystems.

Nullmenge (leere Menge), Menge, die kein Element enthält.

Nullmeridian, der Ortsmeridian von Greenwich, auf den seit 1911 die geograph. Länge bezogen wird.

Nulloperation (Leerbefehl, Nullbefehl), Abk. **NOP** [von Non-operation], Befehl in der Datenverarbeitung, der keine Funktion auslöst. Mit einer N. können Programmteile während des Ablaufes stillgelegt werden.

Nullpunkt, der Anfangspunkt einer Skala, der Teilungspunkt zw. positiven und negativen Werten einer Skala.

Nulltarif, kostenfreie Gewährung bestimmter, üblicherweise nicht unentgeltl. Leistungen.

Numantia, im Altertum Stadt der keltiber. Arevaker, nö. von Soria, Spanien. 154 v. Chr. Zentrum des Widerstandes gegen Rom; 133 v. Chr. zerstört.

Numeiri, Jaafar Mohammed an- [anuˈmeɪri], * Omdurman 1. 1. 1930, sudanes. General und Politiker. 1969–76 und 1977–85 Min.-Präs.; 1971–April 1985 (Militärputsch) Präs. des Sudan.

Numerale [lat.] (Zahlwort), Wort, das eine [zahlenmäßig erfaßbare] Anzahl, Reihenfolge, Vervielfachung usw. ausdrückt. Die Numeralia werden eingeteilt in: *Kardinalzahlen* (Grundzahlen): eins, zwei, drei ...; *Ordinalzahlen* (Ordnungszahlen): (der) erste, zweite, dritte ...; *Bruchzahlen,* z. B. (ein) halb, drittel, viertel ...; *Vervielfältigungswörter,* z. B. einfach, zweifach, dreifach ...; *Gattungszahlwörter,* z. B. einerlei, zweierlei, dreierlei ...

Numeri [lat. »Zahlen«], lat. Name des 4. Buches Mose, so ben., weil es mit einer Volkszählung beginnt.

numerisch [zu lat. numerus »Zahl«], zahlenmäßig; unter Verwendung von Zahlen erfolgend (im Ggs. zu graphisch).

numerische Maschinensteuerung, Steuerung bei automat. Werkzeugmaschinen *(Numerikmaschinen, NC-Maschinen)* mit ziffernmäßiger Programmeingabe, interner Informationsverarbeitung und ständiger Anpassung an den Arbeitsfortschritt. CNC-Maschinen werden von einem Mikrocomputer gesteuert.

numerische Mathematik, Teilgebiet der Mathematik, dessen Aufgabe die zahlenmäßige Behandlung mathemat. Probleme (z. B. Lösung von Gleichungen) ist. Wichtige allg. Verfahren der n. M. sind die *Algorithmen* sowie die *Iterationsverfahren,* die sich als wiederholte Algorithmen charakterisieren lassen, bei denen das Ergebnis eines Rechenganges zur Erzielung eines verbesserten Näherungswertes wieder als Eingabe genommen wird.

Nukleotide. Bausteine der Nukleotide mit den chemischen Strukturformeln

Purinbase (Guanin)	Pentose (Ribose)	Pyrimidinbase (Cytosin)	Pentose (Desoxyribose)
Nukleosid (Guanosin) R: –H		Nukleosid (Desoxycytidin) R: –H	
Nukleotid (Guanosin-5'-phosphat) R: –PO(OH)$_2$		Nukleotid (Desoxycytidin-5'-phosphat) R: –PO(OH)$_2$	

Numerus

Rudolf Gametowitsch Nurejew

Nürnberg 1)
Kleines Stadtwappen

Numerus [lat. »Zahl«], **1)** *Mathematik:* (Antilogarithmus) die Zahl *x,* deren Logarithmus bestimmt werden soll.
2) *Sprachwissenschaft:* grammat. Kategorie beim Nomen und Verb, die durch Flexionsformen die Anzahl der bezeichneten Gegenstände oder Personen bzw. die der Handelnden angibt.

Numerus clausus [lat. »geschlossene Zahl«], die beschränkte Zulassung von Bewerbern zum Hochschulstudium in der BR Deutschland. Die Studienplätze werden von der »Zentralstelle für die Vergabe von Studienplätzen« (ZVS; Sitz Dortmund) vergeben.

Numidien [...i-ɛn] (lat. Numidia), historisches Gebiet im östlichen Algerien. Einigung der berber. Stämme durch Masinissa; 46 v. Chr. römische Prov. (Africa nova; seit Septimius Severus Prov. Numidia).

Numismatik [zu griech.-lat. numisma »Münze«, eigtl. »allg. gültige Einrichtung«], die wiss. Münzkunde und Geldgeschichte; ordnet Münzen und andere Geldformen u. a. nach Münzstätten, Nennwerten, Prägetypen, Entstehungszeit, Verbreitung; befaßt sich ferner u. a. mit Münzfuß, Währung, Münzsystem, Umlaufdauer, Münztechnik, einstiger Kaufkraft und histor. Geldtheorien.

Nummernoper, eine Oper, die aus einer Folge in sich geschlossener, nur durch Rezitative verbundener Einzelstücke (Arien, Duette, Chöre, Instrumentalsätze) besteht; die N. unterscheidet sich von der durchkomponierten Oper, wie sie im 19. Jh. aufkam.

Nummuliten (Nummulitidae) [lat.], Fam. der Foraminiferen; seit der Oberkreide bekannt, Blütezeit im Tertiär (v. a. im Eozän), heute bis auf wenige Arten ausgestorben; Einzeller mit bis 15 cm Gehäusedurchmesser; gesteinsbildend *(Nummulitenkalk).*

Nunavut, Bez. der Eskimo (Inuit) der kanad. Arktis für ihr traditionelles Siedlungsgebiet. Nach jahrelangen Verhandlungen mit der kanad. Regierung und zwei erfolgreichen Referenden 1992 soll N. bis zum Jahr 2000 von den Northwest Territories abgetrennt werden und einen eigenen territorialen Status (Selbstverwaltung) im föderalen kanad. Staat erhalten.

Nunjiang, linker Nebenfluß des Sungari, in der Mandschurei, 1 170 km lang.

Nuntius [lat. »Verkünder, Bote«] (Apostol. N.), päpstl. Gesandter, der neben dem kirchl. Auftrag mit der diplomat. Vertretung des Apostol. Stuhls betraut ist. Der N. ist †Doyen des Diplomat. Korps.

Nuoro, italien. Prov.-Hauptstadt auf Sardinien, 37 800 E. Dom (18./19. Jh.); nahebei Nuraghen.

Nupe, ehem. Reich östlich des unteren Niger, um 1350 erstmals gen.; im 19. Jh. brit.; bed. Kunsthandwerk.

Nuraghen [italien.] (Nuragen), aus großen Steinblöcken ohne Mörtel aufgesetzte Rundbauten auf Sardinien (Mitte 2. Jt.–6. Jh., mit Nachläufern bis ins 3. Jh. v. Chr.).

Nürburgring, Auto- und Motorradrennstrecke in der Eifel, bei Adenau, Rheinl.-Pf.; der 1984 eröffnete neue Rundkurs hat eine Länge von 4,542 km.

Nurejew, Rudolf Gametowitsch, *in Sibirien (zw. Baikalsee und Irkutsk) 17. 3. 1938, † Paris 6. 1. 1993, russ. Tänzer und Choreograph. Emigration 1961, seit 1982 österr. Staatsbürger; als herausragender Vertreter der Tanzkunst internat. bekannt; u. a. 1983–89 Ballettchef der Pariser Oper.

Nuristan, bewaldetes Hochgebirgsland auf der S-Seite des Hindukusch.

Nurmi, Paavo, *Turku 13. 6. 1897, † Helsinki 2. 10. 1973, finnischer Mittel- und Langstreckenläufer. Gewann 9 Gold- und 3 Silbermedaillen bei Olymp. Spielen; stellte insges. 22 anerkannte Weltrekorde auf.

Nürnberg, Stadt an der Pegnitz, Bayern, 494 900 E. Univ. u. a. Hochschulen; Sitz der Bundesanstalt für Arbeit; German. Nationalmuseum, Spielzeugmuseum, Verkehrsmuseum, Albrecht-Dürer-Haus, Kaiserburg; Zoo; internationale Spielwarenmesse, Jagd- und Sportwaffenmesse. U. a. Elektro-, Spielwaren-Ind., Bleistift- und Lebkuchenfabrikation; Hafen am Main-Donau-Kanal, ✈.

Stadtbild: Beim Wiederaufbau wurde der histor. Grundriß bewahrt; bed. u. a. die got. Stadtkirche Sankt Sebald (13. und 14. Jh.) mit dem Sebaldusgrab von P. Vischer d. Ä. und seinen Söhnen (1507–19), die got. Basilika Sankt Lorenz (v. a. 14. Jh.) mit spätgot. Hallenchor, spätgot. Sakramentshäuschen von A. Krafft (beides 15. Jh.) und dem Englischen Gruß von V. Stoß (1517/18). Die Frauenkirche (14. Jh.) hat ein Uhrwerk mit »Männleinlaufen« (1509). Auf dem Markt got. »Schöner Brunnen« (1385 bis 96); in beherrschender Lage die Burg (11. bis 16. Jh.); das urspr. got. Rathaus wurde 1616–22 umgebaut.

Geschichte: 1050 erstmals gen., seit 1200 Stadtrecht. Seit dem 13. Jh. Mittelpunkt der Reichsgutverwaltung; 1219 Großer Freiheitsbrief; seit König Rudolf I. Aufstieg zur Reichsstadt. Auf Grund der Option des patriz. Rats für Karl IV. verpflichtete der Kaiser 1356 (Goldene Bulle) jeden Nachfolger, in N. den 1. Reichstag abzuhalten. 1424–1796 (sowie 1938–45) Aufbewahrungsort der Reichsinsignien; wuchs zur gebietsmächtigsten dt. Reichsstadt und erlangte bes. während der Reformation (1525 in N. eingeführt) polit. Bedeutung und wirtschaftl. Blüte durch Handwerk, Fernhandel und Beteiligung an Finanzierungen von Wirtschaftszweigen in anderen Ländern. Im 15./16. Jh. auch kulturelle Blüte. Im Dreißigjährigen Krieg stark geschwächt; erneuter Aufschwung nach dem Erwerb durch Bayern (1806): Industrialisierung, Eröffnung der 1. dt. Eisenbahn N.–Fürth (1835), Bau des Main-Donau-Kanals (1843–45). N. war 1927, 1929 und 1933–38 Ort der Reichsparteitage der NSDAP (Nürnberger Parteitage). 1945–49 war es Schauplatz der ↑Nürnberger Prozesse.

Nürnberger Ei, eine bes. im 17. Jh. beliebte Taschenuhr aus Nürnberg.

Nürnberger Gesetze, Sammel-Bez. für das »Reichsbürgergesetz« und das »Gesetz zum Schutze des dt. Blutes und der dt. Ehre«, vom Reichstag anläßl. des Nürnberger Parteitags der NSDAP am 15. 9. 1935 einstimmig verabschiedet. Danach sollten die »vollen polit. Rechte« zukünftig nur den Inhabern des »Reichsbürgerrechts« zustehen, das nur an »Staatsangehörige dt. oder artverwandten Blutes« verliehen werden sollte. Das »Blutschutzgesetz« verbot bei Gefängnis- oder Zuchthausstrafe u. a. die Eheschließung zw. Juden und »Staatsangehörigen dt. oder artverwandten Blutes« (Tatbestand der sog. »Rassenschande«).

Nürnberger Prozesse, Gerichtsverfahren, die 1945–49 von einem Internat. Militärgerichtshof bzw. von amerikan. Militärgerichten in Nürnberg zur Ahndung von nat.-soz. Straftaten durchgeführt wurden. Der Prozeß gegen 22 »Hauptkriegsverbrecher« (14. 11. 1945 bis 1. 10. 1946) endete mit zwölf Todesurteilen gegen M. Bormann (in Abwesenheit), H. Frank, W. Frick, H. Göring, A. Jodl, E. Kaltenbrunner, W. Keitel, J. von Ribbentrop, A. Rosenberg, F. Sauckel, A. Seyß-Inquart, J. Streicher. Göring beging Selbstmord, die übrigen wurden am 16. 10. 1946 gehängt. K. Dönitz, W. Funk, R. Heß, K. Frhr. von Neurath, E. Raeder, B. von Schirach, A. Speer erhielten Haftstrafen zw. 10 Jahren und lebenslänglich; H. Fritzsche, F. von Papen und H. Schacht wurden freigesprochen. Als verbrecher. Organisationen und Gruppen wurden SS, SD, Gestapo und Führerkorps der NSDAP verurteilt. 1946–49 fanden 12 Nachfolgeprozesse vor amerikan. Militärgerichten statt (u. a. wegen medizin. Versuche an KZ-Häftlingen und Kriegsgefangenen, rechtswidriger Verfolgung von Juden und Gegnern des Nat.-Soz. durch hohe Justizbeamte, der Verwaltung von KZ, Beschäftigung ausländ. Zwangsarbeiter und KZ-Häftlingen in der Ind., Geiselmorden, Mordtaten von SS-Einsatzgruppen).

Nürnberger Religionsfriede (Nürnberger Anstand), am 23. 7. 1532 zwischen Kaiser Karl V. und dem Schmalkald. Bund geschlossener Vertrag, der den lutherischen Reichsständen als Gegenleistung für die Hilfe im Krieg gegen die Türken bis zum nächsten Konzil bzw. Reichstag freie Religionsausübung gewährte.

Nürtingen, Stadt am Neckar, Bad.-Württ., 38 500 E. U. a. Maschinenbau. Spätgot. ev. Stadtkirche (16. Jh. und 1895 ff.).

Nus (Nous) [griech.], in der *antiken Philosophie* der denkende Teil der Seele, die kosm. Vernunft.

Nusairier [...i-ɛr] (Nosseirier), islam. Religionspartei und Sekte, als *Alauiten* verbreitet in Syrien (über 1 Mio. Mgl.) und Libanon; die religionsgeschichtlich verwandten *Alevis* in der Türkei zählen über 4 Mio. Mgl.; die N. werden zu den extremen Schiiten gerechnet. Ali, Mohammed und der Perser Salman gelten als Inkarnationen Gottes.

Nürnberger Ei (Mitte 16. Jh.)

Nuß (Nußfrucht), meist einsamige, als Ganzes abfallende Schließfrucht, deren Fruchtwand bei der Reife ein trockenes, ledriges oder holziges Gehäuse bildet (z. B. Eichel, Buchecker, Erdnuß, Haselnuß).

Nußapfel (Steinapfel), Sammelfrucht einiger Apfelgewächse mit dicker, harter Fruchtwand.

Nüsslein-Volhard, Christiane, *Magdeburg 20. 10. 1942, dt. Biologin. Seit 1985 Direktorin am Max-Planck-Institut für Entwicklungsbiologie in Tübingen; erhielt für ihre Arbeiten über die grundlegenden genet. Steuerungsmechanismen der Embryonalentwicklung 1995 zus. mit E. F. Wieschaus und E. B. Lewis den Nobelpreis für Medizin oder Physiologie.

Nüstern [niederdt.], die Nasenöffnungen (Nasenlöcher) beim Pferd und bei anderen Unpaarhufern.

Nut, ägypt. Himmelsgöttin.

Nut (Nute) [zu althochdt. nuoen »genau zusammenfügen«], rechteckige Vertiefung an Wellen und Zapfen (Keilnut), Brettern (z. B. bei Nut- und Federbrettern) und dgl. zur Führung oder Befestigung weiterer Konstruktionsteile durch mit der N. korrespondierende Gegenstücke (Keile, [Paß]federn und Vorsprünge).

Nutation [lat.], 1) *allg.*: die bei der Präzession auftretenden Schwankungen der Achse eines Kreisels gegenüber einer raumfesten Achse.
2) in der *Astronomie* Bez. für kurzperiodische Schwankungen der Erdachse als Folge der Gravitationswirkung des Mondes.

Nutria [lat.-span.], svw. ↑Biberratte.

Nutzeffekt, svw. ↑Wirkungsgrad.

Nutzlast, die Last, die ein Fahrzeug tragen kann, ohne daß bestimmte Grenzwerte (zulässige Achslast, zulässiges Gesamtgewicht u. a.) überschritten werden.

Nutznießung, im *Recht* ↑Nießbrauch.

Nutzungsrecht, eines der beschränkten dingl. Rechte, näml. die Befugnis, die Nutzungen aus einer fremden Sache zu ziehen, insbes. aus dem Urheberrecht, einer Lizenz oder einem Nießbrauchrecht.

Nuuk (dän. Godthåb), Hauptstadt von Grönland, an der südl. W-Küste, 12400 E. Eisfreier Hafen am *Nuukfjord,* Fischfang und -verarbeitung. – In der Nähe Wolframerzvorkommen (1985 entdeckt).

NVA, Abk. für ↑Nationale Volksarmee.

Ny [griech.], 14. Buchstabe des urspr., 13. Buchstabe des klass. griech. Alphabets: N, ν.

Nymphäum. Innenraum (Teilansicht) des Nymphäums in Leptis Magna

Nymphen. Arnold Böcklin, »Triton und Nereide« (1873; München, Schack-Galerie)

Nyborg [dän. 'nybɔr], dän. Hafenstadt auf Fünen, 18 500 E. Bahn- und Autofähre über den Großen Belt.

Nydam, Moor nö. von Flensburg, in Dänemark; in ihm wurden zwei Opferfunde (2.–5. Jh. n. Chr. und um 450 n. Chr., darunter zwei Ruderboote) geborgen.

Nyerere, Julius Kambarage [nje'reːrə], * Butiama (Distrikt Musoma) 1922, tansan. Politiker. 1961/62 Min.-Präs.; ab 1962 Staats-Präs. Tanganjikas; 1964 bis 1985 Präs. Tansanias.

Nykøbing [dän. 'nykøːˈbeŋ], dän. Stadt auf Falster, 25 300 E. Zuckerfabrik; Hafen, Straßen- und Eisenbahnbrücke über den Guldborgsund.

Nyköping [schwed. 'nyːtçøːpiŋ], schwed. Stadt a. d. Ostsee, 64 400 E. Hauptstadt des Verw.-Geb. Södermanland; Hafen- u. Marktort; got. Nikolaikirche (13. Jh.), Rath. (18. Jh.). U. a. Herstellung von Autos, Flugzeugteilen, Elektrogeräten.

nykt..., Nykt..., nykti..., Nykti..., nykto..., Nykto... [zu griech. nýx »Nacht«], Bestimmungswort von Zusammensetzungen mit der Bedeutung »nächtlich, Nacht...«.

Nylon ® ['naɪlɔn; amerikan. Kw.], Handels-Bez. für die erste vollsynthet. Faser (1938), eine aus Hexamethylendiamin und Adipinsäure hergestellte Polyamidfaser (Nylon 6,6).

Nymphäum [griech.-lat. »Quellgebäude«], urspr. ein den Nymphen geweihtes Gebäude, auch natürl. Quellgrotte. In hellenist. und röm. Zeit prächtige Brunnenanlage, z. T. mit mehrgeschossigen Säulenarchitekturen.

Nymphen, in der griech.-röm. Mythologie meist in Gruppen auftretende, anmutige weibl. Naturgeister. Man unterscheidet: *Okeaniden* und *Nereiden* (N. des Meeres), *Najaden* (N. der Landgewässer), *Oreaden* (Berg-N.), *Alseiden* (Wald-N.), *Dryaden* und *Hamadryaden* (Baumnymphen).

Nymphensittich, bis 32 cm langer, vorwiegend bräunlich-grauer Papagei, v. a. in Galeriewäldern und Savannen Australiens; beliebter Käfigvogel.

Nymphomanie [griech.], bes. gesteigertes sexuelles Verlangen der Frau.

Nyon [frz. njõ], Bezirkshauptort im schweizer. Kt. Waadt, am Genfer See, 13 500 E. U. a. Genfersee- und röm. Museum. Kirche Notre-Dame (12. bis 15. Jh.) mit Wandmalereien (13./14. Jh.).

Nystad, Friede von [schwed. 'nyːstɑːd], am 10. 9. 1721 in Nystad (finn. Uusikaupunki, Verw.-Geb. Turku-Pori) zw. Schweden und Rußland abgeschlossener Vertrag, der den 2. Nord. Krieg beendete.

Nystagmus ↑Augenzittern.

Nymphensittich (Größe bis etwa 30 cm)

Oo

O, 1) 15. Buchstabe des dt. Alphabets (im lat. der 14.), im Griech. o (↑Omikron).
2) *Chemie:* Symbol für ↑Sauerstoff (Oxygenium).

o-, in der *Chemie* Abk. für ↑ortho-.

O', Bestandteil ir. Familiennamen mit der Bedeutung »Abkömmling, Sohn«, z. B. O'Connor, eigtl. »Sohn des Connor«.

Oạhu ↑Hawaii.

Oakland [engl. 'ɔʊklənd], Hafenstadt in Kalifornien, im Bereich der Metropolitan Area von San Francisco, 356 900 E. Kath. Bischofssitz, Colleges; Observatorium; Seehafen; Schiff- und Automobilbau, Erdölraffinerien, chem. Ind.; zwei ⚓.

Oak Ridge [engl. 'ɔʊk 'rɪdʒ], Stadt im nö. Tennessee, 28 000 E. Laboratorien zur Kernenergieforschung und -gewinnung.

OAPEC [engl. ɔʊ'ɛɪpɛk], Abk. für Organization of the Arab Petroleum Exporting Countries, ↑OPEC.

OAS, 1) [frz. oaˈɛs] Abk. für Organisation de l'Armée Secrète, frz. nationalist. Geheimorganisation, die sich 1961/62 gewaltsam der Entkolonisation Algeriens widersetzte.
2) [engl. 'ɔʊ-ɛɪ'ɛs] Abk. für ↑Organization of American States.

OAS
Flagge

○ Griechisch	𝕺 Textur		
O Römische Kapitalschrift	Oo Renaissance-Antiqua		
O Unziale	𝔇o Fraktur		
o Karolingische Minuskel	Oo Klassizistische Antiqua		

Entwicklung des Buchstabens **O**

Oạse [ägypt.-griech.], in den subtrop. Trockenzonen in oder am Rande von Wüsten und Wüstensteppen gelegene Wasserstelle mit reichem Pflanzenwuchs, ermöglicht durch Quell- oder Grundwasser, durch einen Fremdlingsfluß *(Flußoase)* oder künstl. Bewässerung.

Oates, Joyce Carol [engl. ɔʊts], Pseud. Rosamond Smith, *Lockport (N. Y.) 16. 6. 1938, amerikan. Schriftstellerin. Gehört zu den bed. zeitgenöss. Erzählern; beschreibt den psych. Zerfall der entfremdeten Menschen, der in der Familienchronik »Bellefleur« (R., 1980) eine histor. Dimension erhielt.

OAU [engl. 'ɔʊ-ɛɪ'juː], Abk. für ↑Organization of African Unity.

Oaxaca de Juárez [span. oa'xaka ðɛ 'xu̯arɛs], Hauptstadt des mex. Staates Oaxaca, in der zentralen Senke der Sierra Madre del Sur, 157 300 E. Univ., archäolog. Museum. Marktort. Kolonialzeitl. Stadtbild.

Ob [russ. ɔpj], Strom in W-Sibirien, entsteht im nördl. Vorland des Altai, nimmt bei Chanty-Mansisk von links seinen Hauptnebenfluß, den Irtysch, auf; teilt sich später in zwei Hauptarme: den 446 km langen Großen O. und den 456 km langen Kleinen O., die sich sw. von Salechard wieder vereinigen; mündet in den Obbusen, 3 650 km, mit Irtysch 5 410 km lang.

o. B., in der Medizin Abk. für **o**hne (krankhaften) **B**efund.

Obạdja (lat. Abdias), alttestamentl. Prophet; das *Buch O.* im Zwölfprophetenbuch des AT entstand nach 587 v. Chr.

Obduktion [lat.] (Autopsie) ↑Leichenöffnung.

Obediẹnz (Obödienz) [lat.], im *katholischem Kirchenrecht* Gehorsamspflicht des Klerikers gegen den geistl. Oberen; Gehorsamsgelübde von Ordensangehörigen.

Obeid, [el'o'baɪt] (El-O.), Hauptstadt der Prov. Kordofan im Zentrum der Republik Sudan, 140 000 E. Handelszentrum, Eisenbahnendpunkt, ⚓.

Obelịsk [griech.], sich nach oben verjüngender Granitpfeiler meist quadrat. Grundrisses mit pyramidenförmiger Spitze. Der O. wurde im 3. Jt. v. Chr. in Ägypten als Zeichen des Sonnengottes entwickelt.

Ober, 1) *Gastronomie:* svw. [Ober]kellner.
2) Spielkarte im dt. Blatt.

Oberägypten, Bez. für die Flußoase des Nil zw. Assuan und Kairo.

Oberạlppaß ↑Alpenpässe (Übersicht).

Oberạmmergau, Gem. in den Bayer. Voralpen, 4 700 E. Kath. Pfarrkirche im

Oberlandesgericht

Oberammergau.
Das mit Lüftlmalerei
verzierte Pilatushaus
(1784)

Oberhausen
Stadtwappen

Rokokostil (1736–42), Wohnhäuser mit Lüftelmalerei. Bekannt wurde O. v. a. durch das *Oberammergauer Passionsspiel* (seit 1634 nach einem im Pestjahr 1633 abgelegten Gelübde alle zehn Jahre von den Bewohnern von O. aufgeführt).

Oberbefehlshaber, Inhaber der höchsten militär. Kommandogewalt über die gesamte bewaffnete Macht oder über Teilstreitkräfte eines Staates bzw. einer Militärkoalition. O. nat. Streitkräfte ist i. d. R. das Staatsoberhaupt.

Oberer See (engl. Lake Superior), westlichster und größter der Großen Seen N-Amerikas (USA und Kanada), 82414 km², bis 397 m tief. Zufluß durch zahlr. Flüsse, Abfluß am O-Ende durch den Saint Mary's River zum Huronsee.

Oberflächenbehandlung, Sammel-Bez. für alle mechan., chem. und/oder elektrolyt. Verfahren, mit denen Werkstoffoberflächen mit gewünschten Eigenschaften sowohl (technisch-funktional als auch dekorisch) versehen werden.

Oberflächenspannung, an Grenzflächen, insbes. an der Oberfläche von Flüssigkeiten auftretende physikal. Erscheinung, die auf Grund der Molekularkräfte bewirkt, daß die betreffende Grenzfläche möglichst klein ist. Die Grenzfläche verhält sich dabei wie eine gespannte, dünne, elast. Haut. Die O. ist eine Materialkonstante, die mit zunehmender Temperatur abnimmt; sie kann durch Verunreinigungen und Zugabe von *Netzmitteln* herabgesetzt werden.

Oberflächenwellen, Wellen, die sich unter dem Einfluß von Schwerkraft und Oberflächenspannung herausbilden und sich in Form von Transversalwellen entlang der Grenz- bzw. Oberfläche ausbreiten.

Oberhaus, Bez. für die 1. Kammer eines Zweikammerparlaments, v. a. in den ehemaligen zum British Empire gehörenden Staaten; im deutschen Sprachgebrauch besonders für das *House of Lords* (»The Lords«) des brit. Parlaments (↑Großbritannien und Nordirland [polit. System]).

Oberhausen, Stadt an der Ruhr, NRW, 224000 E. Theater, Internat. Kurzfilmtage; u. a. eisenschaffende und -verarbeitende sowie chem. Industrie. – 1758 wurde im Stadtteil Osterfeld die erste Eisenhütte des Ruhrreviers in Betrieb genommen; 1862 Zus.legung mehrerer Gem. zu O.; 1874 Stadt.

Oberitalien, Bez. für N-Italien mit dem italien. Alpenanteil und der Po-Ebene.

Oberkochen, Stadt auf der Schwäb. Alb, Bad.-Württ., 7900 E. Optikmuseum; u. a. opt. Industrie.

Oberkommando, früher Bez. für einen höheren militär. Führungsstab, z. B. Oberkommando der Wehrmacht (Abk. OKW).

Oberlandesgericht, Abk. **OLG,** oberes Gericht der Länder im Bereich der ordentl. Gerichtsbarkeit (in Berlin Kammergericht). Die normalerweise mit drei Berufsrichtern besetzten Senate der O. entscheiden u. a. in Zivilsachen über Berufungen gegen Urteile der Landgerichte, in Strafsachen über Revisionen gegen die mit der Berufung nicht anfechtbaren Urteile der Amtsgerichte und gegen die Berufungsurteile der

Obelisk.
Ägyptischer Obelisk aus Luxor auf der Place des la Concorde in Paris

Oberlausitz

Strafkammern der Landgerichte. Als 1. Instanz sind die O. (Senatsbesetzung mit fünf Richtern) zuständig für Staatsschutzstrafverfahren, bei denen der Generalbundesanwalt die Anklage vertritt.

Oberlausitz, Landschaft beiderseits der oberen Spree und der Lausitzer Neiße. Die O. (»das Land Bautzen und Görlitz«) ging aus dem von westslaw. Milzenern bewohnten Gebiet um Bautzen hervor.

Obernburg a. Main, Stadt am Main oberhalb der Mümlingmündung, Bayern, 7200 E. Museum »Römerhaus«; röm. Steinkastell des 2. Jh. n. Chr.

Oberon ['o:bərən], König der Elfen, Gemahl der Feenkönigin Titania.

Oberösterreich, österreichisches Bundesland, 11 980 km², 1,33 Mio. E, Hauptstadt Linz. Nördlich der Donau liegt das Mühlviertel, südlich von ihr hat O. Anteil am Alpenvorland und an den Nördlichen Kalkalpen. Große Alpenrandseen sind Mond-, Atter- und Traunsee. Neben der Land- und Forstwirtschaft sind Großbetriebe der chem., Eisen- und Stahl-Ind. sowie der Fremdenverkehr (v. a. im Salzkammergut) bedeutend.

Geschichte: O. verblieb bis 1782 in der Verwaltungseinheit mit Niederösterreich, war ab 1804/15 Erz-Hzgt., 1849–1918 selbständiges Kronland, wurde 1920 österr. Bundesland.

Oberpfalz, histor. Gebiet in Bayern, etwa identisch mit dem gleichnamigen heutigen Regierungsbezirk. Ab 1777 gehörte die gesamte O. zum vereinigten Pfalz-Bayern; 1838 zur bayr. Prov. O. erweitert.

Oberpfälzer Wald, nördl. Teil des ostbayr. Gebirge, zw. der Cham-Further Senke und der Wondrebsenke, im Entenbühl 901 m hoch.

Oberrheingraben, in der *Geologie* Bez. für das Oberrhein. Tiefland.

Oberrheinisches Tiefland (Oberrhein. Tiefebene), vom Rhein durchflossener, durchschnittlich 35 km breiter, rd. 300 km langer Graben zw. Jura im S und Rhein. Schiefergebirge im N, im O und W von den bis zu mehreren 100 Meter hohen Bruchstufen des Schwarzwalds und Odenwalds bzw. der Vogesen und des Pfälzer Walds flankiert. Am klimatisch begünstigten O. T. haben Frankreich und Deutschland Anteil.

Oberösterreich
Landeswappen

Oberschlesien, sö. Teil Schlesiens (Polen) mit reichen Steinkohlen- sowie Erzvorkommen. – Gehörte politisch seit dem Hoch-MA zu Schlesien; 1919–38 eigene preuß. Prov.; 1919 zum Abstimmungsgebiet erklärt; vor und nach der Volksabstimmung vom 20. 3. 1921 (59,6% Stimmen für den Verbleib beim Dt. Reich) bewaffnete dt.-poln. Aktionen; am 20. 10. 1921 Teilung (größter Teil des oberschles. Ind.-Gebiets an Polen).

Oberschwaben, westl. Teil des nördl. Alpenvorlandes (Bad.-Württ.). – Die unter König Rudolf I. gebildete Reichslandvogtei O. zerfiel in der Folgezeit in die Obere und Untere Landvogtei Schwaben (Teile von Vorderösterreich) und in Territorien zahlr. Reichsstände. Bed. barocke Klöster und Kirchen prägen die Landschaft *(Oberschwäb. Barockstraße).*

Oberschwingungen, die bei einem schwingendem Gebilde (Saite, Luftsäule, Membran) neben der Grundschwingung mit der Grundfrequenz auftretenden Teilschwingungen höherer Frequenzen. Sind diese Frequenzen ganzzahlige Vielfache der Grundfrequenz, spricht man von *harmonischen,* sonst von *unharmonischen Oberschwingungen.*

Oberstdorf, Marktgemeinde am W-Fuß des Nebelhorns, Bayern, 11 000 E. Kneippkuren, Wintersport.

oberste Gerichtshöfe, in der BR Deutschland die höchsten Gerichte der fünf Gerichtszweige, nämlich Bundesarbeitsgericht (BAG), Bundesfinanzhof (BFH), Bundesgerichtshof (BGH), Bundessozialgericht (BSG), Bundesverwaltungsgericht (BVG). Die o. G. sind Bundesgerichte; wichtigste Funktion der o. G. ist die Entscheidung über (Grundsatz-, Divergenz- und Streitwert-) Revisionen; Maßstab für die Nachprüfung ist ausschließlich Bundes- und supranat. Recht. Rechtskräftige Entscheidungen sind nur mit außerordentlichen Rechtsbehelfen (Verfassungsbeschwerde, Menschenrechtsbeschwerde) angreifbar.

Oberste Heeresleitung, Abk. **OHL,** im 1. Weltkrieg die oberste militär. dt. Kommandobehörde mit dem Chef des Generalstabs des Feldheeres an der Spitze.

Oberster Sowjet ↑Sowjetunion (politisches System).

Oberth, Hermann, *Hermannstadt (Siebenbürgen) 25. 6. 1894, † Nürnberg 28. 12. 1989, dt. Physiker österr.-ungar. Herkunft. Seine Forschungen trugen entscheidend zur Entwicklung der Raketentechnik und Raumfahrt bei; hatte wesentl. Anteil an der Entwicklung der V2-Rakete.

Obertöne, die zugleich mit dem Grundton, d. h. mit dem tiefsten Ton eines Tongemischs (z. B. eines Klangs) auftretenden Töne höherer Frequenzen. Sind die Frequenzen der O. ganzzahlige Vielfache der Frequenz des Grundtones, dann spricht man von *harmon. O. (Aliquottönen),* andernfalls von *unharmon. Obertönen.*

Oberursel (Taunus), hess. Stadt am SO-Hang des Taunus, 40 400 E. Luth.-Theolog. Hochschule.

Obervolta, bis 1984 Name von ↑Burkina Faso.

Oberwesel, Stadt am Mittelrhein, Rheinl.-Pf., 4 500 E. Weinbau. Got. Stiftskirche Unserer Lieben Frau (1308–31), Pfarrkirche Sankt Martin (14. bis 16. Jh.).

Obi [jap.], Gürtel, der zum Kimono getragen wird; im *Judosport* kennzeichnen verschiedene Gürtelfarben verschiedene Leistungsstufen.

Óbidos [portugies. 'ɔβiðuʃ], portugies. Ort nördlich von Lissabon, 4 700 E. Unter Denkmalschutz stehendes, maler. Stadtbild mit Kastell (14. Jh.), mittelalterl. Stadtmauer (maur. Herkunft) und Renaissancekirche Santa Maria (18. Jh.).

Objekt [lat.], **1)** *allg.,* bes. in der *Philosophie:* Gegenstand des Erkennens, Denkens, Handelns; meist im Unterschied zum ↑Subjekt.

2) *Grammatik:* Satzglied, das von einem Verb als Ergänzung gefordert wird.

3) *Kaufmannssprache:* Grundstück, Gebäude (als Gegenstand eines Kaufvertrages).

objektiv [lat.], nicht von Gefühlen, Vorurteilen, Ideologien bestimmt; sachlich.

Objektiv [lat.], das abbildende, dem Objekt zugewandte opt. System eines opt. Gerätes (Fernrohr, Mikroskop, Kamera, Projektor). Es besteht meist aus mehreren Linsen und/oder aus Spiegel[systeme]n und erzeugt ein reelles Bild in einer Auffangebene (z. B. Film, Mattscheibe, Filmleinwand).

objektives Verfahren, bes. Strafverfahren, das nicht auf die Verurteilung einer bestimmten Person abzielt (z. B. die Einziehung von zu einer Straftat benutzten Gegenständen); kommt zur Anwendung, wenn keine bestimmte Person verfolgt oder verurteilt werden kann.

Objektkunst, Richtung der zeitgenöss. Kunst, die anstelle der Abbildung eines Gegenstandes (Objekt) diesen selbst, meist verfremdet, als Kunstwerk präsentiert. Hierzu zählen auch schon die Collagen des Kubismus, sodann die Materialmontagen und Environments.

Objektsatz (Ergänzungssatz), Nebensatz, der ein Objekt vertritt, z. B.: Er beobachtete, *wie die Maschine abstürzte;* statt: *... den Absturz* der Maschine.

Objektsprache, Sprache als Gegenstand einer Metasprache (Sprache über Sprache); z. B. ist »Die Katze ist ein Tier« eine Äußerung in der O., »‚Katze' hat fünf Buchstaben« eine der Metasprache.

Oblate [lat.-nlat.], jemand, der sich einem Orden oder Kloster anschließt, ohne dort Vollmitglied zu sein; auch die Mgl. neuerer kath. Ordensgemeinschaften, z. B. O. des hl. Franz von Sales.

Oblate [lat.-nlat. »dargebrachtes (Abendmahlsbrot)«], papierdünnes Gebäck oder Gebäckunterlage aus Weizen- oder Maismehlteig; in fast allen christl. Kirchen als Hostien verwendet.

Obliegenheit, das innerhalb eines beiderseitigen Rechtsverhältnisses bestehende Gebot einer Partei, im eigenen Interesse bestimmte Handlungen vorzunehmen (z. B. Anzeige von Mängeln).

Obligation [lat.], Schuldverschreibung von Unternehmen der gewerbl. Wirtschaft oder von Gemeinden.

Obligationenrecht, 1) schweizer. Bez. für das Schuldrecht.

2) Kurz-Bez. für das BG betreffend die Ergänzung des Schweizer. Zivilgesetzbuches (Fünfter Teil: O.) vom 30. 3. 1911 (Abk. OR).

obligatorisch [lat.], vorgeschrieben, verbindlich.

Obligo [lat.-italien.], **1)** Verpflichtung, Verbindlichkeit, insbes. in wechselrechtl. Form.

2) svw. Gewähr: für etwas das O. übernehmen; durch die sog. *Freizeichnungs-*

Hermann Oberth

Obödienz

Oboe

Sean O'Casey

klausel »ohne Obligo« (Abk. o. O.) Ausschluß jeder Haftung.
Obödienz, svw. ↑Obedienz.
Oboe [frz.], im 17. Jh. in Frankreich entwickeltes Holzblasinstrument mit Doppelrohrblatt als Mundstück, kegeligem Schallrohr und obertonreichem, leicht nasalem Klang. Die Tonhöhe wird durch 14 Lochklappen mit Mechanik verändert; der Tonumfang reicht von b bis a^3 (c^4).
Obolus (griech. Obolos; Mrz. Obolusse, Obolen) [griech.-lat.], antike Münzeinheit ($^1/_6$, nur in Korinth $^1/_4$ Drachme); übertragen: kleinere Spende.
Obotriten (Abodriten, Abotriten), elbslaw. Stammesverband in W-Mecklenburg und O-Holstein; gingen seit dem 12. Jh. in der zuwandernden dt. Bevölkerung auf.
Obrecht, Jacob (Hobrecht, Hobertus), *Bergen op Zoom(?) 22. 11. 1450 oder 1451, † Ferrara 1505, fläm. Komponist. Meister der niederl. Musik, u. a. 26 Messen, 31 Motetten, etwa 25 Chansons.
Obrenović [serbokroat. ɔˌbrɛːnɔvitɕ], serb. Dynastie. Die O. regierten – in Rivalität zu den Karadordević – als Fürsten 1815/17–42 und 1858–1903, seit 1882 als Könige von Serbien.
O'Brien [engl. əʊˈbraɪən], 1) Edna, *Galway 15. 12. 1932, ir. Schriftstellerin. Romane und Erzählungen, meist aus weibl. Sicht, u. a. »Das Mädchen mit den grünen Augen« (R., 1962), »Das Haus meiner Träume« (En., 1984).
2) Kate, *Limerick 3. 12. 1897, † Faversham (Kent) 13. 8. 1974, ir. Schriftstellerin. Schrieb Romane mit meist weibl. Hauptfiguren, u. a. »Das Haus am Fluß« (1931), »Jene Dame« (1945), »Therese von Avila« (1951), auch Reisebücher, u. a. »My Ireland« (1962).
Obrigkeit, in der ständ. Welt- und Gesellschaftsordnung des MA und der absoluten und konstitutionellen Monarchie die mit legitimen Mitteln nicht absetzbaren Träger der weltl. und geistl. Regierungsgewalt.
Obrigkeitsstaat, gegen Ende des 19. Jh. aufgekommene, polem. Bez. für die monarch.-autoritäre dt. Staatsordnung mit ihren starken bürokrat. Strukturen (Beamtenstaat) und der sie charakterisierenden Allianz von Thron und Altar.

Observanten [lat.], Abk. **OFMObs,** Anhänger einer im 14. Jh. entstandenen strengen Reformbewegung innerhalb des Franziskanerordens; 1517 eigenständig.
Observanz [lat.], 1) *kath. Kirche:* Bez. für die Gebräuche in Ordensgemeinschaften.
2) *Rechtssprache:* örtlich begrenztes Gewohnheitsrecht.
Observation [lat.], planmäßige Beobachtung einer Person, eines Vorganges oder Gegenstandes.
Observatorium [lat.], eine astronom., meteorolog. oder geophysikal. Beobachtungsstation.
Obsession [lat.], mit Angst verbundene Zwangsvorstellung oder -handlung.
Obsidian [lat.], dunkles, unterschiedlich gefärbtes vulkan., kieselsäurereiches Gesteinsglas; Verarbeitung zu Schmuckgegenständen.
Obst, der die eßbaren, meist saftreichen, fleischigen Früchte bzw. die Samenkerne von Kultursorten v. a. mehrjähriger O.gehölze. Im O.bau und O.handel unterscheidet man: Kern-O. (z. B. Apfel, Birne), Stein-O. (z. B. Kirsche, Aprikose), Schalen-O. (z. B. Hasel- und Walnuß) und Beeren-O. (z. B. Heidelbeere, Johannisbeere).
Obstbau, der als Zweig der Landwirtschaft und des Gartenbaus *(Erwerbs-O.)* sowie in Privatgärten und im Bauernbetrieb *(Selbstversorger-O.)* betriebene Anbau obsttragender Dauerkulturen. Im *Intensiv-Erwerbs-O.* überwiegt der Niederstamm (Buschbaum und Spindelbaum). Die wichtigsten Erwerbsobstanbaugebiete Deutschlands sind das Unterelbegebiet (Altes Land), das Bodenseegebiet, Nordwürttemberg, die Niederrhein. Bucht, das Havelland und einige Gebiete in Oldenburg und Holstein.
Obstbaumformen, beim Kern- und Steinobst unterscheidet man nach der Stammlänge zw. *Hochstamm* (1,80–2 m), *Dreiviertelstamm* (1,60–1,80 m), *Halbstamm* (1,20–1,50 m), *Viertel-* oder *Meterstamm* (0,80–1 m; v. a. für industriell zu verwertendes Schüttelobst) und *Niederstamm* (0,40–0,60 m; als Buschbaum, Spindelbaum und Spindel mit Streuverzweigung [Spalierobst]). Die von Natur aus strauchartigen Stachel- und Johannisbeeren werden auch als *Halbstämm-*

chen (30–50 cm) und *Hochstämmchen* (1–1,50 m) gezogen.

Obstipation [lat.], svw. ↑Verstopfung.

Obstruktion [lat.], planvolle Beeinträchtigung der Funktionsfähigkeit des Parlaments v. a. durch exzessive Ausnutzung der Geschäftsordnung (z. B. Dauerreden [↑Filibuster], Anträge auf zeitraubende Abstimmungen u. ä.), womit eine Minderheit versucht, bestimmte Entscheidungen zu verhindern.

Obstwasser, aus vergorenem Obst von nur einer Sorte hergestellter Branntwein.

Obstwein (Fruchtwein, Beerenwein), weinähnl. Getränk aus vergorenem Beeren-, Kern- oder Steinobst u. a.

obszön [lat.], das Schamgefühl grob verletzend.

Obwalden, Kurzform für ↑Unterwalden ob dem Wald.

Oca [indian.-span.], Bez. für die stärkereichen Wurzelknollen eines Sauerkleegewächses; angebaut in den Anden; wichtiges Nahrungsmittel v. a. der indian. Bevölkerung.

OCAM, Abk. für frz. **O**rganisation **C**ommune **A**fricaine et **M**auricienne (»Gemeinsame Afrikan.-Maurit. Organisation«), seit 1973 Name der 1965 gegr. Gemeinschaft unabhängiger (frankophoner) afrikan. Staaten, deren Ziel die verstärkte Zusammenarbeit der Mgl.staaten und die Förderung ihrer wirtschaftl., sozialen und kulturellen Entwicklung ist.

OCart, Abk. für **O**rdo **Cart**usiensis, ↑Kartäuser.

O'Casey, Sean [əʊˈkeɪsɪ], eigtl. John Casey, *Dublin 30. 3. 1880, † Torquay 18. 9. 1964, ir. Dramatiker. Bekannt sind v. a. seine sozialkrit. Dramen (u. a. »Der Schatten eines Rebellen«, 1925; »Juno und der Pfau«, 1925) sowie das Antikriegsstück »Der Preispokal« (1929).

Occam ↑Ockham, Wilhelm von.

Ochoa, Severo [engl. əʊˈtʃəʊə; span. oˈtʃoa], *Luarca bei Oviedo 24. 9. 1905,† Madrid 1. 11.1993, amerikan. Biochemiker span. Herkunft. Erhielt für seine Arbeiten über die Rolle der Nukleinsäuren bei der Proteinsynthese 1959 mit A. Kornberg den Nobelpreis für Medizin oder Physiologie. 1961 gelang ihm unabhängig von J. Matthaei und M. Nirenberg die Entzifferung des genet. Codes.

Ochrana

Obst. Kultursorten von Beeren-Obst: **1** und **2** Himbeeren (**1** Malling Promise, **2** Längsschnitt einer Himbeere); **3–6** Erdbeeren (**3** Längsschnitt einer Erdbeere, **4** Blatt und Blüte der Erdbeere, **5** Senga Sengana, **6** Gorella); **7** Brombeere Theodor Reimers; **8** Stachelbeere Gelbe Triumph; **9** und **10** Johannisbeeren (**9** Rote Spätlese, **10** Silvergieters Schwarze); **11** Gartenheidelbeere

Ochotskisches Meer (Lamutisches Meer, Tungusisches Meer), durch Kamtschatka und die Kurilen vom Pazifik getrenntes Randmeer vor der O-Küste Rußlands, 1,39 Mio. km², größte Tiefe 3 372 m.

Ochrana [russ. ɔx...], polit. Geheimpolizei des kaiserl. Rußland.

Ochs

Odense
Stadtwappen

Ochs, Peter, * Nantes 20. 8. 1752, † Basel 19. 6. 1821, schweizer. Politiker und Historiker. Verfechter der Ideen der Frz. Revolution in der Schweiz, erarbeitete 1797/98 im Auftrag Napoléon Bonapartes den Verfassungsentwurf für die Helvet. Republik.

Ochse, kastriertes männl. Hausrind.

Ochsenauge, 1) *Botanik:* (Rindsauge) Gatt. der Korbblütler mit zwei nur in Europa vorkommenden Arten; einheim. ist das *Weidenblättrige O.* (Gemeines O.).

2) *Zoologie:* (Kuhauge) ↑Augenfalter.

3) *Baukunst:* (frz. œil-de-bœuf) rundes oder ovales Fenster (bes. im Barock).

Ochsenauge 2). Großes Ochsenauge (Spannweite bis 5 cm)

Ochsenfrosch, Bez. für drei etwa 8–20 cm lange Froschlurche, deren Männchen (zur Paarungszeit) durch eine unpaare Schallblase ihre Stimmen tief und laut brüllend erschallen lassen: *Amerikan. O., Ind. O.* und *Südamerikan. Ochsenfrosch.*

Ochsenfurt, Stadt am Main, Bayern, 11 300 E. Mittelalterl. Stadtbild: got. Pfarrkirche (14./15. Jh.), spätgot. Altes Rathaus (15. Jh.) und spätgot. Neues Rathaus (16. Jh.).

Ochsenkopf, mit 1 024 m ü. M. zweithöchster Berg des Fichtelgebirges.

Ochsenkopf, svw. ↑Deltoid.

Öchslewaage [nach dem deutschen Mechaniker Christian Ferdinand Öchsle (Oechsle), * 1774, † 1852] ↑Mostwaage.

Ockeghem, Johannes [niederl. ˈoːkəxəm], * in Flandern um 1425, † Tours um 1495, flämischer Komponist. Prägte den Stil der niederländischen Polyphonie um 1460 (v. a. Messen, Motetten, Chansons).

Ocker [griech.-lat.-roman.], Gemische aus Brauneisenstein (v. a. α-FeOOH) mit Ton, Quarz und Kalk; gelbbrauner anorgan. Naturfarbstoff.

Ockham, Wilhelm von [engl. ˈɔkəm] (Occam), * Ockham bei London um 1285, † München nach 1347, engl. Theologe und Philosoph. Franziskaner; Begründer des Nominalismus; wurde 1324 der Irrlehre angeklagt; entfloh 1328 von Avignon nach München an den Hof Ludwigs des Bayern und unterstützte diesen gegen das Papsttum.

O'Connell, Daniel [engl. əʊˈkɔnəl], * Cahirciveen (Kerry) 6. 8. 1775, † Genua 15. 5. 1847, ir. Politiker. Erreichte mit seiner Wahl ins Unterhaus 1829 die Katholikenemanzipation; arbeitete als Führer der ir. Parlamentarier vergeblich auf die Auflösung (»repeal«) der parlamentar. Union zw. Irland und Großbrit. von 1800 hin.

O'Connor [əʊˈkɔnə], **1)** Flannery [Mary], * Savannah (Ga.) 25. 3. 1925, † Milledgeville (Ga.) 3. 8. 1964, amerikan. Schriftstellerin. Schrieb (für die amerikan. Gegenwartsliteratur sehr einflußreiche) Erzählungen; dt. erschien u. a. »Ein Kreis im Feuer« (1961); auch Romane (u. a. »Ein Herz aus Feuer«, 1960).

2) Frank, eigtl. Michael O'Donovan, * Cork 17. 9. 1903, † Dublin 10. 3. 1966, ir. Schriftsteller. Bed. Autor der Kurzgeschichte Irlands; dt. erschien u. a. »Und freitags Fisch« (1958), »Bitterer Whisky« (1962); auch Romane (»Die Reise nach Dublin«, 1932) und Autobiographien.

OCR, 1) Abk. für **O**rdo **C**isterciensium **R**eformatorum, ↑Trappisten.

2) [engl. ˈəʊsiːˈɑː]; Abk. für engl. **o**ptical **c**haracter **r**ecognition »opt. Zeichenerkennung«] Kurzbezeichnung für alle Arten maschineller Zeichenerkennung, insbesondere einer Schrift (in der BR Deutschland OCR-Schriften A und B nach DIN 6608). Für jede Schriftart ist ein bes. *OCR-Leser* erforderlich, der die einzelnen Zeichen optoelektronisch abtastet und in elektrische Signale umwandelt.

Octanzahl ↑Oktanzahl.

Octavia (Oktavia), * um 70, † 11 v. Chr., Schwester des Kaisers Augustus. In 2. Ehe (40–32) ∞ mit dem Triumvirn Marcus ↑Antonius; suchte zw. ihrem Mann und ihrem Bruder diplomatisch zu vermitteln, bis Antonius ihr nach seiner Eheschließung mit Kleopatra VII. den Scheidungsbrief schickte.

Ochsenauge 1).
Weidenblättriges
Ochsenauge
(Höhe 20–60 cm)

2450

Octavianus, Beiname des späteren Kaisers ↑Augustus.
Octopus [griech.] ↑Kraken.
Odd Fellows [engl. 'ɔd 'feləʊz; eigtl. »seltsame Menschen«], internat. humanitäre Bruderschaft (seit dem 18. Jh.), die die Pflege und Förderung der geistigen und sittl. Kräfte im Menschen zum Ziel hat.
Oddsson, Davíd, *Reykjavík 17. 1. 1948, isländ. Politiker. 1982–91 Bürgermeister von Reykjavík; seit 1991 Vors. der Unabhängigkeitspartei und Ministerpräsident.
Ode [griech.-lat.], feierl., lyr. Gedicht in Strophenform; als europ. Bewegung wurde die O.dichtung v. a. in der Renaissance, im Barock und in der Romantik bevorzugt, in der dt. Literatur v. a. von Klopstock, Hölderlin und A. von Platen. – O. bezeichnete in der griech. Antike urspr. alle stroph. Dichtungen, die musikalisch vorgetragen wurden (u. a. der Chorgesang der griech. Tragödie); bed. Vertreter der eigenständigen lyr. Gattung: Pindar, Alkaios, Sappho; in der röm. Dichtung: Horaz.
Ödem [griech.] (Gewebswassersucht), örtlich begrenzte oder allg. ausgebreitete Ansammlung von aus den Kapillaren ausgetretener Plasmaflüssigkeit mit entsprechender Vermehrung der Zwischenzellflüssigkeit; i. w. S. auch die Ansammlung von Flüssigkeit in den großen Körperhöhlen (Hydrops, Erguß).
Ödenburg ↑Sopron.
Odense, dän. Stadt auf Fünen, 174000 E. Univ., Museen, u. a. Freilichtmuseum »Das fünensche Dorf«, Geburtshaus von H. C. Andersen; Theater mit Oper; Zoo. Hafen. Got. Kirche Sankt Knud (13. Jh.). – 1654–58 Hauptstadt Dänemarks.
Odensefjord, Bodden an der NO-Küste der Insel Fünen.
Odenwald, waldreiches dt. Mittelgebirge, erhebt sich z. T. mit über 400 m hohem Steilanstieg über den Oberrheingraben, dacht sich nach S, SO und O ab und wird im N durch die Gersprenz und ihre Nebenbäche stärker aufgelöst, im Katzenbuckel 626 m hoch; zum großen Teil Naturpark.
Oder (poln. und tschech. Odra), Strom im östl. Mitteleuropa (Tschech. Rep.,

OCR. OCR-A-Schrift (oben) und OCR-B-Schrift

Deutschland, Polen), entspringt im Odergebirge der Ostsudeten, mündet in das Stettiner Haff (Ostsee), 866 km lang. Die O. ist durch Kanäle verbunden mit dem Oberschles. Ind.-Gebiet, mit der Elbe und Weichsel.
Oderbruch, von Altwässern durchzogene Niederung westlich der unteren Oder zw. Küstrin und Oderberg in Brandenburg.
Odermennigc Gatt. der Rosengewächse mit rd. 20 Arten in der nördl. gemäßigten Zone; einheimisch ist der gelb blühende *Gewöhnl. Odermennig* (Akkermennig).
Oder-Neiße-Linie, Staatsgrenze zw. der BR Deutschland und Polen. Ihr Verlauf (»von der Ostsee unmittelbar westlich von Swinemünde die Oder entlang bis zur Einmündung der westl. Neiße und von dort die westl. Neiße entlang bis zur tschechoslowak. Grenze«) wurde (als vorläufige Grenze) festgelegt durch das Potsdamer Abkommen 1945 zw. Großbrit., der UdSSR und den USA, von der DDR 1949/50 ausdrücklich anerkannt im Görlitzer Abkommen und von der BR Deutschland 1970 durch den Dt.-Sowjet. Vertrag, den Dt.-Poln. Vertrag und 1975 die Schlußakte der KSZE als unverletzl. Staatsgrenze Polens bestätigt. Die endgültige Anerkennung erfolgte im Zuge der Vereinigung der beiden dt. Staaten durch den Zwei-plus-Vier-Vertrag und den Dt.-Poln. Grenzvertrag.
Odessa [russ. a'djesɐ], ukrain. Geb.-Hauptstadt am Schwarzen Meer, 1,1 Mio. E. Univ., mehrere Hochschulen,

Odermennig. Gewöhnlicher Odermennig (Höhe 30 bis 100 cm)

Octavia (Basaltbüste aus dem letzten Drittel des 1. Jh. v. Chr.; Paris, Louvre)

Odilia

Museen, Theater. Maschinenbau; Hafen, ⚓. 1837–41 wurde an der Nikolai-Strandpromenade die berühmte Potemkin-Treppe mit 192 Stufen gebaut. – 1794 Bau des Kriegs- und Handelshafens O.; im Juni 1905 Ausbruch eines Generalstreiks, dem sich meuternde Matrosen des Panzerkreuzers »Potemkin« anschlossen (im Nov./Dez. von zarist. Truppen unterdrückt).

Odilia (Ottilia, Otilia), hl., *um 660, † um 720, elsäss. Äbtissin. Lebte auf dem Odilienberg; als Augenpatronin im Elsaß und in Süddeutschland verehrt. – Fest: 13. Dez.

Odilienberg, 763 m hoher Berg am O-Rand der Vogesen, sw. von Straßburg, Frankreich, mit einer Trockenmauer (»Heidenmauer«) von über 10 km Länge befestigt (kelt., spätröm.?); in Spornlage das von der hl. Odilia gegr. Kloster (Wallfahrtsort), im MA »Hohenburg« genannt.

Odilo von Cluny [frz. - - kly'ni], hl., *Clermont bei Paris um 962, † Souvigny bei Moulins 31. 12. 1048, frz. Benediktiner. Seit 993/994 Abt von Cluny; die Einführung des Allerseelentags (2. Nov.) geht auf ihn zurück.

Ödipus vor der Sphinx; Darstellung des Achilleusmalers auf einer Amphora (450–440 v. Chr.; Boston, Mass., Museum of Fine Arts)

Odin (Wodan, Wotan), *german. Mythologie:* Herr (aus dem Geschlecht der Asen) der Götter und Menschen, Künder der höchsten Weisheit, sieghafter Kämpfer und Gott der Schlachten, Lenker von Kriegsgeschick und Todesschicksal. Seine Gattin ist *Frigg*, seine Botinnen sind die ↑Walküren; begleitet wird O. von den Raben *Hugin* und *Munin* (Gedanke und Gedächtnis).

Ödipus, Gestalt der griech. Mythologie. Sohn des Laios, des Königs von Theben, und der Iokaste, der mit durchbohrten Knöcheln – was zu seinem Namen führt (Ö. »Schwellfuß«) – ausgesetzt wird, da er nach einem Orakelspruch seinen Vater töten und seine Mutter heiraten soll. Er wird jedoch gerettet und vom König von Korinth aufgezogen. Später erschlägt er unwissentlich seinen Vater und heiratet seine Mutter, mit der er vier Kinder hat: Eteokles, Polyneikes, Antigone und Ismene. Als die Wahrheit mit Hilfe des blinden Sehers Teiresias aufgedeckt wird, erhängt sich Iokaste, Ö. beraubt sich des Augenlichts und wird von seinen Söhnen aus dem Land gewiesen. Nur Antigone begleitet ihn, bis er im Hain der Eumeniden am Kolonos in Attika von der Erde entrückt wird.

Ödipuskomplex [nach der griech. Sagengestalt], in die Psychoanalyse von S. Freud 1910 eingeführte Bez. für die bei Kindern sich entwickelnde libidinöse Beziehung zu ihren Eltern, speziell die des Knaben zur Mutter, wobei der gleichgeschlechtl. Elternteil als übermächtiger Rivale erscheint, der solche frühkindl. sexuellen Regungen mit Kastration zu bestrafen droht.

Ödland, nicht land- oder forstwirtschaftlich genutztes Gelände.

Odo, hl., *bei Le Mans um 878, † Tours 942, frz. Benediktiner. Seit 927 Abt von Cluny, das er zu einem eigenständigen Reformzentrum machte.

Odoaker (Odowakar), *um 430, † Ravenna 15. 3. 493 (ermordet), german. König in Italien (seit 476). Sohn eines Skirenfürsten; Führer german. Söldner in röm. Dienst; setzte 476 den letzten weström. Kaiser Romulus Augustulus ab; vom Heer zum König ausgerufen; von Theoderich d. Gr. mehrfach besiegt und nach dem Kampf um Ravenna (»Rabenschlacht«) ermordet.

Odyssee, 1) unter dem Namen ↑Homers überliefertes Epos, das die zehn Jahre währende Heimfahrt des Odysseus aus dem Trojan. Krieg nach Ithaka und seine Abenteuer schildert.
2) übertragen: lange Irrfahrt.

Odysseus (lat. Ulixes), Held der griech. Mythologie. Sohn des Laertes und der Antikleia, Gemahl der Penelope, Vater des Telemachos, König der Insel Ithaka.

Im Trojan. Krieg zeichnet sich O. durch Tapferkeit, Klugheit und List, mitunter auch Skrupellosigkeit und Tücke aus. Seine Ratschläge führen schließlich zur Einnahme der Stadt. – Im Verlauf der zehn Jahre währenden Heimfahrt wird O. über das ganze Mittelmeer verschlagen und muß mit seiner Flotte die gefährlichsten Abenteuer bestehen. Zurück auf Ithaka unterrichtet ihn Athena über das zudringl. Werben der Freier seiner Frau Penelope. Gemeinsam mit seinem Sohn Telemachos tötet O. die Freier.

OECD, Abk. für engl. **O**rganization for **E**conomic **C**ooperation and **D**evelopment, Organisation für wirtschaftl. Zusammenarbeit und Entwicklung, 1961 entstandene Nachfolgeorganisation der ↑OEEC; Sitz Paris; Mgl. sind alle EU- und EFTA-Staaten, die Türkei, Australien, Japan, Neuseeland und die USA. Die OECD verfügt über keine supranat. Rechtsetzungsbefugnis, sondern erarbeitet Analysen, Empfehlungen und ständige Informationen. Leitendes Organ ist der Rat (mit Vertretern aller Mgl.-Länder); an der Spitze des Internat. Sekretariats steht der Generalsekretär (für 5 Jahre ernannt).

oeco..., Oeco... ↑öko..., Öko...

OECS, Abk. für **O**rganization of **E**astern **C**aribbean **S**tates, 1981 gegr. Organisation Ostkarib. Staaten (7 Mgl.); trat an die Stelle des Min.-Rats der Westind. Assoziierten Staaten; soll die Wirtschafts-, Außen- und Verteidigungspolitik der Mgl. koordinieren.

OEEC, Abk. für engl. **O**rganization for **E**uropean **E**conomic **C**ooperation, Organisation für europ. wirtschaftl. Zusammenarbeit, 1948–61 bestehende Wirtschaftsorganisation (Sitz Paris) der an der Marshallplanhilfe teilnehmenden europ. Staaten; Nachfolgeorganisation ist die ↑OECD.

Oehlenschläger, Adam Gottlob ['øːlənʃlɛːgər, dän. 'øːˈlənsləːˈɣɐr], * Vesterbro (heute zu Kopenhagen) 14. 11. 1779, † Kopenhagen 20. 1. 1850, dän. Dichter dt. Herkunft. Als Hauptvertreter der dän. Romantik Vermittler der dt. Literatur; bekannt u. a. mit Goethe, A. W. Schlegel, E. T. A. Hoffmann und Madame de Staël; schrieb Epen, Erzählungen und Dramen (»Correggio«, 1811).

Ōe Kenzaburō, * Ose (Präfektur Ehime) 31. 1. 1935, japanischer Schriftsteller. Schreibt von der westl. Literatur (Sartre, Camus) beeinflußte, politisch engagierte Erzählungen und Romane (u. a. »Eine persönliche Erfahrung«, 1964; »Der stumme Schrei«, 1967), in denen in für jap. Verhältnisse ungewohnt offener Weise die Auseinandersetzung mit den Atombombenabwürfen auf Japan, die krit. Beschäftigung mit der Nachkriegssituation in Japan und die Verarbeitung der geistigen Behinderung seines Sohnes thematisch wiederkehren. 1994 Nobelpreis für Literatur.

Ōe Kenzaburō

Oerlikon-Bührle-Konzern ['œrlikoːn], schweizer. Konzern der Investitionsgüterindustrie, geführt von der Oerlikon-Bührle-Holding AG, gegr. 1906, Sitz Zürich.

Oesterreichische Nationalbank AG ['øːs... - -], Zentralbank der Republik Österreich, Sitz Wien, gegr. 1922. Die Bank hat das ausschließl. Recht auf Ausgabe von Banknoten, sie regelt den Geldmengenumlauf und Zahlungsausgleich mit dem Ausland. – An der Spitze der O.N. steht der 14köpfige Generalrat; die Leitung des Geschäftsbetriebes erfolgt durch das Direktorium.

Oetker-Gruppe ['œtkər...], dt. Unternehmensgruppe, gegr. 1891, Sitz Bielefeld; umfaßt außer Lebensmittel produzierenden Unternehmen Brauereien, Banken, Versicherungen, Reedereien, Textil- und Handelsunternehmen.

Œuvre ['øːvrə, frz. 'œːvrə; lat.-frz.], Gesamtwerk eines Künstlers.

OEZ, Abk. für **o**steuropäische **Z**eit.

O'Faoláin, Seán [engl. əʊˈfælən], * Cork 22. 2. 1900, † Dublin 20. 4. 1991, ir. Schriftsteller. Schrieb v. a. impressionist. Kurzgeschichten (u. a. »Sünder und Sänger«, dt. Auswahl 1960), Romane, Reisebücher und Biographien.

Ofen [althochdt. »Gefäß zum Kochen«] ↑Heizung (Einzelheizung).

Ofenpaß ↑Alpenpässe (Übersicht).

Off-Beat [engl. 'ɔfbiːt »weg vom Schlag«], typ. rhythm. Merkmal des Jazz; O.-B. entsteht bei der Überlagerung eines durchlaufenden Grundrhythmus (Beat) durch melod.-rhythm. Akzentmuster, die in geringen zeitl. Verschiebungen gegen den Grundrhythmus gerichtet sind; wird vom Hörer als ↑Swing erlebt.

Odysseus. Kopf des Odysseus aus der Polyphemgruppe von Sperlonga (2. Jh. v. Chr.; Sperlonga, Museo Archeologico Nazionale)

Offenbach

Jacques Offenbach

Offenbach, Jacques ['ɔfənbax, frz. ɔfɛn'bak], urspr. Jacob O., *Köln 20. 6. 1819, † Paris 5. 10. 1880, dt.-frz. Komponist. Seine Operetten parodieren mit satir. Schärfe die gesellschaftl. Erscheinungen der Belle Époque, u. a. »Orpheus in der Unterwelt« (1858), »Pariser Leben« (1866); Oper »Hoffmanns Erzählungen« (1881).

Offenbach am Main, hess. Stadt, östlich an Frankfurt am Main anschließend, 115 200 E. Hochschule für Gestaltung, Dt. Ledermuseum/Dt. Schuhmuseum, Klingspor-Museum; Zentralamt des Dt. Wetterdienstes; Zentrum der Leder-Ind.; Internat. Lederwarenmessen; Mainhafen. Renaissanceschloß (16. Jh.), Büsinghof (18. Jh.). – 977 erstmals erwähnt.

Offenbarung, im religiösen Sinn die Enthüllung transzendenter Wahrheiten, die geglaubt werden.

Offenbarungseid, früher Bez. für die eidesstattliche Versicherung.

Offenburg, Kreisstadt am Ausgang des Kinzigtals aus dem Schwarzwald, Bad.-Württ., 53 400 E. Metallverarbeitung, graph. Großbetriebe. Barocke kath. Stadtpfarrkirche (1700–91) und barokkes Rathaus (1741). – Wurde 1235 Reichsstadt.

offene Handelsgesellschaft, Abk. **OHG,** Personengesellschaft, deren Zweck auf den Betrieb eines Handelsgewerbes unter gemeinschaftl. Firma gerichtet ist. Den (mindestens zwei) Gesellschaftern obliegt i. d. R. die Geschäftsführung, ihre Kapitalanteile am Gesellschaftsvermögen entsprechen ihren Einlagen, sie haften unmittelbar und unbeschränkt mit ihrem vollen Vermögen. Die OHG kann unter ihrer Firma Rechte erwerben und Verbindlichkeiten eingehen, Eigentum und andere dingl. Rechte erwerben, vor Gericht klagen und verklagt werden.

offene Menge, Teilmenge eines topolog. Raumes T, die mit jedem Punkt mindestens eine Umgebung dieses Punktes enthält. Beispiele für o. M. sind im Raum R^1 die offenen Intervalle $]a, b[$ und $]a, \infty[$.

offenes Bein, svw. ↑Beingeschwür.

offene Städte, Bez. des *Kriegsvölkerrechts* für unverteidigte, von militär. Einrichtungen freie Städte; dürfen weder angegriffen noch beschossen werden.

offene Sternhaufen, Sternansammlungen, die an der Rotation des Milchstraßensystems teilnehmen; Durchmesser im Mittel etwa zwölf Lichtjahre.

offensiv [lat.], angreifend (Ggs. defensiv); angriffslustig.

öffentliche Bücherei (öffentl. Bibliothek), eine jedermann zugängl., gemeinnützige Bibliothek für die allg. Versorgung mit Literatur und Information. Sie stellt alle Arten von Medien zur Verfügung, neben Druckerzeugnissen (Bücher, Zeitschriften u. a.) auch audiovisuelle Materialien und Geräte.

öffentliche Hand, die als Verwalter des öffentl. Vermögens, als Träger von Versorgungsunternehmen und als Unternehmer auftretende öffentl. Verwaltung.

öffentliche Meinung, Gesamtheit der gegenüber Staat und Gesellschaft formulierten prinzipiellen und aktuellen Ansichten der Bürger; findet ihren kollektiven Ausdruck i. d. R. in Parteien, Verbänden, Bürgerinitiativen, durch Publikationen und mit Hilfe der Massenmedien.

öffentlicher Dienst, Tätigkeit im Dienste einer Körperschaft, Anstalt oder Stiftung des öffentl. Rechts, insbes. des Bundes, eines Landes, einer Gemeinde oder eines Gemeindeverbandes.

öffentlicher Glaube, die zugunsten eines Gutgläubigen wirkende, widerlegbare gesetzl. Vermutung der Richtigkeit des Inhalts bestimmter öffentl. Bücher (Handelsregister, Schiffsregister) oder Urkunden.

öffentliche Schulen, alle allgemeinbildenden und berufl. Schulen, die von einer oder mehreren Gebietskörperschaften getragen werden.

öffentliche Sicherheit und Ordnung, Grundbegriff des Polizeirechts. Die *öffentl. Sicherheit* umfaßt den Bestand des Staates, seiner Einrichtungen und Symbole, das ungehinderte Funktionieren seiner Organe, die verfassungsmäßigen Rechtsnormen sowie Leben, Gesundheit, Freiheit, Ehre und Vermögen des einzelnen. Unter öffentl. *Ordnung* versteht man die Gesamtheit der gesellschaftl. Normen, die zu den unerläßl. Voraussetzungen eines erträgl. und friedl. Zusammenlebens gehören.

öffentliches Recht (lat. Ius publicum), derjenige Teil des Rechts, der nicht zum

Privatrecht gehört. Dazu zählen das Staats- und Verwaltungsrecht, das Gerichtsverfassungs- und Prozeßrecht der öffentl.-rechtl. Gerichtsbarkeiten sowie das Völker- und Europarecht.

öffentliche Unternehmen, Unternehmen, die sich ganz oder überwiegend in öffentl. Eigentum befinden.

Öffentlichkeit, 1) gesellschaftl. Kommunikations-, Informations- und Beteiligungsverhältnisse, die die Entstehung und die fortwährende Dynamik einer öffentl. Meinung möglich machen; in einer Demokratie wichtiger Aktionsbereich der Vermittlung von staatl. Ordnungsmacht und kontrollierender wie ziel- und richtungweisender polit. Willensbildung. **2)** *Recht:* das Prinzip, nach dem Gerichtsverhandlungen der Allgemeinheit zugänglich sein müssen *(Volks-Ö.).* Im Ggs. dazu steht das Prinzip der *Partei-Ö.,* das nur den an einem Verfahren beteiligten Personen das Recht einräumt, an den Verhandlungen teilzunehmen. Kraft Gesetzes ist die Ö. ausgeschlossen in Ehe-, Familien-, Kindschafts-, Entmündigungs- und Unterbringungssachen und in Jugendstrafverfahren.

Öffentlichkeitsarbeit (engl. Public Relations, Abk. PR), publizist. Vermittlung zw. einem Auftraggeber und einer für ihn wichtigen Öffentlichkeit; wird außer von Unternehmen auch von Verbänden (Lobby), Behörden (Presse- und Ö.) und Parteien betrieben.

Offizialat [lat.], neben dem Generalvikariat (Verwaltung) die zweite bischöfl. Behörde, zuständig für die Gerichtsbarkeit.

Offizialprinzip (Offizialmaxime) [lat.], Grundsatz des Strafprozeßrechts, wonach nur eine staatl. Behörde, in der BR Deutschland die Staatsanwaltschaft, ein Strafverfahren einleiten darf.

Offizier [lat.-mittellat.-frz.], Soldat mit Dienstgrad vom Leutnant aufwärts; in der Bundeswehr Laufbahngruppe mit den Dienstgradgruppen der Generale bzw. Admirale, der Stabsoffiziere, der Hauptleute, der Leutnants und der Offizieranwärter.

Offizin [lat.], Arbeitsräume einer Apotheke.

Offizium [lat.], **1)** *kath. Kirchenrecht:* (Heiliges O.) ↑Kurienkongregationen. **2)** *Liturgie:* kirchenrechtl. Begriff für die kath. Liturgie, bes. das Stundengebet.

off limits [engl. 'ɔf 'lɪmɪts, eigtl. »weg von den Grenzen«], Zutritt verboten.

Off-line-Betrieb [engl. 'ɔflaɪn...], indirekte Datenverarbeitung (↑On-line-Betrieb).

Öffnungsverhältnis (relative Öffnung, Öffnungszahl), bei einem Linsensystem der Quotient aus dem Durchmesser der Eintrittsöffnung (Blendenöffnung) und der (bildseitigen) Brennweite. Das Ö. bei größtmögl. Blende wird als *Lichtstärke* bezeichnet (Angabe z. B. 1:1,8).

Offsetdruck [engl./dt.] ↑Drucken.

Off-shore-Bohrung [engl. 'ɔfʃɔ:... »von der Küste entfernt«], Erdöl- und Erdgasbohrung in Küstengewässern oder im Schelfbereich. Dazu wurden von direkter Versorgung unabhängige Bohrinseln, sog. *Rigs,* entwickelt; neue Technologien ermöglichen Bohrungen bis etwa 300 m Wassertiefe; Spezialbohrschiffe können Bohrungen auch in größeren Wassertiefen durchführen (z. Z. rd. 1000 m).

O'Flaherty, Liam [engl. əʊ'fleətɪ], *auf den Aran Islands 19. 3. 1897, † Dublin 7. 9. 1984, ir. Schriftsteller. Sozialkrit. Romane (u. a. »Die Nacht nach dem Verrat«, 1925) und Kurzgeschichten.

OFM, Abk. für **O**rdo **F**ratrum **M**inorum, ↑Franziskaner.

OFMCap, Abk. für **O**rdo **F**ratrum **M**inorum **Cap**uccinorum, ↑Kapuziner.

Ogaden, Gebiet im äußersten O von Äthiopien, grenzt im N und SO an Somalia; von Somalia beansprucht.

ÖGB, Abk. für ↑**Ö**sterreichischer **G**ewerkschafts**b**und.

Oghamschrift (Ogamschrift) ['o:gam], Buchstabenschrift der ältesten ir. Sprachdenkmäler (4. bis 7. Jh.). Jedes Zeichen besteht aus ein bis fünf Kerben oder Strichen, die zu einer Mittellinie, meist der senkrechten Kante eines stehenden Steins, angeordnet sind.

Ogi, Adolf, *Kandersteg (Kt. Bern) 18. 7. 1942, schweizer. Politiker (Schweizer. Volkspartei). Seit 1987 Bundesrat (Verkehrs- und Energiewirtschaftsdepartement), 1993 Bundespräsident.

Ogowe, bedeutendster Fluß Gabuns, entspringt auf der Niederguineaschwelle in S-Kongo, mündet in den Atlantik, 1 200 km lang; im Delta Erdöl- und Erdgasförderung.

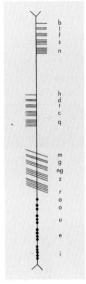

Oghamschrift

Ogusen

Bertil Ohlin

Georg Simon Ohm

Ohrwürmer.
Gemeiner Ohrwurm
(Länge 9–16 mm)

Ohio
Flagge

Ogusen (Oghusen), Turkvolk, im 7./8. Jh. herrschende Schicht im alttürk. Reich in Z-Asien; ab dem 8./9. Jh. im Steppengebiet um den Aralsee, im 10./11. Jh. Blütezeit des O.reichs. Die muslim. O. wurden als *Turkmenen* bezeichnet.

O'Hara, John [Henry] [engl. əʊˈhɑːrə], * Pottsville (Pa.) 31. 1. 1905, † Princeton 11. 4. 1970, amerikan. Schriftsteller. Satir. Romane, die die Zeit vom 1. Weltkrieg bis zum Vietnamkrieg widerspiegeln.

OHG, Abk. für ↑offene **H**andelsgesellschaft.

Ohio [oˈhaɪo, engl. əʊˈhaɪəʊ], **1)** Staat im mittleren Osten der USA, 107 044 km², 11,01 Mio. E, Hauptstadt Columbus.
Geschichte: Von Franzosen erforscht; kam 1763 an die brit. Krone, nach Vertreibung der Indianer 1803 als 17. Staat in die Union aufgenommen; im Sezessionskrieg auf seiten der Nordstaaten.
2) linker Nebenfluß des Mississippi, USA, entsteht durch den Zusammenfluß von Monogahela River und Allegheny River in Pittsburg (Pa.), mündet bei Cairo (Ill.), 1579 km lang; wichtiger Verkehrsweg.

OHL, Abk. für ↑**O**berste **H**eeresleitung.

Ohlin, Bertil [schwed. uˈliːn], * Klippan 23. 4. 1899, † Vålådalen (Jämtland) 3. 8. 1979, schwed. Nationalökonom und Politiker. 1959–64 Präs. des Nord. Rates; bed. Beiträge zur Außenhandelstheorie; erhielt 1977 den Nobelpreis für Wirtschaftswissenschaften (zus. mit J. E. Meade).

Ohm, Georg Simon, * Erlangen 16. 3. 1789, † München 6. 7. 1854, dt. Physiker. Entdeckte 1826 das nach ihm ben. Gesetz der Elektrizitätsleitung.

Ohm [nach G. S. Ohm], Einheitenzeichen Ω, SI-Einheit des elektr. Widerstands. Festlegung: 1 Ohm (Ω) ist gleich dem elektr. Widerstand eines metall. Leiters, durch den bei einer Spannung von 1 Volt konstanter Strom von 1 Ampere (A) fließt.

Ohmgebirge, Bergland im Unteren Eichsfeld, Thüringen, bis 481 m hoch.

Ohmmeter [nach G. S. Ohm], Meßinstrument für den elektr. Widerstand.

Ohmsches Gesetz, von G. S. Ohm 1826 aufgestelltes physikal. Gesetz: Bei konstanter Temperatur ist die elektr. Stromstärke I in einem Leiter der zw. den Leiterenden herrschenden Spannung U proportional: $U = R \cdot I$. Die Größe R wird als elektr. Widerstand bezeichnet.

ohne Gewähr, ein die Haftung ausschließender Vermerk, insbes. bei Kaufverträgen.

Ohnmacht (Ohnmachtsanfall, Synkope), vorübergehende Bewußtlosigkeit, v. a. infolge verminderter Gehirndurchblutung.

Ohr (Auris), dem Hören dienendes Sinnesorgan (↑Gehörorgan) der Wirbeltiere, das beim Menschen und den Säugetieren aus einem äußeren O., einem Mittel-O. und einem Innen-O. (Labyrinth) besteht.

Ohrenspiegel (Otoskop), mit einer Lichtquelle versehenes, trichterförmiges opt. Instrument zur direkten Untersuchung des Gehörgangs und des Trommelfells.

Ohrid (dt. Ochrid), Stadt am O-Ufer des Ohridsees, Makedonien, 26 500 E. Nationalmuseum; alljährl. Sommerfestival. Sveta-Sofija-Kirche (11. Jh.) mit Fresken, alte makedon. und türk. Häuser. Ruine der Imaret-Moschee; über O. die stattl. Reste der Burg. – Ab 886 Ausgangspunkt der Slawenmission.

Ohridsee (Ochridsee), mit 367 km² zweitgrößter See S-Europas, in Makedonien und Albanien, bis 286 m tief.

Ohrmuschel, äußerster Teil des Außenohrs beim Menschen und bei Säugetieren.

Ohrspeicheldrüse, große, in die Mundhöhle mündende Speicheldrüse der Säugetiere (einschließlich Mensch). Der von der O. abgesonderte Speichel ist dünnflüssig und dient zur Verdünnung des von anderen Drüsen produzierten schleimigen (mukösen) Gleitspeichels. Beim Menschen liegt sie vor und unter dem Außenohr.

Ohrwürmer (Dermaptera), mit rd. 1300 Arten weltweit verbreitete Ordnung etwa 5–50 mm langer Insekten; tierisch und pflanzlich sich ernährende, nachtaktive Tiere; häufig ist der *Gemeine Ohrwurm* (9–16 mm lang).

Ohser, Erich, dt. Karikaturist, ↑Plauen, E. O.

Oimjakon [russ. ajmɪˈkɔn], Ort in NO-Sibirien, Jakutien, Rußland; Kältepol der Nordhalbkugel: bis –70 °C.

Oklahoma

Oise [frz. wa:z], rechter Nebenfluß der Seine, entspringt in den belg. Ardennen, mündet nw. von Paris, 302 km lang.

Oistrach, 1) Dawid Fjodorowitsch, *Odessa 30. 9. 1908, † Amsterdam 24. 10. 1974, russ. Violinist und Dirigent.

2) Igor Dawidowitsch, *Odessa 27. 4. 1931, sowjet. Violinist. Sohn und Schüler von Dawid F. Oistrach.

Ojos del Salado [span. 'ɔxɔz ðɛl sa-'laðo], mit 6880 m zweithöchster Berg (Vulkan) der Anden, auf der chilen.-argentin. Grenze.

o. k., O. K., Abk. für engl. ↑okay.

Oka [russ. a'ka], rechter Nebenfluß der Wolga, entspringt auf der Mittelruss. Platte, mündet in Nischni Nowgorod, 1 480 km lang.

Oka-Don-Ebene, flachgewellte Ebene östlich der Mittelruss. Platte, wichtiges Landwirtschaftsgebiet.

Okapi [afrikan.] ↑Giraffen.

Okarina [italien.], Gefäßflöte aus Ton oder Porzellan; dunkler, weicher Ton.

Okawango, Fluß in Afrika, entspringt im Hochland von Bié, im Oberlauf *Cubango* gen., bildet im Mittellauf die Grenze zw. Angola und Namibia, versiegt nach etwa 1 600 km langem Lauf mit großem Delta (Wildreservat) in N-Botswana.

okay [o'ke; engl. ɔʊ'keɪ; Herkunft unklar], Abk. **o.k., O.K.;** richtig, in Ordnung.

Okayama, jap. Stadt auf Honshū, in der Küstenebene zw. der Harimasee und der Hiuchisee, 594 000 E. Verwaltungssitz der Präfektur Okayama. Univ., Observatorium; Handels- und Kulturzentrum, Ind.-Standort.

Okeanos, im griech. Mythos der die Erdscheibe umfließende Ringstrom; personifiziert: einer der Titanen.

O'Kelly, Sean Thomas [engl. ɔʊ'kelɪ], ir. Seán Tomás ÓCeallaigh, *Dublin 25. 8. 1882, † ebd. 23. 11. 1966, ir. Publizist und Politiker. 1919–21 erster Präs. des ir. Parlaments; führendes Mgl. der Fianna Fáil; mehrfach Min. 1945–59 Staatspräsident.

Oken, Lorenz, eigtl. L. Ockenfuß, *Bohlsbach (heute zu Offenburg) 1. 8. 1779, † Zürich 11. 8. 1851, dt. Naturforscher und Philosoph. Gründete 1822 die Gesellschaft Dt. Naturforscher und Ärzte. Entdecker des Zwischenkieferknochens, wobei es zu einem Prioritätsstreit mit Goethe kam.

Oker, linker Nebenfluß der Aller, 105 km lang.

Okinawa, mit 1 225 km² größte der zu Japan gehörenden ↑Ryūkyūinseln.

Okkasionalismus (Occasionalismus) [lat.], philos. Theorie, nach der Leib und Seele nicht von sich aus wechselseitig aufeinander einwirken können, sondern nur durch direkten göttl. Eingriff »bei Gelegenheit«.

Okkultismus [lat.], Lehren und Praktiken, die auf ↑außersinnlicher Wahrnehmung beruhen bzw. Erscheinungen betreffen, die durch Naturgesetze nicht erklärbar sind. Zum O. zählen Wahrnehmungen des Hellsehens, Bewegung von Gegenständen ohne phys. Ursache (Psychokinese), das Phänomen des Schwebens (Levitation), die Entstehung neuer körperl. Gebilde (Materialisation) sowie alle durch Medien vermittelten parapsycholog. Erscheinungen.

Okkupation [lat.], im Völkerrecht die Begründung der Gebietshoheit eines oder mehrerer Staaten in einem bisher herrschaftslosen Land oder im Staatsgebiet eines anderen Staates; kann durch friedl. oder krieger. Besetzung oder durch Waffenstillstandsvertrag erfolgen.

Oklahoma [okla'ho:ma, engl. ɔʊklə-'həʊmə], Staat im zentralen Teil der USA, 181 186 km², 3,21 Mio. E, Hauptstadt Oklahoma City.

Geschichte: 1682 der frz. Kolonie Louisiana einverleibt; 1803 an die USA; ab 1820/40 Siedlungsgebiet der ↑Fünf zivilisierten Nationen; 1890 Schaffung

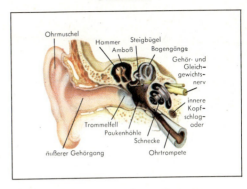
Ohr des Menschen

Oklahoma Flagge

Dawid Fjodorowitsch Oistrach

Igor Dawidowitsch Oistrach

Oklahoma City

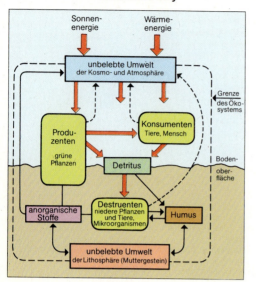

Ökologie. Funktionsschema eines Ökosystems

des Territoriums O.; 1907 46. Staat der Union.

Oklahoma City [engl. ɔʊklə'həʊmə 'sɪtɪ], Hauptstadt des Staates Oklahoma, USA, am North Canadian River, 445 300 E. Univ.; Handels- und Ind.-Zentrum, v. a. Erdölindustrie. – Seit 1910 Hauptstadt.

öko..., Öko... (oeco..., Oeco...) [griech.], Bestimmungswort von Zusammensetzungen mit den Bedeutungen »Lebensraum, Haushalt, Wirtschafts...«.

Ökologie [griech.], aus der Biologie hervorgegangene Wiss., die sich mit den Wechselbeziehungen zw. den Organismen und der unbelebten *(abiot. Faktoren* wie Klima, Boden) und der belebten Umwelt *(biot. Faktoren)* befaßt. Sie untersucht ihre zeitl. Entfaltung, Krisen in ihrer Entwicklung und Mechanismen der Wiederherstellung von Gleichgewichten. Teilgebiete der Ö. sind *Autökologie* (untersucht die Umwelteinflüsse auf die Individuen einer Art), *Demökologie* (Populations-Ö.; befaßt sich mit den Umwelteinflüssen auf ganze Populationen einer bestimmten Tier- und Pflanzenwelt) und *Synökologie* (beschäftigt sich mit den Wechselbeziehungen der Organismen einer Lebensgemeinschaft sowie zw. diesen und der Umwelt). Die *Humanökologie* untersucht die Beziehungen Mensch-Umwelt.

In den Mittelpunkt des öffentl. Interesses rückte die Ö. seit Ende der 1960er Jahre, als die Auswirkungen der Umweltverschmutzung und die Begrenzung der natürl. Rohstoffvorkommen immer deutlicher wurden. Im Zuge der Ö.-Diskussion hat die Ö. seitdem eine inhaltl. und institutionelle Ausweitung erfahren, die über die Naturwissenschaft Ö. weit hinausgeht. Ö. steht nunmehr v. a. für eine neue Weltanschauung: Die Idee vom unbegrenzten Fortschritt und Wachstum gilt als korrekturbedürftig, es wird eine Rückbesinnung darauf gefordert, daß die Natur Veränderungen nur in sehr beschränktem Maß verträgt, ohne irreversible Schäden zu erleiden, und daß die Menschheit als ein Glied des globalen Ökosystems mit dessen Gefährdung sich selbst in ihrer Existenz bedroht.

ökologische Bewegung (Ökologiebewegung, Umweltschutzbewegung), Bez. für eine polit.-soziale Bewegung, die sich gegen Auswirkungen und Ursachen von Umweltzerstörung wendet und sich seit Ende der 1960er Jahre im Zuge der Etablierung der †Ökologie als Weltanschauung um Kernbereiche der Umweltgefährdung (Nutzung der Kernenergie, Waldsterben) kümmert. Sie setzt sich zusammen u. a. aus Bürgerinitiativen und Umweltschutzverbänden; aus der ö. B. erfolgte 1980 die Gründung der Partei »Die Grünen«.

ökologische Landwirtschaft, svw. †biologischer Landbau.

ökologisches Gleichgewicht, langfristig unveränderbare Wechselwirkungen zw. den Gliedern einer Lebensgemeinschaft. Ein ö. G. ist dadurch gekennzeichnet, daß jede Veränderung im Ökosystem selbsttätig über eine Regelkreisbeziehung eine entsprechende Gegenveränderung auslöst, die den alten Zustand weitgehend wiederherstellt.

Ökonomie [griech.], Wirtschaftswissenschaft, Wirtschaft, Wirtschaftlichkeit.

ökonomisches Prinzip, Grundsatz des Wirtschaftens, mit einem gegebenen Aufwand den größtmögl. Ertrag oder einen bestimmten Ertrag mit kleinstem Aufwand zu erzielen.

Ökosystem, eine aus Lebensgemeinschaft (Biozönose) und deren Lebensraum (Biotop) bestehende natürl. ökolog. Einheit, die ein mehr oder weniger gleichbleibendes System bildet, das durch die Wechselwirkungen zw. Organismen und Umweltfaktoren gekennzeichnet ist. Ö. sind offene Systeme, die von der Sonne einseitig Energie aufnehmen. Die natürl. Stoffkreisläufe in einem Ö. sind ausgeglichen, so daß sich ein dynam. Gleichgewicht einstellt. ↑Ökologie.

Ökotop [griech.], kleinste ökolog. Einheit einer Landschaft.

Oktaeder [griech.] (Achtflach), ein von acht Dreiecken begrenztes ↑Polyeder.

Oktaedrite [griech. ...a-e...], Gruppe von Eisenmeteoriten.

Oktant [lat.], 1) *Mathematik:* 1. Kreisbzw. Kugelausschnitt mit $1/8$ der Kreisfläche bzw. des Kugelvolumens; 2. der durch drei paarweise senkrecht aufeinander stehende Koordinatenebenen (↑Koordinaten) begrenzte Teil des Raumes; jedes räuml. kartes. Koordinatensystem unterteilt den Raum in acht Oktanten.
2) *Seefahrt:* naut. Winkelmeßgerät zum Zwecke der Ortsbestimmung.

Oktanzahl (Octanzahl), Abk. **OZ,** Kennzahl für die *Klopffestigkeit* von Vergaserkraftstoffen, d. h. für ihre Eigenschaft, im Verbrennungsraum eines Ottomotors bis zu einem bestimmten Verdichtungsverhältnis ohne detonationsartige Selbstentzündung *(Klopfen, Klingeln)* zu verbrennen. Sie wird durch Vergleich mit der Klopffestigkeit von Bezugskraftstoffen in Prüfmotoren ermittelt. Dabei schreibt man dem sehr klopffesten Isooctan die OZ 100, dem sehr klopffreudigen n-Heptan die OZ 0 zu. Die *Motor-OZ* (Abk. **MOZ)** wird bei 900 U/min, die *Research-OZ* (Abk. **ROZ)** wird bei 600 U/min bestimmt. Das Straßenklopfverhalten wird nach der *Modified Union Town Method* durch Messung im großen Gang aus dem rollenden Leerlauf bei Vollgas bestimmt. Diese *Straßen-OZ* (Abk. **SOZ)** liegt etwa bei der ROZ. Beide liegen im allg. höher als die MOZ. Nach DIN 51 600 und DIN 51 607 hat Superkraftstoff die Mindest-ROZ 95 (unverbleit) bzw. 98 (verbleit), Normalkraftstoff (unverbleit) die Mindest-ROZ 91.

Oktav [lat.], 1) *Buchwesen:* ↑Buchformat.
2) *kath. Liturgie:* die achttägige Festwoche (seit 1969 nur noch Weihnachten und Ostern).

Oktave [lat.], das Intervall, das vom Grundton acht diaton. Stufen entfernt ist; in der Akustik Bez. für den Ton mit der doppelten Frequenz (bezogen auf einen Grundton), physikalisch der erste Oberton. Die O. kann als reines, übermäßiges oder vermindertes ↑Intervall auftreten. – Seit der griech. Antike geht die Darstellung des abendländ. Tonsystems von der O. aus. O. heißt auch die Gesamtheit der in diesem Intervallbereich liegenden Töne. Der gesamte Tonraum wird in O., bezogen auf den Grundton C., gegliedert.

Oktavia ↑Octavia.

Oktavian (Octavianus), Beiname des späteren Kaisers ↑Augustus.

Oktett [lat.-italien.], Musikstück für acht Soloinstrumente, selten Singstimmen; auch Gruppe der Ausführenden.

Oktett-Theorie, ab 1916 von G. N. Lewis und J. Langmuir aufgestellte Theorie der Atom- und Ionenbindung, nach der Atome durch Bildung von Elektronenpaaren oder durch Abgabe bzw. Aufnahme von Elektronen in der äußeren Elektronenschale eine Oktettgruppierung *(Edelgasschale)* bilden.

Oktober, der 10. Monat des Jahres mit 31 Tagen.

Oktoberrevolution, polit. Umwälzung in Rußland, die durch die gewaltsame bolschewist. Machtübernahme in Petrograd (heute Sankt Petersburg) am 7. 11. 1917 (nach dem in Rußland damals gültigen Julianischen Kalender 25. 10., deshalb O.) eingeleitet wurde. Im Ggs. zur spontanen ↑Februarrevolution 1917 wurde die O. von den Bolschewiki unter Führung Lenins konspirativ vorbereitet. Das ZK der bolschewist. Partei beschloß am 10./23. 10. den Sturz der Kerenski-Regierung. In Moskau siegten die Bolschewiki nach blutigen Kämpfen am 2./15. 11. (↑Sowjetunion, Geschichte).

Oktobristen [lat.-russ.], als »Verband des 17. Oktober« gegründete, von 1905 bis Ende 1917 bestehende russ. konstitutionell-monarchist. Partei.

Oktogon

Oktogon [griech.], Zentralbau über achteckigem Grundriß, z. B. das O. des Aachener Münsters.

oktroyierte Verfassung [ɔktroaˈjiːrtə-], Bezeichnung für einseitig vom Staatsoberhaupt gegebene Verfassungen, v. a. für die am 5. 12. 1848 von König Friedrich Wilhelm IV. von Preußen verkündete, bis 1918 im wesentlichen gültige preuß. Verfassung.

Okular [lat.], bei einem opt. Gerät das dem Auge zugewandte Linsensystem.

Okulation [lat.] (Augenveredelung) ↑Veredelung.

Ökumene [griech.], **1)** *Geographie:* der von Menschen ständig bewohnte Siedlungsraum (Ggs. ↑Anökumene).
2) *Theologie:* die Gesamtheit der christl. Kirchen.

ökumenische Bewegung, Einigungsbewegung christl. Kirchen im 20. Jh.; orientiert an den von allen Konfessionen anerkannten frühchristl. ökum. Konzilen. Ausgangspunkt war das gemeinsame Handeln in der Mission, Ziel ist die Einheit der Kirchen in der Verkündigung von Jesus Christus und im Dienst an der Welt. – Vorarbeiten im 19. Jh. durch Laienbünde (z. B. CVJM) führten nach Anstößen durch den Internat. Missionsrat (gegr. 1921) zur Bewegung für Glauben und Kirchenverfassung (»Faith and Order«). Dazu kam (hervorgegangen aus dem Weltbund für Freundschaftsarbeit der Kirchen [1914 bis 48]) die Bewegung für Prakt. Christentum (»Life and Work«). »Faith and Order« und »Life and Work« schlossen sich 1948 zum ↑Ökumenischen Rat der Kirchen zusammen. – Während die ö. B. bei der kath. Kirche zunächst auf Ablehnung und Verurteilung stieß, besteht seit dem Pontifikat Johannes' XXIII. eine zunehmende Zusammenarbeit zw. Ökumen. Rat und Vatikan, z. B. ↑SODEPAX. Ein stärker werdendes ökumen. Bewußtsein zeigt sich v. a. in ökumen. Gottesdiensten und bes. in der seit 1970 auch kirchenrechtl. Möglichkeit einer *ökumen. Trauung,* wobei der Pfarrer der jeweils anderen Kirche an der Trauung mitwirkt oder beide Pfarrer gemeinsam die Trauung vornehmen. 1981 wurde eine gemeinsame Kommission der EKD und der Dt. Bischofskonferenz *(Ökumen. Kommission)* konstituiert.

Ökumenischer Patriarch, seit dem 6. Jh. Titel des orth. Patriarchen von Konstantinopel.

Ökumenischer Rat der Kirchen (Weltrat der Kirchen, engl. World Council of Churches), Abk. **ÖRK,** organisator. Instrument der ↑ökumenischen Bewegung mit Sitz in Genf. Auf der Basis der Bewegungen »Faith and Order« und »Life and Work« entstand 1938 in Utrecht der erste Verfassungsentwurf des entstehenden ÖRK. An der konstituierenden Vollversammlung des ÖRK 1948 in Amsterdam nahmen 147 Kirchen aus 44 Ländern teil. Mgl. kann jede autonome Kirche werden, wenn 2/3 der Vollversammlung oder des Zentralausschusses zustimmen. Zw. den Konferenzen der Vollversammlung (alle 6 Jahre) werden die Aufgaben des ÖRK unter Leitung des Generalsekretariats in Genf von den Abteilungen für zwischenkirchl. Hilfe, für ökumen. Aktivität, für Studien und für Weltmission und Evangelisation erledigt.

ökumenisches Konzil, Versammlung der Bischöfe der kath. Kirche; Repräsentation der Universalkirche.

ökumenische Trauung ↑ökumenische Bewegung.

Ökumenismus [griech.], seit dem 2. Vatikan. Konzil in der kath. Kirche Bez. für interkonfessionelle Einigungsbestrebungen.

OKW, Abk. für **O**ber**k**ommando der **W**ehrmacht, A. Hitler direkt unterstellt.

Okzident [lat.] ↑Abendland.

Okzitanisch (frz. »Langue d'oc«), die provenzal. Mundarten im südl. Drittel

George Andrew Olah

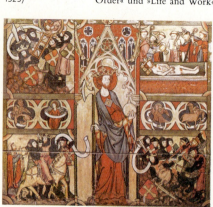

Olaf II. Haraldsson, der Heilige; Antependium in der Domkirche von Drontheim (um 1325)

Oldenburg

des frz. Staatsgebiets; neuerdings gegenüber dem eingebürgerten sprachwiss. Begriff †Provenzalisch in den Vordergrund gerückt.

Olaf ['o:laf, norweg. 'u:laf], Name norweg. Herrscher:

1) Olaf I. Tryggvesson [norweg. 'trygvəsɔn], *um 964, ⚔ bei Svolder (bei Rügen?) 1000, König (seit 995). Unterwarf 995 Norwegen und begann dessen gewaltsame Christianisierung.

2) Olaf II. Haraldsson, hl., gen. der Heilige, *um 995, ⚔ Stiklestad (heute Verdal bei Trondheim) 29. 7. 1030, König (1015–28). 1028 vom dän. König Knut II., d. Gr., vertrieben. Schutzpatron Norwegens.

3) Olaf V., urspr. Alexander Eduard Christian Friedrich Prinz von Dänemark, *Appleton House (Norfolk) 2. 7. 1903, † Oslo 18. 1. 1991, König (seit 1957). 1940–45 im Exil in London; 1955–57 Regent für seinen Vater Håkon VII.

Olah, George Andrew [engl. 'ɔʊlə], *Budapest 22. 5. 1927, amerikan. Chemiker ungar. Herkunft. Erhielt für seine Grundlagenforschungen zu den Carbokationen 1994 den Nobelpreis für Chemie.

Öland, mit 1 344 km² zweitgrößte schwed. Insel, in der Ostsee, durch den von einer Brücke überspannten Kalmarsund vom Festland getrennt, Hauptort Borgholm.

Ölbaum (Olivenbaum), Gatt. der Ölbaumgewächse mit rd. 20 Arten im trop. und mittleren Asien, in Afrika, im Mittelmeergebiet, in Australien und Neukaledonien. Die wichtigste Art als Kultur- und Nutzpflanze ist der *Echte Ö.*, ein mehr als 1 000 Jahre alt werdender, 10–16 m hoher Baum. Die Frucht des Ö. ist eine pflaumenähnl. Steinfrucht *(Olive),* deren Fruchtfleisch sehr ölreich ist. Der harte Steinkern enthält meist nur einen ölreichen Samen. – Der Ö. wird seit dem 3. Jt. v. Chr. im südl. Vorderasien angebaut. *Ölzweige* waren im allg. Zeichen des Sieges, bei Juden und Christen jedoch Zeichen des Friedens.

Ölbaumgewächse (Oleaceae), Pflanzen-Fam. mit rd. 600 Arten in den Tropen und den gemäßigten Gebieten; in Deutschland sind nur die *Gemeine Esche* und der *Gemeine Liguster* heimisch; viele Ö. werden als Zierpflanzen kultiviert (z. B. Flieder).

Ölberg, Höhenzug östlich von Jerusalem, jenseits des Kidron, 740 m hoch.

Olbia, Ruinenstadt an der Mündung des südl. Bug ins Schwarze Meer, Ukraine, gegr. von ion. Siedlern im frühen 6. Jh. v. Chr.; bestand bis ins 4. Jh. n. Chr.

Ölbrenner, in Ölfeuerungsanlagen eingebauter Gebläsebrenner für Heizöl; besteht aus Ölpumpe, Düse zum Zerstäuben des Öls, Zündeinrichtung und Gebläse; meist Thermostatsteuerung.

Olbrich, Joseph Maria, *Troppau (tschech. Opava) 22. 12. 1867, † Düsseldorf 8. 8. 1908, österr. Architekt des Jugendstils. Gründungs-Mgl. der Wiener Sezession. – Ausstellungsgebäude (1897/98) der Wiener Sezession; 1899 nach Darmstadt berufen (Gesamtleitung Mathildenhöhe): »Ernst-Ludwig-Haus« (1900/01), »Hochzeitsturm« (1907/08); in Düsseldorf Warenhaus Tietz (1907 bis 09; heute Kaufhof).

Olbricht, Friedrich, *Leisnig 4. 10. 1888, † Berlin 20. 7. 1944 (standrechtlich erschossen), dt. General. Ab 1940 Chef des allg. Heeresamtes im Oberkommando des Heeres; spielte eine zentrale Rolle bei Vorbereitung und Durchführung des Umsturzversuchs 20. 7. 1944 gegen A. Hitler.

Oldenbarnevelt (Oldenbarneveldt, Barnevelt), Johan van, *Amersfoort 14. 9. 1547, † Den Haag 13. 5. 1619 (enthauptet), niederl. Staatsmann. Liberal-aristokrat. Führer im Unabhängigkeitskampf; seit 1586 Ratspensionär von Holland. 1609 schloß O. gegen den Willen des Statthalters, Prinz Moritz' von Oranien, einen zwölfjährigen Waffenstillstand mit den Spaniern; stand auf seiten der Arminianer, im Ggs. zum Statthalter, der O. verhaften und hinrichten ließ.

Oldenburg, Claes [engl. 'ɔʊldənbɔːg], *Stockholm 28. 1. 1929, amerikan. Objektkünstler schwed. Herkunft. Als Vertreter des †Pop-art internat. bekannt. Verfremdet seine Objekte (u. a. Billardkugel, Taschenlampe, Wäscheklammer, Spitzhacke) durch Vergrößerungen ins Monumentale.

Oldenburg, europ. Dynastie. Mit Christian VIII. (†Christian I. von Dänemark) begann die *dän. Hauptlinie* (bis 1863),

Ölbaum.
Zweig mit Blüten

Oldenburg (Oldenburg)
Stadtwappen

Oldenburg

Laurence Olivier

während Christians Bruder Gerhard die *gräfl. Linie O.* weiterführte (1667 erloschen). Die mit der Dreiteilung der Hzgt. Schleswig und Holstein 1544 beginnende Nebenlinie *Gottorf* wurde zum Rivalen des Gesamthauses.

Oldenburg, dt. histor. Territorium, entstanden nach dem Ende des Stammes-Hzgt. Sachsen 1180 im Gebiet um das heutige Oldenburg (Oldenburg). Das 1777 zum Hzgt. erhobene O. verdoppelte 1803 seinen Territorialbestand. Nach Napoleonischer Annexion 1815 wiederhergestellt, wurde das Groß-Hzgt. (seit 1815/29) in drei Landesteilen – neben O. die (seit 1773 bzw. 1814 oldenburg.) Ft. Lübeck und Birkenfeld – regiert. Wurde 1918 dt. Freistaat mit demokrat. Verfassung, 1946 Teil des Landes Niedersachsen.

Oldenburger Warmblutpferd (Stockmaß 160 bis 168 cm)

Oldenburger Warmblutpferd, Rasse heute tief und breit gebauter, 160–165 cm hoher Warmblutpferde; durchweg Braune oder Rappen; Allzweckpferd mit Reitpferdeigenschaften.

Oldenburg (Oldenburg), Hauptstadt des Regierungsbezirks Weser-Ems, Niedersachsen an der Hunte, 143 800 E. Univ.; Niedersächs. Staatsarchiv; Museen und Kunstgalerien; Staatstheater u. a. Bühnen, botan. Garten. U. a. Motoren-, Fleischwarenfabrik, Glashütte, Schiffswerft; Hafen am Küstenkanal. Renaissanceschloß (1604 ff.; heute Landesmuseum für Kunst und Kulturgeschichte); Lambertikirche (1797 und 1887). – 1108 erstmals erwähnt; seit der Mitte des 12. Jh. Mittelpunkt der Gft. Oldenburg.

Olduwaischlucht [nach dem afrikan. Pflanzennamen Olduwai] (Oldowayschlucht, engl. Olduvai Gorge), über 35 km langes Schluchtsystem am SO-Rand der Serengeti (Tansania); zahlr. Funde tier. und menschl. Überreste (Zinjanthropus, Homo habilis, Homo erectus; bis fast 2 Mio. Jahre alt). Ende 1974 wurden bei *Laetolil* (40 km südlich der O.) mehr als 3,5 Mio. Jahre alte Funde vermutlich der Gattung Homo gemacht.

Öle [zu griech.-lat. oleum (mit gleicher Bed.)], Sammel-Bez. für bei Raumtemperatur flüssige, wasserunlösl., viskose organ. Verbindungen, z. B. die *fetten Ö.,* die in ihrem Aufbau den ↑Fetten entsprechen (einschließl. der ↑trocknenden Öle), die ↑Mineralöle und die ↑ätherischen Öle.

Oleander [lat.-italien.], Gatt. der Hundsgiftgewächse mit drei Arten im Mittelmeergebiet bis zum subtrop. O-Asien; bekannt v. a. der *Echte O. (Rosenlorbeer),* ein 3–6m hoher (giftiger) Strauch mit rosafarbenen Blüten; zahlr. Kulturformen.

Oleaster, Wildform des Ölbaums; im Mittelmeergebiet verbreitet.

Olefine [Kw.], svw. ↑Alkene.

Oleg ['oːlɛk, russ. a'ljɛk], † 912, altruss. Fürst. Herrschte seit 879 in Nowgorod, seit 880/882 auch im Kiewer Reich; legte den Grund für das Reich der Rurikiden.

Oleksy, Józef [poln. ɔ'lɛksɨ], * Nowy Sącz 22. 6. 1946, poln. Politiker (Bündnis der Demokrat. Linken). Wirtschaftswissenschaftler; 1993–95 Parlaments-Präs. (Sejmmarschall); 1995–96 Ministerpräsident.

Oléron [frz. ɔleˈrõ], Insel vor der frz. W-Küste bei Rochefort, 175 km²; Austernzucht; durch eine Brücke mit dem Festland bei Marennes verbunden. – Die im 12. Jh. zusammengestellte private Seerechtssammlung *(Rôles d'Oléron)* war bis ins 17. Jh. die Grundlage des abendländ. Seerechts.

Oleum [griech.-lat. 'oleʊm], **1)** *Chemie:* farblose bis dunkelbraune, ölige Flüssigkeit, die beim Lösen von Schwefeltrioxid in konzentrierter Schwefelsäure entsteht; Oxidations- und Sulfinierungsmittel.

2) *Medizin und Pharmazie:* eine ölartige Substanz.

Ölmalerei

Ölfarben, pigmenthaltige, flüssige Anstrichstoffe, die als Bindemittel trocknende Öle (z. B. Leinöl), bei den bes. pastösen Ö. für die *Ölmalerei* zusätzlich Harze, Bienenwachs und äther. Öl enthalten.

Olga, hl., *um 890, † Kiew 969, altruss. Fürstin. Gemahlin des Großfürsten Igor von Kiew; regierte nach dessen Tod 945–961 (?).

Olgierd [poln. ˈɔlgjert] (Algirdas, Algyrdas), Großfürst von Litauen (1345–77). Eroberte seit 1357 die sewer. Ft. an Desna und Oka, 1362 auch Wolynien, Podolien und Kiew.

Olifant [altfrz. »Elefant, Elfenbein«], im MA Signalhorn aus Elfenbein; in der Sage das Horn ↑Rolands.

olig..., Olig... ↑oligo..., Oligo...

Oligarchie [griech.], die Herrschaft einer kleinen Gruppe, die ihre Macht aus eigennützigen Interessen gebraucht; in der griech. Staatstheorie als Verfallsform der Aristokratie beschrieben.

oligo..., Oligo..., olig..., Olig... [griech.], Bestimmungswort von Zusammensetzungen mit der Bedeutung »wenig, gering«.

Oligophrenie [griech.], zusammenfassende Bez. für verschiedene Formen und Grade von ererbtem, angeborenem oder frühzeitig (bes. perinatal) erworbenem Intelligenzmangel (Geistesschwäche).

Oligopol [griech.], Marktform, bei der auf der Angebots- oder auf der Nachfrageseite eines Marktes jeweils nur wenige Anbieter bzw. Nachfrager miteinander in Konkurrenz stehen. Ein O. auf der Nachfrageseite wird auch als *Oligopson* bezeichnet.

Oligosaccharide [...zaxaˈriːdə] ↑Kohlenhydrate.

oligotroph, nährstoff- und humusarm.

Oligozän [griech.], in den *Geowiss.* mittlere Abteilung des Tertiärs.

Oliva, ehem. Zisterzienserabtei in Danzig, gegr. um 1178; Backsteinkirche (13. und 14. Jh.). – Im *Frieden von O.* (3. 5. 1660) zw. Schweden und Polen mit seinen Verbündeten Brandenburg und Österreich mußte Polen den schwed. Besitz in Livland und Estland sowie die Souveränität des brandenburg. Kurfürsten im Hzgt. Preußen anerkennen.

Olive [griech.-lat.] ↑Ölbaum.

Olivenbaum, svw. ↑Ölbaum.

Olivenöl, aus den Früchten des Echten Ölbaums gewonnenes, gelbes bis grünlichgelbes, fettes Öl, das zu etwa 80 % aus Glyceriden der Ölsäure besteht.

Oliver, Joe [engl. ˈɔlivə], gen. King O., eigtl. Joseph O., *bei New Orleans 11. 5. 1885, † Savannah (Ga.) 8. 4. 1938, amerikan. Jazzmusiker (Kornettist, Komponist).

Olivetti S. p. A., italien. Unternehmen der Elektrotechnik und Büromaschinen-Ind., gegr. 1908, Sitz Ivrea.

Olivier, Sir (seit 1947) Laurence [engl. ɔˈlɪvɪə], Baron of Brighton (seit 1970), *Dorking bei London 22. 5. 1907, † Brighton 11. 7. 1989, brit. Schauspieler, Theater- und Filmregisseur. War u. a. 1963–73 Direktor des National Theatre in London; weltberühmt wurde er als Darsteller Shakespearescher Figuren und durch seine Shakespearefilme (auch Regie und Drehbuch): »Heinrich V.« (1944), »Hamlet« (1948), »Richard III.« (1955); spielte in über 60 Filmen (u. a. »Der Prinz und die Tänzerin«, 1957; auch Regie), auch Fernsehrollen (u. a. »König Lear«, 1982).

Olivin [griech.-lat.] (Peridot), meist oliv- bis flaschengrünes Mineral, chemisch $(Mg,Fe)_2SiO_4$; tritt in orthorhomb., prismat. bis dicktafeligen Kristallen auf; Mohshärte 6,5–7,0, Dichte etwa 3,3 g/cm³. Dem O. in morpholog. und physikal. Eigenschaften ähnelnde Silicatminerale von Magnesium, Eisen, Mangan, Zink, Blei und Calcium werden als *Olivine* bezeichnet.

Ölkohle, unerwünschter, kohleartiger Belag, der sich bei der Verbrennung von Kraftstoffen in Motoren absetzt.

Ölkuchen (Preßkuchen), harte Rückstände der Ölgewinnung aus ölhaltigen Samen (z. B. Lein, Soja); Kraftfuttermittel v. a. für Rindvieh.

Ollenhauer, Erich, *Magdeburg 27. 3. 1901, † Bonn 14. 12. 1963, dt. Politiker (SPD). Ab 1933 Mgl. des Parteivorstands bzw. des Exilvorstands der SPD; Partei- und Oppositionsführer nach dem Tode K. Schumachers (1952); trat für die Umwandlung der SPD in eine Volkspartei durch die Annahme des ↑Godesberger Programms (1959) ein.

Ölmalerei, die Maltechnik, bei der die Bindung der Pigmente durch Öl (Nuß-, Mohn- oder Leinöl) und Beimischung

Olifant aus Sizilien (11. Jh.; New York, Metropolitan Museum)

Oleander. Echter Oleander

Olme

Olmütz
Stadtwappen

von Harzen (heute Kunstharzen) erfolgt; die Farbteilchen werden so mit einer transparenten Schicht umgeben, die ihnen auch noch nach dem Trocknen Leuchtkraft und Tiefe verleiht. Ölfarben lassen sich lasierend und pastos auftragen, ohne ineinander zu verlaufen. Giotto suchte durch nachträgl. Ölfirnis Glanz und Leuchten der Farbe zu erzielen. Jan van Eyck verwendete Temperafarben bzw. Harz- und Leinöllasuren. Noch Tizian spricht von 30–40 Lasuren. Seit dem 17. Jh. gibt es reine Ö. (Hartölfarben), wobei der auf der Palette gemischte Farbton Kolorit und Modellierung in einem Arbeitsvorgang gibt und rascheres Arbeiten erforderlich wird (Harze trocknen schnell).

Olme (Proteidae), Fam. langgestreckter Schwanzlurche mit sechs Arten in Süßgewässern Europas und N-Amerikas; nie an Land gehende, zeitlebens im Larvenzustand verbleibende Tiere, u. a. der etwa 20–25 cm lange *Grottenolm*.

Olmeken. Kolossalkopf aus Basalt, Höhe 2,40 m (etwa 850 bis 150 v. Chr.; Villahermosa, La-Venta-Park)

Olmeken, Volk unbekannter Herkunft, Träger einer frühen Kultur an der südl. Golfküste Mexikos; Blütezeit 1200 bis 400 v. Chr., Kerngebiet im Tiefland von S-Veracruz und Tabasco, Hauptort La Venta. Typ. ist der Zentralplatz mit Tempelpyramiden und Plattformen; Anfänge von Kalender und Schrift; Steinbearbeitung: monumentale Menschenköpfe (bis 4 m hoch), große Altäre, Stelen, Kleinkunst. Ab 800 Errichtung von Handelsniederlassungen in Z- und W-Mexiko, Oaxaca, Guatemala und El Salvador.

Olmütz (tschech. Olomouc), Stadt an der March, Tschech. Rep., 106 000 E. Univ., PH, Museum, Gemäldegalerie, Staatsarchiv; internat. Gartenbauausstellung, Biennale der tschechoslowak. Bildhauerkunst.
Stadtbild: Der Wenzelsdom (12., 13. und 16. Jh.) wurde im 19. Jh. neugotisch erneuert; spätgotische Mauritiuskirche, Barockkirchen Sankt Michael und Maria Schnee; Rathaus (1378 als Kauf- und Stapelhof erbaut) mit astronomischer Uhr (15. Jh.); ehem. Adelspaläste und Bürgerhäuser aus Renaissance und Barock.
Geschichte: Seit 1063 Bistum, 1777 zum Erzbistum erhoben; kam 1310 mit Mähren, als dessen Hauptstadt es neben Brünn bis 1640 galt, an die Luxemburger, 1526 an die Habsburger; im 18. Jh. neben Brünn Tagungsort der mähr. Stände.

Olmützer Punktation, am 29. 11. 1850 in Olmütz von Preußen und Österreich geschlossener Vertrag, in dem Preußen unter russ. Druck darauf verzichtete, die dt. Einheit unter preuß. Führung zu verwirklichen.

Ölofen ↑ Heizung.

Ölpalme, Gatt. der Palmen mit acht Arten in trop. W-Afrika und in S-Amerika; die wirtschaftl. wichtigste Art ist die *Afrikan. Ö.*, eine in den Tropen kultivierte, 15–30 m hohe Palme. Die Fruchtstände tragen pro Fruchtstand etwa 800–2000 pflaumengroße Einzelsteinfrüchte mit fleischigem Mesokarp und hartem Samen. Aus dem Mesokarp wird Palmfett, aus den Samen Palmkernfett gewonnen.

Olpe, Kreisstadt im Sauerland, an Bigge und Biggestausee, NRW, 23 800 Einwohner.

Olperer, mit 3476 m höchster Gipfel der Zillertaler Alpen, Österreich.

Ölpest, die Verschmutzung von Uferregionen, v. a. der Meeresküsten, samt der dortigen Flora und Fauna durch Rohöl (z. B. aus Off-shore-Bohrungen oder Tankerunglücken) oder Ölrückstände (z. B. aus dem Bilgenwasser der Schiffe). Öl beeinträchtigt den Gasaustausch sowie andere Lebensfunktionen des Biotops Wasser erheblich und führt zu Schädigung oder Tod von Meerestieren

Olymp

und -pflanzen. Innerhalb von 1–2 Wochen verfliegen die leichteren Bestandteile des Öls, die schwer flüchtigen Komponenten jedoch verbinden sich mit dem Meerwasser zu einer zähen, braunen Brühe, die nach einigen Wochen entweder auf den Meeresgrund absinkt, als Teerklumpen an die Strände treibt oder sich in großen Wirbelströmen sammelt. Augenfälligste Folge ist das massenhafte Verenden von Wasservögeln durch Verkleben des Gefieders. – Auf dem freien Meer schwimmende Ölfelder werden erst in einigen Wochen bis Monaten durch Bakterien und Hefepilze weitgehend abgebaut. Chemische Verfahren, das Öl durch Dispersionsmittel zum Absinken zu bringen, sind sehr umstritten, da sie möglicherweise die Organismen des Meeresbodens vergiften. Die Bekämpfung der Ölpest erfolgt daher v. a. durch Eingrenzen und Abschöpfen bzw. Abpumpen der Ölschicht. Zur biologischen Bekämpfung sind erste Ansätze durch die Züchtung eines Bakterienstammes (Pseudomonaden) gemacht worden.

Ölpflanzen, Kulturpflanzen, deren Samen oder Früchte fette Öle liefern, die der menschlichen und tierischen Ernährung dienen und für medizinische und technische Zwecke verwendet werden. Zu den *Ölsaaten* gehören z. B. die Samen von Erdnuß, Öllein, Ölkürbis, Raps, Rizinus, Soja, Senf, Mohn, Lein, Rübsen und Sonnenblume. Zu den *Ölfrüchten* gehören die Früchte des Echten Ölbaums, der Ölpalme und der Kokospalme.

Ölsande, Sande und Sandsteine mit hohem Bitumengehalt.

Ölsäure (Oleinsäure, cis-n-Octadecen-(9)-säure), einfach ungesättigte Fettsäure; farb- und geruchlose, wasserunlösl. Flüssigkeit, die durch Hydrierung in feste Stearinsäure überführt werden kann. Ö. ist als Glycerid Bestandteil zahlr. tier. und pflanzl. Fette und Öle.

Ölschiefer, aus Faulschlamm entstandene, dunkle tonige Gesteine mit hohem Bitumengehalt.

Olten, Bezirkshauptort im schweizer. Kt. Solothurn, 17 800 E. Histor. Museum, Kunstmuseum; u. a. Metallverarbeitung. Klassizist. Stadtkirche (19. Jh.), ehem. Rathaus (1705); spätgot. Bürgerhäuser; Holzbrücke über die Aare (1803 erbaut).

Ölweide, Gatt. der Ölweidengewächse mit rd. 40 Arten in Asien, S-Europa und N-Amerika; sommer- oder immergrüne Sträucher. Ziersträucher sind die *Schmalblättrige Ölweide* und die *Silber-Ölweide.*

Olymp, mit 2 911 m höchster Berg Griechenlands, im NO des Landes, galt in der Antike als Sitz der Götter.

Olympia [oˈlympia], **1)** Ruinenstätte und kleine Ortschaft mit archäolog. Museum in der Peloponnes, am Alpheios, Griechenland. Alter bronzezeitl. Kultort, Tempelbau seit dem 7. Jh. v. Chr.; zu Ehren des olymp. Zeus wurden hier die †Olympischen Spiele abgehalten. Ausgrabungen seit 1875: Festplatz mit dor. Zeustempel (etwa 470–456), Philippeion (nach 338 v. Chr.), Heratempel (um 600 v. Chr.), Pelopion (4. Jh. v. Chr.; urspr. spät-

Olympiade

myken. Grabhügel), 12 Schatzhäuser (6./5. Jh.), Metroion (um 400 v. Chr.). Den östl. Abschluß des hl. Bezirks (Altis) bildet die »Echohalle« (Länge 98 m, 4. Jh. v. Chr.), außerhalb der Altis Stadion, Gymnasion und Palästra (3. Jh. v. Chr.), Bäder (z. T. 5. Jh. v. Chr.), Gästehäuser (Leonidaion, 4. Jh. v. Chr.).

2) [engl. əʊ'lɪmpɪə], Hauptstadt des Staates Washington, USA, Hafen am S-Ende des Puget Sound, 27 400 E; Bibliothek (Washington State Library); Holzindustrie, Fischerei, Austernzucht.

Olympiade [griech.], im antiken Griechenland Bez. für den Zeitraum von vier Jahren, der mit dem Jahr der Spiele in Olympia begann. ↑Olympische Spiele.

Olympias, * 375, † Pydna 316 (ermordet), makedon. Königin. Seit 357 ∞ mit Philipp II., Mutter Alexanders d. Gr.; vermutlich beteiligt an der Ermordung (336) ihres Mannes.

Olympische Spiele, alle vier Jahre stattfindende Festspiele mit sportl. Wettkämpfen. – Im *Altertum* ab 776 v. Chr. bezeugt, wurden sie in Olympia zu Ehren des Zeus veranstaltet und hatten gesamtgriech. Bedeutung. An fünf Tagen wurden gymnastische Wettkämpfe (Wettlauf über mehrere Strecken, Wurf- und Sprungübungen, Faustkampf, Ringen, Pankration, Pentathlon [Fünfkampf]) sowie Pferde- und Wagenrennen ausgetragen. Von Kaiser Theodosius d. Gr. 393 als heidn. Götterverehrung verboten.

Die O. S. der *Neuzeit* wurden 1894 von P. de Coubertin ins Leben gerufen und erstmals 1896 in Athen ausgetragen; seit 1924 gibt es auch Olymp. Winterspiele. Bis 1992 fanden Sommer- und Winterspiele im gleichen Jahr statt, seit 1994 werden sie jeweils um zwei Jahre versetzt veranstaltet. Veranstalter ist das ↑Internationale Olympische Komitee (IOC).

Die Durchführung der O. S. ist in den *olymp. Regeln* festgelegt: Es können nur Amateure teilnehmen. Das vom IOC festzulegende Programm soll mindestens 15 *olymp. Sportarten* umfassen: Basketball, Bogenschießen, Boxen, Fechten, Fußball, Gewichtheben, Handball, Hockey, Judo, Kanu, Leichtathletik, moderner Fünfkampf, Radsport, Reiten, Ringen, Rudern, Schießen, Schwimmen mit Wasserspringen und Wasserball, Segeln, Tennis, Turnen, Volleyball. Im Programm der Winterspiele stehen: Biathlon, Bobfahren, Eishockey, Eiskunstlauf und Eisschnellauf, Rodeln, alpiner und nord. Skilauf. Seit 1988 dauern die O. S. jeweils 16 Tage. Die *olymp. Fahne* (seit 1920) mit den fünf *olymp. Ringen* (blau, gelb, schwarz, grün, rot) wird im Stadion gehißt; das *olymp. Feuer* wird im Rahmen der Eröffnungszeremonie entzündet, ein Sportler des Gastgeberlandes spricht das *olymp. Ge-*

Olympische Spiele. Olympische Ringe

Olympische Spiele. Eröffnungsfeier der Olympischen Sommerspiele in Seoul 1988; koreanische Spieler tragen die olympische Flagge ins Stadion, in dessen Mitte sich sämtliche teilnehmenden Sportler versammelt haben; auf den Rängen bilden Zuschauer mit Fähnchen das Wort »Harmony«

löbnis, ein für alle Teilnehmer gegebenes Versprechen, fair zu kämpfen. Die *olymp. Medaillen* für die Sieger jeder Disziplin (Gold: 1. Platz, Silber: 2. Platz, Bronze: 3. Platz) werden von Mgl. des IOC überreicht.

Olympus, mit 1 953 m höchster Berg Zyperns, im Troodos.

Om [Sanskrit], hl. Silbe des Hinduismus und Buddhismus. Im Lamaismus seit dem 8. Jh. in der Formel *om mani padme hum,* deren Bed. umstritten ist.

Omaha [engl. 'ǝʊmǝhɔ:], Stadt am Missouri, Nebraska, USA, 349 300 E. Zwei Univ.; Nahrungsmittel-, Maschinen-, chem. und Bekleidungs-Ind., Bleihütte, Flußhafen.

Omaha [engl. 'ǝʊmǝhɔ:], Sioux sprechender Indianerstamm in der zentralen Prärie (NO-Nebraska, USA).

Omaijaden, erste Kalifendynastie in Damaskus, 661–750, in Córdoba 756–1030; ihre Herrschaft über das vom Amur bis zum S-Frankreich sich erstreckende Reich beschränkte sich im wesentl. auf die militär. Kontrolle; 749/50 durch die Abbasiden gestürzt; 756 führte die Linie der Merwaniden in Córdoba die Herrschaft der Dynastie fort.

Oman, Staat in Asien, grenzt im SW an Jemen, im W an Saudi-Arabien, im NW an die Vereinigten Arab. Emirate, im NO an den Golf von Oman, im O an das Arab. Meer. Zu O. gehört die Spitze der Halbinsel Ruus al-Djebel.

Staat und Recht: Absolute Monarchie (Sultanat). *Staatsoberhaupt* und Inhaber der *Exekutivgewalt* ist der Sultan. Es besteht ein Nationaler Konsultativrat mit 59 auf 3 Jahre ernannten Mgl. aus den Provinzen. Die *Gesetzgebung* erfolgt durch Verordnungen; es gibt keine *Parteien.*

Landesnatur: Kernraum ist die Küstenebene im O, aus ihr steigt steil das 600 km lange Omangebirge auf, das über 3 000 m Höhe erreicht. Nach W geht das Gebirge in die inneren Wüstengebiete der Arab. Halbinsel über. Es herrscht randtrop. Klima. Abgesehen von den Oasen sind Büschelgräser und Dornsträucher vorherrschend.

Bevölkerung: 80% der E sind Araber, 5% Sufari, daneben leben Mischlinge und Minderheiten (Inder, Djannaba). Die Omani gehören überwiegend der islam. Sekte der Ibaditen an.

Omangebirge

Oman

Fläche:	212 457 km²
Einwohner:	1,637 Mio.
Hauptstadt:	Maskat
Amtssprache:	Arabisch
National-feiertag:	18. 11.
Währung:	1 Rial Omani (R. O.) = 1 000 Baizas (Bz.)
Zeitzone:	MEZ + 3 Std.

Wirtschaft, Verkehr: Für den Eigenbedarf werden Gerste, Hirse, Gemüse, Oliven und Baumwolle angebaut. Für den Export werden Datteln, Granatäpfel, Zitrusfrüchte und Tabak geerntet. Weihrauch wird in den Karabergen gesammelt. Am S-Fuß des Omangebirges wird Erdöl gefördert. Es ist die Haupteinnahmequelle des Landes. 3 222 Straßenkilometer sind asphaltiert. Moderne Häfen sind Matrah und Raysut. Internat. ✈ ist Maskat.

Geschichte: O. wurde um 630 islamisch, im 9. Jh. faktisch unabhängiges Imamat; 1509 Eroberung durch die Portugiesen, die um 1650 aus O. vertrieben wurden; im 19. Jh. Festigung der Herrschaft über große Teile O-Afrikas. Ende des 19. Jh. geriet O. völlig unter brit. Einfluß. Seit den 1970er Jahren Entwicklung des Landes zu einem modernen Staat, jedoch unter der absoluten Herrschaft des Sultans Kabus ibn Said ibn Taimur.

Oman, Golf von, Teil des Indischen Ozeans, zwischen dem Küstenabschnitt der Arabischen Halbinsel am NO-Fuß des Omangebirges und der südiran. Küste.

Omangebirge, Randgebirge im O der Arab. Halbinsel, südlich und westlich des Golfes von Oman, bis über 3 000 m hoch.

Oman

Staatsflagge

Staatswappen

Bevölkerung (in Mio.) | Bruttosozialprodukt je E (in US-$)

Bevölkerungsverteilung 1992

Bruttoinlandsprodukt 1992

Omar I.

Omar I. ibn al-Chattab, *Mekka um 580, † Medina 3. 11. 644 (ermordet), zweiter Kalif (seit 634). Legte die Grundlagen für die militär. und zivile Verwaltung des Kalifenreiches, das sich unter seiner Herrschaft bis zum Kaukasus und nach Iran ausbreitete.

Omar-e Chajjam [- xaɪ'ja:m], *Naischabur 18. 5. 1048, † ebd. 4. 12. 1131, pers. Mathematiker, Astronom und Dichter. Bedeutendster Mathematiker seiner Zeit; schrieb Vierzeiler zw. skeptisch-frivoler Freigeisterei und mystisch-pantheist. Tiefsinn. Reformierte den muslim. Kalender.

Ombudsman [schwed.], ein aus der schwed. Verfassungsentwicklung stammendes Amt (Behörde); i. d. R. eine von der Volksvertretung bestellte Vertrauensperson, die ohne unmittelbare Eingriffsmöglichkeit die Rechtsanwendung und den Rechtsschutz des einzelnen beaufsichtigen sowie die parlamentar. Kontrolle über bestimmte Verwaltungszweige verstärken soll.

Omdurman, Teil der städt. Agglomeration von Khartum, am Nil, Sudan, 526 300 E. Islam. Hochschule, College für Frauen; Handelszentrum. – Nach der Zerstörung Khartums 1885 von Mahdi als seine Hauptstadt gegründet. Die Schlacht von O. am 2. 9. 1898 brach die Macht der Mahdisten.

Omega [griech.], letzter (24.) Buchstabe des klass. griech. Alphabets mit dem Lautwert [ɔ:]: Ω, ω.

Omega-Verfahren, ein Hyperbelnavigationsverfahren im Längstwellenbereich (10–14 kHz), bes. für die Hochseeschiffahrt (↑Funknavigation).

Omen (Mrz. Omina) [lat.], (von der Mantik gedeutetes) gutes oder schlechtes Vorzeichen.

Omikron [griech.], 16. Buchstabe des urspr., 15. des klass. griech. Alphabets mit dem Lautwert [o]: O, o.

ominös [lat.-frz.], von schlechter Vorbedeutung; zweifelhaft.

Ommatidien [griech.], die Einzelaugen des Facettenauges.

omnipotent [lat.], allmächtig, alles vermögend.

Omnivoren [lat.], svw. Allesfresser.

omphalos [griech. »Nabel«], mythisch begründete religionsgeograph. Mittelpunktsvorstellung der Welt; im antiken Griechenland: Delphi.

Eugene O'Neill

Omri (Vulgata: Amri), König von Israel (etwa 882–871); Begründer der ersten Dynastie Israels.

Omsk, russ. Geb.-Hauptstadt an der Mündung des Om in den Irtysch, 1,16 Mio. E. Univ., Hochschulen; Museen, Theater; Erdölraffinerie u. a. Ind.-Betriebe; Hafen am Irtysch, ⚓. – Gegr. 1716.

Onager [griechisch-lat. »Wildesel«], **1)** asiat. ↑Halbesel.
2) altröm. Wurfmaschine, eine Steinschleuder.

Onan, Gestalt des AT; Sohn des Judas, der sich der Pflicht zur Leviratsehe durch Coitus interruptus entzog; dafür von Gott mit vorzeitigem Tod bestraft. Der Begriff Onanie wird zu Unrecht von O. abgeleitet.

Onanie, svw. ↑Masturbation.

Onchozerkose [griech.], durch Fadenwürmer der Gatt. Onchocerca verursachte Wurmkrankheit, v. a. in Afrika und M-Amerika.

Oncken, Hermann, *Oldenburg (Oldenburg) 16. 11. 1869, † Göttingen 28. 12. 1945, dt. Historiker. Bed. Werke zur Geschichte des 19. Jh., u. a. »Die Rheinpolitik Kaiser Napoleons III. von 1863 bis 1870...« (1926).

Ondit [õ'di:, frz. »man sagt«], Gerücht, Gerede.

Ondra, Anny, eigtl. Anna Ondráková, *Tarnów bei Krakau 15. 5. 1903, † Hollenstedt bei Hamburg 28. 2. 1987, dt. Schauspielerin. Ab 1933 ∞ mit M. Schmeling; im Nat.-Soz. gefeierter Filmstar.

Onegasee, mit 9700 km² zweitgrößter See Europas, im NW Rußlands, Abfluß durch den Swir zum Ladogasee.

Oneida [engl. əʊ'naɪdə] ↑Irokesen.

O'Neill, Eugene [engl. əʊ'ni:l], *New York 16. 10. 1888, † Kap Cod bei Boston 27. 11. 1953, amerikan. Dramatiker. Neben seinen expressionist. Dramen (»Der haarige Affe«, 1922; »Alle Kinder Gottes haben Flügel«, 1924) wurden die Komödie »O Wildnis« (1933), das groteske Schauspiel »Der Eismann kommt« (1946) sowie das autobiograph. Drama »Eines langen Tages Reise in die Nacht« (hg. 1956) bes. bekannt; als Hauptwerk gilt die Dramentrilogie in 13 Akten »Trauer muß Elektra tragen« (1931); Nobelpreis für Literatur 1936. – *Weitere Werke:* Ein Mond für die Beladenen (1952), Alle Reichtümer der Welt (hg. 1964).

Onitsha [engl. ɔːniˈtʃaː], nigerian. Stadt am Niger, 268 700 E. Leprosorium; einer der größten Märkte Westafrikas; Hafen.

onko..., Onko... [griech.], Bestimmungswort von Zusammensetzungen mit der Bedeutung »Geschwulst«.

Onkogene (Krebsgene, Tumorgene), Gene, die eine bösartige Veränderung von Zellen bewirken können. Zunächst wurden sie bei Tumorviren (virale O.), später auch im menschl. und tier. Erbgut (zelluläre O.) nachgewiesen.

Onkologie, in der *Medizin* die Lehre von den Geschwülsten.

On-line-Betrieb [engl. ˈɔnlaɪn] (direkte Datenverarbeitung), Betrieb einer EDV-Anlage, bei dem diese direkt mit dem zu erfassenden, zu steuernden oder zu berechnenden Arbeitsablauf gekoppelt ist. Im Ggs. dazu werden beim *Off-line-Betrieb* (indirekte Datenverarbeitung) die zu verarbeitenden Daten vor der Verarbeitung auf Lochstreifen, Magnetband o. ä. zwischengespeichert.

Onomasiologie [griech.], Bezeichnungslehre; sprachwiss. Disziplin, die die verschiedenen Bezeichnungen von Dingen, Erscheinungen untersucht, und sie in bedeutungsähnl. Wortfeldern systematisiert (z. B. Empörung, Aufstand, Aufruhr, Revolution).

Onon [russ. aˈnɔn], rechter Quellfluß der ↑Schilka, 1 032 km lang.

Onondaga ↑Irokesen.

Önorm [Kw. aus **Ö**sterreichische **Norm**], dem dt. DIN entsprechende österr. Ind.-Norm.

Onsager, Lars, * Oslo 27. 11. 1903, † Coral Gables (Fla.) 5. 10. 1976, amerikan. Physiker norweg. Herkunft. Grundlegende Arbeiten zur Thermodynamik irreversibler Prozesse, 1939 Aufstellung einer Theorie der Isotopentrennung; 1968 Nobelpreis für Chemie.

Ontario [engl. ɔnˈtɛərɪəʊ], kanad. Prov. südlich der Hudsonbai, 1 094 123 km² (davon etwa 18% Gewässer), 10,085 Mio. E, Hauptstadt Toronto. – Ab 1613 von Franzosen erforscht, kam 1763 in brit. Besitz.

Ontariosee, mit 19 529 km² der östlichste und kleinste der Großen Seen N-Amerikas; durch den O. verläuft die Grenze zw. USA und Kanada; Zufluß aus dem Eriesee durch den Niagara River, Abfluß durch den Sankt-Lorenz-Strom.

onto..., Onto... [griech.], Bestimmungswort von Zusammensetzungen mit der Bedeutung »Wesens..., Seins...«.

Ontogenie [griech.] (Ontogenese, Individualentwicklung), die gesamte Entwicklung eines Individuums, im Unterschied zur Stammesentwicklung.

Ontologie, Teilgebiet der ↑Metaphysik. Als Lehre von der begriffl. Bestimmung des Seins bewegt sich die O. auf der Ebene der Abstraktion (von der materiellen Seite der Dinge; Ggs. ↑Materialismus): die Existenz den Dinge erklärt sich aus ihrer Denkmöglichkeit, d. h. Sein und Denken sind identisch bzw. sind Ausdruck des »göttl. Wissens«; menschl. Denken definiert sich als Kombination des göttl. Begriffs. – Mit Kants ↑Transzendentalphilosophie verliert die metaphys. O., deren letzter großer Vertreter ↑Leibniz war, an Bedeutung. – Im 20. Jh. wurde die O. durch die ↑Phänomenologie und ↑Existenzphilosophie, in deren Mittelpunkt der Mensch steht, der die Erklärung seiner Existenz aus sich selbst erschließen muß, neu entdeckt.

ontologischer Gottesbeweis ↑Gottesbeweis.

Onyx [griech.-lat.], 1) Varietät des Chalcedons; Schmuckstein.
2) (O. marmor) transparente Kalksteine; für kunstgewerbl. Gegenstände.

oo..., Oo... [griech. o-o...], Bestimmungswort von Zusammensetzungen mit der Bedeutung »Ei«.

Oogamie [griech. o-o...], Art der geschlechtl. Fortpflanzung, bei der der weibl. Gamet eine unbewegl. Eizelle ist und der männl. Gamet ein bewegl. Spermium.

Oogenese [griech. o-o...] (Eibildung, Eireifung), Entwicklung der Eizellen aus den Ureizellen *(Oogonien)* der Keimbahn bis zur Entstehung der reifen Eizellen.

Oolith [griech. o-o...] (Eierstein), aus verkitteten *Ooiden* (runde Mineralkörnchen) gebildetes Gestein.

OP, 1) Abk. für **O**rdo **P**raedicatorum, ↑Dominikaner.
2) Abk. für **Op**erationssaal.

op., Abk. für ↑**Op**us (Musik).

opak [lat.], lichtundurchlässig.

Onyx 1)

Lars Onsager

Opal

Opal
in braunem Nebengestein

Opal [Sanskrit-griech.-lat.], glasige bis wachsartig glänzende, milchigweiße oder gefärbte Substanz aus Kieselsäure mit sehr unterschiedl. Wassergehalt, chem. $SiO_2 \cdot nH_2O$; Mohshärte 5,5–6,6, Dichte 2,1–2,2 g/cm³. O. kann in Chalcedon und schließl. in Quarz übergehen. Varietäten des O. sind der bläulichgraue bis weißl., durch sein opalisierendes Farbenspiel ausgezeichnete *Edel-O.* und der auch als Schmuckstein verwendete fast klare, orangefarbene bis feuerrote *Feuer-Opal*.

Opaleszenz [Sanskrit-griech.-lat.], das opalartige Schillern von trüben Medien.

Op-art [engl. ˈɔp-ɑːt, gekürzt aus optical art »opt. Kunst«], zeitgenöss., seit Mitte der 1950er Jahre entwickelte Kunst. Kalkulierte Gesetzmäßigkeiten von Linien, Flächen und Farbkombinationen ergeben illusionist. Effekte. Hauptvertreter sind V. de Vasarély, die »Groupe de Recherche d'Art Visuel« (J. Le Parc u. a.) und J. R. Soto.

Opatija, kroat. Ort bei Rijeka, 10 000 E. Seebad und heilklimat. Kurort. – Kam 1918 an Italien, 1947 an Jugoslawien.

Op-art.
Victor de Vasarély.
»Opus 3« (1969;
Musée d'Art Moderne
de la Ville de Paris)

Opava (dt. Troppau), Stadt am O-Rand des Niederen Gesenkes, Tschech. Rep., 62 200 E. Schles. Museum; u. a. Herstellung von Bergwerksausrüstungen. Got. Propsteikirche Maria Himmelfahrt (14. Jh.), spätgot. Heilig-Geist-Kirche (15. Jh.); mehrere Barockpalais, u. a. Palais Blücher-Wahlstadt. – Nach 1742 (bis 1928) Hauptstadt von Österr.-(später Tschech.-)Schlesien.

OPEC, Abk. für engl. **O**rganization of the **P**etroleum **E**xporting **C**ountries (»Organisation der Erdöl exportierenden Länder«), 1960 gegr. internat. Organisation zur Koordinierung der Erdölpolitik ihrer Mgl.-Länder (Algerien, Gabun, Indonesien, Irak, Iran, Katar, Kuwait, Libyen, Nigeria, Saudi-Arabien, Venezuela, Vereinigte Arab. Emirate; Ecuador trat 1992 aus); Sitz Wien (seit 1965; vorher Genf). – Die OPEC war zunächst eine Schutzorganisation gegen die Ölkonzerne, mit denen Fördermengen und feste Rohölpreise ausgehandelt wurden. Zur autonomen Preisfestsetzung (und zum Einsatz des Erdöls als polit. Druckmittel) ging die OPEC über, als die Ölkonzerne bei Verhandlungen in Wien im Okt. 1973 zögerten, die Forderungen nach höherem Inflationsausgleich und Anhebung der Listenpreise zu akzeptieren. Es kam zum ersten »Ölpreisschock«, der bis Anfang 1974 zu einer Vervierfachung des Rohölpreises führte. Ein weiterer Preisschub fand 1979 statt, als die meisten OPEC-Staaten ihre Fördermengen stark einzuschränken begannen, um ihre Ölreserven zu strecken. So ist der OPEC-Anteil an der Weltförderung von 47,8 % (= 1 524 Mio. t) 1979 auf 38,5 % 1991 zurückgegangen. Sieben Mgl.-Länder sind zugleich Mgl. der 1968 gegr. *Organisation der arabischen Erdöl exportierenden Staaten* (Organization of the Arab Petroleum Exporting Countries, Abk. *OAPEC*).

Opel (Adam O. AG), Unternehmen der Kfz-Ind.; Sitz Rüsselsheim; hervorgegangen aus den 1862 von Adam O. (* 1837, † 1895) gegr. Opel Werken, in denen zunächst Nähmaschinen, später Fahrräder und seit 1898 Kfz hergestellt wurden; 1929 Umwandlung in eine AG und Übernahme der Aktienmehrheit durch die ↑General Motors Corporation.

open end [engl. ˈəupən ˈɛnd »offenes Ende«], Hinweis auf den zeitlich nicht festgelegten Endpunkt einer Veranstaltung.

Oper [lat.-italien.], Bühnenstück, dessen Dramaturgie von der Musik (Solo-

Oper

Oper. Szenenphoto der Uraufführung von Wolgang Rihms »Hamletmaschine« (1987) am Nationaltheater Mannheim

stimmen, Chor und Orchester) bestimmt ist; der Text *(Libretto)* wird überwiegend gesungen, teilweise auch gesprochen. Die O. wird mit einer ↑Ouvertüre durch das Orchester eingeleitet; das weitere dramatische Geschehen wird zusammen mit der Orchestermusik von ↑Arien, ↑Duetten, ↑Ensembles, ↑Rezitativen, Chören (und teilweise auch instrumentalen Zwischenspielen) getragen (↑Nummernopern). Gattungsmäßig unterscheidet man die sog. ernste Oper (in Italien: *Opera seria,* in Frankreich: Grand opéra) und die komische Oper (in Italien: *Opera buffa,* in Frankreich: Opéra comique) sowie das (dt.) ↑Singspiel und die ↑Operette. Eine frz. Besonderheit ist die sog. *Ballett-O.* (Opéra ballet bzw. Comédie ballet), die u. a. durch die Zusammenarbeit von Molière und J.-B. Lully bekannt ist.

Geschichte: Die O. entstand um 1600 in Italien, v. a. in Florenz (I. Peri, G. Caccini) und Venedig (F. Cavalli, A. Stradella); aus dieser Zeit ragen die Werke C. Monteverdis (»Orfeo«, 1607) heraus. Von Italien wirkte die O. nach Frankreich (J.-B. Lully, J.-P. Rameau), England (H. Purcell) und Deutschland: Die erste dt. Oper schrieb H. Schütz (»Dafne«, 1637); die barocke O. ist v. a. durch G. F. Händel (»Arianna«, 1734) vertreten; den Höhepunkt des Opernschaffens stellen die Werke W. A. Mozarts dar (»Figaros Hochzeit«, 1786; »Don Giovanni«, 1787, beide Textbücher von L. Da Ponte; »Zauberflöte«, 1791). C. M. von Weber schuf mit seinem »Freischütz« (1821) die romant. Oper, während die kom. Oper v. a. von A. Lortzing (»Zar und Zimmermann«, 1837) vertreten wird; die vollendete Form der romant. Oper ist das *Musikdrama* R. Wagners.

In Italien folgten auf G. Rossini, V. Bellini und F. Donizetti die großen Opern G. Verdis, dessen Musiksprache zukunftsweisend auch auf die Opernentwicklung anderer Länder wirkte. Für die Entwicklung der O. in Frankreich blieb G. Bizets »Carmen« (1875) neben der konventionellen Oper *(Tragédie lyrique;* Ch. Gounod, J. Massenet) eine Ausnahme. M. Mussorgski gab mit »Boris Godunow« (1874) der nationalruss. Schule wichtige Anregungen, die von M. I. Glinka, A. Borodin, P. I. Tschaikowski und N. Rimski-Korsakow aufgenommen wurden. Mit Werken nationaler Eigenart traten die Tschechen B. Smetana und L. Janáček hervor. Die ital. O. erlebte um die Jahrhundertwende mit G. Puccini, R. Leoncavallo und P. Mascagni eine späte Blüte. In Deutschland wurde das Musikdrama in den Werken von H. Pfitzner und bes. R. Strauss weitergeführt. Neben I. Strawinski pflegten A. Honegger und D. Milhaud das *O.-Oratorium.* Innerhalb

Operation

der Zwölftonmusik sind der »Wozzek« (1925) von A. Berg neben A. Schönbergs »Moses und Aron« (1930–32) ein ganz besonderer Beitrag zur O. Eine Sonderentwicklung war das von B. Brecht geprägte, von H. Eisler, K. Weill u. a. in Musik gesetzte Lehrstück. Auch andere Formen des ↑Musiktheaters treten (seit 1950) neben der O. vermehrt ins Blickfeld. – Von neueren O.-Komponisten sind zu nennen: die Deutschen P. Hindemith, C. Orff, W. Egk, H. Reutter, E. Krenek, W. Fortner, R. Wagner-Régeny, O. Gerster, B. Blacher, H. W. Henze, G. Klebe, B. A. Zimmermann, A. Reimann, W. Rihm; der Österreicher G. v. Einem; die Schweizer O. Schoeck, H. Suttermeister und R. Liebermann; die Engländer B. Britten und Thea Musgrave; der Italiener L. Nono; der Ungar G. Ligeti; die Polen W. Lutosławski und K. Penderecki; die Russen S. Prokofjew und D. Schostakowitsch; in den USA verband G. Gershwin die O. mit Jazz-Elementen, während G. C. Menotti den O.-Typ Puccinis weiterführte.

Operation [lat.], **1)** *Medizin:* von einem Arzt durchgeführter Eingriff am lebenden Organismus, i. e. S. ein chirurgischer Eingriff an Körperorganen oder -teilen zu diagnost. und/oder therapeut. Zwecken. Strafrechtl. stellt jede O. eine Körperverletzung dar, die – mit Ausnahme bei unmittelbarer Lebensgefahr – nur mit Einwilligung des Patienten bzw. seines Erziehungsberechtigten erfolgen darf.
2) *Mathematik:* i. e. S. svw. ↑Verknüpfung (algebraische O.), i. w. S. svw. ↑Funktion.

Operationalismus (Operationismus, Operativismus) [lat.], wissenschaftstheoret. Position, die in method. Verfahrensweisen (Operationen), nicht in der Erfahrung die Grundlage naturwiss. Forschung sieht.

Operations-research [engl. ɔpəˈreɪʃənz rɪˈsəːtʃ] (Unternehmungsforschung, Systemforschung), Teilgebiet der Wirtschaftswiss. mit dem Ziel Handlungsalternativen in Wirtschaft, Verw. und Politik auf der Grundlage mathemat. Modelle zu entwickeln.

Operator [engl. ˈɔpəreɪtə; lat.], in der *Datenverarbeitung:* **1)** Bez. der Funktionszeichen einer Programmiersprache. **2)** Berufsbez. f. das Bedienpersonal einer Datenverarbeitungsanlage.

Operette [lat.-italien. »kleine Oper«], musikal. Bühnenstück mit lockerer, heiterer Handlung, gesprochenem Dialog, Gesang und Tanz. Begründer und wohl bedeutendster Vertreter der O. war J. Offenbach; er kreierte die O. (Opéra bouffe) Mitte des 19.Jh. (in Paris) als Form der musikal. Parodie (auf die Gesellschaft der Belle époque), wobei er mit der musikal. Esprit die Formen der ↑Oper, verbunden mit den gerade aktuellen Tänzen, nutzte (»Orpheus in der Unterwelt«, 1858; »Die schöne Helena«, 1864; »Pariser Leben«, 1866). Für die klass. *Wiener O.,* die v. a. vom Walzer geprägt ist, steht neben F. von Suppé, K. Millöcker, K. Zeller und R. Heuberger v. a. J. Strauß (Sohn; »Der Zigeunerbaron«, 1885); zu Beginn des 20.Jh. ist die Wiener O. v. a. durch F. Léhar (»Das Land des Lächelns«, 1929), L. Fall und O. Straus vertreten; bekannt sind v. a. auch die O. der ungar. Komponisten E. Kálman (»Gräfin Mariza«, 1924) und P. Abraham. Die mit P. Lincke einsetzende *Berliner O.* steht der Revue nahe; zu ihr zählen O. von W. Kollo, E. Künneke, F. Raymond. Nach dem 2. Weltkrieg wurde die O. weitgehend vom ↑Musical abgelöst.

Opernglas (Theaterglas) ↑Fernrohr.

Opfer, *religionsgeschichtlich* neben dem Gebet eine der ältesten und wichtigsten Formen des Kults, eine rituelle Handlung, bei der ein lebendes Wesen oder eine Sache einem höheren Wesen dargebracht wird, um dieses zu ehren, ihm zu danken oder etwas von ihm zu erbitten, z. B. das *Erstlings-O.,* das aus dem Wunsch nach Fruchtbarkeit entstanden ist. Das *Sühne-* oder *Versöhnungs-O.* wird dargebracht, um eine Schuld zu sühnen bzw. die Gottheit zu versöhnen. Bei dem häufig vorkommenden *Brand-O.* soll im völligen Verzicht auf den Verzehr der O.gabe (meist geschlachteter Tiere) das hohe Maß der Huldigung zum Ausdruck gebracht werden. Im AT dient das O. meist zur Bekräftigung des Bundes zw. Gott und seinem Volk. Für das Christentum ist der Kreuzestod Jesu das einmalige und endgültige O. zur Beseitigung der Sünden, das – nach kath. Glauben – in der Eucharistie seine kult. Vergegenwärtigung findet. – Im *allg.*

Oppenheimer

Sprachgebrauch und in der religiösen Praxis hat O. auch die Bed. von Verzicht und Spende.

Opfergang, in den christl. Liturgien die Prozession mit den eucharist. Elementen Brot und Wein.

Ophiuchus [griech.] (Schlangenträger) ↑Sternbilder (Übersicht).

ophthalmo..., Ophthalmo..., ophthalm..., Ophthalm... [griech.], Bestimmungswort von Zusammensetzungen mit der Bedeutung »Auge«.

Ophthalmologie, svw. ↑Augenheilkunde.

Ophüls, Max ['ɔphyls] (Ophuls), eigtl. M. Oppenheimer, *Saarbrücken 6. 5. 1902, † Hamburg 26. 3. 1957, frz. Regisseur dt. Herkunft. Kam vom Theater zum Film; seine Bilddramaturgie setzte bes. für die Literaturverfilmung Maßstäbe (u. a. »Liebelei«, 1933, nach A. Schnitzler); 1933 Emigration nach Frankreich (u. a. »Von Mayerling bis Sarajewo«, 1939; zus. mit C. Zuckmayer), 1941–49 in die USA (u. a. »Brief einer Unbekannten«, 1948, nach S. Zweig); lebte ab 1950 wieder in Frankreich (»Der Reigen«, 1950, nach A. Schnitzler); letzter Film: »Lola Montez« (1955).

Opiate [griech.-lat.], Arzneimittel, die Opium oder Opiumalkaloide (bes. Morphin) enthalten.

Opitz, Martin, *Bunzlau 23. 12. 1597, † Danzig 20. 8. 1639, dt. Dichter. Förderte, orientiert an der roman. Renaissance, die Entwicklung einer authent. dt. Nationalliteratur, v. a. durch metr. Reform der Dichtung; machte u. a. Sonett, Ode, Epigramm bekannt: »Buch von der Dt. Poeterey« (1624); verfaßte geistl. und weltl. Lyrik, Lehrgedichte, Hirtendichtung.

Opium [griech.-lat.], der an der Luft zu einer plast. Masse getrockneter Milchsaft des Schlafmohns. Roh-O. enthält 20–25 % Alkaloide (10–12 % Morphin, daneben Noskapin, Thebain, Kodein, Papaverin, Narcein); wegen seiner beruhigenden, schmerzstillenden Wirkung als Rauschmittel mißbraucht (geraucht, gegessen oder in Wasser gelöst injiziert). Die körperl. Auswirkungen einer O.sucht sind Appetitlosigkeit und Abmagerung bis zur völligen Entkräftung. Gereinigtes O. wird als schmerzstillendes Arzneimittel verwendet; O.verschreibungen unterliegen dem Betäubungsmittelgesetz.

Opiumkrieg, brit.-chin. Krieg 1839–42 (ausgelöst durch das chin. Opiumeinfuhrverbot), mit dem die Periode der Unterwerfung Chinas unter die v. a. wirtschaftl. Ansprüche westl. Mächte begann.

Opossums [indian.-engl.], Gatt. bis 45 cm langer (einschließlich Schwanz bis 80 cm messender), überwiegend grauer und weißl. Beutelratten mit zwei Arten: *Nordamerikan. O.* und *Südamerikan. O.;* Fell wird zu Pelzwerk verarbeitet.

Oppeln (poln. Opole), Stadt an der Oder, Polen, 127500 E. Theater; Freilichtbühne; Zoo. Wichtigster zentraler Ort des westl. Oberschlesien. Franziskanerkirche (13. Jh.; barockisiert), Kathedrale (13.–15. Jh.), Dominikanerkirche (14., 16. und 18. Jh.). – Ab 1202 Sitz der (piast.) Herzöge von O.; fiel 1532 an Österreich, 1740 an Preußen.

Oppenheim, Stadt am Oberrhein, Rheinl.-Pf., 4800 E. Weinkellereien. Katharinenkirche mit hochgot. Langhaus (v. a. 14. Jh.).

Oppenheimer, 1) Franz, *Berlin 30. 3. 1864, † Los Angeles 30. 9. 1943, dt. Soziologe und Nationalökonom. Entwickelte eine Theorie des »dritten Weges« zw. marxist. Sozialismus und liberalem Kapitalismus mit Beseitigung des Großgrundeigentums.

2) [Julius] Robert, *New York 22. 4. 1904, † Princeton (N. J.) 18. 2. 1967,

Martin Opitz. Titelblatt der Gedichtsammlung »Teutsche Poemata ...« (1624)

Max Ophüls

Robert Oppenheimer

2473

Oppidum

amerikan. Physiker. Arbeiten über relativist. Quantentheorie und Kernphysik; ab 1943 Bau der ersten Atombomben unter seiner Leitung in Los Alamos. Da er sich dem Bau der Wasserstoffbombe widersetzte, wurde 1953 wegen angebl. kommunist. Gesinnung ein Untersuchungsverfahren gegen ihn eingeleitet. O. wurde von Präs. Eisenhower die Erlaubnis zur Mitarbeit an geheimen Projekten entzogen; 1963 rehabilitiert.

Oppidum (Mrz. Oppida) [lat.], urspr. lat. Bez. für altitalische Burgen und für stadtähnl. Siedlungen, dann (nach Cäsar) Bez. für große kelt. Stadtanlagen des 2. und 1. Jh. v. Chr.

Opportunismus [lat.], Verhalten, das sich, um Kritik, Schwierigkeiten, Nachteilen, Repressalien o. ä. aus dem Wege zu gehen, (den jeweils) gegebenen Mehrheits-, Hierarchie- oder Machtverhältnissen anpaßt; Gesinnungslosigkeit.

Opportunitätsprinzip [lat.], *strafprozessuale* Maxime, nach der die Erhebung der Anklage z. B. bei Bagatellsachen, Staatsschutzdelikten, Auslandstaten oder gegenüber Opfern einer Erpressung in das Ermessen der Anklagebehörde gestellt ist.

Opposition [lat.], **1)** *allg.:* Gegensatz, Widerspruch, Widerstand.
2) *Politik und Gesellschaft:* i. w. S. der Widerstand der öffentl. Meinung oder bestimmter Gruppen gegen die Regierung oder die herrschende Schicht; i. e. S. die Kräfte, die der Regierung in der Volksvertretung entgegentreten. O. setzt Gewährleistung von Meinungs-, Presse- und Vereinigungsfreiheit voraus. Unter *parlamentar.* O. versteht man die nicht an der Regierung beteiligte(n) Partei(en), meist die Minderheit, deren Funktion es ist, die Regierung zu kritisieren und zu kontrollieren sowie eine Alternative zu deren Politik zu entwickeln.
3) *Astronomie:* (Gegenschein) eine Konstellation, in der, von der Erde aus gesehen, der Längenunterschied (Elongation) zw. Sonne und Gestirn 180° beträgt. Die O. beim Mond entspricht der Vollmondstellung.

OPraem, Abk. für Candidus et Canonicus **Ordo Praem**onstratensis, ↑Prämonstratenser.

Optativ [lat.], Modus des Verbs, der einen Wunsch *(kupitiver O.)* oder die Möglichkeit eines Geschehens *(potentialer O.)* bezeichnet.

Optik [griech.-lat.], Lehre vom ↑Licht. Die *physiolog.* O. untersucht die subjektiven Vorgänge beim Sehen. Die sich bei der Entstehung und Ausbreitung des Lichts abspielenden physikal. Vorgänge sind Untersuchungsgegenstand der *physikal.* O. (unterteilt in *Strahlen-O. [geometr. O.], Wellen-O.* und *Quanten-O.).* Die *Strahlen-O.* geht davon aus, daß die Lichtstrahlen durch geometr. Strahlen dargestellt werden können, deren Verlauf nach geometr. Grundgesetzen erfolgt. Mit Hilfe ihrer Methoden kann man die Reflexions- und Brechungserscheinungen bei der Lichtausbreitung deuten. Die *Wellen-O.* ermöglicht mit der Vorstellung von Licht als einer Wellenerscheinung die Erklärung von Beugung, Interferenz und Polarisation des Lichts. Die *Quanten-O.* deutet das Licht als einen Strom von Photonen (korpuskularer Charakter des Lichts). Die moderne Physik beschreibt die unterschiedl. Vorstellungen von der Natur des Lichts als einen *Dualismus* von Teilchen und Welle. ↑Elektronenoptik.

Optimierung [lat.] (Planungsrechnung, Programmierung), Teilgebiet der Mathematik, das sich mit der optimalen Bestimmung von Größen, Eigenschaften und zeitl. Abläufen eines Systems unter gleichzeitiger Berücksichtigung von Nebenbedingungen durch Bestimmung des größten *(Maximierung)* oder kleinsten *(Minimierung)* Wertes einer *Ziel-* oder *Objektfunktion* befaßt. Man unterscheidet *lineare Optimierung* (lineare Programmierung) und *nichtlineare Optimierung* (nichtlineare Programmierung), je nachdem, ob die Zielfunktion und die (Un-)Gleichungen für die Nebenbedingungen linear oder nichtlinear in den Systemvariablen sind. In der Betriebs- und Volkswirtschaftslehre wird die O. als Verfahren der Operations-research vielfach angewandt (z. B. Maximierung der Produktion bei beschränkten Produktionsfaktoren).

Optimismus [lat.], durch positive Erwartung bestimmte Haltung (gegenüber dem Zukünftigen).

Option [lat.], die Anwartschaft auf den Erwerb eines Rechts durch eigene einseitige Willenserklärung. – Im *Völkerrecht* bedeutet O. die staatsrechtl. Befug-

Optoelektronik

nis eines Individuums, durch einseitige Erklärung sich für eine Staatsangehörigkeit zu entscheiden.

Optionsgeschäft, ein Termingeschäft des Börsenhandels; durch den Kauf der Option erwirbt sich der Käufer das Recht, jederzeit innerhalb der Optionsfrist vom Verkäufer Lieferung (bei *Kaufoptionen*) oder Abnahme (bei *Verkaufsoptionen*) einer bestimmten Anzahl von Wertpapieren zum Basiskurs (am Abschlußtag vereinbarter Kurs) zu verlangen.

optische Achse, in der *geometr. Optik* die gerade Verbindungslinie der Krümmungsmittelpunkte sämtl. brechender oder spiegelnder [Kugel]flächen eines zentrierten opt. Systems. Ein entlang der o. A. verlaufender Lichtstrahl passiert ohne Ablenkung das opt. System.

optische Aktivität, Eigenschaft bestimmter Stoffe, die Schwingungsebene von linear polarisiertem Licht, das sie durchläuft, zu drehen.

optische Aufheller, zu den Leuchtstoffen zählende organ. Verbindungen, die ähnlich wie Farbstoffe auf die Fasern aufziehen und eine Aufhellung bewirken.

optische Datenverarbeitung, zusammenfassende Bez. für Verfahren, bei denen Licht (analog den elektr. Spannungen oder Strömen in der elektron. Datenverarbeitung) zum Umformen, Speichern und Übertragen von Daten dient. Zur o. D. gehören insbesondere opt. Speicher und Übertragungssysteme. Auf der Basis optisch bistabiler Systeme, bei denen es über ein Intervall einer Eingangsintensität zwei mögl. Systemzustände gibt, können log. Operationen (analog denjenigen in herkömml. Computern) über Lichtsignale ausgeführt werden. Neben der bis 10 000mal größeren Schaltgeschwindigkeit bietet die o. D. die Möglichkeit der Parallelverarbeitung von Informationen.

optischer Speicher, aus einer beschichteten Kunststoffplatte bestehender Datenspeicher sehr hoher Speicherkapazität. Informationen werden mit Hilfe eines Laserstrahls in die Kunststoffplatte eingebrannt *(Schreiben)* und abgetastet *(Lesen).* Anwendung bei der Bild- und Tonaufzeichnung (Bildplatte, CD) und zur Speicherung von Daten in Datenbanken. Zu den o. S. gehören der ↑holo-

optische Täuschungen.
1 Hering-Täuschung;
2 Oppel-Täuschung

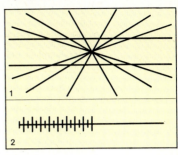

graphische Speicher und die ↑optische Speicherplatte, i. w. S. auch photograph. Speicher und der Mikrofilm.

optische Speicherplatte, kreisförmige Scheibe zur Speicherung digitaler Informationen, die mit einem Laserstrahl in die Speicherschicht eingeschrieben und aus ihr ausgelesen werden. Beim Aufzeichnen wird die Speicherschicht verändert; je nach Verfahren werden die Daten irreversibel (z. B. CD-ROM) oder auch reversibel gespeichert. Spezielle o. S. sind CD-I zur interaktiven Text-, Bild- und Tonanwendung und Photo-CDs zur Speicherung von Farbbildaufnahmen. ↑Compact Disc.

optische Täuschungen, den objektiven Gegebenheiten widersprechende Gesichtswahrnehmungen. Sie beruhen physiologisch auf der Bau- und Funktionsweise des menschl. Auges, psychologisch auf Fehldeutung bzw. Schätzfehlern bei der Erfassung des Wahrgenommenen. V. a. die Gestaltpsychologie befaßt sich mit ihr. Bekannte Beispiele für o. T. sind u. a.: *Hering-T.,* bei der zwei Parallelen durch ein Strahlengitter konkav gekrümmt erscheinen; *Oppel-T.,* bei der eine unterteilte Strecke für länger gehalten wird als eine gleich lange nicht unterteilte Strecke.

Optoelektronik [griech. ɔpto-ɛ...], Teilgebiet der Elektronik, das sich mit der Ausnutzung aller auf der Wechselwirkung von Licht und Festkörperelektronen beruhenden physikal. Effekte (u. a. Photoeffekt, Lumineszenzerscheinungen) befaßt; insbes. dient in den sog. *optoelektron. Bauelementen* Licht zur Signalgewinnung, -übertragung, -verarbeitung und -speicherung; außerdem umfaßt die O. die direkte nichttherm. Erzeugung von Licht (»kaltes Licht«)

Optokoppler

durch in geeigneten Materialien fließende elektrische Ströme sowie die Direktumwandlung von Licht in elektr. Strom.

Optokoppler, aus einer Lichtquelle (Lumineszenzdiode) und einem lichtempfindl. Empfänger (Photodiode, Phototransistor) bestehendes optoelektron. Bauelement zur Übertragung elektr. Signale mit Hilfe von Licht, bei dem der Ausgang vom Eingang galvanisch getrennt ist (Isolationswiderstand bis 100 GΩ).

opulent [lat.], reichlich, üppig.

Opuntie [...ti-ɛ], Kakteengatt. mit rd. 200 Arten urspr. in N- und S-Amerika; baum- oder strauchförmige Pflanzen mit flachgedrückten Sproßabschnitten; z. T. eßbare Früchte *(Feigenkaktus).*

Opus [lat. 'ɔpʊs, 'o:pʊs], *Musik:* Abk. **op.;** Einzelwerk eines Komponisten, seit etwa 1800 von diesem mit einer O.-Zahl versehen.

Opus Dei [lat. »Werk Gottes«] (eigtl. Societas Sacerdotalis Sanctae Crucis et Opus Dei), 1928 von dem span. Priester Josémaria Escrivá de Balaguer y Albás (*1902, †1975; 1992 seliggesprochen) gegr. internat. Vereinigung von kath. Christen mit dem Ziel, ein konsequent christl. Leben unter den Menschen aller Berufe und sozialen Schichten zu verwirklichen; 1950 päpstlich approbiert; 1982 von Johannes Paul II. zur (bislang einzigen) Personalprälatur erhoben. Theologisch und kirchenpolitisch streng konservative Positionen vertretend, ist das O. D., v. a. auch wegen seiner logenähnl. Organisationsstruktur, umstritten.

Oradea (dt. Großwardein), rumän. Stadt an der Schnellen Körös, 208 500 E. Rumän. und ungar. Staatstheater, Marionettentheater; Museen. Röm.-kath. Barockkathedrale (1752–80), orth. Mondkirche (1784–1830); ehem. bischöfl. Palast (1762 ff.; Palast der 365 Fenster) und Burg (11.–13. und 15.–18. Jh.).

Oradour-sur-Glane [frz. ɔradursyr-'glan], frz. Ort nw. von Limoges, 2 000 E. Am 10. 6. 1944 von SS-Verbänden zur Vergeltung von Partisanentätigkeit eingeäschert; alle Einwohner wurden dabei getötet; heute Gedenkstätte.

ora et labora! [lat.], bete und arbeite!

Orakel [lat.], Zukunftsdeutung mit Hilfe von Zeichen; bes. bekannt das *O. von Delphi* (Orakelstätte der griech. Antike).

oral [lat.], **1)** *allg.:* durch den Mund (zu verabreichen); den Mund betreffend. **2)** mündlich.

Oral [lat.], Laut, der im Ggs. zum ↑Nasal ausschließlich im Mundraum artikuliert wird.

Oran [frz. ɔ'rã] (amtl. Ouahran), alger. Stadt an der Bucht von Oran, 629 000 E. Univ., TH, Museum, Theater, Oper; u. a. Nahrungsmittel- und Textil-

Opuntie.
Feigenkaktus

Orange.
Orangenpflanze
mit Blüten und
Früchten

industrie. Hafen; Eisenbahnlinien ins Hinterland, ❦.– 1509–1792 span., dann osman., 1830 von Frankreich erobert.

Orange [frz. ɔ'rã:ʒ], frz. Stadt im unteren Rhônetal, Dép. Vaucluse, 26 500 E. Röm. Theater (1. Jh. n. Chr., heute Freilichtbühne), Reste des Gymnasions mit einem Podiumtempel (2. Jh. n. Chr.), Triumphbogen (vermutlich zw. 21 und 27 n. Chr.). – In der Antike *Arausio*, eine der bedeutendsten Städte der röm. Prov. Gallia Narbonensis; ab dem MA Mittelpunkt der Gft. bzw. des Ft. ↑Oranien.

Orange [pers.-frz. o'rã:ʒə] (Apfelsine, Chinaapfel), kugelige bis eiförmige, hellorange bis dunkelrote Frucht der *Orangenpflanze* (immergrüne Sträucher oder kleine Bäume in den Tropen, Subtropen und im Mittelmeergebiet); mit glatter, ablösbarer Schale und süßsäuerl. Fruchtfleisch. Aus den Fruchtschalen junger Früchte, Blüten und Blättern werden äther. Öle gewonnen. Kulturformen sind *Blut-O.* (mit rotem Fruchtfleisch) und *Navel-O.* (fast kernlos).

Orange [pers.-frz. o'rã:ʒə], Farbempfindung, die durch Licht einer Wellenlänge zw. etwa 590 nm (*O.gelb*) und etwa 615 nm (*O.rot*) oder durch additive Farbmischung von Rot und Gelb hervorgerufen wird.

Orangerie [frz. ɔrãʒ'ri:], Gewächshaus zum Überwintern von Orangenbäumen u. a. exot. Pflanzen; seit dem 17. Jh. Teil barocker Schloßanlagen.

Orang-Utan [malaiisch »Waldmensch«] (Pongo pygmaeus), Menschenaffe in den Regenwäldern Borneos und Sumatras; Körperlänge etwa 1,25–1,5 m; Beine kurz, Arme sehr lang (bis etwa 2,25 m spannend); Gewicht der Männchen bis 100 kg; Weibchen deutl. kleiner. Der O.-U. ist der einzige echte Baumbewohner unter den Menschenaffen (typ. Schwingkletterer); wenig geselliger Pflanzenfresser. Bestände stark bedroht.

Oranien [...niən] (frz. Orange), ehem. Fürstentum in S-Frankreich; wurde zur Zeit Karls d. Gr. Gft.; von Kaiser Friedrich I. zum unabhängigen Fürstentum erhoben; fiel 1530 an René von Nassau-Dillenburg (*1519, †1544), 1713 an Frankreich.

Oranienburg [...niən...], Kreisstadt am W-Rand der Havelniederung, Bran-

Orang-Utan

denburg, 29 000 E. Chem. Ind., Kaltwalzwerk. – 1933 entstand in O. eines der ersten nat.-soz. KZ (bis 1935).

Oranien-Nassau [...niən...], Name des Königshauses der Niederlande, zurückgehend auf die Besitzungen des Hauses, das Ft. Oranien und die Gft. Nassau-Dillenburg.

Oranje, Fluß in S-Afrika, entspringt in N-Lesotho, mündet als Grenzfluß zw. der Republik Südafrika und Namibia in den Atlantik, 1 860 km lang.

Oranjefreistaat, Prov. der Republik Südafrika zw. Vaal und Oranje, 127 993 km², 1,86 Mio. E, Hauptstadt Bloemfontein. – 1835–38 beim »Großen Treck« der Buren besiedelt; 1842 als O. gegr.; 1848 von Großbrit. annektiert; 1854 selbständig; 1910 zur Südafrikanischen Union. Bei der Neueinteilung der südafrikan. Prov. 1994 blieb O., unter Einbeziehung eines kleinen Teils des Homelands ↑Bophuthatswana, bestehen.

Ora pro nobis! [lat. »bitte für uns!«], kath. Gebetsformel.

Oration [lat.], in der *kath. Liturgie* das Amtsgebet des Priesters.

Oratio obliqua [lat.], svw. ↑indirekte Rede.

Oratio recta [lat.], svw. ↑direkte Rede.

Oratorianer, Abk. **Or,** Mgl. einer kath. Weltpriestergemeinschaft, die im 16. Jh. in Rom durch den hl. Filippo Neri mit dem Ziel gegründet wurde, Priester zum gemeinsamen religiösen Leben

Oratorium

und intensiver Seelsorgetätigkeit zu führen. Nach dem ersten Versammlungsort (einem röm. Oratorium) nannten sich die Priester O.; jede Niederlassung wird danach *Oratorium* genannt.

Oratorium [lat.], **1)** *Baukunst:* Hauskapelle, Betsaal.
2) *Musik:* als musikal. Gattung die Vertonung eines auf mehrere Sänger verteilten, meist geistl. Textes für eine nichtszen. Aufführung im außerkirchl. Rahmen. Das O. entstand im 17. Jh. in Italien. Es entwickelten sich zunächst zwei Arten, das volkssprachl. italien. und das lat. Oratorium. Letzteres erhielt etwa 1640 durch G. Carissimi seine gültige Form, bei der ein Erzähler Träger der Handlung nach bibl. Texten ist und vom Chor dramat. wirkungsvoll begleitet wird. Das italien. O. schloß sich formal der Oper des 17. Jh. an. An der Wende zum 18. Jh. verwendeten die Komponisten der neapolitan. Schule im O. die gleichen Soloarien- und Rezitativformen wie in ihrer Oper. In der neapolitan. Tradition steht auch G. F. Händel. Im prot. Norddeutschland entstand im 18. Jh. ein deutschsprachiges O., das an das italien. O., an die dt. ↑Passion und die Historia anknüpfte (R. Keiser, J. Mattheson, G. P. Telemann, J. S. und C. P. E. Bach). In J. Haydns Oratorien gelangte die Entwicklung der Gattung an einen Höhepunkt. Herausragend nach 1800 waren die Werke von F. Mendelssohn Bartholdy, H. Berlioz und F. Liszt. Im 20. Jh. ist das O. u. a. durch I. Strawinski, A. Schönberg, A. Honegger, E. Křenek, F. Martin, L. Nono und K. Penderecki vertreten.

Orbe [frz. ɔrb], Bezirkshauptort im schweizer. Kt. Waadt, an der unteren Orbe, 4000 E. Marionettenmuseum. Die spätgot. Kirche wurde im 17. Jh. fünfschiffig erweitert; Altes Spital (1778), Rathaus (1786); nahebei bed. röm. Mosaiken.

Orbis terrarum [lat.], Erdkreis.
Orbit [lat.-engl.], Umlaufbahn eines Satelliten oder eines anderen Körpers um einen Himmelskörper (z. B. die Erde).
Orbital [lat.] ↑Atommodell.
Orbitalstation, svw. Raumstation.
Orbiter [lat.-engl.], Teil eines Raumflugsystems, das in einen Orbit gebracht wird.

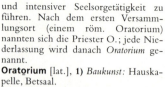

Orcagna, Andrea [italien. or'kaɲɲa], eigtl. A. di Cione Arcangelo, zuerst erwähnt 1343/44 in Florenz, † ebd. nach dem 25. 8. 1368, italien. Maler, Bildhauer und Baumeister in Florenz. Fresken in leuchtenden Farben (u. a. in Santa Croce), Altarbilder (»Pala Strozzi«, 1357; Santa Maria Novella), Marmortabernakel in Or San Michele (1359).

Orchester [ɔr'kɛstər], **1)** *Musik:* unter der Leitung eines Dirigenten stehendes größeres Ensemble von Instrumentalisten, in dem die verschiedenen Instrumente mehrfach besetzt sind.
Das O. erlangte erstmals im 16. Jh. Bedeutung, d. h. mit dem Aufkommen selbständiger Instrumentalmusik. Das »klass. O.« Haydns und Mozarts umfaßt neben dem chorisch besetzten Streichquintett im Normalfall je zwei Flöten, Oboen, Fagotte und Hörner. Dazu treten in einigen Werken Klarinetten, Trompeten, Posaunen und Pauken. Bis zum Ende des 19. Jh. wird die Besetzungsstärke durch Vervielfachung der Bläser sowie durch Einführung neuer Instrumente mehr als verdoppelt. Höhepunkte differenzierter Anwendung aller O.mittel bilden die Werke von R. Strauss und G. Mahler. – Neben dem Sinfonie-O. und dem Kammer-O. gibt es seit dem 19. Jh. auch das Blas-O., ferner seit dem 20. Jh. die großen und kleinen Unterhaltungs-O. sowie das Jazz-O. (Big Band).
2) *Baukunst:* in einem Opernhaus o. ä. zwischen Bühne und Publikum eingelassener Raum für das Orchester; Orchestergraben.

Orchestra [ɔr'çɛstra], urspr. der kult. Tanzplatz vor dem Tempel des Dionysos. In klass. Zeit die zw. Bühnenhaus (Skene) und Zuschauertribüne gelegene ovale Spielfläche; diente in der Folgezeit für Sitzplätze der Honoratioren und als Platz für die Instrumentalisten.

Orchestrion [ɔr'çɛs...; griech.], Bez. für größere ↑mechanische Musikinstrumente, teilweise mit Orgel-, Klavier- und Geigenwerk.

Orchideen [ɔrçi...; griech.-frz.] (Orchidaceae), eine der größten Pflanzenfam. mit rd. 20 000 Arten in mehr als 600 Gatt., v. a. in den Tropen und Subtropen der Alten und Neuen Welt; einkeimblättrige, ausdauernde Kräuter von verschiedener Gestalt, mit kompliziert

Orchideen.
Einheimische Orchideen. Oben: Fliegenragwurz ♦ Unten: Schwarzes Kohlröschen

Ordensgeneral

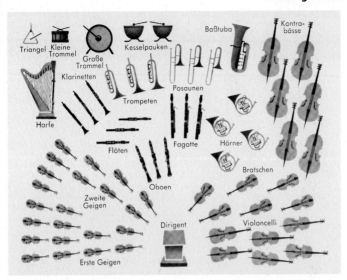

Orchester. Heute übliche Sitzordnung eines Sinfonieorchesters

gebauten, oft prächtig gefärbten Blüten; in den Tropen meist als Epiphyten, in M-Europa oft als Saprophyten lebend. – Die einheim. O.arten (Erdorchideen) stehen unter Naturschutz.

Ordal [altengl.] ↑Gottesurteil.

Orden [lat.], **1)** *christl. Ordensgemeinschaften:* nach kath. Kirchenrecht klösterl. Gemeinschaften, deren Mgl. die Gelübde des Gehorsams, der Armut und der Keuschheit ablegen und unter einem gemeinsamen Oberen nach einer gemeinsamen Regel (Konstitution) leben. Nach ihren Mgl. unterscheidet man männl. und weibl. O., Priester- und Laien-O.; nach der Tätigkeit kontemplative oder aktive Orden. – In den *Kirchen der Reformation* seit dem 19. Jh. entstandene religiöse Gemeinschaften, die in Lebensweise und Aufgabenstellung den kath. Säkularinstituten vergleichbar sind.

2) *weltl. Ordensgemeinschaften und Abzeichen:* Vereinigungen, deren Mgl. mit bestimmten Zielen bzw. Aufgaben nach festgesetzten Regeln leben. Im Verlauf der Jh. wurde der Begriff O. von der Gemeinschaft auf die Abzeichen dieser Gruppe übertragen. Weltl. O. entstanden als geistl. Ritterorden (Templerorden, Johanniterorden [Malteser], Dt. Orden) im hohen MA. Seit dem 14. Jh. etwa entwickelten sich vorwiegend auf nat. Grundlage O., die an einen Souverän als *Großmeister* (Ordensherr) gebunden und fast stets zahlenmäßig beschränkt waren *(Hoforden),* so z. B. der ↑Hosenbandorden in England 1348. Neben diesen – stets einklassigen – O. entstanden im 17./18. Jh. militär. Verdienst- und Tapferkeitsorden. – Fast alle Staaten der Welt verleihen O., Ausnahmen bilden u. a. die Schweiz und Israel. – *Ehrenzeichen* und *Medaillen* (auch Erinnerungskreuze bzw. -medaillen) – oft volkstümlich als O. bezeichnet – gelten nicht als Orden. Im übrigen können O. in Republiken auch »Ehrenzeichen« genannt werden (z. B. Österreich, USA). *Bundesrechtlich* ist das O.wesen geregelt durch das Gesetz über Titel, O. und Ehrenzeichen vom 26. 7. 1957. Es verleiht dem Bundes-Präs. die Befugnis, für bes. Verdienste um Deutschland durch Erlaß O. und Ehrenzeichen zu stiften und zu verleihen.

Ordensburg, 1) die Burgen des Dt. Ordens v. a. in West- und Ostpreußen. **2)** Bez. für die nat.-soz. Parteischulungsstätten.

Ordensgeneral, der höchste Obere in kath. Ordensgemeinschaften mit unter-

ordentliche Gerichtsbarkeit

schiedl. offiziellen Bez.; in weibl. Orden: *Generaloberin*.

ordentliche Gerichtsbarkeit (Justizgerichtsbarkeit), Gerichtsbarkeit der ordentl. Gerichte. Diesem Gerichtszweig gehören an: der *Bundesgerichtshof*, die *Oberlandesgerichte* sowie die *Land-* und *Amtsgerichte*. Die o. G. umfaßt alle bürgerl. Rechtsstreitigkeiten und Strafsachen. Im einzelnen wird die o. G. unterteilt in: 1. die *streitige Gerichtsbarkeit;* diese umfaßt den Zivilprozeß einschließl. des Verfahrens der Zwangsvollstreckung sowie das Konkurs- und Vergleichsverfahren und die den Zivilgerichten zugewiesenen öffentl.-rechtl. Streitigkeiten; 2. die *freiwillige Gerichtsbarkeit;* 3. die *Strafgerichtsbarkeit;* Gerichte der Strafgerichtsbarkeit sind die Amtsgerichte, die Landgerichte mit *kleinen* und *großen Strafkammern,* dem *Schwurgericht,* die Oberlandesgerichte mit *Strafsenaten,* der Bundesgerichtshof mit Strafsenaten; 4. die *Gerichtsbarkeit der bes. Abteilungen der o. G.,* z. B. *Landwirtschaftsgericht, Schiffahrtsgericht*.

Order (militär., dienstl.) Auftrag.

Orderklausel (Ordreklausel), Vermerk auf Wertpapieren, durch den der Berechtigte einen anderen als Berechtigten benennen kann (Zusatz: »oder an Order«).

Orderpapiere, Wertpapiere, in denen der Aussteller das Versprechen gibt, entweder an die im Papier genannte Person oder an deren *Order,* d. h. an denjenigen zu leisten, der von dem Benannten durch Indossament als Berechtigter bezeichnet wird.

Ordinalzahl [lat./dt.] (Ordnungszahl), Bez. für eine natürl. Zahl, die zur Kennzeichnung der Stelle verwendet wird, an der ein Element einer geordneten Menge steht (z. B. der Erste, die Neunte).

Ordinariat [lat.], 1) *röm.-kath. Kirche:* die vom Generalvikar geleitete zentrale Verwaltungsbehörde der Diözesankurie.
2) *Hochschulwesen:* Amt eines ordentl. Hochschulprofessors.

Ordinarium missae [- ˈmɪsɛː; lat.], die fünf gleichbleibenden Gesänge der Messe (Kyrie, Gloria, Credo, Sanctus, Agnus Dei).

Ordinarius [lat. »ordentlich«], 1) (lat. iudex ordinarius) *röm.-kath. Kirchenrecht:* Bez. für den ordentl. Inhaber von Kirchengewalt im äußeren Bereich (z. B. Papst, Diözesanbischof).
2) *Hochschulwesen:* Inhaber eines ordentl. Lehrstuhls an wiss. Hochschulen.

Ordinate [lat.] ↑Koordinaten.

Ordination [lat.], 1) *röm.-kath. Kirchenrecht:* das Weihesakrament. Durch die ↑Weihe wird mit dem die zum führenden Leitungsdienst *(Amt)* in der Kirche notwendige geistl. Vollmacht übertragen. – Im *ev. Kirchenrecht* die Berufung zum Predigtamt und zur Sakramentsverwaltung.
2) *Medizin:* ärztl. Verordnung.

Ordnung, 1) *allg:* das Zusammengefügtsein einer Vielheit von Teilen, Elementen zu einem einheitl. Ganzen unter einem bestimmten O.prinzip bzw. System; die Art und Weise, wie etwas geordnet ist.
2) *Soziologie:* auf bestimmten Normen beruhende, durch den Staat mittels Verordnungen, Gesetzgebung u. a. durchgesetzte und kontrollierte Regelung des öffentl. Lebens, Gesellschaftsordnung; die Einhaltung bestimmter Regeln im Rahmen einer Gemeinschaft.
3) *Biologie:* (Ordo) eine systemat. Einheit; faßt näher verwandte Tier- oder Pflanzenfam. bzw. Überfam. oder Unterordnungen zusammen.

Ordnungsmittel, im Unterschied zu Kriminalstrafen gerichtl. Maßnahmen zur Aufrechterhaltung der Ordnung und der Durchführung von Verfahren; sie dienen u. a. dazu, ungebühl. Benehmen vor Gericht zu ahnden, z. B. durch Ordnungshaft oder Ordnungsgeld.

Ordnungswidrigkeiten, Handlungen, die gegen Vorschriften eines Gesetzes verstoßen, das die Ahndung mit einer Geldbuße *(Bußgeld)* zuläßt; u. a. im Steuerrecht, Straßenverkehrsrecht und Baurecht. Für die Verfolgung und Ahndung von O. ist die Verwaltungsbehörde (Ordnungsbehörde) zuständig. Über den Einspruch gegen deren Bescheid entscheidet das Amtsgericht.

Ordnungszahl, Formelzeichen Z, Stellenzahl eines Elements im Periodensystem der chem. Elemente; ident. mit der Kernladungszahl (Protonenzahl) des Atomkerns.

Ordo (Mrz. Ordines) [lat.], im antiken Rom die Zugehörigkeit zu einem Stand.

Organellen

Ordonnanz [lat.-frz.], **1)** veraltet für Erlaß.
2) *Militärwesen:* früher Bez. für einen zur Überbringung von Befehlen abgeordneten Soldaten; in der Bundeswehr für einen zu bes. dienstl. Zwecken abgeordneten Soldaten.
Ordosplateau [...plato:], Hochplateau in der Inneren Mongolei, China, 1 100–1 200 m, vereinzelt 2 000 m hoch.
Ordovizium [nach dem kelt. Stamm der Ordovices], zweitältestes geolog. System des Erdaltertums. ↑Geologie (Übersicht Erdzeitalter).
Ordschonikidse, Grigori Konstantinowitsch [russ. ardʒɛni'kidzɪ], gen. Sergo, *Goresha (Gouvernement Kutaissi) 24.10.1886, † Moskau 18.2.1937, sowjet. Politiker. Betrieb ab 1921 als Beauftragter Stalins eine brutale Nationalitätenpolitik; 1932 Volkskommissar für Schwerindustrie.
Ordschonikidse [russ. ardʒɛni'kidzɪ], 1931–44 und 1954–90 Name der Stadt ↑Wladikawkas.
Öre (Mrz. Öre; dän., norweg. Øre; island. Aurar, Mrz. Eyrir), Währungseinheit in Dänemark, Schweden, Norwegen und Island (= $\frac{1}{100}$ Krone).
Örebro [schwed. œ:rə'bru:], Hauptstadt des Län Örebro in M-Schweden, am Hjälmarsee, 119 100 E. Zweig-Univ. der Univ. Uppsala; u. a. Metall- und Lederverarbeitung. Nikolaikirche (13. Jh.); Renaissanceschloß (1620).
Oregon ['ɔ:regɔn, engl. 'ɔrɪgən], Staat im MW der USA, 251 419 km². 2,97 Mio. E, Hauptstadt Salem.
Geschichte: Durch J. Cook (1778) u. a. erforscht; ab 1818 im gemeinsamen Besitz der USA und Großbritanniens; 1859 Aufnahme als 33. Staat in die Union.
Oregon Trail [engl. 'ɔrɪgən 'treɪl], histor. Pionierweg im W der USA, etwa 3 200 km lang, zw. Independence am Missouri und der Mündung des Columbia River in den Pazifik; von 1843–65 genutzt.
Orel [russ. ar'jɔl], russ. Gebietshauptstadt, an der Oka, 331 000 E.
Orenburg ['ɔ:rənbʊrk, russ. arɪm'bʊrk], russ. Gebietshauptstadt, am Fluß Ural, 527 000 E. Vier Hochschulen, Museen, Theater. U. a. Maschinenbau.
Orense, span. Prov.-Hauptstadt in Galicien, am Miño, 102 500 E. Archäolog. Landesmuseum; Marktort. Roman.-got. Kathedrale (12. und 13. Jh.).
Orestes, Gestalt der griech. Mythologie; Sohn des Agamemnon und der Klytämnestra, Bruder von Elektra und Iphigenie. Nach der Ermordung Agamemnons (durch den Liebhaber Klytämnestras) zu dessen Schwager gebracht, wo er an der Seite von dessen Sohn *Pylades* aufwächst, mit dem ihn eine sprichwörtl. gewordene Freundschaft verbindet. Später rächt er Agamemnon und tötet seine Mutter.
Öresund ↑Sund.
ORF, Abk. für Österreichischer Rundfunk.
Orff, Carl, *München 10. 7. 1895, † ebd. 29. 3. 1982, dt. Komponist. 1953–59 ∞ mit L. Rinser; trat bes. mit Opern, szenisch aufgeführten Oratorien und dem O.-Schulwerk (1930–35) hervor, einer Musiklehre, für die O. neue Schlaginstrumente entwickelte; strebte die Einheit von Musik, Sprache und Bewegung an. Seine Musik lebt primär vom Rhythmus und ist durch das Aufgreifen einfacher Materialien in Melodie, Rhythmus und Harmonik bestimmt. – *Werke:* Carmina Burana (1937), Catulli Carmina (1943), Trionfo di Afrodite (1953; alle drei 1953 zusammengefaßt zu Trionfi. Trittico teatrale), Die Kluge (1943), Die Bernauerin (1947), Antigonae (1949), Ein Sommernachtstraum (1952), Oedipus der Tyrann (1959), Ludus de nato Infante mirificus (1960), Prometheus (1968), De temporum fine comoedia, Vigilia (1973, Neufassung 1977).
Organ [griech.], **1)** *allg.:* Mittel zur Aufnahme oder Weitergabe von Wahrnehmungen.
2) *Biologie:* bei Vielzellern die durch ihre spezif. Funktion und entsprechende Morphologie und zellige Feinstruktur charakterisierten und abgrenzbaren Körperteile wie Muskel, Lunge, Niere, Auge u. a.
3) *Publizistik:* Zeitung, Zeitschrift einer Partei; eines (Interessen)verbandes o. ä.
4) *Recht:* Einrichtung, Gruppe, die im Staat, öffentl. Körperschaften o. ä. bestimmte Aufgaben erfüllt.
Organellen [griech.], in der *Biologie* Bestandteile in eukaryont. Zellen mit spezif. Strukturen und Funktionen, z. B. ↑Nukleus, ↑Mitochondrien oder

Carl Orff

Oregon
Flagge

Organisation

↑Chloroplasten; auch Bez. für Strukturen in Einzellern, die in ihrer Funktion Organen bei Vielzellern entsprechen, z. B. Augenfleck oder Zellmund.
Organisation [griech.-lat.-frz.], **1)** das Zusammenschließen, der Zusammenschluß von Menschen zur Durchsetzung bestimmter Ziele.
2) zielgerichtete Ordnung bzw. Regelung von Aufgaben (Funktionen) und Tätigkeiten (Arbeitsvorgängen) in Sozialgebilden (Betrieben, Behörden, Verbänden, Parteien, Kirchen, Streitkräften u. a.) in der Weise, daß alle Elemente der O. (Aufgaben, Tätigkeiten) und alle daraus gebildeten O.einheiten (Stellen, Abteilungen, Arbeitsprozesse) in das Gefüge des Sozialgebildes eingegliedert sind.
Organisation de l'Armée Secrète [frz. ɔrganizɑ'sjõ dlar'me sə'krɛt] ↑OAS.
Organisation der Amerikanischen Staaten ↑Organization of American States.
Organisation für Afrikanische Einheit ↑Organization of African Unity.
Organisation für europäische wirtschaftliche Zusammenarbeit ↑OEEC.
Organisation für wirtschaftliche Zusammenarbeit und Entwicklung ↑OECD.
organische Chemie ↑Chemie.
organische Halbleiter, organ. Verbindungen mit Halbleitereigenschaften auf Grund konjugierter Doppelbindungen im Molekül; z. B. polycycl. aromat. Verbindungen.
organisierte Kriminalität *(organisiertes Verbrechen),* Bez. für von kriminellen Vereinigungen mit einem hohen Organisationsgrad (z. B. ↑Mafia) geplante und begangene Straftaten sowie die z. T. international organisierte Verwertung der Tatbeute.
Organismus [griech.], **1)** das einzelne (pflanzl., tier. oder menschl.) Lebewesen.
2) das Gesamtsystem der Organe des lebenden Körpers.
Organización de Estados Centroamericanos [span. ɔrɣanisa'sjon ðe es'taðɔs sentroameri'kanɔs], Abk. **ODECA,** Organisation der Mittelamerikan. Staaten, gegr. 1951 in San Salvador; soll die polit., wirtschaftl., militär. und kulturelle Integration der mittelamerikan. Staaten erreichen.

Organization for Economic Cooperation and Development [engl. ɔ:gənaɪ'zeɪʃən fə i:kə'nɔmɪk kəʊɔpə'reɪʃən ənd dɪ'vɛləpmənt] ↑OECD.
Organization for European Economic Cooperation [engl. ɔ:gənaɪ'zeɪʃən fə jʊərə'pi:ən i:kə'nɔmɪk kəʊɔpə'reɪʃən] ↑OEEC.
Organization of African Unity [engl. ɔ:gənaɪ'zeɪʃən əv 'æfrɪkən 'ju:nɪtɪ], Abk. **OAU,** Organisation für Afrikan. Einheit (Abk. **OAE**), 1963 von allen unabhängigen afrikan. Staaten (außer der Republik Südafrika) gegr. Zusammenschluß mit Sitz in Addis Abeba. Gab sich ein vages Programm der Selbsthilfe sowie der »Blockfreiheit« und verfolgt das Ziel, die Entkolonisation in Afrika zu fördern und die Herrschaft weißer Minderheiten zu beseitigen. 1984 Austritt Marokkos aus Protest gegen die Aufnahme der Westsahara; 1994 Beitritt der Rep. Südafrika.
Organization of American States [engl. ɔ:gənaɪ'zeɪʃən əv ə'merɪkən 'steɪts] (Organisation der Amerikan. Staaten), Abk. **OAS,** Sitz Washington. *Mgl.:* alle unabhängigen amerikan. Staaten (außer Belize; Kuba, das 1962 faktisch ausgeschlossen wurde, Kanada und Guyana haben Beobachterstatus); am 30. 4. 1948 gegr. auf der Konferenz von Bogotá. *Ziele:* Bekräftigung der Prinzipien der interamerikan. Solidarität, der Gleichberechtigung und der Nichteinmischung, gemeinsame Abwehr aller Angriffe auf eines der Mgl.länder, Zusammenarbeit im wirtschaftl., sozialen und kulturellen Bereich.
Organization of Eastern Caribbean States [engl. ɔ:gənaɪ'zeɪʃən əv 'i:stən kærɪ'bi:ən 'steɪts] ↑OECS.
Organization of the Arab Petroleum Exporting Countries [engl. ɔ:gənaɪ'zeɪʃən əv ðɪ 'ærəb pɪ'trəʊljəm ɪks'pɔ:tɪŋ 'kʌntrɪz], Abk. **OAPEC,** ↑OPEC.
Organization of the Petroleum Exporting Countries [engl. ɔ:gənaɪ'zeɪʃən əv ðə pɪ'trəʊljəm ɪks'pɔ:tɪŋ 'kʌntrɪz] ↑OPEC.

Organschwund, svw. ↑Atrophie.
Organtransplantation ↑Transplantation.
Organum [griech.-lat.], früheste Form der Mehrstimmigkeit in der europ. Kunstmusik (dem späten 9. Jh.): gleichlaufend mit der Hauptstimme bewegt

orientalische Kirchen

sich die zweite Stimme hpts. im Oktav-, Quint- oder Quartabstand.

Orgasmus [griech.-lat.], Höhepunkt *(Klimax)* der sexuellen Erregung.

Orgel [griech.-lat.], Tasteninstrument mit dem größten Tonumfang; enthält das *Pfeifenwerk* mit Registern (Pfeifen gleicher Klangfarbe) in beliebiger Anzahl, von denen jedes möglichst alle Töne enthält. Im *Windwerk* mit Pumpen, Bälgen oder Ventilatoren wird der Luftdruck geregelt; die Luftzufuhr wird im *Regierwerk* gesteuert, früher mechanisch, heute pneumatisch oder elektrisch; der freistehende *Spieltisch* hat meist 2–5 Manuale, ein Pedal, Registerzüge und Koppeln. Der *Prospekt* verbirgt mit einer Pfeifenreihe die Register.

Die O. war als Wasserorgel († Hydraulis) seit dem 3. Jh. v. Chr. in Griechenland, Rom, Ägypten als Instrument der weltl. Musik verbreitet. Im 8. Jh. brachten Gesandte des byzantin. Kaisers Konstantin V. eine pneumat. O. an den Hof Pippins III., 811 kam aus Byzanz eine O. an den Hof Karls d. Gr. Bald danach fand die O. Eingang in die Kirche. – Berühmte O. *bauer* waren A. Schnitger, E. Compenius und G. Silbermann.

Orgelpunkt, in der *Musik* lang ausgehaltener oder ständig wiederholter Ton, meist in der Baßstimme, über dem sich die übrigen Stimmen zw. dem tonartlich gebundenen Ausgangs- und Schlußklang harmonisch frei bewegen (z. B. am Anfang von J. S. Bachs »Matthäuspassion«, 1729).

Orgetorix, † 60 v. Chr., kelt. Adliger aus dem Stamm der Helvetier. Betrieb die Auswanderung seines Volkes nach Gallien.

Orgie [...i-ə; griech.], im antiken Griechenland urspr. geheimer, z. T. ekstat. Gottesdienst, v. a. im Dionysoskult. Heute im Sinne von [sexuellen] Ausschweifungen; übertragen für Erscheinungen, deren Intensität außergewöhnlich ist.

Orient [lat.] (Morgenland), der Raum der vorderasiat. Hochkulturen (Alter Orient) und die islam. Länder im Nahen Osten und in N-Afrika (im Ggs. zum Okzident bzw. Abendland), i. w. S. auch der Mittlere und der Ferne Osten.

orientalische Kirchen (Ostkirchen), alle christl. Kirchen, die nach der endgültigen Teilung des Röm. Reiches (395) zu dessen Osthälfte gehörten bzw. dort entstanden sind oder von dort aus durch Mission außerhalb der Reichsgrenzen gegründet wurden. Die (noch heute) in den Liturgien der o. K. gebräuchl. oriental. *Riten* entsprechen den fünf urspr. Kirchen: der *byzantin.,* der *alexandrin.* (kopt. und äthiop.), der *antiochen.* (westsyr.), der *chaldäische* (ostsyr.) und der *armen.* Ritus. – Im Zusammenhang mit dem christolog. Streitigkeiten des 5.–7. Jh. kam es zu den ersten dauerhaften Loslösungen von der Gesamtkirche und damit zur Bildung der *oriental. Nationalkirchen.* Seit dem Morgenländ. Schisma (1054) sind die aus der byzantin. Kirche hervorgegangenen Ostkirchen *(orthodoxe Kirchen)* von der röm. Kirche getrennt. Sie folgen fast ausnahmslos dem byzantin. Ritus. Es gibt mehrere voneinander unabhängige und selbständige († Autokephalie) orth. Kirchen, die sich jedoch in Bekenntnis und Liturgie verbunden fühlen. – Nach dem endgültigen Bruch zw. Rom und Konstantinopel gelang Rom immer wieder mit einigen o. K. eine Union *(Ostkirchen* oder *kath.* bzw. *unierte Ostkirchen).* Das 2. Vatikan. Konzil hat Unionen als Weg zur Einheit der Kirchen abgelehnt und dafür das ökumen. Gespräch befürwortet.

Orgel. »Rudigierorgel« von Marcussen & Søn im Neuen Dom in Linz (1968)

2483

Orientalistik

Orientteppiche.
1 Persischer Knoten;
2 Türkischer Knoten

Orientteppiche.
Täbris aus Iran; Seide
(um 1880)

Orientalistik [lat.], Wiss. von den Sprachen, Literaturen, Kulturen, der Kunst und der Geschichte der Völker des Orients.

Orientbeule (Aleppobeule, Bagdadbeule, Delhibeule, Hautleishmaniose), durch Phlebotomusmücken von Tieren auf den Menschen übertragene Hautkrankheit mit Knoten- und Geschwürbildung.

Orientierung [lat.-frz.], v. a. auf verschiedene Reize aus der Umwelt, aber auch auf Gedächtnisleistungen bzw. Lernvorgängen beruhende, meist zu gerichteten Bewegungen führende Reaktionen bei Mensch, Tier und Pflanze.

Orientierungsstufe (Förderstufe, Beobachtungsstufe), Organisationsform des 5. und 6. Schuljahres; die Entscheidung, ob Hauptschule, Realschule oder Gymnasium besucht werden, fällt erst nach dem 6. Schuljahr.

Orientteppiche, handgeknüpfte Teppiche aus Vorder-, Mittel- und Zentralasien. Der älteste Knüpfteppich (um 500 v. Chr.) wurde in einem der vereisten Pasyrykkurgane gefunden. Die Blütezeit des pers. Teppichs lag im 15. und 16. Jh., neben ihm behaupten sich kaukas., anatol. und turkmen. Teppiche sowie (Orientteppiche i. w. S.) chin., ind. und andere. Auch heute noch werden vorzügl. Exemplare geknüpft; unerreicht bleiben die Pflanzenfarben (bis Mitte des 19. Jh.).

Oriflamme [altfrz.], im MA zweizackiges Kriegsbanner der frz. Könige.

Origami [jap.], japan. Kunst des Papierfaltens (kleine Vögel, Blumen usw.).

Origenes, gen. Adamantios, *Alexandria 185, † Tyros 254, griech. Theologe und Philosoph. Schüler, später Lehrer und Leiter der alexandrin. Katechetenschule; führte ein asket. Leben, Wegbereiter des Mönchtums; sein wörtl. Verständnis der Bibel ließ ihn sich (gemäß Matth. 19,12) selbst kastrieren; deshalb exkommuniziert und verbannt; starb während der Verfolgung unter Kaiser Decius an den Folgen von Folterungen. – Das Ziel des O. war der Ausbau einer der griech. ebenbürtigen christl. Wiss. und Literatur. Sein für die Bibel-Wiss. bedeutendstes Werk ist die *Hexapla* (»die Sechsfache«), eine Nebeneinanderstellung des hebr. Urtextes des AT und fünf griech. Übersetzungen. Sein Werk »De principiis« (220/230) gilt als erste christl. Dogmatik. Von großer theologiegeschichtlicher Bedeutung ist die Lehre des O. vom dreifachen Schriftsinn, dem buchstäblichen, moralischen und mystisch-allegorischen Sinn der Schrift.

original [lat.], echt, nicht verfälscht; authentisch; nicht nachgemacht.

Original [lat.], **1)** *allg.:* ursprüngl., echtes Exemplar; vom Urheber (Künstler) stammende Fassung oder Form eines literar. oder künstler. Werkes, im Unterschied zur Kopie, Nachbildung, Zweitfassung, Umarbeitung, Fälschung; [rechtswirksame] Urschrift; Urtext, ursprüngl. fremdsprachiger Text, aus dem übersetzt worden ist.

2) *umgangssprachlich:* Mensch mit bes. ausgeprägten Eigenheiten.

originär [lat.-frz.], grundlegend neu; eigenständig.

originell [lat.-frz.], voller Originalität; vom Üblichen abweichend.

Orinoko, südamerikan. Strom, entspringt im Bergland von Guayana, mündet mit einem Delta südlich von Trinidad in den Atlantik, 2 140 km lang. Durch die Bifurkation mit dem Río Casiquiare verliert er 25% seines Wassers an den Rio Negro. – 1498 entdeckte Kolumbus die O.mündung.

Orion [griech.], Abk. **Ori,** bekanntes, charakterist. Sternbild der Äquatorzone; im Winter am Abendhimmel sichtbar: drei Gürtelsterne *(Jakobsstab);* darunter das *Schwertgehänge* mit dem *Orionnebel.* Weitere helle Sterne: Beteigeuze, Bellatrix, Rigel. ↑Sternbilder (Übersicht).

Orissa, ind. Gliedstaat, erstreckt sich von der Küste über die Ostghats bis auf den Dekhan, 155 707 km^2, 31,66 Mio. E. Hauptstadt Bhubaneswar. – Kam Ende des 16. Jh. unter muslim. Herrschaft, 1803 in brit. Besitz.

Oristano, italien. Prov.-Hauptstadt in W-Sardinien, 32 200 E. Archäolog. Museum; roman. Dom (12. Jh.). Nahebei die Kirche San Giovanni in Sinis (5., 9. und 10. Jh.) und die Ruinen der phönik. Stadt Tharros.

Orkan [karib.-span.-niederl.], Wind mit Geschwindigkeiten über 32,7 m/s bzw. 118 km/h (ab Windstärke 12).

Orkneyinseln [engl. 'ɔːknɪ...], Gruppe von über 70 Inseln (davon 24 bewohnt) vor der N-Küste Schottlands, Hauptort Kirkwall auf Mainland. Zw. den südl. O. liegt Scapa Flow. – Im 6. Jh. von kelt. Mönchen christianisiert; 875 norweg., 1472 schottisch.

Orkus, in der *röm. Religion* das Totenreich und der Unterweltsherrscher.

Orlando di Lasso ↑Lasso, Orlando di.

Orléanais [frz. ɔrlea'nɛ], histor. Prov. in Frankreich zw. Normandie und Berry. Königl. Domäne seit Hugo Capet, wurde ab 1344 Apanage der Herzöge von Orléans.

Orleanbaum (Orleanstrauch, An[n]attostrauch), einzige Art der O.gewächse; kleiner Baum oder Strauch mit rosafarbenen Blüten in Rispen; aus dem trop. Amerika stammend. Die walnußgroßen Früchte enthalten viele Samen mit rotem Samenmantel; daraus wird der rotgelbe, ungiftige Naturfarbstoff Orlean gewonnen, der zum Färben von Lebensmitteln, Salben und Seifen verwendet wird.

Orléans [frz. ɔrle'ã], ab 1344 Herzogstitel von Seitenlinien der frz. Königshäuser Valois und Bourbon. 1407 spaltete sich das *ältere Haus O.* in die *herzogl. Linie O.* und die *gräfl. Linie Angoulême,* die mit Ludwig XII. bzw. Franz I. auf den frz. Thron gelangten. 1660 wurde der Bruder Ludwigs XIV. als Philippe I. mit O. belehnt. Er begründete das *jüngere Haus O.,* die wichtigste Seitenlinie des Hauses Bourbon. Mit Louis Philippe gelangte 1830 ein Angehöriger dieser Linie auf den frz. Thron. Bed. Vertreter: **1) Louis Philippe II. Joseph,** Hzg. von (seit 1785), Hzg. von Montpensier (1747–52) und Chartres (1752–85), gen. Philippe Égalité, *Saint-Cloud 13. 4. 1747, † Paris 6. 11. 1793, Revolutionär. Förderte die Entwicklung der Frz. Revolution u. a. in der Hoffnung, an die Stelle Ludwigs XVI. zu treten; 1790 Mgl. des Jakobinerklubs und der Bergpartei im Nationalkonvent; stimmte 1793 für den Tod des Königs; Anfang April 1793 wurde er verhaftet und später guillotiniert.

2) Philippe I., Hzg. von (seit 1660), *Saint-Germain-en-Laye 21. 9. 1640, † Saint-Cloud 9. 6. 1701. Einziger Bruder Ludwigs XIV.; ∞ mit Elisabeth Charlotte (gen. Liselotte) von der Pfalz (seit 1671).

3) Philippe II., Hzg. von (seit 1701), gen. »der Regent«, *Saint-Cloud 2. 8. 1674, † Versailles 2. 12. 1723, Regent (1715–23). Sicherte sich mit Hilfe des Pariser Parlaments die uneingeschränkte Regentschaft für Ludwig XV.

Orléans [frz. ɔrle'ã], frz. Stadt am Loirebogen, 112 700 E. Verwaltungssitz der Region Centre und des Dép. Loiret; Univ., archäolog. und histor. Museum; Marktzentrum für Beauce und Loiretal. Got. Kathedrale (16.–19. Jh.) mit gallo-röm. und roman. Bauresten; ehem. Rathaus (1495–1513; jetzt Kunstmuseum) (16. Jh.); Renaissancerathaus (16. Jh.). – Das kelt. *Cenabum* war Hauptstadt der Karnuten; 52 v. Chr. Ausgangspunkt des von Vercingetorix geleiteten kelt. Aufstands gegen Cäsar; in der Spätantike *Aurelianorum Civitas* (oder *Aureliani*); 848 wurde Karl der Kahle in O. gekrönt. Bevorzugte Residenz der Kapetinger bis ins 11. Jh.; Entsetzung der Stadt im Hundertjährigen Krieg durch die Jungfrau von Orlé-

Orleanbaum
(Höhe bis 10 m)

Orlon

ans (Jeanne d'Arc) brachte 1429 die Wende des Krieges zugunsten Frankreichs.

Orlon ® [Kw.], eine zu den Polyacrylnitrilfasern zählende Chemiefaser.

Orlow, Alexei Grigorjewitsch Graf (seit 1762) [russ. ar'lɔf], *Ljublino (Gebiet Twer) 5. 10. 1737, † Moskau 5. 1. 1808, russ. Admiral. 1762 an der Ermordung Peters III. beteiligt, spielte eine wesentl. Rolle bei der Thronbesteigung Katharinas II.

Orlow [russ.], berühmter Diamant, ben. nach A. G. Graf Orlow, der ihn Katharina II. schenkte; ab 1772 an der Spitze des russ. Zepters.

Orly [frz. ɔr'li], frz. Stadt im südl. Vorortbereich von Paris, Dép. Val-de-Marne, 23 800 E. Internat. ✈.

Ormandy, Eugene [engl. 'ɔːməndɪ], eigtl. Jenő Blau-Ormándy, *Budapest 18. 11. 1899, † Philadelphia 12. 3. 1985, amerikan. Dirigent ungar. Herkunft. Als Kind frühe Karriere als Geiger; 1936–80 Dirigent des Philadelphia Orchestra.

Ormazd (Ormuzd) ↑Ahura Masda.

Ormocere [Kw. aus engl. **Or**ganically **mo**dified **cer**amics] (Polycerams, Ceramers), Materialien, die über einen chem. Syntheseprozeß durch Verknüpfung von Bausteinen, typisch für Gläser oder keram. Materialien (z. B. SiO_2, Al_2O_3, TiO_2), mit organ. Bausteinen (organ. oder organofunktionelle Gruppen, Polymerbausteine) hergestellt werden. O. wurden für die Anwendung hauptsächlich für Beschichtungszwecke (Hartschichten auf Kunststoffen) entwickelt.

Ornament [lat.], Verzierung eines Gegenstandes, meist geometr. Art, v. a. pflanzl., seltener tier. Motive; in allen Kulturkreisen und Kunstgattungen anzutreffen. In der *Vorgeschichte* dient die Verzierung der Keramik zur Unterscheidung verschiedener Kulturkreise. Für die europ. Kunst wurde das antike Dekorationsgut vorbildlich (Hellenismus, röm. Kunst, frühes MA, Renaissance): Akanthus, Palmette, Astragalus und Kymation. Dazu treten z. T. Einflüsse des german. Tierstils. Die *Gotik* bildet das Knospenkapitell und das Blattkapitell, das Maßwerk sowie das Ast- und Laubwerk der dt. Schnitzaltäre aus. Die Wiederbelebung der *röm.* Groteske durch Raffael hatte Wirkung auf die Dekorationen bis ins 19. Jh., daneben *Arabeske* und *Maureske*. Aus dem manierist. *Floristil* geht zu Beginn des 17. Jh. das Knorpelwerk und der bereits barocke *Ohrmuschelstil* hervor. In der 2. Hälfte des 17. Jh. dominiert die Akanthusranke, abgelöst vom *Bandelwerk,* im Rokoko herrscht die *Rocaille.* Eine eigene florale Ornamentik entwickelt der Jugendstil. – In der islam. *Kunst* überziehen stilisierte Pflanzenranken oder geometr. Muster die Architektur in endloser Wiederholung. Auch die *chin.* und die *ind. Kunst* bietet dem O. Raum.

Akanthus

Palmette

Rocaille

Ornament

Ornithologie [griech.], Vogelkunde, Wiss. von den Vögeln.

Ornithose [griech.], von Vögeln auf den Menschen übertragene bakterielle Infektionen, im allg. mit der ↑Papageienkrankheit gleichzusetzen. Die Krankheit ist meldepflichtig.

Orogenese [griech.-lat.] ↑Gebirgsbildung.

Oromo ↑Galla.

Orontes ↑Asi nehri.

Orpheus, thrak. Sänger der griech. Sage. Dem unwiderstehlichen Zauber seines Gesanges können sich selbst wilde Tiere und sogar Steine nicht entziehen, auch Hades nicht; er gibt ihm seine gestorbene Gemahlin Eurydike zurück, jedoch unter der Bedingung, daß O. sich vor Erreichen der Oberwelt nicht nach Eurydike umsieht. Als O. gegen dieses Gebot verstößt, entschwindet ihm die Geliebte auf immer. Der Stoff der O.sage wurde vielfach dramatisiert, u. a. in Opern von C. Monteverdi und C. W. Gluck. ↑Orphik.

Orphik [griech.], philos.-religiöse Bewegung in der griech. Antike und im Hellenismus, die sich auf hl. Schriften (sog. »orph. Dichtungen«), die angeblich von Orpheus stammten, berief. Die Lehre befaßte sich mit dem jenseitigen Geschick der Seele und mit eth. Forderungen.

Orphismus [griech.], von R. Delaunay begründete Kunstrichtung zu Beginn des 20. Jh.; ausgehend von kubist. Formfacettierung konzentriert sich der O. auf die Zerlegung des Lichteindrucks.

Orsini, seit dem 12. Jh. erwähntes röm. Adelsgeschlecht; Hauptvertreter der Guelfen.

Ørsted, Hans Christian [dän. 'œrsdεð], *Rudkøbing 14.8. 1777, † Kopenhagen 9.3. 1851, dän. Physiker und Chemiker. Begründete 1820 mit seiner Entdeckung der magnet. Wirkung des Stroms die Lehre vom Elektromagnetismus.
Ortasee, westlichster der italien. Alpenrandseen, 18,2 km².
Ortega y Gasset, José [span. ɔr'teɣa i ɣa'set], *Madrid 9.5. 1883, † ebd. 18.10. 1955, span. Kulturphilosoph und Essayist. Lebte ab dem Bürgerkrieg 1936–46 in der Emigration, u. a. in Frankreich, Portugal, Argentinien; als Kulturphilosoph umstritten; verstand sich, ausgehend von der Isolation der span. Kultur, v. a. als Vermittler von europ. Kultur und (bes. der dt.) Philosophie; nimmt mit seinen Essays (u. a. »Meditationen über Don Quijote«, 1914; »Der Aufstand der Massen«, 1930; »Um einen Goethe von innen bittend«, 1932; »Vom Menschen als utop. Wesen«, 1951) einen bed. Platz in der span. Literatur ein.
Ortenau, Landschaft in der Vorbergzone der mittleren Schwarzwaldes und am Oberrhein; Obst- und Weinbau.
ORTF [frz. ɔerte'εf], Abk. für frz. **O**ffice de **R**adiodiffusion-**T**élévision **F**rançaise.
ortho- [griech.], Abk. **o-**; in der Chemie Bez. für die Stellung zweier Substituenten am ersten und zweiten Kohlenstoffatom eines aromat. Ringes. ↑meta-, ↑para-.
ortho..., Ortho..., orth..., Orth... [griech.], Bestimmungswort von Zusammensetzungen mit der Bedeutung »gerade, aufrecht; richtig, recht«.
orthodox, 1) rechtgläubig.
2) zu den orth. Kirchen (↑orientalische Kirchen) gehörig.
Orthodoxie [griech.], in der protestant. O. eine nachreformator. Epoche (bis etwa 1700), die sich streng an den Schriften Luthers und Calvins orientierte.
Orthodrome [griech.-lat.], die kürzeste Verbindungslinie zweier Punkte auf einer Kugeloberfläche.
Orthogenese (Orthogenie), Hypothese, die besagt, daß die stammesgeschichtl. Entwicklung der Lebewesen durch zielgerichtete innere Faktoren vorbestimmt ist.
orthogonal [griech.], svw. rechtwinklig zueinander, senkrecht aufeinander.

Orthographie, svw. ↑Rechtschreibung.
Orthoklas [griech.] ↑Feldspäte.
Orthopädie [griech.], Lehre von der Erkennung und Behandlung der angeborenen oder erworbenen Fehler der Haltungs- und Bewegungsorgane.
orthotrop [griech.], senkrecht (abwärts oder aufwärts) wachsend; bezogen auf die Wuchsrichtung pflanzl. Organe unter dem Einfluß der Erdschwerkraft.
Ortlergruppe, Gebirgsmassiv der Zentralalpen, in Südtirol, Italien, im Ortler 3899 m hoch.
örtliche Betäubung, svw. Lokalanästhesie (↑Anästhesie).
Orton, Joe [engl. ɔ:tn], eigtl. John Kingsley O., *Leicester 1.1. 1933, † London 9.8. 1967 (ermordet), engl. Dramatiker. Durchbrach mit den Mitteln der Satire und des schwarzen Humors die Tabus von Sexualität und Verbrechen (u. a. »Seid nett zu Mr. Sloane«, 1964; »Beute«, 1967; »Was der Butler sah«, hg. 1969).
Ortsbestimmung, Festlegung der sphär. Koordinaten eines Ortes auf der Erdoberfläche (der geograph. Länge und Breite).
Ortsklassen, entsprechend dem Preisindex der Lebenshaltung und der Ortsgröße gebildete Gruppen der dt. Gemeinden (Einteilung in die O. A und S); für den ↑Ortszuschlag bei der Besoldung der Beamten und Angestellten des öffentl. Dienstes von Bedeutung.
Ortsmeridian, der durch den Beobachtungsort gehende Längenkreis.
Ortsname (Toponymikon, Siedlungsnamen), Name von menschl. Siedlungen (Dörfer, Städte usw.). Im Dt. gibt es drei Arten von O.: *Einfache O.* sind z. B. *Aue* (»nasse Wiese«), *Fürth* (»Furt«), *Kassel* (»Kastell, Wehranlage«). Die *zusammengesetzten O.* bestehen aus einem ortsbezeichnenden Grundwort (-dorf, -stadt, -heim usw.) und verschiedenartigen Bestimmungswörtern, z. B. Adjektiven zur näheren Erläuterung (*Hannover* »am hohen Ufer«), Substantiven (*Forchheim* zu ahd. forha »Föhre, Kiefer«), Namen von Personen (*Braunschweig* »Dorf des Bruno«) oder Stämmen (*Frankfurt* »Furt der Franken«). Die Suffixe *abgeleiteter O.* waren urspr. oft selbständige Wörter, so die ahd. Wörter für Wasser, Fluß *-aha* (in *Fulda*)

Hans Christian Ørsted

José Ortega y Gasset

Ortstein

oder -manni u. a. (in *Dortmund*). Häufig im Dt. ist das eine Zugehörigkeit ausdrückende Suffix -ing (-ingen, -ungen), wie in *Freising, Göttingen*. Zur Unterscheidung von O. wurden seit jeher Zusätze verwendet wie Alt-, Frei-, seit dem Spät-MA Ober-, Groß-, Hohen- usw., in der Neuzeit z. B. Frankfurt *am Main*, oder Doppelnamen bei Stadtteilen *(Stuttgart-Degerloch)*.

Ortstein, in der *Bodenkunde* ein durch Eisen- und Humusanreicherung steinhart verfestigter und bräunlichschwarz gefärbter Bodenhorizont, v. a. auf Sanden unter Heidevegetation.

Ortsvektor (Radiusvektor), Vektor eines *n*-dimensionalen euklid. Raumes, dessen Anfangspunkt der Ursprung des Koordinatensystems ist.

Ortszeit, die auf den Meridian (Längenkreis) des Beobachtungsortes bezogene exakte Sonnenzeit. Sie ist für alle auf ihm gelegenen Orte gleich.

Ortszuschlag, Teil der Besoldung im öffentl. Dienst.

Ortung, die Gesamtheit der Meß- und Rechenvorgänge zur Bestimmung eines Standortes.

Orvieto, italien. Stadt im südl. Umbrien, 22 800 E. Museen; Weinbauzentrum. Berühmter roman.-got. Dom (1290–1319; Fassade mit Mosaiken und Skulpturen). Der Palazzo del Popolo ist roman.-got., der Palazzo dei Papi gotisch; Brunnenanlage Pozzo di San Patrizio (16. Jh.).

Orwell, George [engl. 'ɔːwəl], eigtl. Eric Arthur Blair, *Motihari (Bihar, Indien) 25. 1. 1903, † London 21. 1. 1950, englischer Schriftsteller. Wurde international bekannt durch die gegen Diktaturen gerichtete Satire »Farm der Tiere« (1945) und den Roman »1984« (1949), in dem mit dem Schreckensbild eines totalitären Staates Entwicklungen dargestellt werden, die zur totalen Überwachung des Individuums führen. Entscheidend für die Auseinandersetzung mit dem Totalitarismus waren die Erfahrungen, die Orwell im Span. Bürgerkrieg mit der sowjet. Politik gegen andersdenkende Republikaner machen mußte (dokumentiert in »Mein Katalonien«, 1938).

Ory, Kid [engl. 'ɔːrɪ], eigtl. Edward O., *Laplace (La.) 25. 12. 1889, † Honolulu 23. 1. 1973, amerikan. Jazzmusiker. Einer der berühmtesten Posaunisten des New-Orleans-Jazz.

Os, chem. Symbol für ↑Osmium.

Os (Mrz. Ossa) [lat.], anatom. Bez. für Gebein, Knochen.

Os, 1) [schwed.] (Mrz. Oser; ir. Esker), *Geologie:* dammartiger Kiesrücken in Grundmoränenlandschaften.
2) [lat.] *Anatomie:* svw. Mund.

Osage [engl. 'ousɛɪdʒ], Sioux sprechender Indianerstamm in der zentralen und südl. Prärie, USA.

Ōsaka, jap. Ind.- und Hafenstadt auf Honshū, an der Ōsakabucht, 2,6 Mio. E. Fünf Univ.; Nationalmuseen für Völkerkunde und Schöne Künste; internat. ⚓ (auf einer künstl. Insel in der Osakabucht). O. ist der Mittelpunkt des Ind.-Gebiets Hanshin, beherrscht von der Ōsakaburg (1931 Rekonstruktion in Stahlbeton; jetzt histor. Museum); Shitennōji (gegr. 593; im urspr. Stil wiederhergestellten Tempel) mit steinernem Torii von 1294.

OSB, Abk. für Ordo Sancti Benedicti, ↑Benediktiner.

Osborne, John [engl. 'ɔzbən], *London 12. 12. 1929, † Shropshire 24. 12. 1994, engl. Dramatiker. Bed. Vertreter der ↑Angry young men, bes. bekannt durch seine Theaterstücke »Blick zurück im Zorn« (1957) und »Der Entertainer« (1957).

Oscar, Bez. für ↑Academy Award, auch die dabei verliehene Statuette.

Oseberg [norweg. 'uːsəbærg], am Oslofjord gelegene Fundstelle (Ausgrabung 1903) eines Bootgrabes aus der Mitte des 9. Jh., vermutl. für die Großmutter König Harald I.

Osee ↑Hosea.

Ösel, mit 2714 km² größte estnische Ostseeinsel, Hauptort Kuressaare. – Gehörte zu Dänemark, Schweden, Rußland, ab 1918 zu Estland.

Oser ↑Os.

Ōshima Nagisa, *Kyōto 31. 3. 1932, jap. Filmregisseur. Internat. bekannter Vertreter des japan. Films, u. a. »Tod durch Erhängen« (1969), »Im Reich der Sinne« (1976), »Max, mon amour« (1985).

Osiander, Andreas, eigtl. A. Hosemann, *Gunzenhausen 19. 12. 1498, † Königsberg 17. 10. 1552, dt. luth. Theologe. Nahm zus. mit Luther am Marburger Religionsgespräch 1529, mit Zwingli

John Osborne

George Orwell

am Augsburger Reichstag 1530 teil. Seine Rechtfertigungslehre löste den *Osiandr. Streit* (mit den Anhängern Melanchthons) aus.

Osijek (dt. Esseg), kroat Ind.- und Handelsstadt oberhalb der Mündung der Drau in die Donau, 158800 E. Univ.; Theater, Museum. Drauhafen. – 1196 als Handelshafen erwähnt; im jugoslaw. Bürgerkrieg 1991 stark zerstört.

Osiris, ägypt. Gott der sterbenden und wiederauflebenden Vegetation; wird von seinem Bruder *Seth* ermordet. Seine Schwestergemahlin *Isis* belebt ihn und empfängt von ihm einen Sohn, *Horus,* der seinem ermordeten Vater Recht verschafft. O. wurde der Totengott schlechthin.

Oskar, Name zweier Könige von Schweden und Norwegen: **1) Oskar I.,** *Paris 4. 7. 1799, † Stockholm 8. 7. 1859, König (seit 1844). Setzte liberale Reformen durch.
2) Oskar II., *Stockholm 21. 1. 1829, † ebd. 8. 12. 1907, König von Schweden (seit 1872) und Norwegen (1872–1905). Konnte die Auflösung der Union zw. Schweden und Norwegen und damit seine Absetzung als norweg. König nicht verhindern.

Osker (Opiker, lat. Osci), altitalisches Volk in Kampanien; im 6. Jh. von den Etruskern und im 5. Jh. v. Chr. von den Samniten überschichtet.

Oslo [ˈɔslo, norweg. ˈuslu], Hauptstadt Norwegens, am inneren Ende des Oslofjords, 461 000 E. Residenz des Königs, Sitz von Regierung und Parlament; Univ. u. a. Hochschulen, Theater, Oper, Reichsarchiv; Museen, u. a. Nationalgalerie, Munch- und Vigelandmuseum, Museum für nord. Altertümer der Univ. sowie das Museumsgebiet Bygdøy; Handels-, Ind.- und Verlagszentrum; internat. ✈. Wahrzeichen der Stadt ist das Rathaus (1931–50); Domkirche (1697 geweiht), königl. Schloß (1825–48), Frognerpark mit Skulpturen von G. Vigeland. – Um 1048 gegr., zw. 1286 und 1350 als Hauptstadt Norwegens erste Blüte; nach Brand als *Christiania* (*Kristiania;* Name bis 1924, dann wieder O.) wiederaufgebaut; seit 1905 Hauptstadt Norwegens.

Oslofjord, Fjord im südl. Norwegen, reicht vom Skagerrak etwa 100 km weit nach N, biegt bei Oslo nach SO ab.

Osmanen (Ottomanen), von Osman I. Ghasi (*1258, † 1326) begründete Dynastie, deren Sultane von etwa 1300 bis 1922 das nach ihr ben. Osman. Reich beherrschten; i. w. S. Bez. des Stammesverbandes und der herrschenden muslim. Oberschicht, die in ihrem Ursprung auf das Turkvolk der Ogusen zurückgehen.

Osmanisches Reich ↑Türkei (Geschichte).

Osmium [griech.-lat.], chem. Symbol Os; Übergangsmetall aus der VIII. Nebengruppe des Periodensystems der chem. Elemente; Ordnungszahl 76; relative Atommasse 190,2; Dichte 22,48 g/cm³; Schmelztemperatur ca. 3 000 °C; Siedetemperatur ca. 5 000 °C. Das sehr seltene, bläulichweiße, sehr spröde, zu den Platinmetallen gehörende O. liegt in seinen Verbindungen zwei- bis achtwertig vor. Beim Erhitzen an der Luft (bei feingepulvertem O. schon bei Raumtemperatur) entsteht das kristalline, leicht flüchtige, giftige, durchdringend riechende O.tetroxid OsO_4.

Osmose [griech.-lat.], einseitig verlaufende Diffusion, die immer dann auftritt, wenn zwei gleichartige Lösungen unterschiedl. Konzentration durch eine semipermeable (halbdurchlässige) Membran getrennt sind. Durch diese Membran können nur die kleineren Moleküle des Lösungsmittels hindurch, nicht aber die größeren Moleküle bzw. Ionen des gelösten Stoffes. Dabei wird die höher konzentrierte Lösung so lange verdünnt, bis gleich viele Lösungsmittelmoleküle in beide Richtungen diffundieren, Der dann auf der Seite der sich verdünnenden Lösung herrschende hydrostat. Überdruck wird als *osmot. Druck* bezeichnet. Er kann als derjenige Druck gedeutet werden, den die in der Lösung befindl. Moleküle bzw. Ionen auf die für sie undurchlässige Membran ausüben. – Da auch die Zellmembranen semipermeabel sind, entsteht ein osmot. Druck auch in lebenden Zellen. Die O. ist bes. für Pflanzenzellen wichtig. Sie bewirkt den Stofftransport, reguliert den Wasserhaushalt und erzeugt einen als Turgor bezeichneten Innendruck, der der Pflanze Form und Stabilität verleiht. In Pflanzenzellen herrschen osmot. Drücke von 1 bis 4 Mio. Pa (= 10 bis 40 bar). – Bei Tieren wird die Konstanthal-

Oslo
Stadtwappen

Osnabrück

Osmose.
Modell der Osmose

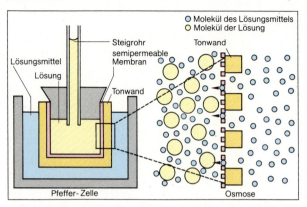

Carl von Ossietzky

Leonie Ossowski

tung des osmot. Drucks in den Körperflüssigkeiten gegenüber dem Außenmilieu als O.*regulation* bezeichnet. Für die Konstanthaltung des osmot. Drucks und des Ionenmilieus ist die Niere ausschlaggebend. Menschl. und tier. Zellen halten einen osmot. Druck von etwa 0,7 Mio. Pa (= 7 bar) aufrecht.

Osnabrück, 1) Stadt an der Hase, zw. Teutoburger Wald und Wiehengebirge, Ndsachs., 155 300 E. Kath. Bischofssitz, Verw.-Gericht Oldenburg, Univ. (gegr. 1973), Museen, Theater; Zoo. U. a. Eisen-Ind., Hafen (Stichkanal zum Mittellandkanal). – Roman.-got. Dom (11.–16. Jh.); got. sind die Johannis- und Marienkirche; am Markt Rathaus (1487–1512; mit Friedenssaal) und Kaufmannshäuser (15.–19. Jh.); Teile der mittelalterl. Stadtbefestigung. – Entwickelte sich als Marktsiedlung um einen von Karl d. Gr. gegr. Bischofssitz; ab 1246 Mgl. der Hanse; 1643–48 neutralisierter Verhandlungsort zw. Kaiser und ev. Mächten über den Westfäl. Frieden.
2) Bistum, unter Karl d. Gr. (vor 803?) errichtet und der Kirchen-Prov. Köln eingegliedert; 1803 aufgelöst; 1824 als exemtes Bistum neu umschrieben; seit 1929 Suffragan von Köln.

Ossarium [lat.], svw. ↑Beinhaus.
Osservatore Romano, L' [italien. »der röm. Beobachter«], Tageszeitung des Vatikans, gegründet 1861, erscheint seit 1929 in der Vatikanstadt in sechs Sprachen, halbamtliches Organ des Heiligen Stuhls.

Osseten, Volk im mittleren Großen Kaukasus, Rußland (Rep. Nordossetien) und Georgien (Rep. Südossetien).
Ossiacher See, langgestreckter See in Kärnten, nö. von Villach, 10,6 km².
Ossian ['ɔsian, ɔsi'a:n, engl. 'ɔsɪən] (ir. Oisín, schott.-gäl. Oisean), ir. mytholog. Held, eine der Hauptfiguren des südir. Sagenzyklus (nach ihm auch *Ossian. Zyklus*), Sohn des ↑Finn. In der schott.-gäl. Sage ein krieger. Held des 3. Jh., der im Alter erblindet und als Sänger und Dichter die Taten seines Vaters verherrlicht. ↑Macpherson, James.
Ossietzky, Carl von [ɔs'jɛtski], *Hamburg 3. 10. 1889, †Berlin 4. 5. 1938, deutscher Publizist. War u. a. 1926–33 Chefredakteur der Zeitschrift »Die Weltbühne«; als Mitverantwortlicher für einen die geheime Aufrüstung der Reichswehr enthüllenden Artikel 1931 wegen Verrates militärischer Geheimnisse zu 18 Monaten Gefängnis verurteilt; nach dem Reichstagsbrand 1933 in Gestapo-Haft, u. a. im KZ Papenburg-Esterwegen; erhielt 1935 den Friedensnobelpreis (für Hitler der Anlaß, ein Verbot der Annahme von Nobelpreisen auszusprechen); starb an den Folgen der Haft.
Ossowski, Leonie, geb. Jolanthe von Brandenstein, *Röhrsdorf (Niederschlesien) 15. 8. 1925, dt. Schriftstellerin. Sozialpolit. engagierte Autorin. – *Werke:* Stern ohne Himmel (R., 1958, überarbeitet 1978), Liebe ist kein Argument (R., 1981), Die große Flatter (R., 1977), Wolfsbeeren (R., 1987).

Osterhase

Ostafrikanisches Grabensystem (engl. [Great] Rift Valley), Bruchsystem im O Afrikas. Südlichster Teil ist der *Njassagraben*, dann Aufspaltung in den *Zentralafrikanischen* (Tanganjikasee bis Albertsee) und den *Ostafrikanischen Graben* (bis zum Turkanasee). Letzterer wird im schmalen Abessin. Graben fortgesetzt und erweitert sich dann zum Danakiltiefland, wo er sich in die Gräben des Golfes von Aden und des Roten Meeres teilt; Gesamtlänge rd. 6 000 km, größter Unterschied zw. der Grabensohle und dem Horst über 4 800 m; von zahlr. Seen durchsetzt und im N auch von Meeresarmen erfüllt, im zentralen Teil von Vulkanen begleitet.

Ostalpen, Teil der Alpen östlich der Linie Alpenrheintal (bis Chur)–Splügen–Comer See.

Ostanatolien, dünn besiedeltes Bergland im äußersten O der Türkei, in dessen zentralem S der Vansee liegt.

Ostasien, Kulturraum im O des asiat. Kontinents, umfaßt China, Korea und Japan.

Ostaustralische Kordilleren [- kɔrdɪl-'jeːrən], Gebirgssystem am O-Rand des austral. Kontinents, rd. 3 000 km lang, bis 2 228 m hoch.

Ostblockstaaten, im Zusammenhang mit dem Ost-West-Konflikt im Westen geprägtes Schlagwort für alle europäischen und asiatischen Staaten, die nach dem 2. Weltkrieg unter sowjetische Hegemonie gerieten.

Ostchinesisches Meer, Randmeer des westl. Pazifiks zw. dem chin. Festland und den Ryūkyūinseln sowie zw. der korean. Insel Cheju bzw. der jap. Insel Kyūshū im N und Taiwan im S.

Ostealgie (Ostalgie, Osteodynie) [griech.], vom Knochen ausgehende Schmerzen.

Ostelbien, (früher) preuß. Gebiete östlich der Elbe; *Ostelbier* nannte man früher die konservativen ostdt. Großgrundbesitzer.

Ostende (amtl. niederl. Oostende), belg. Hafenstadt, Seebad an der Nordsee, 68 400 E. Museen; königl. Sommerresidenz; Fähr- und Jachthäfen.

ostentativ [lat.], zur Schau gestellt, in herausfordernder, betonter Weise.

osteo..., Osteo... [griech.], Bestimmungswort von Zusammensetzungen mit der Bedeutung »Knochen«.

osteogen, 1) svw. knochenbildend (von Geweben gesagt).
2) vom Knochen ausgehend (z. B. von Krankheiten).

Osteologie, die Lehre vom Bau der Knochen.

Osteoporose [griech.], Form der Knochenatrophie, eine Verminderung der Knochenmasse pro Volumeneinheit, die das alters- und geschlechtsspezif. Maß der natürl. Rückbildung überschreitet und im manifesten Stadium den Grad einer schmerzhaften mechan. Skelettinsuffizienz (Unterschreitung der Mindestbelastbarkeit mit Gefahr von Knochenbrüchen) erreicht; die Symptome bestehen daneben in Wirbelveränderungen und Wirbelsäulenverkrümmung.

Oster, Hans, * Dresden 9. 8. 1888, † KZ Flossenbürg 9. 4. 1945 (hingerichtet), dt. General. Wurde in der militär. Abwehr zu einer treibenden Kraft des Widerstands gegen Hitler; nach dem 20. 7. 1944 verhaftet.

Ostereier, die zum Osterfest bemalten oder beschrifteten Eier. Der Brauch wurde angeregt und gefördert von der mittelalterl. Eier- und Speiseweihe, dem Zinsen und der Eierspende zu Ostern sowie durch die Fastenpraxis der Kirche, die den Genuß von Eiern nach der Fastenzeit erst wieder zu Ostern gestattete.

Ostende
Stadtwappen

Ostereier.
Bemalen von Ostereiern mit flüssigem Wachs

Osterglocke ↑Narzisse.

Östergötland [schwed. ˌœstərjøːt-], histor. Prov. im östl. M-Schweden, zw. dem Vättersee und der Ostsee.

Osterhase, der Hase als österl. Eierbringer. Das MA deutete den Hasen u. a. als Sinnbild der Auferstehung Christi.

Osterinsel

Da Hase und Eier Osterzins und Osterspeise waren, dürfte die Verbindung beider vom gleichen Zinstermin her zu erklären sein.

Osterinsel, chilen. Insel vulkan. Ursprungs im S-Pazifik, auf dem Ostpazif. Rücken, 180 km², bis rd. 700 m hoch, 1 900 E (polynes. Einheimische, vom Festland stammende Chilenen). – Am Ostersonntag 1722 durch Niederländer entdeckt; vermutlich Anfang des 12. Jh. (vielleicht schon im 4. Jh.) durch Polynesier von den Marquesasinseln und Mangareva aus besiedelt. Die sich in der Folgezeit entwickelnde *O.kultur* (um 1750 erloschen) wird bezeugt durch ein hieroglyphenähnl. Schriftsystem und die gigant. Steinbüsten aus schwarzem Tuff, die als Göttersitze gedeutet werden.

Osterkaktus, in Brasilien beheimatete Kakteenart mit bis 5 cm breiten, trichterförmigen Blüten.

Osterluzei (Pfeifenblume), Gatt. der Osterluzeigewächse mit rd. 500 Arten in den gemäßigten und warmen Gebieten der ganzen Erde; bekannt ist die hellgelb blühende *Gemeine Osterluzei.*

Ostermarsch, insbes. Mitte der 1960er Jahre in der BR Deutschland zur Osterzeit durchgeführter, v. a. gegen Krieg und Atomrüstung gerichteter Demonstrationsmarsch.

Ostern, ältestes Fest der christl. Kirchen, aus der christl. Umdeutung des jüd. Passahfestes hervorgegangen. Im allg. wird der Name O. auf den Namen einer german. Frühlingsgöttin Ostara bezogen. Das Konzil von Nizäa (325) bestimmte den ersten Sonntag nach dem ersten Vollmond nach Frühlingsbeginn zum Auferstehungsfest. – Im Mittelpunkt der Liturgie der *kath. Kirche* steht die Feier der Osternacht (Karsamstag auf Ostersonntag) mit Lichtfeier (Segnung des Osterfeuers, Entzünden der Osterkerze, Einzug mit der Osterkerze in die Kirche), Wortgottesdienst, Tauffeier mit Erneuerung des Taufversprechens und Eucharistiefeier. – Im Umkreis des Ostern entstandenen volkstüml. Bräuche (↑ Osterhase, ↑ Ostereier).

Osterode am Harz, Kreisstadt am SW-Rand des Harzes, Ndsachs., 26 700 E. Marktkirche (16. Jh.) mit bed. Grabsteinen; Fachwerkhäuser (16. und 17. Jh.), Kornhaus (18. Jh.). Nahebei die Pipinsburg, eine vor- und frühgeschichtl. Befestigung.

Österreich, Staat in Europa, grenzt im NW an Deutschland, im NO an die Tschech. und Slowak. Rep., im O an Ungarn, im S an Slowenien und Italien, im SW an die Schweiz und Liechtenstein.

Staat und Recht: Bundesrepublik; *Bundes-Verfassungsgesetz (B-VG)* vom 1. 10. 1920, in der Fassung von 1929 (1945 wieder in Kraft gesetzt). *Staatsoberhaupt* ist der vom Volk direkt für 6 Jahre gewählte Bundes-Präs.; er ernennt und entläßt die Regierung und kann den Nat.-Rat auflösen (nur einmal aus demselben Anlaß). Die *Exekutive* liegt bei der Regierung, die aus dem Bundeskanzler, dem Vizekanzler (bis 1966 ohne eigenes Ressort), den Min. und Staatssekretären besteht. Die *Legislative* besteht aus dem direkt vom Volk gewählten Nat.-Rat (183 Abg. für 4 Jahre gewählt) und dem die Länderinteressen wahrenden Bundesrat (64 Vertreter aus den Landtagen). Die vom Nat.-Rat und Bundesrat gemeinsam gebildete *Bundesversammlung* tritt nur zur Vereidigung des Bundes-Präs. und zum Beschluß über eine Kriegserklärung zusammen.
Parteien und Verbände sind durch hohe Organisationsdichte gekennzeichnet. Die wichtigsten Parteien sind: Sozialdemokrat. Partei Österreichs (SPÖ), Österr. Volkspartei (ÖVP), Die Freiheitlichen (F; bis 1995 Freiheitl. Partei Österreichs, FPÖ), Grüne Alternative, Liberales Forum (LF).
Verwaltung: Die föderalist. Struktur bedingt eine Aufteilung der Verwaltung des Staates auf den Bund und die neun Länder. An der Spitze der Landesverwaltung steht als Regierungschef der Landeshauptmann. Die Landtage sind Einkammerparlamente.
Zur *Landesverteidigung* verfügt Ö. über das Bundesheer (42 500 Mann, davon 4 500 Mann Luftwaffe). Es besteht Wehrpflicht von sechs Monaten mit anschließenden Wehrübungen.

Landesnatur: Der Alpen- und Donaustaat Ö. erstreckt sich von W nach O zw. Bodensee und Neusiedler See über 525 km. Die österr. Alpen gliedern sich in drei Großräume: die Nordalpen und die nördl. Kalkalpen, die Zentralalpen mit

Österreich

der höchsten Erhebung des Landes, dem Großglockner (3797 m), und die Südalpen mit Karn. Alpen und Karawanken. Nördlich der Alpen breitet sich bis zur Donau das Alpenvorland aus mit dem Innviertel und dem Hausruck. Nach NO erfolgt über das Tullner Becken der Übergang zum Karpatenvorland. Im Mühl- und Waldviertel hat Ö. Anteil an der Böhm. Masse. Im O liegt das Wiener Becken. Das Gebiet um den Neusiedler See zählt zum Kleinen Ungarischen Tiefland. Österreich liegt im Übergangsgebiet von ozeanischem zu kontinentalem Klima. Geschlossene Waldflächen finden sich im Waldviertel, im Hausruck, in den Voralpen, den Nördlichen Kalkalpen, in den östlichen Zentralalpen und den Südlichen Kalkalpen. Auf die Fichten- und Tannenwälder der Gebirgsfußzonen folgen Lärchen und Arven. Bei 1500–2200 m wird die Waldgrenze erreicht.

Bevölkerung: Rund 98% der überwiegend römisch-katholischen Österreicher sind deutschsprachig. An Minderheiten leben Tschechen, Kroaten, Magyaren und Slowenen im Land.

Wirtschaft, Verkehr: Rund 45% der Fläche werden landwirtschaftlich genutzt. Vorherrschend sind Viehzucht und Milchwirtschaft. Ackerbau wird v. a. in den nordöstlichen Flach- und Hügelländern, im Burgenland und in Niederösterreich betrieben. Die Forstwirtschaft spielt eine bedeutende Rolle. An Bodenschätzen verfügt Ö. über Braunkohle, Erdgas und Erdöl, Eisen-, Blei-, Zink-, Kupfer- und Wolframerze. An bedeutender Industrie gibt es Eisen- und Stahl-Ind., Fahrzeugbau, Textil- und Bekleidungs-Ind., Erdöl- und chem. Industrie. Ein wichtiger Wirtschaftszweig ist der ganzjährige Fremdenverkehr (1992: 19 Mio. Touristen). Ö. ist ein wichtiges Transitland. Das Schienennetz ist 6328 km, das Straßennetz 107838 km lang. Die Donau ist die wichtigste Binnenwasserstraße mit den bed. Häfen Linz, Wien und Krems an der Donau. Wichtigster internat. ✈ ist Schwechat bei Wien.

Geschichte: Zur Vorgeschichte ↑Europa.

Römerzeit und Völkerwanderung (bis 6. Jh.): Der Raum des späteren Ö.

Österreich

Fläche:	83 853 km²
Einwohner:	7,776 Mio.
Hauptstadt:	Wien
Amtssprache:	Deutsch
Nationalfeiertag:	26. 10.
Währung:	1 Österr. Schilling (S) = 100 Groschen (Gr, g)
Zeitzone:	MEZ

wurde von der Errichtung der Prov. Noricum in der augusteischen Expansionsphase bis ins 5. Jh. durch die Römerherrschaft, danach durch die Auseinandersetzung zw. german. und slaw. Stämmen bestimmt.

Die bayrische und babenbergische Herrschaft (6. Jh. bis 1246): Das bayr. Herzogsgeschlecht der Agilolfinger konnte vom 6. bis 8. Jh. durch Ausdehnung seines Territoriums bis zu den Hohen Tauern und zum Wienerwald eine Vormachtstellung im SO erreichen, die erst 787/788 durch Karl d. Gr. mit der Beseitigung des älteren bayr. Stammes-Hzgt. und seiner Eingliederung in das Fränk. Reich endete. Keimzelle des späteren Ö. wurde die bayr. Ostmark, die 976 als Reichslehen bei bayr. Lehnsabhängigkeit den Babenbergern verliehen wurde. Diesen gelang es seit Mitte des 11. Jh., durch Erwerb von Adelsherrschaften, Vogteirechten und Kirchenlehen, durch Rodung, Landesausbau und Heiratspolitik (1192 Erwerb der Steiermark), eine von Bayern unabhängige Machtposition aufzubauen. 1156 kam es zur Verselbständigung der Mark als *Hzgt. Österreich*.

Beginn der habsburgischen Herrschaft (1246 bis 1546): Nach dem Aussterben des babenberg. Mannesstammes (1246) konnte sich der mit den Babenbergern

Österreich

Staatsflagge

Staatswappen

1970 1992   1970 1992
Bevölkerung   Bruttosozialprodukt je E
(in Mio.)   (in US-$)

Bevölkerungsverteilung 1992

Bruttoinlandsprodukt 1992

Österreich

Österreich-Übersicht

verschwägerte spätere König Ottokar II. von Böhmen (⌑ 1251–76) eines von Böhmen bis zur Adria reichenden Herrschaftskomplexes bemächtigen. Nach dem Tod Ottokars (1278) belehnte König Rudolf I. von Habsburg seine Söhne 1282/83 mit Ö. und Steiermark bzw. Krain und führte durch habsburg.-przemyslid. Doppelheirat seine Dynastie auf den Weg zum Hausmachtkönigtum, woraus sich die mehr als 600jährige habsburg. Herrschaft in Ö. ergab. – Friedrich III. (⌑ 1440–93) konnte sich in der Wahl zum Röm. König behaupten und erhob 1453 die österr. Erblande zum Erzherzogtum. Mit dem 1477 angefallenen burgund. Erbe wurde der erste Schritt zu einer europ. Großmachtstellung getan; 1491 konnte Maximilian I. die österr. Erblande unter einer Herrschaft vereinen. Das Haus Ö. erreichte durch Beerbung der span. Kronen durch Karl V. (1516) eine hegemoniale Herrschaftsbasis.

Aufstieg zur Großmacht (1526/27–1740): Ferdinand I. folgte ständ. Forderungen, als er in Vorbildfunktion für die dt. Territorialstaaten kollegiale Zentralbehörden errichtete, mit denen die Habsburger die altösterr., böhm. und ungar. Länder übergreifend regierten. Die Ausbreitung der Reformation vollzog sich in Ö. – abgesehen von Tirol und Vorder-Ö. – v. a. im Herrschaftsbereich Kaiser Maximilians II. und in Inner-Ö. bis 1572/78. Die Abkehr von einer Politik der religiösen Zugeständnisse für »Türkenhilfe« begann mit den gegenreformator. Maßnahmen Ferdinands II. ab 1590/95; dagegen formierte sich die vom prot. Adel geführte böhm. Konföderation in dem Willen, die böhm. und niederösterr. Länder zu einem antihabsburg. ständ. Bund zusammenzuschließen. Das Scheitern dieses Böhm. Aufstandes 1620 führte in den Dreißigjährigen Krieg. Ferdinand II. behauptete 1627/28 in den »Verneuerten Landesordnungen« für Böhmen und Mähren das Haus Ö. gegen ständ. Macht.

Kaiser Leopold I. stellte sich im Zweifrontenkrieg (ab 1672) dem Expansionsstreben Ludwigs XIV. und seit 1663 den die österr. Erblande und das Hl. Röm. Reich bedrohenden Osmanen. Die Auseinandersetzung mit Frankreich endete ungünstig für das Haus Ö., doch begründeten die Türkenkriege (1663/64 und 1683–99) den Aufstieg des Herrschaftsbereichs der dt. Linie des Hauses Ö. im O zur europ. Großmachtstellung (Wiedereroberung Ungarns mit Siebenbürgen sowie des größten Teils Slawoniens). Im Span. Erbfolgekrieg (1701–13/14) gewann das Haus Ö. die europ. Nebenländer Spaniens, darunter die ertragreichen Niederlande. Der Türkenkrieg 1714–18 brachte N-Ser-

Österreich

bien, N-Bosnien, die kleine Walachei und v. a. das Banat unter die habsburg. Herrschaft; 1718/20 erhielt Ö. Sizilien im Tausch gegen Sardinien und erreichte damit seine größte territoriale Ausdehnung. Die Politik Karls VI. (⚭ 1711–40) zielte auf eine Dauersicherung dieses Bestandes der österr. Monarchie; in ihr sollte auch die weibl. habsburg. Thronfolge möglich sein (Pragmat. Sanktion, 1713).

Vom Absolutismus zum Dt. Krieg (1740 bis 1866): Die Behauptung Maria Theresias (⚭ 1740–80) in den Schles. Kriegen und im Österr. Erbfolgekrieg gegen eine europ. ausgeweitete Koalition konnte den Verlust Schlesiens nicht verhindern. Die sichtbar gewordene, durch ständige Eigen- und Länderinteressen verursachte Schwäche der Monarchie wurde durch eine grundlegende Staatsreform beseitigt. Die Länder verloren ihr Recht auf eigene Verwaltung und die Stände ihr Mitspracherecht in der Wiener Zentrale. Das ständ. Steuerbewilligungsrecht wurde in Zehnjahresbeschlüsse umgewandelt. Da die Theresian. Staatsreform nur für die böhm.-österr. Erblande galt, die Niederlande und v. a. die ungar. Länder ihren ständestaatl. Charakter bewahrten, wurde der spätere österr.-ungar. Dualismus fixiert. Kaiser Joseph II., seit 1765 Mitregent, erwarb 1772/75 Galizien und die Bukowina, im Bayr. Erbfolgekrieg das Innviertel. Seit 1780 Alleinherrscher, setzte er die wohlfahrtsstaatl. Ansätze Maria Theresias mit der Besiedlung S-Ungarns, Galiziens und der Bukowina, mit der Verbesserung des Grundschul-, des Gesundheits- und des Rechtswesens fort (↑Josephinismus). Seine antiständ. und antiföderalistische Politik führten an die Grenze revolutionärer Erhebungen. In der Auseinandersetzung mit dem revolutionären und Napoleon. Frankreich stand Ö. nach dem Ausscheren Preußens im Basler Frieden 1795 schließlich allein. Die Zerstörung des europ. Mächtegleichgewichts in den Koalitionskriegen und den Napoleon. Kriegen führte zu gravierenden Territorialverlusten (u. a. österr. Niederlande, Vorder-Ö., Tirol), zur Auflösung des Hl. Röm. Reiches (↑deutsche Geschichte) und zur Errichtung des *Kaisertums Österreich*.

Seit 1810 bzw. 1813 betrieb K. W. Graf Metternich die Rettung von Ö. als Großmacht, erst in Anlehnung an Napoleon I., dann im Kampf gegen ihn. Auf dem Wiener Kongreß wurde Ö. zur *Donaumonarchie;* es wurde im Umfang von 1797 bzw. 1803/05 wiederhergestellt, verlagerte aber sein polit. Gewicht nach S und SO. Die sich aus der raschen Industrialisierung ergebenden sozialen Spannungen wurden nicht gelöst. Das Verlangen des Besitz- und Bildungsbürgertums, aber auch eines Teils des Adels nach Systemveränderungen, die Lage der Bauern und die Auswirkungen der Wirtschaftskrise seit den 1840er Jahren, v. a. auf die Arbeiter und die kleinbürgerl. Handwerker, förderten den Ausbruch der Märzrevolution 1848. Sie verband sich mit den Aufbegehren der in Galizien durch polit. Zugeständnisse, in Kroatien und der Lombardei mit polizeistaatl. Mitteln unterdrückten Nationalitäten und erschütterte nicht nur das Herrschafts- und Sozialgefüge, sondern auch die histor. gewachsene Existenz der Habsburgermonarchie. Zentren der Revolution waren Wien, Prag, Lombardo-Venetien und Ungarn. Mit der Niederschlagung der Aufstände (v. a. durch Fürst Windischgrätz) war auch die Zurücknahme zahlr. polit. Zugeständnisse (Zweikammersystem, Gewaltentrennung, parlamentar. System für Ungarn) verbunden. Im März 1849 zwang die Regierung Kaiser Franz Josephs I. (⚭ 1848–1916) den Reichstag zur Annahme einer oktroyierten Verfassung, die unter Zurückweisung aller staatsrechtl. Begehren der Nationalitäten und unter Auflösung der Einheit der Länder der Stephanskrone einen großen österr. Einheitsstaat schaffen sollte. Die erstarkte konservative Großmacht Ö. erneuerte ihren Führungsanspruch im Dt. Bund und wollte den Verzicht Preußens auf die kleindt. Lösung erzwingen. Die österr. Außenpolitik 1853–60 trennte Ö. im Krimkrieg (1853/54–56) mit verhängnisvollen Folgen für die Balkanfrage von Rußland, im Sardin.-Frz.-Österr. Krieg (1859/60) auch von Frankreich. Innenpolitisch hatten die territorialen Verluste und eine verfehlte Handelspolitik eine Vertrauenskrise zur Folge. Der bedrohlich gewachsene Widerstand Ungarns gegen das neoabsolu-

Österreich

tist. System machte eine Verfassungsreform unumgänglich. Die österr. Niederlage im Dt. Krieg 1866 veränderte die polit. Situation des Kaisertums. Die Gefährdung der österr. Großmachtstellung nach seiner Verdrängung aus dem Dt. Bund durch den sich bildenden preuß.-kleindt. Nat.-Staat verlangte den Ausgleich mit den von Ungarn geführten Ländern der Stephanskrone und ließ die Nationalitätenfrage zum innenpolit. Hauptproblem werden.

Österreich-Ungarn (1867–1918): Die Folgen der Umwandlung zur Doppelmonarchie Österreich-Ungarn 1867 durch den österr.-ungar. Ausgleich bestimmten die weitere innenpolit. Entwicklung der Donaumonarchie: Die 1867 garantierte gesamtpolit. Gleichberechtigung der Nationalitäten setzte v. a. die durch die Autonomiebewegungen komplizierte Lösung der Nationalitätenfrage voraus, die aber weder in der zisleithan. Reichshälfte noch in Ungarn und in der Tschechoslowakei gelang. V. a. in Ungarn setzte sich die Tendenz durch, keine Veränderung des Systems der dualist. Realunion zuungunsten Ungarns zuzulassen. Die Herausforderung von Krone, Armee und Bürokratie, der bisherigen Staatsführung, durch neugebildete soziale und nat. Massenparteien und Interessenverbände (z. B. Liberale Partei, Sozialdemokratie, Christlichsoziale Partei) markierte eine polit. Gesamtzäsur, von der die allein von der Krone bestimmte Außenpolitik scheinbar unberührt blieb. Die Eingliederung Ö.-Ungarns in das Bündnissystem Bismarcks (Zweibund 1879, Dreikaiserbund 1881, Dreibund 1882, Mittelmeerabkommen 1887) zur Aufrechterhaltung der österr. Großmachtstellung und zur Vermeidung einer Konfrontation mit Rußland in der Balkanfrage legte die Donaumonarchie bereits vor der sich anbahnenden europ. Mächteblockbildung fest. Die österr. Reichsführung wies Präventivkriegsforderungen im Hinblick auf die offensive russ. Balkanpolitik (seit 1908/09) zwar zurück, schritt im Aufruf zur Selbstbehauptung der Habsburgermonarchie nach dem Attentat von Sarajevo in der Julikrise 1914 aber doch zur Kriegsauslösung gegen Serbien (28. 7.) – ungeachtet mangelnder militär. Rüstung.

Im 1. Weltkrieg geriet Ö.-Ungarn trotz Bewährung der k. u. k. Armee in wachsende militär. Abhängigkeit vom Dt. Reich. Kaiser Karl I., der 1916 die Nachfolge Kaiser Franz Josephs I. angetreten hatte, zeigte sich der Kriegs- und innenpolit. Krisensituation nicht gewachsen. Mit dem militär. Zusammenbruch ab Sept. 1918 begann der Zerfall der Habsburgermonarchie; am 31. 10. 1918 trennte sich Ungarn von Ö.; in den Verträgen von Saint-Germain-en-Laye (1919) und Trianon (1920) wurde die Auflösung der Donaumonarchie bestätigt. Als Nachfolgestaaten konnten sich die Tschechoslowakei, Ö., Ungarn und das spätere Jugoslawien konstituieren, Teile der ehem. Habsburgermonarchie kamen an Italien, Polen und Rumänien.

Erste Republik und »Anschluß« (1918 bis 1945): Eine provisor., für das gesamte geschlossene dt. Siedlungsgebiet Zisleithaniens gebildete Nat.-Versammlung (30. 10. 1918) schuf auf der Basis der Dezemberverfassung von 1867 die Provisor. Verfassung (30. 10.), bildete aus ihren Reihen eine Exekutive mit K. Renner als erstem Kanzler und proklamierte am 12. 11. Deutsch-Österreich als demokrat. Republik und deren Anschluß an das Dt. Reich. Ö. wurde in den Völkerbund aufgenommen, ein Anschluß an das Dt. Reich entsprechend dem Versailler Vertrag (Art. 80) verboten. Am 1. 10. 1920 trat die auf der Basis der Provisor. Verfassung von 1918 ausgearbeitete demokrat. Verfassung für den österr. Bundesstaat *(Republik Österreich)* in Kraft. Den bürgerl. Regierungsparteien (ab Okt. 1920) mit ihren meist der k. u. k. Staatsbürokratie entstammenden Führern fiel die Anpassung an den Kleinstaat und seine wachsende wirtschaftl.-soziale Notlage schwer. Zwar gelang 1930 die Liquidierung aller Kriegsschulden, nicht aber die Bildung der Dt.-Österr. Zollunion. Innenpolitisch bestimmend wurden die zunehmend gewalttätigen Auseinandersetzungen zw. den nichtstaatl. bewaffneten Selbstschutzformationen der Parteien (zahlenmäßig stärker als das österr. Bundesheer), von denen der Republikan. Schutzbund der SPÖ bereits geschlossener als die in einzelnen Bundesländern formierten antimarxist., autoritär-stän-

Österreich

destaatl. Heimwehren war. Mit dem Wahlsieg (April 1932) der bis dahin unbedeutenden, organisatorisch der dt. Parteileitung unterstellten österr. Nationalsozialisten bei Landtags- und Gemeindewahlen und mit der Regierungsbildung durch E. Dollfuß (Mai 1932) führte die innenpolit. Labilität in Ö. zum Ende der Regierung bürgerl. Parteien und der Demokratie und zur Bildung eines autoritären Regimes. Die von den Heimwehren ausgelösten Februarunruhen 1934 führten zur Ausschaltung der SPÖ und zum Erlaß der Maiverfassung 1934. Sie vollzog in Verbindung von autoritärem Katholizismus und Heimwehrfaschismus unter der Ideologie des Ständestaats (berufsständ. Staatsstruktur, Einparteiensystem) eine grundsätzl. Abkehr von demokrat. Prinzipien. Nachfolger von Dollfuß, der bei einem gescheiterten nat.-soz. Putschversuch (25. 7. 1934) ermordet worden war, wurde K. Schuschnigg. Seine Politik der Stützung der österr. Unabhängigkeit durch das neuerl. Bündnis mit Italien als Schutzmacht (22. 8. 1934) geriet mit der Annäherung Mussolini/Hitler ins Wanken und zwang Schuschnigg zum dt.-österr. Abkommen vom 11. 7. 1936. Dieses Juliabkommen garantierte zwar die staatl. Integrität Ö. und sicherte die innenpolit. Nichteinmischung Deutschlands zu, verpflichtete aber Ö. zu an Deutschland orientierter Außenpolitik und zu polit. Amnestie der nat. Opposition.

Schuschnigg mußte unter nat.-soz. Druck am 11. 3. 1938 zurücktreten, am 13. 3. wurde der »Anschluß von Ö. an das Dt. Reich« durch A. Seyß-Inquart vollzogen (im April durch Volksabstimmung gebilligt). Die österr. Landesregierungen und die Bundesländer wurden aufgelöst und sieben Reichsgaue gebildet.

Die Zweite Republik (seit 1945): 1943 beschlossen die Alliierten auf der Moskauer Konferenz, Ö. als eigenen Staat wiederherzustellen; in Jalta (Febr. 1945) wurde die Aufteilung des Landes in vier Besatzungszonen vereinbart. Die zweite republikan. Staatsbildung erfolgte in dem ab Ende März 1945 von sowjet. Truppen eroberten östl. Ö. durch Bildung einer Provisor. Staatsregierung unter K. Renner (durch SPÖ, KPÖ und die neugegr. Österr. Volkspartei). Sie erklärte am 27. 4. die Unabhängigkeit und die Wiederinkraftsetzung der 1929 novellierten Verfassung von 1920. Der provisor. Übergangsstatus endete nach den ersten Nat.-Rats- und Landtagswahlen (25. 11. 1945), bei denen die ÖVP die absolute Mehrheit errang, mit dem Zusammentritt der Bundesversammlung und der Wahl Renners zum Bundespräsidenten.

Ausschlaggebend für den wirtschaftl. Wiederaufbau war nach der Verstaatlichung der Montanindustrie, der drei österr. Großbanken (Juni 1946) und der Energieversorgung (Mai 1947) v. a. die Marshallplanhilfe. Behindert durch den Ost-West-Konflikt, führten die Verhandlungen zur Beendigung des Besatzungsstatuts erst am 15. 5. 1955 im Österr. Staatsvertrag zur Unabhängig-

Österreich. Verwaltungsgliederung
(Stand 1991)

Bundesland	km²	E (in 1 000)	Hauptstadt
Burgenland	3 965	270	Eisenstadt
Kärnten	9 533	547	Klagenfurt
Niederösterreich	19 174	1 473	Sankt Pölten*
Oberösterreich	11 980	1 333	Linz
Salzburg	7 154	482	Salzburg
Steiermark	16 387	1 184	Graz
Tirol	12 648	631	Innsbruck
Vorarlberg	2 601	331	Bregenz
Wien	415	1 539	–

* Verwaltungssitz bis 1995: Wien

Österreich, Haus

keit und (teilweise eingeschränkten) Souveränität unter Erneuerung des polit. und wirtschaftl. Anschlußverbots an Deutschland, bei freiwilliger Verpflichtung (26.10.) zu immerwährender Neutralität. Noch im selben Jahr wurde Ö. in die UN aufgenommen, 1960 erfolgte die Aufnahme in den Europarat. Mit dem Beitritt zur Europ. Freihandelsassoziation (1960) erfolgte der Anschluß an die wirtschaftl. Weltkonjunktur. Bis 1969 wurde die Südtirolfrage gelöst.
Die Ära der SPÖ-Alleinregierungen (seit 1970) unter B. Kreisky endete 1983, als nach starken Verlusten der SPÖ eine Koalitions-Reg. aus SPÖ und FPÖ gebildet wurde. Zu heftigen Kontroversen kam es 1986 anläßlich der Wahl von K. Waldheim zum Bundes-Präs., dessen Vergangenheit als Offizier der dt. Wehrmacht zu erhebl. außenpolit. Belastungen führte; Bundeskanzler F. Sinowatz trat zurück, sein Nachfolger wurde F. Vranitzky. Die Wahlen 1986 brachten deutl. Verluste für SPÖ und ÖVP; Gewinner waren die rechtsgerichtete FPÖ unter J. Haider und die Grünen, die erstmals in den Nat.-Rat einzogen. Nach langwierigen Verhandlungen konnte Vranitzky im Jan. 1987 eine Koalitionsreg. aus SPÖ und ÖVP bilden, die auch nach den Wahlen 1990 trotz erhebl. Verluste der ÖVP fortgeführt wurde. 1992 wurde T. Klestil Bundespräsident. Bei den Wahlen 1994 mußte die große Koalition drast. Einbußen hinnehmen, konnte jedoch ihre Koalitionsregierung fortsetzen. 1989 hatte die Reg. den Aufnahmeantrag in die EG gestellt, der Beitritt erfolgte zum 1.1.1995. Im Okt. 1995 zerbrach die Koalitionsregierung zw. SPÖ und ÖVP am Streit um die Deckung des Haushaltsdefizits; bei den daraufhin im Dez. anberaumten Neuwahlen erzielte die SPÖ Gewinne. Im Febr. 1996 wurde eine Neuauflage der großen Koalition verabredet.
Österreich, Haus (lat. Domus Austriae, italien. Casa d'Austria), 1306 erstmals nachweisbare, seit dem 15. Jh. gültige Bez. des Gesamtherrschaftsbereichs und der Gesamtdynastie der Habsburger.
Österreich-Este ↑Este.
Österreichische Bundesbahnen, Abk. **ÖBB,** staatl. österr. Eisenbahngesellschaft, hervorgegangen aus der 1842 gegr. Generaldirektion der Staatseisenbahnen, Sitz Wien; 1994 in eine Kapitalgesellschaft umgewandelt.
Österreichische Kunst. Bed. Beispiele der Romanik sind der Dom in Gurk, die Pfarrkirche in Schöngrabern, das Kloster Millstatt und der Westbau vom Stephansdom in Wien. Zu den Hauptwerken der Gotik gehören die Chöre des Zisterzienserklosters Heiligenkreuz (1295) und von St. Stephan in Wien (1304–40), Marienbildwerke (»Dienstbotenmadonna«, Wien, St. Stephan) und die Tafelbilder des Klosterneuburger Altars (1324–29). In der 2. Hälfte des 14. Jh. zog der Hof Karls IV. in Prag alle künstler. Kräfte an sich (u. a. P. Parler). Um 1400 begann eine Blütezeit der Plastik; zu den bedeutendsten Leistungen der Spätgotik gehören die Bildschnitzereien des Kefermarkter Altars, die Skulpturen A. Pilgrams, die Altäre M. Pachers. Das um 1500 entstehende neue Naturgefühl fand seinen stärksten Ausdruck in der Malerei der ↑Donauschule. Eine bed. Epoche begann nach dem Sieg über die Türken (1683); der von Fischer v. Erlach und L. v. Hildebrandt begründete Baustil des österr. Barocks wirkte sich auf die gesamtdt. Entwicklung aus. Gleichzeitig entstanden die Klosterbauten M. Prandtauers. Unter den Bildhauern sind Johann Meinrad Guggenbichler (*1649, †1723), Michael Bernhard Mandl (*1660, †1711) und Thomas Schwanthaler (*1634, †1707) zu nennen, im 18. Jh. G. R. Donner; von den Malern des 18. Jh. P. Troger und F. A. Maulpertsch. Seit Mitte des 19. Jh. rege Bautätigkeit in histor. Stilformen: Ludwig von Förster (*1797, †1863) mit der Wiener Ringstraßenplanung (Neurenaissance), Heinrich von Ferstel (*1828, †1883), Friedrich von Schmidt (*1825, †1891; Neugotik), G. Semper (Neubarock). Die bekanntesten Maler des 19. Jh. (J. A. Koch, M. von Schwind, C. Schuch) arbeiteten vorwiegend im Ausland. F. G. Waldmüller ist Hauptvertreter des Wiener Biedermeier. Für Mode, Wohnkultur und Kunstgewerbe wird seit 1870 der neubarocke Stil der Malerei H. Makarts vorbildlich, die Jahrhundertwende war die große Zeit der Wiener Sezession (Jugendstil), in der Architektur (O. Wagner, J. M. Olbrich) wie in der Malerei (G. Klimt, der junge

österreichische Kunst.
Fritz Wotruba. »Figurenreliefs« (1958; Wien, Museum des 20. Jahrhunderts)

E. Schiele). Das Neue Bauen kam nur vereinzelt zum Zuge (A. Loos). – In der Malerei repräsentieren O. Kokoschka, A. Kubin und Richard Gerstl (* 1833, † 1908) den Expressionismus. Nach 1945 stand neben Herbert Boeckl (* 1894, † 1966) v. a. A. P. Gütersloh im Mittelpunkt, um den sich seit den 1960er Jahren die Wiener Schule des phantast. Realismus bildete (E. Fuchs, Wolfgang Hutter [* 1928], Anton Lehmden [* 1929], Rudolf Hausner [* 1914]); ihnen verwandt ist E. Brauer. Neben F. Hundertwasser ist v. a. auch Arnulf Rainer (* 1929), dessen vielseit. Werk im Surrealismus wurzelt, zu nennen. Die zeitgenöss. Architektur wird u. a. von Roland Rainer (* 1910), H. Hollein und Gustav Peichl (* 1928) repräsentiert; zeitgenöss. Bildhauer: A. Hrdlicka, F. Wotruba, Joannis Avramidis (* 1922) und Rudolf Hoflehner (* 1916).

österreichische Kunst. Johann Lukas von Hildebrandt. »Sala Terrena« im Oberen Belvedere in Wien (1721–23)

österreichische Literatur, innerhalb der deutschsprachigen Literatur (↑deutsche Literatur, ↑schweizerische Literatur) nach histor.-polit. Gesichtspunkten und daran anknüpfenden Bewußtseinsprozessen sowie nach pragmat. Ansätzen abgegrenzte Literaturproduktion im Gebiet des heutigen Österreich.
Der Minnesang war in Österreich Mitte des 12. Jh. u. a. durch den Kürenberger vertreten; am Wiener Hof wirkte zeitweise Walther von der Vogelweide; in der Nachfolge standen: Ulrich von Lichtenstein (* um 1200, † 1275 oder 1276; u. a. »Frauendienst«, 1255), Neidhart von Reuenthal, Oswald von Wolkenstein. Das Jh. des Barock war an literar. Erscheinungen bes. reich: u. a. Lyrik von Catharina Regina von Greiffenberg (* 1633, † 1694) und Simon Rettenpacher (≈ 1634, † 1706); Romane von J. Beer; Predigten von Abraham a Sancta Clara; höf. Festspiele und Drama waren vertreten durch S. Rettenpacher (»Herzog Welf«, 1632) und Nikolaus Avancini (* 1611, † 1686). Das Wiener Burgtheater (bis 1918 Hofburgtheater) wurde 1776 von Joseph II. zum Nationaltheater erklärt. Eigenständig war die Entwicklung der *Volkskomödie*: J. A. Stranitzky, Ph. Hafner sowie v. a. F. Raimund und J. Nestroy. In engem Zusammenhang mit der dt. Lit. im 19. Jh. standen F. Grillparzer, A. Stifter, N. Lenau, F. von Saar, Marie von Ebner-Eschenbach sowie P. Rosegger und L. Anzengruber. Die Vielzahl der Begriffe für die literar. Entwicklung der Jh.wende (Symbolismus, Neuromantik, Wiener Expressionismus, Dekadenz) spiegelt die Vielfalt ihrer Vertreter wider. Auch den Kreis des sog. »Jungen Wien« mit A. Schnitzler, R. Beer-Hofmann, H. von Hofmannsthal und dem Theoretiker der Gruppe, H. Bahr, verband kein eigtl. Programm. Der gesellschafts- und sprachkrit. Impuls von K. Kraus und seiner Zeitschrift »Die Fackel« (1899 bis 1936) wirkte stark auf Autoren wie T. Däubler und T. Haecker. Eine weitere Gruppe innerhalb dieser Generation bildeten die deutschsprachigen Schriftsteller Prags: M. Brod, E. Weiß, F. Werfel, R. M. Rilke und F. Kafka, dem der ebenfalls aus Böhmen stammende »Malerschriftsteller« A. Kubin nahesteht. Ebenfalls noch zur Generation der vor 1900 Geborenen gehören neben dem Lyriker G. Trakl die großen Romanciers R. Musil, H. Broch, A. P. Gütersloh, J. Roth und H. von Doderer; gemeinsam ist ihnen der Verzicht auf eine ideolog. Aussage, wodurch sie sich ebenso wie die Dramatiker Ö. von Horvath und F. T. Csokor von vielen dt. Schriftstellern der gleichen Zeit unterschieden. Viele Schriftsteller emigrierten vor oder

österreichische Musik

während der Zeit des Nationalsozialismus in Österreich, u. a. F. Bruckner, E. Canetti, E. Fried, J. Lind, R. Neumann, A. Polgar, A. Roda Roda, M. Sperber, H. Spiel, F. Torberg, B. Viertel, H. Weigel, S. Zweig; E. Friedell beging Selbstmord, J. Soyfer und die Lyrikerin Alma Johanna Koenig (* 1887, † 1942) wurden im KZ umgebracht. Nach 1945 bildeten sich drei Autorenzentren: In Wien geprägt durch I. Bachmann, I. Aichinger sowie die »Wiener Gruppe«: F. Achleitner, H. C. Artmann, Konrad Bayer (* 1932, † 1964), G. Rühm, O. Wiener, die sich (v. a. experimentell) den vielfachen Möglichkeiten der Sprache widmeten; in Graz arbeitet seit 1958 das Forum Stadtpark, aus dem P. Handke, Helmut Eisendle (* 1939), B. Frischmuth, Gert Friedrich Jonke (* 1946), Alfred Kolleritsch (* 1931), Wolfgang Bauer (* 1941) sowie R. P. Gruber (* 1947), A. Schmidt und P. Turrini hervorgingen; aus dem Zentrum Salzburg sind v. a. Gerhard Amanshauser (* 1928), Alois Brandstetter (* 1938), P. Rosei, J. Schutting, F. Innerhofer zu nennen. Keinem Zentrum zuzurechnen sind E. Jandl und F. Mayröcker; ebenfalls unabhängig von den Zentren schreiben u. a. die Schriftstellerinnen E. Jelinek, B. Schwaiger und Marianne Fritz (* 1948); in jüngster Zeit haben sich Josef Winkler (* 1953), Erwin Einzinger (* 1955), W. Schwab und C. Ransmayr einen Namen gemacht. Der Dramatiker und Prosaist T. Bernhard gilt als der eigenwilligste Autor der zeitgenöss. österr. Literatur.

österreichische Musik. Charakteristisch ist die Verschmelzung von Einflüssen aus Italien, dem dt. Bereich und anderen Ländern der Habsburger, bes. Ungarn; zur Zeit der †Wiener Klassik am deutlichsten spürbar, die ital. auf dem Gebiet der Oper, die ungar. in der Instrumentalmusik (bei J. Haydn, später bei F. Schubert, F. Liszt und J. Brahms). Bezeichnend ist weiter das enge Wechselverhältnis von Kunst- und Volksmusik (etwa bei W. A. Mozart, F. Schubert, A. Bruckner, G. Mahler). Die Entwicklung des Klavierlieds von F. Schubert bis zu H. Wolf und G. Mahler, die Entstehung des Walzers und die Entwicklung der Operette von J. Strauß (Sohn) bis F. Lehár vollzogen sich in Österreich.

Im 20. Jh. entstand die †Neue Musik in Wien; A. Schönberg sprengte die Fesseln der Tonalität und entwickelte seine Zwölftontechnik. Neben seinen Schülern A. Berg und A. Webern traten besonders F. Schreker und sein Schüler E. Krenek als Opernkomponisten hervor. Weitere Komponisten: Hans Erich Apostel (* 1901, † 1972; Zwölftontechnik), Franz Schmidt (* 1874, † 1939; Neuromantik), G. v. Einem (Neoklassizismus), Friedrich Cerha (* 1926; serielle Musik), Anestis Logothetis (* 1921). – Auch die interpretierende Musikausübung hat in Österreich eine bed. Tradition, bes. durch die Wiener Staatsoper, die Wiener Philharmoniker, die Salzburger Festspiele.

Österreichische Post- und Telegraphenverwaltung, Abk. **ÖPTV,** nicht einheitlich verwendete Bez. für die rechtlich unselbständige Bundesmonopolanstalt, die die Einrichtungen verwaltet, durch die der Bund die Angelegenheiten des Postwesens in Österreich besorgt. 1994 wurden die rechtl. Grundlagen für eine Liberalisierung geschaffen.

Österreichischer Alpen-Klub, Abk. **ÖAK,** †Alpenvereine.

Österreichischer Alpenverein, Abk. **ÖAV,** †Alpenvereine.

Österreichischer Erbfolgekrieg, nach dem Tode Kaiser Karls VI. ausgebrochener europäischer Krieg (1740–48), ausgelöst durch den Angriff Brandenburg-Preußens auf Schlesien (†Schlesische Kriege). Frankreich unterstützte Brandenburg-Preußen und erreichte durch eine Koalition mit Kursachsen und den wittelsbach. Kurfürsten von Bayern, Köln und der Pfalz 1742 die Wahl des bayr. Kurfürsten als Karl VII. zum Röm. Kaiser gegen Maria Theresias Gemahl Franz (I.) Stephan. Durch den Kriegseintritt Großbrit., Sardiniens und der Generalstaaten 1742/43 auf seiten Österreichs weitete sich der Kriegsschauplatz von Bayern, Böhmen und Mähren nach Oberitalien, ins Elsaß und in die österr. Niederlande aus. Mit der frz. Offensive in Oberitalien und in den Niederlanden verlagerte sich der Konflikt: Frankreich und Großbrit. traten als Hauptgegner hervor, unterstützt von Spanien einerseits und Österreich, Sardinien und den Generalstaaten andererseits. Der *Aachener Friede* (1748) bestätigte die Großmachtstellung Österreichs (und die Pragmat. Sanktion).

Österreichischer Gewerkschaftsbund, Abk. **ÖGB,** am 30.4.1945 gegr., in 14 Fachgewerkschaften gegliederter gewerkschaftl. Spitzenverband, Sitz Wien; umfaßt als Einheitsgewerkschaft Arbeiter, Angestellte und Beamte. Oberstes *Organ* ist der alle vier Jahre stattfindende Bundeskongreß; dieser wählt das ÖGB-Präsidium und die Kontrollkommission. Höchstes Gremium zw. den Kongressen ist der in regelmäßigen Abständen tagende Bundesvorstand, in dem alle 15 Fachgewerkschaften und alle Fraktionen vertreten sind. Der ÖGB ist überparteilich, jedoch bestehen innerhalb der ÖGB polit. Fraktionen, u. a. die Fraktion *sozialist. Gewerkschafter,* die Fraktion *christl. Gewerkschafter,* die Fraktion *kommunist. Gewerkschafter.*

Österreichischer Rundfunk, Abk. **ORF,** österr. Rundfunkanstalt mit Sitz in Wien; 1957 vom Bund und von den Bundesländern durch Gesellschaftsvertrag gegr., seit 1974 unabhängige Anstalt des öffentl. Rechts.

Österreichischer Staatsvertrag, am 15.5.1955 in Wien zw. Österreich und den vier Besatzungsmächten (USA, Großbrit., UdSSR, Frankreich) abgeschlossener Vertrag, der Österreich als freien, unabhängigen und demokrat. Staat wiederherstellte; führte zum Abzug der Besatzungstruppen bis zum 24.10.1955 und am 26.10.1955 zur freiwilligen Erklärung der dauernden militär. Neutralität Österreichs.

Österreichisches Staatsarchiv, Gesamtinstitution der Archive der österr. Zentralbehörden in Wien (seit 1945.)

Österreichische Volkspartei, Abk. **ÖVP,** österr. christl.-demokrat. Partei; 1945 in Wien (im wesentlichen in personeller Kontinuität mit der Christlichsozialen Partei) gegr.; stellte 1945–70 den Bundeskanzler, stand 1970–87 auf Bundesebene in der Opposition; besteht organisatorisch aus drei Bünden mit Gliederungen auf Landes-, Bezirks- und Ortsebene: Österr. Arbeiter- und Angestelltenbund (ÖAAB), Österr. Bauernbund (ÖBB), Österr. Wirtschaftsbund (ÖWB), angeschlossen sind die Junge ÖVP und die Österr. Frauenbewegung; wird von einem Obmann geleitet (seit 1995 W. Schüssel).

österreichisch-ungarischer Ausgleich ↑Ausgleich.

Österreich-Ungarn (amtlich 1867 bis 1918: Österr.-Ungar. Monarchie), mit 676615 km^2 (1914) und (nach letzter Volkszählung 1910) 51,39 Mio. E nach Rußland territorial zweitgrößte europ. Großmacht. Staatsrechtlich war Ö.-U. eine Realunion mit einem verfassungsrechtlich allen Kronländern gemeinsamen erbl. Herrscher und eine *Doppelmonarchie* zweier gleichberechtigter Reichshälften, der österr. (Zisleithanien [27,963 Mio. E]) und der ungar. (Transleithanien [23,427 Mio. E]).

Osterspiel, Typus des mittelalterl. geistl. Schauspiels. Entwickelte sich aus dem Ostertropus, einem lat. Wechselgesang zw. den Engeln und den drei Marien, der am Ostermorgen in den Kirchen vorgetragen wurde; der Text des Tropus wurde zur Grundlage einer dramat. dialog. Gestaltung gemacht; das O. von Muri (13. Jh.) ist die älteste Überlieferung.

Östersund, Hauptstadt des schwed. Verw.-Geb. Jämtland, am Storsjö, 56900 E.

Osterzyklus ↑Zeitrechnung.

Osteuropa, allg. Bez. für die Länder im O Europas (Litauen, Lettland, Estland, Weißrußland, Moldawien, die Ukraine, europ. Teile Rußlands); im polit. Sprachgebrauch früher auch Bez. für die Ostblockstaaten.

Osteuropabank ↑Europäische Bank für Wiederaufbau und Entwicklung.

osteuropäische Zeit, Abk. **OEZ,** die Zonenzeit des 30. Längengrades östl. von Greenwich: entspricht MEZ+1 Stunde.

Ostfalen, neben Engern und Westfalen ein Teilstamm der Sachsen; zw. Weser, Lüneburger Heide, Elbe und Harz ansässig.

Ostflandern (niederl. Oost-Vlaanderen), Prov. in NW-Belgien, 2982 km^2, 1,33 Mio. E, Hauptstadt Gent.

Ostfriesische Inseln, Inselkette im Wattenmeer der Nordsee zwischen den Mündungen von Ems und Jade (Borkum, Juist, Norderney, Baltrum, Langeoog, Spiekeroog, Wangerooge). Durch fortgesetzte Wasserströmungen und Windeinwirkungen verändern die Ostfriesischen Inseln ständig ihre Gestalt in W–O-Richtung.

Ostfriesland

Ostfriesland, Gebiet in Ndsachs. zw. Dollart und Jadebusen mit Niederungsmooren im südl. Teil, die erst in der Neuzeit kultiviert wurden (Fehnkolonien, Moor- und Marschhufendörfer) sowie die Ostfries. Inseln.
Geschichte: Nach dem Zerfall des Karolingerreiches bildeten sich in O. mehrere selbständige Bauernrepubliken, sog. Länder (u. a. Brookmerland, Harlinger Land), deren Führung im 14. Jh. Häuptlinge übernahmen (v. a. aus den Familien tom Brok, Ukena, Cirksena). Die Cirksena wurden 1464 Reichsgrafen von O., 1654/62 Reichsfürsten; 1744 nahm Preußen O. in Besitz, verlor es aber 1807 an Napoleon I., der es dem Kgr. Holland, 1810 Frankreich einverleibte. 1815 wurde O. Teil des Kgr. Hannover.
Ostgermanen, im 3./2. Jh. entstandene german. Stammesgruppe mit den Völkerschaften u. a. der Rugier, Vandalen, Burgunder, Goten, Gepiden, Heruler, Langobarden.
Ostghats ↑Dekhan.
Ostgoten (Ostrogoten, Greutungen), Teilgruppierung der ↑Goten. Die O. gründeten um die Mitte des 4. Jh. unter Ermanarich ein Reich im N des Schwarzen Meeres, wurden jedoch 375/376 von den Hunnen und Alanen unterworfen. Bald nach Attilas Tod (453) ließen sie sich unter röm. Oberhoheit in Pannonien nieder. Die Stammesfürsten der O. gehörten zum Geschlecht der Amaler. 488 fielen die O. unter König Theoderich d. Gr. in Italien ein und beseitigten 493 Odoaker. Das von Theoderich gegründete Reich blieb Bestandteil des röm. Imperiums; es umfaßte Italien mit Sizilien, Dalmatien, das Alpengebiet, Slawonien und seit 510 auch die Provence. Die O. bildeten den Kriegerstand und waren von den Römern rechtlich und – als Arianer – konfessionell geschieden. Trotz des Widerstands ihrer Könige Witigis (536–539), Totila (541–552) und Teja (552) unterlagen sie dem byzantin. Feldherren Belisar und Narses. 555 wurden die letzten O. unterworfen. Auf der Krim waren O. zurückgeblieben, die Krimgoten.
Ostia, Ende des 4. Jh. v. Chr. an der Tibermündung gegr. Hafenstadt Roms (heute Stadtteil O. Antica), die als älteste Bürgerkolonie galt; neuer Hafen am offenen Meer unter Kaiser Claudius; noch zahlr. Überreste der Theater, Tempel, Wohn- und Geschäftsbauten (Mosaiken), Magazine, Thermen und Mithräen.
Ostinato [italien.], in der *Musik* das ständige Wiederholen einer melod., rhythm. oder harmon. Formel meist in der tiefsten Stimme. Der *Basso ostinato* hat ein immer wiederkehrendes Thema im Baß, über dem die übrigen Stimmen frei geführt werden.
Ostindische Kompanie (engl. East India Company), 1599 gegr. engl. Handelskompanie, die 1600 das Privileg auf das Monopol im Ostindienhandel erhielt; wurde, mit souveränen Rechten ausgestattet, zum Organisator von Britisch-Indien.
Ostkap, Prov. der Rep. Südafrika, 169 600 km^2, 5,89 Mio. E, Hauptstadt King Williams Town (provisorisch). - O. entstand im Zuge der Neugliederung Südafrikas 1994 durch Vereinigung der südöstlichen Teile der ehem. ↑Kapprovinz mit den Homelands ↑Ciskei und ↑Transkei.
Ostkirchen ↑orientalische Kirchen.
Ostkordillere [...dil.je:rə], östl. Gebirgszüge der Anden in Südamerika, bis 6 882 m hoch.
Östlicher Sajan, Gebirge im südl. Mittelsibirien, erstreckt sich vom Jenissei bei Krasnojarsk nach SO zum Irkut, etwa 1 000 km lang, bis 3 491 m hoch.
Ostmark, 1) (bayr. O.) 960/965 errichtete otton. Grenzmark zw. Enns/Erla, Voralpen, Wienerwald (991) mit einem schmalen Streifen nördlich der Donau; abhängig von Bayern, 976 den Babenbergern als Markgrafen verliehen; 1039/40 bis zur Thaya und March, um 1043 bis zur Leitha ausgeweitet; 1156 in das Herzogtum Österreich umgewandelt.
2) (sächs. O.) 965 gegen die Slawen (Sorben) errichtet; erstreckte sich von der unteren Saale ostwärts bis Oder und Bober, die Lausitz einbeziehend; kam 1136 an die Wettiner.
Ostpazifischer Rücken, untermeer. Schwelle im sö. Pazifik, bis 1 929 m u. M. aufragend.
Ostpreußen, ehem. Prov. des Dt. Reiches in den Grenzen von 1937, umfaßte 36 996 km^2 mit 2,488 Mio. E, Hauptstadt war Königsberg.

Östrogene

Ostpreußen. Nikolaiken am Talter Gewässer, einem Arm des Spirdingsees

Geschichte: Im 2. und 3. Jh. n. Chr. bewohnten die Goten O.; nach ihrem Abzug rückten die balt. Preußen *(Pruzzen)* nach. Um 1225 wandte sich Hzg. Konrad I. von Masowien um Hilfe gegen die Pruzzen an den Dt. Orden, dem er das Culmer Land schenkte; 1231 begann der Orden mit der Eroberung des Landes der Pruzzen. Zur endgültigen Sicherung der eroberten Gebiete rief der Orden dt. Siedler ins Land. – In der Schlacht bei Tannenberg (15. 7. 1410) gegen Polen unterlegen, wurde der Ordensstaat im 2. Thorner Frieden (1466) auf den östl. Teil Preußens ohne das Ermland reduziert, und mußte die poln. Oberhoheit anerkennen. In der Folge wandelte sich der Ordensstaat zu einem Territorialstaat um: Der 1511 zum Hochmeister gewählte Albrecht (von Brandenburg-Ansbach) machte 1525 aus dem Ordensstaat das erbl. Hzgt. Preußen; Friedrich Wilhelm, der Große Kurfürst, erreichte im Frieden von Oliva (1660) die Anerkennung der Souveränität Preußens. – Das Kgr. ↑Preußen annektierte bei der 1. Poln. Teilung (1772) den 1466 an Polen abgetretenen westl. Teil des Deutschordensstaates, nun Westpreußen gen., während sich für das bisherige königlich preuß. Gebiet (einschließlich des 1772 hinzugekommenen Ermlandes, aber ohne Marienwerder) der Name O. einbürgerte. 1815–29, 1878–1919/20 und 1939–45 waren O. und Westpreußen getrennte Prov. Preußens. Die durch den Versailler Vertrag festgelegten Gebietsabtretungen des Dt. Reiches (Poln. Korridor) schnitten O. vom übrigen Reichsgebiet ab. Das Memelland wurde an die Alliierten abgetreten (1923 von Litauen besetzt und annektiert). Der ostpreuß. Kreis Soldau kam an Polen. Danzig wurde Freie Stadt. Durch das Potsdamer Abkommen (2. 8. 1945) wurde das nördl. O. unter sowjet. und das südl. unter poln. Verwaltung gestellt.

Ostpunkt, der Punkt des Horizonts, an dem die Sonne am Tag der Tagundnachtgleiche (Frühlings- bzw. Herbstanfang) aufgeht.

Östradiol [Kw.] ↑Geschlechtshormone.

Ostrakismos [griech.] (Ostrazismus, Scherbengericht), antike Form der Volksabstimmung mittels Tonscherben über eine zehnjährige Verbannung von Bürgern ohne Verlust von Vermögen und Ehrenrechten im Fall gefährdeter polit. Ordnung.

Ostrau (tschech. Ostrava), Hauptstadt des Nordmähr. Gebiets, Tschech. Rep., an der oberen Oder, 330 000 E. Bergbauhochschule; Stadttheater; Zoo; Zentrum einer Schwerind.-Region. Got. Wenzelskirche (13. Jh.); ehem. Rathaus (17. Jh.) mit Museum.

Östriol [Kw.] ↑Geschlechtshormone.

Östrogene [griech.] (östrogene Hormone, Follikelhormone), zu den Steroidhormonen gehörende weibl. ↑Geschlechtshormone.

Oströmisches Reich

Wilhelm Ostwald

Oströmisches Reich ↑Byzantinisches Reich.
Ostron [griech.] ↑Geschlechtshormone.
Ostrowski, Alexandr Nikolajewitsch, *Moskau 12. 4. 1823, † Schtschelykowa 14. 6. 1886, russ. Schriftsteller. Gilt mit über 45 (satir.) Dramen (u. a. »Armut ist kein Laster«, 1853; »Wölfe und Schafe«, 1875; »Die schuldlos Schuldigen«, 1883) als einer der bedeutendsten russ. Dramatiker.
Ostsee, an Inseln und Schären reiches Nebenmeer der Nordsee, mit dieser durch Skagerrak, Kattegat, Kleinen und Großen Belt sowie Sund verbunden, 422 000 km² einschließlich Kattegat, mittlere Tiefe 55 m, im Landsorttief 459 m tief. I. w. S. zählen auch der Rigaische, Finn. und Bottn. Meerbusen zur Ostsee. Der Salzgehalt beträgt 0,8% (im S). Kurzfristige Wasserschwankungen werden durch die sehr geringen Gezeiten sowie Wind- und Luftdruckschwankungen hervorgerufen. Das Innere der drei Meerbusen ist in jedem Winter vereist. Der Ertrag des Fischfangs (Sprotte, Hering, Dorsch, Aal und Lachs) ist mäßig. Probebohrungen auf Erdöl vor der schleswig-holstein. Küste waren erfolgreich. Neben zahlr. Fährverbindungen zw. den Anrainern (Deutschland, Dänemark, Schweden, Finnland, Rußland, Estland, Lettland, Litauen, Polen) hat v. a. der Schiffsverkehr von und zu den großen Hafenstädten große Bedeutung.
Ostseerat, 1992 in Kopenhagen gegr. Kooperations- und Beratungsgremium der Ostseeanrainerstaaten sowie der EU-Kommission zur wirtschaftl. und kulturellen Zusammenarbeit.
Ostsibirische See, Nebenmeer des Nordpolarmeeres zw. der Wrangelinsel und den Neusibir. Inseln, bis 155 m tief.
Ostthrakien [...i-εn], der europ. Teil der Türkei.
Ost-Transvaal, Provinz der Republik Südafrika, 78 370 km², 2,59 Mio. E, Hauptstadt Nelspruit (provisorisch). – O. entstand im Zuge der Neugliederung Südafrikas 1994 durch Vereinigung der östlichen Teile der ehem. Prov. ↑Transvaal mit den Homelands KwaNdebele und KaNgwane sowie einem Teil des Homelands ↑Bophuthatswana.

Ostwald, Wilhelm, *Riga 2. 9. 1853, † Großbothen bei Grimma 4. 4. 1932, dt. Chemiker und Philosoph. Beschäftigte sich mit der Leitfähigkeit von Elektrolyten (mit S. A. Arrhenius) und der Katalyse und entwickelte ein Verfahren zur Herstellung von Salpetersäure *(O.-Verfahren);* erhielt 1909 den Nobelpreis für Chemie. Ausgehend von seinen physikal.-chem. Erkenntnissen entwickelte er einen *energet. Monismus* (auch *Energetismus,* ↑Energetik).
Ost-West-Konflikt, Bez. für die Gegensätze, die nach dem 2. Weltkrieg unter den Siegermächten aufbrachen und zu einer globalen weltpolit. Polarisierung in ein westl. Lager unter der Führung der USA und ein östl. Lager unter der Leitung der UdSSR führten (↑kalter Krieg). Höhepunkte waren die Eingliederung der ČSR in das sowjet. Herrschaftssystem 1947/48, die Berliner Blockade 1948/49, der Koreakrieg 1950–53, die Berlinkrise 1958–62, die Kubakrise 1962, der Vietnamkrieg. Das atomare Patt, die Entspannungspolitik, der sowjet.-chin. Konflikt und die Entstehung der dritten Welt veränderten den O.-W.-K. Grundsätzlich entspannte er sich aber erst im Zuge des KSZE-Prozesses (bes. seit 1985). Entschärft durch die sowjet. Politik unter M. Gorbatschow, wurde dem O.-W.-K. durch den Niedergang der kommunist. Regime in O- und M-Europa 1989/90 und den Zerfall der Sowjetunion 1991 die polit. Grundlage entzogen. Trotz der Überwindung der polit. Spaltung Europas und der Teilung Deutschlands (1989/90) bleiben die wirtschaftl. Unterschiede zw. W-Europa und den ehem. Ostblockstaaten ein Problem für die polit. Stabilität in Europa; eine weitere Gefahr stellen die zunehmenden ethn., nat. und kulturellen Konflikte in SO-Europa und in den Nachfolgestaaten der Sowjetunion dar.
Ostzone, nicht offizielle Bez. für die sowjet. Besatzungszone Deutschlands (spätere DDR).
Oswald, hl., *um 604, ⚔ Maserfeld (beim heutigen Oswestry [bei Shrewsbury]) 5. 8. 642, König von Northumbrien. Betrieb nach seiner Taufe intensiv die Christianisierung seines Landes; fiel 642 im Kampf gegen den König von Mercia. – Fest: 5. August.

Oswald von Wolkenstein, *Schloß Schöneck im Pustertal(?) um 1377, †Meran 2.8. 1445, spätmhd. Liederdichter und -komponist. Führte ein abenteuerl. Wanderleben, das ihn bis in den Orient führte; um 1400 Rückkehr nach Tirol. Seine etwa 130 autobiographisch geprägten Minne- und Zechlieder sowie verschiedene Liebesgedichte leben von Erotik und Sinnlichkeit. Sie gehören ebenso wie seine einstimm. Vertonungen zu den wichtigsten Werken zw. MA und Renaissance.

OSZE, Abk. für **O**rganisation für **S**icherheit und **Z**usammenarbeit in **E**uropa, seit 1.1. 1995 Bez. für die ↑KSZE.

Oszillation [lat. ›das Schaukeln‹], **1)** *allg.:* svw. ↑Schwingung.
2) *Geologie:* Bez. für 1. Schwankungen des Meeresspiegels, 2. Vorstöße und Rückschmelzbewegungen von Gletscherzungen, 3. abwechselnde Hebung und Senkung von Krustenteilen der Erde.

Oszillator [lat.], **1)** *Physik:* (Schwinger) ein physikal. System (z.B. Massenpunkt, Pendelkörper, Hertzscher Dipol u.ä.), das Schwingungen um eine Gleichgewichts- oder Ruhelage ausführt. Wird der Schwingungszustand durch die zeitl. Änderung einer einzigen Koordinate beschrieben, so liegt ein *linearer O.* vor. Bei einem *harmonischen O.* ist die rücktreibende Kraft der Auslenkung aus der Ruhelage proportional. ↑Schwingung.
2) *Elektronik:* elektron. Schaltung zur Erzeugung elektr. Schwingungen bzw. elektromagnet. Wellen. Der O. enthält mindestens einen Schwingkreis und ein Schaltelement (z.B. Transistor), das die Schwingungen der Elektronen im O. anfacht bzw. steuert.

Oszilloskop [lat./griech.] (Kathodenstrahl- bzw. Elektronenstrahloszilloskop, umgangssprachlich auch Oszillograph), elektron. Gerät zur Sichtbarmachung sich zeitl. ändernder Spannungen. Der Leuchtfleck einer ↑Elektronenstrahlröhre wird in vertikaler Richtung proportional zur Eingangsspannung ausgelenkt. Ein Zeitablenkteil erzeugt eine Sägezahnspannung, die den Leuchtfleck in horizontaler Richtung auslenkt, so daß zusammen mit der vertikalen Auslenkung der zeitl. Verlauf der Eingangsspannung auf dem Leuchtschirm aufgezeichnet wird. Zur Darstellung mehrerer zeitabhängiger Vorgänge benutzt man *Mehrstrahl-O.* mit mehreren Strahlsystemen oder *Mehrkanal-O.,* bei denen ein elektron. Umschalter (Chopper) die einzelnen Ablenkspannungen nacheinander den Ablenkplatten eines Systems zuführt. Um die Auswertung einmaliger Ereignisse zu ermöglichen, wurden *Speicher-O.* entwickelt, deren Bildröhre mit einem Leuchtschirmmaterial ausgerüstet ist, was die Speicherung von *Oszillogrammen* für die Dauer von einigen Stunden erlaubt.

Oswald von Wolkenstein

ot..., Ot... ↑oto..., Oto...

Otfrid (Otfried) **von Weißenburg,** ahd. Dichter des 9.Jh. Verfaßte eine nach den fünf Sinnen in fünf Bücher eingeteilte Evangelienharmonie (vollendet zw. 863 und 871), die als erste umfangreichere dt. Reimdichtung auch erstmals eine Reflexion über Sprache und Literatur enthält.

Othello, Held der Tragödie »O., der Mohr von Venedig« von W. Shakespeare; ein Feldherr in venezian. Diensten, der aus Eifersucht seine Gattin Desdemona erdrosselt und sich später selbst tötet.

oto..., Oto..., ot..., Ot... [griech.], Bestimmungswort von Zusammensetzungen mit der Bedeutung »Ohr«.

Otologie, svw. Ohrenheilkunde.

O'Toole, Peter [engl. ɔʊˈtuːl], *Connemara (Gft. Galway) 2.8. 1934, ir. Schauspieler. Bedeut. Shakespearedarsteller; zahlr. Filme, u.a. »Lawrence von Arabien« (1960), »Der letzte Kaiser« (1987).

Otosklerose (Mittelohrverhärtung), erbl. Erkrankung der knöchernen Innenohrkapsel mit atyp. Umbau des sie umgebenden Knochens; äußert sich in Ohrensausen und zunehmender Schwerhörigkeit.

Otranto, italien. Hafenstadt in Apulien, 4900 E. Roman. Kathedrale (11./12.Jh.) mit Mosaikfußboden und eine Krypta.

Otranto, Straße von ↑Adriatisches Meer.

Ottavio Farnese, *9.10. 1524, †18.9. 1586, Hzg. von Parma (seit 1550) und Piacenza (seit 1556). Seit 1538 ∞ mit Margarete von Parma, der Tochter Kaiser Karls V.

Ottawa, Hauptstadt von Kanada, in der Prov. Ontario, am Ottawa River, 300 800 E, Metropolitan Area 819 000 E.

Peter O'Toole

Ottawa
Stadtwappen

Ottawa

Sitz der Bundesregierung, des Nat. Forschungsrates, der Atombehörde u. a. wiss. Institute sowie nat. Gesellschaften und Spitzenorganisationen; zwei Univ., Nationalbibliothek, Sternwarte, mehrere Museen, National Arts Center (mit Oper, Theater, Konzertsaal; botan Garten; Verkehrsknotenpunkt am Trans-Canada-Highway, in zehn Richtungen ausstrahlende Bahnstrecken, internat. ✈. – Entstand 1827, wurde 1867 Bundeshauptstadt.

Ottawa ↑Algonkin.

Ottawa River [engl. - ˈrɪvə], linker Nebenfluß des Sankt-Lorenz-Stroms, Kanada, entspringt in den Laurentian Mountains, mündet bei Montreal, 1 271 km lang.

Otter (Wassermarder, Lutrinae), fast weltweit verbreitete Unter-Fam. etwa 0,5 bis 1,5 m langer (einschließlich des rundl. oder abgeplatteten Schwanzes bis 2,2 m messender) Marder mit 19 dem Wasserleben angepaßten Arten (Ohren verschließbar, Beine kurz, mit Schwimmhäuten; Fell sehr dicht, wasserundurchlässig); von der Ausrottung bedroht. Zu den O. gehören u.a.: die 10 Arten umfassende Gatt. *Fischotter*, über fast ganz Eurasien verbreitet; in S-Asien lebt der rd. 60 cm lange *Zwergotter*; 1–1,5 m lang ist der in S-Amerika vorkommende *Riesenotter*; der *Glattotter* ist bis etwa 1,2 m lang (in SW- bis SO-Asien); in den Küstengewässern des N-Pazifiks kommt der *Meerotter* (See-O., Kalan) vor; bis 1,3 m lang.

Ottern, svw. ↑Vipern.

Otter. Fischotter (Lutra lutra; Körperlänge bis 85 cm)

Ottheinrich, eigtl. Otto Heinrich, *Amberg 10. 4. 1502, † Heidelberg 12. 2. 1559, Pfalzgraf bei Rhein (seit 1505), Kurfürst von der Pfalz (seit 1556). Reformierte als Förderer der Wiss. und Künste die Univ. Heidelberg im protestantisch-humanist. Geist, gründete die ↑Palatina.

Ottilia ↑Odilia, hl.

Otto, Name von Herrschern:

Hl. Röm. Reich: **1) Otto I., der Große,** *23. 11. 912, † Memleben bei Naumburg/Saale 7. 5. 973, dt. König (seit 936), Kaiser (seit 962). Konnte nach erfolgreichen Auseinandersetzungen mit den Hzg. seine Stellung festigen; die Rivalität zw. Karolingern und Robertinern/Kapetingern im Westfrankenreich verschaffte O. hier eine schiedsrichterl. Stellung, der burgund. König erkannte seine Lehnshoheit an, die O-Grenze des Reiches wurde abgesichert durch Markenorganisation und Gründung neuer Bistümer für Slawen- und Skandinavienmission. Auf seinem 1. Italienzug (951/952) erwarb O. die Herrschaft über das Regnum Italiae und heiratete in 2. Ehe Adelheid, die Witwe König Lothars II. von Italien. Die Ungarneinfälle dämmte O. durch die Vernichtung des ungar. Heeres auf dem Lechfeld (10. 8. 955) ein. In Abkehr von der bisherigen Familienpolitik machte O. die Reichskirche zur Stütze der königl. Herrschaft (otton.-sal. Reichskirchensystem). Beim 2. Italienzug (961–965) empfing er am 2. 2. 962 die Kaiserkrone (Bindung der Kaiserwürde an das dt. Regnum, Orientierung der Reichspolitik nach Italien). Auf seinem 3. Italienzug (966–972) bezog O. die langobard. Hzgt. S-Italiens in seinen Herrschaftsbereich ein.

2) Otto II., *Ende 955, † Rom 7. 12. 983, dt. König (seit 961), Kaiser (seit 967). Sohn Ottos I., 967 zum Mitkaiser gekrönt; seit 972 ∞ mit der byzantin. Prinzessin Theophanu. Auf seinem im Okt. 980 begonnenen Italienzug sicherte O. die Stellung des Papsttums gegen den stadtröm. Adel. Sein Vorstoß nach S-Italien endete in einer vernichtenden Niederlage beim Kap Colonne (sö. von Crotone, Prov. Catanzaro) gegen die Araber (13. 7. 982).

3) Otto III., *im Juli 980, † Paternò bei Viterbo 24. 1. 1002, dt. König (seit 983),

Kaiser (seit 996). Sohn Ottos II.; stand unter der Vormundschaft seiner Mutter Theophanu (bis 991) und seiner Großmutter Adelheid (bis 994); ernannte den Hofkapellan Brun zum Papst (Gregor V.), der ihn am 21. 5. 996 zum Kaiser krönte, nach dessen Tod seinen Lehrer Gerbert von Aurillac (999; Silvester II.). In engem Einvernehmen mit dem Papst versuchte er, seine Konzeption der Erneuerung des Röm. Reiches (Renovatio imperii) zu verwirklichen; von Rom aus sollte das Reich regiert werden. Ein Aufstand der Römer (1001) führte zum Zusammenbruch der dt. Herrschaft in Italien.

4) Otto IV. von Braunschweig, *Argentan(?) 1175/76 oder 1182, † Harzburg (heute Bad Harzburg) 19. 5. 1218, Röm. König (seit 1198), Kaiser (seit 1209). Sohn Heinrichs des Löwen; nach der Thronerhebung Philipps von Schwaben von antistauf. Fürsten zum [Gegen]könig gewählt, nach Philipps Ermordung anerkannt. Sein Vorstoß in das dem Papst unterstehende Kgr. Sizilien führte zu seinem Bann (1210) und zur Erhebung Friedrichs II., dem O. 1214 bei Bouvines unterlag.

Bayern: **5) Otto von Northeim,** † 11. 1. 1083, Hzg. (1061–70). Gehörte zu den Führern des Sächs. Fürstenaufstandes (1070–75), war wesentlich an der Erhebung Rudolfs von Rheinfelden zum Gegenkönig (1077) beteiligt.

6) Otto I. von Wittelsbach, *um 1120, † Pfullendorf 11. 7. 1183, Pfalzgraf (1155–80), Hzg. (seit 1180). Von Friedrich Barbarossa 1180 mit dem verkleinerten Hzgt. Bayern belehnt.

7) Otto I., *München 27. 4. 1848, † ebd. 11. 10. 1916, König (1886–1913). Seit 1872 geistig umnachtet; die Regentschaft führten sein Onkel Luitpold (bis 1912) und sein Vetter Ludwig (ab 1913 als Ludwig III. König).

Griechenland: **8) Otto I.,** *Salzburg 1. 6. 1815, † Bamberg 26. 7. 1867, König (1833–62). Sohn Ludwigs I. von Bayern; 1832 mit Zustimmung der griech. Nationalversammlung von den Großmächten zum griech. König bestimmt; 1862 durch eine Militärrevolte gestürzt.

Otto, 1) Hans, *Dresden 10. 8. 1900, † Berlin 24. 11. 1933 (ermordet), dt. Schauspieler. Herausragender Charakterdarsteller; u. a. Dt. Schauspielhaus Hamburg (1926–29), ab 1930 Staatstheater Berlin; 1933 entlassen; ging (trotz Angeboten von M. Reinhardt in Wien, dem Dt. Theater in Prag u. a.) in den Untergrund (Mgl. der KPD ab 1924); wurde denunziert und von SA-Leuten zu Tode gefoltert.

2) Nikolaus, *Holzhausen a. d. Haide bei Nassau 14. 6. 1832, † Köln 26. 1. 1891, dt. Ingenieur. Baute 1876 den ersten brauchbaren Viertaktmotor (↑Ottomotor).

Otto von Freising, *um 1111/1114, † Kloster Morimond bei Langres 22. 9. 1158, dt. Geschichtsschreiber. Sohn des österr. Markgrafen Leopold III., des Heiligen; trat 1132/33 in das Zisterzienserkloster Morimond ein (um 1137 Abt); 1138 Bischof von Freising; seine »Chronik oder Geschichte der zwei Reiche« (8 Bücher, 1143–46) deutet die Geschichte als das Ringen zw. dem Gottesstaat (Civitas Dei) und dem durch Gewalt und Unglauben geprägten Weltstaat (Civitas terrena). Verfasser eines Tatenberichts seines Neffen, Kaiser Friedrich I. Barbarossa (2 Bücher, bis 1156 reichend, 1157 abgefaßt).

Ottobeuren, Marktgemeinde im Kreis Unterallgäu, Bayern, auf der Iller-Lech-Platte, 7 200 E. Kneippkurort. Benediktinerkloster (gegr. 764). Barocke Abteikirche (1748 ff. J. M. Fischer übertragen), Stukkierung von J. M. Feuchtmayer, Stuckplastik und -reliefs von J. J. Christian. Berühmte Orgel; große Klosterbibl.

Ottokar (Przemysl O., Přemysl Otakar ['pfemysəl, tschech. 'prfemisl]), Name zweier Könige von Böhmen: **1) Ottokar I.,** *um 1155, † 15. 12. 1230, König (seit 1198). 1197 von Kaiser Heinrich VI. mit Böhmen belehnt.

2) Ottokar II., gen. der eiserne oder goldene König, *1233, ⚔ bei Dürnkrut 26. 8. 1278, König (seit 1253). Auf Grund seiner Heirat mit Margarete, einer Schwester des letzten Babenbergers, nahm O. 1251 Österreich in Besitz, hinzu kamen 1260 die Steiermark, 1269 Kärnten und Krain. Rudolf von Habsburg, dem er 1273 die Huldigung verweigerte, zwang O. 1276, Österreich, die Steiermark und Kärnten abzutreten. Sein Versuch, die Gebiete zurückzugewinnen, führte zu seinem Tod auf dem Marchfeld.

Ottomane

ottonische Kunst. »Himmelfahrt Christi«, Miniatur aus dem Perikopenbuch Heinrichs II.; zwischen 1007 und 1014 auf der Insel Reichenau entstanden (München, Bayerische Staatsbibliothek)

Ottomane [türk.-frz.], Sitz- und Liegemöbel mit Armstützen (Rollen).
Ottomanen ↑Osmanen.
Ottomotor [nach N. Otto], im Vier- oder Zweitaktverfahren arbeitender Kolbenmotor. Der O. ist gekennzeichnet durch Verbrennung eines im Brennraum durch einen Kompressionstakt verdichteten homogenen Luft-Kraftstoff-Gemisches. Die Verbrennung wird im Ggs. zum Dieselmotor durch Zündkerzen eingeleitet.
Ottonen ↑Liudolfinger.
ottonische Kunst, die Kunst im Hl. Röm. Reich während der Regierungszeit der Ottonen (↑Liudolfinger; um 950–1024); sie befreite sich zunehmend v. d. spätantiken Tradition und steht am Beginn der Romanik. ↑deutsche Kunst.
Otto-Peters, Luise (Louise), geb. Otto, *Meißen 26. 3. 1819, †Leipzig 13. 3. 1895, dt. Schriftstellerin und Journalistin. Bed. Vertreterin der dt. Frauenbewegung im 19. Jh.; propagierte u. a. in Gedichten und Romanen die Forderungen der Revolution von 1848; 1865 Mitbegründerin des Allg. Dt. Frauenvereins.
ÖTV, Abk. für Gewerkschaft **Ö**ffentliche Dienste, **T**ransport und **V**erkehr.
Ötztaler Alpen, Teil der Zentralalpen, zw. Oberinntal und Vintschgau, bis 3774 m hoch. Über den Hauptkamm verläuft die österreichisch-italienische Grenze.

Luise Otto-Peters

Ouagadougou [wagadu'gu], Hauptstadt der Republik Burkina Faso, im Zentrum des Landes, 442 200 E. Univ., Nationalmuseum; Eisenbahnknotenpunkt, internat. ✈. – Wurde Mitte des 15. Jh. Hauptstadt des gleichnamigen Reiches der Mossi.
Ouara [frz. wa'ra] ↑Abéché.
Oudenaarde [niederl. 'ɔydəna:rdə], belg. Stadt an der Schelde, 27 000 E. Museen; Wohnstadt (Pendler nach Brüssel). Frühgot. Kirche Onze-Lieve-Vrouw van Pamele (1234–43); got. Kirche Sint Walburga (13. Jh. und 1414 bis 1624); spätgot. Rathaus (1526–37); roman. Tuchhalle (13. Jh.). – In der *Schlacht bei Oudenaarde* besiegten im Span. Erbfolgekrieg der Hzg. von Marlborough und Prinz Eugen am 11. 7. 1708 die Franzosen unter Vendôme.
Oulu [finn. 'ɔulu] (schwed. Uleåborg), Hafenstadt in N-Finnland, 98 600 E. Univ., histor.-ethnolog. Museum; u. a. Holzindustrie. Dom (19. Jh.).
Output [engl. 'aʊtpʊt »Ausstoß«], 1) *Wirtschaft:* Begriff der *Produktionstheorie;* bezeichnet den mengenmäßigen Ertrag, der im Fertigungsprozeß durch die Kombination von Produktionsfaktoren entsteht. – Ggs. ↑Input.
2) *Kybernetik:* die Wirkung eines Systems auf die Umgebung.
3) *Elektronik:* Bez. für den Ausgang bzw. für die Ausgangsleistung eines Geräts.
Outsider [engl. 'aʊtsaɪdə] ↑Außenseiter.
Ouvertüre [uver...; lat.-frz.], instrumentales Vorspiel, v. a. zu Oper, Oratorium und Kantate, auch zu Schauspiel und Ballett. – Daneben gibt es die O. als Teil der ↑Suite; im 19. Jh. war auch die Gattung der *Konzert-O.* beliebt (u. a. J. Brahms, »Akadem. Fest-O.«, 1819; F. Mendelssohn Bartholdy, »Die Hebriden«, 1832).
ov..., Ov... ↑ovo..., Ovo...
oval [lat.], eirund, länglichrund.
Ovambo ↑Ambo.
Ovamboland, Wohngebiet der Ambo im N von Namibia; erhielt 1968 Legislativ- und Exekutivrat, wurde 1973 ein sich selbst regierendes Territorium.
Ovar [lat.], svw. ↑Eierstock.
Ovation [lat. »kleiner Triumph«], begeisterter stürmischer Beifall.
Overall [engl. 'ɔʊvərɔ:l »der Überalles«], einteiliger, bequemer [Arbeits]anzug.

Owen

Overbeck, Johann Friedrich ['o:vər...], *Lübeck 3.7. 1789, † Rom 12.11. 1869, dt. Maler. Gehört zum Kreis der ↑Nazarener; Fresken, programmat. Gemälde (»Italia und Germania«, 1811–28; München, Neue Pinakothek), Bildnisse.

Overdrive [engl. ɔυvədraɪv], [zuschaltbares] Ergänzungsgetriebe im Kfz, das die Herabsetzung der Motordrehzahl um etwa 10% ermöglicht.

Overdubbing [engl. əυvə'dʌbɪŋ], Verfahren in der Studio-Aufnahme, bei dem die einzelnen Stimmen eines Stükkes nacheinander auf getrennten Spuren aufgenommen werden.

Overheadprojektor [engl. 'əυvəhe:d »über Kopf«] ↑Projektionsapparate.

Overijssel [niederl. ovər'ɛjsəl], niederl. Prov., 3 340 km², 1,026 Mio. E, Hauptstadt Zwolle.

Overkill [engl. 'əυvəkɪl], das militär. Vermögen eines Staates, mit seinem [Kern]waffenpotential den Gegner mehrfach zu vernichten.

Øverland, Arnulf [norweg. 'ø:vərlan], *Kristiansund 27. 4. 1889, † Oslo 25. 3. 1968, norweg. Schriftsteller. Während der dt. Besatzung im Widerstand; 1941–45 im KZ (in Grini und Sachsenhausen); schrieb v. a. Lyrik und Essays.

ovi..., Ovi... ↑ovo..., Ovo...

Ovid (Publius Ovidius Naso), *Sulmo (heute Sulmona) 20. 3. 43 v. Chr., † Tomis (heute Constanţa) 17 oder 18 n. Chr., röm. Dichter. Aus wohlhabender Ritterfamilie; wurde 8 n. Chr. von Augustus (wohl als Mitwisser der Ausschweifungen von Augustus' Enkelin Julia) nach Tomis verbannt. Bekanntheit erlangte O. bereits durch sein erstes Werk, die Liebeselegien »Amores« (ab 20 v. Chr.). In den »Heroides« (entstanden um 10 v. Chr.) entwirft O. psycholog. Studien in Form von Liebesbriefen myth. Frauengestalten. Die »Metamorphosen« (um 2–8 n. Chr.) stellen etwa 250 an- und ineinandergefügte Mythen dar, die durch das Verwandlungsmotiv zusammengehalten werden. Die nicht vollendeten »Fasti« stellen eine Erklärung des röm. Festkalenders sowie damit verknüpfender Sagen und Bräuche dar. In der Verbannung schrieb O. über sein eigenes Schicksal, v. a. in den Klagliedern »Tristia« (8–12 n. Chr.) und den »Epistulae ex Ponto« (Briefe vom Schwarzen Meer; 13–16 n. Chr.).

Oviedo [span. oβ'jeðo], span. Prov.-Hauptstadt in Asturien, 190 700 E. Kath. Bischofssitz, Univ. (gegr. 1604), Theater, Bergakademie, archäolog. Museum, Zentrum des astur. Ind.-Gebiets. Got. Kathedrale (im 17. Jh. umgebaut); nahebei die westgot. Kirchen Santa María de Naranco (eigtl. Königshalle, vor 848) und San Miguel de Lillo (9. Jh.). – 761 gegr., war bis 910 Hauptstadt des Kgr. Asturien.

Oviparie [lat.], Form der geschlechtl. Fortpflanzung; Ablage von einzelligen, unentwickelten Eiern. Die Befruchtung der Eier erfolgt entweder außerhalb des mütterl. Körpers (viele Fische, Lurche) oder während der Eiablage (Insekten, Spinnen).

Ovis [lat.], svw. ↑Schafe.

ovo..., Ovo..., ovi..., Ovi..., ov..., Ov... [lat.], Bestimmungswort von Zusammensetzungen mit der Bedeutung »Ei[er]...«.

Ovoviviparie, Form der geschlechtl. Fortpflanzung, bei der die Eier mit voll entwickelten, unmittelbar nach der Ablage aus den Eihüllen schlüpfenden Embryonen hervorgebracht werden (z. B. manche Insekten, Lurche und Reptilien).

ÖVP, Abk. für ↑Österreichische Volkspartei.

Ovulation [lat.] (Follikelsprung, Eisprung), das bei den weibl. Säugetieren zur Zeit der Brunst, bei Frauen rd. 14 Tage nach Einsetzen der letzten Menstruation erfolgende Freiwerden der reifen Eizelle aus einem Eifollikel des Eierstocks; die Eizelle wird von der Eileitertube aufgefangen.

Ovulationshemmer, Arzneimittel (auf hormonaler Basis) zur Unterdrückung der Reifung eines befruchtungsfähigen Eies bei der Frau (↑Empfängnisverhütung).

Ovum [lat.] ↑Ei.

Owen [engl. 'əυɪn], **1)** David Anthony Llewellyn, *Plymouth 2. 7. 1938, brit. Politiker. 1977–79 Außen-Min.; 1981 Mitbegründer der von der Labour Party abgespaltenen Social Democratic Party (SDP), 1983–87 und 1988–91 deren Vorsitzender; 1992–95 EU-Vermittler im Jugoslawienkonflikt.

2) Robert, *Newtown (Nordwales) 14. 5. 1771, † ebd. 17. 11. 1858, brit. Unternehmer und Frühsozialist. Regte durch soziale Reformen in seiner Firma

Ouagadougou
Stadtwappen

Arnulf Øverland

Robert Owen

2509

Owens

Oxford.
Die Kreuzung Carfax mit dem Carfax Tower

Oxford
Stadtwappen

Jesse Owens

(Begrenzung der Arbeitstags und der Kinderarbeit) die ersten brit. Arbeitsschutzgesetze an und beeinflußte mit Läden, in denen die Waren fast zum Selbstkostenpreis verkauft wurden, die späteren Konsumvereine. Sein Versuch einer umfassenden Gesellschaftsreform (Gemeinschaftssiedlungen mit gleichem Anteil aller am Ertrag) scheiterte.

Owens, Jesse [engl. 'əʊɪnz], eigtl. James Cliveland O., * Danville (Ala.) 12. 9. 1913, † Tucson (Ariz.) 31. 3. 1980, amerikan. Leichtathlet. Vierfacher Goldmedaillengewinner bei den Olymp. Spielen 1936 (über 100 m, 200 m, Weitsprung und 4 × 100-m-Staffel).

Oxalessigsäure [griech./dt.] (Ketobernsteinsäure), organ. Säure; als Salz (Oxalacetat) Zwischenprodukt des ↑Zitronensäurezyklus.

Oxalsäure [griech./dt.] (Kleesäure, Äthandisäure, Ethandisäure), einfachste Dicarbonsäure; kommt häufig in Pflanzen (v. a. Sauerkleearten) vor. *Oxalate* sind die Salze und Ester der Oxalsäure.

Oxenstierna [schwed. 'uksənʃæ:rna], Axel Gustavsson Graf (seit 1645), * Gut Fånö (heute zu Enköping) 6. 7. 1583, † Stockholm 7. 9. 1654, schwed. Staatsmann. 1612 Reichskanzler Gustavs II. Adolf (u. a. bed. innenpolit. Reformen); 1631 schwed. Bevollmächtigter am Rhein, leitete er erfolgreich die schwed. Politik in Deutschland (große Gebietsgewinne durch den Westfäl. Frieden 1648); 1632–36 Leiter der Regentschaft für Königin Christine.

Oxford [engl. 'ɔksfəd], engl. Stadt nw. von London, 98 500 E. Univ., Polytechn. Fachhochschule; Museen, Theater; botan. Garten (gegr. 1621). U. a. Landmaschinen- und Bootsbau, Verlage. Die O. University ist die älteste Univ. Englands, hervorgegangen aus verschiedenen, meist von Klöstern getragenen Schulen, deren Existenz bereits für das frühe 12. Jh. bezeugt ist. Die bekanntesten der 40 Colleges sind: University College (1249), Balliol (1263 bis 68), Merton (1264), Oriel (1326), Queen's (1340), New College (1379) und Lincoln College (1427). Zur Univ. gehören bed. Bibliotheken, darunter die von Sir Thomas Bodley (* 1545, † 1613) begründete Bodleiana und die Radcliffe Camera (1737–49 erbaut). Normann.-roman. Kathedrale (11./12. Jh.; zugleich Kapelle des Christ Church College), 15. Jh.), Sheldonian Theatre (17. Jh.). – 912 erstmals erwähnt.

Ozeanographie

Oxfordbewegung (Oxford Movement), in Oxford entstandene (katholisierende) Erneuerungsbewegung innerhalb der Kirche von England im 19. Jh., Teil der hochkirchl. Bewegung.

Oxfordgruppenbewegung ↑Moralische Aufrüstung.

Oxidation [griech.-frz.], i. e. S. die Reaktion chem. Elemente oder Verbindungen mit Sauerstoff (z. B. beim Verbrennen); i. w. S. auch die Abspaltung von Wasserstoff aus chem. Verbindungen. Elektronentheoret. gedeutet ist die O. ein Vorgang, bei dem chem. Elemente oder Verbindungen Elektronen abgeben, die von einer anderen Substanz (dem *Oxidationsmittel*, das damit reduziert wird) aufgenommen werden.

Oxide [griech.-frz.], die Verbindungen chem. Elemente (mit Ausnahme der leichten Edelgase) mit Sauerstoff, wobei Sauerstoff den elektronegativen Anteil bildet (Ausnahme: Sauerstoffverbindungen mit Fluor). Viele Elemente bilden je nach Oxidationsstufe verschiedene Oxide.

Oxidimetrie [griech.], maßanalyt. Verfahren der Chemie, denen Oxidations- und Reduktionsvorgänge zugrunde liegen.

Oxidkeramik ↑Keramik.

Oxus, im Altertum Name des Amu-Darja.

Oxyrhynchos, altägyptische Stadt am W-Ufer des Josefkanals; Fundort von griech., lat. und kopt. Papyri.

Oz, Amos, eigtl. Amos Klausner, *Jerusalem 4. 5. 1939, israel. Schriftsteller. Seine Werke, u. a. »Keiner bleibt allein« (R., 1966) und »Im Lande Israel« (R., 1983), reflektieren in teils realistischen, teils phantastischen, teils satirischen Weise unverhüllt die aktuelle israel. Situation; wichtig ist hierbei besonders das Verhältnis zu den Arabern und die Holocaustproblematik. 1992 Friedenspreis des Börsenvereins des Dt. Buchhandels.

Özal, Turgut [türk. œˈzal], *Malatya 13. 10. 1927, † Ankara 17. 4. 1993, türk. Politiker. 1983 Gründer und Vors. der rechtsliberalen Mutterlandspartei; 1983 bis 89 Min.-Präs.; seit 1989 Staatspräsident.

Ozawa, Seiji, *Shenyang 1. 9. 1935, jap. Dirigent. Seit 1973 Leiter des Boston Symphony Orchestra.

Ozean [griech.-lat.], Teil des ↑Meers: ↑Atlantischer Ozean, ↑Indischer Ozean, ↑Pazifischer Ozean.

Ozeanien, die Inseln und Inselgruppen des Pazifiks zw. Amerika, den Philippinen und Australien bzw. zw. Nördl. und Südl. Wendekreis. Nach der ethn. Zugehörigkeit der Bevölkerung unterteilt man O. in *Melanesien* mit Neuguinea, dem Bismarckarchipel, den Salomoninseln, Neukaledonien, den Loyaltyinseln, den Santa-Cruz-Inseln, den Neuen Hebriden und den Fidschiinseln, in *Mikronesien* mit den Karolinen, Marianen, Marshallinseln, Gilbertinseln und Nauru sowie in *Polynesien* mit den Samoa-, Tonga-, Tokelau-, Phönix-, Ellice-, Cookinseln, den Line Islands, den Inseln Frz.-Polynesiens, den Îles Wallis und Îles de Horn, den Hawaii-Inseln, der Osterinsel. – Übersicht S. 2512.

ozeanisches Klima, svw. ↑Seeklima.

ozeanische Sprachen, nicht klar abgegrenzte und nicht allg. anerkannte Sammel-Bez. für die Sprachen auf den Inselwelt vorwiegend der südl. Erdhalbkugel. I. e. S. gehören dazu die polynes. und melanes. Sprachen, i. w. S. rechnet man auch die indones. und die Papuasprachen dazu, gelegentlich sogar die austral. Sprachen und die Sprachen der Tasmanier.

Ozeanographie [griech.-lat./griech.] (Meereskunde), die Wiss. vom Meer; beschäftigt sich mit den physikal., chem., biolog., geolog. und geophysikal. Erscheinungen und Vorgängen im Weltmeer. Sie erforscht u. a. die Wechselbeziehungen zw. Wasser- und Luft-

Ozeanien. Maske aus Baumfarn, Ton und einer Harzmischung von Malekula, Neue Hebriden; Höhe 114 cm

Ozelot (Kopf-Rumpf-Länge bis 1 m)

Ozelot

Ozeanien. Staatliche Gliederung (Stand 1992)				
Staaten	km²	E (in 1 000)	E/km²	Hauptstadt
Fidschi	18 274	739	40	Suva
Kiribati	726	74	102	Bairiki
Marshallinseln	181	49	270	Uliga
Mikronesien	702	111	158	Pohnpei
Nauru	21	10	476	Yaren
Neuseeland	270 986	3 455	13	Wellington
Palau	487	15	30	Koror
Papua-Neuguinea	462 840	3 455	9	Port Moresby
Salomoninseln	28 896	342	12	Honiara
Tonga	747	97	130	Nukualofa
Tuvalu	26	12	462	Funafuti
Vanuatu	12 189	157	13	Vila
Westsamoa	2 831	166	59	Apia
auf Ozeanien greifen über				
Chile mit der Osterinsel	359	2	6	–
Indonesien mit Irian Jaya	421 981	1 555	4	Jayapura
USA mit Hawaii	16 760	1 130	67	Honolulu
abhängige Gebiete				
von Frankreich				
Französisch-Polynesien	4 000	173	52	Papeete
Neukaledonien	19 058	173	9	Nouméa
Wallis et Futuna	274	14	51	Mata Utu
von Neuseeland				
Cookinseln	234	17	72	Avarua
Niue	259	2	8	Alofi
von USA				
Amerikanisch-Samoa	197	48	244	Pago Pago
Guam	541	131	257	Agaña
Marianen	477	45	92	Saipan

hülle der Erde, die für das Klima entscheidend sind.

Ozelot [aztek.-frz.] (Pardelkatze), bes. in Wäldern und Buschlandschaften der südl. USA bis S-Amerika lebende Kleinkatze; Körper 65–100 cm lang, Schwanz etwa 30–45 cm lang; nachtaktiv, frißt v. a. kleinere Säugetiere und Vögel. – Abb. S. 2511.

Ozon [griech. »das Duftende«], aus dreiatomigen Molekülen (O_3) bestehende Form des Sauerstoffs; in hoher Konzentration tiefblaues Gas (Siedetemperatur $-111,0\,°C$, Schmelztemperatur $-192,7\,°C$) mit durchdringendem Geruch, das sich unter Einwirkung von atomarem Sauerstoff auf molekularen Sauerstoff bildet, aber leicht wieder gemäß $O_3 \rightleftharpoons O_2 + O$ und $2O \rightarrow O_2$ zerfällt. Durch das Auftreten atomaren Sauerstoffs ist O. eines der stärksten Oxidationsmittel und in höheren Konzentrationen stark giftig. O. wird als Oxidations- und Bleichmittel sowie bei der Wasseraufbereitung anstelle von Chlor als Desinfektionsmittel verwendet. – Im unteren Teil der Stratosphäre, in einer Höhe von etwa 12–40 km, der *Ozonschicht* (O.gürtel), bildet sich O. aus molekularem Sauerstoff unter dem Einfluß der kurzwelligen UV-Strahlung der Sonne. Diese O.schicht ist äußerst wichtig, weil sie den größten Teil der UV-Strahlung zurückhält (↑Atmosphäre). Wesentlich erhöhte O.konzentrationen (»O.smog«) können v. a. über Gebieten mit starker Abgasentwicklung auftreten, wo O. aus Stick- und Schwefeloxiden unter der Einwirkung des Sonnenlichts entsteht. O. führt zu gesundheitl. Schädigungen

Ozontherapie

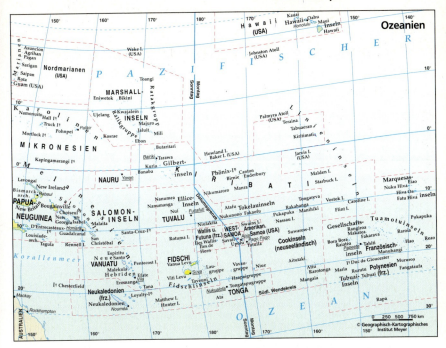

bei Mensch und Tier (v. a. Reizung der Schleimhäute; bei hohen Konzentrationen erhöhtes Hautkrebsrisiko und Defektmutationen) und Pflanzen (Bleichflecken), ferner zu Schäden an organ. Substanzen wie u. a. an Textilien, Leder, Anstrichen.

Ozonloch, Bez. für die bes. über der Antarktis stark zerstörte Ozonschicht der Erdatmosphäre. Die Ozonschicht (↑Ozon) wird durch chem. oder physikal. Einwirkungen von der Erde aus nachteilig beeinflußt. Als Hauptursache für die Schädigungen gelten die ↑Fluorchlorkohlenwasserstoffe (FCKW). Sie steigen nach ihrer Freisetzung langsam in die Atmosphäre auf und erreichen nach 10–15 Jahren die Stratosphäre; dort zerbrechen sie schließlich und setzen reaktionsfreudige Chloratome und -oxide frei, die mit dem Ozon reagieren und es zu zweiatomigem, molekularem Sauerstoff abbauen. – 1985 wurde das O. über der Antarktis entdeckt; 1992 ergaben Messungen, daß auf einer Fläche von 23 Mio. km² (entspricht etwa der Fläche des nordamerikan. Kontinents) die Ozonkonzentration um mehr als die Hälfte zurückgegangen ist. Auch die Ozonschicht der nördl. Hemisphäre ist inzwischen nachweislich dünner geworden. Ein regelrechtes O. ist aber unter den nördlichen Witterungsbedingungen bislang nicht entstanden. Die Schädigung der Ozonschicht, die den kurzwelligen Teil der Sonnenstrahlung fast vollständig absorbiert, ist besonders wegen ihrer biologischen Auswirkungen (Erhöhung der Mutationsraten, Zunahme von Hautkrebserkrankungen) bedenklich.

Ozontherapie, therapeutische Anwendung eines Ozon-Sauerstoff-Gemisches, u. a. zur Behandlung bei Durchblutungsstörungen und Sauerstoffmangelzuständen.

Pp

P, 1) 16. Buchstabe des dt. Alphabets (im Lat. der 15.), im Griech. π (Pi).
2) Abk. für **P**ublius, **P**roconsul, **P**opulus (»Volk«), **P**ontifex (»Priester«), **P**apa (»Papst«) und **P**ater (in lat. Texten, z. T. auch in röm. Inschriften).
3) chem. Symbol für ↑Phosphor.
4) ↑Vorsatzzeichen (Peta).
p, 1) Abk. für italien. ↑piano.
2) ↑Vorsatzzeichen (Piko).
3) physikal. Symbol für das ↑Proton.
4) Formelzeichen für den Druck.
5) Formelzeichen für den Impuls.
p., 1) Abk. für lat. **p**agina (»Seite«).
2) lat. **p**inxit (»[er, sie] hat gemalt«).
p-, Abk. für ↑para-.
P-8, Bez. für den im Anschluß an die ↑Weltwirtschaftsgipfel tagenden (außen)polit. Kreis der um Rußland erweiterten G-7-Staaten.
Pa, 1) *Chemie:* Symbol für ↑Protactinium.
2) *Physik:* Einheitenzeichen für ↑Pascal.
p. a., Abk. für **p**er **a**nnum bzw. **p**ro **a**nno.
Paarerzeugung (Paarbildung), mikrophysikal. Elementarprozeß, bei dem die Energie eines Gammaquants in die Massen eines Teilchen-Antiteilchen-Paares umgewandelt wird. Der umgekehrte Vorgang heißt *Paarvernichtung.*
Paarhufer (Paarzeher, Artiodactyla), seit dem frühen Eozän bekannte, heute mit knapp 200 Arten weltweit verbreitete Ordnung etwa 0,4–4 m langer Säugetiere; Pflanzenfresser, bei denen (mit Ausnahme der Flußpferde) die dritte und vierte Zehe der Vorder- und Hinterextremitäten verstärkt sind; die Endglieder dieser Zehen sind mit einer hufartigen Hornmasse (Klaue) umgeben, die dem Auftreten auf dem Boden dient (Zehenspitzengänger).
Paarung, 1) das zeitweise oder dauernde Zusammenleben zweier tier. Geschlechtspartner.
2) die Vereinigung tier. Geschlechtspartner bei der sexuellen Fortpflanzung.
Paarungsverhalten, bestimmtes, bei der geschlechtl. Fortpflanzung kennzeichnendes Verhalten tier. Organismen, das dem Zustandekommen der Paarung und der Erzeugung von Nachkommen dient. Es wird hormonell und nervös gesteuert. Viele seiner Komponenten sind artspezifisch.
Paarzeher, svw. ↑Paarhufer.
Paasikivi, Juho Kusti, *Tampere 27. 11. 1870, †Helsinki 14. 12. 1956, finn. Politiker. 1918 und 1944–46 Min.-Präs.; 1920 Delegationschef bei den finn.-sowjetruss. Friedensverhandlungen; schloß im März 1940 den Frieden, 1944 den Waffenstillstand mit der UdSSR; 1946–56 Staatspräsident.
Pabst, G[eorg] W[ilhelm], *Raudnitz an der Elbe (heute Roudnice nad Labem) 27. 8. 1885, †Wien 29. 5. 1967, österr. Filmregisseur und -produzent. Drehte u. a. Stummfilme: »Die freudlose Gasse« (1925), »Die Büchse der Pandora« (1928), »Das Tagebuch einer Verlorenen« (1929).
Pacem in terris [lat. »Frieden auf Erden«], Enzyklika Papst Johannes' XXIII. vom 11. 4. 1963 über die kath. Friedenslehre, mit zeitbezogenen Forderungen.
Pachelbel, Johann, *Nürnberg 1. 9. 1653, †ebd. 3. 3. 1706, dt. Komponist und Organist. Seine Orgelwerke (bes. die freie Choralbearbeitung) waren von großem Einfluß auf J. S. Bach; auch Motetten und Kantaten.
Pacher, Michael, *vermutlich Bruneck um 1435, †Salzburg 1498, Tiroler Maler und Bildschnitzer. Übernahm in seinen Gemälden (Kirchenväteraltar, 1483; München, Alte Pinakothek) die tiefenräuml. Gestaltungsprinzipien Mantegnas und vereinte in seinen spätgot. Flügelaltären (u. a. Hochaltar der Pfarrkirche von Sankt Wolfgang im Salzkammergut, 1475–81) Malerei und Plastik zu einem Gesamtkunstwerk.
Pachomius, hl., *Sne (heute Isna, Oberägypten) um 287 (292?), †Pbau bei Chenoboscium (Ägypten) 14. 5. 347, ägypt. Mönch. Gründete um 320 in Tabennesi bei Dendera ein Kloster, dessen Regel lange Zeit verbindlich für das koinobit. Mönchtum war. – Fest: 14. Mai.
Pacht, die Überlassung eines Gegenstandes (z. B. Grundstück, Jagdrecht) an einen anderen (Pächter) zum Gebrauch und zur Nutzung gegen Zahlung eines *Pachtzinses.* Dem Pächter stehen die Früchte des Pachtgegenstandes zu. Auf die P. finden die Vorschriften über die Miete Anwendung.

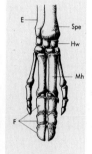
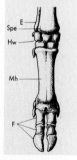

Paarhufer.
Schematische Darstellung der Handknochen vom Schwein (oben) und vom Rind (unten); E Elle, F Fingerknochen, Hw Handwurzelknochen, Mh Mittelhandknochen, Spe Speiche

Pachtgebiete, im *Völkerrecht* Teile eines Staatsgebietes, die vertraglich einem anderen Staat auf begrenzte Zeit überlassen werden. P. bleiben unter der territorialen Souveränität des verpachtenden Staates (z. B. die Panamakanalzone).

Pachuca de Soto [span. pa'tʃuka ðe 'soto], Hauptstadt des mex. Staates Hidalgo, am Río de las Avenidas, 135 200 E. Univ.; Zentrum eines Bergbaugebiets. Stadtrecht seit 1534.

pachy..., Pachy... [zu griech. pachýs »dicht«], Bestimmungswort von Zusammensetzungen mit der Bedeutung »Verdickung«.

Pacific Standard Time [engl. pə'sıfık 'stændəd 'taım], Zonenzeit in Kanada (westlich 120° w. L.), den USA (pazif. Küste) und im nw. Mexiko; entspricht MEZ −9 Stunden.

Pacino, Al[fred] [engl. pæ't∫ino], * New York 25. 4. 1940, amerikan. Filmschauspieler. Internat. Erfolge u. a. in »Der Pate« (1971, mit Fortsetzungen 1974 und 1990), »Serpico« (1973), »Hundstage« (1975), »Frankie und Johnny« (1991), »Der Duft der Frauen« (1992), »Carlitos Weg« (1993).

Packeis, zusammen- und übereinandergeschobene Eisschollen.

Pacta sunt servanda [lat. »Verträge sind einzuhalten«], Grundsatz der Vertragstreue des nachklass. röm. Rechts; gewann v. a. für das Völkerrecht große Bedeutung.

Pädagogik [griech.], Sammel-Bez. für die wiss., philosoph. und handlungsorientierten Disziplinen, deren gemeinsamer Gegenstand das erzieher. Handeln in seinen verschiedenen Formen ist. – Die *normative* P. geht von einem außerhalb ihrer selbst begründeten eth., religiösen oder konventionellen Normensystem (Wertgefüge) aus, erarbeitet auch selber Normen und Werte. Die *geisteswissenschaftl.* oder *hermeneut.* P. sucht die aktuelle, geschichtlich gewordene Erziehungspraxis in Sinn, Struktur und Bedingtheit zu verstehen, um die päd. Zielsetzungen weiterzuentwickeln, wobei tradierte Werte (Normen) wie Freiheit und Selbstbestimmung im Mittelpunkt stehen. Die *erfahrungswissenschaftl.* oder *empir.* P. (auch *Erziehungswissenschaft*) sucht mit Hilfe eines differenzierten Instrumentariums (Beobachtungen, Interviews, statist. Erhebungen, Experimente, Tests) die Erziehungswirklichkeit zu beschreiben und zu erklären sowie hieraus Prognosen über päd. Phänomene zu formulieren. Gegenstand der *Schul-P.* sind allg. Didaktik und Methodik (heute auch Unterrichtsforschung gen.), Gymnasial-P., Recht, Verwaltungsform und Organisationsstruktur der Schule sowie deren Stellung in der Gesellschaft. Die *Sozial-P.* befaßt sich mit den Schwierigkeiten, die sich für zahlr. Menschen aus der Unübersichtlichkeit des tägl. Lebens ergeben und forscht nach der richtigen Weise der Beratung und Hilfestellung. Die *Früh-P.* beschäftigt sich mit den Bedürfnissen des Kindes im Vorschulalter, insbes. mit Fragen der Fremdbetreuung (Tagesmutter), der Adoption und sonstigen familienpolit. Maßnahmen. Gegenstand der *Erwachsenen-P.* ist eine empir. fundierte Theorie des Lehrens und Lernens in der 2. Bildungsphase. Die *Sonder-P.* ist die Theorie und Praxis der Erziehung und Unterrichtung von behinderten Kindern, Jugendlichen und Erwachsenen.

pädagogische Hochschulen, Abk. **PH,** staatl. oder staatlich anerkannte Körperschaften zur Ausbildung von Grund-, Haupt-, z. T. auch Real- und Sonderschullehrern, die nur in einigen Bundesländern existieren.

Padang, indones. Prov.-Hauptstadt an der SW-Küste Sumatras, 657 000 E. Univ.; Hafen, Eisenbahnendknotenpunkt, ✈.

Paddel [engl.], zum Fortbewegen kleiner Wasserfahrzeuge (v. a. von Kanus oder P.booten) dienendes, mit beiden Händen frei (ohne Auflagerung) geführtes Gerät mit geradem oder schau-

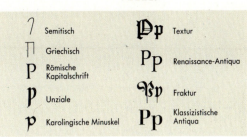

Entwicklung des Buchstabens **P**

Juho Kusti Paasikivi

Al Pacino

Päderastie

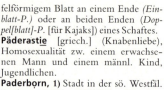

Niccolò Paganini
(Bleistiftzeichnung von Jean Auguste Dominique Ingres; 1819)

felförmigem Blatt an einem Ende *(Einblatt-P.)* oder an beiden Enden *(Doppel[blatt]-P.* [für Kajaks]) eines Schaftes.
Päderastie [griech.] (Knabenliebe), Homosexualität zw. einem erwachsenen Mann und einem männl. Kind, Jugendlichen.
Paderborn, 1) Stadt in der sö. Westfäl. Bucht, NRW, 122 700 E. Theolog. Fakultät, Gesamthochschule. – Frühgot. Dom (v. a. 13. Jh.) mit Krypta, byzantin.-roman. Bartholomäuskapelle (um 1017), roman. Abdinghofkirche (ehem. Klosterkirche; 11. und 12. Jh.), roman.-got. Busdorfkirche (11.–13. Jh.), Gaukirche (12. Jh.), frühbarockes Rathaus (1613–20), am Dom Rekonstruktion der karoling.-otton. Kaiserpfalz. – Urspr. sächs. Siedlung; nach Eroberung durch Karl d. Gr. 777 Schauplatz mehrerer Reichstage sowie einer Reichssynode; karoling.-otton. Kaiserpfalz; um 806 Bischofssitz. 1239 erstmals als Stadt, Ende des 13. Jh. als Hansestadt bezeugt; im 16. Jh. zeitweilig überwiegend prot., 1601–04 gewaltsam rekatholisiert (1614–1819 Jesuiten-Univ.), 1802/13 an Preußen.
2) Erzbistum, ehem. Fürstbistum; von Würzburg aus missioniert; um 806 zum Bistum erhoben und der Mainzer Kirchen-Prov. eingegliedert; Erwerb fast aller Grafenrechte in der Diözese durch Meinwerk (1009–36), den bedeutendsten Bischof von P. im MA. Ende des 13. Jh. Ausbau eines geschlossenen Territoriums. Seit seiner Aufhebung 1803 gehörte das Fürststift zu Preußen (1807–13 zum Kgr. Westfalen). – Das heutige Erzbistum P. wurde 1930 zur Metropole der mitteldt. Kirchen-Prov. mit den Suffraganen Fulda und Hildesheim erhoben.
Paderewski, Ignacy Jan, *Kuryłówka bei Lublin 18. 11. 1860, † New York 29. 6. 1941, poln. Pianist, Komponist und Politiker. Trat als Vertreter des Poln. Nat.-Komitees, der damaligen Exilregierung, 1917/18 erfolgreich für die Wiedererrichtung eines unabhängigen Polen ein. 1919 poln. Min.-Präs. und Außen-Min.; komponierte u. a. eine Oper und Klavierwerke.
Pädiatrie [griech.], svw. ↑Kinderheilkunde.
Padischah [pers.], pers. Fürstentitel, etwa dem dt. »Kaiser« entsprechend,

wurde v. a. von Herrschern türk. Herkunft und den Mogulkaisern geführt.
Pädomorphose *Anthropologie:* die Erhaltung von kindhaften Körperproportionen bei erwachsenen Menschen, v. a. bei manchen kleinwüchsigen Völkern.
Pädophilie [griech.], erot. bzw. sexuelle Neigung zu Kindern oder Jugendlichen beiderlei Geschlechts.
Padua, italien. Prov.-Hauptstadt westlich von Venedig, Venetien, 223 900 E. Univ., Observatorium, Museen; ältester europ. botan. Garten. – Dom (1547 ff. neu errichtet) mit roman. Baptisterium (1260), Arenakapelle (1303 bis 1305) mit Fresken von Giotto, Grabkirche des hl. Antonius (1232 ff.) mit sieben Kuppeln, Eremitenkirche (1276 ff.) mit Fresken von Mantegna (1448–56); bed. Paläste, u. a. Palazzo della Ragione (12.–14. Jh.). – Das antike *Patavium* wurde als Stadtrepublik 1164 unabhängig; seit der Stauferzeit ein Zentrum von Wiss. und Kunst; gehörte 1405 bis 1797 zu Venedig, danach zu Österreich, kam 1866 mit Venetien zu Italien.
Paella [pa'ɛlja; span.], Gericht aus Reis, verschiedenen Fleischarten, Meeresfrüchten und Gemüsen.
Paestum (Pästum) ['pɛstʊm, 'pɛːstʊm], antike Ruinenstätte in Kampanien, Italien, 35 km sö. von Salerno. Griech. Kolonie wohl des 7. Jh. v. Chr., um 400 von den Lukanern, im 3. Jh. von den Römern erobert; Bistum um 600 n. Chr., 871 von den Sarazenen, im 11. Jh. von den Normannen zerstört. Berühmt die drei dor. Tempel des 6. und 5. Jh.: Basilika (Heratempel), Poseidontempel, Cerestempel (Athenatempel); außerdem wurden Stadtmauer (3. Jh. v. Chr.), Forum, Amphitheater, Wohnviertel sowie Steinkistengräber (5. Jh. v. Chr.) freigelegt.
Pag, Adriainsel vor der Küste Kroatiens, 284,6 km², bis 348 m hoch, Hauptort Pag.
Pagan, Dorf in Z-Birma, am Irawadi, 170 km sw. von Mandalay, etwa 2 800 E. Bed. histor. Stätte, ab 1044 als *Pukan* Hauptstadt des ersten birman. Reichs; 1287 durch die Mongolen zerstört. Von den ehemals etwa 5 000 Tempeln und Pagoden aus mit einer Stuckschicht überzogenem Ziegelmauerwerk sind noch rund 1 000 erhalten (1975 und 1980 schwere Erdbebenschäden).

Pagode.
Aufriß und Profilzeichnung der Ostpagode des Tempels Yakushiji in Nara, Japan

Padua.
Basilika Sant'Antonio;
(1232 begonnen)

Paganini, Niccolò, *Genua 27. 10. 1782, † Nizza 27. 5. 1840, italien. Violinist und Komponist. Feierte als »Teufelsgeiger« Triumphe in ganz Europa; komponierte u. a. Violinkonzerte in D-Dur, h-Moll, E-Dur sowie »24 Capricci per violino solo« (1820).
Page [frz. 'pa:ʒə], Edelknabe im Dienst einer Herrschaft. Im MA war der P.dienst die Vorbereitungsschule des Rittertums.
Pagina [lat.], Abk. **p., pag.,** Buchseite, Blattseite.
Pagnol, Marcel [frz. pa'ɲɔl], *Aubagne bei Marseille 28. 2. 1895, † Paris 18. 4. 1974, frz. Schriftsteller, Filmautor und -regisseur. Schrieb v. a. Lustspiele, bes. aus der Welt der Kleinbürger, u. a. die Dramentrilogie »Marius« (1929, 1931 auch u. d. T. »Zum goldenen Anker«), »Fanny« (1931), »César« (1931), die 1932–36 auch verfilmt wurde.
Pagode [drawid.], aus dem ind. Stupa entwickelter quadratischer oder vieleckiger Stockwerkbau der buddhistischen Kunst mit durch vorspringende Dächer oder vorkragende Gesimse betonten, sich nach oben verjüngenden Geschossen. Reliquienschrein und Symbol der übereinander getürmten kosm. Weltebenen.
Pago Pago [engl. 'pa:ŋəʊ 'pa:ŋəʊ], Hauptstadt von Amerikanisch-Samoa (↑Samoainseln), auf Tutuila, 3 100 E. Hafen, internat. ✈.
Pahang, Gliedstaat Malaysias, im S der Halbinsel Malakka, 35 960 km², 798 800 E, Hauptstadt Kuantan.
Pahlewi, Mohammed Resa ↑Resa Pahlewi, Mohammed.
Paideia [griech.], im alten Griechenland die Einheit mus. (geistiger), gymnischer (körperl.) und polit. Bildung, Bildungsziel der P. war die Vollkommenheit des Menschen an Leib und Seele (Kalokagathia).
Pailletten [paˈjetən], glänzende Metallplättchen, die als Applikation auf [elegante] Kleider genäht werden.
Paine (Payne), Thomas [engl. pεɪn], *Thetford bei Cambridge 29. 1. 1737, † New York 8. 6. 1809, brit.-amerikan. Publizist. 1774 nach Amerika emigriert; propagierte mit Flugschriften (»Common sense«, 10. 1. 1776, mehr als ½ Mio. Exemplare) die Unabhängigkeitsbestrebungen der Kolonien; verteidigte, nach Europa zurückgekehrt, in seinen »Rights of man« (1791) die Frz. Revolution; 1792 frz. Staatsbürger und Abg. im Nationalkonvent, 1793/94 in Haft; kehrte 1802 nach Amerika zurück.
Paionios, griech. Bildhauer des 5. Jh. v. Chr. aus Mende (Chalkidike). Schöpfer der Nike (um 420) von Olympia (Olympia, Archäolog. Museum).

Padua
Stadtwappen

Paionios.
Nike von Olympia, Höhe 2,16 m (um 420 v. Chr.; Olympia, Archäologisches Museum)

Pair

Pair [pɛːr], **1)** [lat.-frz.] v. a. mit Gerichtsprivilegien verbundener frz. Ehrentitel, bis 1789 nur für Angehörige des Hochadels; 1814–48 für die 200 Mgl. der *Pairskammer* (1. Kammer) neu errichtet.
2) [frz.] ↑Roulett.
Paisiello (Paesiello), Giovanni, * Tarent 9. 5. 1740, † Neapel 5. 6. 1816, italien. Komponist. Schrieb mehr als 100 Buffoopern, auch Kirchenmusik und Instrumentalwerke.

Pakistan

Staatsflagge

Staatswappen

1970 1992   1970 1992
Bevölkerung   Bruttosozial-
(in Mio.)   produkt je E
(in US-$)

☐ Stadt   Land ☐

Bevölkerungsverteilung 1992

Bruttoinlandsprodukt 1992

Pakistan

Fläche:	796 095 km²
Einwohner:	124,773 Mio.
Hauptstadt:	Islamabad
Amtssprache:	Urdu
Nationalfeiertage:	23. 3., 14. 8.
Währung:	1 Pakistan. Rupie (pR) = 100 Paisa (Ps)
Zeitzone:	MEZ + 4 Std.

Pakistan, Staat in Asien, grenzt im SW an Iran, im W, NW und N an Afghanistan, im NO an China, im O an Indien, im S an Indien und den Ind. Ozean.
Staat und Recht: Präsidialrepublik; *Verfassung* von 1973. *Staatsoberhaupt* und Inhaber der *Exekutive*, die durch die Reg. unter dem Min.-Präs. ausgeübt wird, ist der Staatspräsident. Die *Legislative* liegt beim Präs. und dem Zweikammerparlament (Nationalversammlung: 217 für 5 Jahre gewählte Abg., Senat: 87 für 6 Jahre gewählte Mgl.). *Parteien:* Pakistan. Volkspartei (PPP), Pakistan. Muslimliga (PML), Nat. Flüchtlingsbewegung (MQM; auch Mohajir-Partei).
Landesnatur: Kernraum von P. ist das Industiefland. Es wird im N und W von Hochgebirgen umrahmt. Im Gebiet von Kaschmir hat P. Anteil am Himalaya (Nanga Parbat 8 126 m) und Karakorum (K 2 8 611 m). Nördlich des Beckens von Peshawar, von dem aus die wichtige Verkehrsverbindung über den Khaiberpaß nach Afghanistan führt, hat P. Anteil am Hindukusch (Tirich Mir 7 708 m). Im W begrenzen Sulaiman und Kirthar Range das Industiefland. P. liegt in einem Trockenklima mit heißen Sommern und kühlen Wintern. Mit Ausnahmen der Gebirgswälder herrschen Steppen und wüstenhafte Landstriche vor.
Bevölkerung: Die Bevölkerung besteht aus Pandschabi (65%), Sindhi, Urdu, Belutschen, Paschtunen und weiteren Minderheiten. 97% der Bevölkerung sind Muslime. Im Bewässerungsgebiet des Tieflandes leben 80% der Gesamtbevölkerung.
Wirtschaft, Verkehr: Für den Eigenbedarf werden Weizen, Kichererbsen und Gerste angebaut. Exportorientiert ist der Anbau von Baumwolle, Zuckerrohr, Reis, Sesam, Leinsamen und Tabak. Abgesehen von reichen Erdgasfeldern in Belutschistan ist P. arm an Bodenschätzen. Textil-, Schuh-, Metall-, chem. und Nahrungsmittelindustrie. Wichtigster Verkehrsträger ist die Eisenbahn. Das Streckennetz ist rd. 8 775 km lang. Von 108 530 km Straßen sind fast 46 000 km asphaltiert. Wichtigster Hafen ist Karatschi; internat. ✈ bei Karatschi und Rawalpindi.
Geschichte: Am 15. 8. 1947 entstand P., entsprechend den Forderungen der Muslimliga, aus den vorwiegend muslim. Gebieten Brit.-Indiens als neuer Staat und brit. Dominion. Die 1950er Jahre waren gekennzeichnet von heftigen Kontroversen zw. West- und Ost-P., dessen Regionalpartei, die Awami-Liga, für die Loslösung des ostpakistan. Landesteils von der westpakistan. Zentralverwaltung eintrat. Am 23. 3. 1956 trat die erste pakistan. Verfassung in Kraft; P. wurde »islam. Republik«. General (später Feldmarschall) M. Ayub Khan, seit 1958 Min.-Präs., Staatschef und Verteidigungs-Min., begann, gestützt auf die Armee, mit einer Reihe von Reformmaßnahmen (u. a. Einführung einer sog. gelenkten Demokratie); jedoch führte der Druck der Opposition 1969 zu seinem Rücktritt. Bei den ersten freien und direkten Wah-

Paläolithikum

len zur Nat.-Versammlung 1970 bekam die Pakistan. Volkspartei (PPP) des ehem. Außen-Min. Z. A. Bhutto die Mehrheit der Stimmen in West-P., während die Awami-Liga Scheich Mujibur Rahmans die Mehrheit der Sitze des Gesamtstaates erreichte und am 26. 3. 1971 die Unabhängigkeit Ost-P. als ↑Bangladesh durchsetzte. Im Dez. 1971 wurde Bhutto Staats-Präs. 1972 verließ P. das Commonwealth. Im Juli 1977 übernahm das Militär unter General M. Zia ul-Haq in einem unblutigen Putsch die Macht, Bhutto wurde zum Tode verurteilt und im April 1979 hingerichtet. Den sowjet. Einmarsch in das Nachbarland Afghanistan Ende 1979 verurteilte P. scharf. Innenpolitisch verfolgte Zia ul-Haq bei scharfer Unterdrückung aller polit. Gegner einen Kurs der Islamisierung, den er 1984 durch ein Referendum bestätigen ließ. Ende 1985 wurden das seit 1977 bestehende Kriegsrecht aufgehoben, die Verfassung von 1973 in geänderter Form wieder eingeführt und Parteien zugelassen. Im Aug. 1988 fiel Zia ul-Haq einem Attentat zum Opfer, sein Nachfolger als Staats-Präs. wurde der Präs. des Senats, Ghulam Ishaq Khan. Die Wahlen im Nov. 1988 gewann die PPP mit Benazir Bhutto als Kandidatin; Bhutto, im Dez. zur Min.-Präs. gewählt, wurde erste Regierungschefin eines islamischen Landes. Anfang August 1990 entließ Staats-Präs. Ghulam Ishaq Khan B. Bhutto und löste das Parlament auf. Die Neuwahlen im Oktober 1990 gewann die Parteienbündnis Islamische Demokratische Allianz; neuer Min.-Präs. wurde M. Nawaz Sharif. 1993 kam es zu einem Konflikt um die Vollmachten des Staats-Präs. zw. dem Staats- und dem Min.-Präs., an dessen Ende beide im Juli 1993 zurücktraten. Bei Neuwahlen im Okt. 1993 siegte die oppositionelle PPP, B. Bhutto wurde abermals Min.-Präs.; bei den Präsidentschaftswahlen im Nov. 1993 siegte der ehem. Außen-Min. F. A. Leghari. Grenzkonflikte um Kaschmir führten wiederholt zu Scharmützeln mit Indien.

Pakt [lat.], im *Völkerrecht* wirtschaftl. oder militär. Beistandsvertrag.

Paktia, von Paschtunen bewohnte afghan. Prov. an der pakistan. Grenze, Hauptstadt Gardez.

PAL ↑Fernsehen (Farbfernsehen).
pal..., Pal..., palä..., Palä... ↑paläo..., Paläo...

Paläanthropologie (Paläoanthropologie), Wiss. von fossilen Menschenartigen und Menschen.

Palacký, František [tschech. 'palatski:], *Hodslavice (Nordmähr. Gebiet) 14. 6. 1798, † Prag 26. 5. 1876, tschech. Historiker und Politiker. Leitete 1848 den Slawenkongreß in Prag; ab 1861 Führer der Alttschechen im österr. Herrenhaus und im böhm. Landtag; schrieb u. a. »Geschichte von Böhmen« (5 Bde., 1836–67).

Palade, George Emil [engl. 'pɛlɛɪd], *Iaşi 12. 11. 1912, amerikan. Biochemiker rumän. Herkunft. Entdeckte bei der Aufklärung der Feinstruktur der Mitochondrien und des endoplasmat. Retikulums die heute als Ribosomen bezeichneten P.-*Körner*; erhielt 1974 zus. mit A. Claude und C. de Duve den Nobelpreis für Physiologie oder Medizin.

Paladin [lat.-frz.], in der Karlssage ein Mgl. des Kreises von zwölf Helden am Hof Karls d. Gr.; später Bez. für einen getreuen Gefolgsmann.

Palamas, Kostis, *Patras 8. 1. 1859, † Athen 27. 2. 1943, neugriech. Schriftsteller. Jurist; bemühte sich, in seinem umfangreichen Werk (Lyrik, Prosa, Dramen, Kritik) eine Verbindung zur Kultur W-Europas herzustellen.

paläo..., Paläo..., palä..., Palä..., pal..., Pal... [griech.], Bestimmungswort von Zusammensetzungen mit der Bedeutung »alt, altertümlich, ur..., Ur...«.

Paläographie, die Lehre von der Entwicklung der Schrift.

Paläolithikum [griech.] (Altsteinzeit, ältere Steinzeit), der ältere, 2–3 Mio. Jahre umfassende Abschnitt der Steinzeit. Zunächst in *Alt-* und *Jung-P.* gegliedert, wurde später ein jüngerer Abschnitt des Alt-P. als *Mittel-P.* abgetrennt. Erste Zeugnisse sind von Menschenhand gefertigte Werkzeuge aus Stein (bekanntester Fundort: Olduwaischlucht), deren Formen mehr und mehr standardisiert wurden (z. B. Faustkeil, Schaber, Stichel, Spitzen). Die aneignende Wirtschaftsform (Sammler und Jäger) wurde den Bedingungen der verschiedenen Klimazonen angepaßt; sorgsame Bestattungen seit dem Mittelpaläolithikum.

George Emil Palade

Paläologen

Paläologen, bed. byzantin. Familie, die 1259 bis 1453 die Kaiser des Byzantin. Reiches stellte.

Paläontologie [griech.], die Wiss. von den ausgestorbenen Lebewesen (Fossilien) und ihrer Entwicklung im Verlauf der Erdgeschichte.

Paläophytikum [griech.], das Altertum in der erdgeschichtl. Entwicklung der Pflanzenwelt, charakterisiert durch das Vorherrschen der Farnpflanzen.

paläotropisches Florenreich (Paläotropis), Vegetationsgebiet der trop. und großer Teile der subtrop. Zonen der Alten Welt. Gliedert sich in: 1. *indoafrikan. Florenregionen:* Afrika südlich der Sahara, Madagaskar und die Inseln des westl. Ind. Ozeans sowie Vorderindien; die Vegetation besteht aus trop. Regenwäldern, Savannen, Dornstrauch- und Sukkulentensteppen und Halbwüsten; 2. *males. Florenregion* (Malesien): Ceylon, Hinterindien, Malaiischer Archipel, Neuseeland, Melanesien (einschließlich Neuguinea) und Polynesien; hier herrscht trop. Regenwald vor, daneben Nebelwald, Monsunwälder und Mangrove.

paläotropisches Tierreich ↑tiergeographische Regionen.

Paläozoikum [griech.], svw. Erdaltertum. ↑Geologie (Übersicht Erdzeitalter).

Palas [frz.], Wohn- oder Saalbau einer mittelalterl. Burg.

Palast [frz.], Herrschersitz des Altertums und der Antike, auch repräsentatives Stadthaus; seltener für Schloß der Neuzeit; v. a. in Italien *(Palazzo)* und Frankreich *(Palais)* auch öffentl. Gebäude, gelegentlich auch im deutschsprachigen Raum (Völkerbundpalast, Sportpalast).

Palästina, histor. Landschaft zw. Mittelmeer und Jordan mit in der Vergangenheit wechselnder Begrenzung. In der jüd.-christl. Tradition ist P. das »Land Israel« bzw. das »Hl. Land«; es umfaßt etwa das Gebiet der heutigen Staaten Israel und Jordanien (außer den Wüstengebieten im NO und SO). Maßgebend für diesen Sprachgebrauch wurde die röm. Prov.-Bez. Palaestina. Als Hl. Land blieb P. v. a. religiös-nat. Bezugspunkt für das Judentum. Konkurrierend dazu erwuchs auf Grund der jeweiligen hl. Stätten auch ein christl. und ein islam. Anspruch auf P. (insbes. auf Jerusalem als »Hl. Stadt«).

Geschichte: Im Jordangraben finden sich Fundstellen der Faustkeilkultur (z. B. Tell Ubeidiya). Von bes. Bed. ist die mesolith.-neolith. Kultur des Natufian, dessen Hauptverbreitungsgebiet P. war (Fundorte: Jericho, Al Baida). Seit dem 3. Jt. gehörte das bronzezeitl. P. zur Zone zw. den Großreichen Vorderasiens und Ägyptens (zum Altertum ↑Israel, ↑Juda).

In der Antike war P. Teil des südsyr. Gebiets. Seit etwa 445 v. Chr. war ein Teil Judas ein halbautonomer Tempelstaat unter pers. Oberhoheit. 301 fiel er an die Ptolemäer, 198/195 an die Seleukiden, gegen die sich 167 die Makkabäer durchsetzten. Durch Pompejus kam P. 63 v. Chr. unter röm. Hoheit, bildete ab dem 1. Jh. n. Chr. eine röm. Prov. und wurde 395 oström. Provinz. 634 bis 1918 befand sich P., mit Ausnahme der Zeit des Kgr. Jerusalem 1099–1187, unter islam. Herrschaft. Anfang der 1880er Jahre begann die osteurop. jüd. P.siedlung im Zeichen des ↑Zionismus, der eine »öffentl.-rechtl. gesicherte Heimstätte in P.« für das jüd. Volk forderte. Die Balfour-Deklaration von 1917 leitete nach der Eroberung des Landes durch die Briten 1917/18 (1920/22 wurde P. brit. Mandat) eine verstärkte zionist. Aufbauphase ein; dagegen forderten die arab. Palästinenser einen unabhängigen arab. Staat. Nach dem 2. Weltkrieg brachte Großbrit. die *Palästinafrage* vor die UN, die am 29. 11. 1947 die Zweiteilung des Landes bei wirtschaftl. Einheit und Internationalisierung Jerusalems empfahlen. Diese Teilungsempfehlung – von der Jewish Agency for Palestine angenommen, von den Arabern abgelehnt – führte nach Erlöschen der brit. Mandats zur Ausrufung des Staates ↑Israel am 15. 5. 1948. In der Folge des 1. Israel.-Arab. Kriegs 1948/49 (↑israelisch-arabische Kriege) fiel das für den arab. palästinens. Staat vorgesehene Gebiet an mehrere kriegführende Mächte; Israel konnte sein Gebiet beträchtlich erweitern und sprach seitdem den Palästinensern das Recht auf einen eigenen Staat ab. Ost-P. wurde 1950 Jordanien angegliedert (West-Jordanien, auch als Westjordanland bzw. West Bank bezeichnet, auf das Jordanien aber 1974 zugunsten der Palästinenser verzichtete); der Gazastreifen kam unter ägypt. Treuhandverwaltung. Die palästinens. Araber (↑Palästinenser) wurden vertrieben bzw. flohen vor den israel. Truppen. Im 3. Israel.-Arab. Krieg besetzte Israel 1967 die Halbinsel Sinai, den Gazastreifen, das Westjordanland und die Golanhöhen. 1974 wurde die 1964 gegr. ↑Palästinensische Befreiungsorganisation (PLO) durch die UN als alleinige legitime Vertreterin der Palästinenser anerkannt. Da verschiedene Entflechtungsabkommen und auch das im Gefolge des ägypt.-israel. Friedensvertrags von 1979 vereinbarte Autonomiekonzept für die israelisch besetzten Gebiete zu keiner Lösung der Palästinafrage und des ↑Nahostkonflikts führten, blieb das Gebiet eine Krisenregion. 1987 brach in den von Israel besetzten Gebieten ein v. a. von jugendl. Palästinensern getragener Aufstand aus (»Intifada«). Nachdem Jordanien 1988 seine rechtl. und administrativen Bindungen zum Westjordanland abgebrochen und es faktisch an die PLO abgetreten hatte, rief diese im Nov. 1988 einen unabhängigen Staat P. aus und ernannte J. Arafat zum provisor. Staatsoberhaupt. An der Weigerung Israels, die PLO als Verhandlungspartner zu akzeptieren, und an der Fortsetzung der israel. Siedlungspolitik in den besetzten Gebieten scheiterten bis 1990 zahlr. internat. Vermittlungsbemühungen. Nach dem Ende des Ost-West-Konflikts und des 2. Golfkriegs, in dem die PLO vorbehaltlos den Irak unterstützt hatte, führten diplomat. Bemühungen der USA und der UdSSR auf mehreren Nahostfriedenskonferenzen erstmals seit 1947 zu direkten Gesprächen zw. Israel, arab. Staaten und Vertretern der PLO. Im Zuge dieser Entwicklung unterzeichneten Israel und die PLO 1993 in Washington eine Grundsatzerklärung über die Übergangsregelungen zu einer palästinens. Teilautonomie (»Gaza-Jericho-Abkommen«). Die Schaffung einer palästinens. Selbstverwaltung (u. a. Bildung einer Übergangsregierung, Übernahme der polizeil. Verantwortung) im Gazastreifen und in Jericho sowie der Abzug der israel. Truppen aus diesen Gebieten erfolgte nach dem 1994 in Kairo unterzeichneten Autonomieabkommen. In dem in Taba ausgehandelten Abkommen wurde die Ausdehnung der palästinens. Teilautonomie auf das gesamte Westjordanland vereinbart. Im Jan. 1996 wurden ein palästinens. Autonomierat und dessen Präs. gewählt; in diesen Wahlen setzten sich Arafat und seine Fatah durch.

Palästinenser, arab. Volk im Nahen Osten, die Nachkommen der im früheren brit. Mandatsgebiet ↑Palästina lebenden Araber. Die P. umfassen etwa 4,8 Mio. Menschen, von denen bis 1994 rund zwei Drittel in Israel und den von ihm besetzten Gebieten sowie in Jordanien, das als einziger arab. Staat 1947 die Staatsangehörigkeit gewährte, lebten; etwa 2 Mio. P. waren als Flüchtlinge registriert.

palästinensische Befreiungsbewegungen, Organisationen arab. Palästinenser, die das Ziel verfolgen, auf dem Boden Palästinas einen eigenen Staat zu errichten. Die Gründung des Staates Israel 1948 mit einer bis heute ungelösten Flüchtlingsfrage im Gefolge führte zur Bildung arab. Guerillagruppen (Fedajin), die ihre Rekrutierungsbasis v. a. in den Flüchtlingslagern der Nachbarstaaten Israels besitzen. Dachorganisation der p. B. ist seit 1964 die ↑Palästinensische Befreiungsorganisation.

Palästinensische Befreiungsorganisation, Abk. PLO (von engl. Palestine Liberation Organization), am 28. 5. 1964 auf dem 1. Palästinens. Nationalkongreß in Jerusalem gegr. polit. und militär. Dachverband der für einen unabhängigen Staat ↑Palästina kämpfenden arab. Befreiungsbewegungen. 1967–94 im Exil in Jordanien, im Libanon sowie in Tunesien und seit 1969 von J. Arafat geführt, umfaßt die PLO die meisten palästinens. Guerilla-Organisationen (Fedajin); den Kern bildet die 1959 gegr. »Al Fatah«, 1974 spalteten sich radikale Untergruppen ab (Volksfront für die Befreiung Palästinas, Fatah-Revolutionsrat). Seit Okt. 1974 wird die PLO von allen arab. Staaten als einzige rechtmäßige Vertreterin des palästinens. Volkes anerkannt, seit Nov. 1974 besitzt sie Beobachterstatus bei den UN, seit 1976 ist sie Vollmitglied der Arab. Liga.

Palästra [griech.], im antiken Griechenland Übungsplatz der Ringkämpfer.

Palästinensische Befreiungsorganisation
Flagge

palatal

palatal [lat.], in der Phonetik von Lauten gesagt, die am vorderen Gaumen artikuliert werden; p. Konsonanten werden auch als *Gaumenlaute* bezeichnet.

Palatin (italien. Palatino, lat. Palatium), einer der Stadthügel Roms am Ostknie des Tiber, Stadt des Romulus, bis ins 1. Jh. v. Chr. aristokrat. Wohnviertel, dann breiteten sich hier die Kaiserpaläste aus; im 16. Jh. Anlage von Renaissancegärten.

Palatin [lat.], svw. ↑Pfalzgraf.

Palatina (Bibliotheca Palatina), Teilbestand der Vatikan. Bibliothek aus der kurfüstlich-pfälz., um 1560 in Heidelberg eingerichteten Bibliothek (über 3500 Handschriften, etwa 5000 Drucke). Teile (900 Handschriften) der 1622 an den Papst und 1797 z. T. nach Paris gelangten Bestände wurden 1815/ 1816 nach Heidelberg zurückgegeben.

Palatschinke [ungar.], österr. für dünnen, gefüllten Eierkuchen.

Palatum [lat.], svw. ↑Gaumen.

Palau

Staatsflagge

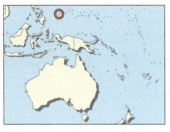

Palau

Fläche:	497 km²
Einwohner:	15 000
Hauptstadt:	Koror
Amtssprachen:	Palauanisch, Englisch
Nationalfeiertag:	9. 7.
Währung:	1 US-$ = 100 Cents (c)
Zeitzone:	MEZ + 8 Std.

Palau (Belau), Staat im westl. Pazifik, umfaßt die nördlich von Neuguinea gelegenen Palauinseln, die westlichste Inselgruppe der Karolinen.

Staat und Recht: Präsidiale Republik; *Verfassung* von 1981 (1993 geändert). *Staatsoberhaupt* ist der für 4 Jahre direkt gewählte Präsident. Die *Legislative* wird vom auf 4 Jahre gewählten Zweikammerparlament (Abgeordnetenhaus mit 16 Abg., je einer pro Mgl.-Staat; Senat mit 14 Mgl.) wahrgenommen; als beratendes Organ besteht eine Häuptlingsversammlung 16 Mgl.). *Parteien* i. e. S. bestehen nicht.

Landesnatur: Die etwa 350 Inseln, von denen nur acht (v. a. Babelthuap und Koror) bewohnt sind, liegen fast alle innerhalb eines in N–S-Richtung über 110 km langen Barriereriffs, das eine Lagune von 1 267 km² Fläche umschließt. Sie sind teils vulkanischen Ursprungs, teils Korallenbauten. Mangrovensümpfe und Palmenwald bedecken die z. T. durch Dämme miteinander verbundenen Inseln. P. hat tropisches Klima.

Bevölkerung: Die urprüngl. Bev. bestand aus Mikronesiern; starke Veränderungen ergaben sich zw. den Weltkriegen (bis zu 30 000 Japaner) und nach 1945 (amerikan. Einfluß). Rund 70% der Bev. sind Christen.

Wirtschaft, Verkehr: Die Landwirtschaft dient v. a. dem Eigenbedarf (Kokosnüsse, Maniok, Bataten, Obst; Export von Kokosfett). Fischfang und -verarbeitung sind wesentlich für den Export bestimmt. Von den Japanern wurden Bauxit und Phosphate abgebaut. Es bestehen 28 km asphaltierte Straßen. Malakal gilt als einer der besten natürl. Häfen der Welt.

Geschichte: 1543 von dem span. Seefahrer Ruy López de Villalobos († 1544) entdeckt, blieben die Palauinseln bis Ende des 19. Jh. in span. Besitz. 1899–1919 dt. Kolonie, unterstanden sie 1919–45 einem jap. Völkerbundsmandat. 1947 wurde die Inselgruppe Teil des amerikan. »Treuhandterritoriums der Pazif. Inseln«; 1981 erhielt sie innere Autonomie (eigene Verfassung). Nach einem Referendum von 1993 trat die freie Assoziation mit den USA in Kraft; mit der Beendigung des UN-Treuhandstatus zum 1. 10. 1994 wurde P. ein unabhängiger Staat, für dessen Außen- und Verteidigungspolitik jedoch weiterhin die USA verantwortlich bleiben.

Palaver [afrikan.-portugies.-engl.], urspr. Bez. für eine religiöse oder gerichtl. Versammlung, dann übertragen svw. langes Gerede, ausgedehntes Gespräch.

Palenque.
Der Palast auf einer Terrasse (70 x 100 m), mit mehreren Innenhöfen und quadratischem, 15 m hohem Turm

Palawan, mit 11 785 km² fünftgrößte Insel der Philippinen, zw. Mindoro im NO und Borneo im SW, bis 2054 m hoch, Hauptort Puerto Princesa. Erdölförderung, Fischreichtum.

Palazzeschi, Aldo [italien. palat'tseski], eigtl. A. Giurlani, *Florenz 2. 2. 1885, † Rom 17. 8. 1974, italien. Schriftsteller. Schrieb satir., groteske Novellen und Romane, u. a. »Die Schwestern Materassi« (1934), »Die Brüder Cuccoli« (1948), »Ungleiche Freunde« (1971).

Palazzo [italien.] ↑Palast.

Palembang, indones. Prov.-Hauptstadt im SO von Sumatra, 847 000 E. Univ.; Zentrum eines Erdölgebiets; Schiff- und Maschinenbau; Hafen, ✈. Große Moschee (18. Jh.; Wallfahrtsziel).

Palencia [span. pa'lenθia], span. Prov.-Hauptstadt nnö. von Valladolid, 76 700 E. Theater, archäolog. Museum. Got. Kathedrale (1321 ff.) auf westgot. Fundament (7. Jh.); got. Kirche San Pablo (13. und 15. Jh.).

Palenque [span. pa'leŋke], Ruinenstätte der Mayakultur im N des mex. Staates Chiapas, am N-Fuß des Berglandes, von trop. Regenwald umschlossen. Bewohnt 300–830; klass. Tempelarchitektur und Palastkomplex; figürl. Stuckreliefs; unterird. Grabkammer mit monolith. Steinsarg im Inschriftentempel.

Paleozän (Paläozän) [griech.], unterste Abteilung des Tertiärs.

Palermo, Hauptstadt der italien. autonomen Region Sizilien sowie einer Prov., an der N-Küste der Insel, 734 000 E. Univ., Museen (archäolog., geolog., ethnolog.). Gemüse- und Obstgroßmärkte; Werften, Hafen; Nahrungsmittel- und Textil-Ind.

Stadtbild: Zahlr. Kirchen mit arab.-normann. und byzantin.-normann. Elementen, u. a. Dom (1170–85) mit Grabkapelle (u. a. Sarkophage der dt. Kaiser Heinrich VI. und Friedrich II.). Bed. Paläste sind u. a. der Palazzo dei Normanni (Königspalast der Araber und Normannen mit der Cappella Palatina, 12. Jh.) und der Palazzo Zisa (12. und 16. Jh.).

Geschichte: In der Antike *Panormos* (lat. *Panormus*); phönik. Gründung Ende des 7. Jh. v. Chr.; 254 v. Chr. von den Römern erobert; gehörte im 6. Jh. zum Byzantin. Reich; 831 fiel P. an die Sarazenen, die es 948 zur Hauptstadt Siziliens machten; kam 1072 an die Normannen; seit 1194 in der Hand der Staufer, unter Kaiser Friedrich II. ein glanzvoller kultureller Mittelpunkt Europas. 1265/66 kam P. an das Haus Anjou, wurde Schauplatz der blutigen ↑Sizilianischen Vesper (1282).

Palestrina, Giovanni Pierluigi (Familienname) da, *Palestrina um 1525, † Rom 2. 2. 1594, italien. Komponist. In Rom 1555–60 Kapellmeister an der Laterankirche, 1561–66 an Santa Maria Maggiore, 1567–61 bei Kardinal Ippolito II. D'Este und ab 1571 an der Peterskirche; führte als Erbe der kunstvollen kontrapunkt. Vielstimmigkeit der nie-

Palermo
Stadtwappen

Giovanni Pierluigi da Palestrina

Paletot

Peter Palitzsch

Max Pallenberg

derländ. Meister die Vokalpolyphonie (↑Vokalmusik) zu höchster Blüte (100 Messen) und verband sie mit dem neuen harmon. Empfinden der aufkommenden Dur-Moll-Tonalität. Der *Palestrinalstil* gilt seit dem Konzil von Trient (1545–63) als offizielles Vorbild der kath. Kirchenmusik. Außer Messen sind Motetten, Lamentationen, Hymnen und Magnifikats, Offertorien, Litaneien, geistl. und weltl. Madrigale überliefert.

Paletot [′palɔto; frz.], Herrenmantel mit steigenden Revers, aufschlaglosen Ärmeln und innenliegenden Taschen mit Patten.

Palette [frz.], 1) *Malerei:* mit Daumenloch versehenes Mischbrett für Farben. 2) *Transportwesen:* Transportplattform, auf der Stückgüter zu einer Ladeeinheit zusammengestellt werden.

Pali, älteste mittelindoarische Sprache (↑Prakrit), in der die buddhist. Sammlung hl. Texte (Sanskrit: Tripitaka, Pali: Tipitaka) auf Ceylon (Sri Lanka), in Birma, Thailand und Kambodscha überliefert ist.

palim..., Palim... ↑palin..., Palin...

Palimpsest [griech.-lat.], Schriftstück, von dem der urspr. Text abgewaschen oder abgeschabt (bei Pergamenthandschriften) wurde und das danach neu beschrieben worden ist. Die Mehrzahl der P. sind Stücke des 4.–7. Jh., die im 8./9. Jh. überschrieben wurden.

palin..., Palin..., palim..., Palim... [griech.], Bestimmungswort von Zusammensetzungen mit der Bedeutung »zurück, wieder[um], erneut«.

Palindrom [griech.], Folge von Buchstaben, Wörtern oder Versen, die rückwärts gelesen denselben oder einen anderen Sinn ergibt, z. B. Anna, Neger.

Palingenese, 1) *Religionswiss.:* svw. ↑Seelenwanderung. 2) *Biologie:* (Palingenie) das Erscheinen von Merkmalen stammesgeschichtl. Vorfahren im Verlauf der Individualentwicklung. 3) *Geologie:* ↑Gesteine.

Palisaden [frz.] (Schanzpfähle), dicht nebeneinander eingegrabene, oben zugespitzte Pfähle als Hindernisse bei alten Befestigungen.

Palisadenwürmer (Blutwürmer, Strongyloidea), Ordnung der Fadenwürmer; etwa 5–55 mm lange, wurmförmige, blutsaugende Parasiten im Darm von Wirbeltieren.

Palisander [indian.], violettbraunes, dunkel- bis schwarzstreifiges, hartes, sehr dekoratives Holz mehrerer Dalbergienarten; Verwendung für Möbel, Klavierkästen, Furniere und Drechslerarbeiten.

Palitzsch, Peter [...ltʃ], *Deutmannsdorf bei Liegnitz 11. 9. 1918, dt. Regisseur. 1950–61 am Berliner Ensemble; 1966–71 Schauspieldirektor in Stuttgart; 1972–80 Mgl. des Schauspieldirektoriums der Städt. Bühnen Frankfurt; seitdem freier Gastregisseur.

Palla [lat.], Übergewand der verheirateten Römerin, ein rechteckiges Tuch.

Palladio, Andrea, eigtl. Andrea di Pietro, *Vicenza 30. 11. 1508, † ebd. 19. 8. 1580, italien. Baumeister und Theoretiker. P. schuf, den Stil der Hochrenaissance fortentwickelnd, Bauten von strenger Klarheit und vollendeter Harmonie, rhythmisch bewegt duch Säulen und Pilaster, die meist durch mehrere Geschosse (Kolossalordnung) verlaufen (Palazzo Valmarana, Vicenza, 1565 ff.; Villa Barbaro in Maser, Prov. Treviso, um 1557–62; Villa Capra, gen. La Rotonda, bei Vicenza, 1566 ff., vollendet 1591 von Vincenzo Scamozzi [*um 1552, † 1616]; San Giorgio Maggiore, Venedig, 1566–79; Il Redentore, Venedig, 1577–92). Seine auf ↑Vitruv und der Vermessung antiker röm. Bauten fußenden theoret. Schriften (»Le antichità di Roma«, 1554; »I quattro libri dell'architettura«, 1570) boten bis Ende des 18. Jh. die genaueste Kenntnis antiker Bauregeln. Der auf P. zurückgehende Stil (Palladianismus) wurde bes. in den Niederlande und Frankreich angenommen und gelangte in Großbrit. zur Vorherrschaft. Durch seine Bauten und Schriften wurde P. der maßgebende Lehrmeister des europ. Klassizismus.

Palladium (Palladion) [griech.-lat.], Kultbildtypus der Göttin Pallas Athena, insbes. das Kultbild von Troja, das Äneas angeblich nach Rom rettete (Vestatempel).

Palladium [griech., nach dem Planetoiden Pallas], chem. Symbol **Pd**; Übergangsmetall aus der VIII. Nebengruppe des Periodensystems der chem. Elemente; Ordnungszahl 46; relative Atommasse 106,42; Schmelztemperatur

Palmerston

1552 °C; Siedetemperatur 3140 °C. P. ist ein silberweißes, zu den Platinmetallen gehörendes Edelmetall. Die wichtigste Eigenschaft ist sein Lösungsvermögen für Wasserstoff. Je nach Zerteilungsgrad kann P. als *Palladiumschwamm* oder *-mohr* das 850–1 200fache Volumen an Wasserstoff aufnehmen. Es kommt mit Platin gediegen oder in Verbindungen in Gold-, Silber-, Nickel- und Kupfererzen vor. P. wird als Katalysator und zur Herstellung hochwertiger Legierungen (z. B. Weißgold) verwendet.

Pallas Athena ↑Athena.

Pallasch [türk.-ungar.], etwa 1 m langer, gerader Korbdegen für Stoß und Hieb; histor. Waffe der europ. Reiterei, bes. der Kürassiere.

Pallenberg, Max, *Wien 18. 12. 1877, † Karlsbad 26. 6. 1934 (Flugzeugabsturz), österr. Schauspieler. ∞ mit Fritzi Massary; bed. Charakterkomiker. H. von Hofmannsthal schrieb für ihn die Titelrolle des »Unbestechlichen« (UA 1923).

Pallium [lat.], 1) *Kleidung:* mantelähnl. Umhang der Römer.
2) *kath. Kirche:* eine päpstl. und erzbischöfl. Insignie, die über dem Meßgewand um die Schultern gelegt wird.

Pallottiner (offiziell lat. Societas Apostolatus Catholici [Abk. SAC], Gesellschaft des kath. Apostolates), kath. Priestergemeinschaft (ohne Gelübde), 1835 vom hl. Vincenzo Pallotti (*1795, † 1850) in Rom gegr. (Seelsorge, Mission); 1843 gegr. weibl. Zweig *(Pallottinerinnen)*.

Palm, 1) Johann Philipp, *Schorndorf 18. 11. 1766, † Braunau am Inn 26. 8. 1806, dt. Buchhändler. Verlegte 1806 in Nürnberg eine antifrz. Flugschrift; auf Befehl Napoleons I. erschossen.
2) Siegfried, *Wuppertal 25. 4. 1927, dt. Violoncellist. Bed. Interpret zeitgenöss. Musik; 1976–81 Generalintendant der Dt. Oper Berlin.

Palma, Iacopo, gen. P. il Vecchio (»der Ältere«), eigtl. I. Negretti, *Serina bei Bergamo 1480, † Venedig 30. 7. 1528, italien. Maler. Einer der Hauptmeister der venezian. Hochrenaissance, beeinflußt von Giorgione und Tizian.

Palma (P. de Mallorca), span. Hafenstadt an der SW-Küste der Insel Mallorca, 321 000 E. Verwaltungssitz der Prov. Balearen; Museen; Hafen, ✈. Kathedrale (13./14. und 19. Jh.), got. Börse (15. Jh.; jetzt Museum), Almosenhaus (15. Jh.).

Palmanova, italien. Stadt in Friaul-Julisch-Venetien, 5 700 E. Vollständig erhaltene Festungsstadt (typ. Idealstadt der Renaissance).

Palmarum [lat.] ↑Palmsonntag.

Palm Beach [engl. 'pɑːm 'biːtʃ], Stadt in S-Florida, USA, 9 700 E. Bed. Seebad.

Palme, Olof, *Stockholm 30. 1. 1927, † ebd. 28. 2. 1986 (ermordet), schwed. Politiker. 1963–69 Min. in verschiedenen Ressorts; seit 1969 Vors. der Sozialdemokrat. Partei; 1969–76 und ab 1982 Min.-Präsident.

Palmen (Palmae, Arecaceae), einkeimblättrige Pflanzen-Fam. mit rd. 3 400 Arten in über 230 Gatt., v. a. in den Tropen und Subtropen; Bäume, Sträucher oder Lianen; z. T. wichtige Nutzpflanzen.

Olof Palme

Andrea Palladio. Villa Capra bei Vicenza

Palmer, Lilli, eigtl. Maria Lilli Peiser, *Posen 24. 5. 1914, † Los Angeles 28. 1. 1986, dt. Schauspielerin dt. Herkunft. Nach ihrer Emigration (1933) zahlr. Film- und Theaterrollen in Großbrit. und in den USA, seit 1954 auch wieder in Deutschland; verfaßte autobiograph. Bücher (»Dicke Lilli – gutes Kind«, 1974).

Palmerston, Henry John Temple, Viscount [engl. 'pɑːmǝstǝn], *Broadlands bei Southampton 20. 10. 1784, † Brokket Hall bei London 18. 10. 1865, brit. Politiker. Zunächst Tory, dann den Whigs eng verbunden; 1809–28 Kriegs-Min.; verfolgte als Außen-Min. (1830 bis 34, 1835–41 und 1846–51) und Premier-Min. (1855–58 und 1859–65) das Ziel des Mächtegleichgewichts (Erhal-

Palma
Stadtwappen

2525

Palmfett

Gret Palucca

tung Österreichs als Großmacht und des Osman. Reiches).

Palmfett (Palmöl), aus dem Fruchtfleisch der Ölpalmfrüchte gewonnenes Fett; enthält v. a. Glyceride der Öl- und der Palmitinsäure.

Palmitinsäure [lat./dt.], gesättigte Fettsäure, die als Glycerid in zahlr. pflanzl. und tier. Fetten vorkommt.

Palmkätzchen, Blütenstand der Salweide.

Palmkernfett (Palmkernöl), aus den getrockneten Samenkernen der Ölpalme gewonnenes Fett; wird zur Herstellung von Margarine und Seife verwendet.

Palmsonntag (in den ev. Kirchen auch Palmarum), in den christl. Liturgien der Sonntag vor Ostern und Beginn der Karwoche, benannt nach dem Palmenstreuen beim Einzug Jesu in Jerusalem.

Palmwein, alkohol. Getränk aus dem Saft verschiedener Palmenarten.

Palmyra. Blick in die Große Kolonnade (220 n. Chr.) und den Tetrapylon (dreitoriger Durchgangsbogen)

Palmyra, Oasenstadt in Z-Syrien, 18 000 E. Ruinen v. a. aus der röm. Kaiserzeit: Säulenstraße, Toranlage, Baal-Schamin-Tempel, Theater. Bed. Nekropolen. – Handelsstadt (aramäisch Tadmor) zw. Damaskus und dem mittleren Euphrat; im 1. Jh. n. Chr. Pufferstaat zw. den Parthern und Rom; Mitte des 3. Jh. Palmyrenisches Reich unter einheim. Fürsten (Odaenathus, Zenobia), das 271–273 von Kaiser Aurelian zerschlagen wurde.

Palomar, Mount [englisch 'maʊnt 'pæləma:], Berg in S-Kalifornien, USA, nö. von San Diego, 1 871 m hoch; astro-

Pamplona
Stadtwappen

nom. Observatorium (200-Zoll-Spiegelteleskop).

Palpation [lat.], Abtasten, Untersuchung von dicht unter der Körperoberfläche liegenden inneren Organen durch Betasten.

Palpen [lat.] (Taster), v. a. dem Tasten dienende Anhänge am Kopf verschiedener Wirbelloser.

PAL-System ↑Fernsehen (Farbfernsehen).

Palü, Piz, vergletscherter Gipfel der Berninagruppe, 3 905 m hoch.

Palucca, Gret [pa'lʊka], * München 8. 1. 1902, † Dresden 23. 3. 1993, dt. Tänzerin und Tanzpädagogin griech. Abkunft. Gründete 1925 die *P.-Schule* in Dresden; bed. Vertreterin des modernen Ausdruckstanzes.

Pamir, z. T. stark vergletschertes Hochgebirge in Zentralasien, in dem Kunlun, Karakorum, Himalaya und Hindukusch zusammentreffen (daher auch »Dach der Welt« genannt). Höchster Berg ist mit 7 579 m der Kungur (China), höchster Berg auf dem Gebiet Tadschikistans der 7 495 m hohe Pik Kommunismus. Der südliche Teil des P. gehört zu Afghanistan.

Pampa [span.], baumlose Ebene in Südamerika.

Pampas [span.], argentin. Großlandschaft, die sich bis nach S-Uruguay hinein erstreckt, zw. Pampinen Sierren und Cuyo einerseits und Atlantik und uruguay. Hügel- und Stufenland andererseits; landwirtschaftl. Kernland Argentiniens.

Pampasfuchs ↑Füchse.

Pampasgras (Silbergras), zweihäusige Süßgrasart (Ziergras) aus Argentinien; 2–3 m hohe Staude; weibl. Pflanzen mit langen, silberweißen Blütenrispen an bis 3 m langen Halmen.

Pampashasen (Maras), Unter-Fam. hasenähnl. Meerschweinchen im zentralen und südl. S-Amerika: *Mara* (Gro-

Pampashasen.
Großer Mara

Panama

ßer Mara), Länge etwa 70–75 cm; *Kleiner Mara* (Zwergmara), etwa 45 cm lang.
Pampelmuse [niederl.], Zitrusart (Hauptanbaugebiete in Asien, im Mittelmeergebiet, im südl. N-Amerika und auf den Westind. Inseln); kleiner Baum mit sehr großen, rundl.-birnenförmigen, bis 6 kg schweren Früchten *(Riesenorangen, Pampelmusen).*
Pamphlet [engl.-frz.], polem. Streit-, Schmähschrift.
Pamphylien, histor. Gebiet im W-Taurus und im südl. angrenzenden Küstenstreifen zw. Antalya und Kap Anamur, Türkei.
Pamplona, span. Prov.-Hauptstadt im Pyrenäenvorland, 183 700 E. Museen; u. a. Metallindustrie. Got. Kathedrale (14.–16. Jh.; Fassade 18. Jh.) mit got. Kreuzgang, Rathaus (17. Jh.). – 75/74 v. Chr. von den Römern als *Pompaelo* gegr.; ab 905 Hauptstadt des Königreichs Navarra; im MA wichtige Festungsstadt.
Pan, arkad.-griech. Wald- und Herdengott, bocksgestaltiger Sohn des Hermes und einer Nymphe; Schutzgott der Hirten und Jäger, kann aber auch Mensch und Vieh durch plötzl. Auftauchen in »panischen« Schrecken versetzen. Aus der von ihm bedrängten, in Schilfrohr verwandelten Nymphe Syrinx (griech. »Rohr, Flöte«) schnitzt P. die erste Hirtenflöte *(Panflöte).*
Pan [poln.], poln. Anrede für Herr (in Verbindung mit dem Namen).
pan..., Pan..., panto..., Panto... [griech.], Bestimmungswort von Zusammensetzungen mit der Bedeutung »all, ganz, gesamt, völlig«.
Panaitios von Rhodos (latinisiert Panaetius), * um 185, † um 109, griech. Philosoph. 129–109 Schulhaupt der Stoa in Athen; Begründer der mittleren ↑Stoa.
Panaji [engl. 'pænædʒɪ], Hauptstadt des ind. Gliedstaates Goa, am Arab. Meer, 43 100 E. Kathedrale (1562–1623), Kirche Bom Jesus (1594 ff.) mit Grab und Schrein des hl. Franz Xaver.
Panama (Ciudad de Panamá), Hauptstadt der Republik Panama, nahe der pazif. Einfahrt in den Panamakanal, 585 000 E. Zwei Univ., Nationalarchiv, -museum, -bibliothek, -theater. Wichtigster Ind.-Standort des Landes; Hafen; internat. Bauten aus der Kolonialzeit, u. a. Kathedrale (18. Jh.). – 1519 von Spaniern gegr. ⚓; seit 1903 Hauptstadt von Panama.

Panama

Fläche:	77 082 km²
Einwohner:	2,515 Mio.
Hauptstadt:	Panama
Amtssprache:	Spanisch
Nationalfeiertag:	3. 11.
Währung:	1 Balboa (B/.) = 100 Centesimos (c, cts)
Zeitzone:	MEZ – 6 Std.

Panama, Staat in Zentralamerika, grenzt im N an das Karib. Meer, im O an Kolumbien, im S an den Pazifik, im W an Costa Rica.
Staat und Recht: Präsidialrepublik; *Verfassung* von 1983. *Staatsoberhaupt* und Regierungschef ist der Staats-Präsident, der für 5 Jahre direkt gewählt wird. *Exekutivorgan* ist das Kabinett. Die *Legislative* liegt beim Parlament (72 Abg., für 5 Jahre gewählt). Die wichtigsten *Parteien* sind in Wahlbündnissen (z. B. Alianza Democrática de Oposición Civilista, Pueblo unido) zusammengeschlossen.
Landesnatur: Westlich des Panamakanals teilt ein zentraler Gebirgszug das Land; er erreicht 3 475 m ü. M. (Chiriquí). Östlich des Panamakanals erstreckt sich nach SO die Cordillera de San Blas (bis etwa 1 100 m hoch). Weitere Bergzüge begrenzen die Niederungen des Darién. P. hat trop. Klima. Das karib. Tiefland und das des Darién haben trop. immerfeuchten Regenwald. Im südl. pazif. Raum finden sich regengrüne Feucht- und Trockenwälder sowie Feuchtsavannen.
Bevölkerung: Etwa 60% der Gesamtbevölkerung sind Mestizen und Mulatten, 14% Weiße, 12% Schwarze, 8%

Staatsflagge

Staatswappen

1970 1992 1970 1992
Bevölkerung Bruttosozial-
(in Mio.) produkt je E
(in US-$)

Bevölkerungsverteilung 1992

Bruttoinlandsprodukt 1992

Panama
Stadtwappen

2527

Panama

Indianer, daneben gibt es asiat. Minderheiten. 85% der E sind katholisch.
Wirtschaft, Verkehr: Die wichtigsten landwirtschaftl. Gebiete liegen westlich der Kanalzone im pazif. Bereich. Für den Inlandsbedarf werden angebaut: Reis, Mais, Maniok, Süßkartoffeln, Bohnen, Mehlbananen, Gemüse, Obst, Tabak; für den Export: Kaffee, Kakao, Zuckerrohr, Zitrusfrüchte, Kokosnüsse. Abgebaut wird Kalkgestein für die Zementindustrie. Außerdem gibt es eine Erdölraffinerie bei Colón. Die 1948 gegr. Freizone von Colón ist der größte Waren- und Kapitalumschlagplatz von Lateinamerika. Die einzige, von Küste zu Küste führende Eisenbahnstrecke ist 76 km lang mit 493 km Nebenstrecken. Das Straßennetz ist 9694 km lang. Wichtigste Häfen sind Cristóbal und Balboa sowie der Erdölhafen Puerto Pilón. Internat. ⚑ Tocumen bei der Hauptstadt.
Geschichte: Frühe Kulturelemente wurden ab 300 n. Chr. von Chibcha sprechenden Gruppen aus Kolumbien eingeführt. Seit 1501 wurde die atlant. Küste P. von Spaniern entdeckt (u. a. Kolumbus). Ab 1538 wurde P. der span. Kolonialverwaltung unterstellt (seit 1739 Teil des Vize-Kgr. Neugranada). Am 28. 11. 1821 erklärte P. seinen Anschluß an Großkolumbien. Der Staat P. entstand am 3. 11. 1903 auf Betreiben der USA, die die volle polit. und militär. Kontrolle über den †Panamakanal zu gewinnen suchten; P. verpachtete die Kanalzone »auf unbegrenzte Zeit« an die USA und berechtigte sie in der Verfassung von 1904 zur Intervention. Die USA gestanden P. 1960 die nominelle Souveränität zu. Im Sept. 1977 verständigten sich beide Staaten über einen neuen Kanalvertrag (seit Juni 1979 in Kraft), der P. volle Souveränität im Jahr 2000 zum Ziel hat. 1968–78 regierte in P. eine Militärjunta unter Führung von General O. Torrijos Herrera. Zw. 1983 und 1989 erzwang die Nationalgarde unter General M. A. Noriega mehrfach einen Wechsel im Amt des Staats-Präs. und erwies sich weiterhin als eigentl. Machtfaktor im Land. Nach inneren Unruhen wurde 1987 der Ausnahmezustand verhängt, die USA reagierten darauf mit Wirtschaftssanktionen. Wahlen im Mai 1989 gewann zwar der Kandidat der Opposition, G. Endara, doch annullierte Noriega das Wahlergebnis. Nach Unruhen und einem Putschversuch intervenierten im Dez. 1989 amerikan. Truppen in P.; Noriega, dem Drogenvergehen und Morde vorgeworfen wurden, stellte sich, wurde in die USA gebracht und dort zu einer Haftstrafe verurteilt. Im Mai 1994 wurde E. Pérez Balladares als Nachfolger des Ende 1989 mit amerikan. Unterstützung in das Amt gelangten Endara zum Staats-Präs. gewählt.

Panama (P.gewebe) [nach der Stadt Panama], Baumwoll-, Woll- oder Halbwollkleiderstoffe mit würfelartigem Aussehen in Panamabindung (abgeleitete Leinwandbindung).
Panama, Golf von, Bucht des Pazifiks an der Küste Panamas.
Panamakanal, künstl. Schiffahrtsweg in Zentralamerika, auf dem Isthmus von Panama, zw. Atlantik (Karib. Meer) und Pazifik, 81,6 km lang. Der Höhenunterschied wird durch drei Schleusenanlagen überwunden. Ein Schiff benötigt zur Durchfahrt rd. 14–16 Stunden. Da für über 60% der Welthandelsflotte (Schiffe über 12 m Tiefgang) der P. nicht mehr passierbar ist, wird seit langem die Errichtung eines neuen Kanals erwogen.
Geschichte: Schon im 16. Jh. gab es Überlegungen der Spanier um einen mittelamerikan. Seekanal zw. Atlantik und Pazifik. 1850 einigten sich Großbrit. und die USA über die Neutralisierung des Gebiets im Kriegsfall *(Clayton-Bulwer-Vertrag).* 1889 scheiterte das 1879 von F. M. Vicomte de Lesseps mit Hilfe einer frz. Gesellschaft begonnene Projekt eines schleusenlosen Kanals; innenpolit. Folge in Frankreich war 1892/94 der sog. *Panamaskandal,* in dessen Verlauf viele Politiker der Bestechung beschuldigt wurden. Daraufhin sicherten sich die USA 1901 das Alleinrecht auf den Kanalbau; sie veranlaßten die Loslösung des Territoriums von Kolumbien und die Bildung eines Freistaates Panama, der den USA im *Hay-Bunau-Varilla-Vertrag* (18. 11. 1903) alle gewünschten Rechte zum Bau, Betrieb und Schutz des P. abtrat. Nach dem Baubeginn 1906 wurde der P. am 15. 8. 1914 eröffnet. 1977 unterzeichneten Panama und die USA zwei Verträge (in modifizierter

Pandas.
Links: Kleiner Panda (Körperlänge bis 65 cm) ♦ Rechts: Großer Panda (Körperlänge etwa 1,5 m)

Form seit 1979 in Kraft): Bis zum 31.12. 1999 werden Kanal und Kanalzone von Panama und den USA (Militärbasen) gemeinsam, danach von Panama allein verwaltet; von der früheren P.zone (1432 km², davon 712 km² Wasserfläche) kamen 1076 km² (darunter auch die Häfen Balboa und Cristóbal) ohne Einschränkung in den Besitz Panamas.

Panamerican Highway [engl. 'pænəˈmerɪkən 'haɪweɪ] (Carretera Panamericana), Straßensystem, das Alaska und Kanada mit Feuerland verbindet.

Pan American World Airways, Inc. [engl. 'pænəˈmerɪkən 'wɜːld 'ɛəweɪz ɪnˈkɔːpəreɪtɪd], Kurz-Bez. **Pan Am,** amerikan. Luftverkehrsgesellschaft, gegr. 1927, Sitz New York; wurde 1991 von Delta Air Lines Inc. übernommen.

panamerikanische Konferenzen, von Vertretern der amerikan. Staaten abgehaltene Zusammenkünfte mit dem Ziel polit. und wirtschaftl. interamerikan. Zusammenarbeit. 1889 fand in Washington der 1. panamerikan. Kongreß statt, 1890 wurde die Panamerikan. Union mit Büro in Washington gegründet. Die Konferenz in Bogotá (1948) führte schließl. zur Gründung der ↑Organization of American States (OAS).

panarabische Bewegung, polit. Sammlungsbewegung, die die supranationale Einigung aller arab. Staaten erstrebt und wesentl. als Reaktion auf den europ. Imperialismus entstand. Sie führte u. a. zur Gründung der Arab. Liga 1945, zur Bildung eines Gemeinsamen Arab. Marktes 1964/65 und hatte erhebl. Bedeutung für die Formulierung einer einheitl. Erdölpolitik der OPEC-Staaten seit 1973.

Panaritium [lat.], svw. ↑Fingervereiterung.

panaschieren [frz.], im Wahlrecht das Zusammenstellen von Kandidaten verschiedener Wahlvorschläge (Listen) auf einem Stimmschein. ↑Wahlen.

Panathenäen [griech.] ↑Athena.

Panchen Lama ['pantʃən] ↑Pantschen Lama.

Pandämonium [griech.], im Unterschied zum ↑Pantheon die Gesamtheit sowie der Versammlungsort aller Dämonen.

Pandas (Katzenbären, Ailuridae), Fam. der Raubtiere im Himalayagebiet und in W-China mit zwei Arten: *Großer P.* (Bambusbär, Riesen-P.), bis 1,5 m groß, in Bambuswäldern Z-Chinas (selten); Fell weiß bis gelblichweiß mit schwarzen Ohren und ebensolcher Augenpartie, schwarzem (sich vom Rücken auf die Brust erstreckenden) Gürtel und schwarzen Gliedmaßen; *Kleiner P.* (Katzenbär), etwa 0,6 m groß, im Himalaya.

Pandemie [griech.] ↑Epidemie.

Pandit [Sanskrit], [Ehren]titel brahman. Gelehrter und Philosophen.

Pandora, in der griech. Mythologie eine verführer. Frau, die Zeus mit einem alle Übel bergenden Tonkrug versieht und zu Prometheus' Bruder Epimetheus bringen läßt. Von ihren Reizen geblendet, nimmt dieser sie auf, P. öffnet das Gefäß und verbreitet so die Übel und Krankheiten unter der Menschheit.

Pandschab [panˈdʒaːp, ˈpandʒaːp; Sanskrit], Landschaft im NW Vorderindiens, in der pakistan. Prov. Punjab und dem ind. Gliedstaat Punjab; Teile liegen außerdem im ind. Gliedstaat Haryana. Das P. wird von fünf linksseitigen Zuflüssen des Indus (Jhelum, Chenab,

Panduren

Ravi, Beas und Sutlej) durchflossen; W-O-Erstreckung rd. 550 km, N-S-Erstreckung rd. 720 km. – Das P. ist die älteste Kulturlandschaft Indiens (↑Harappakultur). 1206 geriet das Gebiet unter muslim. Herrschaft (Sultanat von Dehli) und kam 1526 zum Mogulreich. Im 18. Jh. entstand hier das Reich der Sikhs. Bei der Teilung 1947 fiel der größere Teil an Pakistan, das übrige Gebiet an Indien.

Panduren, im 17./18. Jh. Bez. für Soldaten der österr. Armee, die im Kleinkrieg in S-Ungarn eingesetzt waren.

Paneel [altfrz.-niederl.], Feld einer Holztäfelung; auch die gesamte Holztäfelung.

Panegyrikus [griech.-lat.], in der Antike feierl. Fest-, Lobrede; Lobgedicht.

Panel [engl. pænl], in der empir. Sozialforschung Bez. für eine ausgewählte Personengruppe, die zu mindestens zwei Zeitpunkten zur selben Sache befragt wird (z. B. bei Warentests).

panem et circenses [lat. »Brot und Zirkusspiele«], Zitat Juvenals: das röm. Volk habe in der Kaiserzeit Ernährung und Vergnügungen ohne Arbeit verlangt.

Paneuropa-Bewegung (Paneuropa-Union), 1923 von R. N. Graf Coudenhove-Kalergi gegr. Bewegung, die eine Vereinigung Europas anstrebt; beeinflußte die Schaffung der Europ. Bewegung, der sie sich, 1952 wiederbegründet, assoziierte.

Panflöte [nach dem griech. Hirtengott Pan] (griech. Syrinx), altes Blasinstrument aus mehreren nebeneinander angeordneten Rohrpfeifen (Längsflöten) unterschiedl. Länge ohne Grifflöcher und Mundstück.

Pangermanismus, in den 1860/70er Jahren auftauchendes Schlagwort, das ein allen Völkern german. Abstammung gemeinsames Stammes- oder Nationalbewußtsein bezeichnete.

Panhandle [engl. 'pænhændl], Bez. für einen schmalen, langen, halbinselartigen Teil eines Staates, der fast allseitig von fremdem Territorium umgeben ist (z. T. bildet auch das Meer eine dieser Begrenzungen). Am bekanntesten ist der P. von Alaska.

Panhardstab [frz. pã'a:r; nach dem frz. Automobilkonstrukteur René Panhard, *1841, † 1908] ↑Fahrwerk.

Panflöte

Panier, Feldzeichen, Fahne; Wahlspruch.

Panik [griech.-frz.], unkontrollierte Fluchtreaktion, die durch eine plötzl. Gefahr ausgelöst wird.

Panislamismus, polit. Bewegung des 19. Jh., die durch den Zusammenschluß aller islam. Völker unter einem Kalifen eine Erneuerung der islam. Welt anstrebte. Mit der Abschaffung des Kalifats 1924 verlor der P. seine polit. Bedeutung. Nach den Bemühungen Pakistans um die Bildung eines Blocks islam. Staaten schaffen die verstärkten islam. Aktivitäten v. a. in Indonesien, Iran, der Türkei und einer Reihe schwarzafrikan. Staaten neue Ansätze für eine Stärkung des panislam. Gedankens.

Panizza, Oskar, *Bad Kissingen 12. 11. 1853, † Bayreuth 30. 9. 1921, dt. Schriftsteller. Satiren gegen staatl. und kirchl. Institutionen.

Panjepferd [slaw.-dt.], in O-Europa verbreiteter Typ 130–140 cm schulterhoher Landpferde.

Pankhurst, Emmeline [engl. 'pæŋkhə:st], geb. Goulden, *Manchester 14. 7. 1858, † London 14. 6. 1928, brit. Frauenrechtlerin. Mitbegründerin der »Women's Social and Political Union« als überparteil. radikaler Organisation zur Erringung des Frauenwahlrechts (sog. Suffragetten).

Pankow [...ko], Stadtbezirk von Berlin.

Pankratius, hl., röm. Märtyrer; zählt zu den ↑Eisheiligen. – Fest: 12. Mai.

Pankreas [griech.], svw. ↑Bauchspeicheldrüse.

Pankreatitis [griech.] (Bauchspeicheldrüsenentzündung), entzündl. Erkrankung der Bauchspeicheldrüse; *chronisch* mit unspezif. Verdauungsstörungen ähnelnden Symptomen, *akut* mit starken Schmerzen.

Panmunjom [korean. phanmundʒʌm], korean. Stadt an der Demarkationslinie zw. N- und S-Korea auf 38° n. Br. Der *Waffenstillstand von P.* (27. 7. 1953) beendete den Koreakrieg; 1976 wurde P. geteilt.

Pannonien (lat. Pannonia), nach den z. T. keltisch überschichteten illyrischen Pannoniern benannte römische Provinz zwischen dem O-Rand der Alpen, der Donau und etwa der Save; 14–9 bzw. 6–9 von den Römern unterworfen.

Pantoffelblume

Pannonisches Becken, tekton. Becken im sö. Mitteleuropa, zw. den Dinariden im S, den Alpen im W, den Karpaten im N und dem Westsiebenbürg. Gebirge und Siebenbürg. Hochland im Osten.

Pannwitz, Rudolf, *Crossen/Oder 27. 5. 1881, † Astano bei Lugano 23. 3. 1969, dt. Schriftsteller und Kulturphilosoph. Setzte sich für ein geeintes, humanist. Europa ein. – *Werke:* Die Krisis der europ. Kultur (1917), Der Aufbau der Natur (1961), Das Werk des Menschen (1969).

Panofsky [...ki], Erwin, *Hannover 30. 3. 1892, † Princeton (N. J.) 14. 3. 1968, amerikan. Kunsthistoriker dt. Herkunft. Prof. in Hamburg, Princeton und New York; Begründer und Hauptvertreter der Ikonologie, der Lehre vom Sinngehalt alter Bildwerke; verfaßte u. a. »Idea, ein Beitrag zur Begriffsgeschichte der älteren Kunsttheorie« (1924), »Zum Problem der Beschreibung und Inhaltsdeutung von Werken der bildenden Kunst« (1932), »Studies on iconology« (1932).

Panoptikum [griech.-lat.], Sammlung von Sehenswürdigkeiten, Wachsfigurenkabinett.

Panorama [griech.], allg. svw. Rundblick; v. a. im 19. Jh. illusionist. Schaubild, das auf einen Rundhorizont gemalt ist.

Pansen [altfrz.], ↑Magen.

Panslawismus, Bez. für die Bestrebungen nach einem polit. und kulturellen Zusammenschluß aller Slawen. Der P. erhielt zuerst bei den Westslawen in den 1830er Jahren polit. Stoßkraft. Gleichzeitig begann Rußland eine Vorherrschaft in der slaw. Welt anzustreben. Seit dem Prager Slawenkongreß 1848 trat der *Austroslawismus* in Erscheinung, dessen Ziel (gleichberechtigte Teilnahme der slaw. Völker innerhalb Österreichs) der 1908 auf dem Slawenkongreß formulierte *Neoslawismus* für alle Staaten mit slaw. Bevölkerungsanteil verfolgte, jedoch letztlich damit scheiterte.

Pantalons [italien.-frz.], in der frz. Revolution aufgekommene lange Männerhose (↑Sansculotten).

Pantanal, Schwemmlandebene im sw. Brasilien, 160 000 km². Nationalpark.

panta rhei [griech. »alles fließt«], fälschlich Heraklit zugeschriebene Formel für dessen Auffassung, daß das Seiende ununterbrochenen Veränderungen unterworfen sei.

Pantelleria, italien. Insel in der Straße von Sizilien, bis 836 m hoch, Hauptort Pantelleria (8 200 E; 🞶).

Panter, Peter, Pseud. des dt. Schriftstellers K. ↑Tucholsky.

Pantheismus (Alleinheitslehre), Lehre, nach der Gott, Göttliches in allen Dingen der Welt existiert bzw. nach der kein persönl. Gott außerhalb der Welt existiert.

Pantheon [griech.], 1) *Religionswiss.:* die Gesamtheit der Götter einer polytheist. Religion.

2) *Baukunst:* Heiligtum, das der Gesamtheit der Götter geweiht ist. Das P. in Rom ist ein Rundbau mit 43 m hoher Kuppel (Durchmesser 43 m), unter Hadrian zw. 118 und 128 errichtet (ehem. Marsfeld).

Panthéon [frz. pɑ̃teˈɔ̃; griech.], nat. Gedächtnis- und Begräbnisstätte bed. Franzosen in Paris; Umbau (1791 ff.) der Kirche Sainte-Geneviève von J. G. Soufflot (1764–90).

Panther [griech.], svw. ↑Leopard.

Pantherpilz (Pantherwulstling), giftiger Wulstling in Nadel- und Buchenwäldern.

Panthersprung nach Agadir ↑Marokkokrisen.

panto..., Panto... ↑pan..., Pan...

Rudolf Pannwitz

Pantherpilz
(Hutbreite 6 – 10 cm)

Pantoffelblume

Pantoffelblume, Gatt. der Rachenblütler mit rd. 500 Arten, v. a. in

Pantoffeltierchen

Pantograph

S-Amerika mit pantoffelähnl., sehr unterschiedlich gefärbten Blüten.
Pantoffeltierchen, Gattung gestreckt-ovaler bis pantoffelförmiger Wimpertierchen, v. a. in stark eutrophiertem Süßwasser.
Pantograph (Storchschnabel), Gerät zur maßstäbl. Vergrößerung oder Verkleinerung z. B. von Zeichnungen, Diagrammen.
Pantomime [griech.-lat.], Bühnenkunst, bei der die Handlung und/oder Charaktere ausschließlich durch Mimik und Körpersprache ausgedrückt werden; oft mit Maske, Kostüm, sparsamen Requisiten sowie musikal. Begleitung; auch wichtiges Element des Stummfilms sowie nachhalt. Einfluß auf das zeitgenöss. Ballett- und Tanztheater. – Die P. ist seit 400 v. Chr. in Griechenland nachweisbar. Nach J.-L. Barrault und M. Marceau wird die P. heute u. a. von Samy Molcho (*1936) vertreten.
Pantry [ˈpentri, engl. ˈpæntrɪ], kleiner Raum v. a. an Bord von Flugzeugen oder Schiffen zur Aufbewahrung und zum Anrichten von Speisen.
Pantschatantra [Sanskrit »Buch in fünf Abschnitten«], altind. Fabelsammlung in Sanskrit; umfaßt fünf Bücher mit je einer Rahmenerzählung. Das in mehr als 200 Versionen in über 60 Sprachen vorliegende P. gehört zu den verbreitetsten Werken der Weltliteratur.
Pantschen Lama (Panchen Lama; tibetisch mit vollständigem Titel Panchen rin-poche [»Juwel der Gelehrten«]), neben dem ↑Dalai Lama der ranghöchste Hierarch des ↑Lamaismus.
Panzer [altfrz.], **1)** *allg.:* Bez. für den Schutz gegen feindl. Waffeneinwirkung. ↑Panzerung, ↑Rüstung.
2) *Waffenwesen:* gepanzertes geländegängiges militär. Fahrzeug. Nach ihrem Gefechtsgewicht werden leichte (bis 20 t), mittlere und schwere (ab 40 t) P. unterschieden, nach ihren Hauptaufgaben *Kampf-P.* (mit bis zu fünf Mann Besatzung; früher als *[Panzer]kampfwagen* bezeichnet), meist Vollkettenfahrzeug mit einem in einem Drehturm eingebauten Schnellfeuergeschütz; *Sturm-P.* mit Steilfeuerwaffen zum Einsatz gegen Ziele in oder hinter Deckungen; *Jagd-P.,* zum Einsatz gegen feindl. P. bestimmt; sehr bewegl. *Aufklärungs-P.* oder *Späh-P.,* Voll- bzw. Halbkettenfahrzeuge oder Radfahrzeuge (*P.spähwagen*) mit Allradantrieb; leichte *Fla-Panzer* mit Maschinenkanonen und/oder Fla-Raketen zum Einsatz gegen feindl. Flugzeuge; *Schützen-P.* mit leichten Maschinenwaffen, Voll- bzw. Halbkettenfahrzeuge oder Radfahrzeuge mit Allradantrieb; lufttransportfähige leichte *Luftlande-P.* zur Unterstützung der Luftlandetruppen; *Schwimm-P. (Amphibien-P.)* zur Durchquerung tieferer Gewässer. Daneben gibt es zahlr. *Sonder-P.,* z. B. die *Berge-, Brückenlege-* und *Minenräum-P.* der P.pioniere. – Unter der Tarnbezeichnung »Tanks« wurden P. erstmals in der Sommeschlacht (1916) von den Briten eingesetzt.

Pantomime. Photomontage mit verschiedenen pantomimischen Figuren, dargestellt von Samy Molcho

Paolo Veronese

Paolo Veronese. Die Hochzeit zu Kana (1563; Paris, Louvre)

3) *Zoologie:* Bez. für ein bes. hartes, starres Ektoskelett, das bei manchen Tieren ausgebildet ist, v. a. bei zahlr. Käfern, den höheren Krebsen und bei Schildkröten.

Panzerabwehr, Gesamtheit der Maßnahmen zur Abwehr feindl. Panzer unter bes. Ausnutzung des Geländes und aller vorhandenen Panzerhindernisse (sog. Panzersperren, z. B. Minenfelder, Panzergräben, Panzerfallen u. a.); erfolgt mit Hilfe von *P. lenkwaffen* (PAL; Lenkflugkörper, insbes. *Panzerabwehrlenkraketen* mit Geschwindigkeiten bis zu 300 m/s und Schußweiten bis 4 km), *P. kanonen* (PAK; Kaliber 40–150 mm), *Panzerfäusten* (rückstoßfreie Schulterwaffe zum Verfeuern von Hohlladungsgefechtsköpfen mit Kaliber 40–110 mm).

Panzerechsen, svw. ↑Krokodile.

Panzerfaust ↑Panzerabwehr.

Panzerfische (Plakodermen), ausgestorbene, vom oberen Silur bis zum Perm bekannte Klasse der Fische, die z. T. oder völlig mit Knochenplatten gepanzert waren.

Panzerglas, aus mehreren Flachglasscheiben mit elast. Zwischenschichten bestehendes Sicherheitsglas (↑Glas).

Panzerherz ↑Herzkrankheiten.

Panzerkrebse (Reptantia), Unterordnung der Zehnfußkrebse mit rd. 6500, kräftig gepanzerten, im allg. meer- oder süßwasserbewohnenden Arten; erstes Laufbeinpaar fast stets mit großen Scheren.

Panzerschrank ↑Tresor.

Panzerstahl (Granatenstahl, Panzerplattenstahl), hochvergüteter Stahl hoher Festigkeit und Zähigkeit für Panzerungen, Geschützrohre und Granaten.

Panzerung (Panzer), aus Panzerplatten bestehende Verstärkungen, Bedeckungen u. a. von Fahrzeugen, Schiffen und Befestigungen zum Schutz insbes. gegen Geschosse.

Paolo Veronese, eigtl. P. Caliari, gen. Veronese, *Verona 1528, † Venedig 19. 4. 1588, italien. Maler. Spätestens seit 1553 in Venedig ansässig, verarbeitete er v. a. Einflüsse des Manierismus und Tizians. Seine Gemälde sind gekennzeichnet durch kühne Verkürzungen, eine Fülle an bewegten Figuren und üppigen Materialien sowie durch effektvolle Komplementär-Farbwirkungen, die nach 1570 einem gedämpfteren Kolorit und verschwimmenden Übergängen weichen. Zu seinen Hauptwerken gehören die Ausstattung der Kirche S. Sebastiano in Venedig (nach 1555), die Ausmalung der Villa Barbaro in Maser bei Treviso (1561/62) und monumentale Gastmahlbilder (»Die Hochzeit zu Kana« 1563; Paris, Louvre; »Gastmahl des Levi« 1573; Venedig, Accademia), für deren Profanisierung (Versetzung ins Venedig des 16. Jh., Porträts) sich P. V. 1573 vor ei-

Panzerfische. Gemuendina aus dem Unterdevon des Hunsrücks (Länge etwa 25 cm)

Papageien.
Oben: Graupapagei ♦
Unten: Blauwangenlori

Franz von Papen

nem Inquisitionsgericht verantworten mußte.
Päonie [...i-ə; griech.], svw. ↑Pfingstrose.
Papa [mittellat. »Vater«], in der kath. Kirche lat. Bez. des Papstes.
Papadopulos, Jeorjios [neugr. papaˈðɔpulɔs], *Eleochorion (Verw.-Geb. Arkadien) 5. 5. 1919, griech. Offizier und Politiker. Führend am Militärputsch vom 21. 4. 1967 beteiligt; schlug als Min.-Präs. 1967–73 einen diktator. Kurs ein; nach der Abschaffung der Monarchie Juni–Nov. 1973 Staats-Präs.; 1975 zum Tode verurteilt, zu lebenslanger Zuchthausstrafe begnadigt.
Papageien [arab.-frz.] (Psittacidae), Fam. etwa 0,1–1 m langer Vögel mit mehr als 300 Arten, bes. in wärmeren Gebieten der Neuen und Alten Welt (Ausnahme: Europa) und in Australien; Körper häufig bunt befiedert; mit am Nasenbein bewegl., hakigem Oberschnabel, der (ebenso wie der Greiffuß) auch zum Klettern auf Bäumen dient. Nach dem Verhalten und der Entwicklung des Gehirns gehören P. zu den höchstentwickelten Vögeln. Ihr Stimmorgan befähigt sie zu außerordentlich modulationsfähigen Lautäußerungen, die bei einigen Arten zum Nachsprechen von ganzen Sätzen führen können.
Papageienkrankheit, Papageienkrankheit, Psittakose, Ornithose i. e. S.), gefährl., meldepflichtige, auch auf den Menschen übertragbare Ornithose. Die P. wurde zuerst bei Papageien beobachtet, sie kommt jedoch bei Vögeln aller Art vor. Die P. verläuft beim Menschen wie eine schwere, mit grippeartiger Allgemeinerkrankung einhergehende Bronchopneumonie.
Papageientaucher ↑Alken.

Papageifische. Blaugrüner Papageifisch (Scarus spec.)

Papageifische (Scaridae), Fam. der Barschartigen mit rd. 80 Arten, fast ausschließlich in trop. Meeren; Körper bis über 2 m lang, auffallend bunt gefärbt.
Papain [karib.-span.], proteinspaltendes Enzym aus den Früchten des Melonenbaums; verwendet in Fleischzartmachern und Enzympräparaten.
Papalismus [griech.-mittellat.], Bez. für die zentralist. Verfassung der kath. Kirche.
Papandreu [neugr. papanˈðrɛu], **1)** Andreas, *auf Chios 5. 2. 1919, griech. Politiker. Sohn von Jeorjios P.; 1940–60 und 1967–74 im Exil; 1974 Gründer und seitdem Vors. der Panhellen. Sozialist. Bewegung (PASOK); 1981–89 und seit 1993 Ministerpräsident.
2) Jeorjios, *Kalensi bei Patras 13. 2. 1888, † Athen 1. 11. 1968, griech. Politiker. Gründete 1933 die Demokrat. (ab 1935: Sozialdemokrat.) Partei; 1942–44 als Widerstandskämpfer in italien. Haft; April 1944 bis Jan. 1945 Min.-Präs. (z. T. im Exil), danach verschiedentl. Min.; gründete 1961 die Zentrumsunion; 1963 und 1964/65 Ministerpräsident.
Papaver [lat.], svw. ↑Mohn.
Papaverin [lat.] (6,7-Dimethoxy-1-veratryl-isochinolin), krampflösendes und herzkranzgefäßerweiterndes Opiumalkaloid.
Papeete, Hauptstadt von Frz.-Polynesien, auf Tahiti, 78 800 E. Hafen, Flottenstützpunkt, internat. ⚓.
Papel [lat.], flaches, bis linsengroßes, erhabenes Hautknötchen, z. B. bei Syphilis.
Papen, Franz von, *Werl 29. 10. 1879, † Obersasbach (heute Sasbach bei Achern) 2. 5. 1969, dt. Politiker (Zentrumspartei). Setzte als Reichskanzler (1. 6.–17. 11. 1932) verfassungswidrig die preuß. Regierung ab (Preußenputsch 20. 7. 1932) und ebnete der Regierung Hitler den Weg, in der er Vizekanzler und (bis 7. 4. 1933) Reichskommissar für Preußen wurde; 1936–38 Botschafter in Wien und 1939–44 in Ankara; 1946 im Nürnberger Hauptkriegsverbrecherprozeß freigesprochen, im Spruchkammerverfahren jedoch zu acht Jahren Arbeitslager verurteilt (1949 entlassen).
Papenburg, Stadt im Kr. Emsland, östlich der Ems, Ndsachs.; 30 500 E. U. a.

zwei Werften (mit dem größten überdachten Trockendock der Erde); Gardinenwerk; Binnenhafen. – 1638 Anlage der ältesten und größten dt. Fehnkolonie. Der Moorkanal wurde 1639 mit der Ems verbunden.

Paperback [engl. ˈpeɪpəbæk], klebegebundene Broschur in Kartonumschlag, z. B. Taschenbuch.

Paphlagonien, histor. Gebiet im mittleren N-Anatolien, zw. Filyos çayı und Kızılırmak, Türkei. Im 4. Jh. v. Chr. Keimzelle des Kgr. Pontus.

Paphos, im Altertum zwei Städte auf Zypern: das alte P. (Palaipaphos) mit einem Tempel der Aphrodite (um 1200 v. Chr.); 15 km nw. davon das neue P. (Neapaphos), in röm. Zeit die Hauptstadt der Insel.

Papier [griech.-lat.], ein überwiegend aus Pflanzenfasern durch Verfilzen, Verleimen und Pressen hergestellter, blattartiger Werkstoff v. a. zum Beschreiben, Bedrucken und für Verpackungszwecke. *Rohstoffe* für die P.herstellung sind v. a. Zellstoff und Holzschliff, ferner Altpapier (zur Herstellung von sog. *Umwelt-P.*), Hadern (Textilabfälle, Lumpen) und Chemiefasern. Mit Füllstoffen (Kaolin, Bariumsulfat, Gips, Talkum, Calcium- und Magnesiumcarbonat, Titandioxid usw.) kann der Weißgrad verbessert werden. Durch Zugabe von Leimstoffen, meist Harzseifen, wird ein Eindringen und Durchschlagen von Druckfarben verhindert. Bei der *Stoffaufbereitung* werden die Faserrohstoffe (die *Halbstoffe*) in Wasser suspendiert und dann in speziellen Mahlmaschinen zum *Ganzstoff* gemahlen. Die Suspensionen der einzelnen Ganzstoffe werden in der *Maschinenbütte* mit den Füll- und Zusatzstoffen zur P.masse (dem *Ganzzeug*) gemischt. Die P.bildung erfolgt auf der *Papiermaschine*, einer aus zahlr. Einzelelementen (Walzen, Siebe u. a.) zusammengesetzten Fertigungsstraße. Durch Kreppen, Satinieren, Oberflächenleimung, Einarbeiten eines Wasserzeichens, Prägen, Streichen (Herstellung gestrichener P., d. h. P. mit ein- oder beidseitiger Beschichtung mit weißen Pigmenten wie Kaolin, Satinweiß, Calciumcarbonat u. a.), Beschichten, Kaschieren, Imprägnieren u. a. kann das P. weiterveredelt werden. Nach der Zusammensetzung der *Faserrohstoffe* unterscheidet man z. B. *Hadern-P., holzhaltiges* und *holzfreies* P. usw.; nach dem *Flächengewicht* werden P. (10 bis etwa 200 g/m²) und *Pappe* (über 200 g/m²) unterschieden (die Flächengewichte betragen z. B. bei *Zeitungs-P.* rund 55 g/m², bei *Schreib-P.* 70 bis 80 g/m², bei *Druck-P.* 70 bis 100 g/m², bei *Pack-P.* 140 bis 200 g/m²). *Leinen-P.* entsteht durch Aufprägen einer Leinenstruktur im Gaufrierkalander. Neben den maschinengefertigten P. werden noch *handgeschöpfte P.* (z. B. für Luxusbuchausgaben, Dokumente) hergestellt. – P. war bereits 2./1. Jh. v. Chr. in China bekannt und kam über die arab. Länder nach Europa. Als erste dt.

Papier.
Links: Langsiebpapiermaschine ♦
Rechts: Rundsiebpapiermaschine

Papierformate

P.mühle gilt die Gleismühle bei Nürnberg (1389). Die erste P.maschine wurde 1798 von J. N. Louis Robert erfunden.

Papierformate (Blattgrößen), nach DIN 476 festgelegte Abmessungen für Papierbogen. Grundformat ist die Bogengröße A 0 (Fläche 1 m², Seitenverhältnis $1 : \sqrt{2} = 1 : 1{,}41$); durch Halbieren der jeweils längeren Seite und damit der Fläche entsteht das nächstkleinere Format (A 1, A 2 usw.). Für die Hauptreihe A ergeben sich folgende Abmessungen (in mm):

DIN A0:	841/1189	DIN A5:	148/210
DIN A1:	594/ 841	DIN A6:	105/148
DIN A2:	420/ 594	DIN A7:	74/105
DIN A3:	297/ 420	DIN A8:	52/ 74
DIN A4:	210/ 297	DIN A9:	37/ 52

Papiermaché [papiemaˈʃe] (Pappmaché), eine durch Aufweichen von Altpapier und unter Zugabe von Leim sowie Gips oder Ton erhaltene plast. Masse zur Herstellung geformter Gegenstände.

Papille [lat.] (Papilla), anatom. Bez. für kleine, rundl. bis kegelförmige Erhebung an oder in Organen; z. B. *Geschmackspapille*.

Papillom [lat.] (Blumenkohlgewächs, Papillargeschwulst, Zottengeschwulst), aus gefäßreichem Bindegewebe bestehende gutartige Geschwulst der Haut oder Schleimhaut mit zerklüfteter, blumenkohlähnl. Oberfläche.

Papin, Denis [frz. paˈpɛ̃], * Chitenay bei Blois 22. 8. 1647, † zw. 1712 und 1714 (verschollen), französischer Naturforscher. Erfand den Dampfkochtopf mit Sicherheitsventil *(Papinscher Topf)* sowie eine Dampfmaschine für den Schiffsantrieb.

Papini, Giovanni, Pseud. Gian Falco, * Florenz 9. 1. 1881, † ebd. 8. 7. 1956, italien. Schriftsteller. Essays, Biographien und autobiograph. Schriften, u. a. »Ein fertiger Mensch« (autobiograph. R., 1912), »Dante« (1933), »Weltgericht« (hg. 1958).

Papismus [mittellat.], abwertende Bez. für Hörigkeit gegenüber Papst und Kurie; entsprechend nennt man die Katholiken *Papisten*.

Pappatacifieber [papaˈtaːtʃi...; italien./dt.] (Hundsfieber, Dreitagefieber), durch die Sandmücke übertragene, in den Tropen und in S-Europa auftretende fieberhafte Viruserkrankung mit grippeartigen Symptomen.

Pappe ↑Papier.

Pappel [lat.], Gatt. der Weidengewächse mit rd. 40 formenreichen Arten in Europa, Asien, N-Afrika und N-Amerika; sommergrüne, raschwüchsige, meist sehr hohe Bäume von forstwirtsch. Bedeutung; einheim. sind u. a.: *Silber-P.* (Weiß-P.; bis 30 m hoch, Blätter unterseits dicht filzig behaart); *Espe* (Zitter-P.; bis 25 m hoch); *Schwarz-P.* (schwärzl.-rissige Borke); *Grau-P.* (Kreuzung zw. Silber-P. und Espe); *Pyramiden-P.* (Varietät der Schwarz-P.; Alleebaum).

Pappel. Schwarzpappel, Fruchtzweig mit geschlossenen und geöffneten Kapseln

Pappenheim, schwäb.-fränk. Adelsgeschlecht; erhielt 1193 die erbl. Reichsmarschallwürde; 1806 wurde der Herrschaft P. im Altmühltal von Bayern mediatisiert. Bed. Vertreter: Gottfried Heinrich Graf zu (seit 1628), * Pappenheim 29. 5. 1594, ⚔ Leipzig 17. 11. 1632, kaiserl. Reitergeneral (seit 1630). Erhielt 1623 von Kaiser Ferdinand II. ein eigenes Kürassierregiment (»Pappenheimer«); erstürmte 1631 Magdeburg; in der Schlacht bei Lützen tödlich verwundet.

Pappmaché [papmaˈʃeː; dt./frz.], svw. ↑Papiermaché.

Paprika [lat.-ungar.] (Ind. Pfeffer), Gatt. der Nachtschattengewächse mit rd. 30 Arten in M- und S-Amerika. Die heute in N-Amerika und Europa angebauten Kultursorten haben weiße, gelbe, rote oder violette bis schwarze, lange schmale oder kurze dicke Früchte *(P. schoten)*. Die an Vitamin C und P sowie an Karotinoiden reichen Früchte werden als Gemüse oder Gewürz verwendet.

Papsttum

Papst [zu mhd. babes(t) von lat. papa »Vater, Bischof«], das Oberhaupt der ↑katholischen Kirche mit den amtl. Titeln »Bischof von Rom, Stellvertreter Jesu Christi, Nachfolger des Apostelfürsten, Oberhaupt der universalen Kirche, Patriarch des Abendlandes, Primas von Italien, Erzbischof und Metropolit der röm. Kirchenprov., Souverän des Staates der Vatikanstadt«; Ehrentitel und Anrede »Heiliger Vater«; andere Bez. »servus servorum Dei« (»Diener der Diener Gottes«, seit dem 6. Jh.; »papa«, seit dem 11. Jh.; »Pontifex Maximus«, seit dem 14. Jh.). Kirchenrechtlich ist der Papst Träger der obersten Leitungsvollmacht und der unfehlbaren Lehrautorität in Glaubensfragen (↑Unfehlbarkeit) innerhalb der kath. Kirche. Nach kath. Verständnis steht er in der direkten und ununterbrochenen Nachfolge des Apostels Petrus und beansprucht unter ausdrückl. Berufung auf Matth. 16,18 f. höchste apostol. Amtsgewalt (Petrusamt). – Als *Gegenpapst* wird derjenige bezeichnet, der eine Papstwahl annimmt, obwohl ein P. bereits nach kanon. Recht gewählt ist. ↑Papsttum, ↑Papstwahl.

Päpstin Johanna ↑Johanna [die Päpstin].

päpstliche Hochschulen (päpstl. Universitäten, Atenei Romani, Athenäen), die ausdrücklich als päpstlich anerkannten kirchl. Hochschulen (v. a. Univ. und selbständige wiss. Institute oder Fakultäten in Rom, u. a. die ↑Gregoriana). ↑kirchliche Hochschulen.

Päpstliche Kapelle, 1) der feierl. päpstl. Gottesdienst mit Teilnahme aller in Rom anwesenden Kardinäle und Bischöfe.

2) *Baukunst:* (Capella Musicale Pontificia) ↑Sixtinische Kapelle.

Paprika.
Oben: Peperoni (links); Chili (rechts) ◆
Unten: Tomatenpaprika

päpstlicher Segen, svw. ↑Apostolischer Segen.

Päpstliches Werk der Glaubensverbreitung, 1822 in Lyon gegr., 1922 mit dem Hl. Stuhl verbundenes Hilfswerk für die kath. Missionsarbeit.

Papsttum, Amt und Institution des Oberhaupts der kath. Kirche, des ↑Papstes.

Alte Kirche: Der Aufenthalt des unter den Jüngern Jesu und der Urgemeinde eine besondere Stellung einnehmenden Apostels Petrus in Rom und sein (historisch nicht nachweisbarer) Märtyrertod ließen seit dem 2. Jh. die Tradition entstehen, daß der Bischof von Rom Nachfolger des Petrus sei und ihm innerhalb der Gesamtkirche eine hervorgehobene Bedeutung zukäme. Diese Überlieferung und die Bedeutung Roms als Hauptstadt des Röm. Reichs führten im 3. Jh. zur Beanspruchung eines (Ehren-)Vorrangs unter den Bischöfen des Reichs, der im 4. Jh. als Jurisdiktionsprimat über die Gesamtkirche geltend gemacht wurde, jedoch nur in der lat. Kirche durchgesetzt werden konnte. Einen ersten Höhepunkt erreichte das P. mit Leo I. (440–461), unter dessen Einfluß Gelasius I. Ende des 5. Jh. die für die mittelalterl. Verhältnisbestimmung von päpstl.-geistl. und polit.-königl. Gewalt (zugunsten des P.) prägende ↑Zweigewaltenlehre formulierte. Nach dem Untergang des weström. Reiches (476) schuf die Taufe des Frankenkönigs Chlodwig (wohl 498) die entscheidenden Voraussetzungen für die weltl. Macht des P. und die Entwicklung des Patrimonium Petri zum späteren ↑Kirchenstaat unter Gregor I. in der 2. Hälfte des 6. Jh., weiter gefördert durch die enge Bindung zw. P. und Franken (800 Kaiserkrönung Karls d. Gr. durch Leo III. in Rom).

Mittelalter: Die seit 476 stets zunehmende Entfremdung von der Ostkirche vollendete sich im ↑Morgenländischen Schisma (1054). Nach einer Zeit der Abhängigkeit des P. vom röm. und mittelitalien. Adel begann auf dem Hintergrund kirchl. Reformbewegungen mit den von Kaiser Heinrich III. designierten dt. Päpsten des 11. Jh. der unmittelbare Aufstieg des P. zur geistl. Vormacht im Abendland. Die (immer vorhandene) Gegensätzlichkeit der Auffassungen von

Papstwahl

königl. und päpstl. Gewalt führte unter Gregor VII. (1073–85) zum Konflikt mit Kaiser Heinrich IV. im †Investiturstreit. Im Vordergrund der Auseinandersetzung des P. mit den Staufern stand im 12. Jh. die kaiserl. Hoheit in Italien, dann der päpstl. Widerstand gegen die Vereinigung des Normannenerbes Sizilien mit der stauf. Dynastie. Unter Innozenz III. (1198–1216) erreichte das mittelalterl. P. den Höhepunkt seiner weltl. Macht, doch waren die folgenden Pontifikate überschattet von den grausamen Kriegen gegen Katharer und Waldenser, von Kreuzzügen, v. a. von der sich verschärfenden Auseinandersetzung mit Kaiser Friedrich II. bis zum Vernichtungskampf gegen alle Staufer. Der »Schutz« seitens der von den Päpsten nach Italien gerufenen Anjou endete in der weitgehenden Abhängigkeit des P. vom frz. Königtum: Dem »Exil von Avignon«, wo die Päpste 1309–76 residierten, folgte das †Abendländische Schisma. Das 14. und 15. Jh. stand im Zeichen zahlr. innerkirchl. Reformbestrebungen (Marsilius von Padua, J. Wyclif, J. Hus u. a.), die jedoch nicht zu einer Überwindung der Krise des P. führten.

Neuzeit: Mitte des 15. Jh. (Nikolaus V.) begann die enge Verbindung des P. mit Humanismus und Renaissance (»Renaissance-P.«), die bis ins 16. Jh. dauerte, so daß im Pontifikat Leos X. (1513–21) mit dem öffentl. Hervortreten Luthers und der †Reformation das Ende der universalen Geltung des P. anbrach. Der Pontifikat Pauls III. (1534 bis 1549) leitete zögernd eine Wende ein: Durch neue Orden (v. a. die Jesuiten) und durch das Konzil von Trient (1545–63) wurde das Wiedererstarken des Katholizismus eingeleitet. Im Zeitalter des fürstl. Absolutismus und der Aufklärung mußte das P. eine weiteren Rückgang seines polit. und kirchl. Einflusses auch in kath. Staaten hinnehmen.

Im 19. Jh. konzentrierte sich das P. auf die Auseinandersetzung mit Liberalismus und Sozialismus, mit nationalkirchl. Bestrebungen (Josephinismus, Gallikanismus) sowie mit dem †Modernismus. Das 1. Vatikan. Konzil 1869/70 sollte mit seiner Definition des Primates des Papstes und des Universalepiskopats (†Unfehlbarkeit) die päpstl. Autorität neu festigen. Seit Aufhebung des Kirchenstaats (20. 9. 1870) konzentrierte sich das P. stärker auf die geistl. Aufgaben. Im 20. Jh. wurde das P. geprägt durch die Bildung des souveränen Staats der Vatikanstadt 1929 durch die Lateranverträge sowie durch die Einberufung des 2. Vatikan. Konzils durch Johannes XXIII., in dessen Folge es zu einer Reform der kath. Kirche, zu einer vorsichtigen Öffnung zur Welt, zu einem ökumen. Dialog und Gesprächen mit anderen Weltreligionen kam.

Papstwahl, Modus der Bestellung zum Papst. Wahlberechtigt sind seit 1971 alle Kardinäle, die das 80. Lebensjahr noch nicht vollendet haben. Wählbar ist jeder männl. kath. Christ; seit 1389 sind jedoch nur Kardinäle gewählt worden. Die Wahl erfolgt im Konklave; gewählt ist, wer wenigstens zwei Drittel plus eine Stimme erhält.

Papua, Sammel-Bez. für die Melanesier Neuguineas und einiger benachbarter Inseln; auch eingeschränkt auf die Papuasprachen sprechenden Bevölkerungsgruppen. Anthropologisch gehören die P. zu den Melanesiden.

Papua-Neuguinea [...gi'ne:a], Staat im westl. Pazifik, umfaßt den östl. Teil der Insel Neuguinea (grenzt im W an Indonesien), den Bismarckarchipel, den Louisiadearchipel, die D'Entrecasteauxinseln sowie die nördl. Salomoninseln Buka und Bougainville.

Staat und Recht: Parlamentar. Monarchie im Rahmen des Commonwealth; *Verfassung* von 1975. Staatsoberhaupt ist der brit. Monarch, vertreten durch den Generalgouverneur. *Exekutivorgan* ist das dem Parlament verantwortl. Kabinett unter Leitung des Premierministers. *Legislative* ist das Einkammerparlament (109 Abg., für 5 Jahre gewählt). *Parteien:* Pangu New Guinea Union Party, People's Democratic Movement, People's Action Party, People's Progress Party.

Landesnatur: Das Zentralgebirge, das die Insel Neuguinea von W nach O durchzieht, besitzt ausgedehnte Hochländer. Es erreicht im Mount Wilhelm im Bismarckgebirge 4 508 m Höhe. Im SW des Landes erstreckt sich ein bis 450 km breites Küstentiefland. Das nördl. Tiefland liegt zw. dem Zentralgebirge

Papyrus

und dem Küstengebirge. Die Inseln sind meist vulkan. Ursprungs. P.-N. liegt im trop. Regenklima (in der zentralen Gebirgsregion über 6 000 mm Jahresniederschlag). Trop. Regenwald, Sumpfwälder, Savannen und Grasländer bedecken das Land.

Bevölkerung: Mit 98 % der Gesamtbevölkerung sind die z. T. noch auf neolith. Kulturstufe lebenden Papua die größte Bevölkerungsgruppe. Über 90 % der E sind Christen.

Wirtschaft, Verkehr: Traditioneller Wanderfeldbau mit Brandrodung herrscht in der Landwirtschaft vor. In Plantagen werden Ölpalmen, Kautschuk, Tee und Kaffee kultiviert. Papua-Neuguinea verfügt über reiche Kupfer-, Silber- und Goldvorkommen. Die Industrie ist gering entwickelt. Von den Häfen führen Stichstraßen ins Hinterland. Das Straßennetz ist 19 736 km lang (davon 4 900 km asphaltiert). Wichtigste Häfen und internat. ✈ sind Port Moresby und Lae.

Geschichte: Der aus dem ehem. austral. Territorium Papua und dem Treuhandgebiet Neuguinea gebildete Staat wurde am 16. 9. 1975 unabhängig. Sein militär. Eingreifen auf Vanuatu zur Bekämpfung sezessionist. Rebellen (1980) festigte die Stellung von P.-N. im pazif. Raum. Im Mai 1990 erklärte sich Bougainville für unabhängig; seither kommt es dort zu Kämpfen zw. Regierungstruppen und Separatisten.

Papua-Neuguinea

Fläche:	462 840 km²
Einwohner:	4,056 Mio.
Hauptstadt:	Port Moresby
Amtssprache:	Englisch
Nationalfeiertag:	16. 9.
Währung:	1 Kina (K) = 100 Toea (t)
Zeitzone:	MEZ + 9 Std.

Papyrus [griech.] (Papyros; Mrz. Papyri), Beschreibstoff in Rollen-, Blatt- und Buchform, der aus dem Mark der Stengel von P.stauden gewonnen wurde; er bestand aus dünnen, möglichst breit und lang geschnittenen Streifen des Marks, die rechtwinklig übereinandergelegt, gepreßt und gehämmert wurden, wobei der austretende stärkehaltige Pflanzensaft die Streifen (beim Trocknen) zu einem fast weißen, festen und elast. Gefüge verband, das in Ägypten zu Rollen zusam-

Papua-Neuguinea

Staatsflagge

Staatswappen

1970 1992 1970 1992
Bevölkerung Bruttosozial-
(in Mio.) produkt je E
 (in US-$)

Bevölkerungsverteilung 1992

Bruttoinlandsprodukt 1992

Papyrus. Darstellung der Seelenwägung in einem ägyptischen Totenbuch, Malerei auf Papyrus (um 1300 v. Chr.; London, British Museum)

Papyrusstaude

Papyrusstaude
(Höhe 1–3 m)

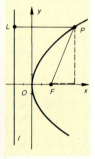

Parabel 2)

**Philippus
Theophrastus
Paracelsus**

mengeklebt wurde. – Die Herstellung des P. wurde in Ägypten zu Beginn des 2. Jt. v. Chr. erfunden.
Papyrusstaude (Papierstaude), 1–3 m hohe, ausdauernde Art der Gatt. Zypergras im trop. Z-Afrika und im oberen Stromgebiet des Weißen Nil, urspr. in ausgedehnten Papyrussümpfen. Seit dem Altertum häufig kultiviert (↑Papyrus). Die Stengel werden als Flechtmaterial und zur Papierherstellung benutzt.
par..., Par... ↑para..., Para...
Para ['pa:ra, türk. pa'rɑ], ursprünglich osmanische bzw. türkische Kleinmünze vom 17. Jh. bis 1924; 1 P. = $1/40$ Piaster; heute noch in Jugoslawien: 1 P. = $1/100$ Dinar.
Pará, Gliedstaat in N-Brasilien, 1 248 042 km², 5,085 Mio. E, Hauptstadt Belém. Der Hauptteil von P. gehört der Schwemmlandebene des Amazonas an.
para- [griech.], Abk. **p-**, in der chem. Nomenklatur Bez. für die Stellung zweier Substituenten am ersten und am vierten Kohlenstoffatom (1,4-Stellung) einer aromat. Verbindung. ↑meta-, ↑ortho-.
para..., Para..., par..., Par... [griech.], Vorsilbe mit der Bedeutung »bei, neben; über – hinaus; gegen, abweichend«.
Parabase [griech.], in der alten att. ↑Komödie ein aus Gesang und Rezitation gemischtes satir. Zwischenstück aus sieben Teilen.
Parabel [griech.], **1)** *Literatur:* Form der Gleichniserzählung bes. in der Lehrdichtung; auch künstler. Gestaltungsprinzip; in der dramatisch-theatral. Darstellung eine besondere Form des Dramas.
2) *Mathematik:* eine zu den Kegelschnitten gehörende Kurve, und zwar der geometr. Ort für alle Punkte P der Ebene, die von einem festen Punkt, dem *Brennpunkt F,* und einer festen Geraden, der *Leitlinie L,* jeweils denselben Abstand haben ($\overline{PF} = \overline{PL}$). Die durch den Brennpunkt F gehende Senkrechte zur Leitlinie L ist die *P.achse.* Der Schnittpunkt S der P. mit der P.achse ist der *Scheitel* der Parabel. Die P. ist eine algebraische Kurve zweiter Ordnung; liegt der Scheitel im Koordinatenursprung O eines kartes. Koordinatensystems, so lautet ihre Gleichung $y^2 = 2px$ *(Scheitelgleichung der Parabel).*

parabolische Geschwindigkeit, svw. Entweichgeschwindigkeit (↑Raumflugbahnen).
Paraboloid [griech.], eine Fläche zweiter Ordnung. Beim *ellipt. P.* (Gleichung in der Normalform $z = x^2/a^2 + y^2/b^2$) ergeben alle senkrecht zur z-Achse geführten Schnitte als Schnittfiguren Ellipsen, bei $a = b$ Kreise *(Rotations-P.).* Das Rotations-P. hat – als verspiegelte Fläche – die Eigenschaft, alle parallel zur Achse einfallenden Lichtstrahlen nach einmaliger Reflexion im Brennpunkt F zu sammeln *(Parabolspiegel).* Beim *hyperbol. P.* ergeben alle senkrecht zur z-Achse geführten ebenen Schnitte als Schnittfiguren Hyperbeln (Normalform $z = x^2/a^2 - y^2/b^2$).

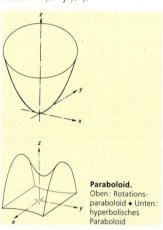

Paraboloid.
Oben: Rotationsparaboloid ♦ Unten: hyperbolisches Paraboloid

Paracelsus, Philippus Theophrastus, eigtl. Philipp Aureolus Theophrast Bombastus von (ab) Hohenheim, *Einsiedeln 11. 11. (?) 1493, † Salzburg 24. 9. 1541, Arzt, Naturforscher und Philosoph schwäb. Abkunft. Wegbereiter der neuzeitl. Medizin; wandte sich schärfstens gegen die bis dahin gültigen medizin. Autoritäten mit Ausnahme des Hippokrates; zog die meiste Zeit seines Lebens als Wander- und Wundarzt durch Europa. Seine medizin. Werke, die vorwiegend in dt. Sprache abgefaßt waren, galten v. a. der Syphilis und deren Therapie, den Berufskrankheiten der Berg- und Hüttenarbeiter, der Chirurgie und Wundbehandlung sowie einer allg. Lehre von den Krankheitsursachen. P. führte zahlr. chem. Substanzen in den Arzneimittelschatz ein und verfaßte auch theolog., religionsphilosoph. und sozialpolit. Schriften.

Parade [lat.-frz.], **1)** *Militärwesen:* die Aufstellung (P.aufstellung) von Truppenverbänden und der anschließende Vorbeimarsch (P.marsch) an hohen Offizieren oder Politikern.
2) *Reit- und Rennsport:* Anhalten *(ganze P.)* oder Versammeln *(halbe P.)* eines Pferdes oder Gespannes.
3) *Fechtsport und Boxen:* Abwehr eines Angriffs.

Paradies [griech.], **1)** *Religionswissenschaft:* religionsgeschichtlich weltweit verbreitete Vorstellung von einer urzeitl. Stätte der Ruhe, des Friedens und des Glücks, deren Wiederherstellung in der Endzeit erwartet wird. Charakteristisch für das P. sind ein Überfluß an Naturgaben und eine friedl. Tierwelt. Das P. war ferner der Wohnort der ersten Menschen, der in ihm in Freiheit von Sünde und Tod lebte, ihn aber meist durch Verstrickung in Sünde und Schuld verlor.
2) *Baukunst:* Hof frühchristl. Basiliken (gleichbedeutend mit ↑Atrium); auch Vorhalle roman. Kirchen.

Paradiesvögel (Paradisaeidae), Fam. etwa staren- bis rabengroßer Singvögel mit rd. 40 Arten in trop. Regenwäldern Neuguineas, NO-Australiens und der Molukken; ♂♂ meist prächtig bunt befiedert, oft mit verlängerten Schmuckfedern. Zu den P. gehören u. a.: *Königs-P.,* 15 cm lang; die Gatt. *Paradieselstern* (Astrapia) hat fünf etwa elsterngroße Arten. Die Männchen der Gatt. *Strahlen-P.* (Korangas) haben Federstrahlen am Kopf. Der *Große P.* (Göttervogel) ist bis 45 cm lang.

Paradiesvögel. Königsparadiesvogel (Größe 15 cm, ohne die mittleren Schwanzfedern

Paradigma [pa'radɪgma; para'dɪgma; griech.-lat. »Beispiel«], allg. beispielhafte Struktur, Begebenheit; Muster; in der *Sprachwiss.* ein Deklinations- oder Konjugationsmuster; auch sprachl. Einheiten, zw. denen in einem gegebenen Kontext zu wählen ist (z. B.: Er steht *hier, dort, oben, unten*), im Ggs. zu Einheiten, die in einem Kontext gemeinsam vorkommen, ein *Syntagma* bilden.

Paradoxon [griech.], **1)** *allg.:* Aussage, die dem sog. gesunden Menschenverstand widersinnig erscheint; die etwas nicht unmittelbar Einsichtiges in einer widersprüchl. Zuspitzung so benennt, daß eine überraschend neue Sichtweise deutlich wird.
2) *Physik:* ein unerwartetes, den bekannten physikal. Gesetzen scheinbar widersprechendes Ergebnis eines Gedankenexperiments.

Paraffin, Gemisch aus höhermolekularen aliphat. Kohlenwasserstoffen (↑Alkane); farblos, salben- bis wachsartig oder flüssig; Verwendung zur Herstellung von Kerzen, Bohnerwachs, Polituren, Schuhcremes und zur Einbettung mikroskop. Präparate, *Paraffinöl* als Schmiermittel und als Salbengrundlage.

Paragleiter (Rogallogleiter), Gleitfluggerät mit flexiblen, deltaförmigen Tragflächen; heute als Sportgerät zum »Drachenfliegen« verwendet.

Paragraph [griech.-lat.], Zeichen §, urspr. Bez. für jedes neben ein Wort oder einen Text gesetzte Zeichen; in der Neuzeit v. a. üblich zur fortlaufenden Numerierung in Gesetzestexten.

Paraguay ['paragvaɪ, paragu'aːi], rechter und größter Nebenfluß des Paraná, entspringt im Bergland von Mato Grosso (Brasilien), bildet z. T. die Grenze gegen Brasilien und Argentinien, mündet oberhalb von Corrientes, 2200 km lang.

Paraguay ['paragvaɪ, paragu'aːi], Staat in Südamerika, grenzt im NW und N an Bolivien, im O an Brasilien, im S und W an Argentinien.

Staat und Recht: Präsidialrepublik; *Verfassung* von 1992. Staatsoberhaupt ist der Staats-Präs., er wird für 5 Jahre direkt gewählt; bei ihm liegt auch die *Exekutivgewalt. Legislativorgan* ist der Kongreß, bestehend aus Senat (45 Mgl., für 5 Jahre gewählt) und Deputiertenkammer (80 Mgl., für 5 Jahre gewählt). *Parteien:* Nationalrepublikan. Vereinigung (Partido Colorado), Authentische Radikalliberale Partei (Blancos) und Unabhängige.

Paraíba

Paraguay

Staatsflagge

Staatswappen

1970 1992 1970 1992
Bevölkerung Bruttosozial-
(in Mio.) produkt je E
(in US-$)

Bevölkerungsverteilung 1992

Bruttoinlandsprodukt 1992

Paraguay

Fläche:	406 752 km²
Einwohner:	4,519 Mio.
Hauptstadt:	Asunción
Amtssprachen:	Spanisch, Guaraní
Nationalfeiertage:	14. und 15. 5.
Währung:	1 Guaraní (₲, G) = 100 Centimos (cts)
Zeitzone:	MEZ – 5 Std.

Landesnatur: P. ist überwiegend ein Flachland, das vom Fluß Paraguay geteilt wird. Von ihm steigt das Land nach W bis 400 m, nach O bis 700 m an. Der N des Landes hat trop., der übrige Teil subtrop. Klima. Im O des Landes gibt es Feuchtwälder, im S Grasfluren, im W Trockenwälder und Trockensavannen.
Bevölkerung: Über 90% der Bevölkerung sind Mestizen, etwa 3% Indianer, daneben europ. und asiat. Minderheiten. Rd. 90% der E sind Katholiken. Hauptlebensraum ist der östl. Landesteil.
Wirtschaft, Verkehr: Wichtigster Wirtschaftszweig ist die Landwirtschaft. Anbau von Mais, Maniok, Sojabohnen, Baumwolle und Erdnüssen. Bed. Viehwirtschaft. Nachgewiesene Eisen-, Mangan- und Kupfererze werden kaum ausgebeutet. Es gibt Glasfabriken, Textil-Ind. und eine Erdölraffinerie. Das Eisenbahnnetz ist 441 km, das Straßennetz über 23 606 km lang. Freihafenrechte besitzt P. in Buenos Aires, Santos, Paranaguá und Antofagasta. Internat. ✈ ist Asunción.
Geschichte: Die ältesten menschl. Zeugnisse (um 8000 v. Chr.) stammen vom Alto Paraná an der S-Grenze von Paraguay. 1536 drangen als erste Europäer Spanier ein (1537 Gründung Asunciónos). Ab 1609 errichteten die Jesuiten Missionssiedlungen, die sich zu einem blühenden »Jesuitenstaat« entwickelten. 1767/68 wurden die Jesuiten vertrieben. 1776 wurde P. Teil des neugegründeten Vize-Kgr. Río de la Plata; am 14. 5. 1811 Unabhängigkeitserklärung. Unter dem Diktator J. G. T. R. de Francia (1814–40) schloß sich P. völlig von der Außenwelt ab. Erst Präs. C. A. López (1844–70) öffnete P. ausländ. Einfluß und Kapital. Unter seinem Sohn F. S. López (1862–70) kam es zum Krieg gegen Argentinien, Brasilien und Uruguay (1865–70), der mit der völligen Verwüstung des Landes sowie großen Bevölkerungs- und Territorialverlusten endete. 1932–35 dauerte der †Chacokrieg gegen Bolivien. 1954 übernahm das Militär die Macht; General A. Stroessner wurde Staats-Präs. und übte die Regierungsgewalt 34 Jahre lang diktatorisch aus, formal alle fünf Jahre durch Wahlen bestätigt. Außenpolitisch lehnte sich P. eng an die USA, an Argentinien und Brasilien an. Im Febr. 1989 wurde Stroessner durch einen Militärputsch gestürzt. Der neue Staats-Präs. General A. Rodríguez wurde im Mai 1989 durch Wahlen im Amt bestätigt. Eine neue Verfassung wurde im Aug. 1992 verabschiedet. Im Mai 1993 wurde J. C. Wasmosy (Partido Colorado) zum Staats-Präs. gewählt.
Paraíba, Gliedstaat in NO-Brasilien, 56 372 km², 3,201 Mio. E, Hauptstadt João Pessoa.
Parakautschukbaum (Federharzbaum), wirtschaftl. wichtigster Kautschukbaum in den Tropen; liefert während der Zapfzeit etwa 3–5 kg Kautschuk.
Paraklet [griech.], im Johannesevangelium endzeitl. Gestalt, mit der Jesus den hl. Geist ankündigt; trägt messian. Züge, erscheint als Typ des »Vollenders«.
Paralipomena [griech.], Ergänzungen, Nachträge usw. zu einem literar. Werk.
Parallaxe [griech.], der Winkel zw. den Sehstrahlen von zwei Beobachtungsorten aus zum selben Objekt, beobachtbar als scheinbare Verschiebung des Objekts vor dem Hintergrund *(parallakt. Verschiebung)*. Bei nahen Gegenständen ist eine parallakt. Verschiebung schon bei wechselweisem Sehen mit beiden Augen feststellbar *(Daumensprung)*. Die durch den Augenabstand bedingte P. bewirkt räuml., stereoskop. Sehen. Parallaxen-

messungen dienen in der Astronomie zur Entfernungsmessung. Zur Bestimmung von *Fixstern-P.* sind Basisstrecken auf der Erde zu klein. Die Winkelmessungen erfolgen hier im Abstand von einem halben Jahr von zwei sich bezüglich der Sonne gegenüberliegenden Punkten der Erdbahn aus und ergeben die *jährl. P.* eines Himmelskörpers.

Parallaxensekunde, svw. ↑Parsec.

parallel [griech.-lat.], in gleichem Abstand nebeneinander herlaufend; gesagt von zwei in einer Ebene liegenden Geraden *(Parallelen)* oder von zwei Ebenen, die stets gleichen Abstand voneinander haben, sich also nicht schneiden.

Parallelbetrieb, Betriebsart in der Datenübertragung und -verarbeitung, bei der die Zeichen eines Wortes gleichzeitig und unabhängig voneinander, jedes in seinem eigenen Kanal, übertragen oder verarbeitet werden. Im Gegensatz dazu werden im *Serienbetrieb* die Zeichen einzeln nacheinander auf einem Kanal übertragen und verarbeitet.

Parallelen [griech.-lat.], **1)** *Geometrie:* parallel zueinander verlaufende Geraden.
2) *Musik:* die auf- oder absteigende Bewegung zweier oder mehrerer Stimmen in gleichen Intervallen, d. h. mit gleichem Abstand. In volkstüml. Musik sind P. häufig.

Parallelenaxiom, Axiom der euklid. Geometrie: Zu einer Geraden *g* gibt es durch einen nicht auf ihr gelegenen Punkt *P* in der durch *g* und *P* gelegten Ebene höchstens eine Parallele *h*.

Parallelepiped [...'lel-εpi...; griech.] (Parallelepipedon, Parallelflach, Spat), ein von drei Paaren paralleler Ebenen begrenzter Körper.

Parallelismus [griech.-lat.], als Mittel der Rhetorik die (mehrfache) Wiederholung einer bestimmten Wortreihenfolge oder Satzkonstruktion.

Parallelogramm [griech.], ein Viereck, bei dem je zwei sich gegenüberliegende Seiten parallel sind.

Parallelrechner, Datenverarbeitungsanlage, bei der viele Mikroprozessoren gleichzeitig an Teilaufgaben arbeiten, deren Ergebnisse dann zum Endresultat zusammengesetzt werden können.

Parallelschaltung (Nebeneinanderschaltung), elektr. Schaltungsart, bei der sowohl die Eingangs- als auch die Ausgangsklemmen aller Schaltelemente (Stromquellen, Widerstände, Kondensatoren u. a.) untereinander verbunden sind, so daß mehrere Stromzweige entstehen.

Parallel-Serien-Umsetzer (Parallel-Serien-Wandler), in der *Datenverarbeitung* digitale elektr. Einrichtung, die jeweils ein Zeichen von mehreren Leitungen (parallel) aufnimmt und in festem Takt nacheinander auf einer Leitung (seriell) weitersendet. Der Umsetzer dient zur zeitl. Anpassung langsamer an schnelle Verarbeitungseinrichtungen, z. B. bei Eingabegeräten an einem Computer. Entsprechend umgekehrt arbeitet ein *Serien-Parallel-Umsetzer*.

Paralympics [engl. pærə'lɪmpɪks] (Weltspiele der Behinderten), Wettkämpfe behinderter Leistungssportler im Anschluß an die Olympischen Spiele (im gleichen Jahr, am gleichen Ort); in den Sommersportarten seit 1960, in den Wintersportarten seit 1976.

Paralyse [griech.], *Medizin:* **1)** vollständige motor. Lähmung eines oder mehrerer Muskeln.
2) (progressive Paralyse) fortschreitende Gehirnerweichung, chron. Entzündung und Atrophie vorwiegend der grauen Substanz des Gehirns als Spätfolge der Syphilis.

Paramaribo, Hauptstadt von Surinam, am Suriname, 25 km oberhalb seiner Mündung, 152 000 E. Univ., geolog.

Parakautschukbaum
(Höhe 15–30 cm)

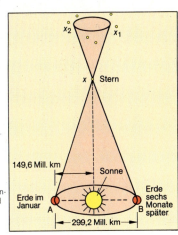

Parallaxe.
Scheinbare Verschiebung von x gegenüber dem Hintergrund bei verschiedenen Stellungen A und B des Beobachters

Paramente

Paranußbaum. Zweig mit Frucht (oben); aufgeschnittene Frucht mit Samen (unten)

Landesamt, Museum; u. a. Holzverarbeitung, Werft. Haupthafen des Landes; 50 km südl. internat. ✈. – 1640 von Franzosen besiedelt, 1650 Hauptstadt der engl. Kolonie Surinam, 1816–1975 niederländisch.

Paramente [lat.-mittellat.], 1) die liturg. Gewänder und Insignien der christl. Amtsträger im Gottesdienst.
2) die Ausstattung des gottesdienstl. Raumes mit Tüchern.

Parameter, in Funktionen und Gleichungen eine neben den eigtl. Variablen auftretende, entweder unbestimmt gelassene oder konstant gehaltene Hilfsvariable.

paramilitärisch, halbmilitärisch, militärähnlich.

Paramnesie, Form der Gedächtnisstörung, bei der der Patient glaubt, sich an Ereignisse zu erinnern, die überhaupt nicht stattfanden.

Paramunität [griech.-lat.], schnell entstehender, unterschiedlich lang anhaltender, nichterreger- und nichtantigenspezif. erhöhter Schutz eines Organismus gegenüber einer Vielzahl ganz unterschiedl. Infektionen und Antigene. Mit den Methoden der klass. Infektionsmedizin lassen sich viele neu entstandene Krankheiten nur teilweise bekämpfen, so daß der *Paramunisierung* in Vorbeugung und Therapie von Infektionskrankheiten und auch bei Tumoren zunehmend Aufmerksamkeit geschenkt wird.

Paraná, 1) argentin. Prov.-Hauptstadt am Paraná, 160 000 E. Museen; Konsumgüter-Ind.; Hafen, Eisenbahnendpunkt, ✈. – 1853–62 Hauptstadt Argentiniens.
2) Strom in Südamerika, entsteht aus dem Zusammenfluß von Rio Paranaíba (800 km lang) und Rio Grande im südl. Brasilien, mündet in Argentinien mit einem Delta in den Río de la Plata, 3 700 km lang; Wasserkraftwerk Itaipú.
3) Gliedstaat in S-Brasilien, 199 554 km², 8,416 Mio. E, Hauptstadt Curitiba.

Parang [malaiisch] ↑Haumesser.

Paranoia [griech.], schleichende Entwicklung eines dauernden Systems von Wahnvorstellungen. Typische Ausprägung der Paranoia sind Eifersuchts- oder Liebeswahn, religiöser Wahn, Querulantenwahn u. a. Das plötzliche Auftreten eines Verfolgungswahns in Kombination mit Halluzinationen wird heute als *paranoide Schizophrenie* bezeichnet.

Paranußbaum, Gatt. der Tropffruchtbaumgewächse mit einer einzigen Art im nördl. trop. S-Amerika; über 30 m hohe Bäume mit dicken, holzigen Kapselfrüchten, die die ölreichen, gutschmeckenden *Paranüsse* enthalten.

Paraphierung [frz.], die vorläufige, rechtlich noch nicht verbindl. Festlegung des Textes eines völkerrechtl. Vertrages und dessen Unterzeichnung mit dem Namenszug *(Paraphe)* der Staatenvertreter.

Paraphrase, 1) *Sprachwissenschaft:* Umschreibung eines sprachl. Ausdrucks mit anderen Worten; freie, nur sinngemäße Übertragung in eine andere Sprache.
2) *Musik:* konzertante Bearbeitung einer Melodie.

Paraplegie [griech.], doppelseitige Lähmung.

Parapsychologie (Metapsychologie, Metapsychik), Lehre von den okkulten Erscheinungen, zu denen neben den sog. außersinnl. Wahrnehmungen auch Tele- oder Psychokinese, Materialisation u. a. zählen. Die P. versucht solche Phänomene method. und experimentell zu erfassen.

Parasiten [griech.-lat.] (Schmarotzer), Bakterien-, Pflanzen- oder Tierarten, die ihre Nahrung anderen Lebewesen entnehmen und sich vorübergehend oder dauernd an oder in deren Körper aufhalten. Man unterscheidet *Ekto-P.,* die auf der Körperoberfläche des Wirts leben, und *Endo-P.,* die im Innern des Wirts leben (z. B. Eingeweidewürmer). – Meist ist ein P. ganz spezifisch an ein bestimmtes Wirtstier oder eine Wirtspflanze gebunden. Es gibt aber auch P., deren vollständige Entwicklung nur durch einen oder mehrere Wirtswechsel möglich ist, z. B. bei den Bandwürmern. Die Erhaltung der Art wird durch eine große Eizahl (Spulwurm: rd. 50 Mio.), durch vegetativ sich vermehrende Larvenstadien (Hundebandwurm) oder Zwittrigkeit (Bandwürmer) gesichert. Bei Pflanzen unterteilt man die P. in Halb- und Voll-P.; die *Halb-P.* (Halbschmarotzer; z. B. Mistel) haben voll ausgebildete grüne Blätter und sind zu eigener Photosynthese befähigt. Die *Voll-P.* (Vollschmarotzer, z. B. Kleeseide) haben kein Chlorophyll mehr und weisen meist einen vereinfachten Bau der Vegetationsorgane auf.

Parasolpilz (Großer Schirmling), bis 25 cm hoher Schirmling in Europa und N-Amerika; jung guter Speisepilz.

Parästhesie [par-ɛːs...; griech.], Mißempfindung, anomale Körperempfindung (z. B. Kribbeln, Taub- oder Pelzigsein der Haut, Einschlafen der Glieder).

Parasympathikus (parasympath. System), Teil des vegetativen Nevensystems, Gegenspieler des Sympathikus. Zum P. gehören vier vom Hirnstamm ausgehende Gehirnnerven (Augenmuskelnerv, Gesichtsnerv, Zungen-Schlund-Nerv, Eingeweidenerv) sowie Nerven des Rückenmarks der Kreuzbeinregion. Der P. wirkt hemmend auf die Atmung, verlangsamt die Herztätigkeit, setzt den Blutdruck herab, regt die Peristaltik und Sekretion des Verdauungssystems an, fördert die Glykogensynthese in der Leber, steigert die Durchblutung der Geschlechtsorgane und innerviert den Ziliarmuskel des Auges und den ringförmigen Irismuskel, der die Pupille verengt.

Parataxe [griech.] (Nebenordnung), syntakt. Beiordnung von Satzgliedern oder Sätzen (mehrere Hauptsätze stehen nebeneinander); Ggs. ↑Hypotaxe.

Parathormon [Kw.] (Parathyreoideahormon, PTH), Hormon der Nebenschilddrüse; reguliert den Blutcalciumspiegel.

Paratyphus, durch Salmonellen hervorgerufene, meldepflichtige Infektionskrankheit. Übertragung und Epidemiologie des P. sind ähnlich wie beim Typhus.

par avion [frz. para'vjɔ̃ »mit dem Flugzeug«], im *Postwesen* Vermerk auf Luftpostsendungen.

Pärchenegel, Gatt. bis etwa 2 cm langer, getrenntgeschlechtiger Saugwürmer, überwiegend in trop. Gebieten, bes. Afrikas und Asiens; ♂ abgeflacht, umfaßt das stielrunde ♀ hüllenartig; leben erwachsen im Venensystem; Erreger der Bilharziose.

Parchim, Kreisstadt an der Elde, Meckl.-Vorp., 23 500 E. Got. Backsteinhallenkirchen Sankt Georgen und Sankt Marien.

Parcours [par'kuːr; frz.], abgesteckte Hindernisstrecke für Jagdspringen oder Jagdrennen (Pferdesport).

Pardubice [tschech. 'pardubitsɛ], Stadt am Oberlauf der Elbe, Tschech. Rep., 94 000 E. Hochschule für Chemie; Museum, Theater; u. a. chem. Industrie; Binnenhafen.

Parenchym [par-ɛn...; griech.], **1)** *Zoologie:* bei Tieren und beim Menschen das für ein relativ solides (keine größeren Hohlräume aufweisendes) Organ spezif. Gewebe; z. B. Nierenparenchym. **2)** *Botanik:* svw. Grundgewebe.

parental [lat.], den Eltern, der Elterngeneration zugehörig.

parenteral [par-ɛn...], unter Umgehung des Magen-Darm-Kanals zugeführt; bes. von Arzneimitteln und Nährlösungen gesagt, die injiziert werden.

Parenthese [par-ɛn...; griech.], grammatisch selbständiger, mehr oder weniger umfangreicher Einschub in einen Satz, der dessen Zusammenhang unterbricht, ohne jedoch dessen syntakt. Ordnung zu verändern.

Parese [griech.], leichte, unvollständige Lähmung.

Pareto, Vilfredo, *Paris 15. 7. 1848, †Céligny bei Genf 19. 8. 1923, italien. Volkswirtschaftler und Soziologe. Mitbegründer der Lausanner Schule (↑Grenznutzen); suchte durch Anwendung mathemat. Methoden eine exakte Wirtschafts- und Sozialtheorie zu entwickeln. Seine Arbeiten zur Preis- und Gleichgewichtstheorie sowie seine Theorie der Wahlakte und das daraus abgeleitete Indifferenzkurvensystem begründeten die ordinale Nutzenkonzeption. Die auf P. zurückgehende Theorie »vom Kreislauf der Eliten« fand Eingang in Vorstellungen des Nationalsozialismus.

Paretti, Sandra, eigtl. Irmgard Schneeberger, *Regensburg 5. 2. 1935, †Meilen 12. 3. 1994 (Selbstmord), dt. Schriftstellerin. Schrieb unterhaltsame histor. Romane, u. a. »Rose und Schwert« (1967), »Maria Canossa« (1979), »Tara Calese« (1988).

par excellence [frz. parɛksɛ'lãːs], vorzugsweise, schlechthin.

Parforcejagd [par'fɔrs...] ↑Jagdarten.

Parfüm [par'fyːm, frz. par'fœ:] (Parfum), Bez. für die aus natürl. oder syn-

pari

thet. Riechstoffen unter Zusatz von Haftmitteln (Fixateuren; z. B. Benzoeharz, Myrrhe, Amber, Moschus sowie synthet. Produkte) und Lösungsmitteln (meist reinem Äthanol) hergestellten Duftkompositionen.

pari [lat.-italien.], in der Börsensprache: zum Nennwert.

Paria [Tamil], Name einer niedrigen Kaste in Tamil Nadu, auf alle kastenlosen Inder übertragen. Die P. leben als Außenseiter in der Gesellschaft der Hindus.

parietal [...ri-e...; lat.], *Biologie:* wandständig, zur Körperwand, zur Wand eines Organs oder Gefäßes gehörend; zum Scheitelbein gehörend.

Paris, in der griech. Sage Sohn des Priamos und der Hekabe; löst durch die Entführung Helenas den Trojan. Krieg aus.

Paris [paˈriːs, frz. paˈri], Hauptstadt Frankreichs, beiderseits der Seine und auf zwei Inseln, 2,75 Mio. E. Im Ballungsraum P. leben etwa 9 Mio. Menschen. P. ist in 20 Arrondissements gegliedert, die im Uhrzeigersinn in Spiralform angeordnet sind. Die Konzentration einzelner Branchen auf bestimmte Arrondissements geht auf das MA zurück (z. B. das Univ.- und Verlagsviertel im 5. und 6. Arrondissement). P. ist Sitz der Regierung, der Nationalversammlung, des Senats, aller Ministerien, eines kath. Erzbischofs, ausländ. Botschaften, zahlr. internat. Organisationen (u. a. UNESCO und OECD). P. besitzt die älteste Univ. des Landes, die ↑Sorbonne, und zahlr. Hochschulen. Berühmt ist das Institut de France (mit der ↑Académie française). Es gibt über 300 Bibliotheken (darunter die Nationalbibliothek), über 60 Theater (u. a. zwei Opern, Théâtre de France, Comédie-Française), mehr als 80 Museen, u. a. ↑Louvre und Musée d'Orsay, die Nationalmuseen für Moderne Kunst, der Technik, der Naturkunde, das Musée de l'Homme und das Centre Georges-Pompidou; botan. Garten, zoolog. Gärten, Grünanlagen (u. a. Bois de Boulogne, Bois de Vincennes, Jardin du Luxembourg) und Friedhöfe (u. a. Père-Lachaise). P. ist die Wirtschaftsmetropole des Landes mit zahlr. Ind.-Betrieben, Mittelpunkt der frz. Film-Ind., des Presse- und Verlagswesens, führendes europ. Modezentrum, Tagungsort für Kongresse. Wichtigstes Verkehrsmittel ist die U-Bahn (Métro). Bed. Fremdenverkehr. Die im Raum von P. an Seine, Marne und Oise gelegenen Hafenanlagen bilden den größten Binnenhafen des Landes. P. verfügt über drei internat. ✈ (Charles de Gaulle bei Roissy-en-France, in Orly und Le Bourget).

Stadtbild: Viele bed. Kirchen, u. a. ↑Notre-Dame de Paris und Saint-Eustache (1532–1640; mit bed. Innenraum zw. Gotik und Renaissance), urspr. roman. Kirche Saint-Germain-des-Prés (11. Jh., im 17. Jh. umgestaltet) mit frühgot. Chor (1163 geweiht); zweigeschossige hochgot. Sainte-Chapelle (ehem. Palastkapelle, 1248 geweiht) mit berühmten Glasfenstern; got. Pfarrkirche Saint-Germain-l'Auxerrois (12.–16. Jh.); spätgot. Kirche Saint-Séverin (13. bis 16. Jh.). Barock sind die Kirchen Val-de-Grâce (Weihe 1710) und Saint-Sulpice (1646–1736, Fassade 1869). Der Invalidendom ist ein Zentralbau (1680–1712), unter dessen Kuppel Napoleon I. beigesetzt ist. Die Kirche de la Madeleine (19. Jh.) hat eine Tempelfassade. Auf dem Montmartre steht die weiße Basilika Sacré-Cœur (geweiht 1919). Bed. Profanbauten, u. a. Louvre, Arc de Triomphe de l'Étoile (1806–36), ↑Panthéon, Eiffelturm (1885–89), Cité Universitaire (1921 ff.), UNESCO-Haus (1955–58 und 1965), Centre Georges-Pompidou (1972–77), La Grand Arche (1989) in der Bürostadt La Défense. P. hat berühmte Straßen und Plätze: Champs-Élysées (seit 1828 ausgebaute Avenue), Quai d'Orsay; Place Vendôme (1699 ff.), Place de la Concorde (1755 ff.) mit Obelisk von Luxor (13. Jh. v. Chr.), Place des Vosges (17. Jh.).

Geschichte: P., als kelt. Oppidum auf der Île de la Cité entstanden und seit 52 v. Chr. röm. *(Lutetia)*, war der Hauptort der kelt. Parisier, deren Name im 3./4. Jh. auf den Ort überging *(Parisia).* Die Siedlung wurde 508 Hauptstadt des Merowingerreiches. Unter den Karolingern war P. nur noch Residenzort der Grafen von P., erlangte jedoch erneut polit. Gewicht, als aus diesen 987 die kapeting. Könige von Frankreich hervorgingen. Zur Hauptresidenz der frz.

Paris.
Eiffelturm
(Höhe 300,5 m, heute
mit Antenne 320,8 m;
1885–89)

Könige wurde P. erst unter Philipp II. August (⚭ 1180–1223); die Stadt hatte damals rd. 100000 E. 1420–36 war P. in engl. Händen. Auch nach der Verlegung der königl. Residenz nach Versailles durch Ludwig XIV. behielt P. (1684: 425000 E) die politisch führende Rolle. In den Befreiungskriegen 1814 von den Alliierten eingenommen, wurde P. um die Mitte des 19. Jh. zur größten Stadtfestung der Erde ausgebaut. Weltausstellungen 1855, 1867, 1900 und 1937 bestätigten die führende Rolle der Stadt. Nach dem Zusammenbruch des 2. Kaiserreichs mußte sich P. am 28. 1. 1871 den dt. Truppen ergeben. Kurz darauf kam es zum Aufstand der ↑Kommune. Im 2. Weltkrieg war P. vom 14. 6. 1940 bis zum 25. 8. 1944 von dt. Truppen besetzt.

Pariser Bluthochzeit, svw. ↑Bartholomäusnacht.

Pariser Friede (Friede von Paris), Bez. für mehrere in Paris unterzeichnete Friedensverträge:
1) Vertrag zw. Großbrit. und Portugal einerseits sowie Frankreich und Spanien andererseits (10. 2. 1763): Beendigung des Siebenjährigen Kriegs; Frankreich trat seinen Teil von Neufrankreich und fast alle ind. Besitzungen an Großbrit. ab; Spanien trat Florida und den 1762 erworbenen Teil von Neufrankreich an Großbrit. ab.
2) Vertrag zw. Großbrit. und den USA (3. 9. 1783): Beendigung des ↑Nordamerikanischen Unabhängigkeitskriegs.
3) zwei Friedensverträge zw. den Partnern der Quadrupelallianz (von Chaumont) und Frankreich, beendeten die Befreiungskriege: Im 1. P. F. (30. 5. 1814) wurde Frankreich auf die Grenzen vom 1. 1. 1792 beschränkt; der 2. P. F. (20. 11. 1815) sicherte Frankreich nur die Grenzen des Jahres 1790 zu.
4) Vertrag zw. Osman. Reich, Großbrit., Frankreich und Sardinien einerseits sowie Rußland andererseits sowie den nicht am Krieg beteiligten Staaten Preußen und Österreich (30. 3. 1856): Beendigung des Krimkrieges; u. a. gemeinsame Garantie der Unabhängigkeit und des Gebietsbestandes des Osman. Reiches.
5) Vertrag zw. den USA und Spanien (10. 12. 1898): Beendigung des Span.-Amerikan. Kriegs: Abtretung von Kuba, Puerto Rico, Guam und der Philippinen an die USA.
6) fünf Pariser *Vorortverträge* zur Beendigung des 1. Weltkrieges (1919/20): Versailler Vertrag, die Verträge von Saint-Germain-en-Laye, Neuilly-sur-Seine, Trianon und Sèvres.
7) fünf Friedensverträge der Alliierten mit Rumänien, Italien, Ungarn, Bulgarien und Finnland nach dem 2. Weltkrieg (10. 2. 1947).

Pariser Kommune ↑Kommune.

Pariser Konferenzen, Bez. für verschiedene Konferenzen in Paris, u. a. 1. *Ententekonferenz* (25. bis 29. 1. 1921): über die Höhe der vom Dt. Reich zu leistenden Reparationen. – 2. *Sachverständigenkonferenz* (11. 2. bis 7. 6. 1929): Aufhebung des Dawesplans und Ersetzung durch den Youngplan. – 3. *Konferenzen der alliierten Außen-Min.* (25. 4. bis 12. 6. 1946 und 23. 5. bis 20. 6. 1949): keine Einigung über die Behandlung der ehem. Kriegsgegner; in der dt. Frage weitere Verschärfung des Ggs. zw. UdSSR und Westmächten. – 4. *Sechsmächtekonferenz* (18. 4. 1951): Unterzeichnung des Vertrages über die Europ. Gemeinschaft für Kohle und Stahl. – 5. *Internat. Vietnamkonferenz* (26. 2. bis 2. 3. 1973): Vereinbarung eines Waffenstillstandes im Vietnamkrieg.

Pariser Verträge, ein Komplex von Verträgen, Abkommen und Verlautbarungen, die im Gefolge der Londoner Akte 1954 die internat. Stellung der BR Deutschland nach dem Scheitern der Europ. Verteidigungsgemeinschaft neu regelten (Unterzeichnung 23. 10. 1954, in Kraft seit 5. 5. 1955): 1. Das *Protokoll über die Beendigung des Besatzungsregimes* in Deutschland paßte den ↑Deutschlandvertrag den neuen Verhältnissen an. – 2. Das *Abkommen über das Saarstatut* (bilateral zw. Frankreich und der BR Deutschland ausgehandelt, aber nicht in Kraft getreten) sah einen europ. Kommissar neben einer autonomen Saarregierung vor. – 3. Die aus acht Protokollen bestehenden Verträge *zur Gründung der Westeurop. Union* schufen ein westeurop. Verteidigungssystem, das die gescheiterte Europ. Verteidigungsgemeinschaft ersetzte und u. a. eine Voraussetzung für den Eintritt der BR Deutschland in die NATO schuf.

Paris
Stadtwappen

Pariser Vorortverträge

Pariser Vorortverträge ↑Pariser Friede.

Paris ist eine Messe wert, angebl. Ausspruch Heinrichs von Navarra vor seinem Übertritt zum Katholizismus (Voraussetzung für seine Krönung; ↑Heinrich IV., König von Frankreich).

Parität [lat.], **1)** *bildungssprachlich:* Gleichstellung, Gleichbehandlung, (zahlenmäßige) Gleichheit. **2)** *Wirtschaft:* Austauschverhältnis zw. zwei Wertgrößen, z. B. die P. einer Währung zu anderen Währungen.

Paritätischer Wohlfahrtsverband ↑Deutscher Paritätischer Wohlfahrtsverband.

Paritätsbit ↑Prüfbit.

Park [frz.], großräumige gärtner. Anlage, die durch offene Wiesenflächen und Gehölzpflanzungen charakterisiert ist. ↑Gartenkunst.

Park-and-ride [engl. pɑːk ænd 'raid], Organisationsprinzip im Großstadtverkehr zur Entlastung der Innenstädte: Am Stadtrand stehen Parkplätze zur Verfügung, und öffentl. Verkehrsmittel fahren dann kostenlos ins Zentrum.

Parker [engl. 'pɑːkə], **1)** Alan, * London 14. 2. 1944, engl. Filmregisseur. Internat. Erfolge u. a. mit »Midnight Express« (1977), »Birdy« (1984), »Angel Heart« (1987), »Mississippi Burning« (1988), »The Commitments« (1991), »Willkommen in Welville« (1994).
2) Charlie, eigtl. Charles Christopher P., gen. Bird oder Yardbird, * Kansas City (Kansas) 29. 8. 1920, † New York 12. 3. 1955, amerikan. Jazzmusiker (Altsaxophonist, Komponist). Zählt zu den wichtigsten Wegbereitern des Bebop und wirkte stilbildend für die gesamte Entwicklung des Modern Jazz.
3) Dorothy, geb. Rothschild, * West End (N. J.) 22. 8. 1893, † New York 7. 6. 1967, amerikan. Schriftstellerin. Bekannte Literaturkritikerin; schrieb v. a. Lyrik und Kurzgeschichten.

Parkett [frz.], **1)** Fußbodenbelag aus Holz (meist Eiche, Buche, Kiefer), der beim *Stab-P.* oder *Stabfußboden* aus massiven und abgesperrten *P.stäben* (Länge 250–1 000 mm, Breite 45–80 mm, Dicke 18–23 mm), beim *Tafel-P.* aus fertig vorgearbeiteten *P.tafeln* (Kantenlänge 300–500 mm, Dicke etwa 28 mm) zusammengefügt ist oder aus P.dielen besteht.

2) *Theater:* im Parterre gelegener vorderer Teil des Zuschauerraumes.

Parkinson, Cyril Northcote [engl. 'pɑːkɪnsn], * York 30. 7. 1909, † Canterbury 9. 3. 1993, brit. Historiker und Publizist. Bekannt v. a. durch seine ironisierenden »Regeln« (die *Parkinsonschen Gesetze*) über die eigendynam. Entwicklung bürokrat. Verwaltungen zu aufgeblähten Apparaten, die sich zunehmend selbst beschäftigen.

Parkinson-Krankheit [nach dem brit. Arzt James Parkinson * 1755, † 1824] (erbl. Schüttellähmung), erblich bedingte Degeneration von Stammhirnbezirken mit den Anzeichen des ↑Parkinson-Syndroms. Zur *Parkinson-Psyche* gehören bestimmte Störungen des Gefühlslebens (bes. Depressionen) und des Antriebs (verminderte Spontaneität, Apathie) sowie eine Verminderung der intellektuellen Leistungsfähigkeit.

Parkinson-Syndrom [nach dem brit. Arzt James Parkinson, * 1755, † 1824] (Parkinsonismus), zusammenfassende Bez. für Krankheitsbilder verschiedener Ursache, bei denen eine Schädigung der Substantia nigra des Stammhirns im Vordergrund steht. Die Symptome sind u. a.: starke Verlangsamung der Willkür- und Ausdrucksbewegungen (»Maskengesicht«), gebeugte Haltung, Depressionen, Apathie und Verminderung des Antriebs.

Parlament [frz.-engl.], Volksvertretung, die aus ein oder zwei Kammern bestehen kann; in demokrat. Verfassungsstaaten aus Wahlen hervorgegangenes oberstes Staatsorgan, dem ein verfassungsrechtlich garantierter selbständiger und maßgebender Einfluß auf die staatl. Willensbildung eingeräumt ist (↑Parlamentarismus). *Zentrale Kompetenzen* des P. sind die Gesetzgebungskompetenz, die Haushaltsautonomie und die Kontrolle von Regierung und Verwaltung.

Parlamentär [frz.], nach Völkerrecht der von einer kriegführenden Partei zu Verhandlungen mit dem Feind Bevollmächtigte; er zeigt sich mit der weißen Fahne als Zeichen seiner Verhandlungsbereitschaft und genießt den Status der Unverletzlichkeit.

parlamentarische Anfrage, Auskunftsersuchen des Parlaments an die Regierung. Die *große Anfrage* muß von

Charlie Parker

Parler.
Gedächtnisstein mit dem Meisterzeichen der Familie Parler im Ulmer Münster

der Bundesregierung innerhalb von drei Wochen beantwortet werden und wird dann im Parlament behandelt; die *kleine Anfrage* soll innerhalb von 14 Tagen beantwortet werden und kann nicht auf die Tagesordnung des Parlaments gesetzt werden. Alle p. A. müssen von einer Fraktion oder 20% der Abg. unterzeichnet sein.

Parlamentarischer Rat, zur Ausarbeitung einer Verfassung am 1. 9. 1948 in Bonn zusammengetretene Versammlung, die aus 65 von den Landtagen der elf westdeutschen Länder delegierten Mitgliedern bestand. Zum Präs. wurde K. Adenauer gewählt. Der Parlamentarische Rat verabschiedete das Grundgesetz am 8. 5. 1949.

Parlamentarismus [frz.-engl.], Bez. für alle Regierungsformen, in denen ein aus Wahlen hervorgegangenes Parlament als Repräsentant der Nation oder des Volkes eine zentrale Stelle im polit. Prozeß innehat. Im *parlamentar. Regierungssystem* bedarf die Regierung des Vertrauens des Parlaments; bei einem Mißtrauensvotum muß sie zurücktreten. – Bereits im 13. Jh. wurde der große Rat der engl. Könige als »Parliament« bezeichnet; erst Mitte des 19. Jh. wurde aus der histor. Bez. des brit. Repräsentativorgans eine generelle Bez. für alle repräsentativen, i. d. R. gewählten Körperschaften. Dt. Parlamente gab es in Süddeutschland (seit 1815) und in Preußen (seit 1848); eine dt. Nationalrepräsentation verwirklichte sich erstmals in der Frankfurter Nationalversammlung (1848). Mit dem auf dem allg., gleichen Wahlrecht beruhenden Reichstag des Dt. Reiches von 1871 wurde ein nat. Parlament geschaffen, das auf Gesetzgebung und Budgetrecht beschränkt blieb und erst durch die Parlamentarisierung der Reichsregierung 1918 und die Weimarer Reichsverfassung Einfluß auf Bildung und Sturz der Regierung erhielt.

Parlamentsklub, österr. für Parlamentsfraktion.

Parlando [italien.] (Parlante), eine das [natürl.] Sprechen nachahmende Art musikal. Vertonung, v. a. in der Opera buffa des 18. und 19. Jahrhunderts.

Parler, verzweigte dt. Baumeister- und Bildhauerfamilie des 14. Jh.; bed.:
1) **Heinrich,** Vater von Peter P.; seit 1351 Baumeister des spätgot. Hallenchors der Heiligkreuzkirche in Schwäbisch Gmünd.
2) **Heinrich,** vermutlich Sohn von Johann P.; schuf in Prag die Figur des hl. Wenzel (1373) und zwei Tumbenfiguren (1377) im Dom; vermutlich identisch mit Heinrich von Gmünd in Brünn (1381–87) und Köln (Petersportal am Dom).
3) **Johann,** gen. Johann von Gmünd. Werkmeister der Chöre des Freiburger Münsters (1354 ff.), des Münsters zu Basel (1356 ff.) und der Heiligkreuzkirche in Schwäbisch Gmünd (um 1372).
4) **Peter,** *Schwäbisch Gmünd 1330, †Prag 13. 7. 1399. 1353 von Kaiser Karl IV. nach Prag berufen, um den Dombau weiterzuführen. Chor (1385 geweiht) mit Netzgewölbe und Fischblasenmaßwerk, Grabmal Ottokars I. (1377), am Triforium 21 Bildnisbüsten (darunter Peter P. selbst), auch Karlsbrücke (1357 ff.).

Peter Parler (Selbstbildnis am Triforium des Prager Doms; 1375–85)

Parkett 1)
(Verlegemuster)

Schiffsboden - Parkett

Würfel - Parkett

Fischgrät - Parkett

Tafel - Parkett

Flechtboden - Parkett

Tafel - Parkett

Parma

Parma
Stadtwappen

Parma, italien. Prov.-Hauptstadt in der Emilia-Romagna, 175 300 E. Univ., Musik- und Kunsthochschulen; Museen; Textil-Ind., Musikinstrumentenbau. – Roman. Dom (im 12. Jh. erneuert) mit Kuppelfresko Correggios (1526–30); roman. Baptisterium (1196ff.). Aus der Renaissance stammen die Kirchen San Giovanni Evangelista und Madonna della Steccata; Palazzo della Pilotta (1583ff.; 1954 wiederaufgebaut) mit dem Teatro Farnese (1618/19). – Urspr. etrusk. Siedlung; 183 v. Chr. als röm. Bürgerkolonie gegr.; kam z. Z. Theoderichs d. Gr. und unter byzantin. Herrschaft (seit 553) zu neuer Blüte (damals *Chrysopolis* [»Goldstadt«]); hatte im MA bis 1303 eine republikan. Verfassung; kam 1512 mit Piacenza an den Kirchenstaat, beide Städte kamen 1545 als erbl. Hzgt. an die Farnese, 1731 an Spanien, 1735 an Österreich; 1748 mit Guastalla unter bourbon. Herrschaft selbständig, 1802 an Frankreich, 1815 mit Guastalla Napoleons I. Gemahlin Marie Louise zuerkannt; 1847–60 erneut bourbonisch.

Parmenides von Elea, *um 540, † um 470, griech. Philosoph. Vertreter der ↑eleatischen Philosophie.

Parmigianino [italien. parmidʒa'ni:no], eigentlich Girolamo Francesco Maria Mazzola, *Parma 11. 1. 1503, † Casalmaggiore bei Parma 28. 8. 1540, italien. Maler. Vertreter des Manierismus; Porträts, Gemälde v. a. religiöser Thematik.

Parnaß, Gebirge in Z-Griechenland, bis 2 457 m hoch; in der griech. Mythologie Sitz der Musen.

Parnassiens [frz. parna'sjẽ] (Parnasse, École parnassienne), frz. Dichterkreis in der 2. Hälfte des 19. Jh.; Name nach einer Anthologie, in der die Gedichte der Mgl. (u. a. C. M. Leconte de Lisle, J.-M. de Heredia, C. Mendès) gesammelt wurden. Die P. propagierten Dichtungen von äußerster formaler Strenge.

Parochie [griech.-mittellat.] ↑Pfarrei.

Parodie [griech.-lat.-frz.], Darstellungsart, die in satir., krit. oder polem. Absicht ein als bekannt vorausgesetztes Werk unter Zuspitzung kennzeichnender Stilmittel nachahmt und damit ins Lächerliche zieht.

Parodontitis [griech.], Entzündung des Zahnhalteapparats (Parodontium).

Parodontose [griech.] (Zahnbettschwund, Paradentose), nicht entzündl. Schwund des Zahnhalteapparates.

Parole [frz.] ↑Losung.

Paroli [italien.-frz.], Verdoppelung des Einsatzes beim Kartenspiel; *P. bieten,* jemandem Widerstand entgegensetzen.

Paros, griech. Kykladeninsel westl. von Naxos, 194 km², bis 750 m ü. M., Hauptort Paros. Seit der Antike ist der in P. abgebaute *parische Marmor* berühmt.

Parotitis, svw. Ohrspeicheldrüsenentzündung; *P. epidemica,* svw. ↑Mumps.

Paroxysmus [griech.], in der *Medizin:* Anfall.

Parsec [Kw. aus **par**allax (**Par**allaxe) und **sec**ond (Sekunde)] (Parallaxensekunde, Parsek), Einheitenzeichen **pc,** astronom. Entfernungseinheit: 1 pc = 3,26 Lichtjahre = $3{,}087 \cdot 10^{13}$ km.

Parsismus [pers.], nach ihrem Ursprungsland Persien ben., von ↑Zarathustra gestiftete Religion. Das ↑Avesta, die hl. Schrift des P., ist durch einen ethisch orientierten Dualismus gekennzeichnet: Dem guten Gott Ahura Masda (nach ihm heißt der ältere P. auch *Mazdaismus*) steht der »böse Geist« Angra Manju (Ahriman) gegenüber. Der Kampf beider bestimmt sowohl das kosm. Geschehen, als auch (von Anfang an) die Geschichte und individuelle Existenz der Menschen. Im Kultus kommen v. a. dem hl. Feuer als Symbol Ahura Masdas und den rituellen Reinigungsvorschriften zum Schutz vor Befleckung durch Ahrimans Dämonen zentrale Bedeutung zu. Die Bestattung Verstorbener erfolgt als Luftbestattung auf »Türmen des Schweigens«. – In der Sassanidenzeit (224–642) erlebte der P. (als *Zoroastrismus*) eine Blütezeit. Nach der islam. Eroberung Persiens (642) wanderten die meisten Parsen nach Indien aus.

Parsons, Sir Charles [engl. pɑ:snz], *London 13. 6. 1854, † Kingston (Jamaika) 11. 2. 1931, brit. Ingenieur. Erfand 1884 die nach ihm ben. mehrstufige Überdruckdampfturbine.

Pars pro toto [lat. »ein Teil für das Ganze«], rhetor. Figur, die einen Teil für das Ganze setzt (z. B. *Dach* für *Haus*).

Part [lat.-frz.], die Stimme, die Rolle, die man in einem Musik- oder Theaterensemble übernommen hat.

Pärt, Arvo, *Paide (Estland) 11. 9. 1935, estn. Komponist. Emigrierte 1980 nach Wien, lebt heute in Berlin; schrieb Orchesterwerke, u. a. drei Sinfonien (1964, 1966, 1971), Kammermusik, Orgel- und Vokalwerke, darunter »Te Deum« (1986, für drei Chöre, präpariertes Klavier und Streicher), »Berliner Messe« (1990, für Soli, Chor und Orgel).

Partei [lat.-frz.], **1)** *allg.:* Gruppe von Gleichgesinnten.
2) *Politik:* (polit. P.) permanent organisierter Zusammenschluß von Bürgern mit gemeinsamen sozialen Interessen und polit. Vorstellungen über die Gestaltung der staatl., gesellschaftl. und wirtschaftl. Ordnung mit dem Ziel der Übernahme, der Behauptung bzw. der Kontrolle der Herrschaft im Staat. Das moderne P.wesen entwickelte sich mit der Durchsetzung des Parlamentarismus. Nach Bildung der brit. Fraktionen von Tories und Whigs im 18. Jh. entstanden P. in den USA und in Europa im Gefolge der Amerikan. und der Frz. Revolution. Ein Produkt der bürgerl. Emanzipationsbewegung waren die (bei eingeschränktem Wahlrecht) bürgerl. *Honoratioren-* oder *Repräsentations-(Patronage-)Parteien,* die den Charakter reiner *Wähler-P.* hatten. Seit dem letzten Drittel des 19. Jh. entstanden mit fortschreitender Erweiterung des Kreises der Wahlberechtigten *Massen-P.* mit bürokrat. P.organisationen auf kommunaler, regionaler und nat. Ebene. Diese entwickelten sich nach dem 1. Weltkrieg zu demokrat. bzw. totalitären *Integrations-P.,* die nicht allein einen großen Anteil ihrer Anhängerschaft als Mgl. mobilisierten *(Mitglieder-P.),* sondern deren private Lebensbereiche erheblich (im Falle totalitärer P. vollständig) zu bestimmen suchten *(Weltanschauungs-P.).* Seit dem 2. Weltkrieg hat sich in den westl. Staaten eine starke Tendenz zu *Volks-P.* abgezeichnet, die mit einer Minderung von sozialen Gegensätzen und einer deutl. Entideologisierung einherging. Daneben gewannen die sich auf regionale bzw. kommunale Bereiche beschränkenden *Rathaus-P.* (z. B. Freie Wählervereinigungen) an Bedeutung. – Bereits im Vormärz bildeten sich die wichtigsten parteipolit. Richtungen von ↑Konservativismus, ↑Liberalismus und ↑Sozialismus aus, die sich in und nach den europ. Revolutionen von 1848/49 endgültig als P. der Rechten, der Mitte bzw. des Zentrums und der Linken formierten. Die Entwicklung der Arbeiterbewegung führte zur Bildung proletar. *Klassenparteien* (↑Sozialdemokratie). Aus religiös-konfessionellem Ggs. bzw. aus dem Widerspruch zw. modern-liberalem Staat und Kirche entstanden *Religions-* und *konfessionelle Parteien.*

Organisation: Mit Ausnahme der P. in den USA, die eine förml. Mitgliedschaft nicht kennen *(offene P.),* sind P. heute geschlossene Verbände mit förml. Beitritt, regelmäßigen Aktivitäten, Mitgliedsbeiträgen, oft auch P.steuer für Mandatsträger *(geschlossene P.).* Sie verpflichten ihre Mgl. auf ein P.programm, in dem ihre polit. Grundsätze festgelegt sind *(Programm-P.).* Kleinste [Basis]organisationsformen können *Komitees, Ortsvereine, Zellen* (bei kommunist. P.) und *Milizen* (bei faschist. P.) sein. Die Basisorganisationen sind überregional (in Deutschland meist in *Kreis-, Landes-* und *Bundesverbänden)* zusammengefaßt, deren wichtigstes Organ der *P.tag* ist und deren Geschäfte von einem *P.vorstand* geführt werden. Die Struktur der *P.organisation* ist jeweils in einer Satzung vorgeschrieben.

Die staatsrechtl. Stellung der P. ist in Deutschland durch Artikel 21 GG geregelt, der in Verbindung mit dem Parteiengesetz vom 24. 7. 1967 (i. d. F. vom 31. 1. 1994) bestimmt, daß die P. bei der »polit. Willensbildung des Volkes« mitwirken, ihre Gründung frei ist, ihre innere Ordnung demokrat. Grundsätzen entsprechen muß, eine eventuelle Verfassungswidrigkeit nur das Bundesverfassungsgericht feststellen kann und über ihre Finanzierung gemäß dem P.gesetz öffentl. Rechenschaft abgelegt werden muß.

Parteibetrieb ↑Amtsbetrieb.
Partei des Demokratischen Sozialismus, Abk. **PDS,** im Dez. 1989 aus der SED hervorgegangene polit. Partei mit sozialist. Programmatik; 25 000 Mgl. (1994). In der letzten Volkskammer der DDR (März–Okt. 1990) und im Dt. Bundestag seit 1990 vertreten; Parteivors. seit 1993 Lothar Bisky (*1941).
Parteienprivileg ↑Parteiverbot.

Partei des Demokratischen Sozialismus

Parteifähigkeit

Parthenon. Tempel der Athene Parthenos auf der Akropolis von Athen, von Nordwesten gesehen (447–432 v. Chr.)

Parteifähigkeit, die Fähigkeit, in einem Rechtsstreit Partei zu sein.

Parteispendenaffäre, innenpolit. Affäre in der BR Deutschland, in deren Mittelpunkt die Frage des Einflusses von Wirtschaftsunternehmen (u. a. Flick-Gruppe) auf polit. Entscheidungen stand.

Parteiverbot, das mit der gerichtl. Feststellung, daß eine polit. Partei verfassungswidrig ist, verbundene Verbot dieser Partei. Verfassungswidrig sind Parteien, die nach ihren Zielen oder nach dem Verhalten ihrer Anhänger darauf ausgehen, die freiheitl. demokrat. Grundordnung zu beeinträchtigen oder zu beseitigen oder den Bestand der BR Deutschland zu gefährden. Im Unterschied zum Vereinsverbot kann das P. nur nach einem förml. Verfahren vom Bundesverfassungsgericht (BVG) ausgesprochen werden (sog. *Parteienprivileg*). Der Antrag auf Entscheidung kann nur vom Bundestag, vom Bundesrat oder von der Bundesregierung gestellt werden.

Parthenogenese [griech.], **1)** *Biologie:* svw. Jungfernzeugung (↑Fortpflanzung).

2) *Religionswissenschaft:* svw. ↑Jungfrauengeburt.

Parthenon, Marmortempel der Athena Parthenos auf der Akropolis von Athen, erbaut 447–432 v. Chr. durch die Architekten Iktinos und Kallikrates. Die schlanken Proportionen der (8 × 17) Säulen und das ungewöhnlich niedrige Gebälk überwinden die Schwere der dor. Ordnung. Der Cella ist an Stirn- und Rückseite je eine sechssäulige Halle vorgelagert. Der Hauptteil des Bauschmucks (Elgin Marbles) befindet sich heute in London. 1687 explodierte durch eine Kanonenkugel das türk. Pulvermagazin im P. (Restaurierung seit 1834).

Parther, iran. Stamm sö. des Kasp. Meeres, seit Kyros II. (⌑ 559–529) zum Perserreich gehörig (Satrapie *Parthien*). Um 247 v. Chr. eroberten die iran. *Parner* die seleukid. Prov. Parthien und nannten sich nun P.; bis Ende des 2. Jh. v. Chr. Ausdehnung des *Partherreichs* (Hauptstadt Nisa, später Ktesiphon) unter den Arsakiden bis zum heutigen China und Indien im O, bis zum Euphratbogen im W. Die Berührung mit Rom ab 92 v. Chr. führte zu zahlr. *Partherkriegen* (53 v. Chr. Niederlage des Crassus bei Carrhae [Charran], weitere Kämpfe v. a. gegen Trajan, L. A. Verus, Septimius Severus, Caracalla). 224 fiel das P.reich in die Hand der Sassaniden.

Partie [lat.-frz.], **1)** Ausschnitt als Teil eines Ganzen.

2) Durchgang, Runde in einem Spiel.

3) *Handel:* größere Menge einer Ware; Posten.

partielle Ableitung ↑Differentialrechnung.

Partikel, 1) *Physik:* svw. ↑Teilchen.

2) *Grammatik:* nicht flektierbares Wort (Adverb, Konjunktion, Präposition).

Partikularismus [lat.-nlat.], im allg. abwertend für das Bestreben einer (territorial umgrenzten) Bevölkerungsgruppe, ihre Sonderinteressen durchzusetzen, auch gegen die Mehrheitsinteressen einer übergeordneten staatl. Gemeinschaft.

Partisane [frz.], spießförmige Stoßwaffe des 15. bis 18. Jh. mit breiter, schwertförmiger Hauptspitze und zwei Nebenspitzen.

Partisanen [lat.-italien.-frz.], Personen, die sich außerhalb einer offiziellen militär. Organisation an einem bewaffneten Konflikt beteiligen. Ihre Einbeziehung in das Kriegsvölkerrecht ist bis heute nicht abgeschlossen.

Parti Socialiste [frz. partisɔsjaˈlist], Abk. **PS**, frz. sozialist. Partei, 1969 hervorgegangen u. a. aus der ↑Section Française de l'Internationale Ouvrière. Nach dem Anschluß der Convention des Institutions Républicaines unter F. Mitterand 1971 bildete die PS in den 1970er Jahren Wahlbündnisse (Union de la Gauche) mit Kommunisten und Radikalsozialisten. Aus den Präsidentenwahlen 1981 und 1988 ging Mitterand als Kandidat der PS als Sieger hervor. Bei den Wahlen zur Nationalversammlung 1981 erreichte die PS eine klare absolute Mehrheit (dennoch zeitweise Koalitionsregierung mit den Kommunisten), die sie 1986 verlor; 1988 setzte sie sich knapp als stärkste Partei durch und stellte bis zu ihrer Wahlniederlage 1993 den Premierminister (u. a. P. Mauroy, L. Fabius, M. Rocard, Édith Cresson).

Partita, Instrumentalstück, dessen Satzfolge der ↑Suite vergleichbar ist.

Partito Popolare Italiano, Abk. **PPI**, Nachfolgeorganisation der ↑Democrazia Cristiana.

Partitur [lat.-italien.], die in allen Einzelheiten ausgearbeitete Aufzeichnung aller, auf jeweils eigenen Liniensystemen notierten Stimmen eines Musikwerks; diese werden so untereinandergesetzt, daß die rhythmisch-metr. Verläufe im Takt in der graph. Disposition korrespondieren. Als *Klavier-P.* werden Klavierauszüge bezeichnet, in denen der Orchesterpart im Klaviersatz zusammengefaßt ist und die Vokalstimmen in normaler P.ordnung wiedergegeben sind (z. B. bei Chor- und Bühnenwerken).

Partizip [lat.] (Mittelwort), Verbform, die eine Mittelstellung zw. Verb und Adjektiv einnimmt, z. B. singend *(P. Präsens)*, gesungen *(P. Perfekt)*.

Partizipation [lat.], Beteiligung an gemeinsamen Angelegenheiten (bes. polit. Mitbestimmungsrechte).

Partnerschaft, (unter der Voraussetzung sozialer Verschiedenheit und Ungleichheit) soziales Prinzip für vertrauensvolle Zusammenarbeit zw. Individuen oder Organisationen mit unterschiedl. Zielsetzung, die ihre Ziele nur gemeinsam unter gegenseitiger Kompromißbereitschaft erreichen können.

parts per million [engl. ˈpɑːts pə ˈmɪljən »Teile auf eine Million«], Abk. **ppm**, Bez. zur Angabe des Anteils einer Substanz in 1 000 000 Teilen der Gesamtsubstanz.

Parusie [par-u...; griech.], die auf die »Ankunft« eines endzeitl. Herrschers bzw. auf das »Kommen« des Reiches Gottes und der »Wiederkunft« Jesu Christi gerichtete Hoffnung der frühen nachöster. christl. Gemeinden. Das Ausbleiben der P. (P.verzögerung) verursachte theolog. Probleme.

Parvenü [lat.-frz.], Emporkömmling.

Parzelle [lat.-frz.], kleinste besitzrechtl., katastermäßig erfaßte Einheit einer Gemarkung.

Parzen, röm. Schicksalsgöttinnen, den griech. ↑Moiren gleichgesetzt und wie diese zu dritt: *Nona, Decuma* und *Morta.*

Parzival [...fal], Hauptgestalt der höf. Romane von Chrétien de Troyes (»Perceval«, vor 1190, unvollendet) und Wolfram von Eschenbach (»P.«, um 1200–1210). P. lebt nach dem Tod seines Vaters Gahmuret mit der Mutter Herzeloyde in einer einsamen bäuerl. Waldsiedlung; ritterl. Erziehung erhält er durch seinen Onkel Gurnemanz. P. wird in die Artusrunde (↑Artus) aufgenommen und schließlich König der Gralsburg, nachdem er die moral. Qualität zu diesem Amt erlangt hat. Bedeutendste neuere Bearbeitung des Stoffes ist R. Wagners »Parsifal« (UA 1882).

Pas [pa; lat.-frz.], frz. Bez. für Schritt; **Pas de deux** [... dəˈdø], der Tanz zu zweit.

Pasadena [engl. pæsəˈdiːnə], Stadt im nö. Vorortbereich von Los Angeles, Kalifornien, 118 600 E. Zentrum der Weltraumforschung.

Pasargadae (Pasargadai), altpers. Residenzstadt nö. von Schiras, nahe der Straße nach Isfahan, Iran; erbaut ab etwa 559 v. Chr. durch Kyros II., d. Gr.; Krönungsstätte der achämenid. Könige.

Pascal, Blaise, *Clermont-Ferrand 19. 6. 1623, † Paris 19. 8. 1662, frz. Phi-

Pascal

Nicola Pašić

Pier Paolo Pasolini

Pascalsches Dreieck

losoph, Mathematiker und Physiker. 1646/47 entdeckte P. das Gesetz der kommunizierenden Röhren und die Verwendbarkeit des Barometers zur Höhenmessung. 1659 bewies er die Bogengleichheit der allg. Zykloide mit der Ellipse. – Ab 1655 Rückzug in die Klostergemeinschaft von Port-Royal; als Vertreter des ↑Jansenismus veröffentlichte er 18 fiktive Briefe (»Lettres provinciales«, 1656/57, bereits 1656 auf dem Index), die, ebenso wie seine Bekenntnisschrift »Mémorial« (entstanden 1654, hg. 1736), in literarisch brillanter Polemik gegen die Theologie (v. a. die Gnadenlehre der Jesuiten) stritt. In seinem (fragmentarisch gebliebenen) Hauptwerk, den »Pensées sur la religion« (hg. 1669), entwirft P. in Aphorismen und fiktiven Gesprächen die Beziehung zw. Mensch, Kosmos und Gott (in Jesu Christi) bzw. die Grenzüberschreitung von menschl. Vernunft zum Glauben: der Mensch steht zw. dem Unendlichen und dem Nichts, zw. »misère« (Elend) und »grandeur« (Größe); die bloße Logik der Vernunft erscheint als Selbstzweck des Wissens, als Abkehr vom Göttlichen; die eigentl. Auszeichnung des Menschen ist jedoch seine (potentielle) Empfänglichkeit für das Göttliche, wobei der Mensch gegen die Gnade Gottes (der göttl. Erkenntnis) machtlos ist.

Pascal [nach B. Pascal], Einheitenzeichen **Pa**, SI-Einheit des ↑Drucks. Festlegung: 1 Pascal ist gleich dem gleichmäßig wirkenden Druck, der senkrecht auf die Fläche 1 m² die Kraft 1 Newton (N) ausübt: $1\,Pa = 1\,N/m^2$.

PASCAL [nach B. Pascal], eine problemorientierte Programmiersprache für digitale Datenverarbeitungsanlagen, die umfangreiche Möglichkeiten für die strukturierte Programmierung bietet und sich für mathemat.-techn. und kommerzielle Probleme eignet.

Pascalsches Dreieck [nach B. Pascal], die in Form eines Dreiecks angeordneten Binomialkoeffizienten. Jede Zahl dieser Anordnung ist die Summe der unmittelbar rechts und links darüber stehenden Zahlen (z. B. $10 = 4 + 6$).

Pasch [frz.], **1)** Wurf mit gleicher Augenzahl auf mehreren Würfeln.
2) beim Domino Spielstein mit Doppelzahl.

Pascha [türk.] (italien.-span. Bassa), auf Lebenszeit verliehener Titel für hohe Offiziere und Beamte im Osman. Reich; 1934 in der Türkei, 1953 in Ägypten abgeschafft.

Pascha [ˈpaʃa], svw. ↑Passah.

Paschtunen (in Pakistan: Pathanen), Volk in Afghanistan und Pakistan, sprechen das ostiran. *Paschtu;* meist sunnit. Muslime.

Pascoli, Giovanni, *San Mauro di Romagna (heute San Mauro Pascoli) 31. 12. 1855, † Bologna 6. 4. 1912, italienischer Lyriker. Zahlreiche Lyriksammlungen, auch Essays und v. a. Arbeiten über Dante.

Pašić, Nikola [serbokroat. ˌpaʃitɕ], *Zaječar 1. 1. 1846, † Belgrad 10. 12. 1926, serb. Politiker. 1891/1892–1918 mehrfach Min.-Präs. Serbiens, 1919–26 des Kgr. der Serben, Kroaten und Slowenen, an dessen Gründung er maßgeblich beteiligt war.

Paso doble [span. »Doppelschritt«], span. Gesellschaftstanz in lebhaftem $^2/_4$- oder $^3/_4$-Takt; nach 1945 Turniertanz.

Pasolini, Pier Paolo, *Bologna 5. 3. 1922, † Rom-Ostia 1. 11. 1975 (ermordet), italien. Schriftsteller und Filmregisseur. 1949 wegen Homosexualität Entlassung aus dem Schuldienst und Ausschluß aus der KP; schrieb Lyrik (u. a. den Gedichtzyklus »Gramscis Asche«, 1957), neorealist. Romane (u. a. »Vita violenta«, 1959; »Petrolio«, R.-Fragment, entst. 1972–75, hg. 1992), Essays (»Freibeuterschriften«, 1978), Theaterstücke und Drehbücher (u. a. für F. Fellini); drehte auch zahlr. eigene Filme, u. a. »Accatone« (1961), »Mamma Roma« (1962), »Das erste Evangelium – Matthäus« (1964), »Teorema« (1968), »Medea« (1969, mit M. Callas), »Die 120 Tage von Sodom« (1975).

Paspel [frz.], Schmalgewebe mit angewebter Hohlkante, als Wulst sichtbar.

Pasquill [italien.], anonyme oder pseudonyme, gegen eine bestimmte Persönlichkeit gerichtete Schmähschrift.

Paß, 1) *Recht:* ↑Paßwesen.
2) *Geographie:* (Joch, Sattel) niedrigste Stelle eines Gebirgsübergangs zw. zwei Flußgebieten.
3) *Baukunst:* Grundfigur des ↑Maßwerks der got. Bauornamentik.
4) *Sport:* [genaue] Ballabgabe (besonders im Fußball); *Doppel-P.,* [mehrmaliger]

Ballwechsel zw. zwei Spielern der gleichen Mannschaft.
Passacaglia [pasa'kalja; span.-italien.], urspr. wohl ein span. Volkstanz mit Tanzlied, der im 16. Jh. mit der Gitarrenmusik nach Italien und Frankreich kam und dort zu einem Hof- und Bühnentanz wurde. Anfang des 17. Jh. erscheint die P. als Variationskomposition über einem meist viertaktigen, mehrfach wiederholten Baßmodell, u. a. bei J. S. Bach, G. F. Händel, später bei J. Brahms und M. Reger.
Passage [pa'saːʒə; frz.], 1) *allg.*: Durchfahrt, Durchgang, Überfahrt (mit Schiff oder Flugzeug). *Passagier,* Reisender, Fahrgast.
2) *Baukunst:* überdachte Ladenstraße.
3) *Musik:* aus Tonleitergängen oder gebrochenen Akkorden.
4) fortlaufender, zusammenhängender Teil einer Rede oder eines Textes.
Passagierschiff [pasa'ʒiːr...], svw. ↑Fahrgastschiff.
Passah [hebr. »Überschreitung«] (Pessach, Pascha), jüd. Fest, das am 14./15. Nisan (März/April) beginnt und in Israel sieben, in der Diaspora acht Tage dauert; Fest der Erinnerung an den Auszug Israels aus Ägypten. Die kult. Form mit der Schlachtung des Opfertieres *(Passahlamm)* im Tempel endete mit der Zerstörung des 2. Tempels in Jerusalem 70 n. Chr.; danach häusl. Familiengottesdienst, wobei man aus der *Passah-Haggada* (P.erzählung) liest. – Das christl. Abendmahl und das christl. Osterfest gehen auf die P.feier zurück.
Passarowitz, Stadt in Serbien, ↑Požarevac.
Passate [niederl.], sehr beständige Winde, die auf beiden Erdhalbkugeln das ganze Jahr hindurch von den Hochdruckgürteln der Subtropen zum Äquator gerichtet sind, infolge der Erdrotation jedoch abgelenkt werden und auf der Nordhalbkugel als *Nordost-P.,* auf der Südhalbkugel als *Südost-P.* wehen.
Passau, 1) Stadt an der Mündung von Inn und Ilz in die Donau, Bayern, 50 400 E. Verwaltungssitz des Landkreises Passau; Univ., Philosoph.-Theolog. Hochschule, Museum. Metallverarbeitung. Hochbarocker Dom (17. Jh.) mit spätgot. Chor (1407–1530) und großer Orgel (1928; mit 215 Registern), Kirche Sankt Severin (9. und 15. Jh.), Kloster Niedernburg mit Heiligkreuzkirche (urspr. roman., später umgestaltet), spätgot. ehem. Salvatorkirche (1479 ff.; Konzertsaal), barocke ehem. Jesuitenkirche Sankt Michael (1665–77), barocke Wallfahrtskirche Mariahilf (1624–27); Feste Oberhaus (13., 15.–17. Jh.; Museum), Feste Niederhaus (14. Jh.), Rathaus (Hauptbau 15. Jh., mit Barocksaal), barocke bischöfl. Residenz (18. Jh.), frühklassizist. ehem. bischöfl. Sommerschloß Freudenhain (Ende 18. Jh.). – Zunächst kelt. Oppidum; wohl unter Domitian (⌂ 81–96) Anlage eines Auxiliarkastells *(Castellum Boiodurum),* im 2. Jh. Anlage eines weiteren Auxiliarkastells *(Batava Castra, Batavis);* im 7. Jh. bayr. (Agilolfinger) Herzogshof, im 8. Jh. karoling. Königshof. Unter Kaiser Otto III. (⌂ 996–1002) kam die Stadt unter die Herrschaft des Bischofs (bis 1803), der 1217 Reichsfürst wurde.
2) Bistum und ehem. Hochstift; von Bonifatius 739 bestätigt, seit 798 Suffragan von Salzburg; 1217 Fürstbistum. 1803 säkularisiert. – Seit dem bayr. Konkordat 1817 Suffragan von München und Freising.
passe [paːs; frz.] ↑Roulett.
Passepartout [paspar'tuː; frz.], Papier- oder Kartonumrahmung z. B. für Graphiken.
Passepied [paspi'eː; frz.], schneller, frz. Rundtanz im $^3/_4$- oder $^3/_8$-Takt; vom 16. bis 18. Jh. Hof- und Gesellschaftstanz; auch in die ↑Suite übernommen.
Paßgang ↑Fortbewegung.
Passiergewicht, das Mindestgewicht einer Münze.
Passiflora [lat.], svw. ↑Passionsblume.
Passion [lat.-frz.], 1) *allg.:* Leidenschaft, Neigung; Liebhaberei.
2) *Christentum:* das Leiden Jesu Christi von seiner Gefangennahme bis zur Kreuzigung.
In der *Liturgie der Karwoche* wird die Leidensgeschichte Christi nach den vier Evangelisten vorgelesen bzw. gesungen. Frühe Beispiele für eine *musikal. Ausgestaltung* einzelner Textpartien gibt es aus dem 15. Jh.; im 16./17. Jh. bildeten sich zwei Typen heraus: 1. mit geteilter Vortragsweise in einstimmiger Rezitation (Evangelist) und mehrstimmigem Choralsatz (übrige Partien); 2. mit durchgängig mehrstimmiger, motettenartiger

Boris Leonidowitsch Pasternak

Passionsblume. Blaue Passionsblume

Louis Pasteur

Passionsblume

Satzweise. Im 17. Jh. entstand das szen. *P.-Oratorium,* das sich durch freie, mit Soloarien, Instrumentalsätzen oder Chören abwechselnde Rezitative auszeichnet. Anfang des 18. Jh. wurde die wörtl. Bindung an den Bibeltext aufgegeben, was zu einer Verlagerung der P. in den außerliturg. Bereich des eigenständ. Oratoriums führte (G. F. Händel, J. Matthesson, G. P. Telemann, R. Keiser). Höhepunkte bilden die beiden P. von J. S. Bach (»Johannes-P.«, 1724; »Matthäus-P.«, 1729). Im 20. Jh. vereinzelt wieder aufgegriffen, u. a. von K. Penderecki.

Passionsblume (Passiflora), Gatt. der Passionsblumengewächse (Passifloraceae; rd. 600 Arten in zwölf Gatt.) mit über 400 Arten, fast alle im trop. Amerika; kletternde Sträucher mit Sproßranken, Blüten auffallend ausgebildet. Verschiedene Arten der P. werden kultiviert (↑Passionsfrüchte).

Passionsfrüchte (Grenadillen), Bez. für die Früchte verschiedener, in den Tropen und Subtropen (v. a. S-Amerika) angebauter Arten der Passionsblume; melonenartige, 5 bis 25 cm große Beerenfrüchte mit saftigem, gallertartigem Fruchtfleisch. Bekannt sind die v. a. zu Saft und Nektar verarbeiteten *Maracujas.*

Passionssonntag, in der kath. Kirche der 5. Sonntag der Fastenzeit (erster P.; in den ev. Kirchen: *Judika*) und der Palmsonntag (zweiter P.; in den ev. Kirchen: *Palmarum*).

Passionsspiel (Passion), geistl. Schauspiel über das Leiden und Sterben Jesu Christi.

Passionszeit, seit dem 9. Jh. gebräuchliche Bezeichnung für die Fastenzeit vom ersten Passionssonntag bis einschließlich Karfreitag.

Passiv [lat.] (Leideform), Verhaltensrichtung des Verbs, bei der das Subjekt nicht Träger der Handlung ist, sondern von ihr betroffen wird. – Ggs. ↑Aktiv.

Passiva [lat.], Bez. für die auf der rechten Seite der Bilanz ausgewiesenen Bestandskonten.

passiver Widerstand, Mittel polit.-sozialer Auseinandersetzung, bei der unter Verzicht auf Gewaltakte durch Streik, Boykott, Dienst nach Vorschrift, zivilen Ungehorsam u. a. die eigene Position in einem bestehenden Gegensatzverhältnis durchgesetzt werden soll.

Passivierung [lat.], 1) *allg.:* Einstellen eines Postens in die Passiva.
2) *Chemie:* die Ausbildung eines elektrochem. Zustandes *(Passivität)* von Metalloberflächen, durch den das Metall relativ widerstandsfähig gegen chem. Angriff (Auflösung, Korrosion) wird. Durch anodischen Strom oder durch Oxidationsmittel werden sehr dünne, unsichtbare, porenfreie Oxidschichten gebildet, die das Metall schützen (z. B. Eisen, Aluminium).

Passivität [lat.], 1) *Psychologie:* das (weitgehende) Fehlen beobachtbarer Aktivität; u. a. bedingt durch Mangel an psych. Antrieben bzw. geeigneter Motivation.
2) *Chemie:* ↑Passivierung.

Passos, John Dos ↑Dos Passos, John.

Passus [lat.], Textstelle, Abschnitt in einem Text.

Paßwesen, die Gesamtheit der staatl. Maßnahmen, die sich mit der Erteilung und dem Entzug von Pässen sowie mit den Voraussetzungen des Grenzübertritts befassen. Für das P. hat der Bund die ausschließl. Gesetzgebungskompetenz. Unter *Paß* versteht man ein für den Grenzübertritt erforderl. Ausweispapier, das auch als Nachweis der Staatsangehörigkeit und im Inland als Ausweis gilt (Personalausweis). Ebenfalls zum Grenzübertritt in zahlr. Staaten berechtigt der *Personalausweis* (vorgeschrieben für jede meldepflichtige Person in Deutschland ab dem vollendeten 16. Lebensjahr).

Passy, Frédéric [frz. pa'si], * Paris 20. 5. 1822, † Neuilly-sur-Seine 12. 6. 1912, frz. Nationalökonom und Politiker. Mitbegründer der Internat. Friedensliga (1867) und der Interparlamentar. Union (1888); 1881–89 liberaldemokrat. Abg.; erhielt 1901 zus. mit H. Dunant den ersten Friedensnobelpreis.

Pastellfarben [italien./dt.], Gemische von feingemahlenen Farbpigmenten mit Kaolin, Ton und etwas Bindemittel, die in Stiftform gepreßt werden.

Pastellmalerei (Pastellzeichnung), mit Pastellfarben auf Papier, Pappe oder Pergament gemalte Bild; die weiche Farbe gestattet das Übereinanderlegen mehrerer Farbschichten. Seit dem 16. Jh. in Italien (G. Reni, Giovanni Antonio Boltraffio [* 1467, † 1516]), Deutschland (H. Holbein d. J., L. Cranach d. Ä.) und

Pastoraltheologie

Frankreich (J. Fouquet, J. und F. Clouet) als kolorist. Element in Handzeichnungen, im 18. Jh. zahlr. Pastellbildnisse (Rosalba Carriera [*1675, †1757], Jean-Étienne Liotard [*1702, †1789], Jean-Baptiste Siméon Chardin [*1699, †1779], Jean-Baptiste Perronneau [*1715, †1782], T. Gainsborough, Angelica Kauffmann [*1741, †1807], R. Mengs, A. von Menzel). Danach sind v. a. E. Manet, E. Degas und M. Liebermann zu nennen.

Pasternak, Boris Leonidowitsch, *Moskau 10. 2. 1890, † Peredelkino bei Moskau 30. 5. 1960, russ. Schriftsteller. Publizierte ab 1913 zahlr. Lyrikbände sowie Erzählungen (u. a. »Briefe aus Tula«, 1922; »Das Jahr 1905«, 1927); nach 1937 Publikationsverbot; seitdem bed. Übers. Shakespeares, Goethes (»Faust«), Verlaines, S. Petőfis. 1957 erschien in Italien der Roman »Doktor Schiwago« (russ. 1959; in der Sowjetunion 1988; verfilmt 1965), daraufhin Ausschluß aus dem Schriftstellerverband (postume Wiederaufnahme 1987); erhielt 1958 für sein lyr. Werk den Nobelpreis, den er unter polit. Druck nicht annahm; 1989 postum Verleihung einer Nobelpreis-Medaille.

Pasterze ↑Glocknergruppe.

Pasteur, Louis [frz. pas'tœ:r], *Dole 27. 12. 1822, † Villeneuve-l'Etang bei Paris 28. 9. 1895, frz. Chemiker und Mikrobiologe. Entdeckte an den Salzen der Weinsäure die opt. Isomerie und schuf die Grundlagen für die Stereochemie und Polarimetrie. Ab 1854 beschäftigte sich P. mit der alkohol. Gärung und entdeckte, daß sie stets von Mikroorganismen hervorgerufen wird und daß Erhitzen zur Abtötung von Mikroorganismen führt *(Pasteurisieren).* Auch bei Tierkrankheiten, Sepsis und eitrigen Erkrankungen erkannte P. Mikroorganismen als Ursache und entwickelte ab 1881 Impfstoffe gegen Geflügelcholera, Schweinerotlauf und Milzbrand. Aus dem Rückenmark tollwütiger Tiere gewann P. einen Impfstoff gegen Tollwut, den er 1885 erstmals erfolgreich erprobte.

Pasteurisieren [...tø...; nach L. Pasteur] ↑Konservierung.

Pasticcio, [italien. pas'tıtʃo] (frz. Pastiche), 1) Zusammenstellung von Teilen aus Opern eines oder mehrerer Komponisten zu einem »neuen« Werk mit eigenem Titel und Libretto.
2) originäres, von verschiedenen Komponisten geschaffenes Bühnenwerk oder Instrumentalstück.

Pastille [lat.], Pulver oder Pulvermischungen, die mit Flüssigkeiten (als Bindemittel) zu einem Teig verarbeitet, in Kugel- oder Pillenform abgeteilt und dann getrocknet werden.

Pastinak [lat.], Gattung der Doldengewächse mit 14 Arten in Europa und W-Asien; einheimisch der formenreiche *Gemeine Pastinak* (Pastinake, Pasternak, Hammelmöhre); teilweise auch kultiviert; 30–100 cm hohe Pflanzen mit nach Möhren duftender Wurzel.

Pastis [frz.], Kräuteraperitif v. a. mit Anisöl.

Pastor ['pastɔr, pas'to:r; lat. »Hirt«], Bez. für kath. und ev. Pfarrer; auch Anrede.

Pastoralbriefe, Bez. für die mit Sicherheit nicht von Paulus verfaßten Timotheusbriefe und den Titusbrief.

Pastoralsynode, seit 1966 Bez. für die aus Bischöfen, Klerikern und Laien gebildete kath. Synode eines Landes.

Pastoraltheologie ↑Seelsorge.

Pastellmalerei.
Hans Holbein d. J. »Bürgermeister Jakob Meyer zu Basel« (1525/26); Basel, Kunstmuseum)

Pastinak.
Gemeiner Pastinak (Höhe 30–100 cm)

pastos

pastos [lat.-italien.], dickflüssig, teigartig; in der *Ölmalerei* dick aufgetragen (reliefartige Wirkung).

Pästum ['pɛstʊm, 'pɛːstʊm] ↑Paestum.

Patagonien, der südl. des Río Colorado gelegene Teil des südamerikan. Festlands besteht aus zwei Großlandschaften: *West-P.* (überwiegend zu Chile) wird von den Kordilleren durchzogen. Die Küste ist in zahlr. Inseln und Halbinseln aufgelöst. Fjorde greifen tief in die seenreichen, vergletscherten Anden ein, die im Cerro Valentín 4058 m ü. M. erreichen. Das im Regenschatten des Gebirges liegende *Ost-P.* (überwiegend zu Argentinien) ist ein nach O abfallendes Tafelland, mit Strauch- und Grassteppe.

Patchwork [engl. 'pætʃwəːk], Wandbehänge, Decken, Kleider, Taschen u. a., die aus Stoff- oder Lederflicken zusammengesetzt sind.

Pate, in den *christl. Kirchen* der Taufzeuge.

Patellarsehnenreflex [lat./dt./lat.] ↑Kniesehnenreflex.

Patene [lat.], liturg. Gerät bei Eucharistie und Abendmahl, ein flacher, z. T. reich verzierter metallener Teller für die Hostie[n].

Patent [mittellat.], *Recht:* **1)** bis ins 19. Jh. Urkunde zur Verleihung von Rechten an Personengruppen (z. B. *Toleranz-P.* zur Gewährung von Religionsfreiheit) oder (als Bestallungsurkunde) an Einzelpersonen (z. B. Offiziers-P., Kapitäns-P.).
2) Schutzrecht für eine neue Erfindung, die eine gewerbl. Verwertung gestattet. Voraussetzungen für die Erteilung eines P. sind u. a. ein techn. Charakter der Erfindung, Ausführbarkeit, Wiederholbarkeit, Nützlichkeit und Vorliegen einer erfinder. Tätigkeit.

Patentrecht, im objektiven Sinn die Gesamtheit der Rechtsnormen, die die Rechtsverhältnisse an Patenten sowie das Verfahren in Patentsachen regeln, v. a. das Patentgesetz und das Sortenschutzgesetz; im subjektiven Sinne das absolute Recht auf die Nutzung des Patents. Das Patent entsteht mit der Anmeldung einer Erfindung beim Patentamt, in der BR Deutschland beim Deutschen Patentamt in München, durch Erteilung des Patents (als *Dt. Bundespatent*) nach Abschluß des Prüfungsverfahrens. Die Schutzdauer für ein Patent beträgt 18 Jahre. Das Patent ist vererblich und übertragbar. Zu den Erfordernissen für die Anerkennung als Patent gehört als Gültigkeitsvoraussetzung, daß die Erfindung in der Patentschrift so deutlich und vollständig beschrieben werden muß, daß ein Fachmann sie ausführen kann.

Pater [lat. »Vater«], Titel und Anrede kath. Ordensgeistlicher.

Pater familias [lat. »Vater der Familie«], (im röm. Recht) Familienoberhaupt.

Paternoster [lat. »unser Vater«], svw. ↑Vaterunser.

Paternosteraufzug ↑Fördermittel.

path..., Path... ↑patho..., Patho...

Pathanen ↑Paschtunen.

patho..., Patho..., path..., Path... [griech.], Bestimmungswort von Zusammensetzungen mit der Bedeutung »Leiden, Krankheit«.

Pathogenese, Gesamtheit der an der Entstehung und Entwicklung einer Krankheit beteiligten Faktoren.

Pathologie, Wiss. und Lehre der Krankheiten.

Pathos [griech.], (Ausdruck der) Erhabenheit, eth., moral. Größe.

Patience [frz. pasi'ãːs], Kartenspiel für eine Person; die Blätter werden so abgelegt, daß Sequenzen in einer bestimmten Reihenfolge entstehen.

Patina [italien.], graugrüne, aus bas. Carbonate und Sulfaten bestehende Oberflächenschicht auf Kupfer und Kupferlegierungen, die sich durch Reaktion mit dem in der Luft enthaltenen Kohlen- und Schwefeldioxid bildet.

Patinir (Patinier, Patenier), Joachim, *Bouvignes-sur-Meuse bei Dinant um 1485, † Antwerpen 5. 10. 1524, niederl. Maler und Zeichner. Phantast. »Weltlandschaften«: »Ruhe auf der Flucht nach Ägypten« (um 1520; Berlin, Gemäldegalerie).

Patio [lat.-span.], Innenhof von Häusern, v. a. in Spanien und Lateinamerika.

Patmos, Insel des Dodekanes, 34 km², Hauptort Chora. – Nach der Überlieferung Verbannungsort des Evangelisten Johannes, der hier die Apokalypse verfaßt haben soll; Sankt-Johannes-Kloster (1088 gegründet).

Patna, Hauptstadt des ind. Gliedstaates Bihar, am Ganges, 917 000 E. Univ.; Flußhafen, ⚐. – Hauptstadt des Maurjareiches (4.–2. Jh.), erste Hauptstadt des Guptareiches (4./5. Jh.).

Patras, griech. Hafenstadt an der NW-Küste der Peloponnes, am Golf von P. (westl. Einfahrt in den Golf von Korinth), 142 200 E. Verwaltungssitz der Region Peloponnes und des Verw.-Geb. Achaia; Univ.; archäolog. Museum. Fähren nach Brindisi, Korfu, Epirus und Piräus; ⚔. Röm. Odeon (2. Jh. v. Chr.), griech.-orth. Kirche (1836); in der Oberstadt fränk.-venezian. Burg. – In der Antike *Patrai;* seit röm. Zeit wichtigster Hafen der Peloponnes; im 13. Jh. fränk. Baronie; nach wechselnder venezian. und osman. Herrschaft 1828 zu Griechenland.

Patria potestas [lat.], im röm. Recht die väterl. Gewalt.

Patriarch [griech.-lat.], 1) im AT ↑Erzväter.
2) im *frühen Christentum* Bischöfe mit höherem Ansehen, das auf dem polit. Rang der betreffenden Stadt beruhte.
3) in den *Ostkirchen* »Oberbischöfe« mit bestimmten jurisdiktionellen Hoheiten innerhalb ihrer Patriarchate.
4) in der *kath. Kirche* Ehrentitel für den Papst und einige Bischöfe. In den mit Rom *unierten Ostkirchen* ist der P. Mittelinstanz zw. Papst und Bischöfen; die Gesetzgebung liegt bei der vom P. einberufenen Patriarchalsynode.

Patriarchat [griech.], 1) *kath. Kirche und Ostkirchen:* der Jurisdiktionsbezirk des ↑Patriarchs.
2) *Soziologie:* (Vaterherrschaft) Gesellschaftsordnung, in der der Mann – v. a. in einer mehrere Generationen umfassenden Großfamilie – die oberste Entscheidungs- und Verfügungsgewalt über alle Familien-Mgl. besitzt.

Patrick [engl. 'pætrɪk], hl., latinisiert Magonus Sucatus Patricius, eigtl. Sucat (Succat), *in Britannien um 385, † in Nordirland 461, Missionar Irlands (»Apostel Irlands«). Organisierte durch umfangreiche Missionstätigkeit die iroschott. Kirche. – Fest: 17. März.

patrilineal (patrilinear) [lat.], Abstammungsordnung nach der väterlichen Linie.

Patrimonialgerichtsbarkeit [lat./dt.] (Gutsgerichtsbarkeit), Gerichtsbarkeit, die der Grundherr über seine Grundhörigen ausübte. Bei der Entstehung der neuzeitl. Territorialstaaten verblieb der P. lediglich die Zuständigkeit für Polizeisachen; im 19. Jh. aufgehoben.

Patrimonium [lat.], väterl. Erbgut; auch das Privatvermögen eines Herrschers.

Patrimonium Petri [lat.] ↑Kirchenstaat.

Patriot [griech.-lat.-frz.], jemand, der sich für sein Vaterland einsetzt.

Patristik [lat.] (Patrologie), wiss. Disziplin, die sich mit dem Studium der Kirchenväter befaßt (gelegentl. auch Bez. für die Zeit der ↑Kirchenväter).

Patrizier [lat.], 1) in der röm. Republik die Nachkommen der Geschlechter- und Sippenhäupter (patres), die das *Patriziat* bildeten und durch den Senat und die Konsuln im Alleinbesitz der polit. Macht waren, bis die Plebejer im Ständekampf bis 287 v. Chr. die polit. Gleichberechtigung erlangten und mit den P. zur Nobilität zusammenwuchsen.
2) in den europ. Städten des MA die Angehörigen der Oberschicht des Bürgertums (Fernhändler, städt. Ministerialen und zugezogene Landadlige), die polit. Vorrechte, v. a. Ratsfähigkeit, beanspruchte.

Patrologie [griech.] ↑Patristik.

Patron [lat.], 1) *altröm. Recht:* der durch ein gegenseitiges Treueverhältnis mit dem Klienten verbundene Schutzherr.
2) *kath. und ev. Kirchenrecht:* (Kirchenpatron) ↑Patronat.
3) *kath. Kirche:* Engel oder Heiliger, der als bes. Beschützer einer Kirche *(Kirchen-P.),* eines Standes, eines Berufsgruppe, einer Stadt, Diözese, eines Landes, einer Person *(Namens-P.)* verehrt wird.

Patronage [frz. patrɔ'naːʒ; lat.], von Begünstigung und Protektion geprägtes Förderungs- und Ausleseverfahren.

Patronat [lat.] (Patronatsrecht), Rechtsbeziehung zw. kath. oder ev. Kirche und dem Stifter *(Patron)* einer Kirche oder eines Benefiziums bzw. dessen Rechtsnachfolger.

Patrone [mittellat.], 1) *Textiltechnik:* die Bindungsmuster-Bez. für ein Gewebe.
2) *Waffenwesen:* Metallhülse mit Treibladung und Geschoß.
3) *allg.:* kleiner, in ein Gerät einsetzbarer Behälter (für Kleinbildfilm, Tinte u. a.).

Patronymikon [griech.], von dem Namen des Vaters oder eines anderen Vorfahren hergeleiteter Familienname, z. B.

Pau
Stadtwappen

Wolfgang Paul

Wolfgang Pauli

Linus Pauling

Patrouille

Friedrichsen, Friedrichs (aus Friedrichs Sohn).

Patrouille [pa'trʊljə; frz.], Spähtrupp, Streife.

Patt [frz.], Stellung im Schach, bei der die am Zug befindl. Partei mit keiner der auf dem Brett stehenden Figuren zu ziehen vermag; wird als unentschieden gewertet; übertragen: Situation, in der keine Partei einen Vorteil erringen bzw. den Gegner schlagen kann.

Pattern [engl. 'pætən »Muster«] (Mrz. Patterns), *Sozial- und Verhaltenswissenschaften:* ein Verhaltensmuster, eine soziale Grundstruktur, ein Denkmodell, ein Ablaufschema (z. B. eine Testvorlage).

Pat und Patachon [- - ...ʃɔn], dän. Komikerpaar (Carl Schenström, *1881, †1942, und Harald Madsen, *1890, †1949).

Pau [frz. po], frz. Dép.-Hauptstadt im Pyrenäenvorland, 83 800 E. Univ.; Museum des Béarn, Schloß-, Bernadotte-, Kunstmuseum; heilklimat. Kurort. Schloß (12.–16. Jh.). – Mitte des 15. Jh. Hauptstadt der Vize-Gft. Béarn; 1512 auch Hauptort des Kgr. Navarra.

Pauke (Kesselpauke), wichtigstes, zur Klasse der Membranophone gehörendes Schlaginstrument des Orchesters. Die P. besteht aus einem halbkugelförmigen oder (heute meist) parabol. Resonanzkörper aus Kupferblech und einer darübergespannten Membran (»Fell«), die mit Schlegeln angeschlagen wird. Das Fell ist am Fellwickelreifen befestigt; über diesem befindet sich der Felldruckreifen, der mit Hilfe von 6–8 Spannschrauben verstellt werden kann und so das Fell spannt oder entspannt. Die Schrauben werden bei der heute üblichen *Pedal-P.* durch Pedaldruck bewegt. Im Unterschied zur Trommel hat die P. eine feste Tonhöhe, die im Umfang von etwa einer Sexte verändert werden kann. Gebaut werden verschiedene Größen mit einem Felldurchmesser von 55 bis 80 cm. Gewöhnlich wird die P. paarweise (C- und G-Pauke) eingesetzt.

Paukenbein, das Trommelfell und (bei den Plazentatieren) den äußeren Gehörgang größtenteils umschließendes Knochenstück der Wirbeltiere. Das P. der Säugetiere und Menschen bildet die seitl. und vordere Wand der Paukenhöhle.

Paukenhöhle, Hohlraumsystem des Mittelohrs mit den Gehörknöchelchen.

Paul, Name von Herrschern:
Griechenland: **1) Paul I.,** *Athen 14.12. 1901, †ebd. 6. 3. 1964, König (seit 1947). Sohn König Konstantins I.; 1938 ∞ mit Prinzessin Friederike Luise von Braunschweig-Lüneburg; 1924–35 und 1941–46 im Exil; folgte am 1. 4. 1947 seinem Bruder Georg II. auf den Thron.
Jugoslawien: **2) Paul Karadordević** [serbokroat. kara͵dzɔ:rdzevitɕ], *Sankt Petersburg 27. 4. 1893, †Neuilly-sur-Seine 14. 9. 1976, Prinzregent. Nach der Ermordung seines Vetters Alexander I. Karadordević am 10. 10. 1934 Regent für seinen Neffen Peter II. Ihm gelang 1939 der Ausgleich zw. Serben und Kroaten; lebte nach seinem Sturz am 27. 3. 1941 in Frankreich.
Rußland: **3) Paul I.** (russ. Pawel I. Petrowitsch), *Sankt Petersburg 1. 10. 1754, †ebd. 24. 3. 1801, Kaiser (seit 1796). Sohn Peters III. und Katharinas II.; wechselte 1799 von der 2. antifrz. Koalition zu Napoléon Bonaparte über; verfeindete sich mit allen Schichten der Adelsgesellschaft durch Bruch mit den Adelsordnungen Katharinas II.; von einer Adelsverschwörung ermordet.

Paul, Name von Päpsten:
1) Paul III., *Canino oder Rom 1468, †Rom 10. 11. 1549, vorher Alessandro Farnese d. Ä., Papst (seit 13. 10. 1534). Förderte Ordensreformen (1540 Bestätigung des Jesuitenordens), organisierte die röm. Inquisition 1542 und eröffnete das Konzil von Trient 1545.
2) Paul V., *Rom 1552, †ebd. 28. 1. 1621, vorher Camillo Borghese, Papst (seit 16. 5. 1605). Kanonist, der an den Herrschaftsansprüchen des mittelalterl. Papsttums festzuhalten versuchte; geriet dadurch in Konflikte mit Frankreich und England. Begünstigte durch Nepotismus den Aufstieg der Borghese.
3) Paul VI., *Concesio bei Brescia 26. 9. 1897, †Castel Gandolfo 6. 8. 1978, vorher Giovanni Battista Montini, Papst (seit 21. 6. 1963). Enger Mitarbeiter Pius' XII.; 1954 Erzbischof von Mailand, 1958 Kardinal. Sein Pontifikat begann in Weiterführung und Abschluß des 2. Vatikan. Konzils. Zu seinen wichtigsten Verlautbarungen über Glaube, christl. Sitte und kirchl. Disziplin zählen die Sozialenzyklika »Populorum pro-

gressio« (1967) und die – heftig diskutierte – Enzyklika »Humanae vitae« (1968, über Fragen der Ehe und Geburtenregelung).

Paul, 1) Bruno, *Seifhennersdorf bei Zittau 19. 1. 1874, † Berlin 17. 8. 1968, dt. Architekt, Graphiker und Designer. Begann mit Karikaturen (für den »Simplicissimus«); zahlr. Entwürfe für Möbel; Bau des Kathreiner Hochhauses (Berlin, 1927/28).

2) Jean, dt. Dichter, †Jean Paul.

3) Wolfgang, *Lorenzkirch (Landkreis Riesa) 10. 8. 1913, † Bonn 7. 12. 1993, dt. Physiker. Arbeiten u. a. über Atom- und Molekularstrahlung, zur Strahlungstherapie, Kern- und Elementarteilchenphysik; Nobelpreis für Physik 1989 (mit H. G. Dehmelt und N. F. Ramsey).

Paulhan, Jean [frz. po'lã], *Nîmes 2. 12. 1884, † Neuilly-sur-Seine 9. 10. 1968, frz. Schriftsteller. Als Essayist, Literatur- und v. a. Sprachkritiker eine der einflußreichen Gestalten der frz. Literatur seiner Zeit.

Pauli, Wolfgang, *Wien 25. 4. 1900, † Zürich 15. 12. 1958, schweizer.-amerikan. Physiker österr. Herkunft. Mitbegründer der Quantentheorie; fundamentale Arbeiten zur Quantenmechanik, Quantenelektrodynamik und zur Quantenfeldtheorie; Nobelpreis für Physik 1945.

Pauling, Linus [engl. 'pɔːlɪŋ], *Portland (Oregon) 28. 2. 1901, † Big Sur (Calif.) 19. 8. 1994, amerikan. Chemiker. Einer der Begründer der Quantenchemie; entdeckte mit Hilfe der Röntgenstrukturanalyse die α-Helix-Struktur zahlr. Proteine, bed. Arbeiten über Hämoglobin und Immunitätsreaktionen; 1954 Nobelpreis für Chemie; 1963 als Gegner von Atomwaffenversuchen mit dem Friedensnobelpreis ausgezeichnet.

Pauli-Prinzip [nach W. Pauli] (Pauli-Verbot), grundlegendes Prinzip der Atomphysik: Ein System gleichartiger Teilchen mit halbzahligem Spin (Fermionen) geht niemals in einen Zustand über, in dem zwei dieser Teilchen am selben Ort und mit gleichem Spin angetroffen werden oder den gleichen Impuls und Spin haben. Insbes. stimmen in einem Atom zwei Elektronen niemals in allen Quantenzahlen überein. Das P.-P. ist unentbehrlich für das Verständnis des Aufbaus der Atomhülle und damit des Periodensystems der chem. Elemente.

Paulskirche, ehem. ev. Kirche in Frankfurt am Main; Tagungsort der Frankfurter Nationalversammlung; frühklassizist. Bau (1789–1833, nach 1945 als Versammlungsraum wiederaufgebaut).

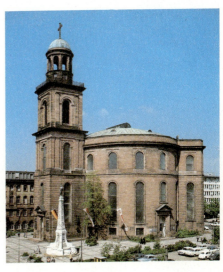

Paulskirche

Paulus, hl., jüd. Name Saul, *Tarsus (Kilikien) Anfang des 1. Jh., † Rom 60 oder 62, Apostel, Verfasser zahlr. neutestamentl. Schriften. Als Quellen zur Rekonstruktion seines Lebens dienen v. a. die echten †Paulusbriefe. Genaue Lebensdaten sind von P. nicht erhalten. Er entstammte einer streng jüd. Familie, erbte von seinem Vater das röm. Bürgerrecht und erlernte den Beruf des Zeltmachers; er gehörte zur Gruppe der Pharisäer. Um 30 ereignete sich in Damaskus die Bekehrung des P. (Berufung zum Apostel der Heiden). – Bis zum †Apostelkonzil wirkte P. in der Gegend von Damaskus und in Antiochia; danach unternahm er drei große Missionsreisen: *1. Reise* nach Zypern und Kleinasien; *2. Reise* über Syrien und Kilikien, Phrygien, Galatien und Makedonien nach Thessalonike und Athen und von dort nach Korinth (49 bis 51); *3. Reise* nach Galatien und Phrygien, dann nach

Paulus

Bernhard Paumgartner

Friedrich Paulus

Ephesus; über Korinth Rückkehr nach Jerusalem; jüd. Anfeindungen führten dort zu seiner Inhaftierung. Er wurde nach Rom überstellt, wo er vermutlich unter Nero den Märtyrertod fand. – Fest: 29. Juni (zus. mit Petrus).
Theologie: Der jüd. Heilsweg, der in der Erfüllung des Gesetzes besteht, ist bei P. aufgehoben, die ↑Rechtfertigung kann ausschließlich aus dem Glauben erlangt werden. Wie das Gesetz dem Menschen die Sünde nicht als eine individuelle moralische Verfehlung, sondern als Grundstruktur menschlichen Daseins gegenüber Gott zeigt, kann auch der Glaube nicht als Werk des Menschen verstanden werden, sondern nur als Gabe und Gehorsam gegenüber dem Willen Gottes. Der Mensch ist Mgl. der Gemeinde des auferstandenen Herrn, die zwar schon gegenwärtig der Leib Christi ist, aber gleichzeitig von der Hoffnung auf die endgültige Wiederkunft (Parusie) des Herrn geleitet wird.
Paulus, Friedrich, *Breitenau (bei Kassel) 23. 9. 1890, †Dresden 1. 2. 1957, deutscher Generalfeldmarschall (seit 1943). Seit Januar 1942 Oberbefehlshaber der 6. Armee, mit der er im November 1942 in Stalingrad eingeschlossen wurde; ging schließlich auf eigene Verantwortung mit den Resten der 6. Armee in Kriegsgefangenschaft (bis 1953); Mitglied des Nationalkomitees Freies Deutschland.
Paulusbriefe, im NT von Paulus verfaßte oder ihm zugeschriebene Briefe: Röm., 1./2. Kor., Gal., Eph., Phil., Kol., 1./2. Thess., 1./2. Tim., Titus, Philem., Hebr.; mit Sicherheit von Paulus: 1. Thess., Gal., 1. Kor., Phil., Philem., 2. Kor. und Röm. (in der Reihenfolge ihrer Abfassungszeit; zw. 50 und 56).
Paulus Diaconus, *in Friaul um 720, †Montecassino nach 787, langobard. Geschichtsschreiber. Bed. Mgl. des Gelehrtenkreises um Karl d. Gr. Verfaßte u. a. die »Historia Langobardorum«.
Pauly, August [...li], *Benningen am Neckar 9. 5. 1796, †Stuttgart 2. 5. 1845, dt. klass. Philologe. Begründer der »Realencyclopädie der class. Alterthumswissenschaft« (1837 ff.; zuletzt neu hg. von G. Wissowa u. a., 1893 bis 1978).

Paumgartner, Bernhard, *Wien 14. 11. 1887, †Salzburg 27. 7. 1971, österr. Dirigent, Musikforscher und Komponist. 1953–59 Präs. des Salzburger Mozarteums; Mitbegründer der Salzburger Festspiele.
Pauperismus [lat.], in den 1840er Jahren auftauchender Begriff für die vorindustrielle Massenarmut.
Pausanias, 1) †Sparta 467 oder 466 v. Chr., spartan. Heerführer. Oberbefehlshaber der Griechen bei Plätää 479, eroberte Zypern und Byzantion (478), wo er eigenmächtig bis 470 herrschte; in Sparta wegen Landesverrats angeklagt und in einem Tempel eingemauert.
2) griech. Schriftsteller aus Kleinasien. Schrieb zw. 160 und 180 n. Chr. einen Reisebericht über Griechenland in 10 Büchern; bed. wegen archäolog., histor., geograph., mytholog. Angaben (v. a. auch über verlorengegangene Kunstwerke).
Pauschale, nicht detailliert erhobener Betrag, der zw. Vertragspartnern in bestimmter Höhe vereinbart und zur Abgeltung eines Anspruchs gezahlt wird.
Pause, unter Verwendung von Pauspapier oder auf photochem. Wege hergestellte Kopie.
Pause [lat.-roman.], **1)** *allg.:* Unterbrechung einer Tätigkeit.
2) *Musik:* das vorübergehende Aussetzen einzelner oder aller Stimmen als bewußter Bestandteil einer Komposition, angezeigt durch eigene Zeichen.
Pausewang, Gudrun, *Wichstadt (heute Mladkov, Ostböhm. Gebiet) 3. 3. 1928, dt. Schriftstellerin. Schreibt von ihren Eindrücken in Lateinamerika geprägte Erzählungen und Romane, u. a. »Rio Amargo« (1959), »Die Freiheit des Ramon Acosta« (1981); auch Kinder- und Jugendbücher, u. a. »Die letzten Kinder von Schewenborn ...« (1983), »Die Wolke« (1987).
Pauspapier, durchscheinendes (transparentes) Papier zum Nachzeichnen einer darunterliegenden Vorlage.
Pavane [italien.-frz.], aus Italien stammender, langsamer Schreittanz im geraden Takt; Anfang des 17. Jh. auch Einleitungssatz der Suite. ↑Allemande.
Pavarotti, Luciano, *Modena 12. 10. 1935, italien. Sänger (Tenor). Als Opernsänger v. a. Interpret von G. Verdi, G. Donizetti und G. Puccini.

Pawlow

Pavelić, Ante [serbokroat. ˌpavelitɕ], *Bradina bei Sarajevo 14.7. 1889, † Madrid 28. 12. 1959, kroat. Politiker. Gründer und Lenker der ↑Ustascha; rief 1941 den »Unabhängigen Staat Kroatien« aus; 1945 wegen der Errichtung von KZ in Jugoslawien in Abwesenheit zum Tode verurteilt.

Pavese, Cesare, *Santo Stefano Belbo bei Asti 9. 9. 1908, † Turin 27. 8. 1950 (Selbstmord), italien. Schriftsteller. Als Antifaschist 1935/36 nach S-Italien verbannt; schrieb u. a. »Der Genosse« (R., 1947), »Der schöne Sommer« (R.-Trilogie, 1949), »Junger Mond« (R., 1950), »Das Handwerk des Lebens« (Tagebuch der Jahre 1935–50, hg. 1950), »Andere Tage, andere Spiele« (R., hg. 1968).

Pavia, italien. Prov.-Hauptstadt in der Lombardei, 81 600 E. Univ., Museen; Erdölraffinerie, petrochem. u. a. Werke; Kanalverbindung nach Mailand. Dom (1488–1936), roman. Kirche San Pietro in Ciel d'Oro (1132 geweiht) mit Grabmal des hl. Augustinus; roman. Kirche San Michele (1117–55). Überdachte Brücke (1354) über den Tessin. – Röm. Gründung *(Ticinum)* aus dem 2. Jh. v. Chr., im 6. Jh. eine der Residenzen Theoderichs d. Gr.; 572 als *Papia* Hauptstadt der Langobarden; 774 an das Fränk. Reich; 1359 von Mailand unterworfen. Fiel 1859 an das Kgr. Sardinien. In der *Schlacht bei Pavia* am 24. 2. 1525

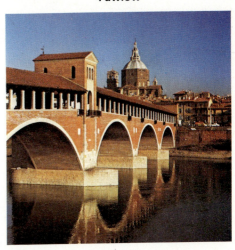

wurde König Franz I. von Frankreich vom Heer Kaiser Karls V. geschlagen und gefangengenommen.

Paviane [frz.-niederl.], Gatt. kräftiger, langschwänziger Affen (Fam. Meerkatzenartige) in Savannen und Steppen Afrikas und S-Arabiens; überwiegend Baumbewohner; Körperlänge etwa 50–115 cm; Kopf groß, mit stark verlängerter, kantiger, hundeähnl. Schnauze; Männchen oft mit Mähne oder Bart; Eckzähne sehr lang, dolchartig spitz; Gesäßschwielen stark entwickelt, oft leuchtend rot. Bekannte Arten: *Mantel-P., Anubis-P.* (Grüner P.); zur Gruppe der *Babuine* gehören u. a. *Gelber Babuin, Sphinx-P.* (Guinea-P., Roter P.) und *Tschakma* (Bärenpavian).

Pavillon ['paviljõ, pavi'jõ; frz.], freistehender Baukörper (Gartengebäude) oder Bestandteil eines Schloßbaus (Eck- oder Mittel-P.), der sich durch eine vom Hauptbau abgesetzte Dachform auszeichnet. Heute auch flaches Ausstellungsgebäude (mit nur einem Raum) oder Einzelbau einer ganzen Anlage.

Pawlow, Iwan Petrowitsch, *Rjasan 14. 9. 1849, † Leningrad (heute Sankt Petersburg) 27. 2. 1936, russ. Physiologe. Sein Hauptinteresse galt der Physiologie der Verdauung, speziell der nervalen Steuerung der dabei beteiligten inneren Sekretion. Die Beschäftigung auch mit der »höheren Nerventätigkeit«

Pavia. Die überdachte Brücke über den Tessin (1354). Im Hintergrund der Dom (1488 ff.)

Pavia Stadtwappen

Paviane. Anubispavian (Körperlänge 50 bis 95 cm) mit Jungem

Iwan Petrowitsch Pawlow

2563

führte ihn zur Unterscheidung zw. unbedingtem und bedingtem Reflex. Erhielt 1904 den Nobelpreis für Physiologie oder Medizin.

Pawlowa, Anna Pawlowna, eigtl. A. P. Matwejewa, *Sankt Petersburg 12. 2. 1881, †Den Haag 23. 1. 1931, russ. Tänzerin. Berühmte Ballerina des Marientheaters in Petersburg.

Pax, bei den Römern Begriff und vergöttlichte Personifikation des »Friedens«.

Pax [lat. »Friede«] ↑Friedenskuß.

Pax Christi [lat. »Friede Christi«], 1945 in Frankreich entstandene kath. internat. Friedensbewegung.

Payerne [frz. pa'jɛrn], Bezirkshauptort im schweizer. Kt. Waadt, 6700 E. U. a. Tabakverarbeitung. Ehem. Abteikirche (11. Jh.), got. Gerichtsgebäude (16. Jh.).

Payne, Thomas [engl. pɛin] ↑Paine, Thomas.

Pays de la Loire [frz. pɛidla'lwa:r], Region in Frankreich an der unteren Loire, 32 082 km², 3,06 Mio. E, Hauptstadt Nantes.

Pay-TV [engl. 'peɪtɪ:'wi:], Fernsehprogramm, das meist monatlich zu bezahlen ist, um die codiert ausgestrahlten Sendungen mit Hilfe eines Decoders empfangen zu können.

Paz, Octavio [span. pas], *Mixcoac (heute zu Mexiko) 31. 3. 1914, mex. Schriftsteller. 1943–68 im diplomat. Dienst; gilt als einer der bedeutendsten Lyriker (u. a. »Freiheit, die sich erfindet«, dt. Auswahl 1971; »Suche nach einer Mitte«, dt. und span. Auswahl 1980) und Essayisten der Gegenwart (»Das Labyrinth der Einsamkeit«, 1950; »Die andere Zeit«, 1974; »Der menschenfreundliche Menschenfresser«, 1979). 1984 Friedenspreis des Börsenvereins des Dt. Buchhandels, 1990 Nobelpreis für Literatur.

Pazifik ↑Pazifischer Ozean.

Pazifisch-Antarktisches Becken, Meeresbecken im sö. Pazifik, zw. Feuerland, Antarktis und Südpazif. Rücken, bis 5290 m tief.

Pazifische Inseln, ehem. Treuhandgebiet der USA im westl. Pazifik, umfaßte die Karolinen und Marshallinseln, insgesamt über 2000 Inseln, davon etwa 80 bewohnt. Die P. I. umfaßten die Marshallinseln und die Föderierten Staaten von Mikronesien, für die die UN-Treuhandschaft der USA 1990 endete, sowie die Republik Palau, für die die UN-Treuhandschaft der USA 1994 endete.

Pazifischer Ozean (Pazifik, Großer Ozean, Stiller Ozean), mit 181,34 Mio. km² (rd. 35% der Erdoberfläche), einschließlich der durch Inselbögen abgetrennten Nebenmeere, größter Ozean der Erde. Die Grenze zum Atlantik bildet im N die Beringstraße, im S die kürzeste Verbindung zw. Kap Hoorn–Süd-Shetland-Inseln–Antarkt. Halbinsel. Die Grenze zum Ind. Ozean verläuft zw. Antarktis und Tasmanien entlang dem Meridian 147° ö. L., von N-Australien zu den Kleinen Sundainseln und durch die Singapurstraße. Die mittlere Tiefe beträgt 4188 m, die größte 10 924 m (im Marianengraben). Wichtigste untermeer. Rücken sind der West- und Ostpazif. Rücken; letzterer setzt sich im Südpazif. Rücken fort. Quer zu ihnen verlaufende Schwellen gliedern den Ozeanboden in einzelne Becken. Der Rand des P. O. wird gesäumt von einem Gürtel von Tiefseegräben und Faltengebirgen, gekoppelt mit Vulkan- und Erdbebenzonen. Typisch für den P. O. sind außerdem zahlr. untermeer. Kuppen, die als Guyots und Atolle auftreten. An Sedimenten finden sich roter Tiefseeton im Nord- und zentralen Südpazifik, Globigerinenschlamm im östl. Südpazifik, Diatomeenschlamm im arkt. und antarkt. Bereich. Die wichtigsten Strömungen sind der Nordäquatorialstrom, der äquatoriale Gegenstrom, der Südäquatorialstrom und der Antarkt. Zirkumpolarstrom. Zu beiden Seiten des trop. Gürtels liegen die Bereiche der Passatwinde. In den antarkt. Gewässern gibt es riesige Eisberge und große Treibeisgebiete. Im Norden (Beringmeer, Ochotskisches Meer) ist in bes. kalten Wintern über die Hälfte der Fläche eisbedeckt. Im Vergleich zum Atlantik ist der P. O. verkehrsärmer; Knotenpunkt im Luftverkehr ist Hawaii. Hochseefischerei.

Entdeckung und Erforschung: Der offene P. O. wurde für die Europäer erst entdeckt, als Vasco Núñez de Balboa ihn 1513 nach Überquerung der Landenge von Panama erblickte; er nannte ihn Südsee. F. de Magalhães überquerte ihn 1519–21 auf seiner ersten Weltumsege-

Octavio Paz

lung. Erste kartograph. Expeditionen unternahm J. Cook 1768–71, 1772–75 und 1776–79.
Pazifismus [lat.-frz.], Grundhaltung, die aus religiösen, eth., oft auch polit. Gründen bedingungslose Friedensbereitschaft fordert und jede Gewaltanwendung kompromißlos ablehnt; Gesamtheit der seit dem 19. Jh. v. a. in Europa und in den USA entstandenen *Friedensbewegungen.* ↑Frieden.
Paznauntal, 30 km lange Talschaft der Trisanna in Tirol.
Pb, chem. Symbol für ↑Blei (lat. **Plumbum**).
pc, Einheitenzeichen für ↑Parsec.
PC, Abk. für ↑**P**ersonal**c**omputer.
p. c., Abk. für pro **c**entum (↑Prozent).
PCB, Abk. für **p**oly**c**hlorierte **B**iphenyle, chemisch und thermisch sehr stabile Substanzen; giftig und krebsauslösend; Kühlmittel und Hydraulikflüssigkeiten; wegen der Gefahr der Bildung von Dioxinen seit 1984 in der BR Deutschland nicht mehr verwendet.
PCR-Analytik [Abk. für engl. **p**oly**m**erase **c**hain **r**eaction], eine molekulargenetische Methode zur Vervielfältigung von DNS-Abschnitten, die in der genet. Forschung und der medizin. Diagnostik von Krankheitserregern innerhalb kürzester Zeit große Bedeutung erlangte.
Pd, chem. Symbol für ↑**P**alla**d**ium.
PDS, Abk. für ↑**P**artei des **D**emokratischen **S**ozialismus.
Peacock, Thomas Love [engl. 'pi:kɔk], * Weymouth bei Dorchester 18. 10. 1785, † Lower Halliford bei London 23. 1. 1866, engl. Schriftsteller. Bed. Humanist und Gelehrter; schrieb Gedichte, Essays sowie parodist. Romane.
Peak [engl. pi:k], engl. svw. Bergspitze.
Peanuts [engl. 'pi:nʌts, eigtl. »Erdnüsse«], 1950 entstandene, psychologisch orientierte Comicserie des amerikan. Zeichners Charles Monroe Schulz (* 1922). Hauptfiguren sind Kinder (u. a. *Charlie Brown, Lucy, Linus, Schroeder)* sowie der philosophierende Hund *Snoopy.*
Pearl Harbor [engl. 'pə:l 'hɑ:bə], Marinestützpunkt an der S-Küste der Insel Oahu, Hawaii, USA, nw. von Honolulu. – Am 7. 12. 1941 überfiel die jap. Luftwaffe ohne vorherige Kriegserklärung P. H. und versenkte zahlr. amerikan. Kriegsschiffe; eine Ausschaltung der amerikan. Pazifikflotte erreichte sie jedoch nicht. Die amerikan. Öffentlichkeit stellte sich daraufhin voll hinter F. D. Roosevelts Politik des Kriegseintritts gegen die Achsenmächte.
Pearson, Lester Bowles [engl. pɪəsn], * Toronto 23. 4. 1897, † Ottawa 27. 12. 1972, kanad. Historiker, Diplomat und Politiker. 1948–57 Außen-Min.; maßgeblich an der Gründung der UN und der NATO beteiligt; 1957 Friedensnobelpreis; 1958–68 Führer der Liberalen Partei; 1963–68 Premierminister.
Peary, Robert Edwin [engl. 'pɪərɪ], * Cresson (Pa.) 6. 5. 1856, † Washington 20. 2. 1920, amerikan. Polarforscher. Unternahm ab 1886 mehrere Expeditionen in die Arktis; entdeckte 1895 Pearyland und wies 1901 den Inselcharakter Grönlands nach; behauptete, 1909 den Nordpol erreicht zu haben.
Pearyland [engl. 'pɪərɪlənd], die nördlichste Halbinsel von Grönland, bis 1 950 m ü. M.; Kältewüste.
Peć [serbokroat. pɛ:tɕ] (alban. Pejë; beides amtl.), jugoslaw. Stadt am W-Rand der Metohija, 111 100 E. Marktort; oriental. Stadtbild (Moscheen). – 1202 erstmals erwähnt; 1463–1766 als *Ipek* unter osman. Herrschaft.
Pech [lat.], zähflüssiger bis fester, brauner bis schwarzer Rückstand der Erdöl- und Teerdestillation; Gemisch hochmolekularer cycl. Kohlenwasserstoffe und rußartiger Bestandteile.

Lester Bowles Pearson

Peanuts. Comic strip von Charles M. Schulz mit Charlie Brown und Snoopy

Pechblende

Pechblende ↑Uranpecherz.
Pechkohle (Glanzbraunkohle), steinkohlenartige, glänzende Hartbraunkohle.
Pech-Merle, Grotte du [frz. grɔtdypɛʃˈmɛrl] ↑Höhlen (Übersicht).
Pechnase, nach unten offener, erkerartiger Vorbau an mittelalterl. Burgen, durch den siedendes Pech auf Angreifer gegossen wurde.
Pechnelke, Gatt. der Nelkengewächse mit fünf Arten in Europa und Asien; in Deutschland die rotblühende *Gemeine Pechnelke*.
Pechstein, Max, *Zwickau 31. 12. 1881, † Berlin 29. 6. 1955, dt. Maler und Graphiker des Expressionismus. Trat 1906 der Künstlervereinigung »Brücke« bei; Figurenbilder, teilweise mit exot. Motiven von den Palauinseln, Landschaften und Stilleben.

Charles J. Pedersen

Peck, Gregory, *La Jolla (Calif.) 5. 4. 1916, amerikan. Filmschauspieler. Internat. Erfolge u. a. in »Ein Herz und eine Krone« (1953), »Moby Dick« (1956), »Die Kanonen von Navarone« (1961), »Wer die Nachtigall stört« (1962).
Pécs [ungar. peːtʃ] (dt. Fünfkirchen), Stadt am S-Fuß des Mecsekgebirges, Ungarn, 182000 E. Univ., PH, Museen. Bed. Ind.-Zentrum, nahebei Steinkohlen- und Uranerzbergbau; Kernkraftwerk. Romanischer Dom (11./12. Jh., mehrfach umgebaut), Minarett einer ehem. Moschee (16. Jh.), Grabkapelle des Idris Baba (1591), barockes Bischofspalais. – Als *Sopianis* (Sopianae) bed. Straßenknotenpunkt der röm. Kaiserzeit; vom 4. bis Mitte des 6. Jh. und seit 1009 Bischofssitz; im 9. Jh. einer der Hauptorte des Großmähr. Reiches, erstmals *Quinque Ecclesiae* (»Fünfkirchen«) genannt; im Hoch- und Spät-MA größte ungar. Stadt; 1541 bis 1687 osmanisch.
Pedal [lat.], mit dem Fuß zu betätigende Vorrichtung, z. B. Brems-P. im Kfz, Tret-P. an der Tretkurbel des Fahrrads. – Bei der Orgel o. ä. die mit den Füßen zu spielende Klaviatur (im Ggs. zum ↑Manual) sowie die Fußhebel zur Tonbeeinflussung bei Klavier, Harfe und Pauke.
Pedant [italien.-frz.], jemand, der in übertriebener Art und Weise alles ganz genau (nach Vorschrift) macht.

Peddigrohr [niederdt.] (span. Rohr, Stuhlrohr, Rotang, Ratan, Rattan), Bez. für die bis 4 cm dicken Stengel bestimmter lianenartig kletternder Rotangpalmen; u. a. verwendet in der Korbwaren-Ind., für Spazier- und Rohrstöcke.
Pedell [mittellat.], Hausmeister (einer Schule oder Hochschule).
Pedersen, 1) Charles J., *Fusan (Korea) 3. 10. 1904, † Salem (N. J.) 26. 10. 1989, amerikan. Chemiker norweg. Herkunft. Erhielt mit D. J. Cram und J.-M. Lehn den Nobelpreis für Chemie 1987 für die Entwicklung von Molekülen mit strukturspezif. Wechselwirkungen hoher Selektivität.
2) Knut, norweg. Schriftsteller, ↑Hamsun, Knut.
Pediküre [lat.-frz.], Fußpflege.
Pedipalpen [lat.], zweites Extremitätenpaar der Spinnentiere, das für unterschiedl. Aufgaben abgewandelt ist.
Pedologie [lat.], svw. ↑Bodenkunde.
Pedrell, Felipe, *Tortosa 19. 2. 1841, † Barcelona 19. 8. 1922, span. Komponist. Erneuerer der nationalspan. Musik; u. a. Opern, Orchester- und Kammermusik.
Peel, Sir Robert [engl. piːl], *bei Bury (bei Manchester) 5. 2. 1788, † London 2. 7. 1850, brit. Politiker. 1822–27 und 1828–30 Innen-Min.; 1834/35 und 1841–46 Premier-Min.; eigtl. Begründer der späteren Konservativen und Unionist. Partei (1834); führte 1846 mit seinem Einsatz für die Abschaffung der Getreidezölle seinen Sturz herbei.
Peele, George [engl. piːl], *London um 1556, † ebd. 1596, engl. Dramatiker. Unmittelbarer Vorläufer Shakespeares; Hauptwerk ist das satir. Märchenspiel »The old wives' tale« (1595).
Peenemünde, Gemeinde im NW der Insel Usedom, Meckl.-Vorp., 750 E. Im 2. Weltkrieg Versuchsgelände für ferngelenkte Raketenwaffen. Nach 1945 Marine-Stützpunkt.
Peer [engl. pɪə], Angehöriger des brit. Hochadels mit Recht auf Sitz und Stimme im Oberhaus; bis 1948 Anspruch auf einen eigenen Gerichtsstand bei schweren Verbrechen. Die Peerswürde *(Peerage)* wurde seit Jakob I. als erbl. Würde des jeweils ältesten Sohnes verliehen. Seit 1963 ist auch Frauen die Peerswürde *(Peeress)* gestattet.

Ieoh M. Pei.
Glaspyramide im Hof des Louvre in Paris (1989)

Pegasus, in der griechischen Mythologie das göttlich geflügelte Pferd des ↑Bellerophon. Die Vorstellung von dem »Musenroß«, das den Dichter himmelwärts trägt, entstand erst in der Neuzeit.

Pegasus [griech.] ↑Sternbilder (Übersicht).

Pegel [niederdt.], **1)** *Wasserbau:* eine Vorrichtung zur Wasserstandsmessung, v. a. an Brücken, Schleusen und in Häfen. Der *Latten-P.* ist ein Stab mit Maßeinteilung, der *Schwimmer-P. (P.uhr)* eine Meßanordnung, deren Zeiger von einem Schwimmer bewegt wird. Automat. Aufzeichnungen liefert der *Schreib-P. (Limnigraph).*
2) *Meßtechnik:* Bezeichnung für den Logarithmus des Verhältnisses zweier Größen der gleichen Größenart, z. B. zweier Leistungen *(Leistungs-P.),* zweier Spannungen *(Spannungs-P.),* zweier Schalldrücke *(Schalldruck-P.)* u. a., wobei im Nenner eine jeweils vereinbarte Bezugsgröße steht. Zur Kennzeichnung dienen gewöhnl. die Hinweiswörter *Bel* bzw. *Dezibel* (bei Verwendung des dekadischen Logarithmus) und *Neper* (bei Verwendung des natürlichen Logarithmus).

Pegmatit [griech.], Ganggestein mit z. T. riesigen Feldspat- und Glimmermineralen; enthält häufig seltene Elemente (Niob, Tantal, Beryllium u. a.).

Pegnitz, rechter Nebenfluß der Rednitz, vereinigt sich unterhalb von Fürth mit der Rednitz zur Regnitz, 85 km lang.

Pegu, birman. Prov.-Hauptstadt im Irawadidelta, 150 400 E. Buddhist. Wallfahrtsziel mit zahlr. Pagoden (v. a. 15. Jh.), darunter die 99 m hohe Shwemawdawpagode; Kolossalstatue des liegenden Buddha.

Péguy, Charles Pierre [frz. pe'gi], * Orléans 7. 1. 1873, ⨯ Le Plessis-l'Évêque bei Meaux 5. 9. 1914, frz. Schriftsteller. Anfangs Sozialist, später überzeugter Katholik; schrieb ep. Versdichtungen (u. a. »Das Mysterium der Erbarmung«, 1910), Gedichte und zahlr. Prosaschriften.

Pei, Ieoh Ming [engl. peɪ], * Kanton 26. 4. 1917, amerikan. Architekt chin. Herkunft. Schuf durch strenge Geometrie und feinsinniges Formgefühl geprägte Bauwerke: Ostflügel der National Gallery of Art (Washigton, D. C., 1978), Glaspyramide im Hof des Louvre (Paris, 1989).

Peies [hebr.], Schläfenhaare, die fromme Juden in Anknüpfung an 3. Mos. 19, 27 stehen zu lassen pflegen.

Peildeck, oberstes Schiffsdeck.

Peilung, die Bestimmung einer Richtung bzw. eines Winkels bezüglich einer Bezugsrichtung; als sog. *Kompaß-P.* auf Kompaßnord, als *Seiten-P.* auf die Mittelschiffslinie bzw. Flugzeuglängsachse bezogen. Als *Kreuz-P.* bezeichnet man die Standortbestimmung aufgrund mehrerer P. (Bestimmung des Schnitt-

Charles Pierre Péguy

Peine

punkts der ermittelten Peilstandlinien). Eine *Funk-P.* zu Navigationszwecken z. B. bei Schiffen und Flugzeugen wird mittels Funkempfänger und richtungsempfindl. Antenne durchgeführt.

Peine, Kreisstadt am Mittellandkanal, Ndsachs., 46 900 E. U. a. Eisenerzförderung, Hütten- und Walzwerk, Erdölraffinerie; Hafen.

peinliche Befragung (peinliche Frage), 1) im Inquisitionsprozeß die Hauptvernehmung des Angeklagten.
2) die zum letztenmal wiederholte Frage an den Angeklagten, ob er sein Verbrechen gestehe.
3) svw. ↑Folter.

Peipussee, See an der Grenze zwischen Estland und Rußland, 3550 km², durch eine 25 km lange Seeverengung mit dem *Pleskauer See* (710 km²) im S verbunden.

Peirce, Charles Sanders [engl. pə:s, piəs], *Cambridge (Mass.) 10. 9. 1839, † Milford (Pa.) 19. 4. 1914, amerikan. Philosoph. Begründer des amerikan. Pragmatismus. Sein Ziel war es, eine Lehre von der Realität zu begründen, die die traditionelle Scheidung zw. theoret. und prakt. Philosophie hinter sich läßt. P. entwickelte unabhängig von G. Frege noch einmal die Quantorenlogik.

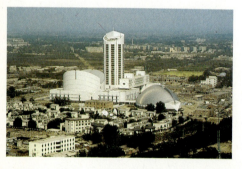

Charles Sanders Peirce

Peking. Japanisch-Chinesisches Jugendaustauschzentrum von Kurokawa Kishō (1986–89)

Peirce-Funktion [engl. pə:s..., piəs...; nach C. S. Peirce] (Nicod-Funktion, NOR-Funktion, NOR-Verknüpfung), eine log. Verknüpfung zweier Aussagen *a* und *b* (Bezeichnung *a*↓*b*; Sprechweise: »weder *a* noch *b*«), die genau dann wahr ist, wenn *a* und *b* beide nicht zutreffen. In elektron. Schaltungen von Datenverarbeitungsanlagen wird die P.-F. durch ein sog. *NOR-Schaltglied* (aus engl. *not–or* = nicht–oder) realisiert.

Peisistratos, *um 600 v. Chr., † 528/527 v. Chr., athen. Tyrann. Gelangte endgültig wohl 539 nach zwei Verbannungen an die Macht; ließ die Verfassung Solons bestehen, verbesserte jedoch darüber hinaus die wirtschaftl.- sozialen und polit. Verhältnisse; Förderer von Wiss. und Kunst.

Peitschenwurm, 3–5 cm langer Fadenwurm mit peitschenartig verjüngtem Vorderkörper; parasitiert im Dick- und Blinddarm des Menschen und des Schweins.

Pejorativum [lat.] (Deteriorativum), Wort(bildung) mit abwertender Bedeutung.

Pekari [karib.-frz.], svw. ↑Nabelschweine.

Pekinese (Pekingese, Peking-Palasthund, Chin. Palasthund), aus China stammende, bis 25 cm schulterhohe, langhaarige Hunderasse.

Peking [chin. bɛidʒɪŋ] (Beijing), Hauptstadt der VR China, am NW-Rand der Großen Ebene, 5,5 Mio. E. Groß-P. hat eine Fläche von 16 808 km² und 10,7 Mio. E. Mehrere Univ., wiss. Institute, Observatorium, Planetarium; botan. Garten, Zoo. Bed. Museen, u. a. Palastmuseum (ehem. Kaiserpalast), Lu-Xun-Museum, histor. Museum, Museum der Volksbefreiungsarmee; Nationalbibliothek. U. a. Metallverarbeitung, Elektronik- und chem. Werke, Erdölraffinerie, Papierfabrik, Flußhafen Dongzhou am Ende des Großen Kanals, internat. ✈, U-Bahn.

Bauten: Die *Innere Stadt* entstand im 12./13. Jh. als rechteckige Anlage (6,4 × 4,8 km; *Tatarenstadt*). Darin liegt die ehem. Kaiserstadt der Mandschu (2,6 × 2,8 km), in sie verschachtelt die Verbotene Stadt (der Kaiserpalast; 0,9 × 1,5 km; 1406 ff.). In der Inneren Stadt befindet sich weiterhin der Beihai-Park mit See und Weißer Pagode (1651), der »Tempel der Weißen Pagode« (1457 erneuert), der Trommelturm von 1420, der Glockenturm von 1745 sowie der Lamatempel von 1745. Am S-Rand der Verbotenen Stadt verläuft heute die neue O–W-Achse, eine Verkehrs- und Aufmarschstraße, hier liegt auch der von monumentalen Bauten (u. a. Tor des himml. Friedens,

Pelikane

»Tian'anmen«, 1651; Mausoleum von Mao Zedong, 1976/77) umgebene weite Platz des Himml. Friedens, der als größter öffentl. Platz der Erde gilt. Außerhalb der alten Mauern der Inneren Stadt liegen in den vier Himmelsrichtungen der Sonnen-, Erd-, Mond- und der Himmelstempel. Im NW steht am Kunmingsee der ehem. kaiserl. Sommerpalast (um 750?, 1889 Wiederaufbau).

Geschichte: Beginn der Besiedlung im 12. Jh. v. Chr.; 7.–10. Jh. Militärverwaltungsort an der nördl. Grenze; 1280–1368 als *Taitu* (Daidu, »große Hauptstadt«, mongol. *Khanbalik; Kambaluk* bei Marco Polo, der um 1275 die Stadt besuchte) Hauptstadt der mongol. Reiches in China; 1368–1420 sowie 1928–49 (Nanking Hauptstadt) *Peiping* (»befriedeter Norden«) genannt, 1421 bis 1928 und nach 1949 als P. (»nördl. Hauptstadt«) Metropole Chinas. 1937 bis 45 von den Japanern besetzt; nach kurzer Herrschaft der Kuomintang am 31. 1. 1949 von der Volksbefreiungsarmee eingenommen und zur Hauptstadt der VR China erklärt.

Pekinger Volkszeitung, dt. Bez. für die in Peking erscheinende chin. Tageszeitung Renmin Ribao; gegr. 1948; Zentralorgan der KPCh.

Pekingmensch ↑Mensch.

Pekingoper, hochgradig stilisiertes chin. Bühnenspiel mit Gesang und Akrobatik.

Pekoe [engl. 'piːkəʊ; chin.] ↑Tee.

Pektenmuscheln [lat./dt.] ↑Kammmuscheln.

Pektine [griech.], v. a. aus dem Methylester der hochmolekularen *Pektinsäure (Polygalakturonsäure)* bestehende Polysaccharide, die im Zellsaft und als sog. *Protopektine* der Mittellamelle von Pflanzenzellen vorkommen; werden als Gelierungsmittel und Emulgatoren in der Lebensmittel- und Kosmetik- sowie in der Klebstoff-Ind. verwendet.

Pektorale [lat.] (Pectorale), Brustschmuck (alte Kulturen), Brustkreuz (kath. Liturgie).

Pelagial [griech.], Bez. für das freie Wasser der Meere und Binnengewässer, von der Oberfläche bis zur größten Tiefe.

Pelagianismus, die von dem engl. Mönch und Kirchenschriftsteller Pelagius (*vor 384, † nach 418) u. a. gegen Augustinus vertretenen Anschauungen über Freiheit und Gnade, Erbsünde und Sünde: der sittlich freie Mensch kann, kraft der Gnade, durch eigene Bemühungen zum Heil gelangen. Der P. wurde vom Konzil von Ephesus (431) verurteilt.

Pelagische Inseln (italien. Isole Pelagie), vulkan. Inselgruppe im Mittelmeer, südl. von Sizilien, Prov. Agrigent, Italien, 26 km², 4600 E. Hauptinsel Lampedusa.

Pelargonie [...i-ə; griech.] (Geranie, Pelargonium), Gatt. der Storchschnabelgewächse mit rd. 250 Arten, v. a. in Südafrika; gärtnerisch wichtig sind u. a. *Edel-P.* (Engl. P.; mit roten, rosafarbenen oder weißen Blüten), die v. a. als Beet- und Balkonpflanzen dienenden *Efeu-P.* (mit duftenden rosenroten Blüten) sowie die aus einer Kreuzung hervorgegangenen *Zonal-P.* (Scharlach-P.; mit verschiedenfarbigen, auch gefüllten Blüten in Dolden).

Pelasger, in vorgriech. Zeit vielleicht im östl. Thessalien (Pelasgiotis) beheimateter Stamm, später die ganze vorindogerman. Bevölkerung Griechenlands und Italiens.

Pelayo [span. pe'lajo] (Pelagius), † Cangas de Onís bei Oviedo 18. 9. 737, König von Asturien (seit etwa 718). Westgote (?); begründete das Kgr. Asturien und leitete mit seinem Sieg (722) über die Mauren die Reconquista ein; altspan. Nationalheld.

Pelé [brasilian. pe'lɛ], eigtl. Edson Arantes do Nascimento, *Três Corações 21. 10. 1940, brasilian. Fußballspieler. Gewann mit der brasilian. Nationalmannschaft die Weltmeisterschaften 1958, 1962 und 1970; seit 1995 Min. für Sport.

Pelerine [lat.-frz.], urspr. Schulterkragen des Pilgers, in der Mode ärmelloser Umhang.

Peleus, Held der griech. Mythologie. Vater des ↑Achilleus.

Pelikane [griech.] (Pelecanidae), Fam. großer, rd. 1,3–1,8 m langer Vögel (Ordnung Ruderfüßer) mit sieben Arten, die an bzw. auf Süß- und Meeresgewässern, bes. der Tropen und Subtropen, vorkommen; gekennzeichnet durch mächtigen Körper, sehr langen Schnabel und dehnbaren Hautsack am Unterschnabel. P. ernähren sich v. a.

Pelargonie. Zonalpelargonie »Wembley Gem«

Pelikane. Rosapelikan (Größe 140–180 cm)

von Fischen; sie nisten meist in Kolonien. Bekannte Arten sind der weißl. *Krauskopf-P.*, der *Rosa-P.* und der *Meeres-P.*

Pella, griech. Ort in Makedonien, 2300 E. Häuser mit Fußbodenmosaiken aus hellenist. Zeit. – Hauptstadt Makedoniens (ab 413 v. Chr.); Geburtsort Alexanders d. Gr.; 168 v. Chr. im 3. Makedon. Krieg zerstört.

Pellagra [griech.-italien.], durch den Mangel an Vitaminen der B-Gruppe ausgelöste Mangelkrankheit, die sich v. a. in Haut- und Schleimhautveränderungen, Durchfällen und Psychosen äußert.

Pelletieren [engl.], Methode zum Stückigmachen. Pulverige bis feinkörnige Stoffe werden in angefeuchtetem Zustand zu kleinen kugelförmigen Stücken (sog. *Pellets*) geformt und gehärtet.

Pellico, Silvio, *Saluzza 25. 6. 1789, † Turin 31. 1. 1854, italien. Dichter. 1820 als Mgl. der Karbonari verhaftet, 1821 zum Tode, dann zu 15jähriger Kerkerhaft verurteilt; 1830 freigelassen (»Meine Gefängnisse«, 1832); Lyriker und Dramatiker (»Franziska von Rimini«, 1815).

Pellworm, Marscheninsel im Wattenmeer vor der nordfries. Küste, Schlesw.-Holst., 37 km², 1200 E. Nordseebad. Alte Kirche (12. Jh.), der W-Turm ist seit 1611 Ruine.

Pelopidas, ✕ Kynoskephalai 364 v. Chr., theban. Politiker. Befreier Thebens von den Athenern (379); Führer der Heiligen Schar bei Leuktra 371.

Peloponnes, griech. Halbinsel südl. der Landenge von Korinth, südlichster Teil der Balkanhalbinsel. Überwiegend stark gekammertes Gebirgsland; Schwemmland bildet im NW eine weite Küstenebene. Die O- und S-Küste sind stark in Halbinseln gegliedert.

Geschichte: Hauptorte in myken. Zeit waren Mykene, Tiryns und Pylos, später Argos, Korinth und Sparta. Ende des 6. Jh. bis zw. 370/362 *Peloponnesischer Bund* aller Staaten der P. (außer Argos) unter der Führung von Sparta zur gemeinsamen Kriegführung; 280–146 v. Chr. Vormachtstellung des Achäischen Bundes. 146 v. Chr. röm., 395 zum Byzantin. Reich. Im 13. Jh. entstanden in der nun *Morea* gen. P. das fränk. Ft. Achaia, das byzantin. Despo-

Pelzbienen.
Anthophora plagiata
(13 – 15 mm)

tat von Mistra, an der Küste zahlr. venezian. Besitzungen; in osman. Zeit Zentrum von Aufständen (1821 Auslösung des griech. Unabhängigkeitskriegs).

Peloponnesischer Krieg, Auseinandersetzung Athens und des Att.-Del. Seebundes mit Sparta (431–404) um die Vormacht in Griechenland. Der Krieg begann mit spartan. Einfällen in Attika. Bis zum Tod des Perikles (429) nutzte Athen seine Überlegenheit zur See, dann offensive Kriegführung. 421 Friede des Nikias noch Niederlagen für Athen. Der athen. Sizilienfeldzug (415 bis 413) leitete die 2. Phase (414–404) ein. Weitere Niederlagen gegen das spartan.-pers. Heer und zur See (Alkibiades–Lysander) führten 404 zur Kapitulation Athens und zur Auflösung des Att.-Del. Seebundes.

Pelops, Gestalt der griech. Mythologie; Sohn des Tantalus, Vater von Atreus und Thyestes. Mit Hilfe eines Gespanns geflügelter Rosse gelingt es P., Hippodameia, die Tochter des Königs von Elis, zu entführen. P. wird der mächtigste König der Insel, die von ihm den Namen erhält (griech. Pelopónnēsos [»Insel des P.«]).

Pelota [lat.-span.], besonders in Spanien und Lateinamerika gespieltes tennisähnliches Rückschlagspiel für zwei Mannschaften (bis zu zehn Spieler), bei dem ein kleiner Ball mit einem schaufelförmigen Schläger gegen eine Wand geschleudert und von der Gegenpartei gefangen und wieder zurückgeschlagen werden muß.

Peltier-Effekt [frz. pɛl'tje:...; nach dem frz. Physiker Jean Charles Athanase Peltier, *1785, † 1845], ein thermoelektr. Effekt: An der Grenzfläche zweier Leiter, durch die ein elektr. Strom fließt, wird zusätzlich zur Jouleschen Wärme eine Wärmemenge *(P.-Wärme)* entwickelt oder absorbiert. Die techn. Ausnutzung des P.-E. im sog. *P.-Element* kann sowohl zur Kühlung als auch zur Erwärmung verwendet werden.

Pelton-Turbine [engl. 'pɛltən...; nach dem amerikan. Ingenieur Lester Allen Pelton, *1829, † 1908] (Freistrahlturbine, Becherturbine), Wasserturbine mit einem Laufrad *(Pelton-Rad),* dessen Becherschaufeln am Umfang nacheinander durch einen Wasserstrahl tangential beaufschlagt werden.

Pelusium, histor. Ort in Ägypten, 35 km sö. von Port Said (als Osthafen). Mehrfach Austragungsort von Schlachten (u. a. 525 v. Chr. Sieg des pers. Königs Kambyses II.).

Pelvouxgruppe [frz. pɛl'vu...], stark vergletschertes Gebirgsmassiv in den frz. Westalpen, bis 4102 m hoch.

Pelz [lat.], **1)** das dicht- und weichhaarige Fell bestimmter Tiere, z. B. des Bären.
2) das aus dem Fell eines Tiers vom Kürschner durch bes. Zurichtung gewonnene Erzeugnis, das je nach Tierart, Eignung und Mode zu sog. *P. werk, P. ware, Rauchwerk, Rauchware* verarbeitet wird.

Pelzbienen, verbreitete Gatt. einzeln lebender, hummelähnl., pelzig behaarter Bienen.

Pelzkäfer ↑Speckkäfer.

Pelzrobben (Seebären), Gattungsgruppe etwa 1,5–2,5 m langer Ohrenrobben mit acht Arten in zwei Gatt. in Meeren v. a. der Südhalbkugel; Männchen wesentlich größer und schwerer als die Weibchen. In den Gewässern um S-Afrika lebt die *Kerguelen-Zwergpelzrobbe,* im nördl. Pazifik die *Bärenrobbe* (Seebär); Bestände wegen ihres wertvollen Pelzes (↑Seal) bedroht.

Pelztiere, Säugetiere, die ihres Pelze liefernden Fells wegen gezüchtet oder gejagt werden; weltweit mehr als 100 Tierarten, von denen einige von der Ausrottung bedroht und daher geschützt sind.

Pemba, Insel im Ind. Ozean vor der afrikan. Küste, 984 km² (zu Tansania); Gewürznelkenkulturen.

Pemmikan [indian.], getrocknetes und zerstoßenes sowie mit Fett und Beeren vermischtes Bisonfleisch bei nordamerikan. Indianern; von den Einwanderern als Dauerproviant übernommen; übertragen auf Rindfleischextrakt.

P.E.N. (PEN, PEN-Club) [pɛn; in Anlehnung an engl. pen (»Schreibfeder«)], Abk. für engl. **p**oets (»Lyriker«), **p**laywrights (»Dramatiker«), **e**ssayists (»Essayisten«), **e**ditors (»Herausgeber«), **n**ovelists (»Romanschriftsteller«), 1921 gegr. internat. Schriftstellervereinigung, die für weltweite Verbreitung aller Literatur sowie für ungehinderten Gedankenaustausch, Pressefreiheit und Meinungsvielfalt eintritt. Sitz des Internat. P.E.N. ist London; 1992 gab es 112 Zentren in 84 Staaten. In der BR Deutschland bestehen (1994) das »P.E.N.-Zentrum Bundesrepublik Deutschland« (seit 1972; Sitz Darmstadt; Präs. seit 1995 Ingrid Bachèr [* 1930]) und das »Dt. P.E.N.-Zentrum (Ost)« (seit 1990; Sitz Berlin; Präs. seit 1991 Dieter Schlenstedt [* 1932]).

Penalty [engl. 'pɛnəlti; lat.], im *Eishokkey* und *Fußball* (dt. Bez. Elfmeter) Bez. für den ↑Strafstoß.

Penaten (lat. Di Penates), bei den Römern die »Götter des [Haus]inneren«, Einheit und Bestand der Familie gewährleistende Schutzgeister.

Pence [pɛns; engl.] ↑Penny.

Pelzrobben. Kerguelen-Zwergpelzrobbe (Männchen; Körperlänge bis 2,5 m)

Penck, A. R., eigtl. Ralf Winkler, *Dresden 5. 10. 1939, dt. Maler, Graphiker und Bildhauer. Übersiedelte 1980 in die BR Deutschland; entwickelte eine zeichenhaft verkürzte Bildsprache, die den Kürzeln prähistor. Felsbilder ähnelt; seit Anfang der 1970er Jahre freiere Malweise (Neoexpressionismus).

Pendant [pã'dã:; lat.-frz.], ergänzendes Gegenstück, Entsprechung.

Pendel [lat.], **1)** *Physik und Technik:* i. w. S. ein starrer Körper der Masse m, der um einen nicht mit seinem Schwerpunkt zusammenfallenden Punkt drehbar ist und um seine Ruhelage schwingen kann. Ein idealisiertes P. ist das *mathemat. P.,* bestehend aus einem Massenpunkt, der durch eine masselose starre Stange der Länge l mit einem festen Aufhängepunkt verbunden ist. Die Schwingungsdauer T, also die Zeit für

Pendentif

einen vollen Hin- und Hergang des schwingenden Massenpunktes beträgt

$$2\pi \frac{l}{g} = \left(g = 9{,}81\,\frac{m}{s^2}\right)$$

d. h., sie ist von der Masse m unabhängig (bei kleinem Auslenkungswinkel). Annähernd realisierbar ist das mathemat. P. durch eine an einem dünnen Faden hängende Masse *(Faden-P.)*. Beim *Feder-P.* schwingt ein an einer Schraubenfeder aufgehängter Körper unter dem Einfluß der Rückstellkraft der Feder und der Erdanziehungskraft.
2) *Okkultismus:* ↑siderisches Pendel.

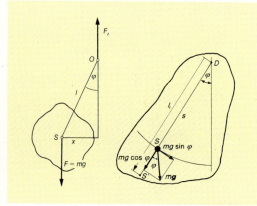

Pendel. Pendel mit der Drehachse außerhalb (links) und innerhalb (rechts); D Drehachse, F Schwerkraft ($F_z = -F$), F_z Zwangskraft, mg Schwerkraft ($F = mg$), $mg \sin \pi$ Tangentialkomponente der Schwerkraft, $mg \cos \pi$ Radialkomponente der Schwerkraft, *l* Pendellänge, O Pendelaufhängung (Drehachse), π Pendelanschlag, s Abstand Schwerpunkt-Drehachse, S Pendelschwerpunkt, S' Schwingungsmittelpunkt, x Elongation

Pendentif [pãdã'ti:f; lat.-frz.], Hängezwickel, eine sphär. Dreieckskonstruktion. ↑Kuppel.
Penderecki, Krzysztof [poln. pɛndɛ-'rɛtski], *Dębica 23. 11. 1933, poln. Komponist. Zus. mit W. Lutosławski herausragender poln. Vertreter der zeitgenöss. Musik; wurde bekannt mit den experimentellen Orchesterwerken »Emanationen« (1959), »Anaklasis« (1960), »Threnos« (1961) und »Fluorescences« (1962), in denen durch Cluster-, Glissando-, Vibrato- und Verfremdungseffekte die instrumentale Klangfarbenskala verbreitert wird. Im Bereich der vokalen Musik führte dies zur Zerlegung der Sprache in ihre phonet. Elemente. In der »Lukaspassion« (1966), dem Oratorium »Dies irae« (1967), dem »Requiem« (1984), den Opern »Die Teufel von Loudun« (1969), »Paradise lost« (1978), »Ubu Rex« (1991, nach A. Jarry) werden die Neuerungen in die Tradition vokalinstrumentaler Großformen gestellt; auch Konzerte und Kammermusik, u. a. »Der unterbrochene Gedanke« (1988).
Pendolino, Bez. für Eisenbahnzüge mit computerunterstützter, gleisbogenabhängiger Wagenkastensteuerung, die mittels eines Fliehkraftausgleichs (Neigung der Reisezugwagen von bis zu 8°) auch auf kurvenreichen Strecken Reisegeschwindigkeiten von bis zu 160 km/h ermöglicht.
Penelope, Gestalt der griech. Mythologie, Gemahlin des ↑Odysseus.
Penetranz [lat.], durchdringende Schärfe; Aufdringlichkeit, Hartnäckigkeit (eines Menschen).
Penetration [lat.], Durchdringung, Eindringen eines Stoffes oder Körpers in einen anderen.
penibel [frz. »mühsam«, »schmerzlich«], bis ins einzelne; übertrieben, kleinlich genau.
Penicilline [lat.] (Penizilline), von den Schimmelpilzen Penicillium notatum und Penicillium chrysogenum als Stoffwechselprodukte gebildete Breitbandantibiotika sowie ihre halbsynthet. Derivate. P. sind nicht toxisch, verursachen aber häufig Allergien. – Die P. wurden 1928 von A. Fleming entdeckt.
Peninsula [engl. pɪ'nɪnsjʊlə; lat.], engl. für Halbinsel.
Penis [lat. »Schwanz«] (Phallus, [männl.] Glied, Rute), männl. Begattungsorgan bei vielen Tieren und beim Menschen; dient der Samenübertragung in den Körper des weibl. oder zwittrigen Geschlechtspartners, manchmal (v. a. bei Bandwürmern) auch in den eigenen (zwittrigen) Körper.
Bei den männl. *Säugetieren* (einschließlich *Mensch*) entwickelt sich der P. (wie auch die Klitoris) aus dem Geschlechtshöcker und den Geschlechtsfalten. Der bei den Säugern in Länge und Form sehr

Pentameter

unterschiedl. P. wird von der Harn-Samen-Röhre durchzogen. Die diese flankierenden Schwellkörper bewirken durch Blutfüllung die P.erektion. Zusätzlich kann noch ein in den P. eingelagerter *Penisknochen* ausgebildet sein (dient der permanenten Versteifung des Penis; z. B. beim Hund).

Penn, William, *London 14.10.1644, †Ruscombe bei London 30.7.1718, engl. Quäker. Autor theolog. und polit. Schriften, u. a. »Ohne Kreuz keine Krone« (1669). 1681 erwarb er die Konzession für eine Kolonie in Amerika, als christl. Gemeinwesen gedacht als Zufluchtstätte für Verfolgte. Für die nach seinem Vater Pennsylvania gen. Kolonie schuf er 1682 eine Verfassung (gültig bis 1776) und betrieb eine indianerfreundl. Politik.

Pennines [engl. 'pɛnaɪnz], Mittelgebirge in N-England, erstreckt sich über 240 km vom Trent in S bis zum Tyne im N; bis 893 m hoch. Der südl. Teil *(Peak District)* ist Nationalpark.

Pennsylvania [pɛnzɪl'va:nɪa; engl. pɛnsɪl'veɪnjə], Staat im NO der USA, 117 348 km², 12,0 Mio. E, Hauptstadt Harrisburg.
Geschichte: Erste dauerhafte Siedlungen durch schwedische Einwanderer (Neugöteborg, gegr. 1643 [heute Essington]); 1655 niederländisch, 1664 englisch; das heutige N. Penn wurde 1681 W. Penn von der brit. Krone als Eigentümerkolonie überlassen. Einwanderung von Quäkern, schott.-ir. Gruppen und Deutschen (u. a. Mennoniten, Baptisten). Mit einer eigenen Verfassung 1776 wurde das Regime der Eigentümer beendet. Im Sezessionskrieg auf seiten des Nordens. Verfassung von P. von 1873.

Pennsylvaniadeutsch [pɛnzɪl'va:nɪa...] (Pennsilfaanisch; engl. Pennsylvania Dutch), Dialekt der Nachkommen dt. Einwanderer aus SW-Deutschland in SO-Pennsylvania und W-Maryland.

Penny [engl.] (Mrz. bei Einzelstücken: Pennies, bei Mehrfachwerten: Pence; Mrz. von Vielfachstücken: Pences), der Pfennig des brit. Währungssystems bis 15. 2. 1971: 1 P. (Abk. d) = ¹/₁₂ Shilling = ¹/₂₄₀ Pfund Sterling; seitdem 1 New P. (Abk. p) = ¹/₁₀₀ Pfund.

Pensa [russ. 'pjɛnzɐ], Geb.-Hauptstadt im europ. Teil Rußlands, 548 000 E. Mehrere Hochschulen, zwei Theater, Zirkus; botan. Garten.
Pension [pã'zio:n; paŋ'zio:n; lat.-frz.]
1) *Beamtenrecht:* ↑Ruhegehalt.
2) *Fremdenverkehrswesen:* einem Hotel ähnl. (kleineres) Fremdenheim.
Pensionat [pã...; frz.], private Bildungseinrichtung, bes. für Mädchen.
Pensionskassen [pã..., paŋ...], Bez. für (betriebl. und selbständige) Lebensversicherungsgesellschaften, die ausschließlich die Pensionsversicherung betreiben.
Pensionsrückstellungen [pã..., paŋ...], Passivposten in der Bilanz eines Unternehmens, durch den die durch Pensionsverpflichtungen entstehenden Ausgaben auf die Jahre verteilt werden, in denen sie zu Aufwand geworden sind.
Pensionssicherungsverein, nach dem Gesetz zur Verbesserung der betriebl. Altersversorgung vom 19. 12. 1974 für den Fall fortbestehender Zahlungsunfähigkeit des Arbeitgebers begründeter Trägerverein zur Sicherung der betriebl. Altersversorgung bzw. unverfallbar gewordener Anwartschaften.
Pensionsversicherung [pã..., paŋ...], in Österreich eine für die Versicherungsfälle des Alters, der geminderten Arbeitsfähigkeit und des Todes bestimmte gesetzl. Versicherung.
penta..., Penta..., pent..., Pent... [griech.], Bestimmungswort von Zusammensetzungen mit der Bedeutung »fünf«.
Pentaeder [griech.], Fünfflächner, von fünf ebenen Flächen begrenzter Körper.
Pentagon ['pɛntagɔn; engl. pɛntəgən], das auf fünfeckigem Grundriß 1941/42 errichtete Gebäude des Verteidigungsministeriums der USA in Arlington (Va.), auch das Verteidigungsministerium als Institution.
Pentagon [griech.], Fünfeck.
Pentagonprisma (Pentaprisma), ein Umlenkprisma (Reflexionsprisma) mit konstanter Ablenkung, dessen Hauptschnitt ein Fünfeck ist; Ein- und Austrittsflächen stehen senkrecht aufeinander. Eine spezielle Ausführungsform ist das *Pentadachkantprisma* an Spiegelreflexkameras.
Pentagramm ↑Drudenfuß.
Pentameter, ein aus fünf metr. Einheiten bestehender durch eine Zäsur geteilter Vers; tritt fast immer in Verbindung

Pennsylvania
Flagge

Krzysztof Penderecki

Pentane

Arno Penzias

Ernst Penzoldt

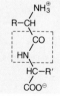

Peptide.
Ein aus zwei Aminosäuren bestehendes Dipeptid; umrandet: Peptidbindung

mit dem Hexameter im sog. eleg. ↑Distichon auf.
Pentane [griech.], flüssige Kohlenwasserstoffe (Alkane); Summenformel C_5H_{12}; Bestandteile von Benzin.
Pentanole, svw. ↑Amylalkohole.
Pentapolis [griech.], 1) in der Antike ein Verband von fünf Städten.
2) im Früh-MA Bez. für das Gebiet um die fünf Städte Ancona, Rimini, Pesaro, Senigallia und Fano.
Pentaprisma, svw. ↑Pentagonprisma.
Pentateuch [griech.], in der Bibelwissenschaft übliche Bezeichnung für die fünf Bücher Mose (↑Bibel). – Man geht davon aus, daß dem P. vier Quellen zugrunde liegen: 1. der *Jahwist* (Abk. J): Geschichtserzählung; ben. nach dem vorwiegend gebrauchten Gottesnamen »Jahwe« (zw. 950 und 900 v. Chr.); 2. der *Elohist* (Abk. E): Geschichtserzählung; ben. nach dem vorwiegend gebrauchten Gottesnamen »Elohim« (um 750 v. Chr.); 3. das *Deuteronomium* (Abk. D): vorwiegend Gesetzestexte (Ursprung nicht völlig klar); 4. die *Priesterschrift* (Abk. P): v. a. Berufswissen der jüd. Priester (5. Jh. v. Chr.).
Pentathlon [griech.], der altgriech. Fünfkampf bei den Olymp. Spielen (Weitsprung, Lauf, Diskus-, Speerwurf und Ringen).
Pentatonik [griech.], fünfstufige Tonleiter, auch die Tonsystem, urspr. als Tonreihe ohne Halbtöne *(anhemiton. P.),* z. B. c-d-e-g-a. P. entstammt einer sehr alten Tradition; im deutschsprachigen Raum häufig im Kinderlied. In jap. Musik ist neben der anhemiton. P. auch die *hemiton. P.* (Halbtöne enthaltende) bekannt (z. B. e-f-a-h-c).
Penthesilea, in der griech. Mythologie Königin der ↑Amazonen.
Penthouse [engl. 'pɛnthaʊs; engl.-amerikan.], bungalowartige Wohnung auf dem Flachdach eines [Hoch]hauses.
Pentite [griech.], im Pflanzenreich vorkommende fünfwertige Alkohole (Zuckeralkohole; z. B. Adonit, Arabit).
Pentosen [griech.], $C_5H_{10}O_5$; farblose, leicht wasserlösl. Kristalle bildende Monosaccharide; z. B. Ribose und Desoxyribose als Nukleinsäurebausteine.
Pentosephosphatzyklus (Warburg-Dickens-Horecker-Weg), bei Pflanzen und Tieren neben der Glykolyse und dem Zitronensäurezyklus ablaufender Stoffwechselweg zum Abbau der Glucose zu Kohlendioxid und Wasserstoff. Zwischenprodukte sind Pentosephosphate. Der P. dient nicht der Energiegewinnung, sondern der Bereitstellung von Wasserstoff in Form von $NADPH \cdot H^+$, u. a. für die Fettsäuresynthese und von Pentosephosphaten für die Nukleinsäurensynthese.
Penzias, Arno (Arnold) Allen [engl. 'pɛnzɪəs], *München 26. 4. 1933, amerikan. Physiker dt. Herkunft. Befaßte sich u. a. mit der von interstellarer Materie emittierten Mikrowellenstrahlung; entdeckte mit R. W. Wilson die kosm. Hintergrundstrahlung, wofür beide 1978 den Nobelpreis für Physik erhielten (mit P. L. Kapiza).
Penzoldt, Ernst, *Erlangen 14. 6. 1892, † München 27. 1. 1955, dt. Schriftsteller. Verfaßte v. a. Romane (u. a. »Die Powenzbande«, 1930) aus dem Landstreicher- und Kleinstadtmilieu und Erzählungen.
Peperoni [italien.], unausgereifte, kleinfrüchtige Sorten des Paprika.
Pepita [span.], kleinkariertes Woll- oder Baumwollgewebe in Leinwand- oder Köperbindung; auch Bez. für das Muster.
Pepping, Ernst, *Duisburg 12. 9. 1901, † Berlin 1. 2. 1981, dt. Komponist. Bed. Vertreter der neuen dt. ev. Kirchenmusik. Sein Werk umfaßt Orgelmusik, geistl. Vokalwerke, Orchester- und Kammermusik.
Pepsin [griech.], eiweißspaltendes Enzym *(Peptidase)* des Magensafts; wird medizin. bei bestimmten Verdauungsstörungen angewandt.
Peptidasen [griech.], Enzyme, die Peptidbindungen von Proteinen hydrolytisch spalten; z. B. Pepsin, Trypsin.
Peptide [griech.], durch [Poly]kondensation von Aminosäuren, d. h. durch Reaktion der Aminogruppe einer Aminosäure mit der Carboxylgruppe einer anderen entstehende Verbindungen mit der charakterist. *Peptidbindung* –CO–NH–, die in der Natur weitverbreitet vorkommen.
Pepusch, John Christopher (Johann Christoph), *Berlin 1667, † London 20. 7. 1752, engl. Komponist dt. Herkunft. Bekannt durch die Musik zu J. Gays Ballad-opera »The beggar's opera« (1728).

Per... [lat.], Vorsilbe der chem. Nomenklatur. In der *anorgan. Chemie* bedeutet sie, daß das Zentralatom in den Molekülen einer Verbindung in der höchsten Oxidationsstufe vorliegt (z. B. Perchlorate). In der *organ. Chemie* kennzeichnet sie eine vollständig substituierte Verbindung oder die vollständig hydrierte Form einer ungesättigten Verbindung.

per..., Per... [lat.], Vorsilbe mit der Bedeutung »durch, hindurch, völlig«.

Perak, Gliedstaat Malaysias, im W der Halbinsel Malakka, 21 005 km², 1,81 Mio. E, Hauptstadt Ipoh.

per annum (pro anno) [lat.], Abk. **p. a.**, veraltet für jährlich, aufs Jahr [gerechnet]; z. B. von Zinsen.

per aspera ad astra [lat.], »über rauhe Wege zu den Sternen«, nach vielen Mühen zum Erfolg.

Perast, unter Denkmalschutz stehende jugoslaw. Stadt an der Bucht von Kotor, 1 000 E. Z. T. verfallene Renaissancepaläste, Ruinen einer venezian. Festung.

Perborate ↑Borate.

Perchlorate [...klo...], Salze der Chlorsäure (VII); stark oxidierend wirkende giftige Substanzen. *Ammonium-* und *Kaliumperchlorat* werden in der Feuerwerkerei verwendet.

Perchlorsäure [...'klor...] ↑Chlorsauerstoffsäuren.

Percht (Bercht, Berhta), myth. Gestalt im Volksglauben und Brauchtum Oberdeutschlands und der österr. Alpenländer; Anführerin einer Schar dämon. Wesen, die bes. in der Nacht vor dem Dreikönigsfest (Epiphanias; *P. nacht*) umherziehen; heute noch im *Perchtenlauf* dargestellt.

Perchtoldsdorf, niederösterr. Marktgemeinde, südl. an Wien grenzend, 14 000 E. Got. Pfarrkirche Sankt Augustin (14. und 15. Jh.), spätgot. Karner (Martinskapelle, 1514), Burg (14. bis 16. Jh.), spätgot. Rathaus (15. Jh.).

Percussion [engl. pəˈkʌʃn; lat.-engl.], Bez. für die Schlaginstrumente im Jazz und in der Popmusik.

Percy [engl. ˈpəːsɪ], Thomas, * Bridgnorth bei Birmingham 13. 4. 1729, † Dromore (Nordirland) 30. 9. 1811, engl. Schriftsteller. Anglikan. Bischof; 1765 Hg. einer Sammlung altschott. und altengl. Balladen und Lieder, die den Literaturbegriff v. a. von J. G. Herder und dem jungen Goethe beeinflußte.

per definitionem [lat.], erklärtermaßen.

Père [frz. pɛːr; lat.-frz.], frz. svw. Vater; als Anrede für Ordensgeistliche svw. Pater.

Perejaslaw-Chmelnizki [russ. pɪrɪˈjaslʲɛf xmɪljˈnitskij], ukrain. Stadt in der Dnjeprniederung, 25 000 E. – Erstmals 907 erwähnt; in der 2. Hälfte des 16. Jh. eines der Zentren des ukrain. Kosakentums.

Perekop, Landenge von ↑Krim.

Père-Lachaise [frz. pɛrlaˈʃɛːz], Friedhof im N von Paris, Grabstätte berühmter Persönlichkeiten.

Peres, Shimon, urspr. S. Persky, * Wotożyn (heute zu Polen) 15. 8. 1923, israel. Politiker (Israel. Arbeiterpartei). 1969–77 mehrfach Min.; April–Juni 1977 amtierender Premier-Min.; 1977 bis 92 und seit 1995 Vors. der Israel. Arbeiterpartei; 1984–86 und seit 1995 Premier-Min.; 1986–88 und 1992–95 Außen-Min., 1988–90 Finanz-Min.; erhielt 1994 für seine Bemühungen zur Beilegung des ↑Nahostkonflikts zus. mit Y. Rabin und J. Arafat den Friedensnobelpreis.

Shimon Peres

Perestroika [russ. pɪrɪˈstrɔjkʲɛ; »Umbau«], von M. S. Gorbatschow nach seinem Amtsantritt als Generalsekretär der KPdSU eingeleitete »Umgestaltung« des gesellschaftlichen und wirtschaftlichen Gefüges der UdSSR. Ideologisch gesehen sollte die Perestroika ein »neues Denken« fördern und im Sinne einer stärkeren Demokratisierung »stalinistische« Strukturen abbauen.

Perez, Jizchak Leib [ˈpeːrɛts], * Zamość 18. 5. 1851, † Warschau 3. 4. 1915, jidd. Dichter. Schrieb in poln. und hebr., nach 1880 vorwiegend in jidd. Sprache; Mitbegründer der modernen jidd. Literatur; myst.-symbolist. Dramen, ostjüd. Stadterzählungen und Gedichte, literarisierte erstmals die Welt des Chassidismus.

Pérez de Ayala, Ramón [span. ˈpereð ðe aˈxala], * Oviedo 9. 8. 1881, † Madrid 5. 8. 1962, span. Schriftsteller. 1931–36 Botschafter in London; 1936–54 als Republikaner im Exil in Argentinien; schrieb Essays, Romane (u. a. »A. M. D. G.« [Ad maiorem Dei gloriam], 1910, »Belarmino und Apolonio«, 1921) und Lyrik.

Pérez de Cuéllar, Javier [span. 'pereð ðe 'kuejar], *Lima 19.1.1920, peruan. Jurist und Diplomat. 1982–91 Generalsekretär der UN.

Pérez Esquivel, Adolfo [span. 'peres eski'βel], *Buenos Aires 26.11.1931, argentin. Bürgerrechtskämpfer. Mitbegründer der Organisation »Servicio Paz y Justicia«, einer Art Dachverband zahlr. lateinamerikan. Menschen- und Bürgerrechtsgruppen; 1977/78 in Haft; 1980 Friedensnobelpreis.

Pérez Galdós, Benito [span. 'pereð ɣal'dɔs], *Las Palmas 10.5.1843, †Madrid 4.1.1920, span. Schriftsteller. Bed. Romanschriftsteller, u. a. realist. Romanserie »Episodios nacionales« (46 Romane, 1873–1912).

Perfekt [lat.] (vollendete Gegenwart, 2. Vergangenheit), Zeitform beim Verb, die ein vollendetes Geschehen bezeichnet *(ich habe gelesen).*

Perforation [lat.], **1)** *allg.:* die Durchlöcherung eines Stoffes, z. B. durch eine Reihe eng aufeinanderfolgender Löcher.
2) *Medizin:* Durchbruch eines Abszesses oder Geschwürs durch die Hautoberfläche bzw. in eine Körperhöhle.

Performance [engl. pə'fɔ:məns], aus den USA stammende Form der Aktionskunst seit den 1970er Jahren, bes. als Verbindung von bildender und theatral. Kunst; die Abläufe werden meist als Film bzw. in Videotechnik aufgezeichnet.

Perg, oberösterr. Bez.-Hauptstadt östl. von Linz, am Austritt der Naarn ins Machland, 6 000 E. Spätgot. Pfarrkirche (15./16. Jh.), spätbarocke Kalvarienbergkapelle (1754), Pranger (1583).

Pergamenisches Reich ↑Pergamon.

Pergament [lat.], bes. zubereitete Membran aus ungegerbter tier. Haut (v. a. von Rindern, Schafen, Ziegen und Eseln); Verwendung für Urkunden, bibliophile Bucheinbände usw.

Pergamentpapier (vegetabilisches Pergament), feinporiges und glasig durchscheinendes (»pergamentähnl.«) Papier; v. a. für Verpackungszwecke.

Pergamon, antike Stadt in W-Anatolien; die Unterstadt lag an der Stelle des heutigen *Bergama.* Die Akropolis lag auf steilem Bergkegel (33 m ü. M.) über der Kaikosebene (Tal des heutigen Bakır çayı); Hauptstadt des hellenist. *Pergame-*

nischen Reiches, das sich durch den Sieg Eumenes' I. (⚭ 263–241) über Antiochos I. 262 v. Chr. vom Seleukidenreich löste; die testamentar. Übergabe des Reiches an Rom durch Attalos III. (⚭ 138–133) führte 129 v. Chr. zur Einrichtung der röm. Prov. Asia.– Auf dem terrassierten Burgberg befanden sich u. a. Athenatempel (4. Jh. v. Chr.), die bed. Bibliothek (2. Jh. v. Chr.), Trajanstempel (2. Jh.), Theater mit Dionysostempel (2. Jh. v. Chr.), Zeusaltar (↑Pergamonaltar), Demeterheiligtum (3. Jh. v. Chr.). Am Fuß des Berges die Unterstadt; die röm. Stadt erstreckt sich bis in die Ebene, wo u. a. die »Rote Halle« (2. Jh.) lag, unter der der Selinus (heute Bergama çayı) in einem Doppeltunnel fließt; im SW von P. das berühmte Asklepieion (seit dem 4. Jh. v. Chr., Hauptblüte in Antonin. Zeit), zu dem eine hl. Straße führte.

Pergamonaltar, ein Hauptwerk der hellenist. Kunst, nach neuesten Forschungen wohl erst zw. 164 und 156 v. Chr. in Pergamon errichteter, Zeus und Athena geweihter monumentaler Altar; von Carl Humann (*1839, †1896) 1878–86 freigelegt und im Berliner Pergamonmuseum (Museumsinsel) aufgestellt. Der große Fries stellt den Kampf der Götter gegen die Giganten dar.

Pergola [italien.], offener Laubengang.

Pergolesi, Giovanni Battista, *Jesi (heute Iesi) 4.1.1710, □ Pozzuoli 17.3.1736, italien. Komponist. Ein Hauptvertreter der neapolitan. Schule; neben Kirchenkompositionen (»Stabat mater«) v. a. Triosonaten sowie die kom. Oper (Opera buffa) »La serva padrona« (Die Magd als Herrin, 1733).

Peri, Iacopo, *Rom 20.8.1561, †Florenz 12.8.1633, italienischer Komponist. Organist in Florenz und Musikdirektor am Hof der Medici; schrieb die erste Oper (»Dafne«, Text von O. Rinuccini, 1598), 1600 folgte die Oper »Euridice«.

peri..., Peri... [griech.], Bestimmungswort zu Zusammensetzungen mit der Bedeutung »um–herum, umher, überhinaus«.

Periander, Tyrann von Korinth (7./6. Jh. v. Chr.). Verfolgte eine systemat. Kolonial- und maritime Machtpolitik; innenpolit. und wirtschaftl. Stabilität

Pergamonaltar (Berlin, Pergamonmuseum)

(Erhaltung der kleinbäuerl. Landwirtschaft, Einschränkung der Sklavenarbeit); einer der Sieben Weisen.
Peridotit [frz.], dunkles, meist grünl., ultrabas. Tiefengestein.
Perigäum [griech.], erdnächster Punkt einer [Satelliten]bahn um die Erde. – Ggs. Apogäum.
periglazial, die eisfreie Umgebung von Inlandeis und Gletschern betreffend.
Perigon [griech.] ↑Blüte.
Périgord [frz. peri'gɔːr], histor. Gebiet im nö. Aquitan. Becken, Frankreich. – Zahlr. vorgeschichtl. Funde, Höhlen und Abris (seit dem Mittelpaläolithikum) mit Malereien, Gravierungen und Plastiken, die zu den ältesten Europas zählen.
Perigramm, Darstellung statist. Größenverhältnisse durch Kreise oder Kreisausschnitte.
Périgueux [frz. peri'gø], frz. Dép.-Hauptstadt in Aquitanien, 32 900 E. Museum des Périgord. U. a. Metallverarbeitung, staatliche Briefmarkendruckerei. Ruinen der galloröm. Stadt, u. a. eines Amphitheaters und eines Vesunnatempels; die roman. Kathedrale Saint-Front (nach 1120–1170) ist eine bed. aquitan. Kuppelkirche (1852–1901 stark verändert), roman. Kirche Saint-Étienne (12. Jh.), Wohnhäuser (12. bis 16. Jh.).
Perihel [griech.], die Sonnennähe bei Planetenbahnen.
Perikarditis ↑Herzkrankheiten.
Perikarp [griech.], svw. ↑Fruchtwand.
Periklas [griech.], farbloses bis graugrünes, glänzendes Mineral, chem. MgO. Mohshärte 6,0; Dichte 3,7–3,9 g/cm³.
Perikles, *Athen um 500 v. Chr., † ebd. 429 v. Chr., athen. Staatsmann. Bedeutendster Redner seiner Zeit; seit 461 Führer Athens. Das *Perikleische Zeitalter* war ein Höhepunkt klass. griech. Kultur (Sophokles, Phidias, Anaxagoras, Herodot, Protagoras). P., der den Peloponnes. Krieg als Mittel neuer innerer Stärkung begrüßt haben soll, wurde 430 abgesetzt.
Perikope [griech.], bibl. Textabschnitte, zur Lesung im Gottesdienst oder als Textgrundlage für die Predigt.
perinatal, den Zeitraum zw. der 28. Schwangerschaftswoche und dem 10. Lebenstag des Neugeborenen betreffend.
Perineuritis, Entzündung des die Nerven umgebenden Bindegewebes.
Periode [griech.], **1)** *allg.:* durch bestimmte Ereignisse charakterisierter Zeitabschnitt.
2) *Mathematik:* ↑periodische Dezimalzahl, ↑periodische Funktion.
3) *Physik und Technik:* Bez. für die Zeitdauer, nach der eine bestimmte Erscheinung sich wiederholt, insbes. svw. Schwingungsdauer.
4) *Musik:* eine thematisch geschlossene melod. Linie (meist acht Takte).
5) *Biologie:* ↑Menstruation.
Periodensystem der chemischen Elemente, Abk. **PSE**, die systemat., tabellar. Anordnung aller chem. Elemente,

Perikles (römische Marmorkopie nach der Statue des Kresilas; um 430 v. Chr.; Rom, Vatikanische Museen)

2577

Periodensystem der chemischen Elemente*)

Periode	Gruppe 1 A	Gruppe 1 B	Gruppe 2 A	Gruppe 2 B	Gruppe 3 A	Gruppe 3 B	Gruppe 4 A	Gruppe 4 B	Gruppe 5 A	Gruppe 5 B
1	**1 H** Wasserstoff 1,0079									
2	**3 Li** Lithium 6,941		**4 Be** Beryllium 9,01218			**5 B** Bor 10,81		**6 C** Kohlenstoff 12,011		**7 N** Stickstoff 14,0067
3	**11 Na** Natrium 22,9898		**12 Mg** Magnesium 24,305			**13 Al** Aluminium 26,98154		**14 Si** Silicium 28,0855		**15 P** Phosphor 30,97376
4	**19 K** Kalium 39,0983		**20 Ca** Calcium 40,08		**21 Sc** Scandium 44,9559		**22 Ti** Titan 47,90		**23 V** Vanadium 50,9414	
4		**29 Cu** Kupfer 63,546		**30 Zn** Zink 65,38		**31 Ga** Gallium 69,72		**32 Ge** Germanium 72,59		**33 As** Arsen 74,92
5	**37 Rb** Rubidium 85,4678		**38 Sr** Strontium 87,62		**39 Y** Yttrium 88,9059		**40 Zr** Zirkonium 91,22		**41 Nb** Niob 92,9064	
5		**47 Ag** Silber 107,868		**48 Cd** Cadmium 112,41		**49 In** Indium 114,82		**50 Sn** Zinn 118,69		**51 Sb** Antimon 121,75
6	**55 Cs** Cäsium 132,9054		**56 Ba** Barium 137,33		**57–71** Lanthanoide s.u.*)		**72 Hf** Hafnium 178,49		**73 Ta** Tantal 180,9479	
6		**79 Au** Gold 196,9665		**80 Hg** Quecksilber 200,59		**81 Tl** Thallium 204,37		**82 Pb** Blei 207,2		**83 Bi** Wismut 208,9804
7	**87 Fr** Francium [223]		**88 Ra** Radium 226,0254		**89–103** Actinoide s.u.**)		**104 Db** Dubnium [261]		**105 Jl** Joliotium [262]	

*) Lanthanoide:

57 La Lanthan 138,9055	**58 Ce** Cer 140,12	**59 Pr** Praseodym 140,9070	**60 Nd** Neodym 144,24	**61 Pm** Promethium [147]	**62 Sm** Samarium 150,4	**63 Eu** Europium 151,96	**64 Gd** Gadolinium 157,25

**) Actinoide:

89 Ac Actinium 227,278	**90 Th** Thorium 232,0381	**91 Pa** Protactinium 231,0359	**92 U** Uran 238,0289	**93 Np** Neptunium 237,0482	**94 Pu** Plutonium [244]	**95 Am** Americium [234]	**96 Cm** Curium [247]

*) Für die graph. Darstellung des PSE wird häufig das hier wiedergegebene »Kurzperiodensystem« gewählt, bei dem man die chem. Elemente der Haupt- und Nebengruppen – rechts oder links angeordnet – in einer einzigen Spalte aufführt. In der vorliegenden Darstellung sind Ordnungszahl und Elementsymbol fett gedruckt, darunter stehen der Name des Elements und die Atommasse des natürl. Isotopengemischs, in eckigen Klammern die Masse des langlebigsten der bekannten Isotope oder

Periodensystem der chemischen Elemente*)

Gruppe 6 A	Gruppe 6 B	Gruppe 7 A	Gruppe 7 B	Gruppe 8	Gruppe 8	Gruppe 8	Gruppe 0
							2 He Helium 4,00260
	8 O Sauerstoff 15,9994		**9 F** Fluor 18,998403				**10 Ne** Neon 20,179
	16 S Schwefel 32,06		**17 Cl** Chlor 35,453				**18 Ar** Argon 39,948
24 Cr Chrom 51,996		**25 Mn** Mangan 54,9380		**26 Fe** Eisen 55,847	**27 Co** Kobalt 58,9332	**28 Ni** Nickel 58,71	
	34 Se Selen 78,96		**35 Br** Brom 79,916				**36 Kr** Krypton 83,80
42 Mo Molybdän 95,94		**43 Tc** Technetium [99]		**44 Ru** Ruthenium 101,07	**45 Rh** Rhodium 102,9055	**46 Pd** Palladium 106,4	
	52 Te Tellur 127,60		**53 I** Iod, Jod 126,9045				**54 Xe** Xenon 131,30
74 W Wolfram 183,85		**75 Re** Rhenium 186,2		**76 Os** Osmium 190,2	**77 Ir** Iridium 192,22	**78 Pt** Platin 195,09	
	84 Po Polonium [210]		**85 At** Astat [210]				**86 Rn** Radon [222]
106 Sg Seaborgium [263]		**107 Bh** Bohrium [262]		**108 Ha** Hahnium [265]	**109 Mt** Meitnerium [266]	**110 Uun** Ununnilium [269]	**111 Uuu** Unununium [272]

65 Tb Terbium 158,9254	**66 Dy** Dysprosium 162,50	**67 Ho** Holmium 164,9304	**68 Er** Erbium 167,26	**69 Tm** Thulium 168,9342	**70 Yb** Ytterbium 173,04	**71 Lu** Lutetium 174,967
97 Bk Berkelium [247]	**98 Cf** Californium [251]	**99 Es** Einsteinium [252]	**100 Fm** Fermium [257]	**101 Md** Mendelevium [258]	**102 Fl** Flerovium [259]	**103 Lr** Lawrencium [260]

(bei den Elementen mit den Ordnungszahlen 43, 61 und 84) die Masse des am besten untersuchten Isotops. Daneben sind weitere Arten der Darstellung für das PSE gebräuchlich, so v. a. das »Langperiodensystem« (mit mehreren Varianten), bei dem in den einzelnen Spalten nur Haupt- oder Nebengruppenelemente stehen (Reihenfolge der Gruppen: 1 A bis 7 A, 8, 1 B bis 7 B, 0; Gruppe 0 häufig auch vor 1 A).

die die Gesetzmäßigkeiten des atomaren Aufbaus und der physikal. und chem. Eigenschaften der Elemente widerspiegelt. In den waagrechten Zeilen des PSE, den *Perioden,* werden die Elemente nach steigender Elektronen- bzw. Ordnungszahl (OZ), in den senkrechten Spalten, den *Gruppen* oder Elementfamilien, nach ähnl. chem. und physikal. Eigenschaften eingeordnet. Die auf die beiden ersten Elemente Wasserstoff und Helium folgenden 16 Elemente Lithium bis Argon (OZ = 3 bis 18) lassen sich acht verschiedenen Gruppen, den *Hauptgruppen,* zuordnen. Die auf das Element Argon folgenden Elemente Kalium und Calcium schließen in ihren Eigenschaften wieder an die Elemente der ersten und zweiten Hauptgruppe an; die auf sie folgenden zehn Elemente Scandium bis Zink (OZ = 21 bis 30) weichen in ihren Eigenschaften jedoch von den Hauptgruppenelementen ab und werden acht *Nebengruppen* zugeordnet, wobei die drei einander ähnl. Elemente Eisen, Kobalt und Nickel in einer einzigen Nebengruppe zusammengefaßt werden. Die auf Zink folgenden Elemente Gallium (OZ = 31) bis Strontium (OZ = 38) gehören wieder zu den Hauptgruppen (die Nebengruppen sind als Gruppen Ib bis VIIIb gekennzeichnet). Die chem. sehr ähnl. Elemente Lanthan (OZ = 57) bis Lutetium (OZ = 71) werden unter der Bez. *Lanthanoide* sowie die radioaktiven Elemente Actinium bis Lawrencium (OZ = 89 bis 103) unter der Bez. *Actinoide* in gesonderten Reihen außerhalb des eigtl. Systems aufgeführt. Die Elemente mit den Ordnungszahlen 104 bis 111 gehören zu den *Transactinoiden.* Da alle Nebengruppenelemente Metalle sind, werden sie auch als *Übergangsmetalle* bezeichnet. Die Hauptgruppen tragen bes. Namen: Alkalimetalle, Erdalkalimetalle, Borgruppe, Kohlenstoffgruppe, Stickstoffgruppe, Chalkogene, Halogene und Edelgase.

Die Gesetzmäßigkeiten des PSE werden durch die Quantentheorie erklärt. Die Elektronen eines Atoms sind auf sog., als K-, L-, M-, N- usw. Schale bezeichneten Elektronenschalen verteilt (da sieben Elektronenschalen unterschieden werden, gibt es sieben Perioden), wobei der Zustand der Elektronen durch ihre den Elektronenschalen zugeordneten Hauptquantenzahlen ($n = 1, 2, 3 ...$) und durch ihre den als s, p, d und f bezeichneten Unterschalen zugeordneten Nebenquantenzahlen ($l = 0, 1, 2, 3$) beschrieben wird. Die erste Periode umfaßt nur die Elemente Wasserstoff und Helium, da sie nur eine Elektronenschale (K-Schale) für maximal zwei Elektronen (1s-Zustand) besitzt. Beim Element Lithium beginnt eine neue Elektronenschale (L-Schale), auf der maximal acht Elektronen Platz finden (2s-Zustand mit zwei, 2p-Zustand mit sechs Elektronen).

Bei den Elementen im PSE entspricht die vor dem Elementsymbol stehende Zahl der Ordnungszahl, die gleich der Protonen- bzw. Elektronenzahl ist. Die Zahl unter dem Elementnamen gibt die Atommasse des natürlichen Isotopengemischs an, in eckigen Klammern die Masse des langlebigsten der bekannten Isotope.

Geschichte: 1869 stellten D. I. Mendelejew und J. L. Meyer unabhängig voneinander das erste umfassende Periodensystem auf; das System Mendelejews, in dem Plätze für noch zu entdeckende Elemente freigehalten wurden, gilt mit wenigen Verbesserungen bis heute. Heute ist die Reihenfolge der Elemente durch die auf dem Moseley-Gesetz beruhenden Ordnungszahlen gegeben.

Periodika [griech.], regelmäßig erscheinende Zeitschriften, Jahrbücher o. ä.

periodisch, regelmäßig oder phasenhaft (auftretend, wiederkehrend).

periodische Dezimalzahl, eine Dezimalzahl mit unendl. vielen Stellen hinter dem Komma, bei der sich eine Zahl oder Ziffergruppe (die *Periode*) ständig wiederholt, z. B. 374 bei der p. D. 65,374374374... = 65,$\overline{374}$.

periodische Funktion, eine Funktion $f(z)$, für die $f(z + p) = f(z)$ gilt. Den Zahlenwert $p \neq 0$ bezeichnet man als die *Periode* der Funktion $f(z)$. Für die trigonometrische Funktion sin$z$ gilt z. B. $\sin(z + 2\pi) = \sin z$, sie hat die Periode 2π.

Periöken [griech. »Nachbarn«, eigtl. »Umwohner«], im Altertum die polit. minderberechtigten, im Umland Spartas in eigenen Städten ansässigen lakedämon. Bevölkerungsteile.

Peripatos, um 335 v. Chr. (?) gegr. Schule des Aristoteles. Die Mgl. des P. heißen *Peripatetiker*, die sich mit allen Gebieten der Wiss. und Kultur befaßten.

peripher [griech.], nebensächlich.

periphere Geräte, die Geräte der Ein- und Ausgabeeinheit einer Datenverarbeitungsanlage (↑Datenverarbeitung).

peripheres Nervensystem, Bez. für die Gesamtheit der Anteile des ↑Nervensystems, die als periphere Nerven und Ganglien sowohl mittels zuleitender (afferenter, sensor.) Nervenbahnen Erregung aus der Körperperipherie und den inneren Organen zum Zentralnervensystem übertragen als auch über efferente (motor.) Bahnen Muskeln und Drüsen versorgen.

Peripherie [griech.], **1)** *bildungssprachlich:* Randgebiet, -zone. **2)** *Geometrie:* die gekrümmte Begrenzungslinie einer geometr. Figur. **3)** *Datenverarbeitung:* die Zusammenfassung aller Geräte, die an die Zentraleinheit einer Rechenanlage angeschlossen werden können.

Periphrase (lat. circumlocutio), rhetor. Stilmittel (↑Tropen); Umschreibung eines Begriffs durch kennzeichnende Tätigkeiten oder Eigenschaften, z. B. »der Allmächtige« für Gott. Bes. häufig in manierist. Texten.

Periplus [griech. »Umsegelung«], im Altertum die Beschreibung von Meeresküsten, Erdteilen, Ländern oder Inseln, auch mit nautisch-techn. Angaben (Tiefe der Häfen, Landmarken u. ä.). Einer der ältesten P. (4. Jh. v. Chr.) trägt den Namen des Skylax von Karyanda. Im MA hießen solche Küstenbeschreibungen ↑Portolankarten.

Periskop [griech.] (Sehrohr), Bauform eines Fernrohrs; zur Beobachtung der Wasseroberfläche und des Luftraums vom auf Sehrohrtiefe getauchten U-Boot aus.

Peristaltik [griech.], das wellenförmige Sichzusammenziehen der glatten Muskulatur in den Wänden von Hohlorganen (z. B. Magen-Darm-Kanal, Harnleiter), wodurch deren Inhalt transportiert oder durchmischt wird.

Peristyl [griech.], Säulenhof oder -garten im griech. und röm. Haus.

Peritonitis [griech.], svw. ↑Bauchfellentzündung.

Perkeo, Klemens, aus Tirol gebürtiger Zwerg, um 1720 Hofnarr des Kurfürsten Karl III. Philipp von der Pfalz, berühmt-berüchtigt wegen seines übermäßigen Weinkonsums (Lied J. V. von Scheffels: »Das war der Zwerg P.«). Im Heidelberger Schloß findet sich im Schloßkeller gegenüber dem Großen Faß sein Standbild.

Klemens Perkeo. Gemälde von Johann Georg Dathan (um 1730; Heidelberg, Kurpfälzisches Museum)

Perkin, Sir (seit 1906) William Henry [engl. 'pɔːkɪn], * London 12. März 1838, † Sudbury (heute zu London) 14. Juli 1907, brit. Chemiker und Industrieller. – Stellte 1856 den ersten künstl. Farbstoff (Mauvein, P.-Violett) her, synthetisierte als erster Glycin, Kumarin und Zimtsäure. Er begründete eine Anilinfarbenfabrik und fand 1868 die Perkin-Reaktion zur Herstellung von ungesättigten organ. Säuren durch Kondensation von Aldehyden mit Säureanhydriden.

Perkins, Anthony [engl. 'pɔːkɪnz], * New York 4. 4. 1932, † Los Angeles (Calif.) 12. 9. 1992, amerikan. Filmschauspieler. Darsteller neurot. Typen, u. a. »Lieben Sie Brahms?« (1960), »Psycho« (1960; 2. Teil 1983; 3. Teil 1986, auch Regie), »Der Prozeß« (1962).

Perkussion [lat.], medizin. Untersuchungsmethode, bei der durch Abklopfen der Körperoberfläche aus dem erzeugten Schall auf die Beschaffenheit und Größe von Organen oder Organ-

Perkussionsinstrumente

teilen (bes. Lunge, Herz, auch Magenblase, unterer Leberteil) geschlossen wird.

Perkussionsinstrumente, svw. ↑Schlaginstrumente.

perkutan [lat.], in der *Medizin:* durch die Haut hindurch; z. B. auf die Anwendung von Salben bezogen.

Perl, Martin Lewis [engl. pə:l], * New York 24. 6. 1927, amerikan. Physiker. Erhielt für seinen 1975 durchgeführten experimentellen Nachweis des Tauons 1995 den Nobelpreis für Physik.

Perlaugen, svw. ↑Florfliegen.

Perlboote (Nautilus), Gatt. der Kopffüßer mit sechs heute noch lebenden Arten im Ind. und Pazif. Ozean; Gehäuse 10–27 cm groß, planspiralig aufgerollt, gekammert; Kopf mit bis zu 90 Fangarmen ohne Saugnäpfe; bekannteste Art ist das *Gemeine Perlboot.*

Perleberg, Kreisstadt des Landkr. Prignitz, Brandenburg, an der Stepenitz in der Westprignitz, 13 300 E; Fleischverarbeitung, Holzindustrie, Saatzucht (für Zierpflanzen). – P., im späten 12. Jh. gegr., wurde 1256 Stadt. 1358 schloß sich P., dessen Wirtschaftsleben bis ins 17. Jh. vom Fernhandel bestimmt wurde, der Hanse an. – Spätgot. Stadtkirche St. Jakob (14.–15. Jh.) Rathaus, um 1850 erneuert, mit mittelalterl. Gerichtslaube (15. Jh.) und Staffelgiebel, am Marktplatz steinerner Roland (1546); Fachwerkhäuser (v. a. 17. Jh.).

Perlen [lat.-roman.], meist erbsengroße kugelige bis birnenförmige, harte Gebilde aus Perlmutter. P. sind krankhafte Erscheinungen bei vielen Schalenweichtieren, bes. bei der Flußperlmuschel und der Seeperlmuschel. Die Perlbildung geschieht durch zw. Schale und Mantel der Muschel eingelagerte, den Mantel einbuchtende Fremdkörper (z. B. Sandkörner), die zum Kern der P. werden; sie werden vom Mantelepithel umschlossen, das konzentr. Perlmutterschichten nach innen ausscheidet. *Natur-P.* werden v. a. aus Muscheln trop. und subtrop. Meere durch *P.fischer (P.taucher)* aus oft mehr als 20 m Tiefe gewonnen. P. wachsen nur sehr langsam; erbsengroße Perlbildungen dauern oft 10–15 Jahre. *Zucht-P. (Kultur-P.)* entstehen durch künstl. Einbringen eines Perlkerns; deren Ernte kann schon nach vier bis 10 Jahren erfolgen.

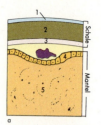

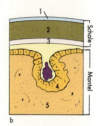

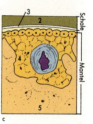

Perlen. Enstehung; ein zwischen Mantel und Schale geratener Fremdkörper (**a**) wird vom Mantelepithel umwuchert (**b**), wobei die im Bindegewebe des Mantels verlagerten Epithelzellen einen Perlsack bilden, in dem der Fremdkörper schichtweise mit Perlmuttermasse überzogen wird (**c**); 1 Kutikula, 2 Prismenschicht, 3 Perlmutterschicht, 4 Mantelepithel, 5 Bindegewebe

Perlfisch (Frauenfisch, Rutilus frisii meidingeri) bis 70 cm lange Unterart der Schwarzmeerplötze in Zuflüssen der oberen Donau und einigen Alpenseen. Die Männchen zeigen zur Laichzeit einen knötchenförmigen »Laichausschlag«. Bedrohte Fischart.

Perlfluß (Kantonfluß, chin. Zhu Jiang [dʒu dʒjaŋ]), gemeinsamer Mündungsarm zum Südchin. Meer der westl. von Kanton (China) sich vereinigenden Flüsse Xijiang, Beijiong und Dongjiang.

Perlgras, Gatt. der Süßgräser mit über 30 Arten in der gemäßigten Zone der Nord- und Südhalbkugel; in Deutschland u. a. das *Nickende P.* und das *Einblütige Perlgras.*

Perlhühner (Numididae), Unter-Familie der Fasanenartigen, fast haushuhngroße, bodenbewohnende Hühnervögel mit sechs Arten in den Savannen und Regenwäldern Afrikas; Gefieder schwärzlich bis grau und meist weiß geperlt gezeichnet; bekannt ist das *Geierperlhuhn.*

Perlman, Itzhak ['pɛrlman, engl. 'pɔːlmən], * Tel Aviv 31. 8. 1945, israel.-amerikan. Violinist. Interpret klass. und romant. Kompositionen sowie von Werken der Neuen Musik.

Perlmutter (Perlmutt), das Material der bei Lichtauffall stark irisierenden Innenschicht (P.schicht) der Schalen von Weichtieren, bes. Muscheln; besteht aus planparallelen Aragonitplättchen.

Perlmutterfalter, Gruppe der Edelfalter mit zwölf 3–6 cm spannenden Arten in Eurasien, N-Amerika und N-Afrika; Hinterflügel mit perlmutterartig bis silbern schimmernden Feldern; in Deutschland u. a. *Großer P., Moor-Perlmutterfalter.*

Perlon ® [Kw.], Handels-Bez. für eine sehr reiß- und scheuerfeste Polyamidfaser, die auf der Basis von ε-Caprolactam hergestellt wird.

Perlpilz (Fleischchampignon, Perlwulstling), 8–15 cm hoher Wulstling mit 6–15 cm großem Hut, der meist rotbraun bis fleischfarben ist und hellgraue bis rötlichgraue, abwischbare Schuppen hat; gekocht (niemals roh!) guter Speisepilz.

Perlstickerei, in der abendländ. Kunst und in Byzanz gepflegte kostbare Stikkerei mit Perlen. Neben der großen Orientperle wurden kleine farbige Glasperlen und kleine Flußperlen verwendet. P. an liturg. Gewändern gehören zu den größten, selten erhaltenen Kostbarkeiten der Kirchenschätze (roman. Mitra mit echten und gläsernen Perlen bestickt aus dem Domschatz in Halberstadt). In der byzantin. Kunst reichen P. bis in das 6. Jh. zurück. P. ist auch unter Karl d. Gr. bezeugt, in Rom im 9. Jh. als Altarverkleidung. Gegen Ende des MA findet sich P. auch auf der Kleidung der Oberschicht sowie auf Bucheinbänden und Beuteln. Als Ausschmückung der Kleidung dienten bunte Glasperlenmuster besonders im Biedermeier. Perlstikkerei ist auch an Volkstrachten sehr beliebt. – Abb. S. 2584.

Perlzwiebel, durch Kultur weltweit verbreitete Varietät des Knoblauchs.

Perm [russ. pjermj], russ. Geb.-Hauptstadt an der Kama, 1,1 Mio. E. Univ., PH, Museum, Theater; bed. Ind.-Zentrum, Hafen.

Perlhühner. Helmperlhuhn (Größe 63 cm)

Constant Permeke. Mann mit Korb (1925; Ostende, Museum voor Schone Kunsten)

Perm

Perlstickerei auf einem byzantinischen Reliquienbeutel (11. Jh.; Nürnberg, Germanisches Nationalmuseum)

Perm [nach dem ehem. russ. Gouvernement Perm], jüngstes System des Erdaltertums, in der älteren Literatur *Dyas* genannt. ↑Geologie (Übersicht Erdzcitalter).

Permafrost [Kw. aus **perm**anent und **Frost**] ↑Dauerfrostboden.

Permakultur, Kurz-Bez. für englisch **Permanent agriculture** ['pə:mənənt ægrɪkaltʃə, »dauerhafte Landwirtschaft«], von dem Australier Bill Mollison in den 1970er Jahren entwickelte Anbaumethode. Ziel der P. ist es, nutzbare Ökosysteme zu schaffen, die sich selbst erhalten können. Bestandteile dieser Ökosysteme sind mehrjährige oder einjährige, sich selbst aussäende Nutzpflanen sowie Tiere. Der Mensch ist dabei Teil des Ökosystems. Mit einem Minimum an Arbeits- und Energieaufwand wird ein optimaler Gesamtertrag angestrebt. Die Entwicklung der P. für die mitteleurop. Klimazona steht noch am Anfang, erst in einigen Jahren wird ein vollständiges Demonstrations- und Forschungsobjekt fertig sein.

Permanenz [lat.], Dauerhaftigkeit.

Permeabilität [lat.], 1) *allg.*: die Durchlässigkeit eines Materials, z. B. die Wasserdurchlässigkeit des Bodens, die Durchlässigkeit einer dünnen Trennwand (permeable oder semipermeable Membran) für bestimmte Stoffe.

2) *Physik:* physikal. Größe; Zusammenhang zw. magnet. Induktion und magnet. Feldstärke.

Permeke, Constant, * Antwerpen 31. 7. 1886, † Ostende 4. 1. 1952; belg. Maler und Bildhauer. Bed. Vertreter des fläm. Expressionismus. Seine großformatigen Bilder stellen v. a. Bauern und Fischer dar, die in schweren, erdigen Farben und großflächiger Zeichnung derb und urwüchsig gestaltet sind, ferner Landschaften, Seestücke. Ab 1937 entstanden von afrikan. Plastik beeinflußte Skulpturen. – Abb. S. 2583.

Permission [lat.], Erlaubnis.

Permittivität [lat.], svw. ↑Dielektrizitätskonstante.

Permoser, Balthasar, * Kammer (heute zu Traunstein) 13. 8. 1651, † Dresden 20. 2. 1732, dt. Bildhauer. 1689 berief ihn Kurfürst Johann Georg III. als Hofbildhauer nach Dresden; ordnet seine vitale Plastik der Bausubstanz unter: Figurenschmuck des Dresdner Zwingers (1711ff.), Apotheose des Prinzen Eugen (1718–21; Wien, Österr. Galerie-Barockmuseum).

Permutation [lat.], in der *Mathematik* eine Zusammenstellung aller n Elemente einer gegebenen Menge, bei der jedes der n Elemente genau einmal vorkommt. Die Anzahl aller mögl. P. von n Elementen ist $n!$ (↑Fakultät).

Permutite ® [lat.], Handels-Bez. für Anionen- und Kationenaustauscher (↑Ionenaustauscher) auf Kunstharzbasis.

Pernambuco, Gliedstaat in NO-Brasilien, 98 281 km², 7,11 Mio. E, Hauptstadt Recife.

Pernik (1949–62 Dimitrowo), Stadt im Gebiet Sofia (nach Verwaltungsneugliederung von 1988), Bulgarien, 97 000 E. Ältestes bulgar. Zentrum des Kohlebergbaus (drei Tagebaue) und der Eisenerzverhüttung (Stahl- und Walzwerke); ferner Maschinenbau, elektrotechn. und elektron., Glas-, Lebensmittel- und Druckindustrie. – Alte bulgar. Siedlung, die Anfang des 11. Jh. von dem Woiwoden Krakra Pernischki zu einer bedeutenden Festung ausgebaut wurde (von den Byzantinern unter Basileios II. 1004 und 1016 vergeblich belagert).

perniziöse Anämie ↑Anämie.

Pernod ® [per'no:; frz.], frz. Aperitif auf Anis- und Wermutbasis mit 45 Vol.-% Alkoholgehalt.

Perón, 1) Eva Duarte de, gen. Evita P., *Los Toldos bei Buenos Aires 7.5. 1919, †Buenos Aires 26. 7. 1952, argentin. Politikerin. Unterstützte den Aufstieg ihres Mannes Juan Domingo P. zum Präs.; widmete sich der Sozialarbeit und setzte sich für das Frauenwahlrecht ein. **2)** Juan Domingo, *Lobos bei Buenos Aires 8. 10. 1895, †Buenos Aires 1. 7. 1974, argentin. General und Politiker. Am Sturz des Präs. R. S. Castillo 1943 maßgeblich beteiligt; 1944 Vize-Präs.; entwickelte u. a. unter dem Einfluß seiner späteren Frau Eva Duarte ein umstrittenes Sozialprogramm und gewann die Unterstützung der unteren Schichten; 1945 durch Militärputsch gestürzt und gefangengesetzt, nach Protesten der Gewerkschaften und der durch seine Frau mobilisierten »Descamisados« (Hemdlose) freigelassen; gewann die Präsidentschaftswahlen 1946 und errichtete ein zunehmend diktator. Regime; 1955 zur Flucht ins Ausland gezwungen; behielt auch im Exil auf seine zahlr. Anhänger Einfluß auf die argentin. Politik; im Sept. 1973 erneut Präs., ohne seine frühere Machtstellung zurückzugewinnen.

Peronismus, polit.-soziale Bewegung in Argentinien. Die von ihren Anhängern, den Peronisten, vertretenen polit. und sozioökonom. Forderungen beruhen in unterschiedl. Maß auf der vom Präs. J. D. Perón entwickelten antiparlamentar. Ideologie des Justizialismus, die die Integration der unteren Schichten der Bevölkerung mittels Sozialmaßnahmen des »starken Staates« in die bestehende Gesellschaft proklamierte und stark nationalistisch ausgerichtet war. Die Einheit der verschiedenen Richtungen des P. zerfiel nach Peróns Tod (Juli 1974); von Gewicht ist heute noch der Partido Justicialista.

peroral (per os), durch den Mund (eingenommen); bes. von Arzneimitteln gesagt.

Peroxide, Verbindungen des als Peroxogruppe –O–O– vorliegenden Sauerstoffs mit Wasserstoff oder Metallen (Oxidations- und Bleichmittel) bzw. mit organ. Resten (Katalysatoren für bestimmte Polymerisationen).

per pedes [lat.], zu Fuß; **per pedes apostolorum,** scherzhaft für: zu Fuß wie die Apostel.

Perpendicular style [engl. pə:pən'dɪkjʊlə 'staɪl], Spätstil der engl. Gotik (etwa 1350–1520, teilweise noch bis ins 17. Jh. nachweisbar); zahlr. Bauten v. a. in Oxford und Cambridge. ↑Englische Kunst.

Perpendikel [lat.], Uhrpendel.

Perpetuum mobile [...tu-ʊm; lat. »das sich ständig Bewegende«], »ewig laufende« Maschine, die ohne Energiezufuhr von außen dauernd Arbeit verrichtet *(P. m. erster Art)* oder aus der Wärmeenergie eines großen Wärmespeichers dauernd mechan. Energie erzeugt, ohne daß dabei in der übrigen Umgebung bleibende Veränderungen entstehen *(P. m. zweiter Art)*. Das P. m. erster Art ist mit dem Energiesatz, das zweiter Art mit dem Entropiesatz unverträglich. Seit Newton und Leibniz ist die Unmöglichkeit eines P. m. erwiesen.

Perpignan [frz. pɛrpi'ɲã], frz. Dép.-Hauptstadt am Têt, 111 700 E. Mittelpunkt des Roussillon; Univ.; Kunst-, katalan. Volkskundemuseum; Konsumgüterindustrie. Got. Kathedrale (14.–16. Jh.), Zitadelle (ehem. Schloß der Könige von Mallorca, 13. bis 15. Jh.); Loge de Mer (ehem. Börse und

Eva Duarte de Perón

Juan Domingo Perón

Perpetuum mobile. Entwurf von Ulrich von Cranach, 1664

per procura

Handelsgericht, 14. und 15. Jh.). – 1276–1344 Hauptstadt des Kgr. Mallorca; 1344 an Aragonien; 1659 mit dem Roussillon an Frankreich.

per procura [italien.], Abk. **pp., ppa.,** die Prokura bezeichnender, vorgeschriebener Zusatz bei der Zeichnung (Namensunterschrift) von Schriftstücken des Geschäftsverkehrs durch Prokuristen.

Perrault [frz. pɛˈro], 1) Charles, *Paris 12. 1. 1628, †ebd. 16. 5. 1703, frz. Schriftsteller. Verfocht den Vorrang der eigenen Zeit gegenüber den Nachahmungen der Antike; berühmt wurde seine Märchensammlung »Feenmärchen für die Jugend« (1697).
2) Claude, *Paris 25. 9. 1613, †ebd. 9. 10. 1688, frz. Baumeister. Bruder von Charles P.; seine Ostfassade des Louvre (1667–78) mit an röm. Tempeln orientierter Kolonnade bedeutete die Wende von Berninis Barock zum frz. Klassizismus.

Perret [pɛˈrɛ], Auguste, *Ixelles bei Brüssel 25. 2. 1874, †Paris 4. 3. 1954, frz. Architekt. Pionier des Stahlbetonbaus, der maßgebl. Einfluß auf die Entwicklung der modernen Architektur hatte. Mit seinen Brüdern Gustave (*1876, †1952) und Claude (*1880, †1960) übernahm er das Unternehmen seines Vaters, das seit 1905 als »Perret Frères« firmierte. Er entwickelte die neue Materialkombination zu einer eigenständigen Architekturform. In seinem Frühwerk tritt die gerüstartige Konstruktionsform klar in Erscheinung (Haus Nr. 25 in der Rue Franklin in Paris, 1903–04; Garage in der Rue de Ponthieu, ebd., 1905, zerstört). In späteren Bauten zeigen sich zunehmend neoklassizist. Züge. 1945 wurde er mit der Planung für den Wiederaufbau von Le Havre betraut. Zu seinen Schülern gehörte Le Corbusier.

Perrin, Jean-Baptiste [frz. pɛˈrɛ̃], *Lille 30. 9. 1870, †New York 17. 4. 1942, frz. Physiker. Wies 1895 die negative Ladung der Kathodenstrahlung nach und bestimmte 1906 die Avogadro-Konstante; Nobelpreis für Physik 1926.

Perron [frz. pɛˈrõ], Bahnsteig, Plattform.

Perry, William James, *Vandergrift (Pa.) 11. 10. 1927, amerikan. Politiker. Mathematiker, lehrte 1951–54 an der University of Pennsylvania, 1989–93 an der Stanford University; war 1954–77 und 1981–89 in leitenden Funktionen in der Wirtschaft (v. a. Rüstungsbereich) tätig. Unter der Reg. Carter 1977–81 als stellv. Verteidigungs-Min. für Forschung und Entwicklung (bes. Steath-Technik) zuständig. In der Reg. Clinton 1993 erneut stellv. Verteidigungs-Min., seit 1994 Verteidigungminister.

Perse, Saint-John [frz. pɛrs] ↑Saint-John Perse.

per se [lat.], von selbst; an sich.

Perseiden [griech.] (Laurentiusschwarm, Laurentiustränen), einer der beständigsten und auffälligsten jährlichen Meteorströme, dessen Sternschnuppenfall in der ersten Augusthälfte auftritt.

Persepolis. Die freigelegten und zum Teil rekonstruierten Ruinenstätten; im rechten Bildteil in der Mitte das Apadana, dahinter die Paläste von Dareios I. und Xerxes I.; in der Mitte des linken Bildteils der Hundertsäulensaal, im Vordergrund Befestigungsanlagen

persische Geschichte

Persephone. Thronende Göttin

Flottenbaupolitik des Themistokles. Auf die griech. Niederlage bei den Thermopylen 480 († Leonidas) folgte 480 der griech. Seesieg von Salamis. 479 wurden die pers. Streitkräfte bei Platää und Mykale entscheidend geschlagen. Im † Kalliasfrieden (449/448) zw. Athen (unter Perikles) und Persien erkannte dieses die Zugehörigkeit der kleinasiat. Griechenstädte zum Att. Seebund an.

Perseus, Held der griechischen Mythologie; Sohn des Zeus und der Danae. Von seinem Pflegevater Polydektes, der sich in Danae verliebt hat, mit dem Auftrag ausgesandt, das Haupt der Gorgo Medusa zu erbeuten, was mit Hilfe von Athena und Hermes gelingt; P. versteinert Polydektes mit Hilfe des Medusenhauptes; P. wird König von Tiryns, von wo aus er Mykene und Midea gründet.

Persephone [...ne:], bei den Griechen die Göttin der Unterwelt, Tochter des Zeus und der Demeter; Gemahlin des Hades, der sie nur für zwei Drittel des Jahres an die Oberwelt entläßt. – Die Römer nannten die Göttin *Proserpina*.

Persepolis, Sommerresidenz der altpers. Achämeniden, 80 km nö. von Schiras (Iran); erbaut unter Darius I. ab etwa 518 v. Chr., diente den Neujahrszeremonien. Auf der künstl. Terrasse (z. T. restauriert) Audienzhalle (Apadana), Thronsaal (Hundertsäulensaal), Schatzhaus u. a.; erhalten sind zahlr. Reliefdarstellungen. 330 v. Chr. von Alexander d. Gr. erobert und niedergebrannt.

Perser (Parsa, lat. Persae), Stammesgruppe der Iranier, siedelte zu Beginn des 1. Jt. v. Chr. in NW-Iran (Urmiasee, nw. des Sagrosgebirges), später im heutigen Verw.-Geb. Fars; auch Bez. für die Einwohner Irans.

Perserkatze, vermutlich aus Kleinasien stammende Rasse der Hauskatze; mit gedrungenem Körper, großem Rundkopf, mähnenartiger Halskrause, langem, seidigem, dichtem Haar und buschigem Schwanz.

Perserkriege, griech.-pers. Auseinandersetzungen (500/490–449/448), ausgelöst durch die Unterstützung des Ion. Aufstands durch Athen. Nach der pers. Niederlage bei Marathon 490 († Miltiades) beantwortete Athen die Aufrüstung Darius' I. und Xerxes' I. ab 482 mit der

Perseus [griech.] † Sternbilder (Übersicht).

Persianer [nach Persien], Handels-Bez. für den Pelz aus dem schwarzen (auch grauen, bräunl. und weißen) Karakullammfell; Deckhaar mit kleinen Locken unterschiedl. Form.

Persien, alter Name von † Iran.

Persiflage [...'fla:ʒə; frz.], ironisierende Darstellung mit den Mitteln der † Parodie.

Persis † Fars.

Persisch † iranische Sprachen.

Perserkatze

persische Geschichte. 550/549 unterwarf der Achämenidenherrscher Kyros II., d. Gr. (⚭ 559–529) das Mederreich (seit dem 7./6. Jh. v. Chr. Oberhoheit über die Perser), 539 das neubabylon. Reich und errichtete ein Weltreich; weiter ausgedehnt durch Kambyses II. (⚭ 529–522, Ägypten) und Darius I., d. Gr. (⚭ 522–486; Thrakien, Makedonien). Die † Perserkriege gegen Grie-

persische Kunst

persische Kunst. Löwengreif; Relief am Palast des Darius I. (5. Jh. v. Chr.)

fen) verzichtete die Sowjetunion vertraglich auf alle Rechte in Persien; seit 1934 ↑Iran.

persische Kunst, im 19. Jh. Teilbereich der islam. Kunst, heute Bez. für die die altiran. Kunst überhaupt. Im 4. Jt. im iran. Hochland und SW-Iran kunstvolle Keramik, im 3. Jt. reliefierte Steingefäße, im 2./1. Jt. Bronzen (Luristan in W-Iran). Erste Monumentalbauten im 2. Jt. in *Elam* (Akropolis von Susa; Zikkurat von Tschoga Zanbil, 1250 v. Chr.). In der *Achämenidenzeit* (etwa 700–300) Palastbau: Säulenhallen von Pasargadae, Persepolis, Susa mit zahlr. Wandreliefs. Felsgräber, –reliefs u. a. in Behistan, Naksch-e Rostam. In skyth. Gräbern in Südrußland fanden sich achämenid. Goldschmiedearbeiten, in Turkestan Tafelgeräte (Oxusschatz), in Sibirien Teppiche. Nach der makedon. Eroberung und starker Hellenisierung wurde die *Sassanidenzeit* eine Blütezeit (224 bis 651): Paläste und Feuertempel mit Trompenkuppeln und tonnengewölbten Iwanhallen (Firusabad, Ktesiphon, Tacht-e Soleiman); seit dem 6. Jh. mit Stuckdekor; auch Wandgemälde (Pendschikent) sowie Felsreliefs, Seidenweberei, Treibarbeiten (Tafelgeschirr). Das Verbot goldenen Geschirrs in der islam. *Kalifenzeit* (651–1258) förderte die Keramik (Naischaburware, Lüsterkeramik des 12./13. Jh. von Kaschan und Raj). Unter den Dynastien der Samaniden und Seldschuken entstanden Mausoleen, Paläste, Moscheen und Medresen, die vier Iwane um einen Hof anordneten. In der *Mongolenzeit* (Ilkhane 1256 bis um 1335) bildeten sich neue Kunstzentren (Herat, Soltanijje, Isfahan). Unter Timur bzw. den Timuriden (1405–1506) blühte die Miniaturmalerei (Herat, Täbris, Schiras), in Mossul die Tauschierkunst. Städtebaul. Leistungen v. a. in Samarkand (15. Jh.), typisch war die Fayanceverkleidung, ebenso bei den Bauten der Safawiden in Täbris (seit 1501) und Isfahan. Bed. safawid. Buchmalerei (1. Hälfte des 16. Jh.); die Isfahanteppiche begründeten den Ruhm der Perserteppiche.

persische Literatur, die in neupers. Sprache geschriebene Literatur. Vorläufer sind die altiran. Sakraltexte (»Avesta«) und altpersischen Königsinschriften (Keilschriften) der Achämeniden;

chenland beendeten die pers. Ausdehnung nach W. Unter Darius III. (⚰ 336–330) Invasion Alexanders d. Gr. von Makedonien. 323–250 unter den Seleukiden, dann unter den Parthern, die 224 n. Chr. durch die Sassaniden unter Ardaschir I. (⚰ 224–241) abge-löst wurden; wiederholte Kämpfe mit den Römern. Unter Chosrau I. (⚰ 531–578/579) trotz andauernder Kämpfe gegen Byzanz Beginn einer neuen Blüte. 636/637–642 Eroberung durch die Araber; Wechsel zum Islam; Einsetzung arab. Statthalter. Unter dem Kalifat der Abbasiden (ab 749/750) wurde Bagdad Hauptstadt. Im 9. Jh. Gründung einheim. Dynastien, die die pers. Tradition und Kultur wiederbelebten. Nach mongol. Herrschaft (1258–1405) und der Niederwerfung der Turkmenen durch die Safawiden (1502–1722) schuf Schah Abbas I., d. Gr. (⚰ 1587–1629) eine pers. Großmacht (Eroberungen, Verlegung der Residenz nach Isfahan). Die seit 1722 herrschenden Afghanen wurden 1729 von dem Turkmenen Schah Nadir (⚰ 1729–47) vertrieben (1747 Abfall Afghanistans); Ausdehnung des Reiches im O bis zum Indus. Unter der Dynastie der Kadjaren (1794–1925) große Landverluste an Rußland, das seit 1809 mit Großbrit. um Einfluß in Persien rang. Im russ.-brit. Petersburger Vertrag (1907) über Persien wurde eine nördl. russ., eine südl. brit. und eine mittlere, neutrale Zone festgelegt. Im 1. Weltkrieg trotz formeller Neutralität von türk., brit. und russ. Truppen besetzt. Nach dem Staatsstreich des pers. Kosakenkommandeurs und Kriegsministers (1921) Resa Khan (1925 zum Schah ausgeru-

Personalitätsprinzip

Zeugnisse dieser *altpers. Literatur* (520 bis 350) finden sich auf Felswänden, an Bauwerken, auf Gold-, Silber-, Ton- und Steintafeln, Gefäßen. Von der *mittelpers. Literatur* der Anhänger des Zoroastrismus aus sassanid. und nachsassanid. Zeit, bes. Enzyklopädien der zoroastr. Religion, ist nur wenig erhalten. Die *neupers. Literatur* (in neupers. Sprache und arab. Schrift) beginnt mit dem 8. Jh. Bedeutendste höf. Dichtung: Firdausis ep. Darstellung der Geschichte Irans »Schah-Name« (etwa 975–1010). Hauptformen der Lyrik waren die von Rudaki geschaffene *Kasside* (von Anwari zum Höhepunkt geführt) und das *Ghasel* (Saadi, Hafis, Djalal od-Din Rumi). Bedeutendster Vertreter des myst. Lehrgedichts (Masnawi) ist Sanai; hervorragende Epiker: Nisami und Jami (* 1414, † 1492). Das 13. Jh. leitete eine glanzvolle Periode pers. Geschichtsschreibung ein; es folgte eine reiche biograph. Literatur. Nach dem 14. Jh. verbreitete sich eine Vorliebe für Manierismen (Bildersprache, verrätselte Wortspiele). – Die moderne Kunstprosa hat sich westl. Einflüssen nicht entzogen; moderne Erzähler sind u. a. Sadik Hidajat, Saijjid Mohammed Ali Djamalsadeh (Pionier der pers. Novelle) und Bozorg Alavi, der wie Ali Daschti und Sadegh Tschubak auch sozialkrit. Romane verfaßte.

Persischer Golf, Binnenmeer des Ind. Ozeans zw. Iran und der Arab. Halbinsel jenseits der Straße von Hormos, rd. 240 000 km²; Erdölförderung, Fischerei, Perlenfischerei.

persische Teppiche (Perser) ↑Orientteppiche.

persistent [lat.], anhaltend, hartnäckig.

Persistenz, die Aufenthaltsdauer einer chem. Substanz oder ihrer Abbauprodukte in einem Umweltbereich wie Luft, Boden, Wasser oder im Gewebe. P. ist eine Eigenschaft insbes. von Umweltgiften, radioaktiven Stoffen, Schwermetallen. Je größer die P. z. B. eines Pestizids, Waschmittels oder Schwermetalls ist, desto bedenklicher ist dessen Eintrag in die Umwelt.

Persius, Ludwig, * Potsdam 15. 2. 1803, † ebd. 12. 7. 1845, dt. Architekt. Schüler von K. F. Schinkel, für den er ab 1821 als »Baukonduktueur« wirkte, u. a. bei Schloß Charlottenburg (1826) und den Röm. Bädern (1828–44) im Park von Sanssouci. 1841 wurde er unter König Friedrich Wilhelm IV. Hofarchitekt in Potsdam. Bei seinen Bauten überwiegen historisierende, bes. roman. Stilformen (Rundbogenstil). – Hauptwerke: Heilandskirche am Port in Potsdam-Sacrow (1841–43); Kuppel der Nikolaikirche in Potsdam (1842–50); Friedenskirche, ebd. (1845–48).

Person, 1) *allg.:* der Mensch als (zählbares) Einzelwesen.
2) *Philosophie:* ↑Subjekt.
3) *Recht:* jeder Träger der Rechtsfähigkeit (jurist. P., natürl. Person).
4) *Sprachwissenschaft:* grammat. Kategorie beim Verb und Pronomen.

Persona grata [lat. »gern gesehener Mensch«], eine vom Empfangsstaat als diplomat. Vertreter erwünschte Person.

Persona ingrata (Persona non grata) [lat. »nicht gern gesehener Mensch«], ein Diplomat, gegen den der Empfangsstaat Einwendungen erhebt.

Personalausweis ↑Paßwesen.

Personalcomputer mit Tastatur und »Maus«

Personalcomputer [ˈpəːsənlkɔmpˈjuːtə; engl.], Abk. **PC,** ein Tischrechner mit Tastatur, Datenspeicher (Festplatte, Diskettenlaufwerk), Datensichtgerät und Drucker (bzw. Plotter) für den privaten und (in begrenztem Ausmaß) professionellen Anwendungsbereich; universell einsetzbar in Büro (z. B. Textverarbeitung, Verwaltungsaufgaben), Labor und Fertigung (u. a. statist. Berechnungen, Tabellenkalkulation, Erstellung von Graphiken) sowie zur privaten Nutzung (u. a. Textverarbeitung); auch Anschluß an Datennetze möglich.

Personalitätsprinzip [lat.], der Grundsatz, daß die rechtl. Verhältnisse einer Person sich nach dem Heimatrecht, also

Personalpronomen

nach der Abstammung, und nicht nach dem Recht des Aufenthaltsstaates (Territorialitätsprinzip) richten. Im dt. internat. Privatrecht richten sich bes. die Regeln über die Rechts- und Geschäftsfähigkeit, das Familien- und Erbrecht nach dem P., z. T. subsidiär nach dem Territorialitätsprinzip. Das dt. Staatsangehörigkeitsrecht und andere Staatsangehörigkeitsrechte beruhen im Grundsatz auf dem P. (Grundsatz des »ius sanguinis«, Abstammungsrecht). Im Strafrecht gilt seit 1. 1. 1975 im wesentlichen das Territoriaitätsprinzip (§ 3 StGB). – Rechtsgeschichtlich war das P. bereits in allen antiken Rechten bestimmend und galt auch im Reich der Karolinger.

Personalpronomen ↑Pronomen.
Personalrat ↑Personalvertretung.
Personalsteuer ↑Steuern.
Personalunion, durch einen gemeinsamen Monarchen bestehende Staatenverbindung, die die einzelstaatl. Autonomie unberührt läßt; auch Bez. für die Vereinigung von Ämtern in einer Person. – Ggs. ↑Realunion.
Personalvertretung, Sammel-Bez. für die Organe, die die Interessen der im öffentl. Dienst Beschäftigten gegenüber den Dienststellenleitern vertreten. Nach dem Bundespersonalvertretungsgesetz vom 15. 3. 1974 (die Bundesländer haben eigene P.-Gesetze) sind P. *(Personalrat, Jugendvertretung, Personalversammlung)* in den Verwaltungen und Gerichten des Bundes sowie in den bundesunmittelbaren Körperschaften, Anstalten und Stiftungen des öffentl. Rechts zu bilden. Aufbau und Aufgaben der Organe entsprechen im wesentlichen der in der privaten Wirtschaft geltenden ↑Betriebsverfassung.
Persona non grata ↑Persona ingrata.
Personengesellschaft (Personalgesellschaft), nicht rechtsfähige Gesellschaft, die auf die persönl. Fähigkeiten der Gesellschafter gegründet ist (Ggs. Kapitalgesellschaft). Die Gesellschafter haften für die Verbindlichkeiten der P. unmittelbar und persönlich.
Personenkennziffer, Abk. **PK,** einem Wehrpflichtigen bei der Musterung zugewiesene Kennummer, bestehend aus dem sechsstelligen Geburtsdatum, dem Anfangsbuchstaben des Nachnamens und der fünfstelligen »Folgenummer« des jeweiligen Kreiswehrersatzamtes.

Personenkult, die Verherrlichung (der Fähigkeiten) eines einzelnen Menschen, bes. eines Machtmenschen sowie die damit verbundene Akzeptanz der (absoluten) Unterwerfung; u. a. 1956 von N. S. Chruschtschow als charakteristisch für das stalinist. Herrschaftssystem benannt.
Personennamen, die Eigennamen eines Menschen; dazu gehören die Vornamen (Taufnamen) und die ↑Familiennamen (Zunamen, Nachnamen).
Personensorge ↑elterliche Sorge.
Personenstand (Familienstand), das familienrechtl., auf Abstammung oder Rechtsakt beruhende Verhältnis einer Person zu einer anderen. Der P. wird durch die P.bücher nachgewiesen: Geburt, Eheschließung und -auflösung, Nachkommenschaft, Tod.
Personenstandsbücher, die durch das Personenstandsgesetz vorgeschriebenen, zur Beurkundung des Personenstandes vom Standesbeamten geführten Bücher: *Heiratsbuch, Familienbuch, Geburtenbuch* und *Sterbebuch.* Während Heirats-, Geburten- und Sterbebuch für jeden Standesamtbezirk bestehen und jeweils alle dort vorkommenden Standesfälle verzeichnen, wird ein Familienbuch für jede Familie angelegt; es folgt den Ehegatten bei Wohnsitzwechsel zum neuen, örtlich zuständigen Standesamt, wo es dann fortgeführt wird. – In Deutschland seit 1876 Pflicht; seitdem wichtige Quelle für genealog. Forschungen.
Personenstandsurkunden, auf Grund der Personenstandsbücher ausgestellte öffentl. Urkunden, v. a. Geburts-, Heirats-, Sterbe- und Abstammungsurkunden sowie Auszüge aus dem Familienbuch.
Personensteuern ↑Steuern.
Personenwagen, svw. Personenkraftwagen, Pkw (↑Kraftwagen).
Personifikation (Personifizierung) [lat.], **1)** die Darstellung von Abstraktionen oder Naturerscheinungen o. ä. in menschl. Gestalt.
2) in der *Religionsgeschichte* die personale Auffassung von einer dem Menschen überlegenen Macht.
persönliche Freiheit, svw. ↑Freiheit der Person.
persönlich haftender Gesellschafter, Gesellschafter einer OHG oder Kom-

Perspektive

plementär einer KG oder KG auf Aktien. Seine Haftung gegenüber den Gesellschaftsgläubigern ist unbeschränkt.

Persönlichkeit [lat.], die ausgeprägte Individualität eines Menschen; Mensch, der eine bes. überzeugende Identität besitzt; jemand, der eine bes. Rolle im gesellschaftl., öffentl. Leben spielt.

Persönlichkeitsrecht, umfassendes subjektives Recht auf Achtung und Entfaltung der Persönlichkeit, aus dem einzelne Spezialrechte folgen, z. B. das Recht am eigenen Bild, das Recht auf Achtung der Ehre (Ehrenschutz), das Namensrecht, der Schutz von Geisteswerken, geregelt v. a. im BGB und im GG. Bei rechtswidriger und schuldhafter Verletzung des P. entstehen Ansprüche auf Unterlassung, Beseitigung und auf Schadensersatz.

Persönlichkeitsspaltung, gängiger umgangssprachl. Ausdruck für ein Grundphänomen der Schizophrenie.

Persorption [lat.], die Aufnahme unverdauter, ungelöster kleinster [Nahrungs]partikeln durch die Darmepithelzellen im Gegensatz zur ↑Resorption.

Perspektive [lat.], die ebene bildl. Darstellung dreidimensionaler (räuml.) Objekte mit Hilfe einer Zentralprojektion *(Zentral-P.)* oder einer Parallelprojektion *(Parallel-P.).* Die Zentral-P. ist dem (allerdings einäugigen) Sehprozeß nachgebildet. Denkt man sich alle Punkte des darzustellenden Gegenstandes durch sog. *Sehstrahlen* (Projektionsstrahlen) mit dem Auge des Betrachters bzw. einem sog. *Augpunkt* verbunden und schneidet die Projektionsstrahlen mit einer Ebene *(Bildebene, Projektionsebene),* so ergibt die Schnittfigur ein ebenes Bild des Gegenstandes. Bei der Zentralprojektion ist das Bild einer nicht durch den Augpunkt verlaufenden Geraden wieder eine Gerade. Bes. Bedeutung kommt dem »unendl. fernen« Punkt *(Fernpunkt)* einer solchen Geraden zu. Sein Bildpunkt ist der sog. *Fluchtpunkt* dieser Geraden. Er ergibt sich als Schnittpunkt des zur Geraden parallelen Sehstrahls mit der Bildebene. Das Zusammenlaufen der Bildgeraden paralleler Objektgeraden (z. B. paralleler Kanten eines Gegenstandes) sowie das Kleinerwerden der Bilder mit zunehmendem Abstand der Gegenstände von der Bildebene *(perspektiv. Verkürzung)* sind die wesentl. Kennzeichen der Perspektive. In der Darstellung von Bauten spielen die zur Grundebene parallelen Ebenen *(Höhenebenen)* eine besondere Rolle; insbes. schneidet die durch den Augpunkt verlaufende Höhenebene die Bildebene im *Horizont.* Liegt der Horizont der Bildebene sehr tief, so spricht man von einer *Frosch-P.,* liegt er sehr hoch, von einer *Vogelperspektive*.

Die Anwendung der P. in der *bildenden Kunst* beginnt mit der Tiefenraumdarstellung Giottos (Kastenraum); die Erfindung der zentralperspektiv. Raumkonstruktion (um 1420) wird Brunelleschi zugeschrieben. Seit der Renaissance (Leonardo da Vinci) finden Farbenperspektive und atmosphär. Nuancen (Luft-P.) Berücksichtigung. In der Architektur wird die perspektiv. Durchsicht ein wesentl. Gedanke (z. B.

Perspektive.
Links: Raumdarstellung (Kastenraum) ohne Fluchtpunkt: Giotto. »Die Geißelung Jesu«; Fresko, (zwischen 1304 und 1313; Padua, Arenakapelle) • Rechts: Beginn der Zentralperspektive: Masaccio. »Dreifaltigkeit«; Fresko, (1429; Florenz, Santa Maria Novella)

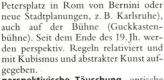

perspektivische Täuschung

Alessandro Pertini

Perth 2) Stadtwappen

Petersplatz in Rom von Bernini oder neue Stadtplanungen, z. B. Karlsruhe), auch auf der Bühne (Guckkastenbühne). Seit dem Ende des 19. Jh. werden perspektiv. Regeln relativiert und mit Kubismus und abstrakter Kunst aufgegeben.

perspektivische Täuschung, optische Täuschung, bei der in einer perspektivischen Darstellung gleich große Gegenstände in unterschiedl. Größe gesehen werden.

Perth [engl. pə:θ], **1)** schott. Hafenstadt am Tay, Region Tayside, 42 000 E. Museen, Theater. Kirche Saint John the Baptist (15. Jh. und 18. Jh.); Kathedrale (19. Jh.). – 12. Jh. bis 1452 Hauptstadt von Schottland; hieß auch *Saint John's Town.*

2) Hauptstadt von Western Australia, 19 km oberhalb der Mündung des Swan River in den Ind. Ozean, 1,2 Mio. E (Metropolitan Area). Zwei Univ. (gegr. 1911, 1973), TH, astronom. Observatorium, Museen; botan. Garten, Zoo. Handels-, Finanz- und Ind.-Zentrum des Gliedstaats; internat. ✈. – Gegr. 1829.

Perthes, 1) Friedrich Christoph, * Rudolstadt 21. 4. 1772, † Gotha 18. 5. 1843, dt. Buchhändler und Verleger. Neffe von Justus P.; gründete 1796 in Hamburg die erste dt. Sortimentsbuchhandlung; Mitbegründer des Börsenvereins des Dt. Buchhandels.

2) Georg Clemens, * Moers 17. 1. 1869, † Arosa 2./3. 1. 1927, dt. Chirurg, Urenkel von 1); ab 1903 Prof. in Leipzig, 1910–27 in Tübingen; führte die Röntgentherapie in die Chirurgie ein und war einer der ersten, der die wachstumshemmende Wirkung der Röntgenstrahlen auf Karzinome therapeutisch nutzte. Nach P. ist die †Perthes-Krankheit benannt.

3) Justus, * Rudolstadt 11. 9. 1749, † Gotha 1. 5. 1816, dt. Buchhändler und Verleger. Gründete 1785 in Gotha die *Geograph. Verlagsanstalt J. P.;* seit 1953 in Darmstadt.

Perthes-Krankheit [nach G. C. Perthes] (Osteochondropathia deformans coxae juvenilis), Erkrankung des Knochen- und Knorpelgewebes im Bereich des Hüftgelenks mit Nekrose des Gelenkknorpels und Verformung der Gelenkpfanne und des Gelenkkopfes. Die Perthes-Krankheit tritt im Wachstumsalter (5.–12. Lebensjahr) vorwiegend bei Knaben auf und beginnt schleichend mit Hinken, Bewegungsschmerz und Einschränkung der Gelenkbeweglichkeit. Die Ursache der Perthes-Krankheit ist unbekannt, möglicherweise liegt eine erbl. Stoffwechselstörung vor.

Pertini, Alessandro (Sandro) * Stella (Prov. Savona) 25. 9. 1896, † Rom 24. 2. 1990, italien. Politiker. Als Gegner des Faschismus war er 1927–35 in Haft, 1935–43 in der Verbannung. Mit P. Nenni und G. Saragat gründete er 1943 den Partito Socialista Italiano (PSI) neu. Gegen Ende des Zweiten Weltkrieges arbeitete er führend in der Widerstandsbewegung. 1945–46 und 1950–52 war er Chefredakteur des sozialist. Parteiorgans »Avanti«, 1948–53 Senator, 1953–78 Abg., 1968–78 Präs. der Abg.-Kammer. Als Staats-Präs. (1978–85) gewann P. großes Ansehen innerhalb und außerhalb Italiens.

Pertosa, Grotta di †Höhlen (Übersicht).

Pertubation [lat.], Durchblasen der Eileiter mit Luft, meist mit Kohlendioxid mittels einer Kanüle.

Pertussis [lat.], svw. †Keuchhusten.

Peru (spanisch Perú), Staat in Südamerika, grenzt im N an Ecuador und Kolumbien, im O an Brasilien, im SO an Bolivien, im S an Chile, im W an den Pazifik.

Staat und Recht: Präsidialrepublik; *Verfassung* von 1993. *Staatsoberhaupt* und oberster Inhaber der *Exekutive* ist der auf 5 Jahre vom Volk gewählte Präsident. Die *Legislative* liegt beim Einkammerparlament (120 Mgl.). *Parteien:* Alianza Popular Revolucionaria Americana (APRA), Acción Popular (AP), Izquierda Unida, Cambio 90.

Landesnatur: Das von zahlr. Flüssen durchzogene Küstentiefland (Costa) ist im N bis 140 km breit. Östlich schließen die Anden (Sierra) an, die in der Westkordillere mit dem Huascarán (6 768 m) den höchsten Berg Perus besitzen. W-, Z- und O-Kordillere werden durch breite Täler voneinander getrennt. Im S bilden die Anden ein Hochland. Ihr O-Abfall (Montaña) geht im NO in das Amazonastiefland (Selva) über. P. liegt in den inneren Tropen. Der trop. Re-

Peru

genwald der Selva geht in der Montaña in trop. Bergwald und ab 2500 m in Nebelwald über.

Bevölkerung: 50% sind Indianer, 33% Mestizen, 12% Weiße, 4% Asiaten, 1% Schwarze. Die größten indian. Völker sind die Aymará und Quechua.

Wirtschaft, Verkehr: Das Agrarland P. kultiviert Baumwolle, Zuckerrohr, Reis, Mais, Gemüse, Tabak und Reben. Eine große Bed. hat der illegale Anbau von Kokasträuchern. In den Wäldern werden Naturkautschuk und Rohchinin gesammelt. P. ist reich an Bodenschätzen: Kupfer-, Eisen-, Blei-, Zinkerze sowie Gold, Silber, Quecksilber, Salz und Guano. Uran wurde 1972 entdeckt. Erdölfelder gibt es im Amazonastiefland und im nw. Küstenbereich. Die wichtigsten Ind.-Zweige sind Hütten-, Nahrungsmittel-, chem., Textil- und Baustoffindustrie. Das Eisenbahnnetz hat eine Länge von 1672 km, das Straßennetz von 69942 km. Wichtigste Häfen sind Callao, Trujillo, Chimbote, Matarani und Ilo. Internat. ✈ bei Lima und Iquitos.

Geschichte: Das heutige P. war der Kernland des Großreichs der ↑Inka (etwa 1200–1532). 1532/33 unterwarf F. Pizarro das Inkareich, das Teil des ganze span. Südamerika umfassenden Vize-Kgr. Peru wurde. Im Unabhängigkeitskampf Südamerikas (seit 1810) blieb P. zunächst eine Stütze der span. Herrschaft, erst nach Einzug des argentin. Generals San Martín in Lima wurde 1821 die Unabhängigkeit ausgerufen und durch die Siege Bolívars und Sucres gefestigt (1824). Nach vergebl. Rückeroberungsversuchen (1862/66) erkannte Spanien 1879 endgültig die Unabhängigkeit von P. an. In 1879–83 im sog. ↑Salpeterkrieg auf seiten Boliviens, mußte P. seine S-Prov. an Chile abtreten.

Peru

Staatsflagge

Staatswappen

Peru

Fläche:	1,29 Mio. km²
Einwohner:	22,451 Mio.
Hauptstadt:	Lima
Amtssprachen:	Spanisch, Quechua
Nationalfeiertag:	28.7.
Währung:	1 Inti (I/.) = 100 Céntimos
Zeitzone:	MEZ – 6 Std.

1970 1992 1970 1992
Bevölkerung Bruttosozialprodukt je E
(in Mio.) (in US-$)

Bevölkerungsverteilung 1992

Bruttoinlandsprodukt 1991

Peru. Bewässerungsfeldbau in der Costa

Perubalsam

Peru. Indios auf dem Markt in Puno

Perugia
Stadtwappen

1908–12 und 1919–30 regierte Präs. P. A. Leguía als Diktator, ihm gelang es 1929, Tacna von Chile zurückzuerhalten. Nach seinem Sturz wurde die innenpolit. Lage labil. Die innenpolit. Gegensätze äußerten sich auch im Aufstieg der 1924 gegr. Alianza Popular Revolucionaria Americana (APRA), die, in den 1930er Jahren von der Militärregierung verboten, die Wahlen von 1945 gewann. 1947 errichtete General M. A. Odría Amoretti (1950–56 Präs.) eine Militärdiktatur, die 1956 wieder einem verfassungsgemäßen Regierungssystem weichen mußte. 1963 verhinderte das Militär die Amtsübernahme des zum Präs. gewählten Führers der APRA, Haya de la Torre. Die Nachwahlen gewann F. Belaúnde Terry; seine Reformbemühungen blieben allerdings in den Ansätzen stecken. 1968 wurde nach einem Putsch General G. J. Velasco Alvarado Präs. Er führte eine umfangreiche Strukturreform durch (u. a. Verstaatlichung eines Teils der Ind. und der ausländ. Banken), sein Nachfolger, der 1975 gleichfalls durch Putsch an die Macht gekommene F. Morales Bermúdez, machte viele dieser Maßnahmen rückgängig. 1980 fanden erstmals seit 1963 wieder Wahlen statt, die erneut Belaúnde Terry gewann. Seine Regierung und die folgende unter Präs. A. García Pérez (APRA) scheiterten am Terror der Guerilla, bes. des Sendero Luminoso (»Leuchtender Pfad«) und des Militärs. Die Wahlen 1990 gewann A. Fujimori für das Wahlbündnis Cambio '90; dieser löste im April 1992 das Parlament auf, setzte die Verfassung außer Kraft und unterdrückte jede polit. Opposition. Zwar hatte er Erfolge im Kampf gegen den Terrorismus (Festnahme von A. Guzmán, dem Führer des Sendero Luminoso), doch war P. außenpolitisch weitgehend isoliert. 1993 wurde durch Volksabstimmung eine neue Verfassung verabschiedet. 1995 kam es in dem seit 1942 schwelenden Grenzkonflikt mit Ecuador zu krieger. Auseinandersetzungen. Im April 1995 wurde Fujimori wiedergewählt.

Perubalsam, gelblich- bis dunkelbraunes, dickflüssiges Pflanzensekret des Schmetterlingsblütlers Myroxylon balsamum var. pareira; Wundheilmittel, bes. bei Ekzemen, Fixateur in der Parfümerie.

Perücke [frz.], künstl. Haartracht, die aus Haar oder synthet. Fasern hergestellt wird; Teil-P.: *Toupet* oder *Haarteil*.

Geschichte: Im Altertum galt die P. v. a. als Zeichen der Würde (bei Ägyptern, Hethitern, Assyrern und Babyloniern). Als Attribut der Mode taucht die P. bei den Römerinnen der Kaiserzeit (blonde P. aus dem Haar von Germaninnen) und dann erst wieder unter dem frz. König Ludwig XIII. auf. Ludwig XIV. führte die *Allonge-P.* ein. Seit etwa 1730 wurde das Nackenhaar der P. in einem *Haarbeutel* zus.gefaßt, in Preußen kam die *Zopf-P.* auf. Die Damen des Hofes bedienten sich zur Zeit Ludwigs XIV. zum Aufbau ihrer überhöhten Frisuren *(Fontange)* der P. oder Teilperücke. Allmählich trat die P. hinter dem eigenen gepuderten Haar zurück und kam nach der Frz. Revolution (1789) aus der Mode. – Heute ist die Perücke in Großbritannien und in ehem. brit. Kolonialgebieten noch als Amtstracht (Richter, Lord Mayor) üblich. – In den 1960er Jahren kamen P. als »Zweitfrisur« in Mode.

Perückenstrauch, Gattung der Sumachgewächse mit drei Arten in Nordamerika sowie in SO-Europa bis O-Asien. Beliebt als Gartenstrauch ist der **Gemeine P.** (Cotinus coggygria), ein sommergrüner, bis 4 m hoher Strauch (auch in rotblättrigen Formen), Blätter langgestielt, wechselständig und oval bis rundlich mit leuchtender Herbstfärbung. Zur Fruchtzeit haben die bis 20 cm langen und ebenso breiten Rispen durch die dichte, flaumige Behaarung der Fruchtteile ein perückenartiges Aussehen.

Perugia [italien. peˈruːdʒa], Hauptstadt von Umbrien, im Hügelland über dem oberen Tibertal, 147 600 E. Univ.; Ausländer-Univ., Museen. U. a. Pharmaindustrie. Etruskisch-römischer Augustusbogen, etrusk. Gräber; got. Dom (1345–1490), Kirchen Sant' Angelo (Rundbau, 5. Jh.), San Pietro (10./11. Jh., Renaissanceausstattung) und das Oratorio di San Bernardino (1457–61). Großer Palazzo Comunale (1293–97, 1333–53). – Ging aus dem etrusk. *Perusia* hervor; nach Zerstörung im Perusin. Krieg (41/40 v. Chr.) als *Augusta Perusia* wiederaufgebaut; im frühen MA weitgehend selbständig; 1549–1860 beim Kirchenstaat.

Perugino [italien. peruˈdʒiːno], eigtl. Pietro di Cristoforo Vannucci, * Città della Pieve bei Perugia um 1448, † Fontignano bei Città della Pieve Febr. oder März 1523, italien. Maler der Frührenaissance. Vorwiegend in Florenz, Rom und Perugia tätig; Lehrer Raffaels.

per ultimo [italien. »am letzten«], am Monatsende (ist Zahlung zu leisten).

Perutz, 1) Leo, * Prag 2. 11. 1884, † Bad Ischl 25. 8. 1957, österr. Schriftsteller. War zunächst Versicherungsmathematiker, dann freier Schriftsteller; emigrierte 1938 nach Palästina; befreundet bzw. bekannt u. a. mit R. Beer-Hofmann, H. von Hofmannsthal, E. E. Kisch, A. Lernet-Holenia, R. Musil, R. M. Rilke, E. Weiss und F. Werfel. P. war mit seinen spannenden und phantast. Romanen (»Die dritte Kugel«, 1915; »Zwischen neun und neun«, 1918; »Der Marques de Bolibar«, 1920) und Novellen (»Herr, erbarme Dich meiner«, 1930) bis zum Verbot seiner Schriften durch die Nationalsozialisten 1933 einer der meistgelesenen Autoren des dt. Sprachraums; auch Dramatiker. – Seit Mitte der 80er Jahre ist eine litarar. Wiederentdeckung P. festzustellen, die ihren deutlichsten Ausdruck in mehreren Verfilmungen findet.

2) Max Ferdinand, * Wien 19. 5. 1914, brit. Chemiker österr. Herkunft. Arbeiten über die Strukturanalyse von Proteinen und Nukleinsäuren; für die Aufklärung der räuml. Struktur des Hämoglobins erhielt er 1962 (mit J. C. Kendrew) den Nobelpreis für Chemie.

Peruzzi, Baldassare, ≈ Siena 7. 3. 1481, † Rom 6. 1. 1536, italien. Baumeister

Max Perutz

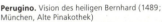

Perugino. Vision des heiligen Bernhard (1489; München, Alte Pinakothek)

Perversion

Antoine Pesne. Friedrich der Große als Kronprinz (1739/40; Berlin, Gemäldegalerie)

und Maler. Baute in Rom die Villa Farnesina (1509–11) und wurde nach Raffaels Tod Baumeister von Sankt Peter, ab 1529 Dombaumeister in Siena. Nach Rom zurückgekehrt, entstand 1534 ff. der Palazzo Massimo alle Colonne, ein wichtiges Werk der frühen manierist. Architektur in Rom, mit geschwungener Fassade und Säulenportikus. Die Fülle seiner Entwürfe verbindet formale Eleganz mit gründlicher Kenntnis der Antike. In der Perspektive erfahren, schuf er Festdekorationen und täuschend raumerweiternde Wand- und Bühnenbilder.

Perversion [lat.], (umstrittene) Bez. für abweichendes Verhalten, insbes. für die stetige Hinwendung auf ein von der Norm abweichendes Sexualziel bzw. auf abweichende Praktiken im sexuellen Bereich.

Perzeption [lat.], Vorgang der (sinnl.) Wahrnehmung eines Gegenstandes ohne bewußtes Erfassen und Identifizieren des Wahrgenommenen.

Pesaro, italien. Prov.-Hauptstadt in den Marken, 90 400 E. Museen, Theater, Oper; Filmfestspiele. U. a. keram., holz- und metallverarbeitende Industrie; Hafen, Badeort. Bed. Kirchen, u. a. Dom (19. Jh.) mit roman. Fassade (um 1300), San Francesco (14.–18. Jh.) sowie Paläste, u. a. Palazzo Ducale (15. und 16. Jh.). – 184 v. Chr. als röm. Bürgerkolonie *(Pisaurum)* gegr.; kam 754 durch die Pippinsche Schenkung an den Papst; 1285 an norditalien. Adelsfamilien; 1631 wieder an den Kirchenstaat.

Pescadoresinseln, zu Taiwan gehörende Inselgruppe in der Formosastraße.

Pescara, Fernando (Ferrante) Francisco de Ávalos, Marchese di [italien. pes-'ka:ra], *Neapel 1490, † Mailand 3. 12. 1525, span. Feldherr. ∞ mit Vittoria Colonna; bed. General Kaiser Karls V.; verriet die antispan. Verschwörung des Kanzlers von Mailand.

Pescara [italien. pes'ka:ra], italien. Prov.-Hauptstadt an der Mündung des Pescara in das Adriat. Meer, Region Abruzzen, 130 500 E. Wirtschaftshochschule; Museum; Bade- und Winterkurort. – Antiker Hafenort *(Aternum);* entstand im Hoch-MA *(Piscaria);* 1927 Zusammenschluß mit *Castellammare Adriatico.*

Pesch, Heinrich, *Köln 17. 9. 1854, †Valkenburg aan de Geul 1. 4. 1926, dt. Wirtschafts- und Sozialwissenschaftler. Seit 1876 Jesuit; in Abgrenzung zu Liberalismus und Sozialismus hat P. die solidarist. Gesellschaftsauffassung begründet und die kath. Sozialwissenschaft weiterentwickelt. – Werke: Liberalismus, Sozialismus u. christl. Gesellschaftsordnung (3 Tle., 1893–1900); Ethik und Volkswirtschaft (1918).

Peschel, Oscar, *Dresden 17. 3. 1826, †Leipzig 31. 8. 1875, dt. Geograph. Leitete seit 1854 die Zeitschrift »Das Ausland«, wurde 1871 Prof. in Leipzig. Nach Arbeiten zur Geschichte der Geographie wurde P. zu einem der Wegbereiter der Geomorphologie. – Werke: Gesch. des Zeitalters der Entdeckungen (1858); Gesch. der Erdkunde (1865), Neue Probleme der vergleichenden Erdkunde als Versuch einer Morphologie der Erdoberfläche (1870); Völkerkunde (1874); Phys. Erdkunde (2 Bde., hg. 1879–80).

Peschkow, Alexei Maximowitsch [russ. 'pjɛʃkɛf], russ.-sowjet. Schriftsteller, †Gorki, Maxim.

Pescia, [ˈpeʃʃa], Stadt in der Prov. Pistoia, Italien, 62 m ü. M., in der Toskana, am Rand des Apennin, 18 500 E. Bischofssitz; Gärtnereifachschule, Museum. P. ist Markt für seine Spezialkulturen (Spargel, Schnittblumen), mit Blumenmesse; Papier-, chem. Industrie. – Dom Santa Maria (1693 über einem Vorgängerbau errichtet); Sant'Antonio (wohl 12. Jh.) mit Fresken aus der 1. Hälfte des 15. Jh.; die Kirche San Francesco wurde auf dem Platz eines Oratoriums im 13. Jh. errichtet (Familienkapelle der Cardini, 1451; Altartafel von B. Berlighieri, 1235).

Peseta (Mrz. Peseten), span. Münze seit 1707, seit 1868 Hauptrechnungseinheit: 1 Pta = 100 Céntimos (cts).

Peshawar [engl. pəˈʃɔː, ˈpeɪʃɑːvə], pakistan. Prov.-Hauptstadt 50 km östl. des Khaiberpasses, 566 000 E. Univ.; Museum; u. a. Maschinenbau. – Im 3. Jh. n. Chr. Residenz eines Kuschankönigs *(Puruschapura)*; 1849 von den Briten erobert.

Pesne, Antoine [frz. pɛn], * Paris 23. 5. 1683, † Berlin 5. 8. 1757, frz. Maler. 1705–10 Aufenthalt in Italien, von wo er 1710 nach Berlin berufen wurde; 1711 wurde er zum preuß. Hofmaler ernannt. Reisen führten ihn an die Höfe von Dessau, Dresden, London und Paris, wo er 1720 Mgl. der Akademie wurde. Er malte Tafelbilder mit Genre- und Historienszenen sowie allegor. Wand- und Deckenbilder in den königl. Schlössern Rheinsberg, Charlottenburg, Potsdam (Stadtschloß und Sanssouci). Seine besten Leistungen sind Porträts, bes. von der königl. Familie und des preuß. Hofs, in hellem, warmem Kolorit und graziösfreier Auffassung.

Peso [lat.-span.] (P. duro, P. fuerte), ursprünglich von König Karl I. eingeführte spanische Silbermünze; wurde eine der wichtigsten Handelsmünzen des 16. bis 19. Jh. in Europa, Afrika u. O-Asien; Währungseinheit zahlreicher Länder, v. a. im ehemaligen spanischen Kolonialreich.

Pessach [hebr.], svw. ↑Passah.

Pessar [griech.] (Mutterring, Okklusivpessar) ↑Empfängnisverhütung.

Pessimismus [lat.], dem ↑Optimismus entgegengesetzte, in manchen Aspekten mit Skeptizismus und Nihilismus übereinstimmende Grundhaltung.

Pessoa, Fernando António Nogueira de Seabra, * Lissabon 13. 6. 1888, † ebd. 30. 11. 1935, portugies. Schriftsteller. Gilt als der bedeutendste Lyriker der neueren portugies. Literatur.

Pest, Stadtteil von ↑Budapest.

Pest. Pestarzt in Schutzkleidung; Kupferstich von Paul Fürst, (1656; München, Staatliche Graphische Sammlung)

Pest [lat.], **1)** in der *Medizin* schwere, akute bakterielle Infektionskrankheit (Erreger: Yersinia pestis), die meist von Nagetieren (vorwiegend Ratten) und den auf ihnen schmarotzenden Flöhen auf den Menschen übertragen wird. Befallen werden als erstes entweder Haut *(Hautpest)* oder Lymphknoten *(Beulen-, Bubonen-, Drüsenpest)* oder die Lunge *(Lungenpest,* die auch als Komplikation der Bubonen-P. vorkommt) und schließlich auf dem Blutweg der gesamte Organismus *(Pestsepsis).* Die Allgemeinerscheinungen der P. sind hohes Fieber, Schüttelfrost, Kopfschmerzen, Erbrechen, Unruhe, Benommenheit, Herz- und Kreislaufversagen. Die Inkubationszeit beträgt zwei bis fünf Tage, bei Lungen-P. ein bis zwei Tage.

Pestalozzi

Philippe Pétain

Johann Heinrich Pestalozzi

Geschichte: 1348–52 wurde Europa von der schwersten P.pandemie der Geschichte (rd. 25 Mio. Tote, etwa ein Drittel der damaligen Bevölkerung), dem »Schwarzen Tod«, heimgesucht. 1720/21 trat die P. zum letzten Mal epidemisch in Europa auf.
2) in der *Veterinärmedizin* Bez. für eine meist tödlich verlaufende, durch Viren hervorgerufene Tierseuche; u.a. Geflügelpest.
Pestalozzi, Johann Heinrich, *Zürich 12. 1. 1746, †Brugg 17. 2. 1827, schweizer. Pädagoge und Sozialreformer. Gründete 1775 eine Erziehungsanstalt auf seinem Gut Neuhof (bei Birr, Aargau); 1798 Übernahme eines Waisenhauses in Stans, 1800–04 Leitung einer Schule in Burgdorf, 1805–25 einer Heimschule in Yverdon, die durch die Erprobung der päd. Grundsätze P. weltbekannt wurde. Seine päd. Grundidee war Bildung für alle, d. h. die an den »Realverhältnissen« geweckte Entfaltung der geistigen [und körperl.] Kräfte und Anlagen. P. wurde zum Wegbereiter der Volksschule und Lehrerbildung. – *Werke:* Lienhard und Gertrud (vier Bde., 1781–87), Über Volksbildung und Industrie (1806), Über die Elementarbildung (1809).
Pestizide [lat.] ↑Schädlingsbekämpfungsmittel, auch Bezeichnung für Pflanzenschutzmittel.
Pestsäule, anläßlich einer Pestepidemie gelobte und als Dank für die überstandene Pest aufgestellte Votivsäule (v. a. 17./18. Jh.).

Pestwurz.
Gemeine Pestwurz
(Höhe bis 1 m)

Pestwurz, Gatt. der Korbblütler mit rd. 20 Arten v. a. in N-Asien; Stauden mit großen (bis über 1 m) Blättern; heim. die *Gemeine P.* mit rötl. Blütenköpfchen.
Peta ↑Vorsatzzeichen (Übersicht).
Pétain, Philippe [frz. pe'tɛ̃], *Cauchy-à-la-Tour bei Arras 24. 4. 1856, †Port-Joinville auf der Île d'Yeu 23. 7. 1951, frz. Marschall (seit 1918) und Politiker. 1916/17 Verteidiger Verduns; seit Mai 1917 Oberbefehlshaber des frz. Heeres; 1934 Kriegs-Min.; schloß als Min.-Präs. (ab Juni 1940) am 22./24. 6. 1940 den Waffenstillstand mit Deutschland und Italien; wurde nach der Übersiedlung von Regierung und Nationalversammlung nach Vichy Chef des État Français suchte außenpolitisch die Zusammenarbeit mit dem Dt. Reich; 1944 in Sigmaringen interniert; 1945 von den Franzosen wegen Kollaboration zum Tode verurteilt, wegen seines hohen Alters jedoch zu Festungshaft begnadigt.
Petel, Georg, *Weilheim i. OB um die Jahreswende 1601/02, †Augsburg 1634, dt. Bildhauer des Barock. Setzte häufig Rubensmotive in bildhauer. Sprache um; u.a. Darstellungen des Gekreuzigten (u. a. München, Schatzkammer der Residenz), Salzfaß (Stockholm, Königl. Schloß).
Peter, Name von Herrschern:
Aragonien: **1) Peter III., der Große,** *zw. 1238 und 1243, †Villafranca del Panadés bei Barcelona 10. 11. 1285, König (seit 1276). Setzte als Schwiegersohn Manfreds nach der Sizilian. Vesper (1282) Ansprüche auf das stauf. Erbe in Sizilien gegen Karl I. von Anjou durch.
Brasilien: **2) Peter I.,** *Lissabon 12. 10. 1798, †ebd. 24. 9. 1834, Kaiser (1822–31). Sohn Johanns VI. von Portugal; wurde 1821 in Brasilien Prinzregent, ließ am 7. 9. 1822 die Unabhängigkeit Brasiliens ausrufen und wurde am 12. 10. zum Kaiser proklamiert; ab 1826 gleichzeitig König von Portugal (als P. IV.); verzichtete zugunsten seiner Tochter Maria II. da Glória auf den portugies., zugunsten seines Sohnes Peter II. auf den brasilian. Thron.
3) Peter II., *Rio de Janeiro 2. 12. 1825, †Paris 5. 12. 1891, Kaiser (1831–89). Förderte die wirtschaftl. Entwicklung; führte erfolgreich Krieg gegen Paraguay

(1865–70); hob 1888 die Sklaverei auf und wurde deshalb 1889 entthront.

Mainz: **4) Peter von Aspelt,** * um 1240, † Mainz 5. 6. 1320, Bischof von Basel (seit 1297), Erzbischof (seit 1306). Ab 1296 Kanzler Wenzels II. von Böhmen; übte als Kurfürst von Mainz und Reichserzkanzler im Sinne einer antihabsburg. Politik bestimmenden Einfluß bei den Königswahlen 1308 (Heinrich VII.) und 1314 (Ludwig IV.) aus.

Montenegro: **5) Peter II. Petrović Njegoš** (Petar II.) [ˈpɛtrovitɕ ˈnjeɡɔʃ], * Njeguši 1. 11. 1813, † Cetinje 19. 10. 1851, Fürstbischof (seit 1830). Gilt als der bedeutendste serb. Dichter. Hauptwerk: »Der Bergkranz« (Epos, 1847) über den Befreiungskampf der Montenegriner gegen die osman. Herrschaft.

Portugal: **6) Peter II.,** * Lissabon 26. 4. 1648, † Alcántara 9. 12. 1706, König (seit 1683). Erreichte 1668 die endgültige Anerkennung der Unabhängigkeit durch Spanien.

Rußland: **7) Peter I., der Große** (russ. Pjotr I. Alexejewitsch), * Moskau 9. 6. 1672, † Petersburg 8. 2. 1725, Zar (seit 1682) und Kaiser (seit 1721). Stand bis 1689 unter Vormundschaft; heiratete 1712 die spätere Kaiserin Katharina I. Im 2. Nord. Krieg (1700–21) konnte P. mit dem Sieg über Schweden Rußland die überragende Stellung an der Ostsee verschaffen (1703 Gründung von Petersburg) und die russ. Großmachtstellung begründen, obwohl er 1711 den Türken die 1696 eroberte Festung Asow (Zugang zum Schwarzen Meer) zurückgeben mußte. Seine 1697/98 inkognito unternommene Reise u. a. in die Niederlande und nach England führte zu einer Reihe innerer Reformen, die die Öffnung des russ. Reiches nach W-Europa bezweckten: der Aufbau eines stehenden Heeres, die Einrichtung einer modernen Flotte, der Umbau der zivilen Verwaltung und der Kirchenverfassung (1721, Ersetzung des Patriarchats durch den Hl. Synod) und die Einführung des Julian. Kalenders.

8) Peter III. (russ. Pjotr III. Fjodorowitsch), als Hzg. von Holstein-Gottorf (seit 1739) Karl P. Ulrich, * Kiel 21. 2. 1728, † Schloß Ropscha bei Petersburg 18. 7. 1762, Kaiser (1762). Enkel Peters I., d. Gr.; 1742 als Thronfolger nach Rußland gerufen, seit 1745 ∞ mit Sophie Auguste von Anhalt-Zerbst, der späteren Katharina II. In seine Regierungszeit (5. 1. bis 9. 7.) fällt u. a. der Friedensschluß mit Friedrich II., d. Gr.; wurde gestürzt.

Peter von Ailly [frz. aˈji] (Pierre d'Ailly, Petrus von Alliaco), * Compiègne 1352, † Avignon 9. 8. 1420, frz. Kardinal. 1389 Beichtvater Karls VI., ab 1397 Bischof von Cambrai, ab 1411 Kardinal. Seine theolog. Werke sind wegen ausführl. wörtl. Auszüge aus den Spätscholastikern wichtige Quellen für die Theologie des Spät-MA.

Peterborough [engl. ˈpiːtəbərə], engl. Stadt am Nene, Gft. Cambridge, 115 400 E. Anglikan. Bischofssitz; Museum, Kunstgalerie; Ind.-Standort. Kathedrale (geweiht 1238) in spätnormann. Stil, Torhaus Knight's Gateway (1302); Guildhall (17. Jh.). – Um 655/970 Gründung der Benediktinerabtei P. im damaligen Dorf *Medehamstede,* eine der berühmtesten Abteien der angelsächs. Zeit, von der die spätere Stadt den Namen übernahm. – Abb. S. 2600.

Petermann, August, * Bleicherode 18. 4. 1822, † Gotha 25. 9. 1878, dt. Geograph und Kartograph. Zahlr. kartograph. Arbeiten; gründete 1855 die später nach ihm ben. Zeitschrift »Petermanns Geograph. Mitteilungen«.

Peter I., der Große

Petermännchen. Großes Petermännchen (Länge bis 45 cm)

Petermännchen, zwei 20–30 cm lange Drachenfische im Küstenbereich des Mittelmeeres und des europ. Atlantiks *(Großes P., Kleines P.);* die Stachelstrahlen der ersten Rückenflosse sind mit Giftdrüsen verbunden, die ein starkes Blut- und Nervengift absondern.

Peter-Prinzip, von dem amerikan. Pädagogen und Hierarchologen Laurence J. Peter (* 1919, † 1990) formulierte Gesetzmäßigkeit, nach der in Hierarchien jeder Mensch die Tendenz hat, bis zur Stufe seiner persönl. Unfähigkeit aufzusteigen, um dann auf dieser Stufe zu verharren.

Peters

Peterborough. Ansicht der Kathedrale von Südwesten; 1118 begonnen

Peters, Carl, *Neuhaus bei Hagenow 27. 9. 1856, † Woltorf (heute zu Peine) 10. 9. 1918, dt. Kolonialpolitiker. 1884/85 erwarb P. durch Verträge das Kerngebiet des späteren Dt.-Ostafrika und erlangte dafür kaiserl. Schutz; 1889/90 Schutzvertrag mit Uganda; 1891–97 Reichskommissar.

Petersberger Abkommen, nach dem Sitz der Hohen Kommissare auf dem Petersberg bei Königswinter ben. Abkommen zw. der Bundesregierung und den westl. Besatzungsmächten (22. 11. 1949); erste Etappe in der Revision des Besatzungsstatuts; regelte u. a. den teilweisen oder vollständigen Demontagestopp und betraf die Genehmigung eines Marshallplanabkommens sowie die Wiederaufnahme von Handels- und Konsularbeziehungen mit den westl. Ländern.

Petersburg ↑Sankt Petersburg.

Petersburger Vertrag, brit.-russ. Vertrag (31. 8. 1907) über die Aufteilung Persiens in Interessensphären, die Anerkennung des brit. Protektorats in Afghanistan und die Neutralisierung Tibets zugunsten Chinas.

Petersen, Wolfgang, *Emden 14. 3. 1941, dt. Filmregisseur. Drehte u. a. die Filme »Smog« (1973), »Das Boot« (1981), »Die unendliche Geschichte« (1983/84), »Tod im Spiegel« (1991), »Outbreak« (1995).

Petersilie [griech.-lat.], durch Kultur weit verbreiteter zwei- bis mehrjähriger Doldenblütler mit rübenförmiger, schlanker Wurzel und dunkelgrünen, glänzenden, zwei- bis dreifach gefiederten Blättern; wird wegen ihres Gehaltes an äther. Öl und ihres hohen Vitamin-C-Gehaltes als Heil- und Gewürzpflanze verwendet.

Petersilie. Gartenpetersilie (im ersten Anbaujahr)

Peterskirche (San Pietro in Vaticano), in der Vatikanstadt gelegene Grabkirche des Apostels Petrus, Hauptkirche des Papstes. Kaiser Konstantin I., d. Gr., errichtete nach 324 eine Basilika mit im W gelegener, halbrunder Apsis (über dem mutmaßl. Apostelgrab); Atrium im O; 1452–55 begann B. Rossellino ein neues Querhaus mit Chor. 1502 beschloß Papst Julius II. den vollständigen Neubau; Bramantes Urplan zeigte einen Zentralbau in Form eines griech. Kreuzes; Grundsteinlegung 1506. Aus Gründen der Tradition und der Liturgie wurde jedoch bald die Anlage eines Langhauses erwogen. Die Bauleitung hatten 1514–20 Raffael, bis 1536 D. Peruzzi, bis 1546 Antonio da Sangallo d. J., 1546–64 Michelangelo (entwarf die Riesenkuppel in Anlehnung an die Florentiner Domkuppel Brunelleschis), 1564–73 Vignola, bis 1603 Giacomo della Porta. Papst Paul V. beschloß die Zufügung des Langhauses, wobei C. Maderno wie bei der Fassade Michelangelos Pläne abwandelte (1607–26). Seit 1629 war G. L. Bernini Bauleiter, 1656–66 Anlage des perspektivisch wichtigen Vorplatzes mit Kolonnaden; Altarbaldachin 1624–33. Zur Ausstattung der P. gehören auch die Cathedra Petri, zahlr. Grabdenkmäler sowie Michelangelos Pieta.

Peterson, Oscar [engl. ˈpiːtəsn], * Montreal 15. 8. 1925, kanadischen Jazzmusiker (Pianist). Tritt als Solist und im Trio (Oscar-Peterson-Trio), u. a. mit dem Bassisten Ray Brown (* 1926) und dem Gitarristen Herb Ellis (* 1921) auf.

Peterspfennig (Denarius, Census Sancti Petri), im MA (bis zum 15./16. Jh.) zugunsten des Papstes erhobene Steuer; heute Bez. für die freiwilligen Gaben der Gläubigen zugunsten des Papstes.

Peterswaldau (poln. Pieszyce), Stadt am NO-Fuß des Eulengebirges, Polen, 10 200 E. ↑ Weberaufstand.

Peter und Paul, in der kath. Kirche Fest der Apostel Petrus und Paulus am 29. Juni.

Petipa, Marius [frz. pɔtiˈpa], * Marseille 11. 3. 1818, † Gursuf bei Petersburg 14. 7. 1910, frz. Tänzer und Choreograph. Seine Choreographien »Dornröschen« (1890), »Aschenbrödel« (1893) und »Schwanensee« (1895) gehören bis heute zum Grundbestand des klass. Ballettrepertoires.

Petition [lat.] (Bittschrift, Eingabe), schriftl. Gesuch an das Staatsoberhaupt, die Behörden oder die Volksvertretung.

Petition of Right [engl. pɪˈtɪʃən əv ˈraɪt], Bittschrift des Parlaments, von König Karl I. bewilligt (1628): u. a. keine zusätzl. Besteuerungen ohne Zustimmung des Parlaments, keine Verhaftungen ohne Angabe des Grundes, Garantie für ein ordentl. Gerichtsverfahren. Die P. of R. erlangte keine Gesetzeskraft.

Petitionsrecht, verfassungsmäßig garantierte Berechtigung, sich außerhalb normaler Rechtsmittel und Gerichtsverfahren bzw. auch nach deren Ab-

Oscar Peterson

Peterskirche. Blick auf den Papstaltar von Gian Lorenzo Bernini

schluß ohne Furcht vor Repressalien schriftlich mit Bitten und Beschwerden an die zuständigen Organe, insbes. an das Parlament, wenden zu können.

Petit mal [frz. pəti'mal »kleines Übel«] ↑Epilepsie.

Petit-point-Stickerei [frz. pətiˈpwẽ..., eigtl. »kleiner Stich«] (Wiener Arbeit), sehr feine Nadelarbeit in Gobelinstich (Perlstich).

Pętkow, Nikola Dimitrow, *Sofia 1889, † (hingerichtet) ebd. 23. 9. 1947, bulgar. Politiker. 1944/45 stellv. Min.-Präs., dann Führer der Opposition gegen die Umwandlung Bulgariens in eine Volksdemokratie; in einem Schauprozeß zum Tode verurteilt.

Petőfi, Sándor (Alexander) [ungar. 'pɛtøːfi], eigtl. S. Petrovics, *Kiskőrös 1. 1. 1823, ⚔ bei Schäßburg 31. 7. 1849, ungar. Dichter. Wird als ungar. Nationaldichter verehrt; führte im März 1848 die revolutionäre Pester Jugend an; fiel im ungar. Freiheitskrieg; verfaßte zunächst volksliedhafte Lyrik; dann größere, dem poet. Realismus verpflichtete Gedichte; schrieb u. a. auch das Märchenepos »Der Held János« (1845) und den Roman »Der Strick des Henkers« (1846).

Sándor Petőfi

Petőfi-Kreis [ungar. 'pɛtøː...; nach S. Petőfi], Gruppe ungar. Schriftsteller, die durch freiheitl. Forderungen den ungar. Aufstand im Herbst 1956 mit vorbereiteten.

petr..., Petr... ↑petro..., Petro...

Pętra (arab. Batra), Ruinenstätte im südl. Jordanien; Hauptstadt des Reiches der Nabatäer wohl seit 169 v. Chr., 106 n. Chr. röm., im 4. Jh. Bischofssitz. Gut erhalten der Felsentempel Kasr und Felsgräber mit z. T. prunkvollen Fassaden; Reste zweier Kreuzfahrerburgen.

Petrarca, Francesco, *Arezzo 20. 7. 1304, † Arquà (heute Arquà Petrarca bei Padua) 18. 7. 1374, italien. Dichter. Bed. Vertreter des italien. Humanismus; trat 1326 in den geistl. Stand; 1330–47 im Dienst des Kardinals Colonna; 1353–61 im Dienst der Visconti in Mailand, als deren Gesandter 1356 auch am Hof Karls IV. in Prag; ab 1362 in Venedig, später in Arquà; erforschte v. a. antike Handschriften; verfaßte in lat. Sprache eine umfangreiche Briefliteratur, so die 24 Bücher der »Epistolae familiares« (entstanden 1364) und die 17 Bücher

Francesco Petrarca (Miniatur in einer zeitgenössischen italienischen Handschrift)

der »Epistolae seniles« (entstanden 1361); bed. u. a. die in Versen verfaßten »Epistolae metricae« (entstanden 1331 bis 61) sowie die Bekenntnisschrift »De contemptu mundi« (entstanden 1342/43), die in Form eines fiktiven Dialogs zw. dem Dichter und dem hl. Augustinus gehalten ist. P. lyr. Werk in italien. Sprache ist von weltliterar. Bedeutung; die über viele Jahre entstandenen Gedichte faßte P. selbst in einer mehrfach umgestalteten Sammlung zusammen, deren letzte Fassung, heute u. d. T. »Il canzoniere« (hg. 1470), neben Kanzonen, Sestinen, Balladen und Madrigalen v. a. 317 Sonette umfaßt. Dieses Werk gliedert sich in zwei Teile: die an die lebende und die an die verstorbene (fiktive) Geliebte »Laura« gerichteten Gedichte sowie die in Terzinen verfaßten »Triumphe«. Seine Lyrik übte in den folgenden Jh. stärkste Wirkung auf die europ. Lyrik *(Petrarkismus)* aus.

Petrassi, Goffredo, *Zagarolo bei Rom 16. 7. 1904, italien. Komponist. Seine Werke (u. a. Konzerte, Kammermusik, Chorwerke, Opern, Ballette, Filmmusiken) sind unter Einbeziehung serieller Techniken v. a. durch Kantabilität und klangl. Durchsichtigkeit gekennzeichnet.

petre..., Petre... ↑petro..., Petro...

Petrefakten [griech./lat.], veraltete Bez. für Versteinerungen (↑Fossilien).

Pętri, 1) Laurentius, eigtl. Lars Petersson, *Örebro 1499, † Uppsala 26. 10. 1573, schwed. Reformator. Bruder von Olaus P.; 1531 erster luth. Erzbischof Schwedens. Hg. der ersten schwed. Bi-

Petrus

belübersetzung (1541/42) und des ersten schwed. Gesangbuchs (1567); Verfasser der 1572 angenommenen Kirchenverfassung.
2) Olaus (Olavus), eigtl. Olof Petersson, *Örebro 6. 1. 1493 (?), † Stockholm 19. 4. 1552, schwed. Reformator. Schüler Luthers; 1531 Kanzler Gustav Wasas; 1540 wegen Hochverrats zum Tode verurteilt, aber begnadigt. Das Erscheinungsjahr seiner Übersetzung von Teilen des NT (1526) bezeichnet den Beginn der neuschwed. Epoche.

petri..., Petri... ↑petro..., Petro...
petro..., Petro..., petri..., Petri..., petre..., Petre..., petr..., Petr... [zu griech. pétra »Stein«], Bestimmungswort von Zusammensetzungen mit der Bedeutung »stein..., Stein...«.

Petrochemie, 1) die Wiss. von der chem. Zusammensetzung der Gesteine, Teilbereich der Geochemie.
2) (Petrolchemie) Bez. für die Gesamtheit der chem. Prozesse und techn. Verfahren zur Herstellung und Weiterverarbeitung organ. Grundstoffe aus Erdöl und Erdgas.

Petrodollars, Bez. für die im Besitz erdölexportierender Staaten befindl. US-Dollars, die auf den internat. Finanzmärkten angelegt werden.

Petrodworez [russ. pıtrɛdva'rjɛts] (bis 1944 Petergof), russ. Stadt am Finn. Meerbusen, 77 000 E. Peter I. ließ 1715–28 in P. seine Sommerresidenz errichten, das Schloß, als zweigeschossiger, pilastergegliederter Bau errichtet, wurde 1746–55 von B. F. Rastrelli barock umgebaut, im Park Wasserspiele. Schloß Marly (1714), Schloß Monplaisir (1714–23, Seitenflügel um 1750), Engl. Palais (1781–89); neugot. Alexander-Newski-Kirche von F. Schinkel (1832).

Petrograd, 1914–24 Name von ↑Sankt Petersburg.

Petrographie (Gesteinskunde), Lehre, die sich mit Zusammensetzung, Bildung, Umwandlung und Vorkommen der Gesteine beschäftigt.

petrol..., Petrol... [griech.-lat.], Bestimmungswort von Zusammensetzungen mit der Bed. »Erdöl..., Erdgas...«.

Petroläther, Benzinfraktion; Extraktions- und Lösungsmittel.

Petroleum [...le-ʊm; griech.-lat.], das bei der Erdöldestillation zw. 180 und 250 °C übergehende Kohlenwasserstofffraktion; für Beleuchtungszwecke, heute v. a. Treibstoff (Kerosin).

Petroleumlampe [...le-ʊm...], Beleuchtungsvorrichtung; das im Docht hochsteigende Petroleum verbrennt nach dem Verdampfen am oberen Dochtrand in einem Brenner; ein Glaszylinder sorgt durch Kaminwirkung für ausreichende Luftzufuhr.

Petrologie, Bereich der Petrographie, befaßt sich mit den chem.-physikal. Bedingungen der Gesteinsbildung.

Petronius, Gajus (gen. P. Arbiter), † 66 n. Chr., röm. Schriftsteller. Verfasser des für die röm. Literatur einzigartigen parodist. Schelmenromans aus dem griech. Süditalien »Satyricon« (auch »Saturae«), darin »Cena Trimalchionis« (»Gastmahl des Trimalchio«).

Petropawlowsk-Kamtschatski, Hauptstadt des Gebiets Kamtschatka, Rußland, an der Awatschabucht, 269 000 E. PH, vulkanolog. Institut der Russ. Akad. der Wiss., Seefahrtschule; vulkanolog. Institut, Museum, Theater; Hafen, ⚓.

Petrosawodsk, Hauptstadt der Autonomen Republik Karelien innerhalb Rußlands, am W-Ufer des Onegasees, 259 000 E. Universität.

Petrovaradin [serbokroat. pɛtrɔva,radi:n] ↑Novi Sad.

Petrow, Jewgeni Petrowitsch [russ. pı'trɔf], eigtl. J. P. Katajew, *Odessa 13. 12. 1903, ✕ bei Sewastopol 2. 7. 1942, russ. Schriftsteller. Bruder von W. P. Katajew; Zusammenarbeit mit I. Ilf an satir. Romanen, u. a. »Zwölf Stühle« (1928).

Petrus (aram. Kepha, eigtl. Simon [gräzisiert aus aram. Symeon]), hl., † Rom (?) zw. 64 und 67 (?), Apostel. Fischer; stammte aus Betsaida am See Genezareth (heute et-Tell). Der Beiname P. (»Stein«) ist ihm von Jesus bei seiner Berufung zum Apostel verliehen worden; in Mt. 16, 18 theologisch als »Fels« (Fundament) gedeutet, auf dem Jesus Christus seine Gemeinde baut. In allen neutestamentl. Apostelkatalogen wird P. an erster Stelle genannt. Über seine Tätigkeit nach dem Apostelkonzil und sein Lebensende sind kaum Hinweise überliefert. Möglicherweise starb er als Märtyrer in Rom (unter Nero?). Seine überragende Bedeutung erhielt P. v. a. durch das im Anschluß an Matth. 16,

Petrus Abaelardus

17–19 auf ihn zurückgeführte P.amt des Papstes. – P. und Paulus werden in der kath. Kirche als »Apostelfürsten« verehrt. – Hauptfest: 29. Juni (Peter und Paul).

Petrus Abaelardus [- abɛ...] ↑Abälard, Peter.

Petrusbriefe, dem Apostel Petrus zugeschriebene Briefe im neutestamentl. Kanon, zu den Kath. Briefen gerechnet. *1. Petr.* (Ende des 1.Jh.): Mahnrede an die Gemeinden in Kleinasien; *2. Petr.* (1. Hälfte des 2. Jh.): Auseinandersetzung mit Zweifeln an der Wiederkunft Christi; die Verfasser der P. sind unbekannt.

Petrus. Die Heiligen Petrus und Andreas; Elfenbeinrelief aus Konstantinopel (Mitte des 10. Jh.; Wien, Kunsthistorisches Museum)

Petrus Canisius ↑Canisius, Petrus, hl.

Petrus Damiani, hl., *Ravenna 1007, †Faenza 23. 2. 1072, italien. Kardinal und Kirchenlehrer. Benediktiner und Einsiedler in Fonte Avellana; Vertreter strengster Askese; versuchte, die zahlr. Eremitenkongregationen durch Bindung an Klöster zu organisieren; 1057 Kardinal; gilt seit 1828 als Kirchenlehrer. – Fest: 21. Februar.

Petrus de Vinea (P. de Vineis), *Capua um 1190, †San Miniato bei Pisa im April 1249 (Selbstmord), Großhofrichter (seit 1225) und Leiter der Kanzlei Kaiser Friedrichs II.; glänzender Stilist; wohl wegen Unterschlagungen eingekerkert und geblendet.

Petrusgrab, die angebl. Grabstätte des Apostels Petrus unter der ↑Confessio der Peterskirche.

Petrus Hispanus ↑Johannes XXI., Papst.

Petrus Lombardus, *Novara-Lumellogno (Lombardei) um 1095, †Paris 21. oder 22. 7. 1160, italien. Theologe. Schüler von Peter Abälard, ab 1159 Bischof von Paris. Sein Hauptwerk, die »Sentenzen« (Erstdruck um 1471), wurde das dogmat. Handbuch der folgenden Jahrhunderte.

Petrus Nolascus, hl., *im Languedoc (oder Barcelona?) um 1182, †Barcelona 1249 oder 1256, span. Ordensstifter. Gründete zus. mit Raimund von Peñafort den Orden der ↑Mercedarier. – Fest: 22. Januar.

Petrus Venerabilis, hl., *Montboissier (Auvergne) um 1092, †Cluny 25. 12. 1156, frz. Benediktiner. Seit 1122 Abt von Cluny, dem er neue Statuten gab. Auf seine Veranlassung entstand eine lat. Übersetzung des Korans, die er in Traktaten gegen die Muslime benutzte. – Fest: 25. Dezember.

Petsamo ↑Petschenga.

Petschaft [tschech.] ↑Siegel.

Petschenegen, nomad. Turkvolk, im 9.Jh. zw. den Flüssen Wolga und Ural, im 10.Jh. im südruss. Steppengebiet ansässig; belagerten 1090/91 Konstantinopel; 1091, endgültig 1122 von den Byzantinern geschlagen.

Petschenga [russ. ˈpjetʃɪŋɐ] (finn. Petsamo), russ. Ort am Ende der Petschengabucht der Barentssee, etwa 4000 E. Eisfreier Hafen; bed. Nickelmagnetkieslagerstätten. – 1920–44 überwiegend in finn. Besitz, dann russisch.

Petschora [russ. pɪˈtʃɔrɐ], Fluß im europ. Teil Rußlands, entspringt im Nördl. Ural, mündet in die Petschorabucht der Barentssee, 1 809 km lang.

Petschora-Kohlenbecken [russ. pɪˈtʃɔrɐ...], nach dem Donbass bedeutendstes Steinkohlenvorkommen im europ. Teil Rußlands.

Pettenkofer, Max von (seit 1883), *Lichtenheim bei Neuburg a. d. Donau 3. 12. 1818, †München 10. 2. 1901 (Selbstmord), dt. Hygieniker. Begründer der experimentellen Hygiene; betonte die Abhängigkeit der Seuchenent-

Max von Pettenkofer

stehung von der Beschaffenheit der menschl. Umgebung (bes. von Bodenverunreinigungen und Grundwasserstand).

Pettiford, Oscar ['petɪfɔːd], * Okmulgee (Okla.) 30. 9. 1922, † Kopenhagen 8. 9. 1960, amerikan. Jazzmusiker (Kontrabaß, Violincello). Nahm Anfang der 1940er Jahre am Bebopsessions teil, spiele u. a. bei Duke Ellington und mit eigenen Gruppen und lebte seit 1958 in Europa. Beeinflußt von Jimmy Blanton, war er mit seinem melod. Spiel und seiner hervorragenden Technik (Pizzikatospiel) einer der einflußreichsten Bassisten des modernen Jazz.

Petting [engl.-amerikan. »das Liebkosen«], erot.-sexuelle Stimulierung, bei der der eigentl. Geschlechtsverkehr unterbleibt.

Pettoruti, Emilio, * La Plata 1. 10. 1892, † Paris 1971, argentin. Maler. Lebte 1913–24 v. a. in Italien und Paris und malte zunächst unter dem Einfluß der Kubisten und Futuristen, bevor er seine Bilder auf rein abstrakten Formbeziehungen aufbaute. In Argentinien (ab 1924) trat er als Wortführer der Moderne auf und wurde 1930 Direktor des Museums von La Plata (1974 seines Amtes enthoben). 1952 kehrte er nach Paris zurück.

Petty, Sir (seit 1662) William ['petɪ], * Romsey (bei Southampton) 26. 5. 1623, † London 16. 12. 1687, brit. Volkswirtschaftler und Statistiker. Urspr. Physiker und Arzt, später u. a. Sekretär O. Cromwells und Mitbegründer der Royal Society. P. gilt als gemäßigter Vertreter des Merkantilismus. Er führte statist. und demograph. Methoden in die polit. Ökonomie ein und prägte den Begriff »polit. Arithmetik«. Als Begründer der Arbeitswertlehre ist er ein Vorläufer der klass. Nationalökonomie.

Petunie [indian.], Gatt. der Nachtschattengewächse mit rd. 25 Arten im trop. und warmen Südamerika (bes. in Brasilien); meist klebrig-weichbehaarte Kräuter mit trichter- oder tellerförmigen, großen Blüten. Die durch vielseitige Züchtung geschaffenen *Garten-P.* mit violetten, roten, rosafarbenen oder weißen, auch gestreiften oder gefleckten Blüten, gehört zu den beliebtesten Beet- und Balkonpflanzen.

peu à peu [frz. pøa'pø], nach und nach, allmählich.

Peugeot-Citroën-Konzern [frz. pøˈʒo-ˌsitrɔˈɛn], frz. Unternehmensgruppe zur Produktion von und zum Handel mit Automobilen, Zweirädern, Stahl, Werkzeugen und Kunststoffen; Sitz Paris; entstanden 1976 aus der Fusion von Peugeot S. A. (gegr. 1896) und Citroën S. A.; Kfz-Marken sind Peugeot, Citroën und Talbot.

Peutinger, Konrad, * Augsburg 15. 10. 1465, † ebd. 28. 12. 1547, dt. Humanist. 1497–1534 Stadtschreiber in Augsburg. Er besaß die *Peutingersche Tafel,* eine im 12. Jh. entstandene Kopie einer röm. Straßenkarte von den Brit. Inseln bis China.

Pevsner, Antoine [frz. pɛvˈsnɛːr], * Orel 18. 1. 1886, † Paris 12. 4. 1962, frz. Bildhauer und Maler russ. Herkunft. Lebte 1917–23 in Moskau, ab 1923 in Paris; ab 1923 verwiegend Bildhauer; Mitunterzeichner des von seinem Bruder N. Gabo verfaßten »Realist. Manifests« (1920) des russ. Konstruktivismus; definierte durch seine Bronze- und Kupferkörper räuml. Beziehungen.

Peymann, Claus, * Bremen 7. 6. 1937, dt. Theaterregisseur. Gehört zu den Regisseuren, die das dt. Theater (ab Ende der 1960 Jahre) auf internationalem Niveau geprägt haben; gründete 1971 zus.

Petunie.
Gartenpetunie
(Höhe bis 45 cm)

Antoine Pevsner. Kinetische Konstruktion
(1953; Mannheim, Kunsthalle)

mit P. Stein die neue Schaubühne am Halleschen Ufer in Berlin; 1972–79 Schauspieldirektor in Stuttgart; 1979 bis 1986 Leitung des Schauspielhauses in Bochum; seit 1986 Direktor des Burgtheaters in Wien.

Peyotl ['pejɔtl; aztek.] (Pellote, Mescal-Buttons), getrockneter, in Scheiben geschnittener, oberird. Teil der mex. Kakteenart Lophophora williamsii; enthält Meskalin und andere Alkaloide.

Peyrefitte, Roger [frz. pɛrˈfit], * Castres 17. 8. 1907, frz. Schriftsteller. Schreibt Romane, die z. T. Skandalerfolge hatten, u. a. »Diplomaten« (1951), »Paris ist eine Hure« (1970), »Die rote Soutane« (1983).

pF, Einheitenzeichen für Pikofarad (↑Farad).

Pf, Abk. für ↑Pfennig.

Pfahlbauten in Thailand

Pfadfinder, größte freiwillige internat. Jugendbewegung. Von R. S. S. Baden-Powell 1907 gegr. (Boy-Scouts); 1920 erstes Welttreffen (»Jamboree«) in London mit Gründung der Weltkonferenz der P. Die über 120 nat. Organisationen sind in der Weltpfadfinderbewegung (Sitz: Genf) und im Weltbund der Pfadfinderinnen (Sitz: London) zusammengeschlossen (insgesamt über 26 Mio. Mgl.). In der BR Deutschland sind (außer dem *Bund Dt. P.* seit 1971/72) die P. im *Ring dt. Pfadfinderverbände* zusammengeschlossen. – Nach Altersgruppen gegliedert sind die P. in Wölflinge (7–11 Jahre), Jung-P. (11–14), P. (Scouts; 14–17), Rovers (17–20). P. verpflichten sich auf die Grundideen der Solidarität, Toleranz und Mitverantwortung.

Pfaffe, Geistlicher; seit Luther abschätzig.

Pfaffe Konrad ↑Konrad, Pfaffe.

Pfaffe Lamprecht ↑Lamprecht, Pfaffe.

Pfäffikon, Bezirkshauptort im schweizer. Kt. Zürich, am N-Ufer des Pfäffiker Sees, 8 300 E. Ausgrabung eines Römerkastells; spätgot. Kirche (15. Jh.).

Pfahl, über 200 km langer, mauerartiger Quarzgang im ↑Bayerischen Wald.

Pfahlbauten, auf eingerammte Pfähle gestellte und damit frei über dem Untergrund stehende Wohn- und Speicherbauten; errichtet zum Schutz vor feindl. Überfällen, wilden Tieren und Bodenfeuchtigkeit, u. U. auch vor Überschwemmungen. Sie sind v. a. in SO-Asien und Ozeanien weit verbreitet, kommen u. a. auch im trop. Afrika, in S- und Zentralamerika vor. Die vorgeschichtl. Siedlungen mit P. dürften Uferrandsiedlungen mit i. d. R. ebendig angelegten Häusern gewesen sein.

Pfahlbürger (Ausbürger), seit 1200 Bürger einer Stadt, die außerhalb der Mauern wohnten, vor und hinter den das Außenwerk bildenden Pfählen.

Pfahlmuschel, svw. ↑Miesmuschel.

Pfalz, Gebiet in Rheinl.-Pf., Deutschland, umfaßt den Pfälzer Wald, das Nordpfälzer Bergland, den Westrich, das Pfälzer Gebrüch und einen Teil des nördl. Oberrhein. Tieflandes. Letzteres wird zus. mit dem anschließenden Anstieg der Haardt als *Vorderpfalz* bezeichnet.

Geschichte: Ausgehend von der Pfalzgrafschaft Lothringen am Niederrhein verlagerte sich der pfalzgräfl. Machtbereich im Laufe des 11./12. Jh. in den Eifel-, Mosel- und Neckarraum, seit dem 13. Jh. mit Heidelberg als Zentrum. 1214 wurde die Pfalzgrafschaft bei Rhein von Kaiser Friedrich II. den Wittelsbachern verliehen. 1329 wurde die P. mit der Oberpfalz von Bayern getrennt. Die Goldene Bulle (1356) sprach die auch von Bayern beanspruchte Kurstimme der P. *(Kurpfalz)* zu. Nach dem Tode Ruprechts III. (⚭ 1398 bis 1410, seit 1400 als Ruprecht Röm. Kö-

Pfadfinder. Weltpfadfinderbewegung

nig) gründeten seine Söhne vier Linien: Kur- und Rheinpfalz (1559 erloschen), Oberpfalz (1448 ausgestorben), Zweibrücken-Simmern, Mosbach (1499 erloschen). Durch Kurfürst Friedrich I. (1452–75) wurde die pfälz. Vormachtstellung am Oberrhein begründet. Mit dem Wechsel der Linien beim Regierungsantritt Friedrichs III. (1559; mittlere Kurlinie *P.-Simmern*) wurde die P. zu einem Zentrum des aktiven ref. Protestantismus (Heidelberger Katechismus), verbunden mit reichsständ. Opposition gegen den Kaiser. Kurfürst Friedrich V. ließ sich als Haupt der unter Friedrich IV. 1608 gegr. prot. Union 1619 zum böhm. König wählen, verlor jedoch nach der Schlacht am Weißen Berg (1620) sowohl sein kurzzeitiges Königtum (daher der »Winterkönig« gen.) als auch sein Stammland mit der Kur an Bayern; erst sein Sohn Karl Ludwig konnte letzteres, verbunden mit einer neugeschaffenen 8. Kurwürde, jedoch ohne die Oberpfalz, 1648 durch den Westfäl. Frieden wiedergewinnen. Nach Erlöschen der mittleren Kurlinie 1685 führten die Erbansprüche, die Ludwig XIV. erhob, zum ↑Pfälzischen Erbfolgekrieg. Der Regierungsantritt der kath. Linie *P.-Neuburg* (junge Kurlinie; Residenz seit 1720 [bis 1778] Mannheim) bescherte der P. eine Art nachgeholter Gegenreformation. Mit der Hausunion von 1724 fand der jahrhundertealte Ggs. zu den bayer. Wittelsbachern ein Ende. 1742 folgte mit Karl Theodor, dem Erben P.-Neuburgs, die Linie *P.-Sulzbach* (seit 1777 auch in München als Erbe der bayer. Wittelsbacher) und 1799 die Linie *P.-Zweibrücken-Birkenfeld.* 1801 wurden die linksrhein. Gebiete der P. an Frankreich abgetreten, der rechtsrhein. Teil gelangte 1803 an Baden, Leiningen, Nassau und Hessen-Darmstadt. Bei der polit. Neugliederung der linksrhein. Gebiete des Dt. Bundes wurde 1816 der Bayer. Rheinkreis gebildet, seit 1838 Rheinpfalz und heute P. genannt, der seit 1946 größtenteils zu Rheinland-Pfalz gehört.

Pfalz [lat.] (Palatium), im mittelalterl. Fränk. und Dt. Reich auf Königsgut angelegter Gebäudekomplex. Sie diente dem reisenden Herrscher zum Aufenthalt *(Kaiserpfalz* bzw. *Königshof)* und zur Abhaltung von Hoftagen; z. B. Aachen, Gelnhausen, Goslar, Ingelheim, Worms, Speyer.

Pfälzer Wald (Pfälzerwald), waldreiches Mittelgebirge in Rheinl.-Pf., steigt mit markanter Stufe (Haardt) aus dem Oberrhein. Tiefland auf, in der Kalmit 673 m hoch.

Pfalzgraf (Comes palatinus), in fränk. Zeit Beisitzer oder als königl. Stellvertreter Vors. im Königsgericht, oberster Urkundsbeamter. Die P. kontrollierten die Hzg. und verwalteten verstreute Reichsgutkomplexe. Bed. war nur der lothring. P. (später: *Pfalzgraf bei Rhein*), der Kurfürst, Erztruchseß, Reichsvikar bei Thronvakanz (zus. mit dem Hzg. von Sachsen) wurde. Die Amtsbereiche der P., die *Pfalzgrafschaften,* gingen im allg. in den (herzogl.) Territorien auf.

Pfälzischer Erbfolgekrieg (Pfälz. Krieg, Orléansscher Krieg), 1668–97 zw. Frankreich und dem Hl. Röm. Reich geführter Krieg um Teile der Pfalz, ausgelöst durch die Erbansprüche der Hzgn. Elisabeth Charlotte von Orléans auf Teile der Pfalz, die Ludwig XIV. von Frankreich für seine Schwägerin erhob. Kaiser Leopold I. verbündete sich in der »Großen Allianz« mit England, den Niederlanden, Spanien und Savoyen. 1689 verwüsteten die Franzosen die Pfalz. Nach Niederlagen für die Allianz in den Niederlanden (1690–93) leitete 1692 der Sieg der englisch-niederländischen Flotte bei La Hogue eine Wende ein. Im Frieden von Rijswijk (1697) verzichtete Frankreich auf Lothringen, die rechtsrheinischen Gebiete und die Pfalz.

Pfand, eine Sache oder ein Recht, an denen ein Pfandrecht besteht.

Pfandbrief, festverzinsl. Schuldverschreibung der Realkreditinstitute auf der Grundlage der von ihnen erworbenen Hypotheken.

Pfandentstrickung (Pfandbruch, Arrestbruch, Verstrickungsbruch), das strafbare Zerstören, Beschädigen, Unbrauchbarmachen, Wegnehmen einer Sache, die gepfändet oder sonst dienstlich in Beschlag genommen ist, durch den Schuldner oder einen Dritten.

Pfänder, Gipfel in Vorarlberg, Österreich, 1 064 m ü. M.; Seilbahn; Straßentunnel zur Umgehung von Bregenz (6,7 km lang).

Pfandleiher

Pfandleiher, gewerbsmäßiger Geber von verzinsl. Darlehen gegen Verpfändung von Sachen; die Tätigkeit bedarf der Erlaubnis.

Pfandrecht, das dingl. Recht, mit dem eine bewegl. Sache oder ein Recht (Pfand) zur Sicherung einer Forderung belastet ist.

Pfandschein, die Bescheinigung über das beim Pfandkredit vom Darlehensempfänger gegebene Pfand.

Pfändung, die grundsätzlich dem Staat vorbehaltene Beschlagnahme eines Gegenstandes zwecks Sicherung oder Befriedigung eines Gläubigers. Sie ist Zwangsvollstreckung in das bewegl. Vermögen wegen einer Geldforderung. Bei bewegl. Sachen geschieht die P. durch Inbesitznahme der Sachen durch den Gerichtsvollzieher (i. d. R. durch Anlegen von Pfandsiegeln), bei Forderungen und anderen Rechten durch *Pfändungsbeschluß,* der dem *Drittschuldner* (d. h. dem Schuldner des Vollstreckungsschuldners) verbietet, an den Schuldner zu zahlen und dem Schuldner gebietet, sich jeder Verfügung über das Recht zu enthalten. Die Verwertung der Sachen erfolgt durch öffentl. Versteigerung. Zur Vermeidung einer *Kahlpfändung* (die P. aller dem Schuldner gehörenden, pfändbaren Gegenstände) und zur Existenzsicherung des Schuldners sind bestimmte Teile des Arbeitseinkommens sowie bestimmte Gegenstände, die für Haushalt, Arbeit und persönl. Gebrauch unentbehrlich sind, unpfändbar.

Pfanne, 1) *Geomorphologie:* flache, geschlossene Hohlform der Erdoberfläche mit rundl. Grundriß.
2) *Anatomie:* Gelenkpfanne (↑Gelenk).
3) *Bautechnik:* ↑Dachziegel.

Pfarramt, im *ev. Kirchenrecht* das Amt des ↑Pfarrers; das P. ist Kirchenamt und öffentl. Behörde ohne staatl. Mitwirkung.

Pfarrbezirk (Kirchspiel), in den *christl. Kirchen* territorial begrenztes Gebiet einer Pfarrei.

Pfarrei (Parochie), in der *kath. Kirche* der unterste selbständige Teilverband eines Bistums; durch Errichtung eines Pfarramtes seitens des Diözesanbischofs i. d. R. auf territorialer Grundlage gebildet, doch gibt es auch *Personalpfarreien,* deren Personenkreis nicht mit der lokalen Gemeinde identisch ist (z. B. Krankenhaus-, Studentenpfarrei). Die P. wird von einem ↑Pfarrer in Unterordnung unter dem Diözesanbischof und im Zusammenwirken mit dem Pfarrgemeinderat geleitet. In den *ev.* Kirchen der Bezirk der ↑Gemeinde.

Pfarrer (lat. Parochus), Inhaber eines Pfarramts, dem die selbständige und verantwortl. Betreuung und Leitung der Pfarrei bzw. Gemeinde (Seelsorge und Verwaltung) obliegt.
In der *kath. Kirche* leitet der P. die ↑Pfarrei kraft seiner Priesterweihe und seiner Beauftragung durch den Diözesanbischof. Eignungsvoraussetzungen sind philosoph.-theolog. Studium, Priesterweihe und Pfarrexamen. Amtspflicht des P. ist in erster Linie die Ausübung der Seelsorge sowie die Führung der Pfarrbücher. – In den *ev. Kirchen* ist der P. personaler Amtsträger, dem die pastorale Versorgung eines territorial und konfessionell begrenzten Bezirks (Gemeinde, »Parochie«) übertragen ist. Seine Hauptaufgabe sind Predigt und Seelsorge und alle daraus abgeleiteten verwaltungstechn. Aufgaben, die er mit dem kollegialen Gemeindeorgan teilt. Der P.beruf wird nach Studium der Theologie und kirchl.-prakt. Ausbildung durch Ordination und Einführung in die Gemeinde erlangt. – Der Titel »P.« wird an den Leiter einer Personalpfarrei verliehen.

Pfarrernotbund, die Vorläuferorganisation der ↑Bekennenden Kirche.

Pfarrgemeinderat, in der *kath. Kirche* seit dem 2. Vatikan. Konzil Organ der Pfarrei zur Ermöglichung verantwortl. Mitarbeit der Gemeindeangehörigen am Auftrag der Kirche. – In den *ev. Kirchen* ↑Gemeindekirchenrat.

Pfarrhelfer, in den *ev. Landeskirchen* Berufs-Bez. für nicht voll ausgebildete Theologen, die das geistl. Amt versehen.

Pfarrkirchen, Kreisstadt des Kr. Rottal-Inn, Niederbayern, 380 m ü. M., am Rand des breiten Tales der Rott, 10 400 E. Gemüsekonserven-, Schuhfabrik; Pferdezucht (seit 1895 Pferderennbahn). – Der im letzten Viertel des 9. Jh. erstmals erwähnte Ort wurde 1257 als Markt bezeugt, 1862 erhielt P. Stadtrecht. – In der kath. Stadtpfarrkirche St. Simon und Judas Thaddäus (um

1500 Umbau einer älteren Anlage) zahlreiche Grabdenkmäler; ehem. Rathaus (um 1500; jetzt Heimatmuseum); Bürgerhäuser des 16.–18. Jh. Die Wallfahrtskirche zur Schmerzhaften Muttergottes auf dem Gartlberg ist eine barocke Doppelturmanlage (1661 begonnen).

Pfarrvikar (Pfarrkurat, Pfarrektor), in der *kath. Kirche* Priester mit Funktionen eines Pfarrers: 1. Leiter einer ständigen Pfarrvikarie (pfarrähnl. Teilverband eines Bistums); 2. Priester, der, ohne wirkl. Inhaber eines Pfarramtes zu sein, volle Pfarrgewalt besitzt; 3. Priester, der einem Pfarrer zur Hilfe beigegeben ist (Kooperator, Expositus). – In der *ev. Kirche* Geistlicher vor der endgültigen Einstellung als Pfarrer (↑Pfarrhelfer).

Pfauen. Blauer Pfau. Oben: Männchen ♦ Unten: Weibchen

Pfauen [lat.], mit den Fasanen verwandte Gattung sehr großer Hühnervögel mit zwei Arten, v. a. in Wäldern und dschungelartigen Landschaften S-Asiens und der Sundainseln; Männchen mit verlängerten, von großen, schillernden Augenflecken gezierten Oberschwanzdecken, die bei der Balz zu einem »Rad« aufgerichtet werden; Weibchen unscheinbar gefärbt. In Indien (einschließlich Ceylon) kommt der *Blaue P.* (Pavo cristatus) vor: Männchen im Prachtkleid mit tiefblau gefärbtem Hals- und Brustgefieder; wird häufig als Ziervogel gehalten. Der *Ährenträger-P.*

Pfeffer

(Pavo muticus) lebt in SO-Asien; Hals und Brust des Männchens sind vorwiegend metallisch grün gefärbt; der Bestand ist bedroht.

Pfauenauge, Bez. für verschiedene Schmetterlingsarten mit auffallenden Augenflecken auf den Flügeln.

Pfauenaugenbarsch, bis etwa 15 cm langer Knochenfisch (Fam. Sonnenbarsche) im östl. N-Amerika; Körper seitlich stark abgeflacht, relativ hoch; an der Basis des Rückenflossenendes ein schwarzer, orangerot gerändeter Fleck; Kalt- und Warmwasseraquarienfisch.

Pfaueninsel, Havelinsel im Verw.-Bez. Zehlendorf von Berlin, etwa 1,5 km lang, 500 m breit, 76 ha; Gartenanlage und Park (von P. J. Lenné gestaltet) mit Schloß in Form einer Burgruine (1794–96 erbaut; Sommerresidenz Friedrich Wilhelms III.), Kavalierhaus (1804, 1826 von K. F. Schinkel unter Verwendung einer spätgot. Hausfassade aus Danzig erweitert), Pfauenhof, Voliere sowie Wasseranlagen.

Pfauenthron, reich verzierter pers. Thron aus der Mitte des 17. Jh.; ging Ende des 18. Jh. verloren. Der heute in Teheran befindl. P. stammt vom Ende des 18. Jahrhunderts.

Pfeffer [griech.-lat.] (Piper), Gatt. der P.gewächse mit rd. 700 Arten in den Tropen. Die wirtschaftl. wichtigste Art ist der *Pfefferstrauch* (Echter P.); er liefert den *schwarzen P.*, der aus den ganzen, unreif geernteten, ungeschälten Früchten besteht. Der *weiße P.* dagegen wird aus den reifen, durch Fermentation von der äußeren Schale befreiten Früchten

Pfeffer. Fruchtender Pfefferstrauch

2609

Pfefferfresser

gewonnen. Der brennende Geschmack des P. wird durch das Alkaloid Piperin bewirkt, der aromat. Geruch durch ein äther. Öl.

Pfefferfresser (Tukane), Fam. etwa 30–60 cm langer, meist prächtig bunter Spechtvögel mit rd. 40 Arten in trop. Wäldern M- und S-Amerikas; baumbewohnende Höhlenbrüter mit mächtigem, leuchtendem Schnabel.

Pfefferfresser. Riesentukan

Pfeffergewächse (Piperaceae), Pflanzen-Fam. mit 2000 Arten in neun Gatt. in den trop. Wäldern.

Pfefferminze ↑Minze.

Pfefferminzöl, äther. Öl aus den Blättern der Pfefferminze; enthält v. a. Menthol, Aromastoff u. a. für Genußmittel, Mundpflegemittel, Arzneimittel.

Pfefferstrauch, 1) ↑Pfeffer.
2) (Pfefferbaum, Mastixstrauch) Gatt. der Anakardiengewächse mit rd. 30 Arten aus Mexiko bis Chile, deren Rinde Gerbstoffe und Harze (*Mastix*, zum Fixieren von Verbänden verwendet) enthält.

Pfeife [lat.], 1) *Musik:* i. e. S. eine kleine, hoch und scharf klingende Flöte; auch instrumentenkundl. Bez. für eine Schallquelle, bei der eine in einem röhrenförmigen Gehäuse *(Pfeifenrohr)* eingeschlossene Luftsäule zu Eigenschwingungen angeregt wird. Nach der Art der Schallerregung unterscheidet man zwei Formen: ↑Labialpfeifen (Lippenpfeifen) und ↑Lingualpfeifen (Zungenpfeifen).
2) *Glasbläserei;* (Glasmacher-P.) Blasrohr, mit dem man einen Klumpen flüssigen Glases dem Glasofen entnimmt und unter Drehen durch Blasen zu einem Hohlglaskörper formt.
3) *Rauchgeräte:* Tabakspfeife.

Pfeifenfische (Flötenmäuler), Fam. extrem langgestreckter, bis 1,5 m langer Knochenfische in Flußunterläufen und an den Küsten des trop. Amerika, Australiens sowie von O-Afrika bis Japan; lange Röhrenschnauze mit kleiner Mundöffnung.

Pfeifenstrauch, Gatt. der Steinbrechgewächse mit rd. 70 Arten von S-Europa bis zum Kaukasus, in O-Asien und v. a. in N-Amerika; z. T. Ziersträucher, u. a. der *Blasse P. (Falscher Jasmin).*

Pfeiffer, Michelle, *Los Angeles (Calif.) 29. 4. 1958, amerikan. Filmschauspielerin. Erlangte internat. Erfolge u. a. in »Die Hexen von Eastwick« (1987), »Gefährliche Liebschaften« (1988), »Die fabelhaften Baker Boys« (1989), »Batmans Rückkehr« (1992).

Pfeiffer-Drüsenfieber ↑Mononukleose.

Pfeifhasen (Pikas), Fam. der Hasenartigen mit rd. 15 Arten in Asien; etwa 12–25 cm lang; gesellige, in Erdbauen lebende Steppen- und Gebirgsbewohner. Sie verständigen sich untereinander durch schrille Pfiffe.

Pfeifenfische. Meerschnepfe (Länge 15 cm)

Pfeil [lat.], 1) *allg.:* aus Schaft und Spitze zusammengesetzte Geschoßwaffe für Bogen, Armbrust oder Blasrohr; seltener mit der Hand geschleudert (Wurfpfeil).
2) *Astronomie:* ↑Sternbilder (Übersicht).

Pfeiler [lat.], in der Architektur eine eckige oder runde Stütze; weist im Ggs. zur Säule keine Verjüngung auf. ↑Pilaster.

Pfeilgifte, pflanzl. (seltener tier.) Gifte, mit denen verschiedene Naturvölker die Geschoßspitzen ihrer Pfeile und Speere präparieren, um Tiere oder Menschen

Michelle Pfeiffer

zu betäuben oder zu töten, z. B. ↑Curare und ↑Uabayo.

Pfeilhechte (Barrakudas, Meerhechte), Fam. bis 3 m langer, hechtförmiger Knochenfische mit 18 Arten in trop. Meeren, im Mittelmeer und im Atlantik; Kopf auffallend lang, mit zugespitzter Schnauze und großen Zähnen. Speisefische sind u. a. *Mittelmeer-Barrakuda* und *Pikuda*.

Pfeilkraut, Gatt. der Froschlöffelgewächse mit rd. 30 Arten; meist Sumpf- und Wasserpflanzen mit pfeilförmigen Blättern; in Deutschland ist das *Gewöhnl. P.* verbreitet.

Pfeilkraut. Gewöhnliches Pfeilkraut

Pfeilkreuzler, ungar. antisemit.-faschist. Partei, begründet 1935 durch F. Szálasi; übte als Regierungspartei während der dt. Besetzung Ungarns 1944/45 blutigen Terror aus.

Pfeilschwanzkrebse (Pfeilschwänze), seit dem Kambrium bekannte Ordnung ausschließl. meerbewohnender Gliederfüßer; Gesamtlänge bis etwa 60 cm, mit langem Schwanzstachel.

Pfeilwürmer (Borstenkiefer), Stamm wurmförmiger, etwa 0,5–10 cm langer wirbelloser Meerestiere mit rd. 50 Arten; in großen Massen im Plankton.

Pfeilschwanzkrebse. Atlantischer Schwertschwanz (Länge einschließlich Schwanz 60 cm)

Pfennig

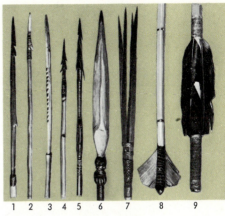

Pfeil 1): 1 Hartholzpfeil, Gran Chaco, Südamerika; **2** Pfeil mit Knochenspitze, Kolumbien; **3** Pfeil mit Knochenspitze, König-Georg-Sund, SW-Australien; **4** Pfeil mit eisernen Widerhaken, Afrika; **5** Bambuspfeil mit Widerhaken aus Knochen, Salomoninseln; **6** Bambuspfeil, Neuguinea; **7** Fischpfeil, Neuguinea; **8** Radialfiederung des Hartholzpfeils Abb. 1; **9** Tangentialfiederung des Pfeils mit Knochenspitze Abb. 2

Pfeilwurz (Arrowroot, Marante), in den Tropen angebaute 1–3 m hohe Staude, deren Wurzelstöcke die *Marantastärke* (für Kinder- und Diätkost) liefern; auch Heilmittel bei Giftpfeilwunden.

Pfennig [Herkunft unsicher] (früher auch Pfenning, lat. denarius), Abk. **Pf.**, urspr. einzige Münze des frühen und hohen MA in fast ganz Europa; Silbermünze von wechselndem Wert; seit dem 13. Jh. kleinstes Teilstück neben dem Groschen; seit dem 15. Jh. Schei-

Pfennigkraut

demünze, seit der Mitte des 18. Jh. allg. in Kupfer; ab 1871 reichseinheitlich 1 P. = $^1/_{100}$ Mark. Heute ist der Dt. P. Untereinheit der Dt. Mark.

Pfennigkraut (Täschelkraut, Hellerkraut), Gatt. der Kreuzblütler mit rd. 60 weltweit verbreiteten Arten; einheim. ist u. a. das bis 30 cm hohe *Ackerpfennigkraut.*

Pferd, 1) *Zoologie:* ↑Pferde.
2) *Sport:* Turngerät für Sprung- und Schwungübungen: ein gepolsterter, lederüberzogener Rumpf mit ausziehbaren Beinen.

Pferde (Einhufer, Equidae), weltweit verbreitete Fam. großer Unpaarhufer mit sechs rezenten (in der einzigen Gatt. Equus zusammengefaßten) Arten in Savannen und Steppen; hochbeinige, schnellaufende, grasfressende Säugetiere. P. treten nur mit der als Huf ausgebildeten, stark verlängerten Mittelzehe auf; die anderen Zehen sind zurückgebildet. Sie haben ein typ. Pflanzenfressergebiß mit hochkronigen Backenzähnen und (auf der Kaufläche) harten Schmelzfalten. Die Eckzähne der P. sind verkümmert, sie fehlen bei ♀♀ meist völlig. P. leben in kleinen Gruppen bis zu sehr umfangreichen Herden. Die heute noch lebenden P. (i. e. S.) haben nur eine einzige wildlebende Art (↑Prschewalskipferd), aus der das Hauspferd gezüchtet wurde. Im weiteren Sinne gehören zu den P. Zebras, Esel und Halbesel.

Die P. haben sich vor rd. 60 Mio. Jahren aus einer etwa fuchsgroßen Stammform (↑Eohippus) in Amerika entwickelt. Vor rd. 2,5 Mio. Jahren gelangte ein Seitenzweig nach Asien, wohingegen in Amerika alle P. nach der Eiszeit ausstarben. Die Domestikation des vorher nur gejagten Wildpferds setzte in N- und W-Europa gegen Ende des 3. Jt. v. Chr. ein.

Pferdeböcke (Laufantilopen, Hippotraginae), Unter-Fam. der Horntiere, großer, kräftiger Antilopen in Afrika; beide Geschlechter mit langen, spießartigen oder nach hinten gebogenen Hörnern; in meist kleinen Herden in offenem Gelände. Zu den P. gehören u. a.: *Oryxantilope* (Spießbock; mit den Unterarten *Säbelantilope* und *Weiße Oryx* [fast ausgerottet]), *Pferdeantilope, Rappenantilope* und *Mendesantilope.*

Pferdemagenbremsfliege, fast weltweit verschleppte, 12–14 mm große, bräunlichgelbe Fliege (Fam. Magendasseln), deren Maden im Pferdemagen parasitieren.

Pferderennen ↑Reitsport.

Pferdestärke, Einheit der Leistung, Einheitenzeichen **PS**; heute durch Watt bzw. Kilowatt (W bzw. kW) ersetzt: 1 PS = 735,49875 Watt.

Pferdmenges, Robert, *Mönchengladbach 27. 3. 1880, † Köln 28. 9. 1962, dt. Bankier und Politiker. 1929–53 Teilhaber des Bankhauses Salomon Oppenheim jr.; als Mitbegründer der CDU einflußreicher Finanz- und Wirtschaftsberater K. Adenauers.

Pfette (Dachpfette), parallel zum Dachfirst verlaufender Balken im Dachstuhl zur Unterstützung der Sparren.

Pfifferling (Echter Pfifferling, Eierschwamm, Rehling), häufiger Leistenpilz der Laub- und Nadelwälder; erscheint Juli bis Ende September; Hut 3–8 cm breit, oft trichterförmig vertieft; wertvoller Speisepilz. Er wird gelegentlich mit dem im Nadelwald häufigen *Falschen Pfifferling,* einem Trichterling, verwechselt; dieser ist wenig schmackhaft und zäh.

Pfingstrose. Oben: Edelpäonie (Höhe 60–80 cm) ◆ Unten: Strauchpfingstrose (Höhe 60–150 cm)

Pflanzen

Pfingstbewegung, zusammenfassende Bez. einer größeren Anzahl von dogmatisch nicht einheitl. religiösen Gruppen. Gemeinsam ist ihnen (nach Apg. 2) der Ausgangspunkt von einer realen Gegenwart des »Geistes« und der Anspruch auf den Besitz der urchristl. Gnadengaben, der Charismata. Die P. begann in Kreisen der nordamerikan. Heiligungsbewegung (seit etwa 1870) und verbreitete sich rasch in den USA und Europa.

Pfingsten [griech.], im Judentum Erntedank- und Wochenfest, in den christl. Kirchen der Schlußtag der 50tägigen Osterzeit; gilt im Westen als Fest der Herabsendung des Hl. Geistes und der Gründung der Kirche, in den Ostkirchen als Hochfest der Trinität sowie der Geistsendung.

Pfingstrose (Päonie, Paeonia), einzige Gatt. der *Pfingstrosengewächse* (Paeoniaceae) mit mehr als 30 Arten in Europa, Asien und N-Amerika; ausdauernde Pflanzen mit großen, weißen, gelben, rosafarbenen oder roten Blüten. Die wichtigsten Arten in zahlr. Zuchtformen sind die *Edelpäonie* (Chin. P.) mit mehr als 3000 Gartenformen, die *Strauch-P.* sowie die *Echte P.* (Bauern-P., Bauernrose, Gichtrose, Klatschrose).

Pfingsten. Miniatur aus dem Rabula-Evangeliar (586; Florenz, Biblioteca Medicea Laurenziana)

Pfirsichbaum. Zweig mit Einzelblüten (links) und mit Frucht

Pfirsichbaum (Prunus persica), in vielen Ländern der Erde angepfl. Rosengewächs; bis 8 m hoher Baum oder baumartiger Strauch. Die eßbaren Steinfrüchte, die *Pfirsiche,* haben eine deutlich hervortretende Bauchnaht und einen dickschaligen Kern. Eine glattschalige Varietät sind die *Nektarinen.* Das Öl der Samen wird für kosmet. Präparate und als Salbengrundlage verwendet.

Pfitzner, Hans, *Moskau 5. 5. 1869, †Salzburg 22. 5. 1949, dt. Komponist. 1908–18 in Straßburg Städt. Musikdirektor und Direktor des Konservatoriums sowie 1910–16 Operndirektor; auch als Dirigent, Pianist und Opernregisseur internat. tätig. Sein Werk steht für den Ausklang der Romantik. Hauptwerk ist die musikal. Legende »Palestrina« (1917), in deren Musik die Erfahrung des polyphonen Klanges des 16. Jh. eingeschmolzen ist. – Opern (u. a. »Der arme Heinrich«, 1895; »Das Herz«, 1931), Chorwerke, über 100 Lieder, Orchesterwerke (drei Sinfonien, ein Klavier-, ein Violin-, zwei Cellokonzerte), Kammermusik.

Hans Pfitzner

Pflanzen [lat.], formenreiche, rund 360000 Arten umfassende Organismengruppe, die in weiten Gebieten der Erde das Landschaftsbild prägt und seit dem Präkambrium nachweisbar ist. Zu den P. zählen *Samenpflanzen, Farne, Moose* und *Algen,* jedoch nicht die prokaryont. *Blaualgen.* Die Zuordnung der *(Phyto-)Flagellaten* ist schwierig. Die *Pilze* werden in der Systematik nicht mehr zu den P. gezählt. P. sind im allg. autotroph, d. h., sie bauen mit Hilfe des Sonnenlichts (↑Photosynthese) ihre organ. Körpersubstanz aus anorgan. Material auf. Damit schaffen die P. die Exi-

stenzvoraussetzungen für einige heterotrophe P., die Tiere und den Menschen, die alle ihre Körpersubstanz nur aus organ., letztlich von P. aufgebautem Material bilden können.
Die *Algen* sind die ursprünglichste P.gruppe. Sie können einzellig sein, in lockeren Zellkolonien vorkommen oder einen einfachen Zellfaden bilden. Nur einige Ordnungen der Braun-, Grün- und Rotalgen besitzen einen gegliederten Vegetationskörper *(Thallus)*. Bei den *Moosen* andeutungsweise beginnend, tritt, fortschreitend über die *Farne* zu den *Samenpflanzen*, eine Gliederung des Vegetationskörpers *(Kormus)* ein. Nur die Farne und Samenpflanzen besitzen mit Blatt, Sproßachse und Wurzel echte, differenzierte Gewebe. Die Ausbildung großer Blatt- und Wurzeloberflächen ist der autotrophen Lebensweise zur Aufnahme der Sonnenenergie und von Nährstoffen angepaßt. Unterschiede in Zahl, Anordnung und Größe der Grundorgane sowie zahlr. Metamorphosen führen zur Formenmannigfaltigkeit der Pflanzen.
Die Fortpflanzung und Vermehrung der P. erfolgt auf geschlechtl. Wege durch Vereinigung von Geschlechtszellen oder auf ungeschlechtl. Wege durch Sporen. Bei vielen P. tritt zusätzlich eine vegetative Vermehrung durch Zellverbände auf, die sich von der Mutterpflanze ablösen. Auf Außenreize reagieren P. durch verschiedene Organbewegungen (↑Tropismus), freibewegl. Formen zeigen ortsverändernde Bewegungen (↑Taxis). Dem Menschen, der P. schon frühzeitig in Kultur nahm, liefern P. Nahrungs-, Futter- und Heilmittel sowie Rohstoffe für Kleidung, Behausung und Werkzeuge.

Pflanzenfresser (Phytophagen), zusammenfassende Bez. für Tiere, die sich von Pflanzen bzw. bestimmten Pflanzenteilen ernähren.

Pflanzengesellschaft (Phytozönose), Bezeichnung für eine Gruppe von Pflanzen verschiedener Arten, die Standorte mit gleichen oder ähnlichen ökologischen Ansprüchen besiedeln, die gleiche Vegetationsgeschichte aufweisen und stets eine mehr oder weniger gleiche, durch Wettbewerb und Auslese entstandene Vergesellschaftung darstellen.

Pflanzenhormone (Phytohormone), von den höheren Pflanzen synthetisierte hormonähnl. Stoffe; steuern physiolog. Reaktionen, wie z. B. Wachstum, Blühtrhythmus, Zellteilung und Samenreifung. Bekannte Gruppen von P. sind ↑Auxine, ↑Gibberelline und ↑Zytokinine.

Pflanzenkrankheiten, abnorme Lebenserscheinungen der Pflanzen. – *Nichtparasitäre P.* werden durch abiot. Faktoren wie Überschuß oder Mangel an Wasser und Nährstoffen, Frost, Hitze, Luftverunreinigungen, Bodenvergiftungen u. ä. hervorgerufen. Die *parasitären P.* werden durch tier. Schädlinge oder Viren, Bakterien und Pilze verursacht. – *Meldepflichtige P.* in der BR Deutschland sind das Auftreten (und Verdacht) von Kartoffelkrebs, von Kartoffelnematoden, der San-José-Schildlaus, der Reblaus, des Blauschimmels (Tabak), des Feuerbrands (Obst) und der Scharkakrankheit (Pflaume).

Pflanzenkrebs, durch Viren, Bakterien oder Pilze verursachte Wucherungen, v. a. an höheren Pflanzen, die zum Zerfall des Gewebes und zum Absterben der Pflanzen führen.

Pflanzenläuse, mit mehr als 7 500 Arten weltweit verbreitete Gruppe bis 8 mm langer Insekten (u. a. Blattläuse, Schildläuse).

Pflanzenreich, Begriff der botan. Systematik, der die Gesamtheit der pflanzl. Organismen umfaßt.

Pflanzenschutz, 1) zusammenfassende Bez. für alle Maßnahmen zum Schutz der Nutzpflanzen (v. a. Kulturpflanzen) und ihrer Ernteerzeugnisse vor Schäden und Verlusten, die von Schädlingen, Krankheitserregern und Konkurrenten (v. a. Unkräuter und Ungräser) verursacht werden. – Der *integrierte P.* vereinigt die Methoden biolog. und chem. ↑Schädlingsbekämpfung.
2) im Rahmen des Naturschutzes der Schutz ganzer Pflanzengesellschaften und bestimmter Wildpflanzen vor ihrer Ausrottung.

Pflanzenschutzmittel, die im Pflanzenschutz verwendeten chem. ↑Schädlingsbekämpfungsmittel.

Pflanzenwespen, mit rd. 7 000 Arten weltweit verbreitete Unterordnung bis 4 cm langer Insekten (Ordnung Hautflügler); ♀♀ mit sägeartigem Legebohrer zum Ablegen der Eier in pflanzl. Gewebe; Larven raupenförmig, Pflanzenfresser.

Pflanzenzüchtung (Pflanzenzucht), die Schaffung neuer Kulturpflanzensorten durch Kreuzung und die Erzeugung von Mutationen, die den bes. Standortverhältnissen oder den veränderten Anbaumethoden und Ansprüchen des Menschen angepaßt sind. Die Züchtung einer neuen Kulturpflanzensorte dauert etwa 10–18 Jahre. In den letzten Jahren werden zunehmend gentechn. Methoden genutzt.

Pflanzstockbau, einfache Form des Ackerbaus, bei der das Pflanzgut mit Hilfe eines *Pflanzstocks* (zugespitzter oder abgeschrägter, bis 2 m langer Holzknüppel) in den Boden eingebracht wird.

Pflaster [griech.-mittellat.], 1) *Straßenbau:* Straßen- oder Bodenbelag aus Natur- oder Kunststeinen, z. T. auch aus anderem Material (z. B. Holz, Hochofenschlacke).
2) *Pharmazie:* (Emplastrum) allg. Bez. für das als Verbandmaterial verwendete *Heftpflaster*. Es besteht aus Rohgummi, das auf Textilgewebe aufgestrichen wird. Während Heft-P. nur mechan. Zwecken dient, wurden P. früher als Arzneimittelträger verwendet; zur Versorgung kleinerer Wunden wird ein mit einer antiseptisch imprägnierten Auflagefläche versehenes selbstklebendes P. benutzt; auch aus Textilgewebe oder Kunststoff hergestelltes, mit Mull versehenes Verbandmaterial, zum Schutz der Wunde vor Infektionen.

Pflaumenbaum (Prunus domestica), wahrscheinlich in Vorderasien aus einer Kreuzung von Schlehdorn und Kirschpflaume entstandener Bastard mit zahlr. kultivierten und verwilderten Sorten; 3–10 m hoher Baum mit kugeligen oder eiförmigen Steinfrüchten *(Pflaumen)*. Die zahlr. Formen können in folgende Unterarten eingeteilt werden: *Haferpflaume* (Haferschlehe, Krieche), Früchte kugelig, gelblichgrün oder blauschwarz; *Mirabelle,* mit runden, hellgelben oder hellgrünen Früchten; *Reneklode* (Reineclaude, Rundpflaume), mit grünl., kugeligen Früchten; *Zwetsche* (Zwetschge), Früchte *(Zwetschen, Zwetschgen, Pflaumen)* länglich-eiförmig, dunkelblau.

Pflegekind

Pflaumenbaum. Zweige der Bühler Frühzwetschge mit Blüten (unten) und Früchten (oben)

Pflaumenbohrer (Pflaumenstecher), in Eurasien verbreiteter, 3,5–8 mm langer, dunkel kupferfarbener Rüsselkäfer, der an Früchten, Blüten, Knospen und Blättern v. a. von Pflaumen-, Kirsch- und Apfelbäumen frißt.

Pflaumenwickler, 15 mm spannender Kleinschmetterling; Raupen *(Pflaumenmaden)* karminrot, können schädlich werden durch Fraß v. a. in Pflaumen, Mirabellen und Aprikosen.

Pflegekennzeichen, internat. vereinbarte Symbole auf Etiketten an Textilien; als Anleitung zur Behandlung von Textilerzeugnissen beim Waschen, Bügeln und Chemischreinigen.

Waschen	95°C Koch- oder Weißwäsche	60°C Buntwäsche	30°C Feinwäsche	Schon- 30°C waschgang	nicht waschen
Chloren		Cl chloren möglich			nicht chloren
Bügeln	starke Einstellung	mittlere Einstellung	schwache Einstellung		nicht bügeln
Chemisch-Reinigen	A allgemein übliche Lösungsmittel.	P Perchloräthylen oder Benzin	F nur Benzin		nicht chemisch reinigen

Pflegekennzeichen

Pflegekind, nach dem Jugendwohlfahrtsgesetz (JWG) ein Kind unter 16 Jahren, das sich regelmäßig außerhalb des Elternhauses in Familienpflege befindet. Die Aufnahme eines P. bedarf der Erlaubnis des Jugendamtes.

Pflegeleichtausrüstung

Pflegeleichtausrüstung, Textilveredelungsverfahren; ergibt Stoffe mit bes. guten Trage- und Pflegeeigenschaften. Kennzeichen *»wash and wear«* (knitterfrei), *»minicare«* (knitterfrei) oder *»no iron«* (bügelfrei).

Pflegeversicherung, Sammelbegriff für Versicherungen zur finanziellen Vorsorge gegen das Risiko der Pflegebedürftigkeit, d. h. das ständige Angewiesensein eines Menschen auf die persönl. Hilfe anderer zur Bewältigung regelmäßiger alltägl. Verrichtungen. Zu der bisher freiwillig-privaten Absicherung trat zum 1. 1. 1995 eine gesetzl. Pflegeversicherung unter dem Dach der gesetzl. Krankenversicherung. Die Leistungen der gesetzl. P. umfassen die häusl. Pflege (ab 1. 4. 1995) und die stationäre P. (ab 1. 7. 1996). Leistungen der häusl. P. werden nach dem Grad der Pflegebedürftigkeit gestaffelt. Als Sachleistungen zur Pflege betragen sie monatlich für erheblich Pflegebedürftige bis zu 750 DM, für Schwerstpflegebedürftige bis zu 2 800 DM (in Härtefällen bis zu 3 300 DM). Das Pflegegeld als monatl. Geldleistung beträgt 400–1 300 DM je nach Grad der Pflegebedürftigkeit. In der stationären Pflege werden Leistungen bis zu 2 800 DM monatlich gezahlt (Härtefälle bis zu 3 300 DM). Finanziert wird die P. durch einen von Arbeitgeber und Arbeitnehmer je zur Hälfte zu tragenden Beitragssatz von 1 % (ab 1. 1. 1995) bzw. 1,7 % (ab 1. 7. 1996) des Bruttoeinkommens. Zur Kostenentlastung der Arbeitgeber strichen die meisten Bundesländer einen auf einen Werktag fallenden Feiertag.

Pflegschaft, ein i. d. R. durch das Vormundschaftsgericht begründetes Fürsorgeverhältnis einer Person *(Pfleger)* für eine andere *(Pflegling)* zur Wahrnehmung einzelner bes. Angelegenheiten *(Personalpflegschaft);* ausnahmsweise auch die Fürsorge für ein Sammelvermögen, d. h. für einen Inbegriff von Rechtsgegenständen *(Sachpflegschaft).* Im Unterschied zur Vormundschaft läßt die P. grundsätzlich die Geschäftsfähigkeit des Pfleglings unberührt und berechtigt deshalb den Pfleger nur innerhalb bestimmter Grenzen zum Handeln. – Die *Amtspflegschaft* tritt von Gesetzes wegen im Zeitpunkt der Geburt eines nichtehel. Kindes ein und wird vom Jugendamt wahrgenommen. – Auf die P. finden grundsätzlich die Vorschriften über die Vormundschaft Anwendung.

Pflicht, 1) *Philosophie:* Begriff der Ethik (erstmals in der Stoa), der das unbedingte Gebot, sittlich zu handeln, bezeichnet.
2) *Sport:* u. a. im Kunstturnen, Eis- und Rollkunstlauf (P.laufen) und Wasserspringen vorgeschriebene Übungen, im Ggs. zur ↑Kür.

Pflichtteil, derjenige Teil seines Vermögens (i. d. R. die Hälfte des Wertes des gesetzl. Erbteils), hinsichtlich dessen der Erblasser seine ehel. und nichtehel. Abkömmlinge, seine Eltern und seinen Ehegatten trotz der grundsätzl. Testierfreiheit nicht durch Testament von der Erbfolge ausschließen kann, es sei denn, die P.berechtigten haben sich schwerer, schuldhafter Verfehlungen gegen den Erblasser schuldig gemacht.

Pflichtversicherung, in der *Privatversicherung* die auf gesetzl. Vorschriften beruhenden Haftpflichtversicherungen; als *Sozialversicherung* die gesetzlich vorgeschriebene Kranken-, Unfall-, Arbeitslosen- und Rentenversicherung.

Pflichtverteidiger ↑Verteidiger.

Pflimlin, Pierre [frz. pflim'lẽ], *Roubaix 5. 2. 1907, frz. Politiker. In der Vierten Republik fast ununterbrochen Min.; Mai 1958 Min.-Präs., unter de Gaulle Juni 1958 bis Jan. 1959 Staats-

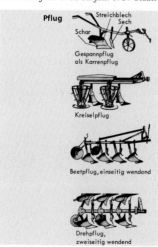

Pflug — Streichblech, Sech, Schar
Gespannpflug als Karrenpflug
Kreiselpflug
Beetpflug, einseitig wendend
Drehpflug, zweiseitig wendend

Min.; 1959–83 Bürgermeister von Straßburg; Verfechter der europ. Integration, 1959–67 und 1979–89 Abg. sowie 1984–87 Präs. des Europ. Parlaments.

Pflug, Gerät zum Wenden und Lockern des Ackerbodens. Die verbreitetste Form ist der *Schar-P.* mit einem oder mehreren P.körpern (Schare). Der *Scheiben-P.* besitzt als Arbeitswerkzeug gewölbte, drehbare Scheiben, die die Erde über einen Abstreifer zur Seite werfen. Moderne *Anbaupflüge* sind mit einem hydraulisch betätigten Gestänge mit dem Schlepper verbunden.

Pforr, Franz, * Frankfurt am Main 5. 4. 1788, † Albano Laziale 16. 6. 1812, dt. Maler. Neffe von J. H. Tischbein; gehörte zur Gruppe der †Nazarener; lebte ab 1810 im Kloster Sant' Isodoro in Rom.

Pfortader, kurze, starke Vene, die durch Vereinigung der oberen Eingeweidevene und der Milzvene entsteht und nährstoffhaltiges Blut aus den Verdauungsorganen zur Leber leitet.

Pforzheim, Stadt am N-Rand des Schwarzwaldes, Bad.-Württ., 113 000 E. Fachhochschulen für Wirtschaft und Gestaltung, Goldschmiedeschule, Schmuckmuseum, Theater. Schmuckwaren-, feinmechan. und opt. Industrie. Got. Schloß- und Stiftskirche (13./14. Jh.),

Franz Pforr. Der Graf von Habsburg und der Priester (1810; Frankfurt am Main, Städelsches Kunstinstitut)

Pforzheim. Grablege der badischen Markgrafen (16. Jh.) in der Schloß- und Stiftskirche

Altenstädter Pfarrkirche (nach 1945 z. T. neu erbaut), Matthäuskirche (1953). – Entstand an der Stelle der röm. Siedlung *Portus.* Die Schmuck-Ind. entwickelte sich seit 1767.

Pfriem, svw. †Ahle.

Pfropfreben, auf reblausresistenter (wurzellausresistenter) Unterlage herangezogene (aufgepfropfte) Reben; bei Neuanpflanzungen in Deutschland verbindlich vorgeschrieben.

Pfropfung [lat.] (Pfropfen) †Veredelung.

Pfründe, svw. †Benefizium.

Pfullendorf, Stadt im nw. Oberschwaben, Bad.-Württ., 10 300 E. Got. Stadtpfarrkirche (barockisiert), Rathaus mit Wappenscheiben von 1524/25; Fachwerkhäuser, u. a. Schoberhaus (1314). – Um 1147 erstmals erwähnt; seit dem Untergang der Staufer Reichsstadt, 1803 badisch.

Pfund [lat.], alte Gewichts-Bez., im Wert stark schwankend (zuletzt 500 g). Im frühen MA Grundlage des Münzgewichtssystems, 1 P. = 20 Schillinge = 240 Pfennige (Denare). Das P. war nur Rechnungsgröße (in England erstmals unter Heinrich VII. in Gold und 1642 in Silber ausgeprägt). Mit fortschreitender Münzverschlechterung Trennung von »Gewichts-P.« und »Zähl-P.«. In Großbrit. bestand die karoling. Unterteilung des P. Sterling in 20 Shillings und 240 Pence bis 1971 (seither 1 P. = 100 Pence).

Pfungstadt

Phaistos. Links im Bild Freitreppe und Westfassade des jüngeren Palasts, davor das bei dessen Errichtung zugeschüttete Heiligtum des älteren Palasts und dessen Hof

Pfungstadt, hess. Stadt, 24 000 E. Barocke Pfarrkirche (1746–48), Rathaus (1614).

pH, svw. ↑pH-Wert.

PH, Abk. für **P**ädagogische **H**ochschule.

Phäaken (Phaiaken), in der griech. Mythologie ein auf der Insel Scheria beheimatetes Seefahrervolk; die P. bewirten den schiffbrüchigen Odysseus.

Phädra (lat. Phaedra, griech. Phaidra), griech. Sagengestalt; Tochter des Minos, Schwester der Ariadne, zweite Gemahlin des Theseus.

Phädrus (Phaedrus), † um 50 n. Chr., röm. Fabeldichter. Klassiker der Fabeldichtung aus Makedonien; Freigelassener des Kaiser Augustus.

Phaethon, Gestalt der griech. Mythologie; Sohn des Helios; wird von einem Blitz des Zeus erschlagen. Seine Schwestern, die *Heliaden,* beweinen ihn; ihre Tränen verwandeln sich in Bernstein.

Phagen [griech.], svw. ↑Bakteriophagen.

Phagozyten [griech.] (Freßzellen), Zellen in der Blutflüssigkeit oder in Geweben bei Tier und Mensch, deren Aufgabe v. a. die Aufnahme und Unschädlichmachung von abgestorbenen Gewebsteilen und Fremdkörpern ist.

Phagozytose [griech.], die Aufnahme partikulärer Substanzen, auch lebender Zellen (z. B. Bakterien), in den Zelleib von Einzellern zu deren Ernährung (z. B. bei Amöben und Geißeltierchen) oder in bes. Zellen (↑Phagozyten) von Mehrzellern.

Phaistos [neugriech. fɛsˈtɔs], minoische Ruinenstätte im südl. M-Kreta, auf einem Hügel 70 m über dem W-Rand der Mesara. Der mittelminoische Palast, der dem Schema von Knossos folgt, ist um einen N-S gerichteten Hof angeordnet. In einem Teil des älteren Palastes (um 1800 v. Chr., durch Erdbeben zerstört) wurde der ↑Diskos von Phaistos gefunden.

Phalanx [griech.], Schlachtformation frühantiker Heere, eine ununterbrochene mehrgliedrige Linearaufstellung wechselnder Tiefe, an der Front Schwerbewaffnete (Hopliten), an der Flanke durch Leichtbewaffnete oder Reiterei geschützt; auch Bez. für eine Einheit von etwa 1 500 Mann.

Phalloidin [griech.], neben Amanitin Hauptgiftstoff des Grünen Knollenblätterpilzes; hoch giftiges, cycl. Polypeptid, das auch durch Erhitzen nicht zerstört wird.

Phallus [griech.], svw. ↑Penis. Der P., bes. das erigierte Glied, ist in der *Religionsgeschichte* als Inbegriff von Zeugungskraft und Fruchtbarkeit in Darstellungen seit der Steinzeit nachweisbar; dient als Fetisch und Amulett.

Phanarioten (Fanarioten), Bewohner des Stadtteils Phanar (Konstantinopel), meist griech. Herkunft, deren Oberschicht dem byzantin. Adel entstammte;

seit dem 16. Jh. im Besitz wichtiger Ämter (z. B. Landesfürsten in der Moldau und der Walachei). Zu Beginn (1821) des griech. Freiheitskampfes verloren die P. ihren Einfluß.

Phanerogamen [griech.], svw. ↑Samenpflanzen.

Phanerophyten [griech.] (Luftpflanzen), Holzgewächse, deren Triebe und Erneuerungsknospen (teils mit, teils ohne Knospenschutz) für die nächste Wachstumsperiode über dem Erdboden liegen (Bäume, Sträucher).

Phänologie [griech.], die Lehre vom Einfluß der Witterung und des Klimas auf den jahreszeitl. Entwicklungsgang der Pflanzen und Tiere.

Phänomen [griech.], 1) *Philosophie:* Erscheinung.
2) *allg.:* außergewöhnl. Ereignis, Vorkommnis; Mensch mit außergewöhnl. Fähigkeiten.

Phänomenologie [griech.], die Lehre von den Erscheinungen, heute v. a. die von E. Husserl begründete philosoph. Lehre vom Auftreten der Erscheinungen im Bewußtsein, in deren Mittelpunkt die Sach- und Bedeutungszusammenhänge des in der Intentionalität Erfaßten stehen. – Die P. wirkte stark auf die Psychologie, Psychopathologie, Kunst- und Literaturwiss. sowie Theologie.

Phänotyp [griech.] (Phänotypus, Erscheinungsbild), in der *Genetik* das Erscheinungsbild eines Organismus, das von Erbanlagen *(Genotyp)* und Umwelteinflüssen geprägt ist.

Phantasie [griech.], Einbildungskraft, Erfindungsgabe; in der *Psychologie* sowohl die abgewandelte Erinnerung von früher Wahrgenommenem als auch die Assoziation früherer Wahrnehmungsbestandteile zu neuen Gebilden sowie die Neuproduktion vorgestellter Inhalte.

Phantom [griech.-frz.], Trugbild, Sinnestäuschung, »Geistererscheinung«.

Phantom (Phantom II), Name eines von der McDonnell Douglas Corp. in unterschiedl. Versionen entwickelten Mehrzweck-Kampfflugzeuges; bei der Luftwaffe der Bundeswehr seit 1974 im Dienst.

Phantombild, ein von der Polizei zur Ermittlung eines unbekannten Täters aufgrund von Zeugenaussagen angefertigtes Bild, das die visuelle Identifizierung eines Tatverdächtigen ermöglichen soll.

Phantomschmerz, Schmerzempfindung in einer amputierten, nicht mehr vorhandenen Gliedmaße *(Phantomglied)*.

Pharao (altägypt. Per-o [»großes Haus«]), Bez. des ägypt. Königs.

Pharisäer [hebr., eigtl. »Abgesonderte«], 1) jüd. religiös-polit. Gruppierung seit dem 2. Jh. v. Chr. Die P. standen als gelehrte Laien im Gegensatz zu den ↑Sadduzäern. Die P. sahen auch die mündlichen Überlieferungen als verbindlich an und glaubten an eine Auferstehung und an das Gericht nach dem

Phantombild. Beispiel für ein »identi-kit«, links die einzelnen Gesichtsformen, Haartrachten, Augenpartien, Bartformen, Nasen- und Mundpartien, rechts untereinander die aus den einzelnen Folien zusammengesetzten Bilder

Pharmakologie

Phenol

Phidias.
Athena Parthenos;
Kopie (438 v. Chr.)

Tod. Nach der Zerstörung von Jerusalem (70 n. Chr.) bildeten die P. die fundamentale geistige Kraft des Judentums. 2) übertragen für einen selbstgerechten, hochmütigen Menschen.
Pharmakologie, die Lehre von Art, Aufbau und Wirkung chem. Substanzen (i. e. S. der Arzneimittel) auf den Organismus.
Pharmazie (Pharmazeutik) [griech.], Wiss. von der Beschaffung, Herstellung und Verarbeitung der Arzneimittel.
Pharus (Pharos) ↑Alexandria.
pharyngal [griech.], *Phonetik:* am Rachen (Pharynx) artikuliert.
Pharynx [griech.] (Schlund, Rachen), bei Mensch und Säugetieren zw. Speiseröhre und Mund bzw. Nasenhöhle liegender Abschnitt der oberen Luftwege.
Phase [griech.-frz.], 1) *allg.:* Abschnitt einer Entwicklung oder eines Zeitablaufs.
2) *Astronomie:* (Licht-P.) die veränderl. Lichtgestalt, unter der der Mond, aber auch die Planeten Merkur und Venus erscheinen. Der P.wechsel wird durch die sich ändernde Stellung Sonne–Gestirn–Erde hervorgerufen.
3) *Schwingungs- und Wellenlehre:* eine Größe, die den Schwingungszustand einer Schwingung zu jedem Zeitpunkt, den einer Welle zu jedem Zeitpunkt und an jedem Ort festlegt.
4) *Elektrotechnik:* die unter Spannung stehenden Zuleitungen des elektr. Netzes bzw. die Spannung selbst.
Phasenanschittsteuerung, Methode zur kontinuierl. Regelung der Effektivwerte einer Wechselspannung durch »Anschneiden« der entsprechenden Spannungskurven (des zeitl. Spannungsverlaufs). Durch Verschieben der Phasenlage der Steuerimpulse von Thyristoren bzw. Triacs wird ein Teil jeder Halbperiode der zu steuernden Spannung blockiert, der Effektivwert entsprechend verkleinert. Anwendung z. B. bei Helligkeitsreglern (Dimmern) und bei der elektron. Drehzahlregelung.
Phasenumwandlung (Phasenübergang), Übergang eines Stoffes von einer thermodynam. Phase in eine andere, wobei sich physikal. Eigenschaften (z. B. Dichte, Brechungsindex, elektr. Leitfähigkeit) sprunghaft ändern. Zu den P. zählen z. B. alle Änderungen des Aggregatzustandes.

Phasenverschiebung (Phasendifferenz), die Differenz der Phasen zweier Wellen oder Schwingungen gleicher Frequenz, z. B. der Phase einer Wechselspannung und der des dazugehörigen Wechselstroms; Angabe der P. im Bogen- oder Winkelmaß *(Phasenwinkel).*
PHB-Ester, Bez. für den Äthyl- und Propylester der *p*-Hydroxybenzoesäure und deren Natriumverbindungen, die in Deutschland als Konservierungsmittel zugelassen sind.
Pheidias ↑Phidias.
Phenol [griechisch/arabisch] (Hydroxybenzol, Carbol[säure], Karbol[säure]), C_6H_5OH, Benzolderivat mit einer Hydroxylgruppe; farblose kristalline Substanz mit charakterist. Geruch; Schmelztemperatur 40,9 °C, Siedetemperatur 181,7 °C, löslich in Wasser, sehr gut lösl. in den meisten organ. Lösungsmitteln; schwache Säure; bildet unter Einwirkung von Alkalien Salze *(Phenolate).* P. kann aus Erdöl oder Kohle gewonnen bzw. synthetisch hergestellt werden. Ausgangsstoff für Phenolharze, Caprolactam, Adipinsäure und Pikrinsäure.
Phenolharze (Phenoplaste), durch Polykondensation von Phenolen mit Aldehyden (v. a. Formaldehyd) entstehende Kunststoffe.
Phenolphthalein, als Indikator verwendeter Triphenylmethanfarbstoff; P.-lösungen sind im sauren und neutralen Bereich farblos und schlagen bei pH-Werten zw. 8,3 und 10 nach Rot um.
Phenylalanin, Abk. **Phe,** ↑Aminosäuren.
Pheromone [griech.] (Ektohormone), von Tieren in kleinsten Mengen produzierte hochwirksame Substanzen, die, nach außen abgegeben, Stoffwechsel und Verhalten anderer Individuen der gleichen Art beeinflussen.
Phi [griech.], 21. Buchstabe des klass. griech. Alphabets: Φ, ϕ.
Phiale [griech.], altgriech. flache [Opfer]schale ohne Fuß und Henkel.
Phidias (Pheidias), Bildhauer des 5. Jh. in Athen. Tätig etwa 460–430; starb nach Prozeß (um 432/431) wegen angebl. Veruntreuung wohl im Gefängnis; neben Polyklet der bedeutendste Meister der Hochklassik; Schöpfer der nur durch Kopien, Gemmen und Münzen überlieferten Athena Parthenos im Par-

thenon in Athen (438 v. Chr. geweiht) und der Sitzstatue des Zeus in Olympia, beide in Goldelfenbeintechnik; dürfte an der Gesamtplanung des plast. Schmucks des Parthenons maßgeblich beteiligt gewesen sein.
phil..., Phil... ↑philo..., Philo...
Philä ['fi:lɛ] (arab. Gasirat Fila), ehem. Nilinsel oberhalb von Assuan, heute vom Nassersee (Stausee) überschwemmt. Tempel, bes. der Isis, aus ptolemäischen und röm. Zeit, die 1973–80 ab- und auf einer höher gelegenen Insel wieder aufgebaut wurden.
Philadelphia [engl. filə'dɛlfiə], Stadt am Delaware River, Pennsylvania, USA, 1,6 Mio. E (Metropolitan Area 5,9 Mio. E). Vier Univ., Kunsthochschule; Museen. Eines der führenden Wirtschafts- und Kulturzentren der USA an der verstädterten Atlantikküste zw. Boston und Washington, Münze; Hafen, internat. ✈.
Stadtbild: Zahlr. Gebäude im Kolonialstil, u. a. Independence Hall mit der Freiheitsglocke, Congress Hall, Old City Hall. Älteste Kirche ist die Gloria Dei Church (errichtet 1700). Am SW-Rand von P. liegt das histor. Fort Mifflin.
Geschichte: 1683 von W. Penn als Hauptstadt Pennsylvanias (bis 1799) gegr.; zw. 1620/40 hatten hier schon niederl. und schwed. Niederlassungen bestanden; im 18. Jh. zweitgrößte Stadt des Brit. Reiches. 1774 tagte hier der 1., von allen brit. Kolonien beschickte Kontinentalkongreß; am 4. 7. 1776 in der Independence Hall Verkündung der Unabhängigkeitserklärung der Kolonien; im heutigen Stadtteil *Germantown* erlitt am 4. 10. 1777 die Armee G. Washingtons eine schwere Niederlage gegen die Briten. Am 17. 9. 1787 verabschiedete in P. der Kongreß die Verfassung der USA; 1790–1800 Bundeshauptstadt der USA.
Philander von Sittewald, Pseudonym des dt. Satirikers J. M. ↑Moscherosch.
Philanthrop [griech.], Menschenfreund.
Philanthropismus (Philanthropinismus) [griech.], pädagog. Reformbewegung des späten 18. Jh., benannt nach J. B. Basedows Erziehungsanstalt Philanthropin in Dessau (1774–1893). Sie erstrebte eine Erziehung, die die natürl. Kräfte des Kindes, bes. die Ausbildung seiner Vernunft, aber auch prakt. Fertigkeiten und Kenntnisse, fördern sollte.
Philatelie [griech.-frz.] (Briefmarkenkunde), das Sammeln von Briefmarken und die wiss. Beschäftigung mit ihnen.
Philemon, frommer Greis einer von Ovid ausgestalteten phryg. Volkssage, der als einziger zus. mit seiner Gemahlin *Baucis* die unerkannt umherwandernden Götter Zeus und Hermes bewirtet, die zum Dank deren Hütte in einen prächtigen Tempel verwandeln und den beiden Alten einen Wunsch freistellen: Beide bitten, als Hüter des Tempels ihr Leben gemeinsam beschließen zu dürfen. Hochbetagt werden sie in Bäume verwandelt: P. in eine Eiche, Baucis in eine Linde.

Philadelphia
Stadtwappen

Philadelphia. Blick auf das historische Stadtzentrum mit der Independence Hall

Philemonbrief, Abk. **Philem.,** einziger der erhaltenen Paulusbriefe im NT, der an eine Person (den Christen Philemon) gerichtet ist. Stellungnahme des Paulus zur Sklaverei: Paulus stellt diese nicht grundsätzlich in Frage, sieht aber Sklaven nicht mehr als Sache, sondern als Mitmenschen an; wahrscheinlich während der Gefangenschaft in Ephesos (54/55) abgefaßt.
Philharmonie, Vereinigung von Musikern, meist große sinfon. Orchester, auch das Konzertgebäude (Konzertsaal).
Philhellenen, die Anhänger der polit. und literar. Bewegung des *Philhellenismus* in der 1. Hälfte des 19. Jh., die am

Philidor

Philip, Herzog von Edinburgh

Gérard Philipe

griech. Freiheitskampf gegen die osman. Unterdrückung (1821–29) begeisterten Anteil nahmen. Gemälde (E. Delacroix), eine Fülle literar. Beiträge, u. a. von Lord Byron, F. R. de Chateaubriand, V. Hugo, A. von Chamisso, Griechenhilfsvereine und Freiwilligenscharen sind Äußerungen des Philhellenismus.

Philidor, François André [frz. fili'dɔːr], eigtl. F. A. Danican, * Dreux 7. 9. 1726, † London 31. 8. 1795, frz. Komponist und Schachmeister (nach ihm ist die P.-Verteidigung benannt). Einer der Hauptvertreter der Opéra comique, daneben Kirchen- und Kammermusik.

Philip, Prinz von Großbritannien und Nordirland (seit 1957) [engl. 'fɪlɪp], * auf Korfu 10. 6. 1921, Herzog von Edinburgh (seit 1947). Sohn des Prinzen Andreas von Griechenland und der Prinzessin Alice von Battenberg; 1947 brit. Staatsbürger unter dem Namen *Mountbatten;* seit 1947 ∞ mit der späteren brit. Königin Elisabeth II.

Philipe, Gérard [frz. fi'lip], * Cannes 4. 12. 1922, † Paris 25. 11. 1959, frz. Schauspieler. Bed. Theaterdarsteller; wurde international bekannt durch Filme wie »Fanfan, der Husar« (1951), »Die Schönen der Nacht« (1952), »Rot und Schwarz« (1954), »Gefährliche Liebschaften« (1959).

Philipp, Name von Herrschern:

Hl. Röm. Reich: **1) Philipp von Schwaben,** * 1177 (?), † Bamberg 21. 6. 1208 (ermordet), Röm. König (seit 1198). Jüngster Sohn Friedrichs I. Barbarossa; 1196 Hzg. von Schwaben; seit 1197 ∞ mit der byzantin. Prinzessin Irene. 1198 König, setzte sich seit 1204 gegen den gleichzeitig gewählten Otto IV. von Braunschweig durch; kurz vor dem Friedensschluß mit dem Papst von dem bayr. Pfalzgrafen Otto von Wittelsbach ermordet.

Burgund: **2) Philipp II., der Kühne,** * Pontoise 17. 1. 1342, † Halle (Brabant) 27. 4. 1404, Herzog (seit 1363). Sohn des frz. Königs Johann II., des Guten; vergrößerte durch seine Heirat mit Margarete von Flandern (1369) das Hzgt. Burgund u. a. um Flandern, Artois, die Franche-Comté.

3) Philipp III., der Gute, * Dijon 31. 7. 1396, † Brügge 15. 6. 1467, Herzog (seit 1419). Erkannte im Vertrag von Troyes (1420) Heinrich V. von England als frz. Thronfolger an; 1435 Friede von Arras mit dem frz. König Karl VII.: bed. Gebietserwerbungen, Entbindung von allen Lehnspflichten; erfolgreiche Territorialpolitik (Erwerb von Namur, Hennegau, Holland, Brabant, Limburg, Luxemburg).

Frankreich: **4) Philipp II. August,** * Paris 21. 8. 1165, † Mantes bei Paris 14. 7. 1223, König (seit 1180). Entzog 1202 dem engl. König Johann I. ohne Land wegen Verletzung seiner Vasallenpflichten seine frz. Lehen und eroberte in den folgenden Jahren den größten Teil des angevin. Festlandbesitzes; 1214 bei Bouvines endgültiger Sieg über die engl.-welf. Koalition.

5) Philipp IV., der Schöne, * Fontainebleau 1268, † ebd. 29. 11. 1314, König (seit 1285). Erweiterte die Krondomäne durch seine Ehe (1284) mit Johanna I. von Navarra († um 1305), Erbin der Champagne, sowie in Auseinandersetzungen mit Flandern (Niederlage von Kortrijk 11. 7. 1302). Im Konflikt mit dem Papsttum wegen der Besteuerung des Klerus erlangte P. durch die Verlegung der päpstl. Residenz nach Avignon 1309 entscheidenden Einfluß auf das Papsttum (v. a. Vernichtung des Templerordens 1312).

Hessen: **6) Philipp I., der Großmütige,** * Marburg 13. 11. 1504, † Kassel 31. 3. 1567, Landgraf (seit 1509). Beteiligte sich 1522/23 an der Niederwerfung Franz von Sickingens; seit 1524 Anhänger Luthers, führte die Reformation in Hessen 1526 ein und gründete 1527 in Marburg die erste ev. Universität; Führer der ev. Fürsten neben dem Kurfürsten von Sachsen; veranlaßte 1529 die Marburger Religionsgespräche. 1534 gelang ihm die Rückführung des luth. Hzg. Ulrich von Württemberg; im Schmalkald. Krieg 1546 geächtet und 1547–52 vom Kaiser in Haft gehalten.

Kastilien: **7) Philipp I., der Schöne,** * Brügge 22. 7. 1478, † Burgos 25. 9. 1506, Hzg. von Burgund (seit 1482), König (1504/06). Sohn Kaiser Maximilians I. und Marias von Burgund; seit 1496 ∞ mit Johanna der Wahnsinnigen von Kastilien; beanspruchte nach dem Tode Isabellas I. (1504) die kastil. Krone; 1506 von den kastil. Cortes anerkannt.

Philippinen

Makedonien: **8) Philipp II.,** *um 382, † Aigai (heute wohl Vergina) 336 (ermordet), König (seit 359). Vater Alexanders d. Gr.; gründete nach dem Sieg über Athen und Theben bei Chaironeia (338) den Korinth. Bund.

9) Philipp V., *238, † Amphipolis 179, König (seit 221). 215 Bündnis mit Hannibal; verlor in den zwei Makedon. Kriegen gegen Rom und dessen Bundesgenossen neben Territorien auch seinen Einfluß in Griechenland.

Orléans: **10) Philipp I.,** Hzg., †Orléans, Philippe I., Hzg. von.

Spanien: **11) Philipp II.,** *Valladolid 21. 5. 1527, † El Escorial bei Madrid 13. 9. 1598, König von Spanien (seit 1556) und von Portugal (seit 1580). Sohn Kaiser Karls V.; 1543 ∞ mit der Infantin Maria von Portugal († 1545; Sohn: Don Carlos), 1554 ∞ mit Maria I. Tudor, Königin von England (⚭ 1553–58), 1559 ∞ mit Elisabeth von Valois († 1568), Tochter Heinrichs II. von Frankreich, 1570 ∞ mit Anna von Österreich († 1580). P. kämpfte erfolgreich gegen Frankreich (1559 Frieden von Cateau-Cambrésis) und gegen die Osmanen (1571 Sieg bei Lepanto), 1580 sicherte er sich den Besitz Portugals. Der Versuch, das Eindringen der Reformation in den Niederlanden zu verhindern, führte zum Aufstand (1581 Lostrennung der nördl. Provinzen). Auch die Abwehr der engl. Einmischung dort scheiterte mit dem Untergang der Armada. Im Inneren regierte P. mit absolutist. Macht, gestützt auf die Inquisition. Der Tod P. leitete den Niedergang des span. Weltreichs ein.

12) Philipp V. von Bourbon [frz. bur'bõ], *Versailles 19. 12. 1683, † Madrid 9. 7. 1746, Hzg. von Anjou, König (seit 1700). Enkel Ludwigs XIV. von Frankreich; von Karl II. zum Nachfolger in Spanien bestimmt. Behauptete sich im Span. Erbfolgekrieg gegen den späteren Kaiser Karl VI.; Teilnahme am Poln. Thronfolgekrieg (1733–35) und am Österr. Erbfolgekrieg (1740–48) auf der frz. Seite (Sekundogenituren in Parma-Piacenza und Neapel-Sizilien).

Philippe Égalité [frz. filipegali'te], †Orléans, Louis Philippe II. Joseph, Hzg. von.

Philipperbrief, Abk. **Phil.,** einer der Paulusbriefe im NT; Bericht über die persönl. Situation des Paulus, Mahnungen an die Gemeinde in Philippi und Christushymnus (2, 6–11).

Philippi, antike Stadt nw. des heutigen Kavala, Makedonien. 42 v. Chr. siegte bei P. Marcus Antonius zus. mit Oktavian über die Cäsarmörder M. J. Brutus und G. Cassius Longinus. 50/51 gründete Paulus in P. die erste christl. Gemeinde auf europ. Boden. – Antike und frühchristl. Überreste.

Philippika [griech.], Reden des Demosthenes gegen König Philipp II. von Makedonien. Danach benannte Cicero seine 14 Reden gegen Marcus Antonius »Philippicae«. – Heute allg. svw. Strafrede[n].

Philippinen

Staatsflagge

Staatswappen

Philippinen

Fläche:	300 000 km²
Einwohner:	65,186 Mio.
Hauptstadt:	Manila
Amtssprachen:	Filipino, Englisch
Nationalfeiertag:	4. 7.
Währung:	1 Philippin. Peso (P) = 100 Centavos (c)
Zeitzone:	MEZ + 7 Std.

Philippinen, Staat und Inselgruppe in SO-Asien, im Malaiischen Archipel.

Staat und Recht: Präsidiale Republik; *Verfassung* von 1987. *Staatsoberhaupt* und oberster Inhaber der *Exekutivgewalt* ist der Präs.; er wird für eine einmalige Amtszeit von 6 Jahren zus. mit dem Vizepräs. direkt gewählt. Die *Legislative* liegt beim Kongreß (Senat, 24 Mgl. für 6 Jahre gewählt; Repräsentantenhaus, 200 Abg. für 3 Jahre gewählt und bis zu 50 Abg. vom Präs. ernannt). *Parteien:* Laban Ng Demokratigong Pilipino (LDP), Nationalist People's Coalition (NPC) und Na-

Bevölkerungsverteilung

Bruttoinlandsprodukt 1992

Philippinen

Philippinen. Reisterrassen auf Luzon

tional Union for Christian Democrats (NUCD).

Landesnatur: Die P. erstrecken sich über ein Areal von 1,3 Mio. km². 94% der Landfläche entfallen auf die 11 größten Inseln. Mit Ausnahme von Masbate, Samar, Leyte und Bohol, die Hochplateaucharakter besitzen, werden die meisten Inseln von Gebirgsketten durchzogen. Überragt werden diese von tätigen Vulkanen wie dem Mount Apo (2954 m) auf Mindanao, dem Mount Pulog (2928 m) und dem Mount Pinatubo (1475 m) auf Luzon. Es herrscht trop. Regenklima mit sommerl. SW- und winterl. NO-Winden. Auf trop. Regenwald und Grasland in den Niederungen folgen Monsun- und Nebelwälder. An den Küsten gibt es Mangroven.

Bevölkerung: Sie setzt sich zusammen aus 70% Jungindonesiern (↑Indonesier), 10% Altindonesiern und Negritos (Aëta), 10% Chinesen, 5% Indern sowie Europäern und Arabern. 80% der E sind Katholiken, 3,4% Muslime.

Wirtschaft, Verkehr: 30% der Gesamtfläche werden landwirtschaftlich genutzt. Hauptnahrungsmittel sind Reis, Mais und Süßkartoffeln. Exportorientierter Anbau von Zuckerrohr, Kokospalmen (Kopra), Kaffee, Ananas, Bananen, Tabak, Kautschuk, Manilahanf, Sisal, Ramie und Kapok. Die Forstwirtschaft spielt eine bed. Rolle. Wichtigste Bodenschätze sind Eisenerze, Chrom, Kohle, Kupfer, Nickel, Gold, Silber, Quecksilber, Asbest, Gips, Erdöl- und Erdgas. Neben bed. Nahrungsmittel- und Textil-Ind. bestehen Anlagen zur Erzkonzentratgewinnung, Stahlwerke, chem. und Zementindustrie. Das Eisenbahnnetz auf Luzon ist 1027 km, auf Panay 116 km lang. Das Straßennetz hat eine Länge von über 162325 km; gut ausgebaut ist es nur auf Luzon. Wichtigster Hafen ist Manila; internat. ✈ bei Manila und auf Mactan.

Geschichte: Im 15. Jh. gründeten einheim. Fürsten auf den Suluinseln und auf Mindanao islam. Sultanate, die den nach der Entdeckung durch Magalhães (1521) und der Benennung (1543) nach dem späteren span. König Philipp II. ab 1565 eindringenden span. Konquistadoren heftigen Widerstand leisteten. 1648 wurden die P. im Westfäl. Frieden Spanien zugesprochen. Span. Missionare bekehrten fast die gesamte einheim. Bevölkerung zum Christentum. Das hemmungslose Profitstreben weniger Privilegierter führte zu zahlr. blutigen Bauernaufständen, die in die Revolution 1896–98 und die Proklamation der Republik P. mündeten. Im Span.-Amerikan. Krieg (1898) unterstützten die Filipinos die USA, die ihnen die staatl. Unabhängigkeit versprachen, sich jedoch im Friedensvertrag die P. abtreten ließen. Nach mehrjährigem Guerillakrieg wurde 1902 ein einheim. Parlament gewählt. 1935 erhielten die P. den Status eines Commonwealth zuerkannt mit der Maßgabe, daß 1944 die endgültige Unabhängigkeit folgen sollte. Nach der Besetzung der P. durch die Japaner im Pazifikkrieg eroberten die USA (General MacArthur) die P. von Okt. 1944 bis Mai 1945 zurück. Am 4. 7. 1946 entließen die USA die P. in die Unabhängigkeit, sicherten sich jedoch das Recht zur Errichtung von Militärstützpunkten sowie die fast vollständige wirtschaftl. Kontrolle. Mißregierung, Korruption und die Partisanentätigkeit der kommunistisch orientierten Hukbalahap brachten den Staat an den Rand des Ruins. Der 1965 erstmals gewählte Präs. F. E. Marcos trieb die »Philippinisierung« des Landes voran. Nach inneren Unruhen schlug Marcos einen zunehmend diktator. Kurs ein und verhängte 1972 das Kriegsrecht. Die Ermordung des prominenten Oppositionsführers Benigno Aquino (*1932, †1983) unmittelbar nach dessen Rückkehr aus dem Exil im Aug. 1983 löste schwere innenpolit. Unruhen aus, die sich nach offenkundig manipulierten Präs.-Wahlen im Feb. 1986 weiter verschärften; Marcos mußte das Präs.-Amt der einzigen Oppositionskandidatin, Corazon Aquino, der Witwe B. Aquinos, überlassen und verließ das Land. Die von Aquino eingeleitete Landreform (1988) und Verhandlungen mit kommunist. und islam. Rebellen wurden von Teilen der Armee bekämpft (mehrere Putschversuche). 1992 wurde F. Ramos zum Präs. gewählt. Im gleichen Jahr zogen die amerikan. Streitkräfte aus ihren Stützpunkten ab.

Philippsburg, Stadt nw. von Bruchsal, Bad.-Württ., 10 400 E. Kernkraftwerk; barocke Pfarrkirche (18. Jh.). – 1371 bis 1723 Residenz der Bischöfe von Speyer.

Philippus, hl., Apostel des 1. Jh., wahrscheinlich aus Bethsaida stammend; nach der Legende Märtyrer.

Philips Electronics N. V. [engl. ɪlek-ˈtrɔnɪks -], niederl. Elektrokonzern, gegr. 1891, Sitz Eindhoven, tätig v. a. in den Bereichen Lichtanlagen, Unterhaltungselektronik, Elektrogeräte, Fernmeldesysteme. Dt. Tochtergesellschaft ist die Philips GmbH, Hamburg.

Philister, im 2./1. Jt. v. Chr. an der Mittelmeerküste S-Palästinas lebendes Volk unbekannter Herkunft; um 1200 v. Chr. von den Ägyptern zurückgeschlagen und danach als ägypt. Militärkolonisten in der Küstenebene Palästinas angesiedelt (Fünfstädtebund aus Gaza, Ashdod, Askalon [heute Ashqelon], Ekron und Gath). Nach dem Rückgang der ägypt. Macht drangen die P. nach O gegen die Israeliten vor. Nur kurzfristig von David unterworfen; dauernde Grenzkämpfe v. a. gegen das Nordreich Israel, Unterwerfung durch die Assyrer Ende des 8. Jh. v. Chr.

philiströs, spießbürgerlich, engstirnig; wie ein *Philister* (Kleinbürger) handelnd.

Philo von Alexandria ↑Philon von Alexandria.

philo..., Philo..., phil..., Phil... [zu griech. phílos »Freund«], Bestimmungswort zu Zusammensetzungen mit der Bedeutung »Verehrer, Liebhaber; [Vor]liebe, Verehrung«.

Philodendron [griech.] (Baumfreund), Gatt. der Aronstabgewächse mit über 200 Arten im trop. Amerika, meist mit Luftwurzeln; zahlr. Arten als Blattpflanzen.

Philodendron. Philodendron panduriforme

Philologie, Wiss. von der Erforschung von Texten, von der Behandlung von Kulturen aufgrund ihrer sprachl. Eigenheiten und ihrer mündl. oder schriftl. überlieferten literar. Texte; gegliedert in *klassische P.* (Alt-P.; Griech. und Latein) und *Neuphilologie.*

Philon von Alexandria (Philo, lat. Philo Judaeus), *Alexandria 15/10 v. Chr., † ebd. um 45/50 n. Chr., jüd.-hellenist. Religionsphilosoph. Schrieb mehrere meist allegor. deutende Kommentare zum Pentateuch, befaßte sich mit der Schöpfungsgeschichte, der mosaischen Gesetzgebung und den Vätergeschichten.

Philosophie

Philosoph<u>ie</u> [griech.], das systemat. Streben des Menschen nach Erkenntnis des Wesens und der Zusammenhänge der Dinge, seiner selbst und der gültigen Prinzipien ethischen Handelns. Gegenstand der P. ist die Totalität des Seins und dessen Bedingungen, während sich die Einzelwissenschaften mit der Erforschung der Gesetzmäßigkeiten bestimmter, umgrenzter Gegenstandsbereiche befassen. P. ist ihrem Wesen nach theoret. Erkenntnis und bedient sich eines Systems definierter Begriffe.

Die europ. P. hat ihren Ursprung im antiken Griechenland. Als Begründer der griech. P. gelten die ↑Vorsokratiker. Gegen erkenntnistheoret. Skeptizismus und subjektiven Relativismus der ↑Sophisten (ab dem 5. Jh. v. Chr.) versuchte die att. P. (v. a. Sokrates, Platon und Aristoteles) P. und Wiss. auf ein tragfähiges erkenntnistheoret. Fundament zu stellen. Sokrates wurde zum Begründer der prakt. P., Platon und Aristoteles gaben der P. erstmals systemat. Darstellungen. Die hellenist. P. (360 v. Chr. bis 30 n. Chr.) war geprägt durch religiös-kulturellen Synkretismus, Übernahme von Elementen der Mysterienfrömmigkeit, kosmopolit. Ideen und Spezialisierung der philosoph.-wiss. Forschung. In den Schulen des Epikureismus, der Stoa und der Skepsis (Pyrrhon von Elis) rückte die Erörterung von prakt. Fragen in den Vordergrund. Dagegen nahm die theoret. P. in der Akademie, im Neupythagoreismus und im Neuplatonismus (z. B. bei Plotin und Porphyrios) spekulative Züge an. Neue philosoph. Ansätze (z. B. Augustinus) entstanden seit den ersten christl. Jahrhunderten aus der Verschmelzung mit antiken Denkinhalten: Ihren Höhepunkt bildete die ↑Scholastik (9.–15. Jh.), die unter wesentlichen von der Theologie geprägt ist. Die arab. P. (Vertreter u. a. Avempace und Averroes) hatte seit dem 12. Jh. zeitweise bed. Einfluß. Die Entwicklung der neuzeitl. P. wurde durch die allmähl. Loslösung von der Theologie und die Hinwendung zu den Erkenntnisquellen der Vernunft und Sinneserfahrung eingeleitet. Obgleich die Aussagen in der Regel »Wahrheit« im Sinne der Allgemeingültigkeit beanspruchen, hat die P. im Laufe der Geistesgeschichte eine Fülle von Systemen entwickelt, die jedoch zum Teil durch das Bleibende der Fragestellung und bestimmter Grundprobleme verbunden erscheinen *(philosophia perennis),* zum anderen die Offenheit des Geistes und die Unabschließbarkeit der Bemühungen um letztgültige Aussagen spiegeln. Die Erweiterung der philosophischen Hauptdisziplinen (↑Metaphysik, ↑Logik, ↑Ethik, ↑Ästhetik, ↑Erkenntnistheorie) geht in dieser auch heute noch weitgehend gültigen Form auf das 18. Jh. zurück. Daneben trat eine Reihe von Sonderdisziplinen in Erscheinung wie Rechts-P., Geschichts-P., Sprach-P, Kultur- und Religions-P., philosoph. Anthropologie. Die modernen wiss. Einzeldisziplinen gehörten zum großen Teil urspr. zur P. und wurden mit ihrer Wendung zur Empirie selbständig: Die Ausgliederung der Naturwissenschaften zog sich bis ins 17. und 18. Jh. hin; Geschichtswiss., Philologie, Psychologie, Pädagogik, Soziologie und andere Zweige entwickelten sich im 18. und 19. Jh. zu unabhängigen Disziplinen. In der Folge der Renaissance entwickelten sich national beschreibbare Beiträge der P. und eine Vielzahl von schulebildenden Denkansätzen unterschiedlichster Richtungen wie ↑Idealismus und ↑Materialismus, ↑Rationalismus und ↑Empirismus. Im 20. Jahrhundert traten die ↑Existenzphilosophie, ↑Phänomenologie, ↑Hermeneutik, ↑analytische P. sowie ↑Neopositivismus, ↑kritischer Rationalismus ↑Strukturalismus und die an der Gesellschaftstheorie orientierte kritische Theorie der ↑Frankfurter Schule in den Vordergrund. In jüngerer Zeit sind die philosoph. Auseinandersetzungen deutlich von ↑Wissenschaftstheorie und Sprachphilosophie bestimmt, in der Ethik knüpft die philosoph. Auseinandersetzung disziplinübergreifend an praktisch bedeutsame Problemfelder der Wiss. (Umweltethik, Wirtschaftsethik, medizin. Ethik) an. – Zur chin. P. ↑Konfuzianismus, ↑Taoismus.

Phim<u>o</u>se [griech.], Verengung der Vorhaut des Penis derart, daß sie sich nicht über die Eichel zurückstreifen läßt.

Phi<u>o</u>le [griech.-lat.], von den Alchimisten verwendetes bauchiges Glasgefäß.

Phl<u>e</u>gma [griech.], Charakteristikum des Phlegmatikers; auch Trägheit, Teilnahmslosigkeit.

Phlegmatiker [griech.], nach den vier antiken Temperamentstypen der als ruhig und behäbig charakterisierte Mensch.

Phlegmone [griech.], eitrige Zellgewebsentzündung, mit Neigung zu [flächenhafter] Ausbreitung.

Phloem [griech.], svw. Gefäßteil (↑Leitbündel).

Phlox [griech.] (Flammenblume), Gatt. der Sperrkrautgewächse mit rd. 60 Arten in N-Amerika. Bekannte Zierpflanzen sind die Sorten des *Einjahres-P.* und die zahlr. Sorten des *Staudenphlox*.

Phlox. Staudenphlox, Hybride (Höhe bis 1 m)

Phnom Penh [pnɔm'pɛn], Hauptstadt von Kambodscha, am Mekong, 900000 E. Univ., TU, Nationalmuseum; Ind.standort, Hafen am Mekong; internat. ✈. Auf einem Hügel liegt der Tempelbezirk (15. Jh.), am Fluß Tonle Sap der Königspalast (20. Jh.). – P. P. wurde 1434 Residenz der Khmerkönige anstelle von Angkor, Anfang des 16. Jh. aufgegeben, erst 1867 wieder Hauptstadt des nun unter frz. Herrschaft stehenden Landes. Nach schweren Kämpfen 1975 von den »Roten Khmer« erobert und die Bevölkerung zwangsevakuiert.

...phob [zu griech. phóbos »Furcht«], Nachsilbe in Zusammensetzungen mit der Bedeutung »fürchtend«.

Phobie, Form der Neurose mit unangemessener Furcht vor spezif. Situationen oder Objekten (z. B. Platzangst).

Phobos ↑Ares.

Phoenix [engl. 'fi:nɪks], Hauptstadt von Arizona, USA, am Salt River, 983000 E. V. a. Flugzeug- und elektron. Industrie; bed. Erholungsort (Sun City).

Phoenix ↑Sternbilder (Übersicht).

Phoibos (Phöbus) ↑Apollon.

Phokäa (Phokaia), ion. Hafenstadt am Golf von İzmir, heute Foça; im 8./7. Jh. reiche Handels- und Kolonisationstätigkeit im westl. Mittelmeer (die bedeutendste Kolonie war Massalia [heute Marseille]).

Phokion, *um 402, † Athen 318, athen. Politiker und Feldherr. Vermittelte 338 den Frieden mit Philipp II. von Makedonien, 335 mit Alexander d. Gr., 322 mit Antipater, durch den Athen seine polit. Selbständigkeit verlor; bei Wiederherstellung der Demokratie zum Tod durch Gift verurteilt.

Phokis, histor. Landschaft in M-Griechenland. Der phok. Stammesbund war im 5./4. Jh. Mgl. des Peloponnes., nach 371 des Böot. Bundes.

Phon [griech.], Zeichen phon, Hinweiswort bei Angabe der Lautstärke Λ eines Schalls gemäß der Beziehung $\Lambda = 20 \lg p/p_0$, wobei p der gemessene und p_0 der Bezugsschalldruck ($p_0 = 20$ μPa) ist. Die Messung von p geschieht durch subjektiven Hörvergleich mit einem Normalschall oder durch ein Meßgerät (Angabe in *DIN-Phon*); p ist dabei der Schalldruck eines als gleich laut empfundenen Tones von 1000 Hz; für $p = p_0$ ist $\Lambda = 0$ phon, für $p = 10\,p_0$ ist $\Lambda = 20$ phon usw.

Phnom Penh. Silberpagode im Bezirk des ehemaligen Königspalastes, Anfang des 20. Jh.

phon..., Phon...

phon..., Phon... ↑phono..., Phono...
Phonem [griech.], ein in der strukturellen Linguistik entwickelter Begriff für das lautl. Segment als kleinster bedeutungsunterscheidender sprachl. Einheit.
Phonematik [griech.], svw. ↑Phonologie.
Phonemik [griech.], svw. ↑Phonologie.
Phonetik [griech.], Teilgebiet der Sprach-Wissenschaft, dessen Gegenstand die sprachl. Laute, ihre Art, Erzeugung und Verwendung in der Kommunikation ist.
phonetische Schrift (phonet. Umschrift, phonet. Transkription) ↑Lautschrift.
Phönikien (Phönizien), griech. Name (eigtl. »Purpurland«) der histor. Landschaft an der Mittelmeerküste etwa zw. Latakia (Syrien) und Akko (Israel); einheim. Name: Kanaan. Die mindestens seit dem 2. Jt. v. Chr. hier lebende kanaanäische Bevölkerung mit semit. Sprache *(Phöniker, Phönizier)* trieb von den wichtigsten Städten Byblos, Tyrus, Sidon und Beruta (heute Beirut) aus regen Handel. Nach Abschüttelung der ägypt. Oberhoheit dehnten die Phöniker ihre Macht ab etwa 1100 durch Gründung von Handelsfaktoreien und Kolonien (bes. von Tyrus) im Mittelmeerraum aus. Die phönik. Städte wurden im 9. Jh. den assyr. Königen tributpflichtig (völlige Unterwerfung von Sidon und Tyrus erst im 7. Jh.). 572 unterwarf der babylon. König Nebukadnezar II. Tyrus nach 13 Jahre langer Belagerung. Während der Eroberung des pers. Achämenidenreichs durch Alexander d. Gr. wurde Tyrus 332 eingenommen. P. wurde 64/63 v. Chr. Teil der röm. Prov. Syria. – Die *Religion* entsprach weitgehend der kanaanä. Religion (Hauptgötter Baal, El, Astarte).
Phönikisch (Phönizisch), zum kanaanäischen Zweig gehörende, semitische, mit dem Hebräischen und dem Moabitischen eng verwandte Sprache der Phöniker.

phönikische Kunst. Baal: Bronzestatuette aus Ras-Schamra (14. Jh. v. Chr.; Paris, Louvre)

phönikische Kunst (phönizische Kunst), die Kunst Phönikiens im 2./1. Jt.; v. a. Textilien, Möbel und Elfenbeinschnitzereien (Nimrud [Kalach], Arslan Taş), Glas- und Metallwaren in meist stark ägyptisierendem Stil; das ↑Niello wurde wohl hier erfunden.
phönikische Schrift (phönizische Schrift), etwa um 1200 v. Chr. entstandene Konsonantenschrift aus 22 Buchstaben; Grundlage der althebr., moabit., samaritan., aram., hebr. und der arab. Schrift.

phönikische Kunst. Fruchtbarkeitsgöttin, Elfenbeinschnitzerei aus Ras-Schamra (14. Jh. v. Chr.; Paris, Louvre)

phönikische Schrift von der phönikisch-griechischen Bilinguis aus Edalion auf Zypern (4. Jh. v. Chr.)

4	3	2	1
... bšnt	’rb‘ 4	lmlk	mlkytn
1) im Jahre	2) vier	3) des Königs	4) Milkiaton